KB128540

조선후기 심설논쟁

화서학파

표점 · 해제 · 선역

心說論爭 아카이브 구축 자료집 총서 01

조선후기 심설논쟁

화서학파

표점·해제·선역

한국전통문화대학교
한국철학연구소

學古房

이 책은 2017년 대한민국 교육부와 한국학중앙연구원(한국학진흥사업단)의
한국학분야 토대연구지원사업의 지원을 받아 연구되고 출판되었다.(AKS-2017-KFR-1250003)

11세기, 중국 북송 때 사람 주돈이(周敦頤)를 비조(鼻祖)로 하는 성리학은 유학을 철학적으로 체계화한 학문이다. 1천 년이 넘는 전통을 자랑한다. 성리학은 근대 이전에 동아시아의 학문과 정치 등을 지배할 정도로 영향력이 막강하였다. 철학상으로 보면, 중국에서는 역대로 우주론(宇宙論)이 강세를 보였고, 한국에서는 인성론(人性論)이 조선성리학의 중심으로 자리를 잡았다.

16세기에 꽃을 피우기 시작한 조선성리학은 이후 4백여 년에 걸쳐 수많은 철학논쟁이 이어졌다. 이 과정에서 성립된 학파는 철학논쟁의 견인차 구실을 하였다. 사단칠정논쟁(四端七情論爭), 즉 사칠논쟁으로 대표되는 성리학논쟁은 조선 말기까지 지속되면서 조선 성리학자들의 강인한 학구욕과 도저한 사색력을 잘 보여주었다. 세계철학사에서도 유례가 드문 자랑스러운 역사를 썼다.

조선성리학은 16세기에 사단과 칠정의 관계성을 중심으로 하는 사칠논쟁이 시작된 이래 18세기에 가서는 인성(人性)과 물성(物性)의 동이(同異) 문제로 논의의 대상이 넓어졌다. 19세기 중엽 이후로는 심(心)·성(性)·정(情)의 관계를 종합적으로 고찰, 정리하는 문제가 주된 과제로 대두하였다. 그러나 이런 흐름은 대관적(大觀的) 관점에서 말할 수 있는 것이다. 사단칠정의 문제는 모든 성리학논쟁의 중심에서 조선 말기까지 논쟁의 기초가 되어 내려 왔다.

심설논쟁의 관심의 초점을 보면, 일차적으로 감정의 문제에서 시작하여 본성의 문제로 이어졌고, 마지막으로 성·정을 통섭하는 차원에서의 심설(心說) 문제를 종합적으로 보려 했다. 특히 심을 리로 볼 것이냐, 기로 볼 것이냐의 문제, 그리고 명덕(明德)을 성(性)으로 볼 것이냐 정(情)으로 볼 것이냐의 문제가 첨예하게 대립하였다. 이것은 결국 주리·주기 문제로 귀결되었다. 퇴계 이황 계열에서는 심합이기(心合理氣), 율곡 이이 계열에서는 심시기(心是氣)를 주장하는 가운데 한주 이진상 같은 이는 심즉리(心卽理)의 기치를 내걸어 심설논쟁에서 가장 오른쪽에 서기도 했다.

조선 말기 성리학과 성리학논쟁은 이른바 '사대학파(四大學派)'가 주도하였다. 사대학파란 화서학파(華西學派)·노사학파(蘆沙學派)·한주학파(寒洲學派)·간재학파(艮齋學派)를 말한다. 이들 학파는 서세동점(西勢東漸)의 시기에 성리학 이념으로 무장하고 무너져가는 나라와 정교

(政敎)의 이념을 바로 세우려 하였다. 이 가운데 시기적으로 앞선 화서학파는 척사위정(斥邪衛正), 척양척왜(斥洋斥倭)의 기치를 가장 높이 들었다. 화서(華西) 이항로(李恒老: 1792~1868)는 주리(主理)를 시대정신으로 인식하였다. 그의 성리학은 철저할 정도로 리존기비(理尊氣卑)의 이념으로 무장되어 있다. 난세일수록 가변적인 기(氣)보다 원리와 원칙을 상징하는 리를 중시하는 것은 고금의 상례라 할 수 있다. 가장 시기가 늦은 간재학파를 제외하고 다른 삼파가 학연, 지연, 혈연 등 모든 관계를 뛰어넘어 '주리'로 귀결되었던 배경에 이런 사정이 깔려 있었던 것으로 보인다.

성리학이 척사위정 운동의 사상적 배경이 되었을 개연성은 많지만, 이를 단언하기는 어렵다. 각 학파에 따라, 또 학자에 따라 주장의 강도와 내용에 차이를 보이기 때문이다. 간재학파는 리의 무위성(無爲性)을 철칙으로 여기기 때문에 '기'의 정화(淨化)를 통한 사회의 순화와 개혁을 말한다. 저들이 본연지기(本然之氣)를 중시하는 것은 이 때문이다. 이런 맥락에서 보면 율곡학파에서 말하는 호연지기(浩然之氣)는 사실상 리를 대체할 수 있는 것으로서, 여타의 '리'를 중시하는 계열과 통할만한 여지가 적지는 않다고 하겠다.

조선 말기 심설논쟁은 조선성리학의 결국(結局)을 짓는 매우 중요한 정신적 유산이다. 다만 이 논쟁이 평가를 받기도 전에 왕조가 멸망하고 일제의 겸제(箝制)를 당하기에 이르렀다. 광복 이후에도 유교망국론과 같은 부정적 이미지 때문에 평가를 받지 못하였다. 사단칠정논쟁, 인물성논쟁, 전례논쟁(典禮論爭)과 함께 사대논쟁으로 불릴 말한 대논쟁이 2000년대 이후로 점차 조명되기 시작하였고, 2018년 한국전통문화대학교 한국철학연구소에 '심설논쟁 아카이브 센터'가 조직되어 5개년에 걸쳐 "心說論爭 아카이브 구축-자료의 수집·발굴, 교감·표점, 해제, 해석-" 사업을 하게 되었다. 이 작업이 충실하게 잘 마무리된다면, 조선 말기 심설논쟁은 한국의 성리학사의 도미(掉尾)를 장식하는 대논쟁으로 자리매김될 것이다.

먼저 화서학파가 주도하는 심설논쟁을 한 권으로 묶어 펴낸다. 이어 간재학파, 한주학파, 노사학파 순으로 육속(陸續) 발간될 것이다. 이 사업을 위해 연구비를 지원해주신 한국학중앙연구원에 감사하며, 김병애·이선경·김방울 전임연구원을 비롯하여 여러 공동연구원들께도 사의(謝意)를 표한다. 어려울 때마다 구원투수 역을 훌륭하게 해주신 이상익 교수, 이형성 박사께 충심으로 감사한다.

2021년 3월 3일

한국전통문화대학교 한국철학연구소 소장 최영성 지(識)

범례

1. 이 책은 "心說論爭 아카이브 구축 - 자료의 수집·발굴, 교감·표점, 해제, 해석 - "사업의 결과물로서, 총 4권의 자료집 중 제 1권에 해당한다.
2. 이 책은 화서학파의 이항로, 김평묵, 유중교, 최익현, 유인석의 심설논변자료이다.
3. 각 편마다 해제와 표점원문을 싣고, 중요문편을 선역하였다.
4. 표점원칙과 용례를 수록하여 독자가 참고할 수 있도록 하였다.
5. 책의 뒤편에는 이 책 본문에 나오는 인물들 전체를 표로 만들어 제시하였다. 또한 이들 인물이 나오는 본문의 페이지 수를 표기하고, 간략한 인명사전을 수록하였다.

1. 표점원칙과 용례(DB구축 기준)

<table>
<tr><th></th><th colspan="2">부호</th><th>부호명</th><th>구분</th><th>기능 및 사용 위치</th></tr>
<tr><td>1</td><td colspan="2">。</td><td>고리점</td><td>종지</td><td>평서문, 어조가 약한 명령문·청유문의 끝에 사용함.[1]</td></tr>
<tr><td>2</td><td colspan="2">?</td><td>물음표</td><td>종지</td><td>일반의문문 및 반어문 끝에 사용함.</td></tr>
<tr><td>3</td><td colspan="2">!</td><td>느낌표</td><td>종지</td><td>감탄문 및 어조가 강한 명령문의 끝에 사용함.</td></tr>
<tr><td>4</td><td colspan="2">,</td><td>반점</td><td>휴지</td><td>한 문장 안의 句나 節의 구분이 필요한 곳에 사용함.</td></tr>
<tr><td>5</td><td colspan="2">、</td><td>모점</td><td>휴지</td><td>병렬된 명사 또는 밀접한 관계의 명사구 사이에 사용함.</td></tr>
<tr><td>6</td><td colspan="2">;</td><td>쌍반점</td><td>휴지</td><td>두 구 이상으로 구성된 각 절이 병렬을 이룰 때 그 사이에 사용함.(네 구 이상은 쌍반점을 쓰지 않고 온점을 찍는 것을 원칙으로 함. 단, 글자 수가 많지 않거나, 단순구조는 예외로 함.)</td></tr>
<tr><td>7</td><td colspan="2">:</td><td>쌍점</td><td>휴지</td><td>직접인용문을 제기하는 말 뒤, 또는 주장을 제기하는 말 뒤에 사용함.(愚按類)</td></tr>
<tr><td>8</td><td colspan="2">“ ”</td><td>큰따옴표</td><td>1차 인용 및 강조</td><td>대화문·인용문·강조 어구에 사용함.</td></tr>
<tr><td>9</td><td colspan="2">‘ ’</td><td>작은따옴표</td><td>2차 인용</td><td>1차 인용부호 안에 사용함.</td></tr>
<tr><td>10</td><td colspan="2">『 』</td><td>겹낫표</td><td>서명</td><td>서명을 묶을 때 사용함.</td></tr>
<tr><td>11</td><td colspan="2">「 」</td><td>홑낫표</td><td>편명</td><td>편명을 묶을 때 사용함.(십익·괘명 포함)</td></tr>
<tr><td>12</td><td colspan="2">〈 〉</td><td>꺽쇠표</td><td>작은 편명</td><td>편명 안의 소제목을 묶을 때 사용함.[2] 또는 원문에서 밝히지 않은 原註를 묶을 때 사용함.[3]</td></tr>
<tr><td>13</td><td colspan="2">·</td><td>가운뎃점</td><td>편명구분</td><td>편명부호 안에서 층위 있는 편명이 나열될 경우, 가운뎃점을 두어 구분함.</td></tr>
<tr><td>14</td><td colspan="2">—</td><td>밑줄</td><td>고유명사</td><td>고유명사(國名·地名·人名·字·號·시호·연호·건물명)4)의 해당글자 밑에 사용함.</td></tr>
<tr><td>15</td><td colspan="2">【 】</td><td>어미괄호</td><td>저본의 소주</td><td>小字로 된 原註를 본문과 구별하는 데 사용함.[5]</td></tr>
<tr><td>16</td><td rowspan="4">교감</td><td>▨</td><td>판독불가부호</td><td>저본의 상태</td><td>저본의 판독불가 글자에 사용함.</td></tr>
<tr><td>17</td><td>{ }</td><td>중괄호</td><td>저본의 누락글자</td><td>누락글자의 보충에 사용함.[6]</td></tr>
<tr><td>18</td><td>( )</td><td>소괄호</td><td>저본의 誤字, 혹은 衍文</td><td>誤字로 추정되는 글자에 사용함.[7]
衍文으로 추정되는 글자에 사용함.[9]</td></tr>
<tr><td>19</td><td>[ ]</td><td>대괄호</td><td>수정 글자</td><td>誤字를 대체할 글자에 사용함.[8]</td></tr>
</table>

1) 고리점으로 변경

2) 1-2-44 「闢邪錄辨」(『華西集』卷25)

〈上帝與天主相反辨〉

3) 원문에서 밝히지 않은 原註를 묶을 때 〈 〉를 사용함

보기 堯、舜不止於心之, 而必性之; 孔、顔不止於心, 而必曰矩與仁也; 曾傳既曰"明明德", 而又必曰"止於至善"; 『中庸』首言性道, 而不及心靈。〈「序文」亦不以靈覺爲本, 又必曰原於性命。〉 _『중재집』「田艮齋書瑣辨」

4) 인명 등 고유명사의 밑줄 예시

華門 / 孔門 / 帝堯 / 大舜 / 伊川先生 /

柳正言丈 / 王氏期齡 / 金參判

洲上 / 圯上老人 / 金氏 / 朴公

河朔 / 川蜀 (관습상 연용되는 경우)

彪丈 / 彪某 / 姦檜 / 許賊 /

二程 / 漢武帝 / 周公旦 / 湖伯 / 宋帝

嶺南 / 湖南 / 關東 / 下三道 / 兩界 / 有明 / 皇淸

* 서양인의 인명은 원문에 밑줄표시하고, 각주를 달아줌. (DB구축시 말풍선과 메모창 활용)

보기 利瑪竇 (마테오리치 Matteo Ricci, 1552~1610) : 이탈리아 출신의 예수회 선교사이다. 저서에 『천주실의』가 있다.

5) 소주의 내용도 표점하되, 명사형(서명, 인명)은 고리점을 찍지 않는다. 어미괄호 (【 】)는 앞 구절의 표점에 이어 붙여 쓰며, 닫는 어미괄호 뒤에는 한 칸을 띄워 준다. (원문은 14p, 소주는 11p. 단, 원주의 대상이 직전 단어에 대한단순단어이거나 고유명사인 경우는 표점부호를 닫는 어미괄호 뒤에 붙여 쓴다.)

보기 章末無"此謂平天下在治其國"之結尾, 何也?【金漢驥】

보기 蓋理有知【智】而氣無知, 故理能主宰而氣不能主宰; 氣有爲而理無爲,【莫之爲而爲, 便是無爲。】 故氣能作用而理不能作用。

보기 且其他以神明【本心】、虛靈【明德】, 直做理言者, 不一而足, 今於此却如此說, 未知何故也。

6) 저본에 누락된 글자가 있다고 판단될 경우, 중괄호 안에 해당글자를 보충하고 각주를 달아 준다.

보기 王氏認心爲理, 故嘗言仁人心也。心體本弘毅, 不弘{不}각주번호毅者, 私欲蔽之耳。

각주 → {不}: 『간재집』에 의거하여 '不'을 보충하였다.

보기 蓋天地之心, 卽下文所謂似帝字{者}。각주번호

각주 → {者}: 『간재집』에 의거하여 '者'를 보충하였다.

7) 8) 저본에 誤字가 있다고 판단될 경우, 저본의 글자를 바로 수정하지 않고, 해당글자에 '( )', 수정글자에 '[ ]'를 하고, 각주를 달아준다.

보기 A. 言固可述, 意亦可記乎? 旣曰門人記之, 則曾子門人莫賢於子思, 何不因舊說爲子思記之?【崔(民琡)[琡民]】각주번호

각주 → (民琡)[琡民]: 저본에 '民琡'으로 되어있으나, 『蘆沙集』「答崔元則【琡民】大學問目」에 의거하여 '琡民'으로 수정하였다.

보기 B. 如田氏之說, 則性上而心下, 性尊而心卑, 是統之者反爲下爲卑, 而所統者反爲上爲尊, 揆諸事理, 亦豈安乎? 然而性尊心卑, 正是田氏之一生佩符, 不可奪也, 則亦(且)[自]각주번호任而已。_『중재집』

각주 → (且)[自]: 저본에 '且'로 되어 있으나, 문맥을 살펴 '自'로 수정하였다.

9) 연문으로 판단되는 글자에 '( )'를 하고 각주를 달아준다.

보기 蓋恐人專認此心以爲主, (故)각주번호不復以性爲主, 故爲此極本窮源之論, 以詔後世聖賢憂患道學之心, 可謂至深切矣。_『性理類選』

각주 → (故): 『艮齋集』前編 권2 「答柳穉程」에 의거하여 연문으로 수정하였다.

※ [교감각주 유의] 저본과 원출처본의 글자가 다르나, 내용상 차이가 없을 때는 수정하지 않고, 각주만 달아줌.

보기 所 : 『간재집』에는 '少'로 되어 있음을 밝힌다.

※ 20.1207 한자팩에 없는 글자는 우선 각주에 '(이미지요망)'이라고 표기하고, 제출시 일괄처리한다.

2. 체제

모든 문장의 줄바꾸기는 원전에 의거하되, 원전에서 줄이 바뀐 경우는 1줄을 띄어준다. 원전에서 줄이 바뀌지 않은 경우라도 문단의 내용을 고려하여 줄바꾸기를 할 수 있다. 但, 후자는 1줄을 띄우지 않는다.

(1) 기존 저술이나 주장을 인용한 다음, 이에 대한 '저자의 견해'등 답변이 이어지는 문장은 '저자의 견해'등 답변에 해당하는 부분을 전체 '왼쪽들여쓰기 20(Alt T)'을 한다. 이때, 인용문과 답변을 하나의 문단으로 보고, 답변과 새로 이어지는 인용문 사이에 1줄을 띄운다.

보기 (『남당집』에서 인용, 이에 대한 화서의 견해)

我國風俗有兩班常漢, 多結者大抵皆在兩班, 而無田者得以佃作, 獲其半利。田主獲其半, 而於其中又出公稅; 佃作者獲其半, 而無公稅之出, 所食反優於田主矣。

愚按: 小民食力, 大民食德, 天地之常經也。……(본문생략) …… 何故以佃作所食反優田主啓達耶? 耕作之家, 十失其五; 兼併之室, 十斂其五, 已非古制。況彼耕有限, 而此兼無節, 則其所食之多寡豐約, 尤非當較之地矣。此實難得之會, 而未得對揚, 可勝歎哉? 亦命矣夫!

(2) 문답문에서의 물음과 답변은 줄을 바꿔 구분하고, 인용문의 쌍점 뒤에 큰 따옴표를 하지 않는다.

보기

① 화서「心與氣質同異說」

或問: 心與氣質同乎異乎?

余曰: 按朱子之訓, 則心有以理言處, 有以氣言處。以理言者, 如『孟子』"盡心"、"仁義之心"、"本心"之類是也; 以氣言者, 如"心猶陰陽, 性猶太極"、"心者, 氣之精爽"之類是也。蓋心者, 人之神明, 主於一身而管乎萬事者也。其原則出於天, 而非人之所得私也; 其用則應於物, 而非人之所得已也。……(본문생략) …… 蓋如性字本然、氣質之異同。但性本屬理而不離乎氣, 故亦言氣質; 心本屬氣而乘載其理, 故亦言本體。此又不可不辨也。

②「明氣問答」

客有問於臼山老生曰: 子以明德爲非理, 烏據諸?

曰: 據朱子。

何謂據?

朱子曰: "虛靈是氣之明處, 具衆理應萬事是虛靈之能處。" 吾故曰"據朱子"也。

3. 인용문 및 기타

(1) 여러 인용문이 이어서 제시될 경우, 인용문 사이에 반점(,)을 사용하지 않는다.

蔡九峯曰: "智則吾心虛靈知覺之妙。" 雲峯胡氏曰: "智則人之神明, 所以妙衆理而宰萬物者也。"

(2) Ⓐ,Ⓑ 둘 다 가능하지만, Ⓑ를 취한다.

Ⓐ『易』曰"所樂而玩者, 爻之辭也", 何謂也?|

Ⓑ『易』曰: "所樂而玩者, 爻之辭也。" 何謂也?

(3) 병렬관계의 여러 인용문이 오는 경우, 인용문과 설명문이 비교적 짧고 단순하다면, 각각의 인용문을 위 Ⓐ형으로 처리한다.

朱子曰"發而中節", 卽此在中之理發見於外; 陳北溪曰"喜怒之中節處", 是性中道理流出來; 李子「中圖」說曰"子思、孟子", 只指理言; 大山先生曰"『中庸』喜怒哀樂之中節", 爲天性之發。吾黨相傳宗旨, 本自如此。_「答尹士善」別紙(『寒洲集』卷8)

cf. 아래의 경우와 구분해야 함.

孟子曰: "『詩』云: '旣飽以德。' 言飽乎仁義也。" 韓子曰: "道德, 合仁與義言之也。" 朱子曰: "仁義禮智便是明德。" 此皆以形而上者說德也。

(4) 未知의 처리: 평서문·의문문 둘 다 가능||

李氏時常暗指栗谷以下諸賢爲主氣之學, 未知諸賢"心是氣"氣字, 果是李氏所認麤雜之物?

(5) 云云의 처리: 말줄임표의 의미로 쓰인 "云云", "云"은 간격 없이 인용부호 밖에 두고, 인용문의 끝에는 종지부호(。 ? !)를 일체 쓰지 않는다. 직접 인용문의 경우도 동일하다.

〈중국 표점 용례〉

鍾羽正稱"(子咸)信道忘仕則漆雕子, 循經蹈古則高子羔"云。『明史·列傳』

孝宗曰: "是謂良齋者耶? 朕見其《性學淵源》五卷而得之"云。『宋史·列傳·謝諤』

보기

問: "禮行遜出?" 朱子曰: "行是安排恁地行, 出是從此發出"云云。此等安排字, 何嘗是不好底?_『해상산필』

4. 牛山章 등의 편명여부와 화법

(1)『孟子』牛山章『附註』, 蘭溪范氏曰: "蓋學者, 覺也。覺由乎心, 心且不存, 何覺之有? 心雖未嘗不動也, 而有所謂至靜。彼紛紜乎中者, 浮念耳, 邪思耳, 物交而引之耳。雖百慮煩擾, 而所謂至靜者, 固自若也。君子論心, 必曰存亡云者, 心非誠亡也, 以操舍言之耳。"

恒老按: 心者, 人之神明, 主一身而宰萬事者也。動與靜不可頃刻不存, 而其存之之方, 亦不可他求。苟能操之, 則斯存矣; 纔不操而捨之, 則昔之存者, 忽焉亡矣。操舍之頃, 只爭毫髮; 存亡之判, 不翅天壤。是以君子之心, 一動一靜, 無非着操存之地, 而亦不敢少忽舍亡之戒於瞬息之間也。今范氏之言曰: "心未嘗不動, 而有所謂至靜" 未知所謂動者指何心, 而所謂至靜者又指何心耶? 是一耶二耶? 一則動靜不可同時, 二則方寸不容兩主, 奈何? 其言又曰: "彼紛紜于中者, 浮念耳, 邪思耳, 物交而引之耳。雖百慮煩擾, 而所謂至靜者, 固自若也。" 果如是言, 則浮念邪思自浮念邪思, 至靜者自至靜。彼各爲二心, 不相干涉, 不相株累, 固不害爲無時不存矣。尙何存與亡之可言, 又何待於操而後不亡也耶? 譬之於車, 則循塗轍而行, 卽此車也; 不循塗轍而行, 亦此車也。若曰不循塗轍之時, 別有循塗轍者自在云爾, 則奚可哉? 其言又曰"君子論心, 必曰存亡云者, 心非誠亡也, 以操捨言之耳", 篁墩從而釋之曰"存心在至靜"。以此參互, 則所謂操捨之工已不干於存亡之實, 而操之之云只當施之於靜, 而不可施之於動矣。所謂存者不過存得靜者, 而不能存得動者矣, 烏乎其可哉? 朱子初年未發說, 微有此意, 而晚年改本, 不翅明白。辨胡文定起滅體用之說曰: "非百起百滅之中, 別有一物不起不滅也。" 朱子之訓炳如指南, 而後學之尙困冥埴, 亦云何哉? _「心經附註記疑」【甲寅】(『華西集』卷23)

(1) 第一條: "心固是一箇知覺"【止】"道氣者不危也"

既曰"心固是一箇知覺", 又曰"若論其全體之本然, 則直以太極當之, 固是知覺", 正文註以"不只是知覺", 乍予乍奪, 此爲何意? 若如今說, 太極全體原於仁而爲惻隱, 原於義而爲羞惡也。太極之原於性命, 豈非頭上有頭之說乎? 於性於道, 曰德曰仁, 是形容性道之辭, 故性無失德之性, 道無違仁之道。而至若道心, 心之從道, 是爲道心。故心不從道時, 道自道, 心自心, 不可以道心目之也。以舜之道心, 比例於孔子"人能弘道", 則道爲無爲之道體, 心爲有覺之人心。而俛宇以道爲理之當行, 以心爲理之知覺, 此非"六經我註"之某子法門也耶?_「觀俛宇集柳省齋【重敎】心說辨」

5. 표점 부호 코드

구분		표점명	기호(유니코드)	구분	비고
전각 → 반각	1	모점	、(02CE)	휴지부호	단, 모점 뒤 1칸 띄움
	2	홑낫표	「 」 (FF62/3)	편명부호	
	3	겹낫표	『 』 (0F0854/5)	서명부호	
개선안	4	고리점	。(FF61)	종지부호	

(1) 한글 문서 디폴트값 : (글꼴) '굴림' → '함초롱바탕'으로 변경(以此參互검토)

(2) 서명이나 편명의 순번양식은 『』, 「」에 포함하지 않는다.

보기

2-1-07「答人問」第一

2-1-08「答人問」第二

2-1-15「性命」一之二

2-1-16「心性情」一之三

『艮齋集』前篇

(3) '易'은 『周易』이 확실한 경우에만 서명 표시함.

보기

※ 서명표 하는 경우

『易』之"各正性命"

老子言無爲, 聖人作『易』

猶『易』所謂"一陰一陽之謂道"歟!

※ 서명표 안하는 경우

易有太極

易與太極分言, 則易如心字, 太極如理字.

生生之謂易

(4) 이미 모점을 사용한 문장에서 다시 모점이 필요한 경우는 4/1각(Alt+space bar)을 사용함.

보기 於是有堯 桀之殊、人物之分, 而華夷之判、儒釋之異, 亦皆從此而見矣。

(5) 제시어 按

제시어 按은 쌍점처리하되, 큰 따옴표는 사용하지 않는다. 但, 단순서술어는 해당하지 않음.

보기

① 之東之西, 惟馬首是瞻。

按: 人心自能識東西, 又有箝制之術。故東西惟吾意之所欲也。理亦有此識認指揮之能歟? 此似是認理爲有爲者然, 可疑也。

② 按: 主與器相對, 主是"命物者"之謂也, 器是"命於物者"之謂也。

[단순서술어]

更按『論語』, 無"子路爲仁"語, 路當作貢。

(6) 所謂~~者

所謂와 者 사이의 3字 이상에 강조 표시함.

보기 栗谷所謂"參差不齊者, 亦是理當如此, 非理不如此而氣獨如此"者, 正謂此也。

(7) 『 』: 서명의 약칭이나 이칭에도 사용한다.

『三百篇』『馬史』『麟經』

(8) 『』: 관습적으로 사용하는 몇 책의 합칭에도 허용한다.

『四書』『三經』『春秋三傳』

(9) 편지인용문의 제목이 원전의 제목과 일치하지 않을 경우라도 편명표시를 하고, 원전의 제목을 각주로 달아준다.

각주) 「答朴弘菴」書: 『華西集』에는 「答朴善卿」으로 되어 있다. 弘菴 朴慶壽(?~?)의 자가 善卿이다.

1. 李恒老 心說論爭 資料

2. 金平默 心說論爭 資料

3. 柳重教 心說論爭 資料

4. 崔益鉉 心說論爭 資料

5. 柳麟錫 心說論爭 資料

1

李恒老
心說論爭 資料

1-1-1~11

『아언雅言』

해제

1) 서지사항

이항로(李恒老)의 문인과 제자들이, 이항로가 평소 도를 논한 글들을 모아 강습하는 자료로 삼기 위해 주제별로 분류하여 편집한 책(1867년).

2) 저자

이항로(李恒老, 1792~1868)로 자는 이술(而述), 호는 화서(華西)이다.

3) 내용

이항로가 평소 도를 논한 글은 많았으나 별도로 저술과 저작을 해두지 않았다. 다만 그의 아들들이 곁에서 기록하여 둔 「가정습록(家庭拾錄)」과 문인과 제자들이 기록한 「어록(語錄)」이 있었다. 이항로가 말년에 노환으로 강석(講席)하지 못하게 되자, 문하의 제자들이 위의 기록을 주제별로 분류하고 편집하여 『화서선생아언(華西先生雅言)』이라 이름 붙이고 강습자료로 삼았다. 이 책은 모두 12권 36편 891조목으로 이루어져 있다. 1권에는 「형이(形而)」·「임천(臨川)」·「구덕(九德)」 편이 들어있고, 2권에는 「천지(天地)」·「태양(太陽)」·「건위(乾爲)」, 3권에는 「신명(神明)」·「심일(心一)」·「인응(仁應)」, 4권에는 「사부(事父)」·「생지(生知)」·「개천(蓋天)」, 5권에는 「지성(知性)」·「처독(處獨)」·「고양(叩兩)」, 6권에는 「진자금(陳子禽)」·「진분(盡分)」·「충신(忠信)」, 7권에는 「조차(造次)」·「리순(理順)」·「유덕(有德)」, 8권에는 「이윤(伊尹)」·「계산장(桂山丈)」·「자상문(子常問)」, 9권에는 「주문(朱門)」·「홍도(洪濤)」·「향배(嚮背)」, 10권에는 「성왕(聖王)」·「대장(大壯)」·「존중화(尊中華)」, 11권에는 「여염(閭閻)」·「무왕(武王)」·「역자(易者)」, 12권에는 「이단(異端)」·「양화(洋禍)」·「요순(堯舜)」 편이 들어있다. 그 가운데 심성이론과 관련된 주요 내용을 몇 편 소개하면 다음과 같다. 제1편 「형이(形而)」에서는 모두 31조목에 걸쳐 리와 기를 총설하였다. 특히 이 편에서는 리와 기의 불상리(不相離)와 불상잡(不相雜) 관계를 설명하였다. "리는 기를 통솔하는 주체가 되고 기는 리를 싣는 그릇이 된다는 것은 불상리를 말한 것이며, 리는 지선(至善)·지중(至中)의 준칙이 되고 기는 치우침과 과불급의 연유가 된다는 것은 불상잡을 말한 것이다. 불상리에 있어서 상하의 분수에 어두우면 군신의 질서가 없게 되고, 불상잡에 있어서 피차의 분간이 어두우면 자식과 도적의 구분이 없게 된다" 라고 하여 불상리와 불상잡의 두 측면을 동시에 강조하였다. 그러나 이항로의 이러한 논법은 성리학의 일반론과는 큰 차이가 있는 것이다. 성리학의 일반론에 따르면, '불상리'는 리와 기는 항상 동시공재(同時共在)하는 관계임을 나타내고, '불상잡'은 리와 기는 서로 존재론적 속성이 다름을 나타내는 명제이다. 그런데 이항로는 불상리와 불상잡을 모두 리와 기를 구분해야 한다는 취지로 해석한 것이다. 이항로는 또 "리라는 것은 하나이지 둘이 아니므로, 사물을 명령하는 것이지 사물의 명령을 받는 것이 아니며, 주체가 되는 것이지 객체가 되는 것이 아니다. 기라는 것은 둘이지 하나가 아니므로, 사물의 명령을 받는 것이지 사물에게 명령하는 것이 아니며, 객체가 되는 것이지 주체가 되는 것이 아니다"라고 하여, 주리론적 입장을 분명히 제시하였다. 제2편 「임천(臨川)」에서도 모두 22조목에 걸쳐 리와 기를 총설하고 있다. 본편에서는 주리론적 입장을 더욱 구체적으로 표현하여 이선기후(理先氣後)·이귀기천(理貴氣賤)의 논리를 피력하였다. "형이상의 것을 도라 하고 형이하의 것을 기(器)라 하는데, 상·하 두 글자는 많은 뜻을 함유하고 있다. 사물이 생겨나기 이전에서 말하면 리가 이미 갖추어져 있으니 상·하에는 선후(先後)의 뜻이 있으며, 사물이 막 생겨날 때로 말하면 리는 기의 장수가 되고 기는 리의 병졸이 되니 상·하에는 존비(尊卑)의 뜻이 있다." 이는 존재론적으로도 리가 기보다 우선하고, 가치론적으로도 리가 기보다 존귀하다는 말이다. 때문에 리는 기를 통솔하고 주재하는 주체가 된다. 제3편 「구덕(九德)」에서는 모두 19조목에 걸쳐 리와 기를 총설하였다. 여기서는 정설(正說)과 도설(倒說)의 두 측면에서 리를 설명하였다. 예를 들어 '하늘이 음양오행으로 만물을 화생한다'는 것은 정설이고, '기로써 형체를 이루고 리 또한 부여한다'는 것은 도설이다. 이것은 본원에서 말하는 정설과 현상에서 말하는 도설을 함께 갖추어야 리의 뜻이 완비된다는 말이다. 제5편 「태양(太陽)」에서는 모두 25조목에 걸쳐 천지와 인물의 이치를 두루 설명하였다. 예를 들어 "여기에 큰 종을 걸어놓고 작게 치면 작게 응할 것이고 크게 치면 크게 응할 것이며, 기쁘게 치면 기쁘게 응할 것이고 성내어 치면 성내어 응할 것이며, 치지 않으면 응하지 않을 것이다. 이것은 모두 나로 말미암은 것이지 종으로 말미암은 것이겠는가?"라고 하여 천지만물이 본래 나와 더불어 한 마음이며 하나의 이치라고 강조하였다. 이러한 의미에서〈천하 만물이 잠시라도 태양의 광명을 떠날 수 없으므로〉 태양이 천하 만물의 주인이 되는 것과 마음이 일신 만사의 주인이 되는 것은 같은 이치라고 설명하였다. 제7편 「신명(神明)」에서는 모두 36조목에 걸쳐 모두 심(心)을 설명하였다. 심이란 사람의 신명(神明)이고, 성은 마음의 본체이며, 정은 마음의 작용이다. 심은 형(形)·기(氣)·신(神)·리(理)를 모두 겸하기 때문에,

심이라고 할 때에는 이 여러 측면가운데 어느 측면인지를 잘 분별해서 종합해 보아야 하며, 어느 한 측면에 고착되어서는 안 된다. 그럼에도 불구하고 그가 리(理)를 위주로 심을 논하는 일이 많은 이유에 대해, 이항로는 당시의 정황이 심을 리의 측면에서 강론할 필요성이 있어서 그런 것이며, 만일 양명학자들을 대상으로 심을 논한다면 입이 아프도록 심이 기(氣)임을 논할 것이라 하였다. 제8편 「심일(心一)」에서는 모두 25조목에 걸쳐 인심·도심과 명덕(明德)을 논하였다. 이항로는 인심이 형기에서 발한다는 점을 강조하여 인심의 발동 역시 천기(天機)라는 설을 경계하고, 이이의 "인심 또한 도심이 된다"는 명제는 인심이 도심에 통솔됨을 말한 것이라 해석하였다. 명덕설의 경우 명덕을 리로 규정하더라도, 내 마음이 물욕에 가려있다면, 이는 명덕을 기라고 하는 것과 다름이 없다고 보았다. 기질의 장애를 극복하려는 실천적 노력이 중요하다는 주장이다. 제9편 「인응(仁應)」에서는 모두 37조목에 걸쳐 인의예지의 사덕(四德)으로 성리를 논하였다. 모든 사람은 인의예지의 성을 가지고 있어 선하므로, 악이란 별도의 한 종류가 있은 것이 아니라, 선의 작용이 중(中)을 잃었을 때를 지칭할 뿐이라는 것이다.

1-1-1 「形而」凡三十一條【總說理氣。】(『雅言』卷1)

"形而上者謂之道, 形而下者謂之器。" 古今言理氣之別, 此語最盡。一形字上着一上下字而已, 上下字含蓄得無窮。

「乾」健、「坤」順、「震」動、「巽」入、「坎」陷、「離」麗、「艮」止、「兌」說, 形而上之道也; 「乾」天、「坤」地、「震」雷、「巽」風、「坎」水、「離」火、「艮」山、「兌」澤, 形而下之器也。二者不可不分, 亦不可不合。

形者, 理氣合一之物也。觀理者, 當於此求之; 觀氣者, 當於此求之。

○"體用一源", 當就「太極圖」第一圈上, 須觀下面許多物事已具於此; "顯微無間", 當就陽動陰靜以下圈上, 須觀物物各具此。
自理觀物, 則理如此, 故神亦如此; 神如此, 故氣亦如此; 氣如此, 故形亦如此。卽物觀理, 則形成故氣聚, 氣聚故神會, 神會故理具。

○理與氣不相雜也。故以理爲主而率其氣, 則無往而不善; 以氣爲主而反其理, 則無往而不凶。理與氣不相離也。故以理爲主而明之養之, 則能變化其氣質; 以氣爲主而徇之培之, 則能移易其性情。

○凡有聲、色、貌、象而盈於天地之間者, 皆氣也, 自存諸人而言之, 一動一靜, 一語一默, 無非氣也。若執此而證之曰此氣也, 此言非不的當, 非不分明矣。雖然, 若但如此而已, 則聖人所謂微、所謂隱、所謂無聲無臭、所謂形而上、所謂無極而太極、所謂非見聞所及, 果何事也? 此所謂理也, 此雖無形, 實爲有形之主; 此雖至微, 實爲至顯之體; 此雖無爲, 實爲萬化萬事之根本也。
聖人明見其如此, 而閔衆人之懵然無覺, 汨沒馳逐於形氣作用之中, 故不得不指出而明示之。然指出其所不可見者, 而使之見; 指出其所不可聞者, 而使之聞; 指出其至隱至微者, 而使之著顯, 其勢顧不難歟?
是以言之不足則畫之, 畫之不足則歌之, 歌之不足則註之, 前聖後聖所以指出發明者, 無所不用其極, 可謂苦心血誠矣。然後隱者顯、微者著, 如青天白日之光明, 使天下萬古之人, 皆得以同覩而同聞, 聖人之功亦可謂神矣。
奈之何理氣一物, 無太極之說駸駸熾盛, 使旣覩之青天掩翳而不見, 旣昇之白日薄蝕而不明, 此曷故焉? 此必億兆蒼生不安之兆。思之及此, 不勝浩歎, 此非人力之所及, 奈何?

○ 不會神字意思, 鈍滯了理字。

○ 今之說理、說氣, 不就一物上分看, 欲覔出一物於一物之外, 而喚做理、喚做氣, 則天下本無是物, 非獨看理字不出, 亦看氣字不出。

○ 理氣之分有兩樣, 以理之本體言, 則理爲統氣之主而氣爲載理之器, 此則不可離之說也; 以氣之萬殊言, 則理爲至善至中之準則而氣爲偏倚過不及之緣由, 此則不可雜之說也。
於不可離者昧上下之分, 則君臣無序矣; 於不可雜者昧彼此之分, 則子賊無別矣。

○ 一理, 萬物已具; 一物, 萬理咸備。

○ 太極只管一動一靜, 生生不已焉耳。

○ 自太極順推至萬物, 則同中識其異; 自萬物逆推至太極, 則異中識其同。
同中之異, 同爲體而異爲用; 異中之同, 異爲體而同爲用。

○ 說理時不雜乎氣, 觀理處不離乎氣。

○ 識理之言, 理字活而氣字死; 不識理之言, 氣字活而理字死。

○ 理之健處, 在氣爲陽, 在形爲天, 在人爲男, 在心爲仁。
理之順處, 在氣爲陰, 在形爲地, 在人爲女, 在心爲義。

○ "維天之命, 於穆不已。" 是以日月運行, 寒暑循環, 水流不息, 物生不匱。
"於皇上帝, 明明在上。" 是以日月光明, 雷電轟燁, 萬物神靈, 人心有覺, 此皆實理著顯處。

○ 日月照臨天下, 亶聰明作元后, 人心主宰萬事, 卽一理也。
理非破碎散漫底也, 有總會主宰, 此處最可觀。

○ 理者, 一而不二者也, 命物而不命於物者也, 爲主而不爲客者也。氣者, 二而不一者也, 命於物而不命物者也, 爲客而不爲主者也。
是故在天言命物之主, 則曰天曰帝; 在人言命物之主, 則曰心曰天君; 在物言命物之主, 則曰神曰神明, 其實一理也。

○ "仰觀天文, 俯察地理, 近取諸身, 遠取諸物", 是何事? "仁者見之謂之仁, 知者見之謂之知, 百姓日用而不知", 是何物?
仁體此者也, 禮節此者也, 義宜此者也, 智知此者也, 信實此者也。以之事親曰孝, 以之事君曰忠, 以之事兄曰弟, 以之事人曰信。

○ 理也者, 該動靜、體用, 包能所、大小, 故無虧欠, 不相假借而足。

○ "神"無遠近、內外、彼此、先後之間者也。"化"有本末、遲速、親疎、難易之序者也。"神"字慢說不得, "化"字急說不得。

○ 聖而不可知之神, 亦極其理之本體而言, 理外更無神。

○ 形是氣之質, 神是理之妙, 氣無捉摸而形有貌象, 理無方所而神有運用。

○ 理不離氣, 如火不離薪。火無薪則不能成其明, 然不可指明爲薪; 理非氣則不能著其神, 然不可指神爲氣。

○ 理積生神, 神積生氣, 氣積生形。
理盡則神散, 神散則氣消, 氣消則形毁。

○ 說理有兩病, 不淪入空虛, 必膠着事物。

○ 太極之性情、功用、聲色、貌象, 露盡無餘。

○ 陽生陰、陰生陽者, 形氣也; 以陽生陰、以陰生陽者, 太極也。形氣局, 故分而爲兩; 太極通, 故統而爲一。以此推之, 萬物皆如此。

○ 道與器, 不得不分, 不得不合, 分中有合, 合中有分。

○ "太極生兩儀", 亘古亘今, 只此五字發用而已矣。數有奇耦, 象有動靜, 門有開闔, 脚有左右, 皆此理也。

○ 天地內外, 惟理氣兩物而已。氣該於理, 惟一理字, 通貫前天地、後天地。

○ 橫說則一時萬理俱備, 無遲疑等待之地; 竪說則春終而夏始, 夏終而秋始, 秋終而冬始, 冬終而春始, 循環流行, 無躁妄欲速之時。

○ 理氣二物互奪名位, 小人大人混同無別, 帥役乘載, 掩遮薄蝕, 孰能爲天地立心? 孰能繼往聖開來學? 前天地、後天地, 只是一箇心。

1-1-2 「臨川」凡二十二條【總說理氣。】(『雅言』卷1)

先生辨臨川吳氏「太極說」曰: “天地之間, 只有動與靜而已。自其無形者而觀之則太極也, 太極者卽一動一靜之道也; 自其有形者而觀之則氣機也, 氣機者卽一動一靜之器也。無是動靜, 則旣無所謂太極者矣, 烏有所謂氣機者乎?

濂溪先生祖述孔子太極之訓而手寫一圖, 自爲解說曰: “太極動而生陽, 靜而生陰。” 朱子又從而釋之曰, “太極便會動靜”, 則其義固已躍如矣。

又慮後學之迷於道器之界也, 則曰: “動而無動, 靜而無靜, 神也; 動而無靜, 靜而無動, 物也, 物則不通, 神妙萬物。” 朱子又從而釋之曰: “神, 以形而上者言; 物, 以形而下者言也。” 爲後世慮, 可謂周且密矣。

今曰: “太極無動靜, 而動靜專仰於氣機。” 然則太極淪於空寂, 而不足爲氣機之本源矣; 氣機疑於專擅, 而反作太極之主宰矣。

朱子嘗辨諸家之說性曰: “無善無不善之說最無狀。” 蓋爲無善無不善, 則淪於空寂, 而還不如性惡之猶有骨子也。然則無動靜之云, 與此何異哉?

太極旣無動靜矣, 則動靜之主宰者, 專歸於氣機固也。然則天地之間動不動, 只有一箇氣機足矣, 尙何待於太極也哉? 得非聖人明言有太極, 終不敢道他不是。故雖曰有之, 多費辭說, 委曲宛轉, 假借安排, 而僅見其尊號虛位之不替, 其無眞實妙用自如也。百家害理尙氣之說, 無所不備, 苟求其所差之源, 則臨川太極無動靜之說, 未必不爲之兆。【節錄, 下同。】

○ 鬼神以理言之, 則理之功用顯處也; 以氣言之, 則氣之運用隱處也。

○ 所謂無極者, 無情意、無造作之說也; 所謂太極者, 無所不具、無所不該之說也。二說俱明, 然後其義始盡。故朱子見人單說無極邊意思, 則必擧太極之義以明之; 見人偏說太極邊意思, 則必擧無極之義以明之, 蓋救人一偏之見而明其全體也。

○ 太極專言, 則陰陽、天地、五行、男女、萬物皆包在太極之內。若理與氣相對說, 則理無形而氣有形, 理無爲而氣有爲, 理則隱而氣則著。此二說互相發明, 初不相妨。

○ 太極只是一箇生生之理。
「圖說」九生字, 通貫一篇命脈。

○ "動而生陽, 靜而生陰", 以下至終篇, 是太極圈內事。

○ 貫古今而無存亡者, 太極之道也; 禪舊新而有死生者, 陰陽之器也。道無存亡也, 故四德、五常, 準則一定; 器有死生也, 故兩儀、四時, 變化無窮, 斯二者萬古千今不易之常經也。天地人物, 大小雖異, 而所以具此太極之道同也; 久速雖萬, 而所以乘此陰陽之器一也。
是故, 聖人於其所謂道者, 旣洞見全體大用之所蘊, 故爲之禮樂刑政之屬而以敎之。於其所謂器者, 明察其死生幽明之有限, 故爲之生育榮哀之具而以養之; 於其二者之間, 的知大小輕重之所在, 故以守死善道、舍生取義爲究竟法焉。是皆"建諸天地而不悖, 質諸鬼神而無疑, 百世以俟聖人而不惑"者也。

○ 老氏以玄而又玄爲衆妙之門, 而不知仁義禮智之神爲衆妙之; 花潭以一氣之目當妙乎妙、奇乎奇之贊焉, 而不知太極之理爲至妙之本, 是皆"知者過之"之失也。

○ 形陰而氣陽, 皆形而下之器也; 理體而神用, 皆形而上之道也。

○ "能"、"所"出自禪語, 喩以看花折柳, 則"看"、"折"爲能, "花"、"柳"爲所。蓋借有形之物, 明無形之理, "看"、"折"有看折之理, "花"、"柳"有花柳之理。引彼證此, 語極精巧, 但吾儒借行其說, 而錯施於理氣之分焉, 則種種醜差。

何也? 能字由我, 所字由物, 而由我者, 皆屬乎形而下之器; 由物者, 皆屬乎形而上之道, 則如妙性情之妙、致中和之致、孝親之孝、忠君之忠, 不得爲道而反屬之器矣。“「坤」以簡能”之能, “良知良能”之能, “至誠爲能”之能, 一例屬器而不得爲道矣, 烏乎可哉?

所字、能字, 本非實字, 於理於氣皆可通。使若膠固編配, 移動不行, 觸處梗礙, 不成義理, 讀者, 不可不知也。

○ 人有恒言, 皆曰所以然者理也, 以之爲言用也, 須有一箇做主而言, 然後始言其用與不用矣。

做主者, 誰歟? 在天地, 則主宰謂之帝; 在萬物, 則主宰謂之神; 在人, 則主宰謂之心, 其實一太極也。

孔子曰: “「乾」以易知, 「坤」以簡能。” 夫易簡乾坤之德也, 而以易知、以簡能者, 非帝而何哉?

六十四卦之「大象」, 必着“君子以”三字, 而明用『易』之妙。以一字, 乃其全書眼目之所在也, 如曰“天行健, 君子以自彊不息”, “地勢坤, 君子以厚德載物。” 夫健、坤卽天地之德也, 以之而“自彊不息”, 以之而“厚德載物”者, 非心而何哉? 推此而例之, 則餘皆倣此。

一分爲二, 二儀有二儀之德, 而以此德行此事者心也; 二分爲四, 四象有四象之德, 而以此德行此事者心也; 四分爲八, 八卦有八卦之德, 而以此德行此事者心也。重之而爲六十四卦, 卦各有義, 爻各有象, 而君子所以以之者, 皆心爲之主也, 以字之義, 廣矣大矣哉! 若無此一字, 則乾坤幾乎息矣, 『易』幾乎不可見矣。

朱子釋此以字之義, 大段分曉。其言曰“元、亨、利、貞, 性也; 生、長、收、藏, 情也; 以元生、以亨長、以利收、以貞藏者, 心也”, 此明天地之心爲以字之主也。仁、義、禮、智, 性也; 惻隱、羞惡、辭讓、是非, 情也; 以仁愛、以義惡、以禮讓、以智知者, 心也, 此明人之心爲以字之主也。

非心則無以見以字之主, 非以則無以著心字之妙。

○ 理爲主、氣爲役, 則理純氣正, 萬事治而天下安矣; 氣爲主、理爲貳, 則氣彊理隱,萬事亂而天下危矣, 差以毫釐, 繆以千里。
○“形而上者謂之道, 形而下者謂之器”, 上下二字, 含蓄多少意思。自此物未生之前而言, 則其理已具, 其曰上下者, 有先後之意。自此物方生之時而言, 則理爲氣帥, 氣爲理役, 其曰上下者, 有尊卑之意。自此物已盡之後而言, 則氣有成壞, 理通古今, 其曰上下者, 有存亡之意。

○陰生陽、陽生陰, 而以陰生陽、以陽生陰者, 卽理也; 生子女者父母, 使父母生子女者, 卽理也, 此是理氣界分切要處。

○理是命氣之帥也, 不通則無以統下; 氣乃載理之器也, 不局則無以承上。

○道者, 四通五達之名; 器者, 適用一定之物。非道, 無以生養是器; 非器, 無以承載是道。道是天地萬物之至尊, 器是天地萬物之至寶。聖人下學而踐其器, 上達而明其道, 故與天地合其德矣。衆人不能下學, 故器爲空器; 不能上達, 故道非眞道。

○人有恒言太極難理會, 愚則以爲易理會者莫如太極。有一物於此, 是物也有性、有情、有聲、有色、有氣、有質、有嚮、有背, 觀此則是物烏可隱也? 太極亦如此, 元亨利貞, 太極之德也; 春夏秋冬, 太極之時也; 仁義禮智, 太極之性也; 愛敬宜知, 太極之情也; 抱陽背陰, 太極之常也; 福善禍淫, 太極之命也; 金木水火, 太極之形也; 青黃赤白, 太極之采也; 宮商角徵, 太極之音也; 甘酸辛醎, 太極之味也; 一二三四, 太極之生數也; 六七八九, 太極之成數也。天下之物, 何莫非太極之所蘊乎? 天下之事, 何莫非太極之所生乎? 終日言之, 有不可窮者矣。
雖然, 苟能下學其有形之事, 而上達其無形之理焉, 則太極之全體大用, 咸備於我一心之中, 而無大小內外之間矣。

○理則一也, 卽理論事, 較大較虛; 就事論理, 較小較實。是以或有誇大騖虛之病, 或有安小狃近之病, 無此病者, 聖人之言也。學者當兩省而兩戒也。

○ 凡說理字, 橫看則萬理一時都具一處合在, 無先後偏全之異; 竪看則已往者爲跡爲故, 方來者爲妙爲新。考其跡而驗其妙, 按其故而知其新, 已往者有限而方來者無窮, 有跡者易見而無跡者難尋。是以雖聖人, 有"罔念作狂"之戒, 有"日新又新"之工。

○ 玩味古人文字, 則理氣雙立一說也, 理爲氣主一說也。如孟子"義亦我所欲也, 生亦我所欲也", 此則雙下說; "二者不可得兼, 舍生而取義", 此則致一說, 古人見道分明, 故便說得出。詖辭決不能成得一事, 疑辭亦決不能成事, 此是機要。

○ 聖賢說話, 有理氣合一時, 有理不從氣時, 有氣不應理時, 逐一各自理會。
所謂理氣合一時, 如夫子"從心所欲不踰矩"及"先天而天不違, 後天而奉天時"之類也。所謂理不從氣時, 如"殺身成仁, 無求生以害仁"之類也。所謂氣不應理時, 如必待孩笑而後能愛其親, 必待長而後能敬其兄, 非謂未孩笑時不禀此愛親之理, 未長時不禀此敬兄之理, 特以氣有未充而理有未形也。
愚意: 欲於理氣合一之時, 要見其不離之妙焉; 欲於理不從氣之時, 要見其克己省察之功焉; 欲於氣不應理之時, 要見其涵養成就之業焉。朱子"理氣決是二物"之訓, 極分明的確。

○ 朱子曰: "理氣決是二物。" 此聖賢相傳之決案也, 羅氏疑之, 何故也? 蓋理一而氣兩, 理無不善而氣有善不善, 一與兩, 善與不善, 安得合以爲一也?
理與氣固有相資時, 亦有相抗時。相資時, 如人馬、帥卒; 相抗時, 如苗莠、子賊。人馬、帥卒已是二物也, 苗莠、子賊得爲一物乎?
伏羲之畫卦造字, 已辨卦德、卦象, 卦德以理言, 卦象以氣言。曰天、曰地、曰雷、曰水、曰山、曰風、曰火、曰澤, 氣也; 曰健、曰順、曰動、曰憂、曰止、曰入、曰明、曰說, 理也, 雖欲合而爲一, 其可得乎?
堯黧舜黑, 氣也; 堯欽舜恭, 理也。孔子七十三而卒, 孟子八十四而卒, 氣也; 孔子、孟子之爲萬世師, 理也。聖人禀淸粹, 凡人得濁駁者, 氣也; 聖所以敎, 衆所以學者, 理也。孟子曰: "養其大體爲大人, 養其小體爲小人。" 大體指理也, 小體指氣也, 循理者爲大人, 徇氣者爲小人。

1-1-3 「九德」凡十九條【總說理氣。】(『雅言』卷1)

凡句語合着而字處, 是形而上之道也; 下而字不得處, 是形而下之器也。陰而陽、陽而陰者, 理之通也; 陰不爲陽、陽不爲陰者, 氣之局也。程子曰: "九德最好。" 爲中間有一箇"而"字故也。有這而字, 故爲君子之德, 若無那而字, 則曰寬、曰剛、曰直之類, 不越乎氣質之偏也。【語錄, 下同。】

○ 說理或正說, 或倒說。"天以陰陽五行化生萬物", 是正說; "氣以成形, 而理亦賦焉", 是倒說。"體用一源", 是正說; "顯微無間", 是倒說。"論萬物之一源, 則理同而氣異", 是正說; "觀萬物之異體, 則氣猶相近而理絶不同", 是倒說。正、倒相須, 其義乃備。

○ 理不必就高妙處求, 正好麤卑處看。如一人身上, 目亦視、耳亦視、口亦視, 一身百體只管他視, 更沒他事, 是成箇甚? 知此, 則知同而無異不能成物。

如手欲持而心不爲之應, 足欲行而目不爲之視, 口欲食而胃不爲之受, 一身百體不相爲資, 是成箇甚? 知此, 則知異而無同不能成物。

然同異非二物, 只同中含異, 異中含同。

今人謂理同而氣異, 理之異亦由於氣之異, 此固然矣。其實理同之中元自有許多異, 不待氣之異而異也。如"冲漠無眹而萬象森然已具", 同中含異之謂也, 此何待氣局而不同耶?

同而異, 異而同, 生出無限妙, 只看一邊者, 不足以知道。

○ 平默曰: 理者, 形之所不見者也; 形者, 理之所可見者也, 一物上有此二者?

先生曰: 不可見也而爲可見之主, 可見也而爲不可見之使。

○ 天下之理皆兩面, 有進必有退, 有存必有亡, 有得必有喪。常人之無知, 非全無所見, 只看得一面, 一面更不理會去。聖人之知, 非別有所見, 只看得盡兩面, 無所闕漏。

○ 理一定不易底, 神無所不能底。

○ 緊要在靜, 主意在動。

○ 勢重於無事, 主在於有事。

○ 分異合同四字, 於造化之妙幾矣。

○ 先生曰: 今人不解天、地、人一理之義。
舜九曰: 何謂也?
曰: 譬之人身, 手能持, 足能履, 耳能聽, 口能食, 各有所職, 各是一物, 合而觀之, 只是一身, 闕却一箇, 不成了身。
天、地、人亦然, 各有所職, 各是一物。然合而觀之, 只是一物, 這三者闕却一, 是成甚樣?
天只是地之氣, 地只是天之質, 人只是天地之心。
問: 不可闕一者, 是如何?
曰: 非天無以生萬物, 非地無以養萬物, 非人無以財成輔相。

○ 氣者, 理之跡; 神者, 理之妙。

○ 理之一定, 天地鬼神不能遷動, 況於人乎? 此處最好觀。

○ 先生問於近仁曰: 「太極圖」白黑是陰陽, 中虛是太極歟?
近仁曰: 然。
先生曰: 這內外都是太極也。

○ 說理時, 未有不與氣爲一之理, 纔說氣時, 便不是理之全體。

○“理通氣局”, 局不是不好底, 只是氣之本職。理與氣一通一局, 不可相無, 理不通, 則無以爲萬物之一源; 氣不局, 則無以成萬物之異體。

○或問: 朱子謂“理有動靜, 故氣有動靜”, 敢問理之動靜, 其貌狀如何?
先生曰: 氣之動靜, 是理之動靜之貌狀。

○先生在洪川時有一絶云: “一低一仰鼓風板, 爭道機牙在板身。看取主張斯物者, 上頭元有踏機人。”

○重教謂: 莊子“孰主張是, 孰綱維是”等數句, 朱子亟稱之以爲見得大處。
先生曰: 此固是莊子卓越諸子處。但只吟弄在恍惚之間, 終不肯道破是甚物, 依舊是自家面色。
若聖人之言, 直曰“太極生兩儀”, 曰“大哉乾元, 萬物資始”, 如此方是明快語。

○陰根陽, 陽根陰, 陰以生陽爲心, 陽以生陰爲心。如父以愛子爲心, 子以孝親爲心。

1-1-4 「太陽」凡二十五條【遍說天地人物之理。】(『雅言』卷2)

太陽爲天下萬物之主, 天君爲一身萬事之主, 光明故也, 其理一也。

太陽之行, 準乎地面, 而生一日十二時; 太陽之次, 準乎天辰, 而生四時二十四節, 太陽之德盛矣哉!

陰根於陽, 陽根於陰, 故日根於月, 月根於日; 水根於火, 火根於水。日非月無以養其魄, 月非日無以生其光。一月一合, 一歲十二合, 卽日月分合之數也。

陽用全數, 陰用半數, 故晝則一月三十晝皆明, 夜則一月三十夜, 十五夜明, 十五夜昏。

天下萬物之生, 不可頃刻離者, 太陽之明也。故夜則月受太陽之光而施其明, 無月之夜則星受太陽之光而施其明。是以『易』之「明夷」曰: "箕子之貞明不可息。" 此之謂歟!

○太陽之數, 下準地面, 上準天辰, 許多時分節氣出焉; 天君之職, 下司人事, 上司天德, 許多功業道理行焉, 其理一也。

○天地、日月、五行、萬物、萬事合而爲一塊物, 其條理脈絡分明歷落, 挈之則動, 呼之則諾。譬如一箇活物, 內自五臟六腑, 外至四肢百體、一毛一髮, 痛、痒、寒、熱, 無不相關, 無不切己。

○天地之間, 培植仁人孝子, 如甘雨和風滋潤嘉穀, 如沃土膏壤培養傑苗。天地之間不容惡人, 如烈火沸湯, 着一點冰雪不得。

○ 天地生成萬物, 自有定數, 遲速、久近、先後、首末, 井井有序, 非徒人不能推遷變易, 天地鬼神亦不能使之前却推移, 此定理也。人以天地鬼神之所不能者求之, 其可得乎?

孔子曰: "欲速則不達。" 孟子曰: "助之長者, 揠苗者也, 非徒無益, 而又害之。" 莊子所謂"撫卵而求時夜, 彈丸而思鴞炙"是也。

○ 天之生物, 本自完全周足, 無假借處, 無有餘處。

○ 天之生物, 必因其材而篤焉。如種豆則豆旺, 種稻則稻盛, 無種此而彼旺之理。

○ 帝出于「震」, 「震」東方也, 仁者, 善之長也, 春爲四時之首, 角聲居五音之中。草木百穀實落, 則生意必托在萌芽, 卽所謂仁也。以此推之, 則天地之東爲三方之長, 而托始托終可知也。周末禮樂在東魯, 皇明末名節道學在東邦, 亦一理也。

○ 天在上, 主生萬物, 地在下, 主成萬物, 終是一偏道理。人居其中, 中則承上履下, 有不偏之德。故能財成天地之所有餘, 輔相天地之所不足, 以立天地間大中至正之極。心爲一身之中, 亦一理也。

○ 凡卦, 衆陰之中一陽爲主, 衆陽之中一陰爲主。一陽爲主, 則純乎吉; 一陰爲主, 則入乎凶。雖在吉卦, 亦不能無戒, 此蓋陽善陰惡之大分也。陽剛之德遇艱險蹇屯之地, 則愈益光顯; 陰柔之質當尊貴强盛之時, 則愈益郎當, 此扶抑之大意也。

○ 先王祭天地, 別有司中之祀。中者, 天地所由以立, 萬物所由以生, 中之義大矣哉!

○ 形容中字莫如直, 救護中字莫如敬。

○ 中, 四通五達。

○古人形容道體, 多用中字。如堯曰“執中”, 舜亦曰“執中”, 湯曰“惟皇上帝, 降衷于下民”, 劉子曰“人受天地之中以生”, 孔子曰“中庸其至矣乎”, 程子曰“天然自有之中。” 不惟是也。「河圖」五十爲中數而居其中, 四方一、二、三、四, 卽五之所生也; 六、七、八、九, 卽得其五而成也。「洛書」亦五居其中, 而四正、四隅, 相含而成五。是以伏羲畫卦二五爲爻之中而最吉, 大禹衍疇皇極居數之中而爲主。
不惟是也。北辰居天之中而爲日月星辰之所拱, 洛邑得土之中而爲禮樂刑政之所出, 軸貫兩輪之中而以之行, 臍守兩磨之中而以之運, 棟建屋中而兩霤行水, 鍾起聲中而六律調音。器不虛中, 用無所施; 物不實中, 氣不張旺, 中之義大矣哉!
心爲一身之極, 而湯所謂“上帝降衷”, 劉子所謂“人受天地之中以生”者是也。仁、義、禮、智, 心之體也; 惻隱、羞惡、恭敬、是非, 心之用也。是以卽其未發而立其體, 則謂之中; 其已發而中其節, 則謂之和, 中卽在中之義, 和乃中節之名。雖動靜異位, 內外異名, 而中則一而已矣, 合而言之, 則中庸之道也。
聖人所以敎, 不過使人靜則去其偏倚之病而立其中矣, 動則察其過不及之病而行其中矣, 更無一毫加減於其外, 而參天地、育萬物之妙, 實在於此。

○天地好生之心, 至誠無息。

○「乾」求乎「坤」, 「坤」求乎「乾」, 此所謂天地之心至誠無息者也。以言乎五行, 則水之根藏乎火, 火之根藏乎水, 木之用著乎金, 金之用著乎木。以言乎人身, 則視資乎聽, 聽資乎視, 言顧乎行, 行顧乎言。以言乎人倫, 則父愛其子, 子愛其父, 君禮其臣, 臣敬其君, 兄友其弟, 弟悌其兄, 夫倡其婦, 婦從其夫, 朋以類聚, 友以德合。以言乎物, 則陸貪乎海, 海貪乎陸, 飛悅乎潛, 潛悅乎飛, 顯至理之生生, 成天下之亹亹。

○天地萬物, 本與我一心, 故感應之速捷於影響, 報復之實較若黑白, 存亡之判易如反復, 都在我一心運用如何。

○懸洪鍾於此, 小撞則小應, 大撞則大應, 喜撞則喜應, 怒撞則怒應, 不撞則不應。

此皆由乎我，由洪鍾乎哉？
孔子之於天下後世也，以至誠惻怛愛之如子，有其心、有其政，天下後世之人仰孔子如父母者，有何疑乎？

○天貞乎動，無時不動者也；地貞乎靜，無時不靜者也。人處乎動靜之間，或從天而動，或從地而靜，動其靜、靜其動，亦無時不動，無時不靜故也。
是以君子之自彊不息，亦用其固有之太極也；君子之厚德載物，亦用其固有之太極也。兩儀也、四象也、八卦也、六十四卦也、三百八十四爻也，皆人所固有之太極也。孔子於「大象傳」曰：“君子以。” “君子以”三字，形容得無窮意思。

○天地一物也，以六陽對六陰，若一毫不相敵，則必不相持。

○有一去不返者，有循環無端者。

○南極、北極，譬如一條直軸，貫穿兩端，東西轉運，上下翻覆，無時停息。而中間一條骨子常守其中，不見其動，蓋非不動也，但動得極微，不出乎中。雖不見動，然只此些子，實爲天地之樞軸輨轄，四方八面，自此推出，無遠不禦；四方八面，合湊將來，到此築底，更沒去處，是所謂天地之極也。人心主一身之中，應萬事之象，正如此，所謂“心爲太極”是也。
南北極若不守天地之中而微有偏倚，則靠着一邊，決不能輨轄四方八面轉斡無礙，人心亦何以異於此？若不能操以存之，常守其中，則偏於一邊，倚於一物，必不能順萬理而應萬事，窒礙偏頗，顚倒乖戾，不成物事，此則自然之勢也。故存心莫如敬，明道則在格物。

○大舜以危微二字分說理氣，孔子以上下二字分說理氣，孟子以大小二字分說理氣，又以善利二字分說理氣，朱子以不離不雜分合說，栗谷以通局二字分說。又如『詩』曰“有物有則”，『易』曰“太極生兩儀”，周子曰“物則不通，神妙萬物”，張子曰“本然、氣質”，胡五峯曰“天理人欲同行異情”，程子曰“餓死事極小，失節事極大”。

凡此類皆分别理氣之說也。
或就源頭上分說, 或取發用上分說, 或就事業上分說, 或精說、或粗說, 或近說、或遠說, 各有指趣, 互相發明, 讀者潛心研究, 自可見得。

○陽以生陰爲心, 陰以生陽爲心, 是乃在陽在陰底太極也, 觀「太極圖」陰陽圈可見矣。若以陰生陰、以陽生陽, 則反背天理, 橫咈人心, 兩己相背, 是爲惡矣。如『易』之"損上益下", 『禮』之"卑己尊人", 皆用此道也。

○陰陽對待消長, 通計則無一刻饒乏, 此則象數也。然其抱陽背陰、抑陰扶陽之心, 亦無一刻間斷, 此則天地之心也。
天下必無無理之氣, 必無無氣之理, 理氣之不能相無, 勢固然矣。然其遏欲存理、尊理卑氣之心, 亦無一毫虧欠, 此非人物之私也。
有生有死, 必然之數也; 生則喜之, 死則哀之, 必然之理也。
彼溺於象數之末者, 不足以與語心性之學也。

1-1-5 「神明」凡三十六條【專說心。】(『雅言』卷3)

心者, 人之神明, 而合理氣包動靜者也; 性則心之體, 而理之乘氣而靜者也; 情則心之用, 而理之乘氣而動者也。

以理言, 則心猶太極之統四德, 性猶利貞, 情猶元亨。利貞, 萬理之歸藏也, 太極之體也; 元亨, 萬理之發施也, 太極之用也。

以氣言, 則心猶元氣之統四時, 性猶秋冬, 情猶春夏。秋冬, 萬物之成終也; 春夏, 萬物之生始也。

分言, 則心者, 萬理之總會主宰者也; 性者, 寂然不動而萬理咸備者也; 情者, 感而遂通而萬理發用者也。各有所指, 不可混淪看也。

合言, 則心也、性也、情也, 一理也。渾然無彼此內外終始本末之間, 此理之全體也。

以理言, 則聖凡之心一也, 舜、蹠之性一也, 堯、桀之情一也, 理同故也。

以氣言, 則天下之心有萬不同也, 天下之性有萬不同也, 天下之情有萬不同也, 氣異故也。

所謂理者, 是氣之本體也、準則也; 所謂氣者, 是理之形體也、器具也。理外無氣, 氣外無理。

天下無有理無氣之物, 無有氣無理之物, 雖曰一物可也。聖賢立教, 必分別言之, 猶恐其分之未精, 認之或雜, 何故也? 此處最當玩索。

理本尊而無對者也, 氣本卑而有對者也。無對, 故兩在不測, 而體萬物而不遺; 有對, 故一定不易, 而局一方而不通。周子所謂"物則不通, 神妙萬物", 栗谷所謂"理通氣局"是也。

○ 易者, 合道與器而立名也, 單指道一邊, 則曰太極也。心者, 合理與氣而立名也, 單指理一邊, 則曰本心也。

○ 心, 氣也, 物也。但就此物此氣上面指其德, 則曰理也, 聖賢所謂心, 蓋多指此也。

○ 凡看一字應一物, 看之應之者, 心也、神也; 一字一物, 理也、道也。不可言此有理而彼無理, 彼是道而此非道, 此合內外之道也。
感之者在外, 則應之者在內; 感之者在內, 則應之者在外。雖有內外彼此之分, 其實皆理也, 理一也。

○ 人之爲學, 心與理而已。心以主本全體言, 理以發用零碎言。『中庸』所謂大本達道、至德至道、誠與道、大德小德、大道小道、至聖至誠, 皆指此也。是故言心而遺理, 言理而遺心, 非善言也。

○ 心之一字兼包形、氣、神、理, 故有以形言, 有以氣言, 有以神言, 有以理言, 當隨文異看, 不可滯泥。

○ 天地之心, 只是一團生生之理也。人得是心而生, 故滿腔子只是惻隱之心也。其性謂之仁, 其情謂之愛, 愛親謂之孝, 愛兄謂之悌, 愛君謂之忠, 愛朋友謂之信, 愛長謂之敬。知此者謂之智, 宜此者謂之義, 文此者謂之禮, 實此者謂之信, 樂此者謂之樂。此所謂"元者, 善之長也。"
但爲氣質所拘, 物欲所蔽, 則此理或有所間斷而不行, 或有所阻隔而不周, 此所謂已也。不克去此蔽膜, 則此理無可求之日, 無可復之地, 故爲仁之方, 必以克己爲要。蓋此理充足時, 天地生生之心充足; 此理欠縮時, 天地生生之心欠縮, 天地生生之心欠縮時, 更有何事可以濟人私欲? 只是不思之甚也。

○ 心是火臟而爲一身之主、萬事之綱, 何也? 曰"陽爲陰之統", 上爲下之主, 火爲陽之盛上之極, 故爲五臟百體之主, 卽天日統照萬物之象也。『書』曰"亶聰明作元后", 亦此理也。
在上者必照下, 照下者非至明不能。火性炎上而至明, 故火精在天則爲日而照臨萬方, 在人則爲心而主宰萬事, 同一理也。

○ 心也、性也、情也, 一理也。自主宰而言謂之心, 其體謂之性, 其用謂之情, 所謂心統性情, 是也。然所乘者氣也, 心焉而不察其氣, 則釋氏之師心, 是也; 性焉而不分其氣, 則告子之食色, 是也; 情焉而不克其氣, 則陽明之良知, 是也。

○ 天無二帝, 心無二君。

○ 心者, 理與氣妙合而自能神明者也。以理言心, 則心之所乘者氣也; 以氣言心, 則心之所載者理也。

○ 心之所乘者, 動靜之機也; 性之所乘者, 靜也; 情之所乘者, 動也, 其實一氣也。何以謂之機? 機者, 可以動可以靜之樞紐也, 故操舍存亡, 出入善惡, 皆由此。

○ 心性有分言時, 有合言時。分言, 則心與性一也; 合言, 則心是主宰, 性是條理。仁、義、禮、智, 各爲一物; 惻隱、羞惡、辭讓、是非, 各爲一物, 不可相通。心則不然, 爲仁、爲義、爲禮、爲智, 都無不該; 爲惻隱、爲羞惡、爲辭讓、爲是非, 無所不能。於此分別心與性情, 則最分曉。
言心不言性, 如無寸之尺, 無星之秤, 渾淪儱侗。言性不言心, 如無將之卒, 無柁之船, 渙散零碎, 要之不可行均矣。故曰"心統性情"。此天理之全體也。

○ 心以理言, 則性情之主、寂感之會; 以氣言, 則陰陽之精、動靜之機。

○ 天所以覆燾萬物、地所以持載萬物、人所以接應萬物, 只是一般仁愛之心而已。萬物所以樹立, 一身保活一刻, 亦只是湊着他天地仁愛之心故也。

○ 天地滿天地惻隱之心, 聖人滿腔子惻隱之心, 此心空缺去處, 萬物便枯燥不活了。

○ 天下之道一而已矣。但以存諸人者言之, 則謂之心; 以賦於物者言之, 則謂之理, 聖賢之訓, 必心與理相對說。

○如喫飯着衣，喫着心也，飯衣理也。以理言之，則喫着理也，飯衣亦理也；以氣言之，則喫着氣也，飯衣亦氣也。看花折柳亦如此。

○心與理兩字，譬之則如牝牡經緯，少一不成物。古人知此妙，故無不相對說。

○五爲中數，極爲心德，皇爲天位，五皇極爲九疇之主。

○敬爲五事之主。

○天統地，故天專言則道也；神統鬼，故神專言則理也；心主百體，故心專言則人極也，其義一也。

○太極卽天地之心，心卽一身之太極。

○心包形、氣、神、理。形陰而氣陽，形而下之器也；神用而理體，形而上之道也。形乃心之所舍，氣乃心之所乘，神乃心之妙用，理乃心之本體。物皆然，心爲要。是故於形、於氣、於神、於理，皆可以言心。但理先氣後、理通氣局、理帥氣役之分，造次不可亂，此則只爭毫髮。

○靜中含動，性也；動中含靜，情也；靜其動、動其靜而主宰性情者，心也。

○心要天覆地載，何盡何窮？道喜縷析毫分，愈詳愈味。

○"心卽理也"一句，陽明之自信處專在於此，自蔽處亦在於此。
程子曰："心也、性也、天也，一理也。" 據此則心固理也。然理有內外、本末、先後、輕重之差，亦有嚮背、是非、眞妄、虛實之辨。自非生知上聖之姿自誠明者，未有不加格致克復之工而能盡心盡理者也。
蓋理之所乘者氣也，不能無淸濁粹駁之拘，氣之所生者欲也，不能無聲色臭味之蔽, 則吾所謂心者, 已非心之本體, 而容有蔽離陷窮之痼; 吾所謂理者, 已非理之妙用, 而容有偏僻邪妄之雜。指此爲心, 認此爲理, 而斷斷自聖, 居不疑行不顧。纔見聖賢學問格致之訓, 則便以爲求心外之事、心外之理, 絶之而不爲, 禁之而不學, 幾何不陷溺於恣行胷臆, 爲禽獸爲夷虜而莫之救乎?

雖然, 懲創"心卽理也"之一句, 專以氣字當之, 則矯枉過直, 而反失聖賢之指, 何也? 蓋心固理也, 而所乘者氣也。認心爲理, 而不問氣欲之拘蔽, 則其害固不可勝言; 指心爲氣, 而不知天命之主宰, 則其理亦有所不明矣。

是故千古聖賢之說心也, 說理則又必說氣, 說氣則又必說理, 未嘗闕一。未嘗闕一之中, 又必明一上一下、一尊一卑之實與夫彼強此弱、此勝彼負之機焉。讀者不可不致思而明辨也。【節錄, 下同。】

○ 心、性、情, 由所載者而言則理也, 由所乘者而言則氣也。故心有人心道心之分, 性有本然氣質之分, 情有天理人欲之分。

○ 孔子曰: "形而上者謂之道, 形而下者謂之器。" 朱子最喜橫渠"心統性情"之語。若認心爲氣而已, 則氣反統攝乎理矣, 所謂上下之分, 果安施也哉?

○ 心, 二氣之帥、萬化之源也。其靜也, 敬不勝怠, 怠必勝敬; 其動也, 義不勝欲, 欲必勝義。敬勝怠, 則理立而氣彊; 怠勝敬, 則理昏而氣弱; 義勝欲, 則理行而氣治; 欲勝義, 則理塞而氣亂。

○ 宋子曰: "心有以氣言者, 有以理言者。" 此二句實是論心之八字打開也。

○ 重教問: 先生嘗言"心有以理言, 有以氣言, 各有發明, 不可偏主"。竊觀近日講說, 以理言者居多, 以氣言者絶少, 如何?

曰: 須看所對而言者如何耳。吾若對陸、王二氏, 則又當苦口說心卽氣也。【語錄, 下同。】

○ 五子『近思錄』首篇載朱子"心者氣之精爽"一段。先生手指云: "'心者氣之精爽',

固是朱子之訓。‘心者理之主宰’, 亦是朱子之訓。論其主客, 則理當爲主, 何故偏入此一段? 旣偏入此一段, 其下卽繼之以‘惟心無對’一段, 讀者將以精爽之氣當無對之位, 豈不甚未安乎? 編書亦難矣哉!”

○ 心者, 性情之權度也。

○ 敬明二字, 是心之職。

○ 凡說心者, 論氣不論理, 本源不明; 論理不論氣, 善惡不分。

1-1-6 「心一」凡二十五條【雜說性理。】(『雅言』卷3)

心一也, 惻隱之心、羞惡之心、恭敬之心、是非之心謂之理, 欲色之心、欲聲之心、欲味之心、欲安佚之心謂之氣, 其故何也? 彼則原於性命也, 此則生於形氣也, 非謂有二心也。

○ 以理言, 則道心固理之發也, 人心亦理之發也; 以氣言, 則人心固氣之發也, 道心亦氣之發也。看其所主, 而道心主於理, 故謂之理發; 人心主於氣, 故謂之氣發。

○ 人心道心, 合亦不得, 離亦不得。合不得也, 故無時不照管; 離不得也, 故無處不省察。人心分上, 聽命於道心, 則危者安; 道心分上, 不雜之以人心, 則微者著。

○ 三淵曰: 人心之發亦是天機, 以爲氣所掩不能直遂者謂之人心, 人心豈不直遂乎?
先生曰: 道心之發, 非無形氣之運, 而特其所主者性命也; 人心之發, 非無性命之原, 而特其所主者形氣也, 皆人所不能無也。但論其大小貴賤, 則彼大且貴, 此小且賤; 論其微著緩急, 則彼微而緩, 此著而急。然則人心直是生於形氣者也, 何待氣掩然後變而爲此也? 淵翁之辨, 恐不可少也。【節錄, 下同。】

○ 道心爲一身之主, 而人心聽命於道心, 此則小感應; 聖人爲天下萬古人物之主, 而天下萬古人物聽命於聖人, 此則大感應。非知道者, 孰能知此?

○ 或曰: "嘐老嘗言'衆人人心道心爲二, 聖人人心道心爲一', 此言約而盡矣。"

○ 先生曰: "雖聖人分上, 人心自人心, 道心自道心。舜之飯糗被袗, 孔子之膾細食精, 謂不悖於道心則可。直與罪四凶、擧元凱、紹堯 重華、刪『詩』『書』、定禮樂、贊『周易』、修『春秋』之盛德大業, 合而一之, 不分其大小輕重之等, 則可乎?"

○曰: 朱子亦有"聖人分上人心便是道心"之訓, 栗谷亦有"人心亦爲道心"之語。今曰云云, 然則彼皆非耶?
先生曰: 朱、李兩先生之訓, 蓋謂人心統於道心云爾, 非如嵾丈之說也。【語錄, 下同。】

○人心之屬義, 在先人; 道心之屬仁, 在先己。

○人心上工夫, 莫善於讓; 道心上工夫, 莫善於不讓。苟知"當仁不讓於師", 則知屬乎形氣陪奉者, 皆所當讓。

○道心上, 常欲其過; 人心上, 常欲其不及。

○人心道心, 不妨說互發。心一也, 而有爲道理而發時, 有爲形氣而發時, 此非互發耶?

○天子不仁, 是性命敗底; 不保四海, 是形氣敗底, 諸侯不仁以下亦然。【語錄止此。】

○心之爲職, 虛靈知覺也。所謂虛靈知覺者, 天下萬理無所不具, 天下萬事無所不管也。是物存主於一身而統該萬化, 實爲一身之生道, 不可頃刻之不存、毫忽之不察也。誠之者, 存心之道也; 明之者, 明理之道也。學之爲道, 惟此兩段事而已。

○心能虛靈不昧者, 理也。雖曰虛, 而今不能無塞; 雖曰靈, 而今不能無頑; 雖曰不昧, 而今不能免乎有時而昧者, 有氣故也。
心能具衆理者, 理也。雖曰具衆理, 而今不能具得一理者, 有氣故也。
心能應萬事者, 理也。雖曰應萬事, 而今不能應得一事者, 有氣故也。
是故不可不先明其理, 當以十分無欠者, 爲之本、爲之準, 以爲嚮望恢復之地。又不可不密察其氣, 當以一毫未淨者, 爲之病、爲之闕, 以施克治變化之功。
是故就一心字兩邊分說, 而惟恐其或雜之而不明也, 惟恐其或離之而不察也。若說理而遺氣, 執氣而當理, 則大失本文之旨矣。

○ 明德之體所以不全, 氣之拘也; 明德之用所以不達, 氣之蔽也。然則民之不新, 氣也; 善之不止, 氣也; 物不格, 氣也; 知不至, 氣也; 意不誠、心不正、身不脩、家國天下之不治, 皆氣也。

聖人深究其病源之所在而克治之, 故挑出一理字於氣禀物欲之中, 爲之表準, 指摘一氣字於本德體用之外, 相對磨勘, 使天下萬世之人, 皆得以睹其善惡眞妄之分, 察其得失存亡之幾, 有以克去人欲之私而恢復天理之正。故一經十傳、三綱八條之中, 句句命脈字字精神, 只在理氣二字之分。【節錄, 下二條同。】

○ 明德者, 就人方寸中指言其天命之本體而已。由其神明虛靈主宰統攝而言則謂之心, 由其名目條理零碎界破而言則謂之理。

言心而遺理, 則如稱之無星, 尺之無寸, 渾淪儱侗, 不足以盡其心也。言理而遺心, 則如網之無綱, 舟之無柁, 鹵莽滅裂, 不能以全其理也。明德體用之全, 本自如此, 非假借添補而後足也。

故明德之訓, 不得不合此二者, 而二者之中, 又有大小本末之分, 以『中庸』所謂至德、至道、大德、小德之類推之, 則可見也。

○ 善卿誦其祖文敬公明德說。先生答書曰: “聖謨祖訓, 炳若日月, 須反身體驗, 實有所得, 方是眞見。雖曰明德是理, 而我心却在氣拘欲蔽界分, 亦與喚明德爲氣, 何以異哉? 可懼在此而不在彼也。”

○“喜怒哀樂之未發”, “未”字當玩味。

○ 溥博淵泉, 是未發前氣象。

○ 未發者, 已發之體也; 已發者, 未發之用也。所謂體立而用行者, 譬如立標於中而影隨日照而東西南北矣, 非標之轉移搖易也。若標之立於中者, 有些偏右偏左倒東倒西之時, 則其影之發於外者, 一切差繆而失其方位分限矣。蓋按標之偏與不偏、倚與不倚, 而推其影之差與不差也; 視影之過與不過、及與不及, 而驗其標之中與不中也。
是故體不立則用不行, 用不行則體不立, 豈可二之也哉? 體用一源之妙至矣哉!

○ 平默問朱子「坤」、「復」說。先生答書曰: "當以『中庸或問』爲定。蓋以「坤」之不爲無陽當未發, 以「復」之一陽初動萬物未生當已發之初, 則界至脈絡井井分齊。"【節錄, 下同。】

○ 客問: 或曰衆人無未發, 或曰衆人亦有未發, 當以何言爲得歟?
曰: 曰有亦得, 曰無亦得。
朱子曰"喜怒哀樂情也, 其未發性也。" 人無未發則是無性者也, 人豈有無性者乎?
曰: 有可也。
朱子又曰"無所偏倚, 故謂之中。" 又曰"自戒懼而約之, 以至至靜之中, 其守不失, 則極其中。" 非聖人至誠盡性者, 不足以語此。況衆人常動不靜, 欲熾情勝者乎?
曰: 無可也。曰有者, 堯、桀性同之說也; 曰無者, 堯聖桀狂之說也, 實兩行而不相悖矣。

○ 理與氣合而爲心, 故論其德之不雜乎氣者, 則靜而爲性, 動而爲情, 未嘗不善也。論其德之不離乎氣者, 則其靜也有中與偏倚之不同, 其動也有中節與過不及之不同。
故其靜也無偏倚之病, 則極其中而立其體矣; 其動也無過不及之失, 則極其和而達其用矣。未有體無病而用有病者, 亦未有用不達而體獨立者。

○ 尤庵所論氣稟之善惡, 以優劣等差言; 情意之善惡, 以是非得失言。優劣等差與是非得失, 自不同, 若混合說, 大不是。

○ 氣質之淸濁粹駁, 一定於有生稟受之初; 情意之邪正得失, 纔分於感物發動之時。故朱子論人善惡, 每每擧氣質所拘、物欲所蔽而兩言之。所謂復其本然者, 不過動靜交養, 敬義夾持, 馴致乎變化氣質, 消除物欲而已。

若曰凡人所以異於聖人者, 只在發用之後, 則『中庸』只存致和一節足矣, 又何必言致中; 只言省察足矣, 又何必言戒懼耶?

○ 天地聖人, 雖有大小之分, 只是一板印來。萬物亦是細細小樣子, 只在人仔細看。若大樣子濶遠難看, 須移看小樣子; 小樣子纖密難看, 須移看大樣子。

1-1-7 「仁應」凡三十七條【雜說性理。】(『雅言』卷3)

仁之應, 只是生道, 不仁之應, 只是死道。此理平直, 無許多回曲。

○ 凡言性有統情言底, 有對情言底, 不可不辨。

○ 人謂盛怒曰"性發", 此最有理。須看"性發"時, 何等烈烈剛猛, 着一毫閒雜得否, 着一毫昏惰得否。"性發"時如此, 則性未發時, 奚獨不然? 然則一直柔荏, 閒雜昏惰時節, 便是那喪性時節。

○ 仁是四德之首, 智是四德之本。是以體仁足以長人, 體智足以幹事。

○ 仁、智一心之始終, 萬事之首尾。

○ 或問: 智屬於冬之收藏, 何謂也?
曰: 春生許多物來, 到夏長養條暢, 到秋堅實成就, 及至冬草枯葉隕, 百蟄咸伏, 却無一事許多物事, 都如掃空了。然草藏於荄, 木晦於根, 華歸於實, 飛潛走躍咸藏于蟄。收斂一年之成功, 箇箇成實, 所以能發生來春許多事來。
智亦如此。如讀許多書, 閱許多事, 酬應萬變, 及至事過了, 都沒形影, 惟藏斂在知覺裏面。是以撞着便復發來, 此便是成始成終之道。

○ 智者, 心之貞、知之理。

○ 心之知覺, 卽天地之神也。知覺初動處, 卽天地之神初動處, 其得失邪正不可不愼。

○ 知無不知, 覺無不覺, 理之通也。知有所不知, 覺有所不覺, 氣之局也。擴充變化, 恢復本然之量, 是乃人下工夫處。

○ 智有知覺無運用。未發時知覺不昧, 體也; 已發時知覺分明, 用也。到惻隱時交付仁, 到恭敬時交付禮, 到羞惡時交付義, 到是非時還他本分。

○ 心外無性, 性外無心。心之知覺卽性之知覺, 性之知覺卽心之知覺, 安有各爲二物之理? 但曰心之知覺, 則包含惻隱、恭敬、羞惡而言, 故較大, 自主宰言之故也。曰性之知覺, 則對待惻隱、恭敬、羞惡而言, 故較小, 自界分言之故也。
或以知覺言智, 或以是非言智者, 正如或以恭敬言禮, 或以辭讓言禮, 或以惻隱言仁, 或以慈愛言仁, 或以裁制言義, 或以羞惡言義之類, 有淺深泛切之不同。

○ 仁、義、禮、智, 孰非心之德? 但仁爲四德之首而萬善之長, 故於是乎起例。【語錄, 下一條同。】

○ 太極就萬物上統言, 五常就人性上立名。【太極一作天命。】

○ 氣固有萬不同而槩有四等。形體不同一也, 氣質不同二也, 情欲不同三也, 習俗不同四也。形體不同, 如人物禽獸草木是也; 氣質不同, 如聖凡知愚是也; 情欲不同, 如君子喻義、小人喻利是也; 習俗不同, 如習於善則爲善, 習於惡則爲惡是也。是豈所稟之理不同也哉?

○ 四端仁義之心, 指理而言也, 氣之湛一, 氣也。若曰氣湛一時仁義之德發見則可, 直指氣之湛一而謂之仁義之心則不可。

○ 性之發爲情, 情一也。愛與惻隱、宜與羞惡、敬與辭讓、知與是非, 同一界脈, 但四端就接着事物上說語較緊切。緣他世俗之蔽痼滋深, 故聖人之敎轉益分明。

○ 七情闕一非心也, 一情各具百物, 闕一非情也。惟聖人乃得盡, 其餘隨其未盡分數爲多少敗闕。

○情之有喜、怒、哀、樂、愛、惡、欲, 猶性之有健、順、仁、義、禮、智、信; 天之有陰、陽、水、火、木、金、土; 音之有宮、商、角、徵、羽、變宮、變徵。【節錄, 下同。】

○四端, 自性中推出說; 七情, 就情上該備說。四端, 只擧初頭說; 七情, 該首尾全體說。

○喜者, 陽順之象; 怒者, 陰逆之象。愛屬仁, 木神之用也; 惡屬義, 金神之用也; 樂屬禮, 火神之用也; 哀屬智, 水神之用也; 欲屬信, 土神之用也。七情之欲, 猶五常之信。

○『禮運』曰"哀懼", 『中庸』曰"哀樂"。懼與樂, 皆禮之發, 嚴而泰, 和而節, 禮之全體也。由泰與和底而言則曰樂, 由嚴與節底而言則曰懼。

○禮是仁之著, 智是義之藏, 樂是愛之發, 哀是惡之極。

○貞者, 生則已盡, 而生之之理猶在; 哀者, 愛則已斷, 而愛之之情猶在。

○理氣, 相須之物也。栗谷曰: "非氣則不能發, 非理則無所發。" 此則不易之定理也。但同一發也, 而有主理主氣之不同。雖主理主氣之不同, 而不害爲發之之爲一也。退溪之分, 栗谷之合, 各有發明。但四端七情之分屬人心道心, 終似未安。栗谷曰: "七情不如四端之粹, 四端不如七情之全。" 此亦不易之論也。

○纔有一物, 則已具背面; 纔有一事, 則已含終始。背面之間, 四方已分; 始終之中, 四段【生長遂藏】已備, 此理之本然也。

至於偏全之說, 指偏勝者言之耳。如天非無順德, 而健爲之主, 故曰「乾」; 地非無健德, 而順爲之主, 故曰「坤」。若曰天只得健之性, 而地單具順之性焉, 則豈爲知道之言乎？人物之不同亦類此。
故謂之全則無不全，謂之偏則無不偏。自其偏者而觀之，則陰非陽陽非陰矣；自其全者而觀之，則物物各具一太極。【原錄，下一條同。】

○「乾」曰“健”而「坤」曰“順”，則所謂偏者，推可知也。「乾」曰“元亨利貞”，「坤」亦曰“元亨利貞”，則所謂偏者亦各具天命之全體，推可知也。惟偏中識其全，全中識其偏。

○仁義禮智，本於人心上立名，其餘推類而言。【節錄，下同。】

○人與萬物，本是一理也、一氣也。不啻言同而已，就其中氣不能無萬殊，氣旣有不同，則在是氣之理，亦隨而不同。

○仁義禮智一而已矣，用則俱用，靜則俱靜。視其所重而得名，隨其所嚮而成偏，所謂一性各具五性者是也。

○惟其一本也，故體其所同而無彼我內外之隔，仁之體也；惟其萬殊也，故窮其所異而無顚倒乖戾之失，義之用也。

○客問：人物旣曰各具太極之全體，而又曰有偏全，何也？
曰：君不觀夫「河圖」乎？一六居北水也，二七居南火也，三八居東木也，四九居西金也，五十居中土也，合此五者，「河圖」之全也。及其流行也，水爲主，則偏於北而中與三邊應焉；木爲主則，偏於東而中與三邊配焉，火金土亦然，何嘗見闕一而成偏者乎？
合五行十位而大衍，則其數爲五十五十者，五行之全數也。及其分、掛、揲、歸也，或九或六，或七或八，四象之變不同，而五十全數，觸處恰當，無有餘不足之時，酬酢萬變而不窮。非天下之至神，孰能與於此乎？知此則知同異偏全之說矣。

○單指其理，則無不全；兼指其氣，則無不偏。

○朱子曰：“道義別而言，則道是物我公共自然之理，義是吾心之能斷制者，所用以處此理者也。” 義卽性也，亦可以理言，今曰處此理者是義也，則亦無以理處理之嫌乎？

明德章句以“具衆理”之訓，及雲峯胡氏“智則心之神明所以妙衆理”，及番易沈氏“智者涵天理動靜之機”之說，俱無以理具理，以理妙理，以理涵理之嫌。蓋心與理相對說當如此，心與性相對說亦如此，道與德相對說亦如此，細究聖賢之訓，無往而不如此。

○性之目四德而已，焉有不善底四德也哉？人無無性之人，性無不善之性，所謂惡者非別有一種與善對立者也，特其善之施失其當、用過其中者，無名可名，故名之以惡耳。

如愛本仁之發也，不愛其人而愛其獸，則惡也；敬本禮之用也，不敬其賢而敬其否，則惡也，此豈愛敬之罪也哉？譬如矢一也，使羿發之則中，衆人發之則不中；琴一也，使曠調之則和，衆人調之則不和，豈有二矢、二琴而然乎哉？故曰天下之性善而已矣。

○先生答平默書曰：“愚本昏昧，不識心性爲何物，從先輩獲聞尤翁之言，以爲‘言言皆是者朱子也，事事皆當者朱子也，朱子實爲孔子後一人也’。於是乎讀其書求其志，非朱子之言則不敢聽，非朱子之旨則不敢從。”

“讀之之始，茫然不識其嚮背同異，而他人之言如彼，而朱子之言如此，舍他人而從朱子。朱子之言或有彼此同異，則舍門人所錄而從朱子親筆，朱子親筆有彼此同異，則舍議論時說而從折衷後定論。”

“至於後賢發明道義之說，隱之於心，而合乎朱子之說則從之，違乎朱子之說則舍之，或大義合乎朱子而微言差乎朱子，則大義則慕嚮，而微言則修補。此蓋愚拙用工之大略也。”

1-1-8 「忠信」凡四十條【雜記論學。】(『雅言』卷6)

“忠、信, 所以進德也; 修辭、立其誠, 所以居業也。” 內尊德性, 外順辭命, 置水不漏矣, 德無虧欠, 辭不詖淫。
知至至之, 可與幾也; 知終終之, 可與存義也。始終學矣。
居上位而不驕, 在下位而不憂, 貴賤不與矣。

○ 人欲與天理, 互相進退消長, 人欲長一分則天理消一分, 人欲充滿時, 天理消滅, 天理消滅則奈何?

○ 人所以一日生活, 天命人力也。不知有天, 不知有人, 只知有己者, 譬則籧篨戚施也。

○ 君子之學, 心與理而已, 然心必操而後存, 理必窮而後通。其故何也? 心囿於氣, 理具於物, 故若不克治氣稟而涵養本源, 則無以復心之本體, 若不硏究事物而通達萬變, 則無以見理之妙用。心與理會, 則乃理之全體, 所謂復初者是也。

○ 氣有萬變, 何變不有, 何怪不生? 但天地本情, 鬼神功用, 以正爲祥而以變爲災, 以常爲福而以怪爲禍。君子之學, 只在守正而禦變, 履常而絶怪而已。

○ 君子格物窮理, 當問其邪正, 不當問其有無; 存心處事, 當問其善惡, 不當問其能否。

○ “子莫執中”, 所執者道也, 執一而廢百, 故爲道之病。況物欲爲主而固執不通者乎? 其害理何可勝言?

○禪語有曰: "得樹攀枝未足奇, 懸崖撒手丈夫兒。" 此與朱子所謂"踏翻了船, 通身墮在水中方是"之語語近而意反。蓋禪之舍身, 成就一箇空; 吾儒之舍生, 成就一箇是。

○心無內外, 只是一理而已。學者工夫在闡發其得於內者, 而推而及之於天下; 收斂其散於外者, 而退而藏之於方寸, 是內非外與重外輕內, 皆非知心之言也。

○心是萬事萬物之本, 其本一差, 則萬事萬物一時皆差, 更無救援處。
心是無形之物也, 其差與不差, 當於何驗之? 意是心之動於內者, 言是心之發於外者, 治心之要只在省其意, 觀心之妙只在知其言。

○理非一物, 萬物俱備; 善非一事, 萬事俱足。
萬物闕一物, 萬事欠一事, 便是一理未備, 一善不行。

○君子於己, 不可恃一善, 而懈於爲善; 不可恥一過, 而憚於改過於人; 不可愛其一善, 而護其惡; 不可懲其一惡, 而廢其善。

○君子心公理明, 故是非善惡, 各當其可而不相掩, 譬如明鏡、平衡, 應物而無差; 小人心偏情勝, 故利害、取舍, 各倚一邊而不相通, 譬如膠漆粘泥, 遇物則必累。

○天下之物不能充實盛大者, 由於生意間斷不接續故也。學問尤甚, 間斷不接續, 則槁枯憔悴, 何由進充實盛大之域?

○人之有事時, 一事之應也; 人之無事時, 萬事之源也。一事固不可放倒, 萬事之源如何不收拾?

○"忠信進德", 譬則草木長養成材也; "脩辭居業", 譬則草木結實而落蔕也。既成實則箇箇粒粒落而復生, 便無窮, 居字業字, 下字極妙。蓋人無基址屋室則無歸宿處, 無産業則無生生不竭之用。

○ 心無限量, 心無間斷, 惟敬可以立本, 惟明可以盡用。

○ 明理到極時, 愚變爲智; 克己到極時, 柔化爲剛, 天命亦變舊爲新。

○ 天理與己見不同, 用天理則動不動是天理, 用己見則動不動是己見。故堯、舜性之, 在舍己從人; 顔子反之, 在克己復禮, 其生熟雖異而其法則一也。小人只管用己見, 聖人只管用天理。

○ 孔子曰: "君子上達, 小人下達。" 上達謂窮究到義理極處, 下達謂窮究到形氣極處。
孟子曰: "養其大體爲大人, 養其小體爲小人。" 大體指仁義禮智之心也, 小體指口鼻耳目之欲也。
二說, 孔、孟之語例也, 千言萬語, 用此例看, 如利斧劈物, 更無阻礙。

○ 有形處是無形之實跡, 未發時是已發之根本。
釋氏無實, 俗學無根。
是故吾儒下學而上達, 致中而致和。

○ 天下萬物之理, 初生處類多辛苦艱棘, 到成熟後類多悅豫和樂。
是以草木果苽初結時, 味多酸澁辛辣, 十分濃熟後, 味多甘美馨香, 此一理也。
是以厭其澹泊, 憚其辛苦者, 無緣到泊他悅豫和樂境界。古人詩曰: "棄却甜桃樹, 巡山摘醋梨。" 以此故也。

○ 天道流行, 充塞于天地之間, 聖人夫何爲哉? 惟恭行天命而已。
是以聖人上格于天、下格于地, 旁達于四海兆民, 前承于千聖, 後開于萬世, 惟一心我無與於其間也。

夫不知道者, 只用私意主張, 用盡一生功力, 而陪奉小體。是以億兆人惟億兆心, 與古人不同心, 與後人不同心, 上違天心, 下怫地心, 明則不合乎人物之心, 幽則不合乎鬼神之心, 人人各用一心, 物物各用一心, 不亦勞乎, 不亦孤單乎? 其無所歸宿也必矣。

○ 天地盛大強壯之氣, 逼拶磨盪, 鼓動許多生氣, 煅鍊許多生物, 無一隙閒歇處, 無一息間斷時。是以凡物之生, 自胚胎之初坼逼之時, 備經無限歎厄。
樹木則纔從甲坼穿土, 風雷震剝, 霜露沐櫛, 赤日焦爍, 冷雨浸淫, 兼之以牛羊踐牧, 斤斧迭攻, 經過此艱厄而成干雲之材、支廈之器焉。若使生于虛疎閒曠之壤, 遮日防風, 障雨避露, 置諸牆壁之中, 灌以酒漿之滋, 則其腐脆消滅也久矣。
魚鳥則強者呑弱, 壯者食穉, 自卵育轂坼之始, 候伺以相圖, 機巧以相掩者, 簇簇立立, 經過此艱厄而成呑舟之魚、沖霄之鳥焉。若使養之籠羃之內, 飼以珍羞之味, 而終日無虞, 則其憔悴枯腊也久矣。
人之成立, 何獨異於此哉? 夫偶然被鞠育於無虞之日, 而饗安樂於升平之世, 不知畎畝艱難、干戈危險, 無饑饉疾病之苦, 無盜賊喪亂之威, 不識天道之乾乾, 不息聖人之兢兢罔怠者, 亦不足以有成也。

○ 死者, 理之所必有也; 惡者, 理之所必無也。所必有者, 雖畏之, 不得免也; 所必無者, 若犯之, 雖生如死也。人之畏惡, 不如畏死, 亦惑之甚者也。賢聖亦未免死, 死不足以爲人之病也。天下萬古有爲惡而得爲人者乎? 故爲善則雖死如生, 爲惡則雖生如死, 此理甚明, 人自不思耳。

○ 君子曰終, 終其事也, 成始成終也; 小人曰死, 形氣消盡也, 形氣消盡後更無餘事。

○ 凡物於南於北於東於西, 少有偏倚則不能自立, 無少偏倚則自能樹立, 不費一毫人力, 以其得天理自然之中故也。故學道至不費人力處, 方是中立。若有些偏倚時, 離乎天理而不能應乎四外, 從他有些偏倚處, 不卽救正, 又加載物, 則必致顚倒而愈難擡起, 中於是亡矣。

○ 口之於味, 目之於色, 耳之於聲, 鼻之於臭, 四肢之於安佚, 自然相引, 是亦理也。然以陪奉形氣爲主, 故君子屬之人心一邊。
仁之於父子, 義之於君臣, 禮之於賓主, 智之於賢否, 聖人之於天道, 非氣則不能行, 是亦氣也。然以擴充道理爲主, 故君子屬之道心一邊。
人心在所省察, 道心在所尊奉。

○ 君子之學, 當用死法門活性情。

○ 凡格天下事物, 方知底屬情, 已知底屬性。

○ 誠與鬼神, 更無分別。誠不至合鬼神, 不足以爲誠矣。

○ 天下萬事萬物, 皆行吾義、積吾德之地。

○ 點檢日用間其不待勉強自然如此處, 多在道理乎? 多在利欲乎? 其自然如此處, 是爲終身斷案, 可不愼哉? 故檢身觀人, 莫如察其所安。

○ 工夫不切, 故有兩是雙非之疑, 心量不弘, 故無兼收並觀之公。

○ 我所生之物克克我之物, 我所克之物生克我之物, 子視萬物, 貨視萬物, 惟在我立心, 如何?

○ 陽統陰、陰承陽之戒, 不可一刻不存。

○ 吾見世人壞了於甥館者多矣, 不知愛人以德, 愛人以姑息故也。
甥館是人生初出入也, 言論、風采、嚮背可否, 安得不與之俱化?

○ 朱子讀書, 得其全篇體勢, 視緩急上下, 然後方始下字, 是故如造化施物, 物物不同而無疎略複疊之語。

○欲爲君子, 免爲小人, 天下之同情。

○善善惡惡, 天地人同心。

1-1-9 「聖王」凡三十三條【論治法政事。】(『雅言』卷10)

聖王之制, 四民各有定居, 不相錯糅, 世守定業, 不相侵奪。故民生各有定志, 易成其業; 有司亦有定名, 易考其功, 上下相安以成其至治焉。
故曰: "百工居肆以成其事, 君子學以致其道。" 後世之留意於治平者, 不可不先別其居; 留意於學敎者, 不可不先擇其業。【節錄。】

○ 凡事無其本而有其末者, 未之有也, 「關雎」人倫之本也, 「葛覃」后妃之本也, 籍田、公蠶、井田, 治天下之本也。
「關雎」不講, 則夫婦壞而人倫斁; 「葛覃」不講, 則蠶織賤而衣章缺; 籍田不修, 則天下之人棄本趨末; 公蠶不修, 則天下之人不愛土物而貴遠物; 井田不修, 則天下之人慕兼并掊克而欲熾奢極, 民窮財竭, 不伏兵於農, 則猶盛水於虛空, 終無翕聚停駐之理, 無以絶滲漏潰涸之患。

○ 扶陽抑陰, 天地之大勢也; 嚮善背惡, 人心之大勢也; 務本抑末, 生業之大勢也。失其大勢, 則小者不足以救之也。

○ 先生與平默書曰: 洪汝章約與同志修石潭鄉約, 以爲聖世新化之一助。蓋此事本出『周禮』讀法之制, 而朱子修正藍田舊規。至於我朝, 純祖初年, 頒行八路, 令甲章章, 不過修擧廢墜而已。
然從『朱子家禮』刪節古禮之意, 寬其科法, 疎其節目, 使人易知易從, 眞諺兩謄以便大小民輪讀恐宜, 幸入思下手也。【節錄。】

○ 或問: 朝鮮山川甚多, 井不可畫。
先生曰: 中國無山川乎? 平原則畫井, 山川多處, 不可畫井, 亦當量田計戶, 充每井九百畝數, 分授八家, 則是亦井耳。

或慮人稠而地不足。

先生曰: 百畝而不足則減定九十畝, 九十畝不足則減定八十畝, 又不足七十畝, 又不足六十畝, 又不足五十畝, 要當均之而已。均則無貧而民心悅。

曰: 田地減至六十五十畝, 則所出不足以供衣食。

先生曰: 夏后氏五十而貢, 然而三年耕則餘一年之食, 未聞其不足也。

曰: 敢問其故。

曰: 浮費不除, 奢侈不革, 則一夫累千畝而不足; 省冗費崇節儉, 則一夫五十畝而有餘。【語錄, 下同。】

○用九問曰: 梅山言尤翁廹於大尹嗔責, 擬鑴以進善, 是君子過於厚處, 此言何如?

先生曰: 盛德者主國, 信賞必罰而器使之, 則鑴亦終非常人也。尤翁之擬職, 固廹於魯尹, 要之用人之活法亦合如此。若必以無瑕之人充其位, 則官方多人名少, 如何而可?

堯使鯀治水, 武王使管叔監殷, 彼方負一世盛名, 而罪惡未著, 遽廢不用, 則何以服人心開賢路乎? 故因而試可, 有功則賞以勸之, 有罪則罰以懲之, 而人心信服矣。

○或言: 庶孽通望當否?

先生曰: 只擇賢則治, 否則亂。

○我國面市也, 故上下皆趨於利。

○"罰不及嗣", "罪人不孥", 此理甚精, 卽於其身改過遷善, 君子與其潔, 不保其往, 況於其子孫乎? 況十世二十世乎?

○嚮善背惡, 生物之大情, 一日間斷, 則生理息矣。雖或錯認路頭, 不免喚東作西, 而其嚮背之本情未嘗亡也, 爲民上而主敎化者, 以混善惡沒嚮背爲宗旨, 則殆矣。

○ 重教問: 『大學』平天下章, 獨擧好惡、財用兩端, 何故?
曰: 好惡得其正, 則君子歸心, 財用得其平; 則小民歸心, 君子小人各得其情而天下平矣。

○ 財之聚處, 便是怨之聚處, 聚一鄕之財, 則一鄕之怨聚焉; 聚一州之財, 則一州之怨聚焉; 聚一國之財, 則一國之怨聚焉。怨聚則禍生焉, 譬如一身中痰, 固不可無者, 而聚結于一處, 則必成病根, 故御財之道, 只得均之而已。

○ 聖人之使人也器之, 蓋不得不器也。試以一身觀之, 目能視, 而不能聽; 耳能聽, 而不能視。視豈甚難底事, 而耳則不能也; 聽豈甚難底事, 而目則不能也? 人之不徧能亦猶是也, 君子於使人可不審哉?【語錄, 止此。】

○ 用財之道, 可一言而盡也。勤而廉, 在己常裕, 在人無怨; 吝而貪, 在己恒勞, 在人恒怨。

○ 程子曰: "城朔方而玁狁之難除, 禦戎狄之道, 守備爲本, 不以攻戰爲先也。"
禦海寇之方, 尤宜築城堅堡, 來則淸野深溝, 去則屯田習武, 此永久守戰之策也。

○ 凡移都徙宅, 始謀時則逸口浮言, 惑亂利害, 敗事之一端也; 在路時則盜竊攘奪, 乾沒資斧, 敗事之二端也; 旣遷後則好貨網利, 不務職業, 敗事之三端也。犯此三失, 未有能濟者也。「盤庚」三篇, 各陳三失, 後之當事者, 當着眼鑑戒也。

○ 借力似亦洋學中一邪說也。孔子曰: "君子有勇而無義爲亂, 小人有勇而無義爲盜。" 又曰: "驥稱其德, 不稱其力。" 且怪、力、亂、神, 同在不語之科, 則君子之不問其力也明矣。有此理無此理不暇問, 借力將欲何爲? 求其要用處, 則不爲盜爲亂者鮮矣。此亦當在禁斷之科。

○『易』曰: "理財、正辭、禁民爲非, 曰義。"『書』曰: "正德、利用、厚生。" 蓋聖人理財之方, 只在正其辭而禁民犯義而已, 利用、厚生之序, 必以正德爲首。

○後世之戰, 惟有屯田一路, 屯田略得井田規模。

○"臨事而懼"一句, 畏天命也; "好謀而成" 一句, 盡人道也。

○授時之政, 主於人事, 故一歲之首, 始自人統。【節錄, 下同。】

○「益」之六四曰: "中行告公從, 利用爲依遷國。" 夫遷國, 上不行巽, 下不樂動而爲之, 則難免悔咎。盤庚遷殷, 重巽申命, 而下順以動, 故無顚越之咎。太王遷岐, 遜順避患, 而民從如市, 故立興王之基。楚霸東遷, 晉、宋南遷, 上不順理, 下不樂從, 故未免顚覆衰替, 後之遷國者, 不可不鑑戒也。

○或問: 『易本義』曰"議獄緩死, 中孚之意", 何謂也?
曰: 天地之大德, 只是生物之心而已, 是以聖人之心莫誠於活人, 凡物之情莫切於畏死。夫折獄致刑, 不得已之事也, 孟子所謂"生道殺民"是也。折其獄而平獄之心未嘗不在, 致其死而寬死之心未嘗不行, 此聖人所以入物之深, 而萬民所以感德之速也。風入澤物之象, 莫切於此。

○『孟子』曰: "制民之產。" 產是母生子之名也。民之田宅財物, 曰貲、曰業、曰泉、曰布, 各有其訓, 而特取母生子之名, 獨何爲哉? 曰喚家業爲產者, 立其母而役其子之義也, 是亦教也。
蓋聖王以牧養天下之人爲職, 天下之人非一身也, 非一口也。身與之衣, 口賦之食, 物旣不足, 力亦不暇矣。於是因天生不竭之財, 用地養不匱之府, 以之衣人, 以之食人, 使之不凍不飢。
如五畝樹桑, 衣之母也, 飼蠶衣老者, 卽其子也。五雞二彘, 肉之母也, 字長養老者, 卽其子也。八夫百畝, 糧之母也, 種穫活家者, 卽其子也。然後衣天下之老而帛無不足, 餽天下之老而肉有餘裕, 飽天下之民而穀無絶時, 此乃產法之爲妙也。

爲上者用此道以仁其民, 則無恩竭難繼之患; 爲下者用此法以活其家, 則無折本罔後之憂。

嚮使堯、舜之仁, 家與之帛, 戶賜之肉, 人頒之米, 則天下之民不被其澤久矣。嚮使堯、舜之民, 薪五畝之桑, 烹雞豚之母, 不濬百畝之洫, 凍餒而死, 不得遂其生久矣。此所以特取産字以名其家業者也。

深求其理, 則君逸臣勞, 母尊子卑, 根固枝茂, 同一理也。

○或問: 納大同時, 吏胥私有所受於民, 是何規也?

先生曰: 當初吏胥無定祿, 故不上蠹公物, 下奪民財, 無以生活, 此作法之疎漏處。若厚其祿而勵廉恥, 則雖賞之, 不作奸猾矣。

曰: 百官頒祿, 常患不足, 況可以又制吏胥之祿乎?

先生曰: 省冗費革奢侈, 則不惟吏胥之祿, 又并增百官之祿而有餘矣。百官之祿亦不可不增, 要無仰事俯育之累, 然後可以責廉恥矣。

曰: 厚其祿矣, 然且貪竊奈何? 曰: 隨其輕重而刑罰之廢棄之。【語錄, 下同。】

○能吏之禍甚於酷吏, 能吏無所不爲而頌聲興。

○權在天則存, 在人則亡。『書』曰: "天命有德, 五服五章哉! 天討有罪, 五刑五用哉!" 人主安得以專刑賞之權? 今吏曹之政, 用人之權在判書, 若胥吏則執筆於前, 惟命之聽。人主之於天, 猶胥吏之於判書。

○一私字事事做不成, 如爲將之要只是妻妾編於行伍。

○天道食功, 不食志。

○中國文字云, 夷之人相詬辱, 必擧父母。此最醜俗而可恥者。雖若細故, 亦觀風氣, 在上者當思所以變化之道。

○治不本於三代, 皆苟而已。

三代之後, 田制之近古者, 惟有限民名田。

如高麗之制田皆屬公, 法非不善, 而其流之弊, 至於佃戶爲各衙所侵漁, 無以聊生。至國朝, 一切屬民, 則其流又至兼幷無節。今欲更張, 當復用公田之法。

○廣儲備荒, 莫善於社倉; 範民正俗, 莫善於鄕約; 兵農合一, 安不忘危, 莫善於府兵。

○法不可徒行, 待其人而後行。
故爲政以任賢使能、立賢無方爲先務。
其培養人材之道, 在於罷詞賦之選、復賓興之舊。
若言其大根本, 則又在陳善閉邪以正人主之心。

1-1-10 「尊中華」凡二十一條【論尊中華攘夷狄之義。】(『雅言』卷10)

尊中華、攘夷狄, 窮天地之大經; 黜己私、奉帝衷, 有聖賢之要法。

○ 夷夏之分, 天下之大勢也。麗王及崔瑩挾元犯明, 我太祖與鄭圃隱背元尊明, 名正言順, 其勝負興替之勢, 已判於此, 論天下之事者, 不可不講此大義也。

○ 天地之間, 纔有一物, 便具上下本末; 纔有一事, 便具先後尊卑, 此, 理也。故天地降我一也, 天曰"大哉乾元", 地曰"至哉坤元"; 父母生我一也, 父曰嚴, 而母曰慈; 王侯君我一也, 王曰陛, 而侯曰殿。此所謂禮也, 禮僭則亂而天下不治。
律呂一也, 陽律必用全律, 陰呂必用半律, 黃鍾以下用本律, 蕤賓以下用倍律, 然後其聲始和, 此豈人力之所及者乎? 失此序則造化不行, 名位不立。
天有陰陽、地有剛柔、人有男女、統有夷夏, 此天地之大分界也。
中夏之君治天下, 常也; 蠻夷之君治天下, 變也。天地氣數有盛衰之變, 故帝王之統亦有此正反之變。中夏天子、蠻夷天子, 尊卑上下, 全無等威, 此乃陰疑於陽, 地抗於天, 女加於男, 臣强於君。名之不正, 禮之無序, 事之不順, 心之不安, 孰有大於此者乎? 宰之以義, 待之以禮, 正其名而安其理, 則非徒中華得中華之正, 抑蠻夷亦得蠻夷之正, 此理甚明, 此義極順。
『綱目』嚴夷夏之分, 而蠻夷君長曰死, 此待蠻夷君長之道也。蠻夷入于中國, 爲中國君長, 則當待以中國君長, 不當待以蠻夷君長。但中國君長有華主、夷主之別, 不可不愼。

○『續綱目』以奇渥溫直接大宋正統, 施於中國天子者, 不疑而混用之, 此何識見? 「坤」卦之六爻皆陰而"疑於無陽"也, 故於上六稱龍焉。曷嘗以陽盡剝之故, 而遂沒其貴陽賤陰之實也哉?【節錄, 下同。】

○ 重敎以命輯『宋元華東史合編綱目』, 善卿問黜奇渥溫義例。先生答書曰: "此一款實自大舜惡夷猾夏, 孔子書之『春秋』, 朱子揭之『綱目』, 尤翁筆之提綱, 天下萬世, 誰敢易其說? 大綱旣正, 小小節目亦自有照例。"

○ 修『華東合編』, 平默欲因栗谷說而斟酌之, 截自宋高宗稱臣金虜之年, 削其正統, 至三十一年金 亮入寇, 帝決親征, 復還其統如故。
先生曰: "徽、欽乃中華帝統之所在也, 朱子是萬古道統之所在也。高宗爲徽、欽之宗嗣, 爲朱子之所君, 後之秉史筆者, 何忍奪旣予之統而降辱於金虜之列乎? 愚以爲前史仍舊勿改, 以嚴華夷之名, 先賢直截之論, 備錄無遺, 以彰得失之實, 似合事宜。"【語錄】

○ 西洋以天地大勢言之, 則西極肅殺之偏氣, 水國鱗甲之同流。是以其性輕生而樂死, 其心喩利而昧義, 其術喜幻而厭常, 此其大槩也。
四夷八蠻, 慕悅中國, 摸倣華夏, 亦自然不易之理也。故其文字言語, 服食器用, 駸駸革舊化新, 惜乎地勢絶遠, 與中國相通最晩, 不幸而不得睹堯、舜、文、武之盛際, 禮樂文物之彬彬, 聞風興慕, 僅及乎西秦之末, 時則焚『詩』、『書』尙殺伐之俗也, 貢物致款, 僅及乎皇明之衰, 時則陸、王充塞, 正學陸沉之日也。
是以其所謂慕悅而變革者, 不越乎侮聖蔑法之科, 而自信其器械便巧, 伶俐伎倆, 有足以駕軼中國, 便自張皇誑誘。中國之人, 賢則寬大包容而不欲與之較, 愚則悅利喜巧而不能覺其非。浸漬淪涵, 至於擧世習尙, 非西洋不衣, 非西洋不食, 衣其衣、食其食而不與之俱化者, 未之有也。吁可歎也! 仁人君子縱不能一手救正, 忍鼓風助瀾乎?【節錄, 下同。】

○ 東北之氣, 主陽主義; 西南之氣, 主陰主利。

○ 方升之日, 明在木上; 將夕之日, 明在木下。故朝日曰杲, 日在木上; 夕日曰杳, 日在木下。稟東方方升之氣者, 多上達性命之善; 稟西方將夕之氣者, 多下達形氣之私。

至昏至貪之物, 必於下達處, 有一兩通人所不知事。如烏是至昏之鳥, 能先見惡穢, 鼠是至貪之蟲, 能測知藏秘。凡人稟下愚昏貪之性者, 類多形氣利欲一邊, 通人所不能通, 測人所不能測, 然於性命仁義禮智上, 愈益昏塞不通。是以災必逮身, 禍必及人, 不可不審也。

○ 明於道德, 名以聖賢; 能於術業, 名以工匠。斯二者卽孟子所謂“大人、小人之分”也。

『中庸』九經之序, “尊賢”居“親親”之先, “來百工”居“子庶民”之後, 其尊如此, 其卑如彼, 何也? 聖賢之所養, 養心志也; 工匠之所養, 養形體也。二者俱不可不養, 而此尊彼卑, 此大彼小, 又不可不辨也。先其尊者大者, 則卑者小者同受其福; 先其小者卑者, 則尊者大者反受其敝。

共工非不神於工也, 未免象恭之罪; 易牙非不神於味也, 未免殘忍之誅; 后羿非不神於射也, 未免簒弑之逆; 吳起非不神於兵也, 未免薄行之誚, 由其無德以將之也。非獨百工爲然, 物各有神, 蜜子造甘, 非儀狄之所及也, 鮫人織錦, 非魯般之所至也, 而名不離於蟲魚。若以伎倆才能爲稱人之斷案, 則豈不大錯矣乎?

明於道德, 聖賢之心也; 能於術業, 工匠之事也。霄壤龍豕, 高低貴賤, 昭然不掩, 不此之辨而强欲取給於言議之末, 但較其巧拙生熟而已, 則吾見其挫折陷敗而往遺之禽也, 豈不可悶也歟?

曷若早辨之於道器之界、義利之判, 定其大小輕重之所在, 則事甚易而理實是, 吾將免冠屨倒置之禍, 而渠亦受出谷遷木之福矣, 吾則拭目而等之。

○ 百工技藝, 後出愈巧, 非前愚而後智, 前拙而後巧也, 其勢則然也。譬如飮食, 充飢養生本也, 淳熬、熊蹯末也, 反害其本。譬如宮室, 庇雨辟風本也, 瓊宮、瑤臺末也, 反害其本, 推此類則可見。

西洋曆法, 非不精細詳密, 但大本不立, 何也? 堯時曆法, 專以敬天之心、明人之倫爲本, 故所行之令無非五倫、五常之典, 觀於「夏小正」、「月令」之屬則可見。如祭祀、祉蜡、婚姻、禮樂之類, 日課月讀, 亹亹不倦, 皆此事也。今夫西洋則於天敍、天秩、天命、天討之大綱細目, 全不擧論, 惟以仰天祈懇滅罪資福爲終日事業而止焉, 則烏用是天時月令爲哉?

堯時曆法, 專以敬天心、明人倫爲本; 西洋曆法, 專以慢天心、廢人倫爲主。其法之加密與否, 又當別論也。

○天道有經有緯, 南北爲經, 東西爲緯。南不爲北, 北不爲南, 萬古不易。東轉而西, 西轉而東, 瞬息不駐。是以南北風俗漸染忒遲, 西東氣習感應最敏, 觀於果蓏花草之屬、羽毛齒革之類, 亦可驗也。

葱嶺去崑崙絶遠, 而釋氏之害, 莫深於東海; 西洋去葱嶺絶遠, 而天主之惑, 莫甚於東方。

受害莫深, 故防患宜密; 漸染莫甚, 故慮患宜詳。海草生長獰風, 故有防風之才; 澤瀉托根淤泥, 故有去濕之功。此皆保生之良能也。

孟子曰: "人之有四德也, 猶其有四體也。" 愚以爲四體器也, 近支百年。四德道也, 遠貫萬古, 鴻毛泰山, 不可誣也。人孰無四體乎? 旣有此器, 必有此道, 明如日月, 信如山嶽, 吾則恃之而不恐。

○天一生水, 海爲水宗, 有是物則必有御是物之理。黃帝創造舟之敎, 魯聖發浮海之歎, 以木浮水, 以颿御風, 無脛而趨, 無翼而翔, 一席行萬國, 一柁開八方, 天下利器莫神於此。於是乎周流左右, 翺翔內外, 異方謠俗無不諳識, 殊土伎倆無不淹貫, 則此亦天地重新之機會也。

天地鴻濛, 庖犧立卦, 以明其德; 洪水滔天, 大舜命禹, 以宣其德; 禽獸害人, 周公制禮, 以彰其德; 列國亂倫, 孔子作史, 以辨其德; 五季陸沉, 程、朱註脚, 以釋其德; 北虜僭號, 我東守義, 以綴其德。

其德何也? 孟子曰: "惻隱之心, 仁也; 羞惡之心, 義也; 辭讓之心, 禮也; 是非之心, 智也。" 又曰: "父子有親, 君臣有義, 夫婦有別, 長幼有序, 朋友有信。" 中夏所以敎夷狄, 夷狄所以慕中夏者, 無他說也。吾將見孔子之德配天而一新也, 此則無疑。

○洋寇入江都, 先生上疏曰: "今國論兩說交戰, 謂洋賊可攻者, 國邊人之說也; 謂洋賊可和者, 賊邊人之說也。由此則邦內保衣裳之舊, 由彼則人類陷禽獸之域, 有秉彜之心者, 皆可以知之。但恐宗社危急之禍廹於呼吸, 而計利僥倖之論乘間抵隙, 則未知聖明果能持之如一, 剛決鎭壓否也。此愚臣之所大懼也。
其主國邊之論者, 又有兩說, 其一, 戰守之說也; 其一, 去邠之說也。臣愚以爲戰守, 常經也; 去邠, 達權也。常經, 人皆可守; 達權, 非聖人不能也。蓋無太王之德, 則無歸市之應矣。百姓一散, 不可復合; 大勢一去, 不可復來。願殿下於戰守之說, 堅定聖志, 雖萬夫沮撓, 不動毫髮。
昔者隋煬帝以百萬之衆來攻高句驪, 乙支文德能以褊師, 敗衂其衆。我朝地方千里, 非高句驪比也。殿下夙興夜寐, 君臣相誓, 戒宴安之鴆毒, 致勤儉之實德, 私意不萌於心術之微, 文具不設於政事之著, 則羣臣百姓莫不精白其心, 丕應徯志, 何事之不可濟哉?"
仍請敬信大臣, 廣開言路, 任賢遠邪, 停土木之役, 禁斂民之政, 去侈大之習, 養好生之德, 充不忍人之心。以爲如此然後, 洋賊可逐, 國家可保。

○ 先生爲政府堂上上疏曰: "殿下內誅邪學之黨, 外征入海之寇, 然徒治其末而不拔其本, 徒止其流而不塞其源, 則臣恐根本之萌蘖, 源泉之湧出, 雖善者亦無如之何矣。
今爲殿下計, 莫如澄治此心, 不爲外物所牽制搖奪。所謂外物者, 事目甚多, 而洋物爲最甚。
臣願殿下凡服食器用逐日常接之際, 一有洋物介於其間, 悉行搜出, 聚之闕庭而燒之, 昭示好惡之有在, 則是克己正心之符驗, 而殿下之身正矣。以是警動於宮闈、宗戚, 則宮闈、宗戚莫不從志, 而殿下之家正矣。以是警動於朝廷, 則內自朝廷, 外至遐裔, 莫不從志, 而殿下之國正矣。
身修家齊而國正, 則洋物無所用之, 而交易之事絶矣。交易之事絶, 則彼之奇技淫巧不得售矣。奇技淫巧不得售, 則彼必無所爲而不來矣。
臣平生身不着洋織, 家不用洋物, 以成一家之政。滿腔血心, 欲以行之於身者, 告之於君, 施之於家者, 推之於國, 願殿下行此一着, 快示中外焉。安知不天降大任, 試之以敵國外患, 使聖明動心忍性, 憂戚玉成, 傾否濟屯, 以當一治之數也?"

○賊退, 先生上疏告歸, 請復皇廟曰: "孔子之作『春秋』也, 大義數十而尊周最大。朱子之修『綱目』也亦然。此義也有一民之不講, 而一日之不明, 則三綱淪而九法斁, 禮樂崩而夷狄橫, 幾何其不爲禽獸也?

欽惟我大明掃淸胡元, 爲華夏之義主, 我國受命, 世爲東藩之臣, 至於龍蛇之役, 神宗皇帝再造土宇, 則義雖君臣而恩實父子, 東韓千里草木昆蟲之微, 孰非帝德之所濡也?

甲申以後, 天地飜覆, 冠屨倒置, 孝宗大王以天縱上聖, 厲志修攘, 而先正文正公臣宋時烈, 與一時同德之臣協贊聖謨, 頭緖略定。天不悔禍, 仙馭上賓, 而事皆瓦解, 則西歸之思, 無地可泄。故先正臨沒, 敎其高弟文純公臣權尙夏與當時賢士大夫, 刱立萬東廟。蓋天地腥羶, 而王春一脈, 獨寄於此, 其心誠苦而其義誠不可已也。孟子曰: "能言距楊、墨者, 聖人之徒也。" 此言何謂也? 蓋使天下家家而距楊、墨, 人人而距楊、墨, 則楊、墨無所駐足, 而孔子之道著矣。以此例之, 倘使我國之士民家家而講尊攘之義, 人人而講尊攘之義, 則夷狄無所容身, 而孝廟之志伸矣。孝廟之志伸矣, 則華夏之運啓矣。

是以皇壇旣設之後, 祖宗不以重疊爲嫌, 晝給官田以供粢盛, 親題扁額以示表章, 而曰"雖家戶而戶祝, 未爲不可", 眞萬世之定論, 後王之法程也。嗚呼! 今天下薙髮左衽, 而西洋者又夷狄之尤者也。伊欲强此之衰而艱彼之進, 則凡尊攘所繫, 講明施設, 正宜靡不用極。雖曾前未遑者, 亦當追擧, 豈宜輟其已擧之儀乎?

殿下負荷祖宗之重寄, 兼遭裔戎之猖獗, 國家之艱危何如, 而凡繫公論所在, 咈而不從, 以失羣臣百姓之望, 何也?

嗚呼! 往者不可諫, 來者猶可追, 殿下淵然深思, 渙發德音, 亟命復享焉。

○先生曰: "今日中國有義主出, 則我國用圃隱之義, 往從之可也。"

或曰: 我國北面事淸二百年, 一朝而背之可乎?

曰: 要盟非盟, 丁丑城下之盟, 要盟也。

且雖淸之臣邦, 見義主興, 則無不可往從之義。蓋尊華攘夷, 天地之大義, 不易所事, 猶屬小節也。垓下二十八騎以死從羽, 而君子不以節義處之者, 以其所從非其人也。今爲北虜守節, 其義亦類此。【語錄, 下同。】

○ 平默言: “危素不可譴逐。” 先生曰: “然。負陰而抱陽, 背暗而嚮明, 物理人情之本然, 如何可咈?”

○ 或問: “虜之帝天下, 百姓安堵樂業, 其賢於中國之暴君, 不亦遠乎? 今以宋子事功配之孔、朱, 以當一治之數者, 宜若過焉。”
先生曰: “惡! 是何言歟? 譬之晝夜, 明暗之大分, 旣一定不易, 則晝雖陰曀, 不可換稱夜, 夜雖淸霽, 不可換稱晝。今夫中國之暴君, 晝而陰曀者也; 僭虜之少康, 夜而淸霽者也。是安可同年而語哉?
是故華夏自有華夏得失, 裔戎自有裔戎得失, 不可混也。
若夷而進於中國, 則中國之固當, 彼自不能變夷, 則依本分夷之可也, 烏得而掩其實?”

○ 或問: 天包地外, 地在天中, 上下四方, 都是此地。今所謂中國者, 特崑崙之東丸泥之地也。自天觀之, 均是地也, 固無華夷、中外、尊卑、主客之別, 而聖賢乃立中國、外夷之說而著尊攘之義, 無乃傷於不公乎?
曰: 六合內外, 均是天也, 而太一之居, 獨天之樞也。四肢百體, 均是身也, 而方寸之心, 獨身之主也。四方八面, 均是地也, 而風氣之均, 獨土之中也。知此說者, 知夷夏內外之妙, 尊攘扶抑之義矣。

○『宋元史』, 先生旣命重教, 削其元統, 因謂我東中國之屬國也。自高麗時, 駸駸然知尊周之義, 有變夷之實, 而至我朝則純如也。又自圃隱先生倡程、朱之學於麗季, 以至我朝一二先覺, 擴大推明, 以承統緖, 則古所謂進於中國者, 莫如我東。而其在神州陸沉, 西洋昏墊之時, 正如重陰之底, 陽德來復也, 又當表章於始, 昭布百代, 示法四裔也。”
令每歲紀元之下, 分注高麗之年, 而附載國史之略, 總名曰『宋元華東史合編綱目』, 又命平默共之, 整其書法, 發其指趣。

1-1-11 「洋禍」凡十七條【論西洋邪教之禍。】(『雅言』卷12)

今之學者, 能知西洋之禍, 則善邊人也。西洋之說, 雖有千端萬緖, 只是無父無君之主本、通貨通色之方法。

○邪說之染人, 如時氣之輪行, 人雖百方畏避, 猶不得免焉, 況慕嚮悅樂之乎? 亦陷溺死亡而已矣, 不亦慘乎?

○"充塞仁義, 惑世誣民"之說, 何代無之, 亦未有如西洋之慘。

中國之害, 莫大於河, 自大禹以下, 歷世帝王盡力防築其堤堰, 然猶不免於潰決橫流, 況欲撤去其隄防乎? 於此掘去一掬土, 害及萬物者, 不知幾萬畝, 是可忍爲乎? 不思而已矣。

禮義廉恥之防遏人欲, 奚啻如隄防洪河乎? 於此毁了一分, 禍及於生民者, 不知幾萬家也, 是可忍爲乎? 不仁而已矣。

○古之學墨者, 薄葬其親; 今之學墨者, 厚葬其親, 以掩其迹。古之學禪者, 剃頭淨髮; 今之學禪者, 簪髮加冠, 以諱其形。孰能辨魚藏之匕、羹遮之鹽也哉?

西洋之學, 以不欺樂死爲渠學之極致, 而以通貨通色爲當然, 乃夷狄之所不屑爲, 而亦夷狄之所不容有者也。

夫聖人設敎, 立法, 凡奸色, 盜貨之罪, 與殺人, 傷人者同科。彼奸色, 盜貨, 雖非本欲殺傷人物, 而其禍必至於害生, 無有噍類乃已, 故斷之以償命之重律, 是卽天討, 王章之炳如日星者也。

如古之聖人不制婚姻之禮, 而繼之以分別之敎、淫宮之辟, 以防其禍者, 人不知父、子久矣。如古之聖人不制四民生養之業, 而繼之以廉恥之敎、盜賊之律者, 人之類滅久矣。

然古之爲是說者, 不諱樂死, 故易得以誅之; 今之沉淫陷溺者, 掩其名而匿其形, 故人不得以辨之。

故後世之誅禪學者, 不必問"其剃頭淨髮", 凡爲外倫理、廢事務之說者, 皆禪也, 說心、說性, 而淪於虛無空寂者, 皆禪也。

後世之誅洋學者, 不必問"渠讀何書? 渠修何行?" 陰主通貨通色、無分無義之說者, 皆西洋也。此非其人慕悅其學而效法之也, 如死虎之鬼爲虎之倀, 而迷不覺悟, 悲夫!

○通貨通色之禍, 不待一轉, 而陷入於禽獸、夷狄。

通貨之禍與通色, 少無差等, 而又有甚焉。色者, 人生精壯之前、精衰之後, 則無情欲之萌, 一日之間, 亦有異處不近之時矣。至於食貨不然, 自人物墮地之初, 口之欲食, 體之欲溫, 容有一刻休歇之時乎? 漸次支蔓, 推衍張大, 直至氣絶方始休了, 此又較重較難於色者矣。

若於此不辨別分明、立脚得定, 自一粒米、一文錢、一簞食、一豆羹, 至於萬鍾之祿、四海之富, 從頭至末, 一一理會, 其於疑似、毫忽、頃刻、尋常、顚沛、死生之間, 少失照檢, 則天地之間, 更無安身立命處矣。說甚義理? 說甚學問?

○艾儒略[1]之說旣謂"天地造成、萬物化生, 皆有其源, 而爲天地萬物之主宰, 如木之有根, 數之有一"云爾, 則此正好、玩索、體認, 問質討論, 要得正當明白。乃曰: "根之根、一之一, 不須問。" 噫! 此何說也?

旣曰"不須問," 則亦不須言, 而闕其所疑, 可也。乃反以私意妄見, 揣想像, 張皇杜撰, 其所不知、所不問之事, 自謾而謾人、自誤而誤人, 抑又何也?

蓋異端之說, 旣不能明見其理, 故推到說不去、行不通處。但以不可知、不可言、不可問, 掩諱結末便休, 更不致疑, 不思問, 是所以易惑而難解也。【節錄。】

○四德, 卽天道之眞; 五倫, 卽人道之常, 外此則皆異端邪說也。愈神愈有害, 愈妙愈有禍。

○或問曰: "有人云: '口之悅芻豢、目之悅少艾, 天性也。此心旣發, 則此乃誠之著, 而不可復掩者也。若拘於禮文, 而有所不食不視, 則此非內欺其心、外欺其人, 而何哉?' 此說將何以諭之, 則可以解其惑乎?"

曰: "此非堯、舜、孔、孟之敎也, 淫於夷狄、禽獸之說也。蓋舍己從人, 堯、舜之道也; 克己復禮, 孔、孟之敎也。徑情直行, 無禮無義, 夷狄之風也。只通一路, 飢食渴飮, 禽獸之知也。若此說之行, 不待一轉, 而墮陷於萬仞坑塹, 不可復活也, 必矣。

---

1) 艾儒略(줄리오 알레니 Giulio Aleni , 1582~1649): 이탈리아 예수회 선교사. 저서에 『職方外紀』와 『乾輿圖記』가 있다.

仁人君子見其如此, 而安得不惻然傷盡辨之力, 而聲之疾乎?”

子往應之曰: “爾知悅味、悅色之私, 出於爾心, 而獨不知仁親、義君之公, 根於爾心乎? 等爾心也, 悅味、悅色之類, 生於爾之形體; 仁親、義君之類, 根於爾之性命。形體者, 一己之私物也; 性命者, 天下之公理也, 彼則輕如鴻毛, 此則重如泰山。何以明其然也? 爾於飢時得一飯, 則欲先餉爾父母乎? 抑欲先入爾口乎? 忘爾口而先父母者無他, 道理重而口腹輕故也。爾於寒時得一衣, 則欲先煖爾父母乎? 抑欲先被爾身乎? 後爾身而急父母者無他, 禮義大而身體小故也。以此推之, 則臣之於君, 妻之於夫, 弟之於兄, 愚之於賢, 賤之於貴, 皆如此。

是以先公而後私, 先人而後己, 先重而後輕, 先大而後小, 卽天地本然之節文, 人物當然之次第也。順此則吉, 反此則凶, 乃萬古不易之理也。

雖然, 爾之形體有質, 爾之道理無形。惟其有質也, 故其欲易發而難制; 惟其無形也, 故其緖難尋而易失。是以人欲之難遏, 甚於偵察寇賊, 隄防洪河; 天理之難闡, 甚於保養嬰兒, 培植枯株。所以一心之上, 形氣之欲, 不期盛而日熾; 道理之體, 不期消而日鑠。以致天地之間, 治平之日常少, 亂亡之日常多, 此則仁天之所憫, 聖人之所憂, 而非人人之所及知也。

於是乎, 天命聖人, 使爲爾君, 使爲爾師, 一治一敎, 無非所以正爾心而遂爾生也。事父盡禮, 所以養爾心之恩愛也; 事君致身, 所以達爾心之忠敬也; 富貴祿爵, 所以勸爾心之善也; 刑辟鈇鉞, 所以懲爾心之惡也。

蓋好好色、惡惡臭, 人與禽獸之所同也, 好善惡惡, 禽獸之所不能, 而人之所獨能也。爾所以異於禽獸者, 定在於此; 聖人所以爲爾憂者, 亦在於此。爾反認彼爲誠, 認此爲僞, 不亦惑之甚乎? 此非爾心本然也, 譬如病人之口, 甘鴆而哇羊, 淫人之耳, 悅鄭而淡韶, 蜀犬吠日, 越猓嗥雪, 此不過風氣拘爾也, 聞見溺爾也, 豈不可憫乎?”

爾曰: “爾聖思以易天下。” 此亦不思之甚也。欲使天下萬世盡從爾說乎, 則天地極廣、日月至明, 人心之靈不可盡誣也。欲使爾身獨行爾說乎, 則此何異魍魎之行白日、蚊虻之投熱火哉? 消亡焦灼, 翹足可待矣。欲使爾說‘一傳十, 十傳百, 傳千, 傳萬’, 沉漬波瀾之廣乎, 則此何異於陷水者援人胥溺, 赴火者引人同爐乎? 一猶慘怛, 況及千萬乎?

若有人誑爾曰: “此界之外, 別有異界, 前生之後, 又有他生。苦樂不同, 禍福相反。”

此則西域已試無驗之說，爾則勿聽。"【節錄，下同。】

○ 西學謬處，本不識太極爲萬物根源，却將有形有象認作造成天地，而以樂簡喜利之心，割斷倫理、掉廢禮節，其源不過如斯而已，然亦從中國異論而輾轉至此耳。

○ 七禁之目，只設貨食一目，盜竊之科都沒，『周官』「八刑」不孝不弟以下大罪節目，此其與吾道相反處也，諸辨未及道破，是未可知耳。

○ 吾儒之所事者，上帝也；西洋之所事者，天主也。今當論吾所謂上帝指如何，彼所謂天主之誤，言之亦可，不言亦可也。

吾所謂上帝者，指太極之道也。太極之道，何也？至誠生生，上帝之心也；仁義禮智，上帝之性也；愛敬宜知，上帝之情也。父子有親、君臣有義、夫婦有別、長幼有序、朋友有信，上帝之倫也。有德則賞、賞有厚薄、有罪則罰、罰有輕重、是皆上帝之命也。非一毫人力所得而私也，是所謂理也。

理本無聲無臭，將何以驗之，而認取其必然乎？

曰："否，不然。" 聖人者，天地之孝子也。是故知上帝之心者，莫如聖人，聖人之言，卽上帝之言也；聖人之行，卽上帝之行也。故"上天之載，無聲無臭，儀刑文王，萬邦作孚"。今舍有形有質之文王，而更求無聲無臭之天理於窈冥幽暗之中，烏！可得乎？

曰："中國所謂聖人，伏羲、神農、黃帝、堯、舜、禹、湯、文、武、周公、孔、孟、程、朱也。釋氏所謂聖人，釋迦如來也。老氏所謂聖人，老子也。西洋所稱聖人，耶穌也。將何以辨別，而定其眞僞乎哉？"

曰："否，不然。" 有大界分於此，而人自不察耳。孔子曰："君子上達，小人下達。" 上達，謂達於道德；下達，謂達於形氣也。

又曰："君子喩於義，小人喩於利。" 喩之爲言，深知而篤好也。於義理一邊，深知而篤好者，君子也；於形氣一邊，深知而篤好者，小人也。

孟子曰："雞鳴而起，孜孜爲善者，舜之徒也；雞鳴而起，孜孜爲利者，蹠之徒也。" 雞鳴而起，孜孜爲之者，寤寐不忘，亹亹不倦之義也。不問其所爲者，是善是利。而但以神與不神、誠與不誠，欲爲觀聖之決案，不亦大錯乎？

太宰以多能認孔子之爲聖，故子貢曰："孔子天縱之聖也，而又多能也。" 所以明孔子之聖，非以多能之故而名之也。孔子聞之，又慮多能之混於稱聖也，故曰："某少也賤, 故多能鄙事。君子多乎哉? 不多也。" 所以明人雖多能於陪奉形氣之事, 而不以道德理義爲主, 則不免爲小人; 以道德理義爲主, 則雖無他技能, 亦不害爲君子也。

是以「秦誓」曰: "若有一介臣, 斷斷猗無他技, 其心休休焉, 其如有容焉。人之有技, 若己有之; 人之彦聖, 其心好之, 不啻若自其口出, 寔能容之, 以能保我子孫黎民, 尙亦有利哉。" 人之有技, 媢疾以惡之; 人之彦聖, 而違之俾不通, 寔不能容, 以不能保我子孫黎民, 亦曰殆哉。

雖無所能, 而苟有其德, 則天下之善皆歸焉; 雖有所能, 而苟無其德, 則天下之怨皆歸焉。此乃形氣、道德之大界分也。

形氣分上, 亦有深淺生熟; 道德分上, 亦有深淺生熟。若不問其所主者, 是君子? 是小人? 但論其深淺生熟, 則舜、跖、堯、桀, 從何以辨乎? 此爲觀聖之大界分, 如之何其可誣也?

○ 孟子曰: "存其心, 養其性, 所以事天也。" 心者, 指"惻隱之心、辭讓之心、羞惡之心、是非之心"也。性者, 指"仁也、禮也、義也、智也。" 此心此性, 非我之所得私也, 乃天之所命, 故存養此心此性, 則不待外求, 而所以事天者, 卽在乎此也。

是故, 父子而盡愛敬之道, 則是乃事天也; 君臣而盡忠禮之道, 則是乃事天也, 長幼之序也、夫婦之別也、朋友之信也, 是皆所以事天也。

西洋則不然, 不問天所以命我者是何事, 只以拜天祈福爲事天, 此無他焉。吾所謂事天之天, 專以道理言也; 洋人所謂事天之天, 專以形氣情欲言也, 二者之不同, 實分於此。

○ 吾儒所謂"四勿"者, 揭出一禮字, 使爲標準。禮也者, 以恭敬辭遜爲本, 而有節文度數之詳。自伏羲以來, 百聖百王相因損益而爲之者也, 乃天下萬世之所共由也。是故, 孔子之敎顔淵也, 使之考諸禮, 而合乎此則視之, 不合乎此則勿視之; 合乎此則聽之, 不合乎此則勿聽之; 合乎此則言之, 不合乎此則勿言之; 合乎此則動之, 不合乎此則勿動之。使一身之表裏體用, 無一不由禮; 一點形氣之私, 不着於其間。洋人所謂"勿妄念、勿妄言、勿妄動"三者, 不論其何者是妄, 何者是眞, 而遽加虛喝, 不免爲隱頭說話, 則其所謂妄者, 指拜君、拜父、祭神, 許多人道而言耳。此果眞乎? 妄乎? "三勿妄"之說, 與吾儒"四勿"之訓正相反也, 而乃曰"三勿妄是四勿之註脚", 噫!

○ 葱嶺之害猶有限節, 絶男女、禁魚肉、戒麯蘗、削髭髮, 見行許多受戒, 然後始名爲比丘, 其害尙淺。洋說不然, 男女不必絶, 魚肉不必禁, 麯蘗不必戒, 髭髮不必削, 惟心之邪正勿問, 人之恩讎兩忘, 般樂怠敖, 人欲不期滋而日滋, 天理不期消而日消, 其浸淫薄蝕、充塞仁義之禍, 反有甚於薙髮燒臂之流。

然病劇則必生已病之藥, 害切則必有去害之道, 此則天地生物之心也。

孟子曰: "王如用予, 則豈徒齊民安? 天下之民擧安。" 愚以爲聖人之道復明, 則豈徒中國安? 海外萬國擧安, 吾言無疑。

○ 中國之道亡, 則夷狄、禽獸至。

北虜夷狄也, 猶可言也; 西洋禽獸也, 不可言也。【語錄, 下同。】

○ 先生語及西洋, 極言來頭禍害。或曰: "彼西之極也, 其如東之極何?" 先生曰: "噫! 我與彼通工易事, 幾年於此矣。通工易事, 則萬里而鄰比也。"

有謂"海浪小寇", 無能爲也。先生曰: "料敵, 貴怯不貴驕, 且'其亡其亡', 治世之大訓也; '山東盜不足憂', 亡國之邪說也。"

○ 先生謂門人曰: "西洋亂道最可憂。天地間一脈陽氣在吾東, 若並此被壞, 天心豈忍如此? 吾人正當爲天地立心, 以明此道汲汲如救焚, 國之存亡猶是第二事。"

1-1-12~14

『계상수록溪上隨錄』1·2·3

해제

1) 서지사항

이항로(李恒老)가 지은 수상록. 『화서집(華西集)』에 실려 있으며, 저작 시기 순으로 『계상수록』1(권14)·『계상수록』2(권15)·『계상수록』3(권16)으로 구분되어 있다. (한국문집총간 304)

2) 저자

이항로(李恒老, 1792~1868)로 자는 이술(而述), 호는 화서(華西)이다.

3) 내용

이 글은 어떤 특정 주제를 다룬 것이 아니라, 리기(理氣)·심성정(心性情) 등 성리학 이론과 정치·경제·사회 등 당시의 시대상황 전반에 관해 포괄적으로 기술한 수상록이다. 저작 시기별로 수록되었으며, 『계상수록』1(1819년 이전~1833년, 28세 이전부터 42세까지), 『계상수록』2(1836년~1848년, 45세부터 57세까지), 『계상수록』3(1849년~1851년, 58세부터 60세까지)으로 분권되어 있어, 20대부터 60세까지 저자의 학문적 관심과 사상적 발전 과정을 읽을 수 있다. 리기·심성정의 견해에 있어서, 『계상수록』1에서는 당시 사람들의 리기설에 관해 두 가지 병폐를 지적한다. 하나는 리기를 이물(二物)로 보는 것으로서, 기를 쓸모없는 것으로 인식하여 외면하고 공허하게 리만 논함으로써 '리(理)가 사(事)를 포함하지 않고 도(道)가 기(器)와 상관하지 않는 병폐가 생긴다'는 것이다. 다른 하나는 리기를 일물(一物)로 보는 것으로서, 리를 버리고 기만을 강조함으로써 '악을 본성이라 이르고 선을 거짓이라 이르는 병폐가 생긴다'는 것이다. 이항로는 이러한 관점에서 "주자의 불리(不離)·부잡(不雜)의 가르침은 이전의 성인이 아직 밝히지 못한 것을 밝혀서 후학들에게 크게 공헌하였다"고 칭송하였다. 『계상수록』2에서는 리(理)에는 본래 체용(體用)이 있으니 인(仁)이 체가 되고 의(義)가 용이 되는 류와 같으며, 기(氣)에도 체용이 있으니 음(陰)이 체가 되고 양(陽)이 용이 되는 류와 같다고 하였고, 천하에 기 없는 리가 없고 또 리 없는 기도 없다고 하였다. 심성정(心性情)의 관계에 대해서, 성(性)은 태극의 체요, 정(情)은 태극의 용이며, 심(心)은 태극이 사덕(四德)을 통솔하는 것으로, 그 역할을 뒤섞어 볼 수 없다고 하였다. 또 "사람이 배워야 할 것은 '심'과 '리'뿐으로, 심은 주체이자 본체인 전체를 말하고, 리는 발용의 자잘한 것을 말한다."고 하면서, 심과 리 중에 어느 하나도 빠뜨림이 없어야 한다고 하였다. 그리고 심의 직분은 허령지각(虛靈知覺)으로서 일신의 주재이며 온갖 변화를 통괄하는 생도(生道)이기 때문에 성(誠)으로 심을 보존하는 것이 중요함을 강조하였다. 『계상수록』3에서는 리기에 관하여, "리와 기는 애초에 서로 떨어지지도 않고 또한 섞이지도 않으니, 초학자가 분명하게 알기 어려울 것이나, 다만, '당연한 것을 리라 하고 당연하지 않은 것을 기라 하며, 천하에 통달하여 보편적인 것을 리라 하고 사람마다 같지 않은 것을 기라 하며, 하늘에서 나와 바뀔 수 없는 것을 리라 하고 사람에서 나와 법이 될 수 없는 것을 기라 하며, 선(善)을 리라 하고 불선(不善)을 기'라 한다면, 적중한 것은 아닐지라도 크게 틀린 것도 아닐 것이다."라고 하여, 리를 우위에 놓고 불리(不離)·부잡(不雜)에 대해 설명하였다. 이는 『계상수록』1·2에 비해 더욱 확고하게 주리(主理)의 입장을 피력한 것이다. 또 명덕(明德)을 '그릇 안의 물'로 비유하여, 그릇은 사람의 형체와 같고 물은 심(心)과 같으니, 물의 고요한 부분이 성(性)이고, 물의 작용하는 부분이 정(情)과 같아서, 성정(性情)과 심(心)을 이물(二物)로 나눌 수 없음이 동정(動靜)을 이물로 나눌 수 없는 것과 같다고 하였다.

정치·경제·사회 전반에 관한 인식에 있어서, 『계상수록』1에서는 명나라는 부모이고 조선은 자식이라는 관점에서 "부모가 자애롭지 못하더라도 자식은 여전히 도리를 다해야 한다"는 모화(慕華) 사상을 피력하였다. 경세와 관련해서는 "욕망이 치열하면 재물이 고갈되고, 재물이 고갈되면 백성이 곤궁하며, 백성이 곤궁하면 나라가 망하는 것이 자연의 형세이다"라 하였다. 또 "나라를 보전하려면 백성을 편안케 하는 것이 최선이고, 백성을 편안케 하려면 재물을 넉넉케 하는 것이 최선이며, 재물을 넉넉케 하려면 욕심을 없애는 것이 최선이다"라고 하여, 욕심을 절제하는 것이 결국 나라를 다스리는 근본이 된다는 성리학적 경세론을 피력하였다. 특히 『계상수록』2에서는 저자의 서양(西洋)에 대한 인식이 담겨 있다. 서양의 주산업인 공상업은 생산이 아닌 소비가 주가 되는 것이며, 기운으로 보면 양(陽)과 의(義)를 중시하는 동북과는 반대로 음(陰)과 리(利)를 중시하여 결국 사욕에 밝게 된다고 하였다. 과거 양주(楊朱), 묵적(墨翟)과 노불(老佛)의 폐해를 성현이 점차적으로 교화했듯 부모도 없고 군주도 없는 '서학의 화'도 지성(至誠)으로 방지해야하는데, 사욕의 발생을 방지하는 것은 애초에 외물을 막는 것보다 더 좋은 것이 없다고 하였다. 이는 곧 '중화를 높이고 서양을 막으며[尊中華攘夷狄]' 사욕을 물리치고 본성을 받드는 것이 당대 현실의 과제라는 사유로 연결된다. 『계상수록』3은 전작(前作)에 비해 논조가 신랄한 편은 아니다. 다만, 국방에 대해서는 공전(攻戰)보다는 수비(守備)를 상책으로 삼았다. 해구(海寇)를 막는 방법은 성을 축조하고 보를 견고히 하여 평소 병장기를 익히는 것이 영구히 지키는 방책이라 하였다. 이는 약 16년 뒤인 1866년 병인양요가 일어났을 때, 동부승지의 자격으로 흥선대원군에게 주전론(主戰論)을 건의한 일과 궤를 같이한다. 이항로가 『계상수록』1에서 주장하는 유학의 도통은 "진(秦)·한(漢) 이래로 사람들은 모두 공자를 본받을 것을 말하였으나 공자의 도를 밝혀서 몸에서 체득한 자는 맹자 한 사람뿐이므로, 맹자의 설을 믿지 않으면 공자의 도를 밝힐 수 없다. 송(宋) 이후에 공맹의 도가 비로소 분명해진 것은 주자와 정자의 힘이다. 주자 이후에 우리나라 선배들이 그의 설을 따랐으나, 학문을 거론함에 남김이 없는 것은 송시열(宋時烈)이다"라고 하여, 유학의 도통이 공자-맹자-정자-주자를 거쳐 송시열로 이어졌음을 밝혔다. 이항로가 일생동안 천착한 성리학의 주리론적 소양은 공자가 천명한 존왕양이(尊王攘夷)의 구도로 표현된다. 이는 당면한 시대의 문제를 풀어나가려는 해법이 되어 위정척사 정신의 기초가 되었으며, 민족운동의 실천적 지도이념으로 승화되었다.

1-1-12 「溪上隨錄」1(『華西集』卷14)

夫道若大路, 大路人豈不見哉? 但不以仁體之, 故却與我不親切, 不親切故視之而不見也。【己卯以前。】

八卦「乾」、「坤」不交, 故全不用事, 六子相交故用事。「兌」、「震」、「巽」、「艮」惟一交, 而「離」、「坎」再交, 故功用尤多。「兌」二陽在下, 一陰在上, 故爲停蓄動物之象而爲澤; 「艮」二陰在下, 一陽在上, 故爲抽出靜物之象而爲山; 「震」一陽在下, 爲二陰所掩, 故有奮薄不出之象而爲雷爲雹; 「巽」一陰在下, 爲二陽所引, 故有鼓發得散之象而爲風爲木。「離」上陽下陽而一陰麗, 故爲火, 火之就上而熱者, 二陽用事也, 其翕闢燥急, 陰在中也。「坎」上陰下陰而一陽陷, 故爲水, 水之就下而寒者, 二陰用事也, 其專直流通, 陽在中也。

啄木之喙錐, 竊脂之爪搠, 天下之物, 莫不適用也, 當門之蘭見鉏, 托社之鼠免害, 所遇不同也。【庚辰】

天地間無空缺處, 天地間都無陳材。

天下無無對之物, 亦無齊首並出之對, 其故何也? 動靜循環, 陰陽相反, 故兩兩相對, 而開與闔爲對, 往與來爲對, 生與死爲對也。陰統於陽, 地統於天, 故本之則一, 而開之反爲闔, 來之反爲往, 生之反爲死, 而非一時並生、一處同有者也。故善之反爲惡, 而推其原則善而已矣; 吉之反爲凶, 而究其本則吉而已矣; 是之反爲非, 而溯其初則是而已矣。故只知無無對之物, 而謂之性有善惡, 則是善惡齊頭並出, 一時俱有、一處混在者也, 烏乎其可也? 兄與弟爲對而兄之出, 烏有所謂弟者哉? 生與死爲對而生之始, 烏有所謂死者哉? 然此消則彼長, 彼盛則此衰, 此亦間不容髮之幾也, 可不愼之哉?

劉禪以昏弱失蜀, 孫皓以殘虐敗吳, 司馬氏三世苦心血誠, 在呑吳並蜀, 而事成之日, 自以劉禪爲子, 以孫皓爲婦, 而不知憂也, 甚矣人不知反鑑也!

蓋天下之物, 元有是理故有是心, 有是心故有是言, 有是言故有是名義、有是聲音、有是節奏, 其表裏本末, 實相該屬貫穿, 有不可以毫髮差者, 亦不可以任此而遺彼也。故古人之敎, 必敎之以樂, 使之言以察其心之所之, 永其言以養其聲音, 叶以八器、節以舞蹈, 以養其形骸筋脈。故內而心志, 外而四肢百體, 皆得其養, 得於內者日深, 而達於外者日著, 表裏融澈, 本末該貫, 自無孤枯扞格、䯶䮾隔截之病, 晦翁所謂"明命赫然, 罔有內外, 德崇業廣, 乃復其初者", 可得而語也。今皆不可復見, 則作成人材, 不亦難乎? 明理之具, 猶有讀書一事, 善讀者心思以究其義, 口誦以習其聲, 形之於言以察其明否, 行之於身以驗其得否, 因是而入, 至古人之域, 亦無不可者, 但恐人不肯如是着力耳。但以作字輩言之, 漫浪誦讀, 固不可以得力。若但眼閱心究, 而不習之於聲, 則其發之也, 又却枯滯零綴, 都無津津無窮之味矣, 於此亦可驗也。【辛巳】

凡讀書, 精思則於有味處有味, 熟讀則却於無味處有味。

非無無以居其有, 非虛無以載其實, 非簡無以御其煩, 非約無以御其豐, 故天道惡盈而好謙。【癸未】

當愼所居, 所居者形類之; 當愼所近, 所近者氣類之; 當愼所執, 所執者心類之。何謂形類? 魚龍水居, 其鱗波流; 麋鹿山居, 其角峥嶸; 龜鼈石居, 其甲巖險。何謂氣類? 藏鐵于石, 亦能指南; 沉木于水, 亦能潤下。何謂心類? 矢人猶恐不傷人, 函人猶恐傷人。

凡答述人言語, 切忌爭先較捷, 又不可引起別端、遮攔人意, 雖尋常習熟底, 容更審愼消詳, 此亦修辭立誠之一端也。

『大學』自齊家而治國, 言德化躬率, 所謂雖有周官法制, 無「關雎」、「麟趾」之化, 不可行者也。自治國而平天下, 言爲政規模, 所謂堯、舜之道, 不以仁政, 不能平治天下者也。故文王之治岐, 治國之極功化; 周公之制禮樂, 平天下之大規模。

謂人莫己若, 其心眞見其莫己若處故耳。此是私意根株, 不拔去此根株, 雖堯、舜與居, 必以爲莫己若也。

以道爲有虧欠時, 是認氣爲道之病也, 不見道體, 以私意扭捏揣摩, 則不認氣爲道者鮮矣。

凡事盡分處, 便是功效, 功效不在盡分之外。凡人所以不及聖人, 只在不盡分。

驕泰之心、乖戾之氣, 生禍召災之苗脈也。

"不矜細行, 終累大德", 譬之於牛, 毛有一斑, 角有寸曲, 似不甚害事, 終不足爲祭天地山川之牛也。

天地之道, 只是一箇生, 消下一生字, 畢竟有盡時。生而又生, 是乃無欠無窮盡, 是所謂『易』"自然出許多事來", 此處最可觀。

用財之道, 可一言而盡也, 勤而廉, 在己常裕, 在人無怨; 吝而貪, 在己恒勞, 在人恒怨。

說性而外天下國家者, 非知性者也; 說心而不知言者, 非知心者也。

事父母而專自己之情欲者, 非善承父母之志者也; 事天地而任氣質之性者, 非善繼天地之心者也。

學問之道, 最忌陵躐, 朱夫子曰: “『四子』, 『六經』之階梯; 『近思錄』, 『四子』之階梯”, 階梯二字, 當着意看。以余觀之, 我東先輩, 又朱子之階梯也。

朱子用今人語, 一一遞換古人說話, 卽與孔子在魯服縫掖、在宋冠章甫同意, 此其妙用處。

逢蒙學射於羿章, 孟子引公明儀之言非一處, 非同時人也, 此作問答音讀者恐非。蓋公明儀嘗論羿此事, 有“宜若無罪”之語, 卽罪羿之辭也。 孟子引之“薄乎云爾, 烏得無罪?”, 卽孟子釋“宜若無罪”之云, 意自如此云爾。

齊人有一妻一妾章, 章首脫“孟子曰”三字, 恐不必然。似是接上文“堯、舜與人同耳”, 通爲一章, 何以知其然? 蓋儲子, 齊王之近臣也, 告孟子以齊王瞯孟子之意, 遂意君子之道, 別有幽隱難測、高妙奇特之事。故以有異於人問之, 孟子直以“堯、舜與人同”答之, 蓋明君子之道在日用常行之中, 本自明白坦易, 初無幽隱奇異之事也。然儲子旣不足以達其意, 則恐其遂以君子幽獨之中, 眞無有以異於衆人, 而肆其放恣無忌之心, 不知復有大可羞愧之心, 則非小失也。故復以齊人妻瞯良人之事言之, 喩今之求富貴利達者, 若使人瞯之, 則其羞愧之事, 何以異於乞墦間、驕妻妾者哉? 此則切於儲子之病, 故姑以是警之, 使齊之君臣, 皆知所以自省而警惕焉。推類而盡之, 則君子之內省不疚者, 亦可見矣, 此其所以爲聖賢之言也歟。

謂人莫己若, 有三病, 不大、不明、不敬。

『孟子』所謂“知言”, 『中庸』所謂“學問思辨”, 卽『大學』格致之事也, 不先格致而專意誠正, 則所謂誠正, 非正理而淪入空虛。但知格致而不能誠正, 則所謂格致, 非實事而爲塗聽道說。塗聽道說, 其害淺, 以其易知也; 淪入空虛, 其禍深, 以其彌近也。

人有恒言, 皆曰驗跡, 知之跡言也, 身之跡人也, 聖人之跡, 天下萬世也。

自堯、舜至周公, 行道之統也; 自孔子至尤翁, 傳學之統也。孔子似堯、舜, 孟子似禹, 朱子似周公, 尤翁似孟子。

性分內事, 非至誠不能盡。

"象憂亦憂, 象喜亦喜", 與"乍見孺子匍匐入井, 怵惕惻隱", 同一體段, 夫入井之孺子, 與吾本同一氣一理, 故彼動則此動, 況兄弟尤親切者乎!

施於人而望報, 非仁也; 受恩於人而不報, 非義也。

"辭、受、取、予", 皆有一定不易之體。然辭過乎讓, 受過乎廉, 取過乎薄, 予過乎厚, 觀過斯知仁矣。

施與難得其宜, 取之於彼以與此, 自以爲惠惑也, 況未免於割剝餓莩之皮肉, 以繼犬馬餘粱肉者哉! 以爲恩我也歟, 則不知恩我之深, 未必若讐我之毒也, 以爲徼福也歟, 則鬼神亦已知之矣。

不仁者, 未必事事皆不仁, 人人皆怨, 在家無怨, 在邦無怨, 惟"敬而不失"者爲然。天下之人皆謂之仁, 惟事事踐理者能之矣。

研其幾, 則一俞一吁, 治天下如反掌; 失其道, 則百戰百勝, 措一身無容足。【己丑】

韓信之逃, 蕭何之追, 漢高之且喜且怒, 設壇拜將, 都是他譎處。韓信明是楚亡卒, 不逃無以重其身, 蕭何不追, 無以重韓信於漢高, 漢高不驚喜設壇, 亦無以重韓信於一軍, 做此許多貌樣, 是他譎處。君臣之際, 始以詭遇, 故終以詭敗, 傳檄三秦, 雲夢後車, 直是同一軌轍, 君臣之際, 豈可以詭哉?

朱子曰: "文章到歐、曾、蘇, 道理到二程, 方是暢。" 以余觀之, 殆夫子自道也。

無是事而有是念, 是客念; 有是事而無是心, 是褊心。客念害義, 褊心害仁。

"枉尺直尋"底意思, 甚壞人心術, 孟子平生苦心血誠, 只在打破那一句; 後人平生苦心血誠, 只在成就那一句。

失志而憂愁鬱悒, 與得志而驕淫放肆, 有何分別? 知驕淫放肆之爲可惡, 而不知憂愁鬱悒之爲可恥, 亦惑矣。

桀、紂之惡, 未必如是其厚, 天下萬世之惡歸也, 桀鷄棲木, 紂牛後繩, 物何嘗穢惡? 亦非一日之積, 特以托非地而居不動也。百穢之受, 眞若固有然, 人可不擇其處而愼所歸也哉?

桂山丈云"吾東之於皇明, 固有君臣之定分, 不當復以壬辰再造之恩爲言", 此論儘高。然愚以爲子之於父, 父雖不慈, 子不可以不孝, 義固當然, 念劬勞顧腹之恩, 而欲報無極者, 亦理之自然。彼此初不相妨, 恐不可以偏擧也。

不主忠信, 世間都無一事。【庚寅】

爲國不以讓, 如禮何? 爲國不以信, 如法何? 漢有天下四百年之長, 亦賴有留侯讓齊封、酇侯立畫一兩事耳。此兩人者實西漢之耳目, 高皇以智服天下, 以威服天下, 天下之所畏服也。而高皇遇一難事, 必曰子房, 到不奈何處? 必曰子房, 當世耳目, 莫神於子房, 亦莫悅於子房。子房而讓齊國, 則天下知爭功之爲可羞; 子房而辟穀導引, 則天下知嗜慾之非可生。於是擊柱偶語之習息, 而淸淨無事之說行, 向無子房一讓, 天下起而爭奪矣。陳平無所施其智矣, 王陵無所用其忠矣, 是知安劉之功, 亦當以子房爲首也。然而淸淨之說行, 而一變而晉, 再變而夷, 此則子房不可不任其咎也。然則以一身爲天下之耳目, 其亦難矣乎, 可不深思遠慮乎哉?

遯世不見知而無悶, 惟至誠無息者能之。

管子曰: "禮、義、廉、耻, 國之四維, 四維不張, 國乃滅亡。" 士之進退、辭受, 實係邦國興替汚隆。

自古不恤禮、義、廉、耻，以小藝曲技論治者，鮮不誤人之國。

屬一家之望者，一家之標準；屬一鄕之望者，一鄕之標準；屬一國之望者，一國之標準，天下亦然。須看許多狼狽，有不先自標準處差誤者乎？

自治民逆推至明善，如登九層臺上，少中間一級不得，不明乎善而自謂誠身者，蔽於私己者也。宋之陸氏、明之陽明，皆是“不誠乎身”而親悅之者，溺於私愛者也。瞽之於象，荊公之於王雱，皆是“不順乎親”而朋友好之者，昵於黨比者也，非所謂信也。“不信乎朋友”而上任之者，悅於阿諛者也，非所謂獲也。“不獲乎上”而以治民先期者，非審於幾者也，東漢之賢、我國之己卯，亦不能無遺憾也。

天地之生氣交感，則悅同志、同氣之交感，亦天地本然之情也。好德未必不如好色也。

“色斯擧矣，翔而後集”，天地萬物之生氣也。

知人極是難事，陳子禽慕悅孔子，非不知孔子也。“夫子豈賢於子貢”之論，自後世觀之，無異喪性人說話。自孟子以後，惟有韓文公知孟子爲傳道之統，然多與荀、楊有並稱處。後人心不厭，非後人知於前人也，是非大定也。是非未定之前，不作喪性人說話，亦自不易也。

心有所蔽，則發之言辭，必有不周處，卽其不周處，究核拓將去，使無滲漏，漸漸開明。

“因不失其親，亦可宗也”，此於交接朋友，尤宜審愼。因者或因事、或因勢、或因便近，而以爲此非長大久遠之事，何必擇可親之人而後爲可也？未免或借其力、或藉其財，而未嘗爲永久地也。然跡日以親，情日以厚，於焉之間，離合去就，俱涉形跡，遂至於失恩失義之科，而爲終身之疵累，可勝惜哉！蓋嘗思之，天地之間，萬事勢而已, 從頭至尾, 只是一箇路脈。如劈破千尋之竹, 從着錇處破將去, 盡末乃已, 不問因某事細大, 到路窮處, 開一條通界則均也, 此所謂勢也。雖在窘急之地、倉猝之頃, 立下斬釘截鐵底規模, 十分審愼, 知其爲可親然後因之, 則此爲異日宗主, 而庶無失身之悔矣, 觀於古今狼狽人, 可見矣。

"去讒、遠色、賤貨"三者, "貴德、尊賢"之基本也。三者有一焉, 以爲尊賢者皆僞也, 信其僞而有不顚沛者乎?

"不塞不流, 不止不行", 是昌黎晩來閱歷世故旣多, 有眞實見處。

程子以純愨篤實之誠, 正大光明之學, 倡明其道於天下, 是何等血誠? 是何等積功? 蘇、黃輩挾浮薄藻華娼嫉而陵轢之, 壞敗人心, 煽動禍亂, 陰使正人君子不得容息於世而後已, 每中夜思之, 直欲痛哭, 後人之悅慕於彼者, 亦獨何心哉?

蛇虺亦天地問一生物也, 人莫不惡害人也, 蛇虺只管害人, 不必害善人也。小人以傷害善類爲性者, 人或目之以蛇虺, 然蛇虺亦不如此。

費隱章以下九章, 同爲一意。鬼神章以前, 是"潛龍"之德, 惟患其不確; 鬼神章以後, 是"見龍"之事, 惟恐其不普。不專確, 無以感鬼神之德; 不普博, 無以盡鬼神之玅。譬之卦蓍, "寂然不動", 體也; "感而遂通天下之故", 用也, 立其體而達其用者, 其神乎!

誠與鬼神, 更無分別, 誠不至, 合鬼神不足以爲誠矣。『大學』傳十章, 雖無鬼神之說, 其理已具, "湯之盤銘曰: '苟日新, 日日新, 又日新。'『康誥』曰: '作新民。'" 朱夫子釋之曰: "鼓之舞之之謂作, 言振起其自新之民也。" 日新又新, 自治之事也, 無與於天下之民, 而民自新焉, 玆曷故焉? 孰使之然哉? 非神之神乎? 『易』曰: "鼓之舞之以盡神。" 朱子所以引以釋作字之義者, 其意深矣。齊家、治國之傳, "『詩』云: '桃之夭夭, 其葉蓁蓁, 之子于歸, 宜其家人。' 宜其家人而後, 可以敎國人。『詩』云: '宜兄宜弟。' 宜兄宜弟而后, 可以敎國人。『詩』云: '其儀不忒, 正是四國。'

其爲父子兄弟足法, 而後民法之也。" 咏歎淫泆, 便有鼓舞盡神之妙, 此非微之顯而誠之不可掩者乎? 此等處, 當與『中庸』鬼神章參看。

纔不誠, 便無鬼神, 便是虛空。

物性之有至仁者, 必有至勇, 觀於雌鷄乳孽, 必怒氣勃勃, 毛磔翮猛, 以其至仁於生育也。故人之無威勇者, 知其無仁愛之實。

君子纔接人, 便有輔益底意思; 小人纔接人, 便有求望底意思。

文王上不得爲泰伯, 下不得爲武王, 處極難之地, 而保至純之德, 其爲憂患, 孰大於是? 而夫子乃曰"無憂", 無憂二字, 包含甚廣。

"身不失天下之顯名", 視舜之德爲聖人, 便已有論"韶"、"武"不同之意, 下語精當不差如此。

"妻子合兄弟翕", 止曰"父母其順矣乎!" 至德爲聖人, 尊爲天子, 繼志述事, 踐位行禮, 始曰孝之全體也, 亦致一之道也。

私意與氣稟所拘, 自是兩項病痛, 雖遏絶私意使勿萌作, 若謂"便已爲復性之極功, 而不察氣稟所偏而克治", 則鮮不流於異端邪僻之學。此其爲害有甚於困於私意, 何也? 困於私意者, 雖不足以有立, 亦不能自信而爲是, 故其害淺近, 偏於氣稟者, 或用力過入, 實有成效, 故自信太過而不悟其非, 人亦慕悅其實效, 而不知流弊之愈遠, 良可憂也。故學者以持敬致愼爲本, 而不可不就正有道之人; 以遏欲存理爲事, 而不可不考證古人之成法。向使楊、朱學爲義, 而就孔、孟而正之, 則未必不爲"無適無莫"之義也, 尙安有無君之弊也? 向使墨氏學爲仁, 而祖堯、舜而述之, 則未必不做立己成物之仁也, 尙安以無父爲憂哉? 陸氏而近取晦翁, 遠宗濂、洛, 不墮禪佛之坑矣; 黑水而下資華陽, 上法退、栗, 不伏凶逆之椹矣, 嗚呼悲夫!

武王、周公, 善事文考, 至於尊以天子、祭以天下, 尊之至也, 養之至也。推以至王季、太王, 又推以至后稷以下群公焉, 又推之而及大夫士庶人, 又推之而上及於后稷之所自出, 下及於本支百世, 使身之所處上下四方極天蟠地, 無所不用情而致誠焉, 此孝之全體也。武王、周公, 亦不過盡善事父母之道者也。

不出廟門, 而尊卑、貴賤、親疎、賢愚、老幼之體, 已立於天下, 『詩』曰: "奏格無言, 時靡有爭。" 此之謂乎!

「大壯」之「象」曰"非禮不履", 告哀公以修身之要; 亦曰"非禮不動", 告顏淵以爲仁之目; 亦曰"非禮勿視聽言動", 贊『易』天道也, 告君大節也。告顏淵傳道之統也, 而止於此一言, 何也? 禮者天理之繩墨也, 人道之秤錘也, 但曰"順天理、盡人道"云爾, 則理無形象, 道無方所, 浩浩茫茫, 無所準則。若使天下有萬不同之心, 聽其各自臆度揣摩而知之, 則所謂天理者, 幾何不化於人慾之雜也? 所謂人道者, 幾何不淪於禽獸之歸也? 是猶大匠爲器, 必以規矩, 敎人亦必以規矩。若曰捨規矩而直授人以巧, 非余之所敢知也。

"仲尼祖述堯、舜, 憲章文、武, 上律天時, 下襲水土。" 歷選前古, 狀夫子之德行者多矣, 未有若此之該完精確也。後之欲學夫子之道者, 捨此而曷以哉? 如以今人言之, 遠當宗師孔、孟、程、朱之心學, 近當遵守退、栗、尤、春之法門。顯晦存亡, 順其自然之運, 貴賤貧富, 安其所遇之地, 乾乾惕厲, 存乎人焉耳。

天下之理, 陽一而陰兩, 君一而臣二, 吉一而凶三, 是以學者工夫, 順境少而逆境多。惟善做逆境工夫者, 易得力。

天理、人慾, 同行一路, 極難辨別。氣稟所拘, 又有彌近天理, 而與人欲懸別者, 所以斷斷自信, 至死無悟, 非讀書窮理、朋友講磨不能覺。孟子曰: "我天民之先覺者也, 非余覺之而誰也?" 覺字有味。人皆曰"余覺不待先覺之天民而自覺者", 是夫婦之與知能行者, 非所謂道之全體也。所謂高妙之見, 切近之情, 安知非氣稟之所拘、私意之所成者乎? 余故曰"學以自覺爲貴者, 非眞覺也"。

天下, 無王則亂; 三軍, 無帥則潰; 家, 無尊則毁。惟心亦然, 無主乃狂。主者依也, 吾將曷依? 天可依也, 天有時而煖者冰; 地可依也, 地有時而江者陸。惟道則不然, 窮天地而不毁, 徹塵微而無缺。形在則在, 聲至而至, 居之則安於磐石, 決之則沛然江河。守之不煩, 用之無竭, 吾非斯道, 曷依曷從?

"強哉矯", 矯者有千斤弩力, 有隨事視其不足而扶竪匡直之勢。

位自是德之章, 祿自是德之養, 名自是德之聲, 壽自是德之符, 四其字, 可見其不自外得底意思。

至微而至著者理也, 何以知其然也? "禎祥妖孽", 理之著於氣者也; "見乎蓍龜", 理之著於物者也; "動乎四體", 理之著於形者也。然則天下之物, 無一不先知也, 况乎人心之靈乎? 况乎至誠無僞乎? 故曰"前知", 故曰"如神"

蓋『中庸』之"不行"有三病。反, 一也; 過不及, 二也; 廢, 三也。究其所以病, 反是自用自專之病, 過不及出入之病, 廢是力不足之病。自用自專, 非知也; 出入, 非仁也; 力不足, 非勇也。大舜知也, 醫反之病; 顔淵仁也, 醫過不及之病; 子路勇也, 醫廢之病。

"大德必得其位", 得字應德字。蓋仁義禮智, 德之得於內者也; 位祿名壽, 德之得於外者也。

"愚而好自用, 賤而好自專", 好字與"溥博淵泉而時出之"底氣像意味, 逈然不同, 學者亦不可不知也。

"行險而徼幸", 險非獨危絶叵測底事, 纔涉人慾界分, 便是險。

"在上位不陵下, 在下位不援上, 正己而不求於人", 千古以來, 君子密傳義諦在此。

“明乎郊社之禮、禘嘗之義, 治國其如示諸掌乎”。三代以後文字, 橫渠張先生「西銘」, 得其意思; 晦翁朱夫子纂輯『儀禮經傳通解』, 得其範圍。

『中庸』三十三章, 一言而蔽之, 曰“至誠無息”。

“日省月試”, 一勤怠也; “餼廩稱事”, 勸工拙也、來百工之道也。

曾子慤實, 子思通明。

大舜取衆言而善用中, 朱子集百家而善折衷, 其揆同也。孟子距楊、墨而衛孔子, 尤翁距鑴輩而衛朱子, 其事同也。

姑息, 息婦也, 姑婦之間, 以恩愛爲主, 無直截嚴畏之意。故愛人不以德者, 謂姑息之愛, 猶呴呴之仁, 謂婦人之仁也。

爲人爲己, 最怕姑息, 姑息二字, 誤了人平生。

性本該動靜, 靜性之體所以立也, 動性之用所以行也。【辛卯】

人心各具一太極, 其未發性也, 體所以立也; 其已發情也, 用所以行也。

“修身則道立”, 立也; “尊賢”以下至“懷諸侯滔”, 行也, 道猶水也。九經猶甽洫溝澮川江而達于海, 水發源盛, 便從這路子, 滔地流將去。

“寬裕溫柔”, 仁之體, 有容用也; “發剛強毅”, 義之體, 有執用也; “齊莊中正”, 禮之體, 有敬用也; “文理密察”, 知之體, 有別用也, 足以是“不勉而中, 不思而得”, 體立而用行也。

子思子『中庸』首明愼獨之工, 自『大學』誠意章來『孟子』七篇, 皆明性善之理, 自『中庸』明善章來, 其傳授淵源, 不可誣也。

天下無無性之物, 禽獸、草木、灰燼、枯腐, 皆有其性, 皆有體用。人亦天地間物耳, 又其貴者也, 何患乎無其性、無其體用? 而聖人必以存心養性爲尙, 而洞洞屬屬, 惟恐失之也哉? 萬物無此工夫, 未有目之以失性, 而人獨謂之失性, 何哉?

以"天命之謂性"起頭, 以"上天之載, 無聲無臭"結尾, 中問包得許多事在。

理有何窮何盡? 只在人存心如何耳。存心於虛無, 則養得箇虛無底氣味; 存心於寂滅, 則養得箇寂滅底氣味, 此特非實理、實事也。存心於實理、實事然後, 養得箇實理、實事。故曰"不明乎善, 不誠乎身", 『易』曰"獨遠實也", 實卽善也。

孟子曰: "以仁存心, 以禮存心。" 仁、禮實體也。

『易』曰: "多識前言往行, 以畜其德。" 前言、往行, 實事也。

不識有性者, 墮在人慾坑塹, 擡頭不起。識有性者, 却向萬物未形頂頭, 尋却箇玄玄妙妙混淪無頭尾無名目底, 把作人性看了, 此非性也, 只是渠意見如此, 故揣摩想像者如此耳。

邵康節曰: "性者, 道之形體。" 此言的確。

在天, 元亨利貞是道, 道非玄玄妙妙混淪者也。在人, 仁義禮智是性, 性非玄玄妙妙混淪者也。

何以知其非玄玄妙妙混淪者也? 以其用之著於外者而逆知之耳。使其存諸中而爲之體者, 若果玄玄妙妙混淪無頭尾無名目云爾, 則發之而形于外者, 亦必玄玄妙妙混淪無頭尾無名目而已矣, 何其各各分明耶? 若曰內外異致, 又何謂"體用一原"耶? 孟子曰: "天下之言性者, 故而已矣。" 捨故而言性, 非性也。

形質上論性, 與心知上論性不同。形質之性, 雖枯木有枯木之性, 死灰有死灰之性, 人心活物也, 與枯木、死灰一般時節, 便是喪那活物之性, 是之謂喪性。

衆人無未發時節, 有之則與聖人無別也。

或曰: 雖常人, 其靜也非喜怒哀樂之發焉, 則是亦爲未發之中, 而所謂未發者, 如鏡之有垢也, 如水之有查滓也, 只一黑窣窣地也。
曰: 不然。鏡之垢, 蔽之留也; 水之滓, 動之餘也, 心之黑窣窣, 情欲蕩汨之餘也, 視將來則雖未及發, 而論已往則烏得爲未發耶? 若喜怒哀樂之未發也, 而有此不同之極, 則安得便下"謂之中"三字而少中間曲折耶? "謂之中"以下亦有此不同者, 則安得便謂"中也者天下之大本"耶? 愚謂常人長在喜怒哀樂蕩汨之中, 而絶無未發時節, 若氣昏心倦, 休思息慮時則或有之, 是不過枯木死灰而已也, 安得以發未發論也?

前發已過, 無一毫查滓之留; 後發未形, 有萬理昭森之象, 於此方始論此, 此則與聖人同體, 只論息與無息。喜怒哀樂之未發, 誠之復也; 發而皆中節, 誠之通也, 性本該有剛柔動靜。但以致一之義言之, 則剛爲君而柔爲臣, 動爲實而靜爲虛, 於天三地二之數, 陽奇陰偶之畫, 可見孔子於地雷一陽之生, 乃曰"其見天地之心", 此意甚分明。雖其相資之勢, 一陰一陽, 一動一靜, 不可相無, 而其天地之本情, 則乃在此而不在彼也。故論性之界分, 則虛而靜; 論性之體段, 則動而實, 此實不易之定理也。

情是直遂底, 意是經營往來底, 雖凡人好色惡臭, 情也非意也。好善惡惡, 不能如好色惡臭, 則其好善惡惡, 意也非情也。眞能"如好好色、如惡惡臭"則誠矣。

程子曰: "未應不是先, 已應不是後。" 愚以爲未發只是已發後事, 已發只是未發時理。

思之又思則得, 得之又得則可以至於“不思而得”矣。天下懷襄, 洪濤巨浪, 都聚於砥柱之上, 以其屹然不倒也, 不倒豈砥柱之罪也? 大賢之多惡於世亦類此, 濤息而功高, 惡定而實顯。

過不及之病, 讀書時最可驗, 口到此而敏者過之, 鈍者不及。過不及之間, 不知其味, 心與口相離, 而書自書我自我矣, 此道不行之驗也, 萬事皆然。

“依乎『中庸』”, 依與依於仁之依同, 頃刻之間, 心有不存, 便是『中庸』之道廢而不行也, 依字當玩味。

『易』曰: “閑邪存其誠。” 邪非惡念。雖善念不當事而存, 如讀『論語』時, 念在『孟子』; 讀「學而」篇時, 念在「爲政」篇; 讀上句時, 念在下句便是邪。邪是岐出之徑也, 道是目下當行之路, 向不當行處去, 是所謂不誠, 是所謂離道也。

敬是合內外、徹上下之道, 纔不敬, 道與我不相干。雖珍羞、美饌、龍泡、鳳炙、豹胎、熊蹯, 羅列左右, 不入於肚, 不害爲飢; 雖輕煖、華麗、綺羅、錦繡、狐貉、羔羊, 委積眼前, 不掛於肩, 不害爲凍, 何也? 與己不相干故也。雖天下萬理在眼前, 纔不敬時, 便與我不相干。

『易』曰: “有不速之客三人來, 敬之終吉。” 雖剛暴侵凌之人, 至誠致敬, 自有感動之理, 人理如此。天地亦然, 鬼神亦然, 萬物亦然, 未有篤敬而不動者也。

篤敬時, 自然嚴毅。

格致兩字, 實止至善之樞紐關鍵。如以一物而言, 格那九分, 未格那一分時, 那一分便是病敗所由起處; 以十物而言, 格那九物, 未格那一物時, 那一物便是氣禀人欲所掩蔽處。

“大德敦化”, 如轉磨; “小德川流”, 如麥屑四旁迸出來。

人之知覺, 固有明於此而蔽於彼者, 以曾子之篤實踐履眞積力久, 若未聞一貫之旨而豁然無疑焉, 則未得爲曾子也, 何也? 老子數車無車之說, 可謂理到, 而至於離仁義而說道, 則判若兩人說話。"司馬子長讀『孟子』書, 至梁惠王問: '何以利吾國', 未嘗不廢書而歎曰: '嗟呼! 利誠亂之始也', 夫子罕言利, 常防其源也。故曰: '放於利而行, 多怨', 自天子以至於庶人, 好利之弊, 何以異哉?" 此說非不明白直切。至作「貨殖傳」, 津津說利, 讀之便使人歆歆欣欣然只知有利, 不知世間復有事在, 兩說謂出一口不得。故人貴知道, 不知道, 則非但他人難信, 雖自家思之, 亦必似狂惑人矣。

"苟日新", 非略略改過遷善之謂也。便是脫去舊習, 頓然一初底時節也, 此湯之勇, 亦反之之機也。顔子"一日克己復禮, 天下歸仁", 朱子所謂"一朝豁然貫通", 大略相同。"日日新又日新", 卽湯之"聖敬日躋"是也。

"止至善"之止字, 有從容不迫之意, 「傳」之五引"『詩』云"包含無限意味。

天地間萬事誠而已矣, 不誠, 便是空盪盪地, 誠無不通。"其次致曲", "致曲"工夫, 如穿穴相似。穿一孔, 穿到八九分, 又改穿他孔, 無緣到那通處。若要通, 只穿到九分, 九釐不得穿到, 通時便是誠。假令坐時, 不可但要不傾倚箕踞而已, 必要如尸; 立時, 不可但要不趍走顚蹶而已, 必要如齊。一言一動、一事一物, 莫不如此。若要略略地做去便已, 與不做者無以遠, 只是不誠故也。性緩氣惰, 輕儇俊决之人, 决不能到那通處。

情弱則私意侵凌, 情實則私意屛息。學者工夫, 人鬼關頭, 只在防意。防意之要, 莫如實其情, "好好色、惡惡臭"實情也。防之又防, 以至於絶則誠矣。學者最怕情弱, 許多計較姦僞, 皆從情弱底生出來。

"尊德性、致廣大、極高明、溫故、敦厚", 致中工夫; "道問學、盡精微、道中庸、知新、崇禮", 致和工夫。

“經綸天下之大經”, 結首章致和; “立天下之大本”, 結致中; “知天地之化育”, 結天地位萬物育。首章先中後和, 明一本而萬殊也; 三十二章先大經後大本, 明萬殊歸一本也, 夫焉有所倚贊之也?

“知遠之近”, 遠指天地位萬物育, 近指中和之德。“知風之自”, 指和自中出來; “知微之顯”, 指中發而爲和也。

“溥博淵泉”, 是未發前氣像。

“潛龍勿用”與“復其見天地之心”、“先王至日閉關”, 同義。

性, 生理也, 昏惰時, 便是生理滅絶了。

“喜怒哀樂之未發”, 未字當玩味。

性, 誠也。性豈有息?

蹻、跖非無天性, 只是不做故謂之蹻、跖。雖善人君子, 有不做時, 便是喪性, 喪性便是蹻、跖。蹻、跖亦不過喪性而已。

接續則活, 不接續則不活; 習熟則悅, 不習熟則不悅。學至於爲之不厭, 方是學。

血氣之欲寖盛, 理義之勇寖微。

欲勝者智昏。慾屬火, 智屬水, 火盛則水竭也。

慾熾則財竭, 財竭則民困, 民困則國亡, 此自然之勢也。是猶人身火動則血虛, 血虛則陽沈, 陽沈則人亡。保國莫如安民, 安民莫如裕財, 裕財莫如無慾。保生莫如健陽, 健陽莫如潤血, 潤血莫如降火, 醫國醫人, 其道一也。

"朱門酒肉臭, 路有凍死骨。" 此杜工部傷時語也, 猶不知富貴家妻婦, 已自窮乏窘迫, 無樂其生而漠然無覺。不推恩無以保妻子, 推恩足以保天下, 此知道之言也。

人臣告君之辭, 自非見道全體者, 不能無偏, 纔偏不能無害, 況"以水濟水, 以火濟火", 益其病者哉? "殷因於夏禮, 所損益可知也; 周因於殷禮, 所損益可知也", 所因者大體也, 所損益者, 特其流弊之小過不及者也。孔子曰: "爲上不寬, 吾何以觀之哉?" 寬是爲上之大體也。大明承元主昏緩放廢之餘, 不得不肅整紀綱, 而所可慮者, 因是而失之苛刻而不寬耳。及問元政得失於馮翌, 而對以"元有天下, 以寬得之, 以寬失之。" 元特以昏緩放廢而失之耳, 何嘗以寬失之耶? 張公藝對唐高宗, 以忍字百餘, 高宗之病, 獨在柔懦容忍, 不能剛克正紀, 而張公藝之忍字, 又從以資助其病而使之無疑, 馮翌之對, 與此何異哉? 箕子對武王之訪也, 乃曰"高明柔克, 沈潛剛克", 何嘗有一毫偏勝耶? 終明之世, 失在不寬而無悟也, 太祖失之耳。助太祖之失者, 馮翌不爲無罪, 人臣告君之辭, 可不愼哉?

萬安於萬貴妃顓寵時, 因緣圖進, 貽書其家人, 冒稱子侄, 及敗, 懼禍及, 則曰與萬氏久不往來。宦臣李廣恣横, 朝臣爭以黃金白金賂遺, 隱之曰餽米, 此時惟恐其米不爲金。及廣有罪而死, 帝發其賄簿, 朝臣夜赴壽寧侯張鶴齡求解, 此時惟恐其金不爲米。變疎爲戚, 又變密作踈, 謂金爲米, 幻米爲銀, 其間用心亦太勞矣, 安得不長戚戚也?【幻米爲銀四字, 疑有誤。】

小人積不善之極, 轉福爲殃, 其機甚暴; 君子積善之極, 傾否回泰, 其勢似緩。譬如草木得氣而萌生, 非積時日不達, 及至隕落, 一夕霜下, 便消殺了, 其理一也。故『易』自「乾」、「坤」歷八卦而始得「泰」卦, 「泰」一反而成「否」, 「賁」一因而成「剝」。

事貴有漸, 雖善事, 張皇暴急, 鮮克集事。

大寒大暑, 若不以漸, 物莫不病死。

"不睹不聞", 是全然無事時也。常人之心, 全然無事, 則與滅火相似。"戒愼恐懼",

祗是人心不死時。

堯、舜、湯、武之化, 猶時雨; 孔、孟、程、朱之化, 猶江河。時雨"雲行雨施, 品物咸亨", 須臾之頃, 普偏天下, 無一物不被其澤焉, 雖欲無霑, 不可得也。江河混混發源, 或隱或現, 瀠環委曲, 亦畢竟達于四海, 澤物無窮期, 汲引飮食, 灌漑滋沃, 無所不足。但待人自去取用, 若人不取用, 滋益他不得。然時雨一時之利, 江河萬古之利。

或問: 智屬於冬之收藏, 何謂也?

曰: 春生許多物來, 到夏長養條暢, 到秋堅實成就, 及至冬, 草枯葉隕, 百蟄咸伏, 却無一事, 許多物事, 都似掃空了。然草藏於荄, 木晦於根, 華歸於實, 飛潛走躍, 咸藏于蟄。收歛一年之成功, 箇箇成實, 所以能發生來春許多事來。智亦如此, 讀許多書, 閱許多事, 醻應萬變, 及至事過了, 都沒形影, 惟藏歛在知覺裏面。是以撞着, 便復發來, 此便是成始成終底道理。

無形迹事爲, 而藏得前面旣往底, 接得後面將來底, 在四時惟冬爲然, 在四德惟智爲然。故在天北極爲衆星之樞, 在人知覺爲萬化之樞。

或問: 正心、修身傳, 四有、五辟, 如何分看?

曰: 忿懥、恐懼、好樂、憂患, 雖自外感而就心上說; 親愛、畏敬、哀矜、賤惡、敖惰, 雖自內應而就身上說。"四有"屬知覺裏面之病, "五辟"屬酬接外面之病, 非獨有所字, 與之其字不同, 忿懥云云, 親愛云云, 意味逈別。

君子存心, 思之必可言也, 言之必可行也, 不可言之事, 不可行之物, 存着心內, 畢竟要用甚麽? 不過成一團心病。

人好說神異, 便向虛妄去, 殊不知天地之道明白坦易而無妄也。

程子曰: "有人見鬼神, 若非眼病, 必是心病。"

心本虛靈，若不以實理主宰，恍惚怪妄，何所不至？然恍惚怪妄，亦必因聞見所及而生。故君子“非禮不視，非禮不聽”。

康節詩曰: “幽暗巖崖生魑魅，淸平郊野見鸞凰。” 言各以類應也。

喜怒哀樂，對仁義禮智說，則仁義禮智固是體，喜怒哀樂固是用。若單擧喜怒哀樂說，則其未發爲體，已發爲用。子思作『中庸』時，未有對說仁義禮智之意，只當就現說底看體用，若移就蔓延說，何由見出本文意脈？

子思作『中庸』時，想來老氏之說已盛行，人皆把性作虛空看了。故子思直指人喜怒哀樂而立說，只言其發未發，此意似極明白。

或問: 子云“喜怒哀樂之未發”，其體段各各分明，初不混淪，未發時無形無眹，何以見其各各分明？
曰: 不要如此摸索。如看火，明與熱是他本性，然明非熱、熱非明，非初間混淪後來發用時始各各分明，未發用時已自各各分明。

譬之一房，主敬如整頓什物，致知如辦具什物。若房內不辦具燈檠，無以燃火；不辦具書冊，無以攷證，欠鑪無以貯火，欠几無以憑，欠簟無以薦。房內空無一物時，外面事來，無緣應接得出，雖辦許多，都在不整齊安頓時，亦皆錯亂，不得副用。

聖人之在天下，一人不服化，一物不得所，便如四肢百骸三百六十節三萬六千毛孔，纔有一處窒塞，便覺刺楚牽痛，全身不安。然則士之處天下，無一人見知，無一物得意時，便是全身刺痛，呼吸不通，要非捨死堅忍耐不出。

喜事之人，必不了事，以其動以人也。

天下成就許大事業者，皆從不得已處做起，此動以天也。

古之帝王"開物成務", 聖賢出處語默, 皆非有心而爲之也, 不得已也。

得已而不已, 妄動也; 不得已而已之, 不仁也, 妄動與不仁, 君子不由也。

生知如氣化, 學知如形化, 氣化無種子, 形化有種子, 方能發生。故學知如下種, 種禾時只得禾生, 無麥生之理; 種豆時只得豆生, 無麻生之理。田雖有發生萬穀之理, 不下種子時, 只是空田。惟心田亦然, 本具萬物之理, 然未格物時, 只是空蕩蕩地。格一物時, 便種下一物之理; 格二物時, 便種下二物之理。譬如十物欠却一物, 十分未至一分, 便是知上欠却那一物與一分, 不由格物致知, 而待他自然發來, 無異於置空田而望秋也。知不當知, 如種莠; 養不當養, 如培荊棘, 莠不種而生, 荊棘剪且不去, 况種而培者乎? 氣化, 天地初闢, 萬物未生之時, 無極二五妙合而凝化者也。天地旣判, 萬物旣成之後, 只得形化, 形化者, 皆自種子中發生來也。欲達聖人之道, 而不由學知而想望生知, 是猶廢形化而倒求氣化於天地之始也。

父子五德皆具, 一言以蔽之, 曰仁而已矣; 君臣五德皆具, 一言以蔽之, 曰義而已矣。夫婦之別, 長幼之序, 朋友之信, 皆如此。

兩物合而爲一者, 惟水爲然, 其次土也。故夫婦之合屬水, 朋友之合屬土。知亦屬水, 故能合天下之物而爲一, 能通天下之物而無間。

凡有形之物, 皆有罅隙, 雖金石之堅, 猶可透過, 不一故也, 惟神能一。

爲堯、舜之民, 而不遵契之教, 喜犯皐陶之刑者, 堯、舜之亂民也。生于三代之下, 不服孔、孟、程、朱之訓, 而務立新說者, 時王之亂民也。孔、孟之所傳者, 堯、舜、文、武治天下之道也; 程、朱之所釋者, 孔、孟之意也。明太祖以是敎天下, 我國君以是敎百姓, 不遵君皇之命, 非亂民而何? 平生費了許多聰明, 入了許多精力, 成就一箇亂民, 不亦可哀乎?【壬辰】

事父母而自行己志, 所行雖善, 不害爲悖子; 居是國而犯時憲, 所行雖是, 不害爲亂民; 讀聖賢之書而喜立新見, 所見雖無私, 不害爲亂經, 況不是乎哉?

禮者, 有本有徵, 朱夫子釋曰, "天理之節文", 以有本而言也; "人事之儀則", 以有徵而言也。

處無事, 當如有事; 處小事, 當如大事, 若先自失, 何能治事?

按『禮』, 公族有死罪, 則磬縊殺之也。于甸人, 獄成, 有司讞于公, 其死罪則曰: "其之罪在大辟。" 公曰: "宥之。" 有司又曰: "在辟。" 公又曰: "宥之。" 有司又曰: "在辟。" 及三宥, 不對走出, 致刑于甸人。公又使人追之曰: "雖然必赦之。" 有司對曰: "無及也。" 反命于公, 公素服不聽樂, 爲之變, 如其倫之喪。惟如此而後, 天叙之親、天討之嚴, 兩極其用而並行不悖也。故孟子答桃應之問, 直究竟到皐陶執舜之父而無疑, 舜竊負遵海濱, 忘天下而欣然無悔, 非見理明透, 安能如許說出? 若成王爲天子, 周公奉命討管、蔡, 而周公若以親親之私, 廢天討者, 是與黨惡謀危王室, 均其罪也, 周公之誅管、蔡, 亦不敢不爾。建文皇帝之討燕也, 詔諸將以無使我負殺叔之名, 後人以建文之詔, 爲近宋襄之仁。然余獨恨其爲臣者, 獨不擧磬甸之禮, 周公誅管、蔡之事, 皐陶執瞽瞍之義, 號令天下, 明誥六師, 人皆知干紀之罪人, 得而誅之, 而無所容於天地, 則夾河之役, 未必敗績, 望風迎降, 首鼠兩端之輩, 亦可以破膽矣。時齊泰、黃子澄輩挾贊王室, 慮不足以及此, 無足怪者。所可惜者, 方孝孺讀書忠義士也, 未聞出此一語, 疾聲曉告天下之人, 獨何哉? 吁可悲夫!

修道之敎, 須有聖人之德, 又須有天子之位, 做得盡, 做得盡時, 天地如何不位, 萬物如何不育? 孔子有其德而無其位也, 故亦有做不盡處。然自後世觀之, 則正禮樂、刪『詩』『書』、作『春秋』之功, 實參天地、贊化育而及於後世者, 反有賢於在位之聖人矣。【癸巳】

背陰向陽, 天地之本情; 內夏外夷, 帝王之本情; 好善惡惡, 凡民之本情。雖衆陰剝極之中, 天地之本情未嘗息; 四海腥羶之中, 帝王之本情未嘗息; 氣慾昏蔽之中, 人之本情未嘗息。苟此情一息間斷, 天地不能爲天地, 人不能爲人, 生物不能生。

憂患疹疾之中, 不能動心忍性, 則必至喪心失性。動心忍性, 則知益明; 喪心失性, 則氣益昏。

學者於界分上, 也須大着眼目, 方始不錯路頭。陰陽盛衰, 是天地間大界分; 華夷盛衰, 是天下萬古帝王承統之大界分; 淑慝消長, 是天下萬古君子小人之大界分; 天理人欲消長, 是人心性情發用之大界分。君子立心處身, 於大界分處一錯路頭, 便是墮空落虛, 無以立於天地之間, 而無可更救處。管夷吾雖不離於雜覇, 猶是尊周邊人; 許魯齋雖從事孔、孟之學, 是夷狄邊人, 魯仲連、新垣衍亦然。孔子所以許管仲, 宋子所以斥魯齋者以此也。

"漢、賊不兩立, 王業不偏安"此十字, 諸葛武侯之所以立脚於天地之間者也。此三代以來第一人物、第一眼目, 三國時才智術謀, 不爲無人, 有開口說得此十字者否? 纔曰'漢、賊可以兩立', 是曹孟德術中人; 纔曰"王業可以偏安", 是安樂公一流人, 顔子"克己復禮以爲仁", 其意亦如此。

聖賢千言萬語, 非求多前人, 皆從不得已處發之, 如對症投劑。凡讀聖賢說話, 也須理會病痛切急萬不得已之故, 而下得此藥。此藥之所以救得此病者如何, 則無不眞切, 不翅如渴得飮, 如癢得搔。方始見得天地間少此說不得, 如陶冶、工匠、釜甑、耒耜之屬闕一, 則做不成生民之業。如此然後不知手舞足蹈也, 如築九層之臺, 大做根脚始得。此合尖合殺之說, 也須理會臺方四尺、層廣二尺, 根脚合方幾尺始得。若不大做根脚, 便是架空築虛, 費了許多工力, 也高不得。

爲山九仞, 功虧一簣, 也須理會九仞之上, 少一簣土則如何功? 如爲山, 須直到得無可得加, 方是成功處, 少一簣不得。

中夏有中夏之盛衰, 夷狄有夷狄之盛衰, 唐、虞之蠻夷猾夏, 姤之初六也; 崇禎之末, 「剝」之上九也。於此不知"碩果不食"之理, 便是不識天地之心矣。「坤」何嘗有陽? 上六曰: "龍戰于野。" 孔子曰: "嫌於無陽也, 故稱龍焉。" 聖人憂患後世之意,可謂遠矣。「復」之初九曰: “不遠復。” 孔子曰: “復其見天地之心。” 程子曰: “動之端, 乃天地之心。” 非聖人體道之誠, 孰能知此乎?

戰國以下秦、漢以來, 人皆曰誦法孔子, 而明孔子之道而得之於身者, 惟孟子一人而已。故說得明快, 不信孟子之說, 則無以明孔子之道也。自宋以下, 孔、孟之道始明, 周、程之力也。因周、程之說而上接孔、孟之統, 講明繼開, 中興天地一治之運者, 朱夫子也。後乎朱子, 吾東先輩尊信其說, 而論其寓慕羹墻, 神會心融, 內外細大, 擧學無遺則宋子也。蓋講明道學, 雖曰天地間萬古公共底大小大事, 而中間儘有多小階梯, 朱子曰: “『近思』, 『四書』之階梯; 而『四書』, 『六經』之階梯。” 以此推之, 吾東先輩, 其學朱子之階梯乎。

不學孟子, 學孔子無路; 不學吾東先輩, 學朱子無路。君子之道, 自自家性情心身上推出去, 家而國而天下萬古, 而無一物不及底意思, 是爲仁之範圍; 無一物透漏底意思, 是爲義之範圍。

凡理會文字, 如搏猛虎。四面張網圍定, 使不得透漏, 四方八面合逐, 將來射殺了, 覔出致命痕方是。

孔子曰: “將叛者其辭慙, 中心疑者其辭枝, 吉人之辭寡, 躁人之辭多, 誣善之人其辭遊, 失其守者其辭屈。” 孟子曰: “詖辭知其所蔽, 淫辭知其所陷, 邪辭知其所離, 遁辭知其所窮。” 此是孔、孟知言之法也。孔子之言, 如聞樂而象其德; 孟子之言, 如按獄而得其情。此亦時世之變也, 學者不可不知。

項籍, 楚之怒氣也, 秦之欺楚最無狀, 至誘致與國萬乘之君執殺之, 楚則不悟也。此屈三閭所以憤悶痛恨, 抱石沈水而死也, 楚之山川、草木、鬼神, 如何不忿怒? 其氣凝結爲人, 故項籍, 楚之怒氣也。如一塊電火迸發天地間, 噴薄于鉅鹿, 噴薄于新安坑, 又噴薄焚灼于阿房宮。向後天地之怒氣, 漸漸解散而消滅, 故項籍亦無力矣。大抵乘其不知欺人害物之罪, 天地鬼神所甚怒, 故其效應之著顯如此。

義理直截, 無兩是雙非; 人事無定, 或互有得失。若相和看, 連那義理病了。

天下之說理氣者, 蓋有兩病, 捨器說空一也, 認賊爲子一也。捨器說空, 則判理氣爲二物, 所謂理者求之於想像揣摩之間, 而認之爲高妙空寂之物; 所謂氣者屬之於皮膜範圍之外, 而認之爲剩贅閒多之物。是以無鑽硏窮格之勞, 而深中恬嬉安佚之慾; 無殺身致命之危, 而高占脫俗超物之名。於是乎心不管迹, 理不函事, 道不涉器, 性不統情, 天下之事, 一切尖斜奇零, 偏側崎嶇, 無一正當眞實處。詖淫邪遁之禍, 陷人於夷狄、禽獸之酷而不自覺悟, 甚則以爲倚市鼓刀, 無害於讀禮誦佛而莫之恤也, 認賊爲子, 其病由於看理氣爲一物。只見已然, 而不知有未然之故; 只見能然, 而不知有當然之則。拘於氣禀者, 喚做天命之本然; 發於物慾者, 喚做人心之當然, 不復辨問其大小貴賤之別、強弱勝負之勢, 而任他狂鬧胡亂做將去。又借聖學良知良能、毋自欺等說, 截去首尾, 孤行一句, 以文其任情縱欲、刓廉喪義之爲, 而大拍頭胡叫喚, 甚則至謂惡爲性, 謂善爲僞, 此則不待一轉而墮落坑塹也明矣。朱子不離不雜之訓, 發前聖所未發, 而大有功於學者。

曰賊可殺, 是主人邊人; 曰賊可殺可赦, 是賊邊人, 是所謂詖辭也, 詖辭半是半不是之辭也。詖字從皮, 皮從阜則爲陂岸, 一邊平一邊仄處謂之陂。譬之人行, 多從其平底, 信足胡亂走將去, 故終至蹉跌墮落而後乃已, 故詖辭最可畏。若全是陷穽坑塹底人, 豈信向而着足哉? 若曰賊無害於事, 是淫辭; 若曰賊自是義, 是邪辭。若曰迹雖行賊, 而其心則義, 或將以行義, 故爲此云爾之類, 是遁辭。此四者孟子“知言”之隻眼。【若曰賊無害於事, 是淫辭; 若曰賊自是義, 是邪辭。後改云口雖非之, 而心實歆艶贊歎其行賊之才能功效之類, 是淫辭; 力右賊邊而乃反攻短主人之類, 是邪辭。詳見「與任容叔」書。】

聖人人倫之至也, 父子、君臣、夫婦、兄弟、朋友之間, 不以極等道理自責, 不以極等事相望, 便是於人倫上有未盡處。孟子曰: “人皆可以爲堯、舜。” 惟如此然後, 方得免爲人倫之罪人也。

天下萬古, 道一而已矣, 帝王之治, 行此道也; 聖賢之訓, 明此道也。堯、舜以下, 孔、孟以下, 當分兩節看, 兜、工、鯀、苗, 梗堯、舜之化者也; 老、佛、楊、墨, 亂孔、孟之說者也。討叛臣、闢邪說, 皆所以行天討也, 其義同如是, 一一相準看始得。

衛國之忠, 必在興亡未判之前; 衛道之功, 必在是非未定之日。

自吾父母以上祖、曾祖、高祖, 以至始祖及厥初生民之祖皆祖也, 親愛之心, 自吾父母始。自吾君以上列聖祖及正統之君, 以至上古繼天立極之君皆君也, 忠敬之心, 自吾君始。自吾東諸先生以上朱子、程子、孟子、孔子, 以至堯、舜皆師也, 尊信之心, 自吾傳習之師始。自吾所接朋友, 以至天下同胞、萬古人物皆友也, 親信之心, 自吾友始。故不愛其親, 是得罪於天下萬世之父與祖也; 不敬其君, 是得罪於天下萬世之君也; 不尊其師, 是得罪於天下萬古之君子也; 失信於友, 是得罪於天下萬古之人物也。非父母與諸祖, 吾得有此身乎? 非吾君與百王, 吾得遂此生乎? 非先輩與往聖之教, 吾得聞此道乎? 非吾友與四海蒼生, 吾誰與交接往來, 相資相益而以爲生乎? 常常存着此念在肚裏, 仁義、孝悌之心, 油然而生, 自不能已矣。凡遺親後君, 慢師侮聖, 欺人害物之念, 自不敢萌櫱於胷中矣。

東漢斬伐黨錮之禍, 極慘失天下之心, 雖以諸葛武侯之忠義, 鼓發他不得。王莽時, 只是王莽簒漢, 漢未失天下之心也。故光武一發, 便鼓發得來, 此天下之大勢也。

禹之抑洪水, 天下人人禍迫於己, 其勢急故做得速; 孟子之闢楊、墨, 其禍惟君子知之, 天下人人未必知, 其勢緩故做得遲, 此所乘之勢不同也。

格物而到十分極至處, 是達可行於天下之道, 每事每物皆然。

孟子曰: "事孰爲大? 事親爲大。守孰爲大? 守身爲大。不失其身而能事其親者, 吾聞之矣, 失其身而能事其親者, 吾未之聞也。" 身非自己之身, 乃父母之身也, 失身之辱, 便是辱父母之身, 便是不善事其父母矣。善事者必不失其身, 身與父母爲一, 而義精仁熟, 然後兩事俱盡。若曰事親而不恤失身, 守身而不能事親, 則是身與父母爲二而非仁非義。

凡遇事, 有行不去處, 是看道理不透徹之病。

朱子曰: "踏翻了船, 通身墮在水中, 方看得道理出。" 今人不惟不踏翻了船, 慑怯登船, 坐在平陸穩穩地, 揣摩想像, 如何入得它皮膜?

"乾元資始, 品物流形", 此天地之力量也; "乾道變化, 各正性命", 此天地之性情也。君子觀於此, 而恢廓其力量, 而有涵育萬物底氣像; 全確其性情, 而有容一物不得底氣像。

君子之學, 當用死法門、活性情。

王陵獨說出高帝白馬之盟, 正言於呂氏之朝, 此天下人宗主劉氏之一大題目也。然則非獨人臣之義, 當以王陵爲正, 以功言之, 平、勃安劉之功, 亦當遜它。有天下者, 不可不先正風氣, 漢之王陵, 面折呂后, 董仲舒之學, 先黜功利, 諸葛武侯之出處之類, 終是近正。唐之魏鄭公失節立功, 狄梁公屈身逆后, 韓文公衛道之功雖大, 亦不免投書獻啓之類, 終是挾雜。此漢、唐之風氣不同處也。

性卽理也, 有何形象摸捉? 格物致知, 是明性之功。

氣禀之善惡, 以優劣等差言; 情意之善惡, 以是非得失言, 優劣等差與是非得失自不同。若混合說, 大不是, 何以明之? 等差如天地淸濁之類也, 得失如天地災祥之類也, 細究自可默識。

生龍活虎, 纔被一條繩縛住, 使不能興雲嘯風, 與凡虫無異。雖英雄人物, 纔受一毫私意所係縛, 便爲一庸人所制。

君子之學, 以範圍言之, 修身、齊家、治國、平天下, 皆吾分內事。以立本處言之, 只知善道而已, 亦不爲身、不爲家、不爲國、不爲天下而爲之也。

心於一身, 只是一箇虛靈物事, 必有所待而飽足, 義理充足則飽, 財物積多則飽, 富貴崇高則飽。飽乎此者, 有無限好事, 飽乎彼者, 有無限不好事; 飽乎此者, 無時而竭, 飽乎彼者, 有時而竭。此則可求而得, 彼不可求而得, 以飲食爲飢飽者, 腸肚也, 非心也。

知性之工, 全在發後; 養性之工, 多在發前。

凡格天下事物, 方知底屬情, 已知底屬性。

凡觀人, 先觀其發用處, 次觀其立本處, 萬無一失。

未發前氣像, 不須別立話頭, 孔子曰: "敬以直內。" 曾子曰: "瑟僩恂慄。" 子思曰: "戒愼恐懼。" 朱子曰: "大故猛如烈火相似。" 此皆立本處, 不容多說。

凡言性, 有統情言底, 有對情言底, 不可不辨。仁義禮智亦然, 有兼用言者, 有指體言者。

性、道一也, 性是天下萬物各得底, 道是天下萬物共由底。君子於各得底, 只知盡己, 不知有人; 於共由底, 只知從人, 不知有己, 始得。

明明德、新民、止至善, 是聖人血誠所欲, 及到做不得時, 立言垂後, 不得已底事也。晩來刪『詩』『書』、正禮樂、作『春秋』, 是聖人冷了底事業, 天下萬世, 實被其澤於無窮矣。

顏子"以能問於不能, 以多問於寡", 學者須理會顏子所以問於不能、問於寡者。是果有益於顏子之實見實得乎? 是徒出於顏子謙厚寬廣之美而已乎? 如是理會, 儘有進。

理會喜怒哀樂發而皆中節, 便是理會得性之體段面目。未發前工夫, 無許多節目,只從戒愼恐懼上做將去，儼若思、氣容肅，如熱火相似，大故猛便是。

『詩』曰: "永言配命，自求多福。" 君子事事循天理，是求福之道，若揷入一髮私意於其間，便是損福時。

『詩』曰: "亹亹文王，令聞不已。" 又曰: "勉勉我王，綱紀四方。" "亹亹"、"勉勉"'字，善形容文王之德，形容天道，亦不過曰"維天之命，於穆不已"。

四端之端字，尋常只以端緖字看，久讀方知有力量，何也? "農不違時，穀不可勝食; 數罟不入洿池，魚鼈不可勝食; 斧斤以時入山林，材木不可勝用。養生喪死無憾，王道之始也"，此特其始耳。若要其終而言之，則下文"五畝之宅，樹之以桑"以下是也。怵惕、羞惡、辭讓、是非之心，是仁義禮智發用之端始也，如下文"知皆擴而充之，至于足以保四海"，合下是德性本然底限量，如是看然後，端字方有着落。

1-1-12 「계상수록溪上隨錄1」(『華西集』卷14)

선역

1-156

마음은 본래 허령하니 만약 실리(實理)로써 주재하지 못한다면 황홀하고 괴상망측하여 어디엔들 이르지 못하겠는가? 그러나 황홀하고 괴상망측한 것 또한 반드시 보고들은 데로 인하여 생겨난다. 그러므로 군자는 예가 아니면 보지 않고 예가 아니면 듣지 않는 것이다.

1-158

희로애락을 인의예지에 상대하여 말한다면, 인의예지는 진실로 체(體)요 희로애락은 진실로 용(用)이다. 만약 희로애락만을 들어 말한다면, 그 미발이 체가 되고 이발이 용이 된다. 자사가 『중용』을 지을 때는 아직 인의예지에 상대하여 말하는 뜻이 없어서 다만 드러내 말한 것에 나아가 체용을 보아야 하니, 만약 널리 만연한 말에 옮겨 나아간다면 어디로부터 본문의 의도를 알 수 있겠는가?

1-212

마음이 몸에 있어서는 다만 하나의 허령한 사물이니, 반드시 기다려서 만족시켜야 할 바가 있다. 의리가 충족되면 배부르고 재물이 쌓이고 많으면 배부르고 부귀가 숭고해지면 배부른 것이니, 의리에 배부르면 끝없이 좋은 일이 있으나 재물과 부귀에 배부르면 끝없이 좋지 않은 일이 있고, 의리에 배부르면 다하는 때가 없으나 재물과 부귀에 배부르면 다하는 때가 있다. 의리는 구하여 얻을 수 있으나 재물과 부귀는 구하여 얻을 수 없으니, 음식으로 주리고 배부름을 삼는 것은 배요 마음이 아니다.

1-217

무릇 성을 말할 때는 정을 통섭하여 말한 것이 있고, 정을 상대하여 말한 것도 있으니 구분하지 않을 수 없다. 인의예지도 그러하니 용(用)을 겸하여 말한 것도 있고 체(體)를 가리켜서 말한 것도 있다.

1-218

성과 도가 하나이니 성은 천하 만물이 각각 얻은 것이고 도는 천하 만물이 함께 말미암는 것이다.

군자가 각각 얻은 것에 대해서는 다만 자신을 다하는 것만 알뿐 남이 있음을 모르며, 함께 말미암는 것에 대해서는 다만 남을 따르는 것만 알 뿐 자신이 있음을 모르니, 이렇게 해야 마땅하다.

1-156

心本虛靈, 若不以實理主宰, 怳惚怪妄, 何所不至? 然怳惚怪妄, 亦必因聞見所及而生。故君子"非禮不視, 非禮不聽"。

1-158

喜怒哀樂, 對仁義禮智說, 則仁義禮智固是體, 喜怒哀樂固是用。若單擧喜怒哀樂說, 則其未發爲體, 已發爲用。子思作『中庸』時, 未有對說仁義禮智之意, 只當就現說底看體用, 若移就蔓延說, 何由見出本文意脈?

1-212

心於一身, 只是一箇虛靈物事, 必有所待而飽足, 義理充足則飽, 財物積多則飽, 富貴崇高則飽。飽乎此者, 有無限好事, 飽乎彼者, 有無限不好事; 飽乎此者, 無時而竭, 飽乎彼者, 有時而竭。此則可求而得, 彼不可求而得, 以飮食爲飢飽者, 腸肚也, 非心也。

1-217

凡言性, 有統情言底, 有對情言底, 不可不辨。仁義禮智亦然, 有兼用言者, 有指體言者。

1-218

性、道一也, 性是天下萬物各得底, 道是天下萬物共由底。君子於各得底, 只知盡己, 不知有人; 於共由底, 只知從人, 不知有己, 始得。

1-1-13 「溪上隨錄」2(『華西集』卷15)

孔子後戰國以下, 人皆曰"誦法孔子"。然體驗孔子之言而得之於心, 爛熳受用者, 惟孟子一人而已, 不信孟子, 無以知孔子。

"止至善"合"明明德"、"新民"而言, 與建中立極同意。"會其有極, 歸其有極", 亦合內外通彼此而言。『詩』云"邦畿千里, 惟民所止", 與"商邑翼翼, 四方之極"同意。此釋止至善之傳也, 用此意看, 儘分明。

哀公問政章, "果能此道"之果字, 當着意看。人非不知有人一己百, 變化氣質之道, 不能者無他焉, 病在不果。

"栽者培之, 傾者覆之", 此理儘分明, 不須他求。只於自家心上體驗, 可見惺惺, 便是栽培時。纔放下不照管, 便是傾覆時。

人謂盛怒曰性發, 此最有理, 須看性發時何等烈烈剛猛, 着一毫閒雜得否, 着一毫昏惰得否。性發時如此, 則性未發時, 奚獨不然? 然則一直柔荏閑雜昏惰時節, 便是那喪性時節, 火未起時, 雖無許多光焰, 其熱赤自如也。若並與其熱赤者而消了, 只得道火滅死也。天將生一富家翁, 則必先使之窮乏呰窳, 身親經歷, 深察其所以致之由, 眞知其不可堪之情。察之深知之眞, 故念念相續, 爲之不息, 自至於誠而致有, 有而致多矣, 天下事皆然。明五倫, 天下萬古之大事也, 舜之命契, 明五倫之最初頭也。天將使舜而當其任焉, 故先使身從這裏經歷過, 以瞽爲父, 以嚚爲母, 以象爲弟, 歸妹貴賤殊而二女情意睽也。以堯女爲妻, 受堯之天下, 而使其子臣之, 天下必不成之事也, 雖賢難其無怨, 况丹朱乎? 一丹朱不奈何, 况九男乎? 所居成聚, 三年成都, 天下之士歸之, 在畎畝之時, 則位不正當而處極危疑, 且成聚成都, 歸之者未必人人皆皐陶、稷、契、八元、八凱也, 其智未必盡知舜之心也。以尊卑相等之勢, 友天下有萬不齊之人, 而處不正當極危疑之地, 亦天下之所不成也, 使舜處於其間, 一一經歷, 深察而眞知之。是以後來得位治天下也, 便以百姓之不親、五者之不遜爲憂, 而首命契敷教焉。憂父子之無親, 教之以親, 憂君臣之無義, 教之以義, 憂夫婦無別, 教之使別, 憂長幼無序, 教之使序, 憂朋友無信, 教之使信。向使瞽愛舜而已矣, 象敬舜而已矣, 堯臣舜而已矣。夫婦無謨, 治朕棲之禍; 朋友無巧, 令孔壬之難, 雖以舜之大知, 未必深知其病之所由, 而汲汲救治之, 爲天下萬世慮, 如是其深且遠也, 余故曰不病不醫。

人皆饕利喜市易, 聞其所有贏, 莫不歡喜競榷。錐刀不捐, 獨有大贏不可貲計者三事, 而莫思交易, 何哉? 以圍博奕之隙, 易討經籍; 以養妾媵之費, 易養賢士; 以飾外物之心, 易治內工, 必無折閱之理矣。

君子學道, 不要利己, 亦不要害己, 只要全性, 不計生不計死, 只是盡性, 非獨君子爲然, 人皆能之矣, 特不推廣耳。今有人叱打其親而與之千金, 必不受矣, 有虎攫其子, 必不奔避而趍救之矣。金非不利也, 不受性發故也, 避虎非不爲可生之路也, 不避亦性不奈何故也。然則較利害計死生, 只是做性不篤時閒漫說。

凡物之成, 在判決死生以後做事, 不打過此關, 亦只是不成底漫說。

西施, 非不美也, 蒙不潔則掩鼻而過之, 掩鼻則烏有其美者乎? 人持華美之物, 鮮不驕吝, 驕吝大不華美之物也, 並與其華美者而喪了, 良悶。

一簞食、一豆羹, 得之則生, 不得則死, 由不義而得之, 則不受而死。此孟子一生用功得力處, 其用功得力, 至精至篤, 故及至齊卿萬鍾而容易打疊了。今人初無根脚, 合下微細處, 已打不過, 却容易說萬鍾之辭受, 特不到面前, 故全不理會而大開口說話而已。【丙申】

伊尹幡然一改, 便以天下爲己任, 陶鑄乃已, 此何等器局? 何等力量? 細究其立本處, 不過非其義也、非其道也, 一介不以與人, 一介不以取諸人, 繫馬千駟, 不視也, 祿之以天下, 不顧也。此千古聖賢喫緊得力處, 孟子身親經驗來, 故深知伊尹如此。

子思之不受鼎肉，程子之不受金楪，朱子之不受生日饋遺，及至我東先輩，退翁之投栗墻外，栗翁之兒時不喫隣食，乙巳小人，尤翁之雪中却米，前聖後賢，其道一也。此不過乞人行路之人，不食呼爾嗟來之類耳。但聖賢終身不失此心，而無細大緩急之間爾。

周公之治天下，無一毫自私處，亦無一毫與人處，此是聖人大操執、大力量。

今夫乞僧立人門外，擊鐸誦偈，此乃禪家誦佛之法教也。其意只在要得人粒米分錢而已。學者說道說德，纔有求之之心，則與彼乞僧身分何異？古人譬之於穿窬，此非刻核之論也。

閭閻匹夫、匹婦，犯用人一文錢、一溢米，不能趁日償還，必遭催迫窘窒之患，小則臨門叱喝，大則訴官刑囚。此則理勢之所必至也，至於勢不得相較，力不敢相抗，則口雖不敢言，其理勢之所必至者卽天也。天豈爲小大強弱而寬假推遷之乎？是以積厚債負於仍循尋常之中，終至不可遏處發之，故必至滅身覆家乃已，此亦理勢之所必至也。至此而後，雖欲追報，其可得乎？悲夫！

君子所居之室，當使伯夷築之，不可使盗跖築之；君子所食之粟，當使伯夷樹之，不可使盗跖樹之。

聖人開物成務，教人以必生之路，授人以必生之業。教以爲士而使之食祿，不及焉，則教以爲農，而使之食力；又不及焉，則教以爲工爲賈，而使之食功食利，雖其大小、貴賤不同，而所以爲生之道則一也。捨此正當路脈，別求生路於四民之外者，雖有千蹊萬徑，皆邪曲迂僻去處。存心於此以爲生，迷不覺悟，便是無根脚人。治人者不可不使人執恒業，自治者不可不定恒業，工賈猶勝似無根脚底人。

求乞至賤也，求乞亦有求乞之道，乞人身被繿褸，手執一橐，立人門下，巽辭直說，與則恭受之，不與則無辭而退。人必哀恤而亦無執此罪之之理，無他，得其道也。

若使乞人着明鮮衣冠, 具車馬僕從, 橫馳入人家上堂坐, 以怪誕妖妄之說, 甘美諛悅之辭, 或怵之以禍福, 或啗之以利害, 或示之以約信, 百方動得主人, 奪取多小貨物, 小間必敗露受罪不小。又必受鬼誅, 乞則一也, 彼無罪而此爲罪, 何也? 不得其道故也。

聖人敎人學道, 宜若以渾厚、寬平、巽順、和悅之辭, 誘掖勸導, 使人悅樂歆動, 競勸爭進之不暇, 而必說出一死字, 如曰"守死善道"、"殺身成仁"、"朝聞夕死"、"至死不變"、"見危授命"、"能致其身", 又曰"捨生取義", 又曰"死而後已", 每每出一箇死字, 立箇標的, 使人驚怯畏怵, 不敢向前直覷, 何也? 是必有說焉。看他天下萬事, 無小大難易, 不辦一死字, 而有能做得成者乎? 傭人爲人耕耘, 所求不過三盂飯耳, 熱土如釜, 熯日灼背, 不敢言熱, 楚茨鑽股, 淤泥沒脛, 不敢言勞, 必盡日力乃罷, 不然, 擯不得售焉。此時不拚一死則不能也。良弓敎人射, 必矯揉其肩臂, 縛束其腰膂, 強壯其筋脈, 變化其氣血, 冒風雨、赴湯火, 而不知其冷熱, 蹈劒戟、衝矢石, 而不覺其怵惕, 然後方始言射, 不辦死心而能之乎? 章邯之戰河北也, 秦之暴虐日甚, 已失天下之心。其土崩瓦解之勢, 秦兵人人已自知之, 以天下蠭起之將, 率血寃骨讎之兵以赴之, 其破敗摧陷, 大勢已判矣, 項籍沈船破釜甑燒廬舍, 持三日糧, 示無一生還心, 然後方始掃蕩了。不然, 成敗未可知也。天下之事, 何事不然? 不賓細行也, 子羔之不出衛城, 拚死心也; 坐小節也, 管幼安之穿榻, 盡死力也, 子路之結纓, 曾子之易簀, 不以死異視也跪。故自一粒米一文錢, 以至萬鍾之祿四海之富, 不辦一死, 終無可辭之地也。自一坐一行、一動一靜, 以至衽席几案之上, 玉帛俎豆之所, 刀鉅鼎鑊之間, 干戈矢石之衝, 不辦一死心, 則終無安身立命之地。故以可東可西之心, 半間不界之見, 一向尋覓穩便快樂之地者, 只是弄得虛僞, 决無有成之理。非惟大事如此, 雖小小匹似閒事, 亦如此。

聖人苦心血誠, 敎人防貨色; 洋學苦心血誠, 使人通貨色。

純金不着些兒鐵, 熱火寧容點子冰?

異端邪說之禍人家國, 如毒箭之中人, 雖卽拔去, 而毒烈已深入肌膚、湊理、筋骨、血脈之間, 逐旋爛毁迸裂, 不可復救, 豈不可哀? 若不急下秦緩、華陀倒倉刮骨之方, 怎生奈何? 古之學墨者, 薄葬其親; 今之學墨者, 厚葬其親, 以掩其跡。古之學禪者, 剃頭淨髮; 今之學禪者, 簪髮加冠以諱其形, 孰能辨魚藏之匕、羹遮之鹽也哉? 西洋之學, 以不欺樂死, 爲渠學之極致, 而以通貨通色爲當然, 此乃夷狄、禽獸之所不屑爲, 而亦夷狄、禽獸之所不容有者也。夫聖人設敎立法, 凡奸色、盜貨之罪, 與殺人、傷人者同科。彼奸色、盜貨, 雖非本欲殺傷人物, 而其禍必至於害生、戕生, 無有噍類乃已。故斷之以償命之重律, 是卽天討, 王章國法之炳如日星者也。如古之聖人, 不制婚姻之禮, 而繼之以分別之敎、淫宮之辟, 以防其禍者, 人不知父子久矣。如古之聖人, 不制四民生養之業, 而繼之以廉恥之敎、盜賊之律者, 人之類滅久矣。然古之爲是說者, 不諱樂死, 故易得而誅之, 今之沈淫陷溺者, 掩其名以匿其形, 故人不得以辨之。故後世之誅禪學者, 不必問其剃頭、淨髮, 凡爲外倫理、廢事務之說者, 皆禪也; 說性、說心而淪入虛無空寂者, 皆禪也。後世之誅洋學者, 不必問渠讀何書, 渠修何行, 陰主通貨通色, 無分無義之說者, 皆西洋也。此非其人慕悅其學而効法之也, 如死虎之鬼, 爲虎之倀而迷不覺悟, 悲夫!

處獨, 倦於對衆者, 敬天, 不如敬人也; 居家, 怠於供職者, 愛親, 不如愛爵也; 講討, 緩於供獄者, 惡惡, 不如惡死也。惟君子無緩急、巨細、死生之間而已矣。

知人妙法, 莫神於孔子“視其所以, 觀其所由, 察其所安”之三言, 孟子“聽言觀眸”, 恐易踈漏, 不如孔子之精密, 萬無一失。大抵欲知人善惡, 先視其所爲之事是何事, 果爲善事也, 則善人也, 爲不善之事也, 則不善之人也。然雖爲善事而未知其所以爲善者, 何所爲而爲之, 則善惡未可知也, 故詳觀其所以爲善者, 何爲而爲之, 果無所爲而爲之則善也, 有所爲而爲之則非善也。然不出於天性之自然, 則亦安能久而不變也? 故必察其心之所安者在何事, 果安於爲善而不安於爲惡, 則斯善人而已矣。反是則所行雖善, 所由雖善, 終未可知也。山禽野獸馴於家久, 則雖若自然, 然終不若居山居野之爲樂也, 此處最宜着眼。以一言一事之迎合己意者, 直斷斷判决其人之是非賢否, 難矣哉? 亦異乎聖人之觀人者矣。

若不論所爲所由所安者, 而只以一言一事之偶然近似者, 而判其人之賢否, 則娼家之容, 有時乎美於烈婦矣, 屠兒之仁, 有時乎賢於頭陀矣。

釣獵者, 其知萬物之情乎? 設釣綸機檻者, 必以香餌射鹿雉者, 必吹筩作牝雌聲以引之。蓋非食色之欲, 不足以動得其忘死涉危之心也。故人物之致命, 由於食色者, 十常八九。

機檴、檻穽, 物之所畏者也; 飛走、飮啄, 物之所安者也。然不忽於此, 則必無入彼之理。刀鉅、鼎鑊, 人之所畏也; 苟且、因循, 人之所安也。不失於此, 則亦無陷彼之理。然則可畏者, 不在於機檴、檻穽, 而在乎飛走、飮啄之間也; 可畏者, 不在於刀鉅、鼎鑊, 而在乎苟且、因循之地也。君子所畏者天也, 亦不以彼此異視而已矣。

堯、舜時梗化者, 驩、共、鯀、苗也; 孟子時亂道者, 楊、墨也; 程、朱時亂道者, 佛、老也。今之西洋, 視楊、墨、佛、老, 禍速而害深, 何也? 有許多機巧方術, 而陰以貨色之欲, 誘陷衆生, 沈潰頗僻, 莫可救回, 若使孟、朱當之, 宜如何闢距也。

舜之側微, 必耕稼陶漁; 傅說之居傅巖也, 必胥靡; 伊尹之處莘野也, 必躬耕; 孔子少時, 必親鄙事, 及其他王佐賢輔, 必從賤業中, 起身成名者極多, 其故何也? 此其人才德, 有所不逮而然耶? 抑故爲詭異之行, 以自隱卑耶? 此不過數口生活, 而如是其拙澁勞苦, 苦無推遷變通之道, 而後來治人、治天下, 却乃容易展布, 此何故耶? 豈拙於爲一己, 而工於爲天下耶? 孔明三代後第一人物也, 隻手起隆中, 三分天下, 割據荊、蜀, 手握重兵, 與吳、魏爭衡, 恢復漢室, 在其掌握, 事之不成天耳, 非人之無才耳。此何等才局, 何等籌略? 及考其自家爲生之道, 則不過曰躬耕耳、種桑耳, 其所以自養者, 曰澹泊耳, 何其才智優於爲國, 而短於爲家也?

事事物物上, 自有天然不易之中, 非人力所可安排着, 纔安排時便非天然之中。然只得依着規矩、準繩, 行去、行來, 不着人私意、曲見, 久久自有得, 惟戒懼、愼獨, 是入道之近徑。

天地之道, 生成而已, 生之者善, 成之者性。不曰生之者善, 而曰“繼之者善”, 此指生而又生而言也, 生生不已之謂繼。

非中不能庸, 有過不及, 則安能常? 非庸不得中, 有時而息, 非偏倚而何?

中庸二字, 與『大學』之“止至善”相表裏, 至善卽中之所在也, 止字是庸字意思, “惟精惟一”亦然, 精所以得中也, 一所以致庸也。

興亡成敗, 驗於心足矣, 無他, 虛實之道也。

孟子曰: “能言距楊、墨者, 聖人之徒也。” 此據孟子時而言也。今之學者, 能知西洋之禍, 則猶爲善邊人也。西洋之說, 雖有千端萬緖, 只是無父、無君之主本, 通貨、通色之方法。

邪說之染人, 如時氣之輪行, 人雖百方畏避, 猶不得免焉, 况慕嚮悅樂之乎? 亦陷溺死亡而已矣, 不亦慘乎?

充塞仁義, 惑世誣民之說, 何代無之, 亦未有如西洋之慘。

中國之害, 莫大於河, 自大禹以下, 歷世帝王, 盡力防築其隄堰。然猶不免於潰缺橫流, 况欲撤去其隄防乎? 於此掘去一掬土, 害及於萬物者, 不知幾萬畝也, 是可忍爲乎? 不思而已矣。

禮義廉恥之防遏人欲, 奚翅如堤防洪河乎? 於此毁了一分, 禍及於生民者, 不知幾萬家也, 是可忍爲乎? 不仁而已矣。

無禮無義之事, 所得幾何, 不足以補所失之禍。仁者, 不忍由; 知者, 不敢由。

敲冰打魚, 至危之事也, 爾魚我魚之分, 不可易也, 不然, 不能以濟危也。紙牌、賭錢, 至貪之戲也, 爾贏我輸之別, 不敢亂也, 不然, 不能以終局也, 何也? 無分則亂故也。欲爲家爲國而惟亂是長, 不亦惑之甚乎?

通貨通色, 禽獸之道也, 然非禽獸之性然也, 勢不能達也。人則不然, 知足以及之, 仁足以守之, 力足以達之, 而反欲爲禽獸之所不欲爲, 不亦異乎?

"莫見乎隱, 莫顯乎微", 此實理也。君子非惟可畏者, 在此; 亦可樂者, 在此。

纔有一物, 則已具背面; 纔有一事, 則已含終始。背面之間, 四方已分; 始終之中, 四段【生長遂成】已備, 此理之本然也。至於偏全之說, 指偏勝者言之耳, 如天非無順德, 而健爲之主, 故曰乾; 地非無健德, 而順爲之主, 故曰坤。若曰天只得健之性, 而地單具順之性焉, 則豈爲知道之言乎? 人物之不同, 亦類此, 故謂之全則無不全, 謂之偏則無不偏。自其偏者而觀之, 則陰非陽、陽非陰矣; 自其全者而觀之, 則物物各具一太極。

人物性同異之辨, 不須多言。蓋窮格之工, 比類之工, 各是一項工夫。各就一事一物上, 窮究到十分盡頭, 方見其理, 窮究多後, 那事事物物, 不待比類, 而自有貫通不礙處矣。不從一物上窮究到底, 先將他事他物, 比並參較, 則彼此連累, 支離繆舛, 都無一處通曉, 愈多愈窒, 愈詳愈昏。今之學者, 不如逐一事一物上, 專心究核, 見那天理備足, 無復餘欠, 加些不得, 減些不得, 此卽所謂萬物各一太極也。逐一理會後, 又合而觀之, 則其有萬不同者, 合爲一理, 合成一片, 而亦自有多些不得, 少些不得處矣, 此所謂萬物摠一太極也。若不各求一物之極, 而泛以比類想像, 則其所謂異者, 非見其眞異也; 其所謂同者, 非見其眞同也, 特是緣文生解之言也。性本非有餘不足之物也。

爲物於天地之間者, 只當以順天樂天爲心。若萌一毫違天勝天之心, 則此逆勢也, 不遏絶則其勢必至於不天而乃已。爲子於父母者, 只當以得親順親爲心, 若有一毫不是底心, 則潛滋暗長, 必至於爲悖子乃已。爲人臣, 若有一毫不忠不敬之心,則此乃犯上之兆也。讀聖人之書, 而好別立己見, 則此乃侮聖之漸也。萌芽長成之間, 其遲速緩急之勢, 雖或不同, 而履霜堅冰, 自然不易之定理也, 可不愼哉? 君子之戒懼謹獨, 其不容已也, 如是。

陽不易而陰易, 故河洛之數, 一三五生數也不易, 七九成數也易。八卦「乾」、「坤」、「坎」、「離」, 陽也不易; 「震」、「兌」、「艮」、「巽」, 陰也易。以反對言, 以此推之, 物物皆然, 大而言之, 古今因革, 卽此理也。父子不易姓, 姑婦易姓, 亦此理也。至於草木 根幹不易, 而花葉易也。

立天之道, 曰陰與陽; 立地之道, 曰柔與剛; 立人之道, 曰仁與義, 道一而已矣。陰陽以氣言, 柔剛以質言, 仁義以心言, 三者之不同, 何也? 所乘之器不同也, 推之物物皆然。

理本純善, 理本分明, 氣本於理之善, 故其本亦無不善; 氣生於理之明, 故其靈亦無不明。

仁義禮智, 本於人心上立名, 其餘推類而言。

水陸接界, 不能以分也, 在水之物, 置陸則死, 在陸之物, 沈水則死, 犯分故也。頭尾一體也, 倒懸則死, 逆勢故也。分與勢, 天理也。

傭人爲人力作一日, 受一日雇直, 直之爲言直也。辦一邑之事者, 當受一邑之養; 幹一州之務者, 當享一州之俸; 功被一國者, 當見報於一國; 德覆天下萬世者, 當得尊親於天下萬世, 此亦直理也。凡力薄而利厚, 效小而報大者, 非直理也。人如知此, 則自無怨天尤人之處矣, 凡人怨天尤人者, 皆有求於外, 而不得者也。或求其不可得者, 或求之不以道, 皆非得之之道也。其不得, 豈天與人乎? 何怨何尤之有?

纔有一物, 便有始有終, 有頭有尾, 有鬼有神, 有生有死, 有順有逆, 有聲色臭味, 有向背去就。天於氣上具, 地於質上具, 人於心上具, 萬物各於形形上具。草木亦有生氣, 於生氣上具; 枯木死灰亦有形質, 於形質上具, 其局處氣質也, 其通處理也。天下無無性之物, 性無有餘不足之性。

以仁義禮智求於物, 猶以青黃赤白、鹹酸苦辛求之於人心, 蓋其理則一也。

將後人之身, 學古人之道, 如假借東家之器, 傳瀉西家之饌相似, 合下器中有許多滓穢腐醜, 當一一湔雪潔淨, 方能盛住他美饌, 全得他本來色味, 若留着一點滓濁在內, 和他美饌壞敗了。把來一束薪木, 傳來一點于火爇在上, 他便是火自燧人始鑽之火, 至于萬古家家日用底火, 只是這火, 但這火寓此薪木上, 發用活了。今人將血肉之身, 盛住道理在裏許, 久之淹漬融合, 更無內外方是活。古人、今人更無分別。

人稟天地之理以爲性, 受天地之氣以爲身, 一人之心, 何理不具; 一人之身, 何氣不備? 但因其所主所養者而長焉。養公平正直之氣, 則公平正直之氣, 日日長長; 養汚曲偏私之氣, 則汚曲偏私之氣, 日益汚曲偏私; 養剛毅方嚴之氣, 則剛毅方嚴之氣, 日日長長; 養懶惰解弛, 則日益懶惰解弛; 養寬厚和順之氣, 則寬厚和順之氣, 日日長長; 養殘刻忮害, 則日益殘刻忮害; 養詳緩、縝密之氣, 則詳緩縝密之氣, 日日長長, 養鹵莽粗率, 則鹵莽粗率而已矣, 惟在人致知涵養, 如何?

大人德無不周, 故氣無不盛。

其次當視其所偏而治之。

凡人心無所見, 故所用只是自家伎倆而已矣, 自家伎倆, 雖或偶有長處, 只是濟其自私之見而已矣, 君子不貴也。

俚語俗說, 極有理會處, 如人事之善者, 曰着【方音】; 不善者, 曰不着。蓋當着事物之理, 爲善出則爲不善。如孝爲事親之理, 而事親者不着於是理, 則非善事親者也; 忠爲事君之理, 而事君者不着於是理, 則非善事君者也。事事物物, 莫不有本然之理、當行之路, 只在依傍襯貼而行之耳。故人事善不善, 只是着不着之間而已。世人問人契活, 必曰生理, 凡物之生理爲之本, 而其爲生之道, 亦莫非是理之發用也。是理充足, 則生道盛大; 是理消亡, 則生道窮縮。然則天下之生, 曷嘗有捨是而爲之地者哉? 人莫不尋常口說, 而未必知其如是也, 且人罵詈以無道, 則愚夫愚婦莫不驚怒, 雖窮天極地、大凶極惡底斥之, 亦不過曰無道, 過此則無可加之辭。然則道之於天下, 是大小大事, 而人生日用, 不可須臾無者也, 茫然不知所以求之而不以爲憂, 何哉? 程子曰: "易於近者, 非知言者也。" 此類之謂也。【戊戌以後。】

好善惡惡之情實, 則計較利害之私輕。

人於物之全體, 只是見了半截, 其半截, 常隱在不見處。向南而坐, 則東西半截以後, 隱而不見, 見處, 南一方及西之半、東之半, 天一半在地上, 一半在地下, 晝見這一半, 宵見那一半, 而一半常隱, 草木之長, 枝葉居半, 根柢居半, 枝葉見而根柢隱。明而禮樂, 幽而鬼神, 亦非異物, 而禮樂見而鬼神隱, 至著者象, 而至微者理, 象見而理。自今日以上是往, 自今日以下是來。往見而來隱; 未發是性, 而已發是情, 情見而性。故善於見者, 卽其所見, 而知其所未見, 執其所不隱, 而信其所隱。若離其顯而索其隱, 滯於偏而迷於全, 豈善說道者哉?

"志於道, 據於德, 依於仁, 遊於藝", 志求之也, 據有之也, 依一之也, 遊從容涵泳之也。道是人倫當行之路, 德是行道而有得於心, 仁是德之骨子, 藝是天理之寓, 於日用事爲之間者也。志以心之所之者言, 德以心言, 仁以性言, 藝以事物言。志之不篤, 則道自道、我自我, 而不足以據而有之於己也; 據之不固, 則德或二三, 而有時乎私欲間之, 而天理不明矣。惟依而不違, 然後理與我爲一, 而無內外、本末、精粗之間也。然於事物儀節之間, 有所未達, 則應有所不盡, 用有所不周, 而非德性之全體也, 故以遊於藝終之。

孟子曰: "由仁義行, 非行仁義也。" 依於仁, 猶由仁義行底意; 據於德, 猶行仁義底意。

志可奪, 非志也。據則守之勿失而無所事, 志矣, 依則無時離違, 而據不足言。道、德、仁一也, 但漸鞭辟近裏說。道之得於心謂之德, 德之裏面骨子是仁, 藝是道理之散在, 日用事物者。遊比志、據、依, 則雖有出入進退之意, 而其沈潛涵養、從容自得之妙, 則又見其不期然而然, 此"成於樂"之意也歟!

俗語水波謂水決, 木紋謂木決, 情動處謂之性決, 決是分明之意也。觀水之波流, 知水爲趍下之物; 觀木之紋理, 知木爲曲直之物; 觀人之情發, 知惻隱、辭讓、羞惡、是非爲本有底物事, 決然是如此。

丈夫要做學問, 諉以貧困多務; 婦女要治紡績, 諉以舂炊無暇; 牛馬要裝載物事, 諉以鞍韉之重, 是皆不誠底說話。世間豈有無事底人? 豈有不舂炊底家? 豈有無鞍韉底馬牛?

老子曰: "數車無車。" 蓋裝載、轉運, 是車之全體。若分言則載物軫也, 轉者, 輪也, 挽者, 輈輗也, 數了此數者, 則更無所謂車者矣。心亦如此, 仁之愛, 禮之敬, 義之裁制, 智之知覺, 卽心之全體大用也。若數了此數者之外, 更無所謂心者矣。

凡看文字, 須先看通篇命意所在, 字字有着落、有意味。如告子主義外之說, 故孟子以四端明之, 端字若不對着義外看, 便無意味。有性惡無善無不善之說, 故孟子以性善明之, 若無性惡等害道說話, 雖不言性善可也。萬章疑伊尹割烹要湯, 故孟子便說"他非其義也, 非其道也, 一介不以與人, 一介不以取人", 若無要湯之疑, 則亦不必發明, 伊尹一介之與取。浩然之氣亦然。公孫丑以王覇事業, 看作過力量底大事, 疑孟子之疑懼動心而發問, 故通篇主意, 只在發明不動心之故。曰知言則理明知至, 於天下之事, 無所疑惑而無可以動心; 曰養浩然之氣則氣盛體充, 於天下之事, 便打疊得過不足以動心。"浩然"二字, 只是盛大充滿, 不衰颯低弱底貌㨾。不然而孟子只說一氣字體段, 喚做正氣亦得, 喚做生生之氣亦得? 塞乎天地之間, 亦有照應發明。公孫丑以王覇事功發問, 王霸卽德業之遍覆於天下者也, 須有塞天地之氣量, 方能做出覆天下之事業。看孟子"塞乎天地"之語, 則王者事業,卽其分內不足言。下文說伊尹、伯夷, 亦發明其“皆能以朝諸侯有天下”, 況不以伊尹、伯夷自居者乎? 孟子“不動心”、“知言”、“養氣”之說, 亦只是孔子“知者不惑, 勇者不懼”二句註脚。

聖人之學, 一以天理爲準則, 而心是該貯天理之器, 身是藏心之具, 天地之間, 是身所居之地也。故聖人之道, 自本而末, 自內而外, 周遍條暢, 無滲漏、空闕處, 才出一言, 內自性情, 外而家邦, 精粗、首尾該擧無遺。他人語內則遺外, 擧大則略細, 孟子不然。“千萬人吾往”, “塞乎天地之間”, “朝諸侯有天下”, 是廣大規模; “自反而不縮”, “知言”, “集義”, “行有不慊於心則餒”, 是細密工夫。如告子初無廣大規模, 又無細密工夫, 只一向主張私意, 不肯屈己受人, 以自高而已。

君子最惡無功而食, 仁義禮智、孝悌忠信, 生民之道也。一動一靜、一語一默, 有益於生民者, 其功可以食, 功大則仁覆四海, 澤及萬世。天必餉之以無窮之祿, 有功於一代者, 餉之以一代之祿, 有功於一時一物, 亦必有報, 以德之大小、功之高下、澤之遠近, 福祿隨之隆殺, 所謂天命天爵是也。不仁不義, 無禮無智, 無功於生民, 有害於生物者, 災害並至, 刑戮隨之。所謂“父不父、子不子、君不君、臣不臣, 雖有粟, 吾得而食諸”者, 此也。至於小民作力以食者, 必作有益於生民作用之具, 若耒耜釜甑、衣服飮食之類者, 足以聊賴自活。作奇巧奢靡、翫戲淫技之屬, 有百害無一益者, 雖饕十倍之贏利, 快活目前, 鮮有久長支活者, 小民執業, 亦不可不擇也。孟子曰: “矢人豈不仁於函人? 矢人惟恐不傷人, 函人惟恐傷人, 術不可不愼。” 此之謂也。【壬寅】

工賈亦生民之所不可無者也。然工賈所以賤於農桑者, 亦有故焉。農桑之利, 生物之本也。無此事則無此物, 有此事則有是物, 生生之道也。工賈之利, 消物之具也。天地間元有之物, 本有定形, 本有定數, 不在於此, 必在於彼, 不用於今, 必用於後, 視其有無, 搬運交博, 量其貴賤, 積貯斂散, 亦足以便民之用, 濟民之窮。然只用已生已成之物, 糜費消耗而已, 終非生長養就之事也。故得利雖贏, 而終不能禦乏; 收效雖速, 而終不能支遲, 亦不可不知也。

"君子謀道, 不謀食", 道不離物, 但得道在物, 無不成物, 非徒物必有道焉。苟於道無所不明, 則事物之來, 無小無大, 無精無粗, 而其本末表裏、終始首尾、先後緩急、遲速輕重、是非得失、利病成敗, 一一呈露, 無復隱晦, 惑亂處之有, 方行之無疑, 則天下之能事畢矣。人於事物, 道有不明, 義有不精, 故或遺本而趨末, 或重表而輕裏, 或先其所後而緩其所急, 一切顚倒錯亂, 紕繆乖背, 故雖有小得, 得者恒小而失者恒大, 成者甚輕而敗者甚重, 得不足以補其失, 成不足以贖其敗。是以以之謀身, 則愛一指而喪肩背; 以之謀家, 則坼毁棟樑而致餙墻垣; 以之理財, 則貪饕枝葉而剗削根柢; 以之謀國, 則先功利而後廉恥; 以之謀天下, 則尊霸詐而卑王道, 如是則何往而不病, 何施而不敗乎? 孔子曰"謀道不謀食", 聖人豈欺人哉?

人有恒言"一飽食亦有數", 數也者, 氣勢往來、消長、進退、饒乏之分限節度也, 有自然不易, 昭然不亂之定數。如種下一粒穀, 則滋潤萌芽, 必有抽苗發生之限, 亦有發達長養之限, 亦有花實穎栗之限, 亦有大小多寡之限, 今日種下, 决無明日結實之理; 種下一粒, 决無收斂一斛之理, 豆不生麥, 稻不結粟, 此定理也、定數也。氣有微著, 物有大小, 故數亦有微著大小, 小數以小數推之, 大數以大數推之, 如一斗之贏九, 不能支萬斛之欠; 一力士之排山, 不能當一溜之穿石。此小數不能支大數, 暫數不能禦常數也, 故察於細而蔽於大, 溺於近而忽於久者, 非知數者也。

用小敵大, 用寡禦衆, 皆有法焉, 不過曰幾也預也, 合而言之誠也。一蟻之蹊, 足以潰黃河之築, 防之於蟻孔之初, 則不過一擧手而已。及其旣潰則糜天下之財, 疲天下之力, 而尙難其遏止。洪爐熾熱, 大釜熬赤, 可以涸溪壑之水, 而退薪則止沸, 萬木之架, 不足以橋過一川, 而一葉之小, 足以駕滄海之大, 其故何也? 事硏其幾則成而不勞, 道立於預則用之不窮, 『易』所謂"知微知彰", 此之謂也。

周以一片邠、岐榛荒之地, 當殷紂天下強大富盛之際, 而彼日以縮, 此日以昌, 何也? 此則后妃采葛、采蘩, 彼則婦人休其蠶織, 此則養鷄豢狗, 以養耆耉, 彼則肉山脯林, 以飫逋逃, 此則一獻百拜, 終日不醉; 彼則酒池牛飮, 迷亂酩酊。此則陶復陶穴, 彼則瓊宮瑤臺, 此則讓路讓畔, 彼則攘奪盜竊, 此則菲食惡衣, 彼則玉食珠衣, 此則匏尊萑筐, 彼則象箸玉杯。物物相反, 事事相背, 推厥所由, 則消長興衰之分可知也。非但天下之大勢如此，雖閭巷編戶，其存亡起滅之形，皆如此。

孟子勸齊、梁之君，救塗炭之民，亦不過曰制民之產。產之爲言，母生子之名也。財亦有母有子，養其母而節其子，則財恒足；濫其子而傷其母，則財恒渴。如一井之田，一夫百畝母也，稼穡所出子也；五畝樹桑母也，摘葉養蠶子也；五鷄二豚母也，卵育字長子也。木無根柢，則必無條葉花實之繁；水無源泉，則必無盈溢波瀾之盛，此必然之勢也。故善治天下者，必制天下之財母；善治一國者，必制一國之財母；善治一家者，必制一家之財母，司馬遷「貨殖傳」所謂戶字，亦略得此意。凡事莫不善於緩其本而急於末，繁其花而弱其根。

語云："一年之計，莫如種穀；十年之計，莫如種樹；百年之計，莫如種德。" 若今日種穀，明日求食，今年種樹，明年求實，必無是理，種德亦如此。故先其事而後其得，正其道而不計其功，是入德要法，凡事切切於計功謀利，則欲速之心勝而事必不達矣。

「七月」篇是周公所作，纖悉該括，無所不備，蓋預、勤、儉三字爲之經緯，而忠、孝二字爲之根本。

有德無欲，纔應一事，便添一德；纔接一物，便添一德。有欲無德，應一事，便損一德；接一物，便加一罪。

多欲心不存。

凡事無其本而有其末者，未之有也。「關雎」，人倫之本也；「葛覃」，后妃之本也；「籍田」、「公蠶」、「井田」，治天下之本也。「關雎」不講，則夫婦壞，而人倫斁；「葛覃」不講，則蠶織賤而衣章缺。「籍田」不修，則天下之人棄本趨末。「公蠶」不修，則天下之人不愛土物而貴遠物。「井田」不修，則天下之人慕兼並掊克 而慾熾奢極，民窮財竭。不伏兵於農，則猶盛水於虛空，終無翕聚停駐之理，無以絶滲漏潰涸之患。

人有一身, 身有耳目口鼻手脚, 又有心以統之。心不失統而使耳盡耳職、目盡目職、口鼻盡口鼻之職、手脚盡手脚之職焉, 一身之上豈有不了底事? 天下亦豈有不可辦底事? 人有一家, 家有多少人, 人各有四體百能。主其家者, 不失其道, 而使人各盡其四體百能, 一家之事, 豈有未了底事? 蓋心爲一身之主, 故心有計較利害之私, 偏倚蔽錮之病, 則耳目口鼻手脚, 從而失職, 而一身之事未了矣。主一家之人, 蔽於慾而昧於理, 則一家之人, 廢其職而家道窮矣。主一國主天下, 皆如此。

以理言, 則道心固理之發也, 人心亦理之發也; 以氣言, 則人心固氣之發也, 道心亦氣之發也。看其所主, 而道心主於理, 故謂之理發; 人心主於氣, 故謂之氣發。【丙午】

東北之氣, 主陽主義; 西南之氣, 主陰主利。

方陞之日, 明在木上; 將夕之日, 明在木下。故朝日曰杲, 日在木上; 夕日曰杳, 日在木下。禀東方方陞之氣者, 多上達性命之善; 禀西方將夕之氣者, 多下達形氣之私。

至昏至貪之物, 必於下達處, 有一兩通人所不知事, 如烏是至昏之鳥, 能先見惡穢; 鼠是至貪之蟲, 能測知藏秘。凡人禀下品昏貪之性者, 類多形氣利欲一邊, 通人所不能通, 測人所不能測處。然於上達仁義禮智上, 愈益昏塞不通。是以災必逮身, 禍必及人, 不可不審也。

如草木禽獸之類, 有至味者, 必帶至毒; 禀平和之氣者, 有平淡之味, 滋益深遠。

慾火同體, 雖一點, 火承接以膏油、焰硝、薪蘊之屬, 旋旋引着, 始自炯炯, 終至炎炎, 燎原爍金, 勢不可救止。若去薪止燎, 則不須焦爛之勞而火自息焉, 人之嗜欲亦如此。如甘脆少艾、華彩奢麗、哇淫奇羨之物, 一切皆引着嗜欲之具也。故欲養其德性, 則莫如先節其嗜欲; 欲節其嗜欲, 則莫如禁絶其外誘之屬也。

物之有至貪之性者, 必有至毒, 不可不察。

熱火一過後，宿灰寂寞，人慾大熾後，百害並至。

理氣對言，故曰“理無爲而氣有爲”。然氣之所爲，卽理之所爲也，單言則凡氣之所爲者，是理也。

人皆以充足其所欲爲命脈，然旣充足其所欲之時，大禍立至，吁！可哀矣。

古之人所學者，無他，遏人欲復天理而已；今之人所學者，無他，充人欲而勝天理而已。

“君子喩於義，小人喩於利”，以其心之所向不同故也。惟其所向專一，是以深喩；惟其深喩，是以篤好。今人纔見人深喩於形氣上事，則便以爲賢，殊不知此所以爲不賢也。

七情卽人心道心之心字也，心豈可分屬一邊？

四端亦情也，亦豈有人心道心之分？但孟子所從而言者，指道心也，非指人心也。如言本心卽指仁義之心也。

氣固有萬不同，而蓋有四等，形體不同一也，氣禀不同二也，情欲不同三也，習俗不同四也。形體不同，如人物、禽獸、草木是也；氣禀不同，如聖凡、智愚是也；情欲不同，如君子喩義、小人喩利是也；習俗不同，如習於善則爲善、習於惡則爲惡是也，是豈所禀之理不同也哉？

草木禽獸之與人不同，謂之局於形氣可也，若謂理本不同則不可。夫厚蔽梏喪之人，酷似全無良心，謂之不禀天性可乎？草木禽獸，則有生之初，局於形質，雖與禀生之後梏喪者不同，然其理則未嘗不同也。人所以一日得生於天地之間者，以其有天理也，害天理者人欲而已。然則人欲只是害生之物也，何貴於是而爲之也？【丁未】

道不外於五倫, 而傳道者師也; 敎不出於五典, 而立敎者師也。倫各其一, 而師包其五道之所在, 卽師之所在也。道在於君, 則臣固師君, 道在於臣, 君可師臣, 推之皆然。父之所師, 子亦師之, 君之所師, 臣亦師之, 非但可以通上下貴賤, 亦可以通古今遠近。

犯上作亂, 不順之病; 巧言令色, 順之之失。不順之病, 與仁相反, 人所易知; 順之之失, 與仁彌近, 人所難辨。聖賢敎訓, 每擧兩端而理自明。

"禮之用和爲貴", 纔有分毫違禮時, 便覺不和, 所謂和, 當於禮上求。

大丈夫出一言、作一事, 便當思質諸鬼神而無疑, 百世以俟聖人而不惑。

君子非確乎不拔之強, 不足以當大事勝重任; 非遯世不見知而无悶之塞, 不足以感鬼神動天地。

尊中華、攘夷狄, 窮天地之大經; 黜己私、奉帝衷, 有聖賢之要法。

心者, 人之神明, 而合理氣包動靜者也。性則心之體, 而理之乘氣而靜者也; 情則心之用, 而理之乘氣而動者也。【戊申】

以理言則心猶太極之統四德, 性猶利貞, 情猶元亨。利貞, 萬理之歸藏也, 太極之體也; 元亨, 萬理之發施也, 太極之用也。

以氣言, 則心猶元氣之統四時, 性猶秋冬, 情猶春夏。秋冬, 萬物之成終也; 春夏, 萬物之生始也。

分言, 則心者, 萬理之總會、主宰者也。性者, 寂然不動, 而萬理咸備者也。情者, 感而遂通, 而萬理發用者也。各有所指, 不可混淪看。

合言則心也、性也、情也，一理也。渾然無彼此、內外、終始、本末之間，此理之全體也。

以理言，則聖凡之心一也，舜、蹠之性一也，堯、桀之情一也，理同故也。

以氣言，則天下之心，有萬不同也；天下之性，有萬不同也；天下之情，有萬不同也，氣異故也。

所謂理者，是氣之本體也、準則也；所謂氣者，是理之形體也、器具也，理外無氣，氣外無理。

天下無有理無氣之物，無有氣無理之物，雖曰一物可也。聖賢立敎，必分別言之，猶恐其分之未精，認之或雜，何故也？此處最當玩索。

理者是物當然之則也，所謂形而上之道也；氣者是物能然之具也，所謂形而下之器也。物之爲物，雖不可闕一，然纔曰循理，則無往而不順；纔曰任氣，則無往而不礙，其故何也，此處最當着眼。

理本尊而無對者也，氣本卑而有對者也，無對故兩在不測，而體萬物而不遺；有對故一定不易，而局一方而不通，周子所謂"物則不通，神妙萬物"，栗谷所謂"理通氣局"是也。

"立天之道曰，陰與陽；立地之道曰，柔與剛；立人之道曰，仁與義"，以其理而言，則陰陽也、柔剛也、仁義也，一理也；以其分而言，則陰陽氣也、柔剛質也、仁義心也，三才也。天地人合爲一物，則見其不可闕處；分爲三物，則見其不相通處。

天地至大，鬼神至微，若不可以究，然其感通之妙，則自人心至近至切處始，故孝爲達道之首。蓋人心之德，仁爲長，仁發爲愛而愛莫先於愛親，不盡愛親之道，而能感天地、格鬼神者, 未之有也。

『中庸』八德之方有三, 生知安行也, 學知利行也。困知勉行也。大舜生知安行也, 顔淵學知利行也, 子路困知勉行也, 此知、仁、勇之等也。行道之人有三, 大舜也、文王也、孔子也。大舜道德功業, 備於一身, 無以尙矣。文王合數世而備成, 孔子無名位而行於天下萬世, 大舜、文王、哀公問三章是也。

『中庸』鬼神章以上, 惟見其塞; 鬼神章以下, 惟見其通。默究其所以然之故, 則只是一箇誠之道也。此乃天地之本性, 鬼神之良能也, 非人力所能安排措置而致之也。知道者於此默觀可也。

人之爲學, 心與理而已。心以主本全體言, 理以發用零碎言, 『中庸』所謂大本達道、至德至道、誠與道、大德小德、大道小道、至聖至誠, 皆指此也。是故言心而遺理, 言理而遺心, 非善言也。

心有以理言者, 有以氣言者, 二者不可合而爲一。譬如性一也, 有本然之性, 有氣質之性, 雜而言之不是。然心本氣也, 性本理也, 理氣不離, 故亦可互言。

"形而上者謂之道, 形而下者謂之器", 古今言理氣之別, 此語最盡, 就一形字上, 着一上下字而已, 上下字含蓄得無窮。

而字只是繼語辭, 與以字意義不同。

「乾」健、「坤」順、「震」動、「巽」入, 「坎」陷、「離」麗, 「艮」止、「兌」悅, 形而上之道也。「乾」天、「坤」地、「震」雷、「巽」風、「坎」水、「離」火、「艮」山、「兌」澤, 形而下之器也。二者不可不分, 亦不可不合。

形者, 理氣合一之物也, 觀理者, 當於此求之; 觀氣者, 當於此求之。

八卦橫圖, 當觀生出之先後次序; 圓圖, 當觀流行之消長循環; 方圖, 當觀方體之中外遠近; 先天, 當觀天道自然之體, 後天, 當觀人道當然之用。

易者, 天地之眞像, 聖人之神器也。自未畫之前觀之, 則非天下之神聖, 固不能形容發揮; 自已畫之後觀之, 則使天下萬世之人, 無上下智愚, 皆得以酬酢需用, 此之謂成器也。夫成器者, 如耒耜、舟車、規矩、準繩, 非聖人之神智, 不能刱始營造, 旣成之後, 人人皆得以受用不匱, 而亹亹不倦也。由是觀之, 賢者與能, 而不肖者不可能, 則非常器也; 智者與能, 而愚者不可知, 則非常道也。

卦者體也, 蓍者用也, 一體一用, 相待合一, 然後方成全器。若兩者闕一, 則如廢輪而轉車, 毁帆而運船, 終莫之成也。“君子居則觀其象而玩其辭, 動則觀其變而玩其占”, 易之用有此四者而已, 四者相合爲一, 非四各一道也。方其觀象也, 辭與占在其中矣; 方其觀變也, 象與辭在其中矣。

至誠, 卽眞實無妄之謂也。天地之道, 本自眞實無妄, 故皆有積漸。如一陽始動於冬至盛陰之下, 逐旋長養, 歷二陽、三陽、四陽、五陽, 至于夏至, 極乎六陽, 則其長也, 非一朝一夕之事也。陰之消也, 亦如此。有一株樹於此, 自甲坼、生芽, 生葉、生枝, 生花、生實, 有許多節次, 有許多時節, 此皆實理也。如或有朝生暮拱, 冬華春結之木, 則非常道也。滄海雖廣, 原其生, 則涓涓之會也; 泰山雖高, 究其微, 則塵塵之多也。文、武之興, 實根於藝穀; 赧王之亡, 實兆於下堂, 是豈無漸, 而偶然得之者哉? 是故培根則繁實, 履霜則堅冰, 小兒皆知之, 以其至誠無妄故也。前知之道, 豈有外此者哉?

『易』曰“卑高以陳, 貴賤位矣”, 天下之物, 未有不自至卑而萌, 亦未有已萌, 而不極乎至高者。如善念一萌於至隱之下, 而積達乎至顯之上; 惡念一萌於至微之中, 而積發乎至著之外。此非人之所能爲也, 實天地至誠無妄之道, 本自如此。

『易』曰“日往則月來, 月往則日來”, 此屈伸之道也。天下之物, 未有此往而彼不來,彼往而此不來者。如有得則必有失，有失則必有得，得失一原也；有利則必有害，有害則必有利，利害一事也。故君子之屈伸以道，小人之屈伸以物。晝夜一日之數也，日月一朔之數也。物有大小，事有遲速，知道者默觀則可見。

『易』曰："立天之道，曰陰與陽；立地之道，曰柔與剛；立人之道，曰仁與義。" 陰陽，以氣言，晝夜之說也；柔剛，以質言，生成之說也；仁義，以心言，愛敬之說也。三說理則一也，各有所司，不可相推也。

墨氏知仁而不知義，非道也；楊氏知義而不知仁，非道也；老氏小仁義而尙玄虛，非道也；佛氏絶仁義而說輪回，非道也。仁義，人之道也，人而廢人之道，猶天不能寒暑，地不能長養也。

心之爲職，虛靈知覺也。所謂虛靈知覺者，天下萬理，無所不具；天下萬事，無所不管也。是物存主於一身，而統該萬化，實爲一身之生道，不可頃刻之不存，毫忽之不察也。誠之者，存心之道也；明之者，明理之道也，學之爲道，惟此兩段事而已。若夫聖人，不待存而自存，不待明而自明。

天淸而寒，地濁而溫。故去地遠，則溫濁之氣漸薄；去天近，則寒淸之氣漸盛。水流就下，故水源始發於高山，終會於深谷。是以源發處，必多寒者，地高故也；流合處，必多溫者，地低故也。高山先雪後消，平地後雪先消，亦以此。我國濟州在南海中，去南極不遠，多暑少寒之地也。然而漢拏山頂，五月雪尙不消者，山高而去地絶遠故也。西蜀亦在西南之隅，宜其不寒，而山高處五月有雪者，地勢占高故也。漢水出自蜀境，歷二廣、二浙而流入于海，想其高下之勢甚相懸，其多寒可知也。

淸寒之氣，自天而下降；溫濁之氣，自地而上升。寒氣遇溫，則融而生水；溫氣薄寒，則蒸而生雲，故雲合而雨下。天氣下降，而地氣不應，則霧作而不雨；地氣上升，而天氣不應，則雲興而不雨。易曰："密雲不雨，尙往也。" 地氣上升，爲雲而尙往者，天氣不應故也。口噓凍石，則生水；火蒸寒物，則生霧，卽一理也。

燥濕二氣, 充塞兩間, 高而顯者, 爲日、爲月, 爲星、爲辰; 降而濁者, 爲山、爲澤, 爲土、爲石, 薄則爲雷, 撓則爲風, 蒸則爲雲、爲雨, 凝則爲霜、爲雪, 莫非陰陽變化之迹也。

『易』曰: "知變化之道者, 其知神之所爲乎!" 所謂變化者, 陽變爲陰, 陰化爲陽之謂也, 天地之良能, 如斯而已矣。變化皆有漸, 無特地陡絶之事。若今日流金爍石, 明日折膠皸皮, 必無不病之物。然而不病者, 變化之迹, 極微有漸, 而使之不知不覺也。禽獸羽毛, 熱則希革, 寒則毨氄; 草木根枝, 熱則發生, 寒則堅實。變化之迹, 循環不息, 是乃至誠無僞之道也。

事事物物上, 自有天然不易底道理十分恰好, 纔着一分私意、曲見, 安排、穿鑿, 便破碎滅裂。譬如一株樹, 自有時節萌芽、蓓蕾、開花、結子, 自然完美, 若着些一智巧, 催促推遷, 便不完全。

雖百工賤執事, 也有規矩、繩墨, 不循那路子, 而好自用奇巧者, 便不天然。

『易』曰: "君子所居而安者, 易之序也。" 序也者, 先後、尊卑之等也, 太極生兩儀, 陽儀居上, 陰儀居下。四象則老陽位一數九, 少陰位二數八, 少陽位三數七, 老陰位四數六。八卦則「乾」一、「兌」二、「離」三、「震」四、「巽」五、「坎」六、「艮」七、「坤」八, 「先天圖」陽則始於「震」, 上極乎「乾」; 陰則始於「巽」, 下極乎「坤」, 後天圖則始震終「艮」, 男位北而面南, 女位南而面北。上下經六十四卦序之類, 皆有尊卑之等、先後之次而不可易也, 是所謂易之序也。以人事推之, 則父子尊卑之倫, 君臣貴賤之等, 兄弟先後之次, 夫婦內外之別, 朋友親踈之分, 皆易之序也。細推則禮儀三百、威儀三千, 無非易之序也。至於萬事萬物, 無序則亂而不理, 危而不安, 故曰君子所居而安者, 易之序也。

『易』曰"所樂而玩者, 爻之辭也", 何謂也?
曰: 聖人旣立象設卦, 卦有六爻, 爻有尊卑、貴賤、得位、失位、有應、無應、或動、或靜之象矣。旣有象矣, 則不能無愛惡、取舍、去就、誠僞之情矣, 旣有情矣, 則其吉凶悔吝憂虞休咎之驗, 各以類應者, 自然不易之理也。聖人於是逐卦逐爻之下, 繫之以辭, 如「乾」卦之下, 繫之以“元亨利貞”; 「坤」卦之下, 繫之以“元亨利牝馬之貞”, 「乾」初九之下, “潛龍勿用”, 「坤」初六之下, “履霜堅冰至”之類也。天地幽隱之情, 鬼神湮欝之心, 於是乎著明宣發, 而天下之人, 無貴賤、賢愚, 而咸得以易知、易從。譬如瞽矇開眼, 乃睹日月之明, 聾聵醒耳, 得聽鍾鼓之音, 其驩虞、快樂, 當如何也? 故曰“鼓之舞之以盡神”, 又曰“鼓天下之動者, 存乎辭”, 其樂可知也。

“君子居則觀其象而玩其辭, 動則觀其變而玩其占”, 何謂也?
曰: 此言君子用易之道, 有動靜偏全之不同也。當無事無爲之時, 則觀象玩辭, 易中何所不備, 沉潛反復, 潔淨精微之體, 於此而得之矣。及其有事而問焉, 則極其數、通其變, 而玩其吉凶悔吝之占, 則專用一卦、一爻而已。此動靜體用、分合偏全之妙也, 與大德敦化、小德川流一般。

曰: “天尊地卑, 乾坤定矣”何謂也?
曰: 天地, 畫前之易也; 乾坤, 畫後之易也。然天高地卑, 乾上坤下, 不用比較安排, 而自相脗合, 此一定不易之理也, 所謂“易與天地準”是也。

曰: “卑高以陳, 貴賤位矣”何謂也?
曰: 此言形質也, 形質屬陰, 故逆行而自下達上。觀草木生長、土木成造之序, 則可知也。“卑高以陳”, 指事物而言; “貴賤位矣”, 指卦體六位而言, 事物無不先卑後高, 故卦爻亦自下上生也。蓋天地乾坤, 以統體言, 陽也; 卑高貴賤, 以一物言, 陰也。故言天地, 則先言天、後言地, 言卑高, 則先言卑、後言高。

曰: “動靜有常, 剛柔斷矣”何謂也?
曰: 動靜, 指陰陽實體也; 剛柔, 指奇耦兩爻也。

曰: “方以類聚, 物以羣分, 吉凶生矣”何謂也?
曰: 方物實體也, 吉凶占辭也。水之所向在下, 故天下之水, 同聚于海; 雲之所往在上, 故天下之雲, 同會于天。所向者善, 則天下之善人皆來聚; 所向者惡, 則天下之惡人皆來聚, 此方以類聚也。男女同出一母, 而內外異宮, 豆萁同出一根, 而貴賤異器, 此物以羣分也。

凡有聲色、貌象, 而盈於天地之間者, 皆氣也。自存諸人而言之, 一動一靜, 一語一默, 無非氣也。若執此而證之, 曰此氣也, 此言非不的當, 非不分明矣。雖然, 若但如此而已, 則聖人所謂微, 所謂隱, 所謂無聲無臭, 所謂形而上, 所謂無極而太極, 所謂非見聞所及, 果何事也? 此所謂理也。此雖無形, 實爲有形之主; 此雖至微, 實爲至顯之體; 此雖無爲, 實爲萬化萬事之根本也。聖人明見其如此, 而悶衆人之懵然無覺, 汨沒馳逐於形氣作用之中, 故不得不指出, 而明示之。然指出其所不可見者, 而使之見; 指出其所不可聞者, 而使之聞; 指出其至隱至微者, 而使之著顯, 其勢顧不難歟? 是以言之不足, 則畫之; 畫之不足, 則歌之; 歌之不足, 則註之, 前聖後聖所以指出發明者, 無所不用其極, 可謂苦心血誠矣。然後隱者顯、微者著, 如青天白日之光明, 使天下萬古之人, 皆得以同睹而同聞, 聖人之功, 亦可謂神矣。奈之何理氣一物, 無太極之說, 駸駸熾盛, 使旣睹之青天, 掩翳而不見; 旣升之白日, 薄蝕而不明, 此曷故焉? 此必億兆生靈, 不安之兆。思之及此, 不勝浩歎, 此非人力之所及, 奈何奈何?

道體浩浩, 極廣極大, 上際下蟠, 若不可以方向摸。然自存諸人具於心者而言之, 則其未發也, 無一毫偏倚之累, 然後謂之體; 其已發也, 無一毫前却之差, 然後謂之用。其得失、存亡, 有在造次、須臾之頃, 而間不容髮, 則所占地界, 可謂至狹而至窄矣。是以動不動, 無臨深、履薄、燭微、研幾之工, 則體倚不立, 用窒不行, 而天壤倒置, 燕、越背馳, 道不與我相干矣。

凡有一物, 必具形、氣、神、理, 然其可見者, 形氣也; 而不可見者, 理也; 其可知者, 理也; 而不可知者, 神也。

理氣合而爲人, 故人身之中, 只有此二者而已, 更無他物。但理爲主而氣爲之役,則無往而不善; 氣爲主而理反爲役, 則無往而非惡。譬如一家之中, 只有奴主兩人, 主爲政則治, 奴爲政則亂, 而興亡得失, 皆由此兩人而已。奴爲政、主爲政之間, 有自然如此、勉強如此之別, 此善惡、大小、深淺之別。

心有理氣兩物, 養其理, 則理強; 任其氣, 則氣強。物亦有理形兩面, 所窮者在理, 則心與理會, 而日就高明; 所究者在形, 則心與物化, 而日溺汚下, 讀書利病, 亦如此。

神也者, 妙萬物而非人之所爲者也。如一身之中, 目能視遠, 耳能聽德, 鼻辨臭之善惡, 舌辨味之善惡, 口辨事之善惡, 是誰使之然也, 是所謂神也, 乃理之妙用也。

未發之性, 以不雜氣者言之, 則堯、桀一也; 已發之情, 以不雜氣者言之, 則堯、桀一也。同者, 理也; 不同者, 有氣故也。學者要在化其不同者, 歸于同耳, 其要只在妙敬、致知兩事。通貫發、未發, 恭敬、知覺, 心之全體也。恭敬主一, 知覺該萬, 通貫動靜之道也。若動時恭敬而靜時不恭敬, 或靜時恭敬而動時不恭敬, 恭敬與心爲二物; 動時有知覺而靜時無知覺, 或靜時有知覺而動時無知覺, 知覺與心爲二物。

體用二字, 本出佛書, 而儒家借用之說也。蓋體用有本末之意, 有內外之義, 有先後之義, 有能所之義, 故有以動靜分體用者, 有以性道分體用者, 有以費隱分體用者, 有以理象分體用者, 有以物理分體用者, 隨文異義, 不可混淪推遷。如執"靜體動用"之說, 疑費屬動、隱屬靜, 則不可也; 執"理體象用"之說, 疑理屬靜、象屬動, 則不可也。此等處當活看也。

仁義相對, 有仁體義用之說, 有義體仁用之說, 是則仁義互換爲體用也。陰陽相對, 有陰體陽用之說, 有陽體陰用之說, 是則陰陽互換爲體用也。理氣相對, 有理體象用之說, 有物體理用之說, 是則理物互換爲體用也。以此推之, 則隨文異義, 可見。

朱子, 以太極爲體動靜爲用之說, 爲未安而改之者, 慮誤看者, 認太極爲靜, 陰陽爲動, 故改之曰: "太極者, 本然之妙; 動靜者, 所乘之機。" 此語極精, 然其實則曰體曰用, 亦無分屬動靜之嫌也。若知體用之不可偏屬動靜之義, 則理爲體氣爲用, 亦無不可也。

道理, 本也; 氣數, 末也。本末固出於一原, 則亦非二事也。然以道理爲主, 則貫乎進退、得失、消長之中, 而無時不全無處不行, 其氣數之盛衰長短, 有不足以問矣。以氣數爲主, 則進不知退, 得不知失, 消不知長, 而所謂道理者, 已不與我相干矣。然則所謂氣數者, 亦墮空落虛, 而無所用矣。是以君子之學, 只講道理之當不當而已, 不問氣數之如何。

天以主宰言, 則謂之上帝; 以妙用言, 則謂之神。自存諸人者, 而言其主宰, 則曰"心"; 言其妙用, 則謂之"神明"; 言其稟受, 則謂之"性"; 言其發用, 則謂之"情", 是皆指理而言, 然氣亦不外是矣。

蓋天下無"無氣之理", 亦無"無理之氣"。欲擇"無氣之物", 而名之曰理, 則終無言理之地矣; 欲指"無理之地", 而名之曰氣, 則亦無言氣之地矣。所謂理氣, 只在人分合看。

理上自有體用, 如"仁爲體, 義爲用"之類也; 氣上亦有體用, 如"陰爲體, 陽爲用"之類也。以理與氣相對說, 則理爲體, 氣爲用, 如指"道德爲本體, 動靜爲日用"之類也。以物與理相對說, 則物爲體, 理爲用, 如"人身爲體, 而仁義爲用"之類也, 切不可滯泥看。

堯曰: "允執厥中。" 湯曰: "惟皇上帝, 降衷于下民。" 箕子曰: "皇建其有極。" 劉子曰: "民受天地之中以生。" 孔子曰: "中立而不倚。" 子思子曰: "中也者, 天下之大本也。" 朱子曰: "直上直下。" 又曰: "如通天柱。" 『禮』曰: "深衣負繩。" 『易』曰: "敬以直內。" 「九容」曰: "頭容直。" 『小學』曰: "肩背竦直。" 蓋中者, 天所以生人之德也。人得此中而生, 中體不立, 則無以盡爲人之道矣。惟主敬然後體直, 體直然後內直, 內直然後可以立天下之大中, 立天下之大中, 然後事事物物之中, 可得以行矣, 中之德其盛矣乎!

言者, 心之聲也, 幾之動而吉凶之先見者也。故聽其言, 而細究其所從, 而起所從而往, 則其得失吉凶。如影響符契之相合, 無差錯逃遁處矣。

月受日光, 而成其明; 日資月精, 而生其明。然月受日光易見, 日資月精難知, 蓋水火互根之理也。

體用一源, 當就「太極圖」第一圈上, 須看下面, 許多物事已具於此。

顯微無間, 當就陽動陰靜, 以下圈上, 須觀物物各具此。

自理觀物, 則理如此, 故神亦如此; 神如此, 故氣亦如此; 氣如此, 故形亦如此。

卽物觀理, 則形成故氣聚, 氣聚故神會, 神會故理具。

人心道心, 合亦不得, 離亦不得。合不得也, 故無時不照管; 離不得也, 故無處不省察。人心分上, 聽命於道心, 則危者安; 道心分上, 不雜之以人心, 則微者著。

讀「虞書」, 須觀大舜"闢四門, 明四目, 達四聰", 是何等氣象? 鯀悻悻自用, "方命圮族", 是何等氣象? 天理人欲, 存亡得失之判, 在此。凡讀書講道, 纔得一說, 便自主張, 不樂與天下古今人通共講討, 以求眞是所在。膠守一己私見, 黯黯終身, 自誤誤人者, 視闢四門底氣象, 果何如也?

智屬水, 水有分解開釋之妙。天下雖膠漆膩垢, 至難解釋之物, 沈涵水中, 則莫不分別爲二, 融釋潔淨乃已, 此水之妙用, 如此也。是故智之用, 最盛於分別是非而已。知覺是分別是非之具也, 知有分解之義, 覺有開釋之義, 孟子曰"是非之心, 智也", 朱子曰"知覺, 智之事也", 其實一也。

理與氣不相雜也。故以理爲主, 而率其氣, 則無往而不善; 以氣爲主, 而反其理, 則無往而不凶。理與氣不相離也。故以理爲主, 而明之養之, 則能變化其氣質; 以氣爲主, 而循之培之, 則能移易其性情。

理通, 故該動靜; 氣局, 故動非靜、靜非動。

心能虛靈不昧者, 理也。雖曰"虛", 而今不能無塞, 雖曰"靈", 而今不能無頑, 雖曰"不昧", 而今不能免乎有時而昧者, 有氣故也。心能具衆理者, 理也, 雖曰"具衆理", 而今不能具得一理者, 有氣故也。心能應萬事者, 理也, 雖曰"應萬事", 而今不能應得一事者, 有氣故也。是故不可不先明其理, 當以十分無欠者 爲之本, 爲之準。以爲嚮望恢復之地, 又不可不密察其氣, 當以一毫未淨者, 爲之病、爲之闕, 以施克治變化之功。是故就一心字, 兩邊分說, 而惟恐其或雜之而不明也, 惟恐其或離之而不察也。若說理而遺氣, 執氣而爲理, 則大失本文之旨矣。

人有恒言, 皆曰"堯、舜與人同一心也, 同一性也, 同一情也", 此則以理言也, 雖曰"理同", 而彼實無所不知, 而我實有所不知; 彼實無所不能, 而我實有所不能; 彼實參天地、贊化育, 而我不能參天地、贊化育; 彼實爲法於天下萬世, 而我不能爲法於天下萬世者, 其故何也? 烏在其心同性同情同也哉? 是無他焉, 氣爲之拘, 欲爲之蔽也。

不見理之本體, 而但以治氣制欲爲道, 則如釋氏絶倫、陸棠主敬之類也。不見氣之所在, 而但以靈覺作用爲理, 則告子說性、管 商尚功之類也。

凡說道理, 有正說有倒說, 如說"仁, 心之德、愛之理", 是正說; 如說"愛之理、心之德", 是倒說。如說"天命之謂性, 率性之謂道", 是正說; 如說"盡其心者, 知其性也,知其性則知天”, 是倒說。如說“明德虛靈不昧, 具衆理應萬事”, 是正說; 如說“這箇道理在心裏, 光明照澈”, 是倒說。

旣曰“理則理中何所不具? 何所不有?”, 但以文字求之, 則文字亦有未及說者矣; 以事物求之, 則事物亦有未及見者矣。但得其理, 則無古與今, 無人與己。

格物窮理, 如穿貫竹管, 有未透些子處, 便通不得呼吸。凡有一物, 必有一理, 如十分格得那九分九釐, 未格者只有一釐一毫, 亦與全未格物者無異。故『大學』經, 旣曰“格物致知”, 又必曰“物格知至”, 「傳」補亡章, 旣曰“卽夫事物, 因其已知而益窮之, 以求至乎其極”, 又必曰“用力之久, 一朝豁然貫通”, 蓋雖用力格致, 勤苦千百, 而若未至一朝豁然貫通處, 則不可曰“物格知至”。

知法天、禮法地, 日月星辰, 雖高而附麗天內; 土石水泉, 雖深而含載地上, 更無高於天之物, 更無深於地之物, 故萬物涵育生長於其間。若使天有覆燾不盡, 地有持載不勝處, 則天地不足爲天地, 萬物不得爲萬物。學者致知, 當以無所不周爲心; 致禮, 當以無所不敬爲心, 常以此意存諸胷中可也。

聞一過僧來住懸燈寺, 每夜五鼓, 設一高榻於中堂, 升坐說法, 使緇徒圍坐而聽之, 不許疑難問辨交相取正。不論其說有理無理, 只此一事, 便大錯誤。衆人差處, 我喜正之, 我有差處, 則却畏忌人規正, 此實天下至暗之見, 此實天下至危之道, 而不自覺悟, 哀哉! 學者, 不可不深省而痛懲之, 其說得失, 有不足辨也。

未發者, 已發之體也; 已發者, 未發之用也。所謂體立而用行者, 譬如立標於中, 而影隨日照, 而東西南北矣, 非標之轉移搖易也。若使標之立於中者, 有些偏右偏左倒東倒西之時, 則其影之發於外者, 一切差繆, 而皆失其方位分限矣。蓋按標之偏與不偏、倚與不倚, 而推其影之差與不差也; 視影之過與不過、及與不及, 而驗其標之中與不中也。是故體不立, 則用不行; 用不行, 則體不立, 豈可二之也哉? 體用一原之妙, 至矣哉!

善卿曰: “譬如洪鍾懸空, 小撞則小應, 大撞則大應, 隨其所撞, 發音不差, 而洪鍾則未嘗移動, 亦此理也。”

穉程曰: “若於喜時, 化喜而外馳, 則更安能應得怒事無差? 若於怒時, 化怒而外馳, 則更安能應得喜事無差? 『大學』所戒四有、五辟, 正亦爲此故也。”

“立天下之大本”謂立之於中而外應, 四方八面均齊方正, 其未發也, 亦只如此; 其已發也, 亦只如此, 但有寂感動靜之異耳, 非謂“未發在內, 而已發出外”也。譬如一枚蠙珠頓放在此, 初無五采之可言, 及其照物也, 照紅物, 則渾身發紅; 照青物, 則渾身發青, 黑白皆如此。物去則亦復如初, 此無他, 珠之爲質, 極淸極粹, 故應得五采, 隨應百化, 珠之本體固自如, 而未嘗變也, 非天下之至精, 安能如此?

酈生勸立六國後, 以爲羽翼, 其計似矣。漢高一聞留侯之言, 便促銷印, 石勒一聞其說, 而便知其爲失計。此必有得失較著之筭, 此等處思量, 亦一格致之端也。

知上九之不可復上, 則此便是一陽生於下之幾, “不遠復”是也。

“至誠之道, 可以前知”, 不能前知者, 非知道者也。得其道則吉, 失其道則凶, 夫何疑之有?

至美之物反, 則必爲至惡之物; 至馨之物敗, 則必成至穢之物。大利之中, 必藏大害; 至卑之中, 必含至高, 知道者默識可也。

萬物不問美惡, 皆有要用處, 以天地大化觀之, 則少一箇不得, 如治病養生, 非蔘朮, 不能補元; 非黃硝, 不能去疾, 天地功用亦如此。至毒之物, 其用甚緊, 劣下之物, 其用亦不歇。

天地之心, 孔仁, 發生萬物, 成就萬物, 非雨露, 不能生物; 非霜雪, 不能成物。知霜雪之非殺物, 而爲生物之本者, 其知天地之心者乎!

和風甘雨, 鼓發萬物而莫不生養, 惟向死之物, 得是氣而尤速其腐敗衰亡矣。天道, “栽者培之, 傾者覆之”, 蓋如此。

數者, 乘除加減而已矣。物之將興也, 其數乘而加; 物之向衰也, 其數除而減。

凡看一字應一物, 看之應之者, 心也、神也。一字一物, 理也、道也, 不可言此有理而彼無理, 彼是道而此非道, 此合內外之道也。

感之者在外, 則應之者在內; 感之者在內, 則應之者在外。雖有內外彼此之分, 其實皆理也, 理一也。

不會神字意思, 鈍滯了理字。

非天下之至仁, 不能成天下之大業; 非天下之至貪, 不能敗天下之大業。

天道循環不息, 譬如軠車反覆翻轉, 上者反下, 下者復上, 左者居右, 右者在左, 不暫停息。若膠着一邊, 便缺裂破碎, 而行不去矣。凡不通天理, 而膠固人欲者如此。

愛人者, 人恒愛之; 敬人者, 人恒敬之; 侮人者, 人亦侮之; 奪人者, 人亦奪之, 此明白易知之道也。

「太極圖」第一圈, 理而已矣。於此可見天下萬物, 只是理之所爲, 更無他物也。

陰陽圈, 理居中, 氣在外, 可見是理不離是氣之中。

五行圈, 理圈內着五行字, 可見物物包在理內也。

男女圈, 乾男坤女, 分對左右, 可見男女同一理也。

萬物圈下, 終書萬物化生, 可見物物各具理之全體也。

以心之靈, 鑑物之理, 譬如止水照物之形, 若有些波動, 則便自昏亂, 失物之正形。凡講說帶些爭心勝氣, 則便已昏蔽, 轉益迷亂, 更安能照察其精微? 切可戒也。

1-1-13 「계상수록溪上隨錄2」(『華西集』卷15)

선역

2-084

사람에게는 일신(一身)이 있고 일신(一身)에는 귀·눈·입·코·손·발이 있으며, 또 심(心)이 있어 그것을 통솔한다. 심(心)이 통솔하는 본분을 잃지 않아 귀에게 귀의 직분을 다 하게 하고 눈에게 눈의 직분을 다하게 하며 입과 코에게 입과 코의 직분을 다하게 하고 손발에게 손발의 직분을 다하게 하면, 일신(一身)상에서 어찌 해내지 못할 일이 있겠으며 천하에 또한 어찌 처리할 수 없는 일이 있겠는가? 사람에게는 일가(一家)가 있고, 일가(一家)에는 몇몇 사람들이 있으며, 사람에게는 각기 사지와 온갖 능력이 있다. 그 가정을 주재하는 사람이 그 도를 잃지 않아 사람에게 각기 그 사지와 온갖 능력을 다 발휘하게 하면 일가(一家)의 일에 어찌 해내지 못할 일이 있겠는가? 대개 심(心)은 일신(一身)의 주재이므로 심(心)에 이해를 서로 견주어 살피는 사사로움과 기울어지고 치우치며 가리고 막히는 병통이 있으면 귀·눈·코·손·발도 따라서 직분을 잃어버려 일신(一身) 상의 일도 마치지지 못한다. 일가(一家)를 주재하는 사람이 욕심에 가려서 이치에 어두우면 일가(一家)사람이 자기 직분을 폐하여 가정의 도리가 없어진다. 한 나라를 주재하고 천하를 주재하는 것이 모두 이와 같다.

2-085

리(理)로 말하면 도심(道心)이 본래 리(理)의 발현이지만. 인심(人心) 또한 리(理)의 발현이요, 기(氣)로 말하면 인심이 본래 기(氣)의 발현이지만 도심 또한 기(氣)의 발현이다. 그 주(主)가 되는 바를 보면 도심은 리(理)를 주로하기 때문에 리발(理發)이라 하고 인심은 기(氣)를 주로하기 때문에 기발(氣發)이라고 한 것이다. 【병오년(헌종12년, 1846년 55세)】

2-099

기(氣)는 본래 만 가지로 다르나 네 가지 등급이 있으니, 첫째 형제(形體)가 다르고, 둘째 기품(氣稟)이 다르며, 셋째 정욕(情欲)이 다르고, 넷째 습속(習俗)이 다르다. 형체가 다른 것은 인물·금수·초목 과 같은 것이 이것이고, 기품이 다른 것은 성인과 범인, 지혜로운 자와 어리석은 자 같은 것이 이것이며, 정욕이 다른 것은 "군자는 의(義)에서 깨닫고 소인은 이(利)에서 깨달음" 같은 것이 이것이며, 습속이 다른 것은 선(善)에 익숙하면 선(善)을 행하고 악(惡)에 익숙하면 악(惡)을 행하는 것 같은 것이 이것이니, 이들이 어찌 품부받은 리(理)가 다른 것이겠는가?

2-107

심(心)이라는 것은 사람의 신명(神明)으로서 리기(理氣)를 합하고 동정(動靜)을 포괄하는 것이며, 성(性)은 심의 체(體)로서 리(理)가 기(氣)를 타고 정(靜)한 것이며, 정(情)은 심(心)의 용(用)으로서 리(理)가 기(氣)를 타고 동(動)한 것이다. 【무신년(헌종14년, 1848년 57세)】

2-110

나누어서 말하면 심(心)이란 온갖 리(理)의 총회이자 주재자이고, 성(性)이란 고요히 움직이지 않으면서[寂然不動] 온갖 리(理)를 다 구비한 것이며, 정(情)이란 감응하여 마침내 통하여[感而遂通] 온갖 리(理)가 발용되는 것이니, 각기 가리키는 바가 있으므로 뒤섞어 봐서는 안 된다.

2-111

합해서 말하면 심(心), 성(性), 정(情)이 하나의 리(理)요, 혼연히 피차·내외·시종·본말의 사이가 없으니, 이것이 리(理)의 전체이다.

2-122

사람이 학문하는 것은 심(心)과 리(理)일 뿐이다. 심(心)은 주체이고 본체인 전체로 말하는 것이고 리(理)는 발용하는 자잘한 것으로 말하는 것이다.『중용』에서 말하는 대본(大本)과 달도(達道), 지덕(至德)과 지도(至道), 성(誠)과 도(道), 대덕(大德)과 소덕(小德), 대도(大道)와 소도(小道), 지성(至聖)과 지성(至誠)이 모두 이것을 가리킨 것이다. 이런 까닭에 심(心)을 말하면서 리(理)를 빠뜨리거나 리(理)를 말하면서 심(心)을 빠뜨리는 것은 제대로 말하는 것이 아니다.

2-123

심(心)은 리(理)를 가지고 말한 것이 있고 기(氣)를 가지고 말한 것이 있는데, 두 가지는 합해서 하나로 할 수 없다. 비유컨대 성(性)은 하나인 것 같지만 본연지성(本然之性)이 있고 기질지성(氣質之性)이 있어서 섞어서 말하면 옳지 않은 것과 같다. 그러나 심(心)은 본래 기(氣)이고 성(性)은 본래 리(理)이지만, 리기(理氣)는 떨어지지 않는 까닭에 또한 함께 말할 수 있다.

2-136

심(心)의 직분은 허령지각(虛靈知覺)이다. 이른바 허령지각(虛靈知覺)이라는 것은 천하의 온갖 리를 갖추고 있지 않음이 없고 천하의 온갖 일을 관섭하지 않음이 없는 것이다. 이 물건이 있어 일신(一身)을 주재하고 온갖 변화를 통해하니, 실로 일신(一身)의 살아있는 도가 되어 잠시라도 존재하지 않을 수 없고 조금이라도 살피지 않을 수 없다. 그것을 진실되게 하는 것은 심(心)을 보존하는 방도며, 그것을 밝히는 것은 리(理)를 밝히는 방도이니, 학문하는 방도는 오직 이 두 가지일 뿐이다. 만약 성인이라면 보존하기를 기다리지 않아도 보존되고, 밝히기를 기다리지 않아도 저절로 밝아진다.

2-154

심(心)에는 리기(理氣) 두 가지가 있는데 그 리(理)를 잘 기르면 리(理)가 강해지고 기(氣)에 맡기면 기(氣)가 강해진다. 물건에도 리(理)와 형(形)의 양면이 있는데, 궁구하는 바가 리(理)에 있으면 심(心)과 리(理)가 만나 날로 고명한 데로 나아갈 것이나, 궁구하는 바가 형(形)에 있으면 심(心)과 물(物)이 변화하여 날로 더럽고 낮은 데로 빠져들 것이니, 독서의 이익과 병통 또한 이와 같다.

2-156

미발(未發)의 성(性)이 기(氣)에 섞이지 않는 것을 가지고 말하면 요와 걸이 같고, 이발(已發)의 정(情)이 기(氣)에 섞이지 않는 것으로 말하면 요와 걸이 같으니, 같은 것은 리(理)이며, 다른 것은 기(氣)가 있기 때문이다. 학문이라는 것은 그 같지 않은 것을 교화하여 같은 데로 돌아가게 하는 데 달려있을 뿐이니, 그 요점은 묘경(妙敬)과 치지(致知), 두 일에 있을 뿐이다. 이발과 미발을 관통하여 공경(恭敬)하고 지각(知覺)하는 것이 심(心)전체이다. 공경하여 마음을 한결같이 하고 지각하여 모든 것을 갖추는 것이 동정(動靜)을 관통하는 도이다. 만약 동(動)할 때 공경하고 정(靜)할 때 공경하지 않거나, 혹 정(靜)할 때 공경하고 동(動)할 때 공경하지 않으면 공경과 심(心)이 두 물건이 되며, 동(動)할 때는 지각(知覺)이 있고 정(靜)할 때는 지각(知覺)이 없거나, 혹 정(靜)할 때는 지각이 있고 동(動)할 때는 지각이 없으면 지각과 심(心)이 둘이 된다.

2-161

하늘은 주재(主宰)로 말하면 상제(上帝)라 하고 묘용(妙用)으로 말하면 신(神)이라 한다. 사람에게 보존되어 있는 것으로부터 그 주재를 말하면 심(心)이라 하고, 그 묘용(妙用)을 말하면 신명(神明)이라 하며, 그 품부 받은 것을 말하면 성(性)이라 하고 그 발용(發用)을 말하면 정(情)이라고 하니, 이는 모두 리(理)를 가리켜 말한 것이지만 기(氣) 또한 여기서 벗어나지 않는다.

2-171

인심·도심은 합해질 수도 없고 떨어질 수도 없다. 합해질 수 없기 때문에 조관하지 않을 때가 없고 떨어질 수 없기 때문에 성찰하지 않을 곳이 없다. 인심의 측면에서는 도심에 명령을 들으면

위태로운 것이 편안해지고 도심의 측면에서는 인심에 섞이지 않도록 하면 은미한 것이 드러난다.

2-176

심(心)이 허령하여 어둡지 않을 수 있는 것[虛靈不昧]은 리(理) 때문이다. 비록 허(虛)라고 하나 지금은 막힘이 없을 수 없고, 비록 령(靈)이라고 하나 지금은 완고함이 없을 수 없으며, 비록 불매(不昧)라고 하나 지금은 때로 어둠을 면할 수 없는 것은 기(氣)가 있기 때문이다. 심(心)이 뭇 이치를 갖출 수 있는 것[具衆理]은 리(理) 때문이다. 비록 뭇 이치를 갖추고 있다고 하나 지금 한 가지 리(理)도 갖출 수 없는 것은 기(氣)가 있기 때문이다. 심(心)이 만사에 응할 수 있는 것[應萬事]은 리(理) 때문이다. 비록 만사에 응한다고 하나 지금 한 가지도 일에도 응할 수 없는 것은 기(氣)가 있기 때문이다. 이런 까닭에 먼저 그 리(理)를 밝혀 마땅히 십분 모자람이 없는 것으로 근본을 삼고 준칙을 삼아서 바라고 회복할 곳으로 여기지 않을 수 없다. 또 그 기(氣)를 은밀히 살펴 마땅히 조금이라도 깨끗하지 않은 것은 병으로 삼고 결점으로 삼아서 능히 다스리고 변화시키는 노력을 베풀지 않을 수 없다. 이런 까닭에 하나의 심(心)자에 나아가 양쪽으로 나누어 말하여 오직 혹 섞여서 밝지 못할까를 두려워하고, 오직 혹 떨어져서 살피지 못할까를 두려워한 것이다. 만약 리(理)를 말하고 기(氣)는 빠뜨리거나 기(氣)를 잡아서 리(理)라고 여긴다면 본문의 취지를 크게 잃는 것이다.

2-177

사람들이 항상 하는 말이 모두 "요·순과 일반 사람이 심(心)이 동일하고 성(性)이 동일하고 정(情)이 동일하다."라고 하는데, 이것은 리(理)를 가지고 말한 것이다. 비록 리(理)가 같다고 하나, 그 분들은 실로 알지 못하는 바가 없지만 나는 실로 알지 못하는 바가 있으며, 그 분들은 실로 능하지 못한 바가 없지만 나는 능하지 못한 바가 있으며, 그 분들은 실로 천지에 참여하여 화육을 돕지만 나는 천지에 참여하여 화육을 도울 수 없으며, 그 분들은 실로 천하 만세에 모범이 되지만 나는 천하 만세에 모범이 될 수 없는 것은 그 까닭이 무엇인가? 그 심(心)이 같고 성(性)이 같고 정(情)이 같음은 어디에 있는가? 이는 다른 것이 아니라, 기(氣)가 구속되게 하고 욕(欲)이 가리게 한 것이다.

2-084

人有一身, 身有耳目口鼻手脚, 又有心以統之。心不失統而使耳盡耳職、目盡目職、口鼻盡口鼻之職、手脚盡手脚之職焉, 一身之上豈有不了底事? 天下亦豈有不可辨底事? 人有一家, 家有多少人, 人各有四體百能。主其家者, 不失其道, 而使人各盡其四體百能, 一家之事, 豈有未了底事? 蓋心爲一身之主, 故心有計較利害之私, 偏倚蔽錮之病, 則耳目口鼻手脚, 從而失職, 而一身之事未了矣。主一家之人, 蔽於慾而昧於理, 則一家之人, 廢其職而家道窮矣。主一國主天下, 皆如此。

2-085
以理言, 則道心固理之發也, 人心亦理之發也; 以氣言, 則人心固氣之發也, 道心亦氣之發也。看其所主, 而道心主於理, 故謂之理發; 人心主於氣, 故謂之氣發。【丙午】

2-099
氣固有萬不同, 而蓋有四等, 形體不同一也, 氣禀不同二也, 情欲不同三也, 習俗不同四也。形體不同, 如人物、禽獸、草木是也; 氣禀不同, 如聖凡、智愚是也; 情欲不同, 如君子喻義、小人喻利是也; 習俗不同, 如習於善則爲善、習於惡則爲惡是也, 是豈所禀之理不同也哉?

2-107
心者, 人之神明, 而合理氣包動靜者也。性則心之體, 而理之乘氣而靜者也; 情則心之用, 而理之乘氣而動者也。【戊申】

2-110
分言, 則心者, 萬理之總會、主宰者也。性者, 寂然不動, 而萬理咸備者也; 情者, 感而遂通, 而萬理發用者也。各有所指, 不可混淪看。

2-111
合言則心也、性也、情也, 一理也。渾然無彼此、內外、終始、本末之間, 此理之全體也。

2-122
人之爲學, 心與理而已。心以主本全體言, 理以發用零碎言, 『中庸』所謂大本達道、至德至道、誠與道、大德小德、大道小道、至聖至誠, 皆指此也。是故言心而遺理, 言理而遺心, 非善言也。

2-123
心有以理言者, 有以氣言者, 二者不可合而爲一。譬如性一也, 有本然之性, 有氣質之性, 雜而言之不是。然心本氣也, 性本理也, 理氣不離, 故亦可互言。

2-136

心之爲職, 虛靈知覺也。所謂虛靈知覺者, 天下萬理, 無所不具; 天下萬事, 無所不管也。是物存主於一身, 而統該萬化, 實爲一身之生道, 不可頃刻之不存, 毫忽之不察也。誠之者, 存心之道也; 明之者, 明理之道也, 學之爲道, 惟此兩段事而已。若夫聖人, 不待存而自存, 不待明而自明。

2-154

心有理氣兩物, 養其理, 則理強; 任其氣, 則氣強。物亦有理形兩面, 所窮者在理, 則心與理會, 而日就高明; 所究者在形, 則心與物化, 而日溺汚下, 讀書利病, 亦如此。

2-156

未發之性, 以不雜氣者言之, 則堯、桀一也; 已發之情, 以不雜氣者言之, 則堯、桀一也, 同者理也, 不同者有氣故也。學者要在化其不同者, 歸于同耳, 其要只在妙敬、致知兩事。通貫發、未發, 恭敬、知覺, 心之全體也。恭敬主一, 知覺該萬, 通貫動靜之道也。若動時恭敬而靜時不恭敬, 或靜時恭敬而動時不恭敬, 恭敬與心爲二物; 動時有知覺而靜時無知覺, 或靜時有知覺而動時無知覺, 知覺與心爲二物。

2-161

天以主宰言, 則謂之上帝; 以妙用言, 則謂之神。自存諸人者, 而言其主宰, 則曰“心”; 言其妙用, 則謂之“神明”; 言其稟受, 則謂之“性”; 言其發用, 則謂之“情”, 是皆指理而言, 然氣亦不外是矣。

2-171

人心道心, 合亦不得, 離亦不得。合不得也, 故無時不照管; 離不得也, 故無處不省察。人心分上, 聽命於道心, 則危者安; 道心分上, 不雜之以人心, 則微者著。

2-176

心能虛靈不昧者, 理也。雖曰“虛”, 而今不能無塞, 雖曰“靈”, 而今不能無頑, 雖曰“不昧”, 而今不能免乎有時而昧者, 有氣故也。心能具衆理者, 理也, 雖曰“具衆理”, 而今不能具得一理者, 有氣故也。心能應萬事者, 理也, 雖曰“應萬事”, 而今不能應得一事者, 有氣故也。是故不可不先明其理, 當以十分無欠者 爲之本, 爲之準。以爲嚮望恢復之地, 又不可不密察其氣, 當以一毫未淨者, 爲之病、爲之闕, 以施克治變化之功。是故就一心字, 兩邊分說, 而惟恐其或雜之而不明也, 惟恐其或離之而不察也。若說理而遺氣, 執氣而爲理, 則大失本文之旨矣。

2-177

人有恒言, 皆曰"堯、舜與人同一心也, 同一性也, 同一情也", 此則以理言也, 雖曰"理同", 而彼實無所不知, 而我實有所不知; 彼實無所不能, 而我實有所不能; 彼實參天地、贊化育, 而我不能參天地、贊化育; 彼實爲法於天下萬世, 而我不能爲法於天下萬世者, 其故何也? 烏在其心同性同情同也哉? 是無他焉, 氣爲之拘, 欲爲之蔽也。

1-1-14 「溪上隨錄」3(『華西集』卷16)

凡讀書窮理, 寬着心胸, 明着眼目, 教本文義理平鋪, 安放在地上, 徐徐或上下推究, 或左右校讎, 或顚倒看, 或離合看, 仔細縝密, 浸涵濃熟, 自然有一條正義呈露目中, 自有本來定形, 更不移易。

仁禮顯諸外, 道之面目也; 義智藏諸內, 事之骨子也。侮天命、侮聖言、侮大人, 便是凶禍兆萌之根柢。所謂天命, 如叙秩命討仁義忠孝, 萬事萬物所當行之道, 皆是也。所謂聖言, 如經傳所載典訓註解, 及尋常所接朋友酬酢中, 所擧聖賢一句一言, 皆是也。所謂大人, 自兄長以至年高位尊, 有德有行之人, 皆是也。

漢高祖天姿甚高, 子房以爲“殆天授”是也。入關中未久, 爲項羽所逐, 狼狽入蜀, 而秦民大失望, 惟恐沛公之不爲王。此何故焉? 所謂“殺人者死, 傷人及盜抵罪”十字, 卽忽地活人之大手段也。天下之人, 盡化赤渭之血, 嗷嗷就盡之餘, 瞥地揭出此十字號令, 於是乎黑死之一局盡活矣。天下之生, 不歸此而焉往矣? 此便是天下神雄手段, 非張、蕭諸人所能贊助處也。『孟子』曰: “不嗜殺人者, 能一之。” 漢高未必讀『孟子』而得之, 故曰“天姿甚高”。

驕人, 天下之惡德也; 敬人, 天下之至悳也。坐在驕人地界, 回望敬人地界, 不翅若越人望燕。自驕變爲不驕, 自不驕變至無驕, 自無驕變至敬人, 自敬人變至篤敬, 中間曲折有千萬里遠近, 古人所謂“望道而未之見”者, 卽此類也。然心者神也, 不疾而速, 不行而至, 欲之則至, 夫何遠之有?

士食德, 農食力, 工食技, 賈食貨。故士養德, 農養穀, 工養技, 賈養貨。心無兩用, 利不雙食。此天地致一之道也。【己酉】

爲一事, 上下四方表裏本末, 周足完備, 纔有些兒欠缺處, 則全局狼狽, 必由此而生。如有造物着意祇戲者然, 此必有故, 思之可得。譬如陶鑄一器, 無不周足, 纔有一鍼孔, 一器水滲漏洩盡。蓋事必有理, 理無不周, 而但其事物有不周處, 則便包羅盛載那理不過。是以破綻而不可遏, 此亦理也。

余少時讀『詩傳』, 後赴試, 詩題適出『詩』註中語, 倉猝思不起。故歸而檢所讀本, 則本章缺小註而初不經目。柳正言丈熟誦四書三經, 並註解不錯一字。但未讀『周易』「繫辭」, 人勸赴講, 及其抽栍, 則出「繫辭」, 不能應講。誦過「繫辭」, 然後登第, 此等處最好看。

人之體道, 如大甕盛水, 纔有一線滲漏處, 便走洩不住。

培養一花一木, 是何等小小事? 然而遠則天地日月、風雨霜露、春夏秋冬之屬, 近則水火土壤之屬, 不可闕却一物。若一物不備, 則便養不得那一花一木, 況其大者乎? 人之爲學, 雖一細事小物, 莫不具此理之全體, 便關通天地鬼神, 以爲此小物, 而忽之者, 非知道者也。

孔子曰: "朽木不可雕, 糞土之墻不可杇。" 朱子曰: "雕冰鏤脂。" 蓋氣質虛薄, 主宰不立, 雖有一時意見, 終不能有所成立。

人或有言曰: "爲善者, 未必獲福; 爲惡者, 未必得禍。" 此言大狼狽也。今夫有生之物, 莫不明知其得食則生, 不得則死。故莫不至誠而求之矣。然而天下猶或有不得而死者矣。若不知食所以養生而不知求焉, 則天下必無幸而得生之物矣, 其可乎? 善者, 生之本也; 食者, 生之具也, 況有輕重大小之分者乎? 其知如此, 豈非大狼狽乎? 此雖尋常閒說, 得失如此。

金臺山「詠蜂」詩: "丹成闔族飫黃芽, 露宿山椒趁早衙。只爲分甘恩浹髓, 一生飛挽死君家。" ○精細工緻。但蜂所以致死其上, 恐非出於分甘之恩浹髓而已。蓋爲物精篤, 故能全其所賦之天者如此。

程子曰: “城朔方而玁狁之難除。禦戒狄之道, 守備爲本, 不以攻戰爲先也。” ○按: 禦海冦之方, 尤宜築城堅堡, 來則淸野深溝, 去則屯田習武, 此永久守戰之策也。

理在上, 氣在下, 則得尊卑之序也; 氣反在上, 理反在下, 則失尊卑之序也。理居內, 氣居外, 則得賓主之序也; 氣反居內, 理反居外, 則失賓主之序也。「乾」在內爲主, 「坤」在外爲客, 則爲「泰」爲君子; 「坤」在內爲主, 「乾」在外爲客, 則爲「否」爲小人, 卽一理也。

善惡分自一處, 但順之則爲善, 反之則爲惡。

君子之心, 不倚於事物而卓然自立; 小人之心, 倚於事物而不能自立。不倚也, 故有栗栗危懼之象; 有倚也, 故不驕矜則戚戚。

仁人之責人也, 開人爲善之路; 不仁人之責人也, 閉人爲善之路。觀其語脉歸宿處, 則仁不仁亦可知矣。

“一陰一陽之謂道”, 此大綱說。“繼之者善”, 陽也; “成之者性”, 陰也, 此擧物之始終說。“仁者見之謂之仁”, 陽也; “智者見之謂之智”, 陰也, 此就人氣質說。“顯諸仁”, 陽也; “藏諸用”, 陰也, 此就發用上說。“盛德”, 陽也; “大業”, 陰也, 此就事業上說。

理積則氣生, 氣積則形生, 形積則大生, 大積則化生, 隨其所向所積, 而吉凶禍福, 各以類應。

明德, 譬之器中之水, 則器如人之形體, 水如心字, 水之靜處如性, 水之用處如情。性情與心, 不可分作二物, 如水與靜用不可分爲二物。

獻子忘五人之賤, 故五人與之友; 五人忘獻子之貴, 故獻子與之友。文義本自如

此, 而正說反說, 或少一句, 或多一句, 此則文勢如此。文勢雖若不齊整, 而文義則未嘗不齊整, 細玩可見。【庚戌】

理與氣初不相離, 而亦不相雜, 初學若猝難分曉。只以當然者謂之理, 以不當然者屬之氣; 只以達之天下而所同者屬之理, 以人人所不同者屬之氣; 只以出於天而不可易者屬之理, 以出於人而不可爲法者屬之氣; 只以善屬理, 以不善屬氣, 則雖不中不遠矣。

今之說理說氣, 不就一物上分看, 欲覔出一物於一物之外, 而喚做理、喚做氣, 則天下本無是物。非獨看理字不出, 亦看氣字不出。

"盡其心者, 知其性也, 知其性, 則知天矣。" 所謂性者, 卽惻隱之心、羞惡之心、辭讓之心、是非之心是也。合當惻隱而惻隱, 則天之惻隱可知也; 合當羞惡而羞惡, 則天之羞惡可知也。辭讓、是非皆如此, 性外無天, 天外無性。然一毫私意爲之蔽障, 則人與天貳矣。

心也、性也、天也, 各有所指, 不知其所指之不同, 則渾淪無別。心也、性也、天也, 一理也, 不知其爲一理之實, 則眩亂無定。渾淪與眩亂, 害事一也。

事物之所當然者, 卽理也; 事物之所以然者, 亦理也。理則一也, 亦有淺深, 當由淺及深, 亦不可失其序也, 失其序則反惑矣。故孔子曰: "四十而不惑, 五十而知天命。" 不惑, 以所當然者言也; 知命, 以所以然者言也。

『易』曰: "知幾其神乎。" 幾者, 物之微也; 神者, 理之妙也。有幾動而知及者, 有神動而氣形者。聖人所以先天而天不違, 後天而奉天時, 蓋用此道也。

"虛靈不昧", 指心也; "具衆理", 指性也; "應萬事", 指情也。"以具衆理而應萬事者", 心也, 是則出於天而非人之所能爲也, 故曰"得於天"。天則理而已矣, 然此理之所乘者氣也, 氣亦稟於有生之初也, 故曰"氣稟所拘"。旣有氣稟則不能無欲, 欲者必生於人生之後, 故曰"人欲所蔽"。若泛曰明德, 而不能精察氣與欲之爲害, 則吾所謂明德也, 乃氣稟人欲也。

理氣之分有兩樣, 以理之本體言, 則理爲統氣之主, 而氣爲載理之器, 此則不可離之說也。以氣之萬殊言, 則理爲至善至中之準則, 而氣爲偏倚過不及之緣由, 此則不可雜之說也。於不可離者, 昧上下之分, 則君臣無序矣; 於不可雜者, 昧彼此之分, 則子賊無別矣。

知是人人固有之德也, 理是物物固有之道也。知之盡與不盡, 只在致與不致; 理之至與不至, 只在窮與不窮。

一理萬物已具, 一物萬理咸備。

鬼神者, 天地陰陽、屈伸往來之迹也, 卽其本體之良能也。天地萬物之始終, 莫非陰陽合散之所爲, 上而日月星辰、風雨雷電, 莫非神也; 下而山川邱陵、墳衍原濕、江淮河海, 莫非神也。人之形貌臟腑、心志性情、起居語默, 莫非神也; 物之動植飛潛, 開落榮悴、來往升降, 莫非神也。天地萬物, 合而言之, 則謂之一神亦得; 分而言之, 則謂之萬神亦得。語其常, 則至正而不可易, 至實而不可罔; 語其變, 則容有邪曲而不可詰, 誕妄而不可測。是以在昔聖神, 洞見天人之心性、鬼神之情狀, 曲盡其事神之方, 而立敎於萬世, 使天下萬民, 咸由於正而不陷於邪, 咸趨乎吉而不罹乎凶, 禮樂刑政之屬是也。內則戒愼乎其所不睹, 恐懼乎其所不聞, 莫見乎隱, 莫顯乎微, 洞洞屬屬, 臨淵履冰, 無非事神之工也。外而一言一動, 揲蓍灼龜, 稟其吉凶; 一飯一飮, 必祭必薦, 後其口腹, 無非事神之道也。家而冠昏喪祭, 國而社稷嶽瀆, 天下而郊天禘祖, 無非事神之等也。大而洋洋乎發育萬物, 峻極于天, 小而優優乎禮儀三百、威儀三千, 無非事神之爲也。善則爵之、祿之, 惡則刑之、威之, 玉帛珪組, 車馬衣裳, 縲絏桁楊, 獄辟流竄, 無非奉神禍福之器也。
曰: 聖人致誠於事神, 如是其曲盡周悉, 而於諂祭、淫祀、非類、僭瀆之類, 嚴斥而痛誅, 不遺餘力, 何也?

曰: 神與人, 名雖二而理則一也, 養賢養愚, 尊卑有章; 待善待惡, 勸懲殊位。違之則亂, 反之則禍, 事神事人, 夫何異焉?

人皆以未充所欲爲病, 殊不知充所欲時大禍立至。人欲與天理, 互相進退消長, 人欲長一分則天理消一分; 人欲充滿時, 天理消滅, 天理消滅則奈何?

人所以一日生活, 天命也、人力也。不知有天, 不知有人, 只知有己者, 譬則籧篨、戚施也。

年飢用不足, 天下之通患也, 哀公以君不足爲憂, 有若以民不足爲憂。君臣父子, 天下之大倫也, 孔子以不盡道爲憂, 景公以不食粟爲憂, 此人心道心之大分也。

人欲食色最切, 不透此兩關, 異端邪說, 無由辨別。

小德役大德, 小賢役大賢, 天下之正理也。小役大弱役強, 天下之成勢也。理正之後勢成, 勢成之後正理復行, 此亦天理循環不息之機也。

今年食去年之成功, 明年食今年之成功。故目前勤慢、豐凶, 與目前飢飽、饒乏, 不相干涉, 故人多愚惑。

夏熱冬寒, 常也; 夏寒冬熱, 變也。常者千萬年皆如此, 變者千萬年或一兩時。故覓花於春, 覓冰於冬, 則無不得之理; 覓花於冬, 覓冰於夏, 則無必得之理。善惡禍福之應如此。

不常則怪, 不治則亂, 當求恠於常, 求亂於治。不知常則亦不知恠矣, 不知治則亦不知亂矣。

心是火臟, 而爲一身之主、萬事之綱, 何也?

曰: 陽爲陰之統, 上爲下之主, 火爲陽之盛、上之極。故爲五臟百體之主, 卽天日統照萬物之象也。『書』曰: “亶聰明作元后” 亦此理也。在上者必照下, 照下者非至明不能, 火性炎上而至明。故火精在天則爲日而照臨萬方, 在人則爲心而主宰萬事, 同一理也。

君子之學, 心與理而已。然心必操而後存, 理必窮而後通, 其故何也? 心囿於氣, 理具於物。故若不克去氣禀而涵養一源, 則無以復心之本體; 若不硏究事物而通達萬變, 則無以見理之妙用。心與理會則乃理之全體, 所謂復初者是也。

氣有萬變, 何變不有? 何恠不生? 但天地本情、鬼神功用, 以正爲祥而以變爲烖, 以常爲福而以恠爲禍, 君子之學, 只在守正而禦變, 履常而絶恠而已。

君子格物、窮理, 當問其邪正, 不當問其有無; 存心、處事, 當視其善惡, 不當視其能否。

子莫執中, 所執者道也, 執一而廢百, 故爲道之病。况物欲爲主而固執不通者乎? 其害理何可勝言。

身外都無一物, 心中都無一事, 只有一團天理含具萬象, 亹亹不可遏。

陰陽五行之精, 心之氣也; 健順五常之德, 心之理也。所謂“形而上謂之道, 形而下謂之器”也。若只指陰陽五行之精以爲心, 而不知健順五常之德以爲心, 則千古聖賢說心, 只說得氣質而已, 烏有是理?

『孟子』牛山章, 於山言性, 於人言心。性與心通言者多, 『大學』言心而性在其中, 『中庸』言性而心在其中。故朱子序『大學』則言性, 『中庸』則言心, 所以明心性同實之妙也。

「大學序」所謂“仁義禮智之性”, 卽解釋經文“明德至善”之說也; 所謂“氣質之稟”, 卽經文『章句』所謂“氣稟物欲”也。所謂“以著『大學』之明法”, 明法之明, 明德之明, 其爲理則一也。

堯、舜、禹、湯、文、武, 得君師之位, 故以億兆爲言; 孔子不得位, 故來學止三千而已, 此可以見時勢之不同。然孔子之道, 不資位勢而行, 故傳萬世而不窮, 此所以賢於得位之聖人也。

孟子曰“『詩』云‘旣飽以德’”, 言飽乎仁義也; 韓子曰“道德”, 合仁與義言之也; 朱子曰“仁義禮智”, 便是明德, 此皆以形而上者, 說德也。

『孟子』曰: “仁義忠信、樂善不倦, 此天爵也。” 仁義忠信, 以性言; 樂善不倦, 以心言。

“飮食之人, 則人賤之矣, 爲其養小而失大也。” 若不分人心道心而無精一工夫, 則終身所爲, 只是成就一箇飮食之人而已。

若不分形氣性命, 何者是大體, 何者是小體? 何故養其小者爲小人, 養其大者爲大人, 皆不可知也。

“從其大體爲大人, 從其小體爲小人。” 耳目口鼻, 小體也; 心, 大體也。有先立其大者, 有先從其小者。小者之中, 有從耳之所欲者, 有從目之所欲者, 口鼻亦然。陷溺不返而終身役役者多矣。

天下之說理說道者, 皆執一而廢百也。見得靜不見得動, 見得己不見得人, 見得前不見得後, 見得生不見得死, 故倚於一偏而更推不去。合下理之本體, 元自充足, 無所欠闕, 如何有倚靠一偏處?

天地之心, 只是一團生生之理也。人得是心而生, 故滿腔子只是惻隱之心也。其性謂之仁, 其情謂之愛。愛親謂之孝, 愛兄謂之悌, 愛君謂之忠, 愛朋友謂之信, 愛長謂之敬。知此者謂之智, 宜此者謂之義, 文此者謂之禮, 實此者謂之信, 樂此者謂之樂, 此所謂"元者, 善之長也"。但爲氣質所拘, 物欲所蔽, 則此理或有所間斷而不行, 或有所阻隔而不周, 此所謂己也。不克去此蔽膜, 則此理無可求之日, 無可復之地, 故爲仁之方, 必以克己爲要。蓋此理充足時, 天地生生之心充足; 此理欠縮時, 天地生生之心欠縮。天地生生之心欠縮時, 更有何事可以濟人私欲? 只是不思之甚也。

仁之應, 只是生道; 不仁之應, 只是死道。此理平直, 無許多回曲。

蔡九峯曰: "智則吾心虛靈知覺之妙。" 雲峯胡氏曰: "智則人之神明, 所以妙衆理而宰萬物者也。" 番陽沈氏曰: "智者, 涵天理動靜之機, 具人事是非之鑑。" ○愚按: 右三說皆有所明, 然若依朱子訓仁之例, 則訓以智者心之貞、知之理, 恐無不可。

正學與異端, 互相盛衰, 其源實由人之一心; 天理人欲, 互相消長, 其流實關天運之陰陽淑慝, 世道之升降治亂。天下之物, 只是一理而已。故救亂世, 莫先於闢異端; 闢異端, 莫急於明正學。明正學, 只在一心辨別天理與人欲而已。【辛亥】

人之一心, 萬理俱備, 萬善俱足。但爲氣稟所拘, 物欲所蔽, 故於是乎有所未明未盡, 而卽此未明未盡處, 是爲惡也。既有善有惡, 則不能不相對並立, 互相消長, 然論其本則有善而無惡。善屬陽、惡屬陰, 此特以象、類而言耳, 其實陰陽皆善也, 陰陽差處反處爲惡也。

陽主生、陰主克, 陽主明主剛, 陰主暗主柔, 此則善惡之象類也。"一陰一陽之謂道", 道是太極之一名也。太極純於善而已矣, 何嘗有不善? 卽其差謬處, 是爲惡也。

理非一物, 萬物俱備; 善非一事, 萬事俱足。

萬物闕一物, 萬事欠一事, 便是一理未備, 一善不行。苟非盡心盡性之人, 未能每事皆善; 苟非喪心失性之人, 亦不能每事皆不善。是故君子於己, 不可恃一善而解於爲善, 不可恥一過而憚於改過; 於人, 不可愛其一善而護其惡, 懲其一惡而廢其善。

君子心公理明, 故是非善惡, 各當其可而不相掩, 譬如明鏡平衡, 應物而無差。小人心偏情勝, 故利害取舍, 各倚一邊而不相通, 譬如膠桼粘泥, 遇物則必累。

掩其百善而揚其一惡, 天下無可用之人; 棄其所短而取其所長, 天下無可棄之人。

一人之心, 一善一惡之萌, 似無相關於他人分界, 而苟其善也則利必相及, 苟其惡也則害必相延, 其故何也? 理一故也。墨氏之心, 微偏於愛物而天下陷無父之禍; 楊氏之心, 微偏於愛己而天下陷無君之罪, 此理甚微, 惟識微知幾者知此。譬如場市之傍, 不知姓名底何漢, 酗酒打人, 何干人事? 然而檢尸覆獄之擾, 公私同受其苦。草莽之間, 不識面目底何人, 攘奪一物, 何關人事? 然而巡夜防守之嚴, 遠近均受其勞。若曰物我相形而不相入者, 不可與論天下之事。故曰“一念之得, 天下同受其福; 一念之失, 天下同受其禍”, 可不愼歟?

治天下有道, 好天下之所同好, 惡天下之所同惡, 則天下平矣; 好天下之所同惡, 惡天下之所同好, 則天下亂矣。今日則好而他日則不好者, 非眞好也; 今日則惡而他日則不惡者, 非眞惡也。所謂眞好惡, 不係人與己, 不係今與後。

日, 火之精也; 月, 水之精也。水「坎」也, 內陽而外陰; 火「離」也, 內陰而外陽。故日得陰之中氣, 月得陽之中氣。陰陽互根相配, 在天地中半而往來升降, 主寒暑進退之機, 司造化生成之權。自東而西謂之往, 自西而東謂之來, 是爲一日之朝夕晝夜; 自南而北謂之升, 自北而南謂之降, 是爲一月之弦望晦朔, 一歲之春夏秋冬。日火炎上, 月水潤下, 故日在月上, 月在日下。

凡人所欲, 不合於天理者, 皆禍根之所由起也。所欲在此, 而求而不得, 則其害淺;

求而得之, 則其害深。害不在他事, 卽於此事, 禍根起焉, 此占法也。故曰"履霜堅冰至", 霜冰卽一物也。

心也、性也、情也, 一理也。自主宰而言謂之心, 其體謂之性, 其用謂之情, 所謂心統性情是也。然所乘者氣也, 心焉而不察其氣, 則釋氏之師心是也; 性焉而不分其氣, 則告子之食色是也; 情焉而不克其氣, 則陽明之良知是也。

禪語有曰: "渡海捨筏。" 此與得魚忘筌、得兎忘蹄, 同一語法。然渡海乘筏, 人所共由也, 豈可視己之渡與不渡而定其用捨也哉? 渡海須乘筏, 旣渡又須有所乘, 雖欲捨之, 其可捨邪?

禪語有曰: "得樹攀枝未足奇, 懸崖撒手丈夫兒。" 此與朱子所謂"踏翻了船, 通身墮在水中方是"之語, 語近而意反。蓋禪之捨身, 成就一箇空; 吾儒之捨生, 成就一箇是。

禪亦說心、說性, 儒亦說心、說性, 所謂"彌近理"也。然吾儒所謂心, 卽『孟子』所謂"惻隱、羞惡、辭讓、是非之心"是也; 所謂性, 卽"仁、義、禮、智"是也。禪所謂心、所謂性, 空無一法, 所謂"大亂眞"者, 此也。

人稟天地生物之心以爲心, 故仁爲心德之元而統四德者也。仁道至大, 而其用愛而已。愛莫先於親親, 而愛民次之, 愛物又次之, 此則自然之序也, 禮之所由生也。愛有淺深, 敬有尊卑, 則施之也, 有宜與不宜, 此則義之所由行也。知此而覺此者, 智也。故人而不仁則無其本矣, 無序無宜而不智孰甚焉? 禪所謂心, 與此相反, 其亦不仁而已矣。

理不離氣, 猶火不離薪。火無薪則不能成其明, 然不可指明爲薪; 理非氣則不能著其神, 然不可指神爲氣。

理一也, 隨其所在而立名不同。總天地萬物而言, 則曰太極; 指一物所具而言, 則曰性; 指存乎人而虛靈神明者而言, 則曰心。其體之目有七, 健、順、仁、義、禮、智、信是也; 其用之目有七, 喜、怒、哀、樂、愛、惡、欲是也。無論在天、在人, 指其流行不息者而言, 則曰道; 指其得於心而不失者而言, 則曰德; 指其妙用不測者而言, 則曰神; 指其眞實無妄者而言, 則曰誠, 其實一而已矣。

心中有些病根, 每事必帶著那病根出來; 如有些吝, 言言事事帶着那吝底氣味; 有些驕, 言言事事帶著那驕底氣味; 有些矜, 言言事事帶著那矜底氣味; 有些伎倆, 言言事事帶著那伎倆底氣味, 百病皆如此。譬如魚鮮也則一鱗亦腥, 半鱗亦腥; 牛羊也則一臠亦羶, 半臠亦羶, 學者不可不深察痛懲也。

天理無獨, 必有對, 事事物物, 必有感則有應。如牝牡、蓋底之相御、相契, 過些不得, 不及些不得, 過與不及, 其不當於事一也。

自太極順推至萬物, 則同中識其異; 自萬物逆推至太極, 則異中識其同。同中之異, 同爲體而異爲用; 異中之同, 異爲體而同爲用。

理非混淪儱侗, 已具萬象; 物非渙散分裂, 同歸一原, 曰同、曰異, 不足盡人物之性。

健順、五常, 四端、七情, 皆心也。分而言之, 則動靜異名, 陰陽異德, 而燦然有條; 合而言之, 則兩在不測, 萬化不窮, 而渾然無跡, 此心之全體也。心之所乘者氣也, 無氣則不能爲心。纔曰有氣則已非心之本體, 此處最當着眼。千古病敗, 皆從此處起。『孟子』所謂"作於其心, 害於其政"者是也。

三達德, 只擧知仁勇而不言禮義, 何也?
曰: 知與禮對, 仁與義對。知、仁, 陽也; 禮、義, 陰也。擧知, 則該禮; 言仁, 則包義。勇屬信, 而亦陽也。故「河圖」、「洛書」之位, 三不易而二易, 三不易者, 卽知、仁、勇之位也。

天下之言性, 一言而蔽之, 曰"一原萬殊"而已。但謂一原而不知萬殊, 則混淪儱侗,無以達天下之用; 但見萬殊而不會一原, 則破碎分裂, 無以立天下之本。混淪儱侗之病, 如無星之秤、無寸之尺; 破碎分裂之病, 如無根之木、無源之水。

人稟五行之秀, 爲萬物之靈。故心無不周, 性無不具, 可以爲仁, 可以爲義, 可以爲禮爲智, 而百德俱足, 萬理俱完。氣質之稟, 雖曰有淸濁粹駁之不同, 而均是人也。故苟加推明擴充之功, 則亦能變化氣質而可以復全其本然之性矣。至於萬物, 則局於形氣而偏於一邊, 有通於仁而不通於義, 明於義而不明於禮, 只通一路而亦無推明全體之道, 是所謂偏也。然其全也, 非加一於本理之外; 其偏也, 非減一於本理之內。特其氣稟有多少偏全、許多分數, 而理隨而不同焉耳。

五行, 闕一行不得, 一行之中, 又各具五行。

五行只是一箇陰陽, 陽主生, 陰主克, 一生一克, 然後方始有此一物。有此一物則又能一生一克, 此所以成五行。而五行之理, 有則俱有, 無則俱無, 非逐旋出來底物事。

陰陽只是一個太極, 太極雖曰無形, 而實爲造化之樞紐, 品彙之根柢, 太極只管一動一靜而生生不已焉耳。

八卦各具一太極, 在「乾」, 健是太極; 在「坤」, 順爲太極。「離」明、「坎」險、「震」動、「艮」止、「兌」說、「巽」入, 皆如此。

心無內外, 只是一理而已。學者工夫, 在闡發其得於內者, 而推而及之於天下; 收斂其散於外者, 而退而藏之於方寸。是內非外與重外輕內, 皆非知心之言也。

心是萬事萬物之本, 其本一差, 則萬事萬物, 一時皆差, 更無救援處。

心是無形之物也, 其差與不差, 當於何驗之? 意是心之動於內者, 言是心之發於外者, 治心之要, 只在省其意; 觀心之妙, 只在知其言。

心與性有何分別？心是性之形體，性是心之節目，其實一理也。

心譬則帝也，性譬則天也。

人心之所同，理一故也；人心之不同，所乘者氣故也。聖人千言萬語，只敎人核其所異而返其所同。

仁人惡人同處一世，與“兩人同居一室，一人日以毁撤屋宇，打破家事爲事而惟恐不及；一人日以補葺修繕爲事，而惟恐其不及”相似，畢竟誠力多者勝了。

民者君之所天也，敬君者決無慢民之理；民者天之赤子也，求福者必無罔民之政。

仁人，位益高而澤益廣，澤益廣而福益厚，此必然之理也。不仁之人，位益高而害益廣，害益廣而殃益重，此必然之勢也。故有德者得位爲吉，無德者不得位爲吉。

未發之中，指性之全體也，何嘗夾雜一毫氣質而言？但其所以未立乎未發之體者，氣質物欲爲之障汨故也。若不自省察克治，洗濯涵養，無以致中和，立其體而達其用也。謂未發之中，有善惡本色者，固不可也。不知未發之體爲氣所拘而不能立者，亦不可也。

天下之物，不能充實盛大者，由於生意間斷不接續故也。學問尤甚，間斷不接續，則槁枯憔悴，何由進充實盛大之域？

凡物積累，必生別般物事，如水積生魚、油積生火之類是也。善惡之積，必生禍福，同一理也。

天地之間，萬事萬物，只是天地之良能而已，何嘗涉一毫人力安排也？但人於其間，略略贊助他而已。如江河滚滚流去，人則略加䟽導堤坊，使不泛濫而已；如樹木苗苗抽長, 人則略加栽種培壅, 使不摧折而已, 何嘗敎江河使流, 敎樹木使茁? 萬事皆如此。但其間有天人之分, 而亦不能互換相推, 天不能爲人, 人不能爲天, 不可不分也。

如五穀水田宜稻, 旱田宜黍, 天也; 種耘收藏, 人也。秫宜酒, 麪宜麯, 天也; 舂簸, 炊釀, 人也。事事如此, 物物如此。

人之有事時, 一事之應也; 人之無事時, 萬事之原也。一事固不可放倒, 萬事之原, 如何不收拾?

人者卽天地之心也, 人與天地初無分別。但人是小樣底天地也, 人之本心卽天地之心也。人之知覺, 卽天地之知覺也; 人之功用, 卽天地之功用也。然爲氣稟所拘, 物欲所汩, 則拘掣遏折, 無以達其用而充其量矣。若開以擴之, 充以養之, 則其體用之博厚高明, 卽一天地而已矣, 更何大小彼此之可言? 故『中庸』首言天, 終言天, 中間言中和、五道、三德、九經、鬼神, 卽其細目也。曰如天、曰配天, 言天人之合也。旣曰如、曰配, 則猶有彼此之別矣。曰其天則至矣, 養之之方, 只在愼獨與無息。

天地鬼神, 亦有所能, 亦有所不能。如栽者培之, 傾者覆之, 卽其良能也; 若使栽者覆之, 傾者培之, 則天地鬼神之所不能也。人之於天, 望之以所不能之事, 則亦惑之甚者也。天之不能使無德之人發福, 譬如牛頭生馬鬣, 馬頭生牛角, 無此理也。

外面拓地千里, 不如自家裏面行一善事; 外面除一彊冠, 不如自家裏面去一惡念。

或問: “掘一坎土, 還塡其所, 必不滿限, 此何數也?” 凡物含蓄則飽滿彊盛, 發散則消耗減縮。故金經一鍛, 必減其重; 木經一曝, 必減其廣; 花經一綻, 必減其色; 蘭經一吹, 必減其香; 刀經一割, 必減其利; 鍾經一扣, 必殺其律, 此皆進退消長之數也。

知言有方, 凡人言辭聲氣不鄙陋, 則悖戾由中出者極希。所謂鄙陋者, 淺薄卑褻, 無正大疏通之氣; 所謂悖戾者, 詭譎暗險, 無平易中和之態。根於中者, 必形於音,人之善惡邪正之不可掩。如聞其鳴而知其爲鳳爲梟，扣其聲而知其爲銅爲鉛，觀『詩』尤驗。

栗谷曰: “理通氣局。” 求之一念之間，亦可以驗。出於天理者，四通五達; 出於物欲者，窒塞不通，展拓不去。

心者，性情之統名也; 性者，心之體也; 情者，心之用也，分言則三，合言則一。其所乘者氣也，心之所乘者，動靜之機也。性之所乘者靜也，情之所乘者動也，其實一氣也。

“心之所乘者，動靜之機也。” 何以謂之機? 機者，可以動可以靜之樞紐也。故操舍、存亡、出入、善惡，皆由此。

心之所乘者，一身精爽之氣也，所舍者火臟也。心爲一身之君，故所乘者亦一身之精爽也，所舍者亦文明高顯之地也。「坎」、「離」爲六十四卦之主，而日又爲月星之宗，亦一理也。

“忠信進德”，譬則草木長養成材也; “修辭居業”，譬則草木結實而落蔕也。旣成實則箇箇粒粒，落而復生便無窮，居業之居字業字，下字極妙。蓋人無基址屋室則無歸宿處，無産業則無生生不息之用。

道之爲言，行也、通也，天下萬古所當行之路也，所當通行之路也。若一人則行之，而非人人之所同行者，則非道也; 一時則行之，而非萬古之所同行者，則非道也。

或問: 『易』曰: “易有太極，是生兩儀。” 周子曰: “太極動而生陽，靜而生陰。” 觀此，則理之生氣，氣生於理，無疑矣。『易』又曰: “兩儀生四象，四象生八卦。” 邵子詩曰: “天根月窟閒來往，三十六宮都是春。” 周子又曰: “陰陽互爲其根，陽變陰合而生水火木金土。” 觀此，則氣生於氣，而不生於理，可知也，却於何處可以徵理生氣之實耶?

曰: 二氣循環, 五行迭運, 萬物生生, 是乃理之所爲也, 無此理則烏有所謂氣乎? 形而上者謂之道, 形而下者謂之器, 凡氣之所爲, 卽理之所爲也。氣著而理隱, 故見道難而見氣易, 循理難而從欲易。『詩』曰“父兮生我”, 又曰“天生烝民”, 若執此而疑之則不亦誤乎?

“浩然之氣”, 仁義之氣也, 欿然而餒者, 血肉之氣也。氣一也, 循理則得其養, 從欲則失其養, 得養故大, 失養故小。『孟子』七篇命意, 皆從一物而分劈兩邊說, 只是一樣語。

“浩然之氣, 以直養而無害, 則塞于天地之間。” 此與“不忍人之心擴充, 則足以保四海”, 同一話頭。蓋天人同一理氣, 更無分別。

梁惠王問利, 故孟子便從利上分說; 齊宣王問樂, 故便從樂上分說。問勇、問貨、問色, 便從勇貨色上分說, 此無他, 孟子胸中剖判此事, 分明灑落, 故不論某物, 撞着則便將一刀容易劈將去, 無少疑難。如浩然章, 亦因公孫丑問氣, 故不過因他所問而分說之耳。浩然之氣、血肉之氣, 有何分別? 只是天人公私理欲之間而已。『孟子』七篇, 章章如此, 句句如此, 更無他法, 只索人着眼力看。

孔子之言, 如射禽張網, 上下四方, 圍住嚴密, 更無一目透漏。孟子之言, 如利刀破竹, 判作左右兩片, 更無一毫牽連。

子思子曰“鳶飛戾天, 魚躍于淵”, 言其上下察也。孟子曰“其爲氣也, 至大至剛, 以直養而無害, 則塞于天地之間”, 只是一般義諦, 但所從以言者異耳。

心者, 萬事之本也; 事者, 一心之影也, 推其心而知其事之得失, 觀其事而知其心之邪正, 萬無一失。

說理時不雜乎氣, 觀理處不離乎氣。

識理之言, 理字活而氣字死; 不識理之言, 氣字活而理字死。

立未發之中而應事接物, 則如將利刀割物, 用無不和, 和者謂利之至也。未發之中未立, 則應事接物, 如以鉛刀割物, 捲摺刓鈍, 彼此皆傷缺。

『易』一部, 只是使天下之民, 求一箇是, 求一箇中, 與『中庸』、『大學』, 同一理也。但『中庸』、『大學』, 知道者用之, 不知道者不能用也, 『易』則無知愚賢不肖, 而皆可得而用, 聖王治天下之神器也。

畫卦、揲蓍, 是一串事。

天地間, 無理外之物, 無心外之事。

理之健處, 在氣爲陽, 在形爲天, 在人爲男, 在心爲仁。理之順處, 在氣爲陰, 在形爲地, 在人爲女, 在心爲義。

兩儀、四象、八卦、萬物, 無非理之發用; 四德、五典、八刑、九法, 禮儀三百、威儀三千, 無非心之運用。不可見者理也, 而可見者象也; 不可見者德也, 而可見者行也。故欲見其理, 當於象求; 欲觀其德, 當於行徵。

"維天之命, 於穆不已。" 是以日月運行, 寒暑循環, 水流不息, 物生不匱。於皇上帝, 明明在上, 是以日月光明, 雷電轟燁, 萬物神靈, 人心有覺, 此皆實理著顯處。

日月照臨天下, 亶聰明作元后, 人心主宰萬事, 卽一理也。

理非破碎散漫底物也, 有總會主宰, 此處最可觀。

心無限量, 心無間斷, 惟敬可以立本, 惟明可以盡用。

“仰觀天文, 俯察地理, 近取諸身, 遠取諸物”, 是何事?

“仁者見之謂之仁, 知者見之謂之知, 百姓日用而不知”, 是何物?

仁, 體此者也; 禮, 節此者也; 義, 宜此者也; 智, 知此者也; 信, 實此者也。

以之事親曰孝, 以之事君曰忠, 以之事兄曰悌, 以之事人曰信。

本立於身, 用行於人。由親及踈, 自近及遠。本立用行, 性之德也; 先近後遠, 道之序也。

所見者形也, 所乘者氣也。故形爲之局, 氣爲之障。是以明理爲難, 克己尤難。

明理到極時, 愚變爲智; 克己到極時, 柔化爲剛。天命亦變舊爲新。

理與氣本是合一之物也。與其認氣爲德而恃其氣之與理爲一, 曷若指理爲德而不患其理之與氣爲二之爲明白正大也? 何也? 若恃氣與理一, 則有時而不一矣; 若就氣上明其理而已, 則不患無氣也。

禽獸固有只通一路者, 以此之故, 證不禀五性之說, 則物亦有全塞不通者, 如草木灰土之類是也。以此之故, 謂之無性可乎?

橫說如春秋夏冬, 竪說如春夏秋冬, 橫說如交易, 竪說如變易。

1-1-14 「계상수록溪上隨錄3」(『華西集』卷16)

선역

3-020

명덕(明德)을 "그릇안의 물"에 비유하면 그릇은 사람의 형체와 같고 물은 심(心)과 같다. 물의 고요한 부분이 성(性)과 같고, 물의 작용하는 부분이 정(情)과 같으니, 성·정(性情)과 심(心)을 둘로 나눌 수 없음이 물과 고요함·작용함을 둘로 나눌 수 없음과 같다.

3-024

『맹자』에 "마음을 다하는 자는 성(性)을 알고, 성을 알면 하늘을 알 것이다."라고 하였다. 여기에서 이른바 성(性)이라는 것은 바로 측은지심(惻隱之心)·수오지심(羞惡之心)·사양지심(辭讓之心)·시비지심(是非之心)이다. 측은히 여겨야 할 때에 측은히 여기면 하늘의 "측은지심"을 알 수 있고, 나의 불선(不善)을 부끄러워하고 남의 불선(不善)을 미워해야할 때에 부끄러워하고 미워하면 하늘의 "수오지심"을 알 것이다. "사양지심"과 "시비지심"도 이와 같으니, 성(性)밖에 하늘이 없고 하늘 밖에 성(性)이 없다. 그러나 털끝만치라도 사사로운 뜻에 가려지거나 막히면 사람과 하늘이 둘이 된다.

3-028

『대학장구』의 "허령하고 어둡지 않음[虛靈不昧]"은 심(心)을 가리키고, "온갖 이치가 갖추어 있음[具衆理]"은 성(性)을 가리키며, "만 가지 일에 응함[應萬事]"은 정(情)을 가리킨다. "온갖 이치가 갖추어 있어 만 가지 일에 응하는 것[以具衆理而應萬事者]"은 심(心)을 말하니 이는 하늘에서 나온 것이어서 사람이 할 수 있는 바가 아니기 때문에 "하늘에서 얻었다"고 한 것이다. 하늘은 리(理)일 뿐이다. 그러나 이 리(理)가 타고 있는 것이 기(氣)이고 기도 처음 태어날 때에 품부 받은 것이기 때문에 "품부 받은 기(氣)에 구애된다."고 한 것이다. 이미 품부 받은 기(氣)가 있다면 인욕(人欲)이 없을 수 없다. 인욕이란 반드시 사람이 태어난 뒤에 생겨나기 때문에 "인욕에 가린다."라고 한 것이다. 만일 범범하게 명덕(明德)이라고만 하고 기(氣)와 욕(欲)이 해가 됨을 정밀히 살피지 않는다면 내가 말하는 명덕이 곧 "품부 받은 氣"와 인욕(人欲)이 될 것이다.

3-041

심(心)은 화장(火臟)인데, 일신(一身)의 주인이 되고 만사의 강령이 되는 것은 어째서인가? 양(陽)

은 음(陰)의 벼리가 되고 상(上)은 하(下)의 주인이 되는데, 화(火)는 양(陽)의 왕성함이며 상(上)의 극치가 되는 까닭에 오장과 백체의 주인이 되니, 곧 하늘의 해가 만물을 다 비추는 형상이다. 『서경』에 이르기를 "진실로 총명한 자가 원후가 된다."한 것도 이러한 원리이다. 위에 있는 것은 반드시 아래를 비추는데, 아래를 비추는 것은 지극히 밝음이 아니면 불가능하니, 화(火)의 속성은 위로 타올라 지극히 밝다. 그러므로 화(火)의 정기가 하늘에 있으면 해가 되어 만방을 비추며, 사람에 있으면 심(心)이 되어 만사를 주재하니, 동일한 원리이다.

3-042

군자의 학문은 심(心)과 리(理)일 뿐이다. 그러나 심(心)은 반드시 잡은 뒤에야 보존되고 리(理)는 반드시 궁구한 뒤에야 통하니, 그 까닭은 무엇인가? 심(心)은 기(氣)에 싸여있고 리(理)는 물에 갖추어져 있다. 그러므로 만약 기품을 제거하고 일원(一源)을 함양할 수 없으면 심(心)의 본체를 회복할 수 없으며, 만약 사물을 연구하여 만변에 통달할 수 없으면 리(理)의 묘용(妙用)을 알 수 없다. 심(心)과 리(理)가 모이면 곧 리(理)의 전체이니 이른바 "그 처음을 회복한다"는 것이 이것이다.

3-047

음양오행의 정기는 심(心)의 기(氣)이며, 건순오상의 덕은 심(心)의 리(理)이니, 이른바 형이상을 도(道)라 하고 형이하를 기(器)라 한다. 만약 단지 음양오행의 정기만을 지적하여 심(心)이 된다고 하고 건순오상의 덕이 심(心)이 되는 것을 알지 못하면 천고의 성현들이 심(心)을 말한 것이 단지 기질(氣質)을 말한 것일 뿐이니, 어찌 이 리(理)가 있겠는가?

3-059

채구봉은 "지(智)는 내 마음의 허령한 지각(知覺)의 묘(妙)이다."라고 하였고, 운봉 호씨는 "지(智)는 사람의 신명(神明)이니, 온갖 리를 묘하게 하고 만물을 주재하는 것이다."라고 하였으며, 파양 심씨는 "지(智)라는 것은 천리 동정(動靜)을 머금은 기틀이며 인사의 시비를 갖춘 거울이다."라고 하였다. ○ 생각건대, 위 세 가지 설은 모두 분명한 바가 있지만 주자가 인(仁)을 해석한 예에 의하면 지(智)란 것은 심(心)의 정(貞)이자 지(知)의 리(理)로 해석해도 아마 불가하지 않을 것이다.

3-071

심(心)·성(性)·정(情)은 하나의 리(理)이다. 주재로부터 말하하면 심(心)이라 하고 그 체는 성(性)이라 하며 그 용은 정(情)이라 하니, 이른바 심통성정(心統性情)이 이것이다. 그러나 타는 것은 기(氣)이니, 심(心)이라고 하면서 그 기(氣)를 살피지 않으면 석씨의 사심(師心)이 이것이고, 성(性)이라고 하면서 그 기(氣)를 구분하지 않으면 고자의 식색(食色)이 이것이며, 정(情)이라고 하면서 그 기(氣)를 극복하지 못하면 양명의 양지(良知)가 이것이다.

3-075

사람이 천지의 생물지심(生物之心)을 품부 받아 심(心)으로 삼은 까닭에 인(仁)이 심덕(心德)의 으뜸이 되며 사덕(四德)을 통괄하는 것이다. 인도가 지극히 크나 그 용(用)은 사랑일 뿐이다. 사랑은 어버이를 친히 여기는 것 보다 큰 것이 없고 백성을 사랑하는 것은 그 다음이며, 물건은 아끼는 것은 또 그 다음이니, 이것은 자연한 순서이며 예(禮)가 말미암아 생겨나는 연유이다. 사랑에 얕고 깊음이 있고 공경에 높고 낮음이 있다면 그것을 베풂에는 마땅함과 마땅하지 못함이 있으니, 이것은 의(義)가 말미암아 행해지는 연유이다. 이것을 알고 이것을 깨닫는 것은 지(智)이다. 그러므로 사람이면서 불인(不仁)하면 그 근본이 없는 것이니, 질서가 없고 마땅함이 없으면서 지혜롭지도 못함은 누가 심한가? 선가의 이른바 심(心)은 이와 상반되니 그 또한 불인(不仁)할 뿐이다.

3-082

건순오상, 사단칠정은 모두 심(心)이다. 나누어서 말하면 동정이 이름을 달리하고 음양이 덕을 달리하여 찬연히 조목이 있는 것이요, 합해서 말하면 양자가 여기저기 다 존재하여 헤아릴 수 없고 만 가지 변화가 그치지 않으나 혼연히 자취가 없으니, 이것이 심(心)의 전체이다. 심(心)이 타는 것은 기(氣)이니, 기(氣)가 없으면 심(心)이 될 수 없다. 기(氣)가 있다고 말하는 순간 이미 심(心)의 본체가 아니니, 여기서 가장 잘 착안해야 한다. 천고의 병폐가 모두 여기를 따라 일어나니, 『맹자』의 이른바 "마음에서 일어나서 정사에 해를 끼친다"는 것이 이것이다.

3-085

사람은 오행의 빼어남을 품부 받아 만물의 령(靈)이 된다. 그러므로 심(心)은 두루 하지 않음이 없고 성(性)은 갖추지 않음이 없어 인(仁)이 될 수도 있고 의(義)가 될 수도 있으며 예(禮)가 되고 지(智)가 될 수도 있어서 백가지 덕이 다 충족하고 만리(萬理)가 다 완비된다. 기질(氣質)의 품부는 비록 청탁수박의 다름이 있다고 하나 모두 사람이다. 그러므로 진실로 미루어 밝히고 확충하는 공부를 더하면 또한 기질(氣質)을 변화시켜 그 본연의 성(性)을 다시 온전히 할 수 있다. 만물에 이르러서는 형기(形氣)에 국한되고 한 쪽에 치우쳐 인(仁)에 통하지만 의(義)에는 통하지 않거나 의(義)에 밝지만 예(禮)에 밝지 못하여, 단지 한 길로만 통하여 전체를 미루어 밝히는 도가 없으니, 이것이 이른바 치우침이다. 그러나 그 온전한 것은 본래의 리(理) 밖에서 하나라도 더한 것이 아니며, 그 치우친 것은 본래의 리(理) 안에서 하나라도 덜어낸 것이 아니다. 다만 그 기품에 많고 적음, 치우치고 온전함의 허다한 분수가 있어서 리(理)가 따라서 같지 않게 될 뿐이다.

3-092

심(心)은 무형의 존재이니, 그 어긋나고 어긋나지 않음을 마땅히 어디서 증험해야할까? 의(意)는 심(心)이 안에서 동(動)한 것이며, 말은 심(心)이 밖에 발한 것이니, 심(心)을 다스리는 요법은 단지 그 의(意)를 성찰하는 데 있으며 심(心)을 살피는 묘법은 단지 그 말을 아는 데 있다.

3-093

심(心)과 성(性)에 무슨 분별이 있겠는가! 심은 성의 형체이고 성은 심의 절목이니 그 실상은 하나의 리(理)이다.

3-095

인심이 같은 것은 리(理)가 하나이기 때문이며, 인심이 다른 것은 타는 것이 기(氣)이기 때문이다. 성인의 천만가지 말씀은 단지 사람들이 그 다른 것을 조사하여 그 같은 데로 돌아가도록 가르친 것이다.

3-099

미발(未發)의 중(中)은 성(性)의 전체를 가리키니, 어찌 한 터럭의 기질(氣質)이라도 섞어서 말한 적이 있었는가? 다만 아직 미발(未發)의 체(體)가 서지 못하는 것은 기질과 물욕이 막아 빠지게 한 까닭이다. 만약 스스로 성찰·극치하며 세탁·함양하지 못하면 치중화(致中和)하여 그 체(體)를 세우고 그 용(用)에 통달하게 될 도리가 없다. 미발(未發)의 중(中)에 선악의 본색이 있다고 말하는 것은 참으로 옳지 못하고 미발(未發)의 체(體)가 기(氣)에 구속되어 설 수 없는 것을 알지 못하는 것도 옳지 못하다.

3-105

사람이란 천지의 심(心)이니, 사람과 천지는 애초에 분별이 없다. 다만 사람은 작은 형태의 천지이니 사람의 본심(本心)이 곧 천지의 심(心)이다. 사람의 지각(知覺)은 곧 천지의 지각(知覺)이며 사람의 용공(用功)은 곧 천지의 용공(用功)이다. 그러나 기품에 구속되고 물욕에 빠지면 구속되어 눌리고 막히고 끊어져 그 용(用)에 통달하여 그 량(量)을 채울 도리가 없다. 만약 그것을 열어서

넓히고 채우고 기르면 그 체용(體用)의 넓고 두터우며 높고 밝음이 곧 하나의 천지일 뿐이니, 다시 어찌 대소·피차를 말할 수 있겠는가? 그러므로 『중용』의 첫머리에 하늘을 말했고 끝에도 하늘을 말했으며, 중간에 중화(中和)·오도(五道)·삼덕(三德)·구경(九經)·귀신(鬼神)을 말한 것은 곧 그 세목이다. "하늘과 같다", "하늘에 짝한다" 한 것은 천인의 합을 말한 것이며, 이미 "같다", "짝하다"라고 하였으니, 오히려 피차의 구별이 있는 것이다. 그 하늘이라 하였으니 지극하다. 그것을 기르는 방법은 다만 신독(愼獨)과 무식(無息)에 있다.

3-111

심(心)이란 성정(性情)의 총칭이고, 성(性)이란 심(心)의 체(體)이며, 정(情)이란 심(心)의 용(用)이니, 나누어 말하면 셋이고 합해서 말하면 하나이다. 그 타는 것은 기이니, 심(心)이 타는 것은 동정(動靜)의 기틀이다. 성(性)이 타는 것은 정(靜)이고, 정(情)이 타는 것은 동(動)이니 실로 하나의 기(氣)이다.

3-112

"심(心)이 타는 것은 동정(動靜)의 기틀이다."에서 무엇을 기틀이라고 하는가? 기틀이라는 것은 동(動)할 수도 있고 정(靜)할 수 있는 지도리이다. 그러므로 잡고 버림, 보존하고 없어짐, 나가고 들어옴, 선과 악이 모두 여기서 비롯된다.

3-113

심(心)이 타는 것은 일신(一身)의 정상(精爽)한 기(氣)이며, 머무는 곳은 화장(火臟)이다. 심(心)은 일신(一身)의 군위가 되므로 타는 것 또한 일신(一身)의 정상(精爽)이고, 머무는 곳은 문명이 고현(高顯)한 곳이다. 감괘와 리괘가 64괘의 주가 되고 해가 또한 달과 별의 마루가 되는 것 또한 하나의 리(理)이다.

3-122

심(心)이란 만사의 근본이고, 일이란 일심(一心)의 그림자이니, 그 심(心)을 미루어서 그 일의 득실을 알고 그 일을 살펴보고서 심(心)의 사정(邪正)을 안다면 만에 하나도 실수가 없을 것이다.

3-020

明德, 譬之器中之水, 則器如人之形體, 水如心字, 水之靜處如性, 水之用處如情。性情與心, 不可分作二物, 如水與靜用不可分爲二物。

3-024

“盡其心者, 知其性也, 知其性, 則知天矣。” 所謂性者, 卽惻隱之心、羞惡之心、辭讓之心、是非之心是也。合當惻隱而惻隱, 則天之惻隱可知也; 合當羞惡而羞惡, 則天之羞惡可知也。辭讓、是非皆如此, 性外無天, 天外無性。然一毫私意爲之蔽障, 則人與天貳矣。

3-028

“虛靈不昧”, 指心也; “具衆理”, 指性也; “應萬事”, 指情也。“以具衆理而應萬事者”, 心也, 是則出於天而非人之所能爲也, 故曰“得於天”。天則理而已矣, 然此理之所乘者氣也, 氣亦禀於有生之初也, 故曰“氣禀所拘”。旣有氣禀則不能無欲, 欲者必生於人生之後, 故曰“人欲所蔽”。若泛曰明德, 而不能精察氣與欲之爲害, 則吾所謂明德也, 乃氣禀人欲也。

3-041

心是火臟, 而爲一身之主、萬事之綱, 何也?

曰: 陽爲陰之統, 上爲下之主, 火爲陽之盛、上之極。故爲五臟百體之主, 卽天日統照萬物之象也。『書』曰: “亶聰明作元后” 亦此理也。在上者必照下, 照下者非至明不能, 火性炎上而至明。故火精在天則爲日而照臨萬方, 在人則爲心而主宰萬事, 同一理也。

3-042

君子之學, 心與理而已。然心必操而後存, 理必窮而後通, 其故何也? 心囿於氣, 理具於物。故若不克去氣禀而涵養一源, 則無以復心之本體; 若不硏究事物而通達萬變, 則無以見理之妙用。心與理會則乃理之全體, 所謂復初者是也。

3-047

陰陽五行之精, 心之氣也; 健順五常之德, 心之理也。所謂“形而上謂之道, 形而下謂之器”也。若只指陰陽五行之精以爲心, 而不知健順五常之德以爲心, 則千古聖賢說心, 只說得氣質而已, 烏有是理?

3-059

蔡九峯曰: “智則吾心虛靈知覺之妙。” 雲峯胡氏曰: “智則人之神明, 所以妙衆理而宰萬物者也。” 番陽沈氏曰: “智者, 涵天理動靜之機, 具人事是非之鑑。” ○ 愚按: 右三說皆有所明, 然若依朱子訓仁之例, 則訓以智者心之貞、知之理, 恐無不可。

3-071

心也、性也、情也, 一理也。自主宰而言謂之心, 其體謂之性, 其用謂之情, 所謂心統性情是也。然所乘者氣也, 心焉而不察其氣, 則釋氏之師心是也; 性焉而不分其氣, 則告子之食色是也; 情焉而不克其氣, 則陽明之良知是也。

3-075

人稟天地生物之心以爲心, 故仁爲心德之元而統四德者也。仁道至大, 而其用愛而已。愛莫先於親親, 而愛民次之, 愛物又次之, 此則自然之序也, 禮之所由生也。愛有淺深, 敬有尊卑, 則施之也, 有宜與不宜, 此則義之所由行也。知此而覺此者智也。故人而不仁則無其本矣, 無序無宜而不智孰甚焉? 禪所謂心, 與此相反, 其亦不仁而已矣。

3-082

健順、五常, 四端、七情, 皆心也。分而言之, 則動靜異名, 陰陽異德, 而燦然有條; 合而言之, 則兩在不測, 萬化不窮, 而渾然無跡, 此心之全體也。心之所乘者氣也, 無氣則不能爲心。纔曰有氣則已非心之本體, 此處最當着眼。千古病敗, 皆從此處起。『孟子』所謂"作於其心, 害於其政"者是也。

3-085

人稟五行之秀, 爲萬物之靈。故心無不周, 性無不具, 可以爲仁, 可以爲義, 可以爲禮爲智, 而百德俱足, 萬理俱完。氣質之稟, 雖曰有淸濁粹駁之不同, 而均是人也。故苟加推明擴充之功, 則亦能變化氣質而可以復全其本然之性矣。至於萬物, 則局於形氣而偏於一邊, 有通於仁而不通於義, 明於義而不明於禮, 只通一路而亦無推明全體之道, 是所謂偏也。然其全也, 非加一於本理之外; 其偏也, 非減一於本理之內。特其氣稟有多少偏全、許多分數, 而理隨而不同焉耳。

3-092

心是無形之物也, 其差與不差, 當於何驗之? 意是心之動於內者, 言是心之發於外者, 治心之要, 只在省其意; 觀心之妙, 只在知其言。

3-093

心與性有何分別? 心是性之形體, 性是心之節目, 其實一理也。

3-095

人心之所同, 理一故也; 人心之不同, 所乘者氣故也。聖人千言萬語, 只敎人核其所異而返其所同。

3-099

未發之中, 指性之全體也, 何嘗夾雜一毫氣質而言? 但其所以未立乎未發之體者, 氣質物欲爲之障汩故也。若不自省察克治, 洗濯涵養, 無以致中和, 立其體而達其用也。謂未發之中, 有善惡本色者, 固不可也; 不知未發之體爲氣所拘而不能立者, 亦不可也。

3-105

人者卽天地之心也, 人與天地初無分別。但人是小樣底天地也, 人之本心卽天地之心也。人之知覺, 卽天地之知覺也; 人之功用, 卽天地之功用也。然爲氣禀所拘, 物欲所汩, 則拘掣遏折, 無以達其用而充其量矣。若開以擴之, 充以養之, 則其體用之博厚高明, 卽一天地而已矣, 更何大小彼此之可言? 故『中庸』首言天, 終言天, 中間言中和、五道、三德、九經、鬼神, 卽其細目也。曰如天、曰配天, 言天人之合也。旣曰如、曰配, 則猶有彼此之別矣。曰其天則至矣, 養之之方, 只在愼獨與無息。

3-111

心者, 性情之統名也; 性者, 心之體也; 情者, 心之用也, 分言則三, 合言則一。其所乘者氣也, 心之所乘者, 動靜之機也。性之所乘者靜也, 情之所乘者動也, 其實一氣也。

3-112

"心之所乘者, 動靜之機也。" 何以謂之機? 機者, 可以動可以靜之樞紐也。故操舍、存亡、出入、善惡, 皆由此。

3-113

心之所乘者, 一身精爽之氣也, 所舍者火臟也。心爲一身之君, 故所乘者亦一身之精爽也, 所舍者亦文明高顯之地也。「坎」、「離」爲六十四卦之主, 而日又爲月星之宗, 亦一理也。

3-122

心者, 萬事之本也; 事者, 一心之影也, 推其心而知其事之得失, 觀其事而知其心之邪正, 萬無一失。

1-1-15

「봉강질서鳳岡疾書」(『華西集』卷17)

해제

1) 서지사항

이항로 (李恒老)가 지은 수상록. 『화서집(華西集)』 권17에 실려 있다. (한국문집총간 304)

2) 저자

이항로(李恒老, 1792~1868)로 자는 이술(而述), 호는 화서(華西)이다.

3) 내용

이 글에서 이항로는 태극(太極), 리기(理氣), 심성(心性) 등 성리학 이론뿐만 아니라 정치·경제·사회 전반에 대한 내용이 폭넓게 언급하였다. 성리학의 이론과 관련해서는 리의 주재 문제와 리의 동정 문제, 리기의 선후 문제, 심과 리의 관계, 리와 기의 관계, 격물 및 성(誠)에 대한 해석 등이 있으며, 특히 심과 리의 관계에서 불교의 심에 대한 해석을 적극 비판하였다. 유가도 심을 말하고 불교도 심을 말하지만, 유가에서 불교의 본심(本心)을 병폐로 여기는 이유에 대해 "석씨가 말하는 심은 우리 유가에서 말하는 형이하자의 개념에 해당하니, 석씨는 기를 심으로 오인하여 기를 근본으로 삼았다"라고 설명하였다. 이것은 유가에서 심을 리로 간주한 것과 다르니, 예컨대 불교에서는 심을 기로 보기 때문에 요순의 도심지심(道心之心)이나 공맹의 인의지심(仁義之心) 등에 대해서도 도리어 장애로 보아 제거해야 할 대상으로 간주한다는 것이다. 따라서 "유가는 기를 장애의 대상으로 보고 기의 장애를 제거하는데 목적이 있으나, 불교는 리를 장애의 대상으로 보고 리의 장애를 없애는 것을 목적으로 하니" 불교의 심과 유가의 심은 근본적으로 다르다고 비판하였다. 그가 불교의 심을 극력 비판하고, '태극이 곧 천지의 마음[太極卽天地之心]', '마음이 태극이 된다[心爲太極]'와 같은 유가의 심론을 피력하는 것은 정치 사회적 대외인식과 깊은 관계가 있다. 그는 청나라를 오랑캐로 배척하고 명나라를 숭상하는 숭명배청(崇明排淸)의 춘추대의적 관점을 견지하였다. 이항로는 오랑캐와 중화의 분명한 구분을 강조했는데, 이는 19세기 조선이 처한 현실에서 '존중화(尊中華) 양이적(攘夷狄)'이라는 화이론적 세계관으로 나타났다. 그는 무력을 숭상하는 풍조는 도적·강도질로 전락하기 쉬움과 서양의 무력 지향적 가치관은 덕을 숭상하고 괴력난신을 말하지 않는 유가의 문명관과 배치됨을 분명히 지적하였다. 이항로는 남극·북극이 비록 눈에 보이지는 않지만 그것이 흔들리면 만물이 기울어질 수밖에 없듯이, 일신(一身)의 주재인 마음이 뚜렷하게 가치의 준거를 확립하지 못한다면 인간사회의 여러 일들이 어그러질 수밖에 없다고 주장하였다. 그가 마음의 중(中)을 말하고, 천지지심은 만물을 낳는 인(仁)임을 강조하며, 정덕(正德)·이용(利用)·후생(厚生)의 조화로움 속에서도 정덕이 반드시 으뜸이 되어야 함을 역설한 것은 우환의식의 발로라 하겠다. 그의 심성론은 사변에 그치는 것이 아니라 서세동점(西勢東漸)의 위기에 대처하는 위정척사 운동의 이론적 근거를 마련한 것이라 할 수 있다.

1-1-15 「鳳岡疾書」(『華西集』卷17)

理本有主宰。“無極而太極, 太極動而生陽, 靜而生陰, 陽變陰合而生水火木金土。無極之眞, 二五之精, 妙合而凝, 乾道成男, 坤道成女, 化生萬物。” 觀此, 則主宰乎陰陽五行者, 太極也; 主宰乎男女萬物者, 太極也。是故在天曰上帝, 上帝卽鬼神造化之主宰也; 在人曰心, 心卽性情德行之主宰也; 在五倫曰君, 君則禮樂、刑政之主宰也。物物各有主宰, 事事各有主宰, 是以天而無帝, 則鬼神不行, 造化不運; 人而無心, 則性情不統, 德行不率; 天下無君, 則禮樂不出, 刑政不立。所謂主宰, 何也? 自萬而歸于一之謂主, 自一而散于萬之謂宰。【壬子】

太極動靜可見者, 都是氣, 若覓一無氣去處安頓一太極, 决無此理。

「太極圖」已具天叙天秩。太極統二五, 二五一太極, 卽君臨萬民, 萬民戴君之象也。陽生陰、陰生陽, 生生不息, 卽昭生穆、穆生昭, 承承不匱之象也。陽變陰合, 卽夫婦伉儷之象也。天一生水, 地二生火, 天三生木, 地四生金, 天五生土, 卽兄弟次第之象也。五行生克, 卽朋友切磋之象也。理之本體上, 已具此五典, 故曰天叙天秩。

朱子曰: “推之於前, 而不見其始之合; 引之於後, 而不見其終之離。” 又曰: “無露頭底太極。” 以此言之, 太極與陰陽, 本無離合先後。故不知太極之理者, 只見陰生陽、陽生陰而已, 此後來無太極之說也。

「太極圖」全篇命脈, 專在“定之以中正仁義”之定字、“立人極”之立字上。若無定字、立字, 亦不煩說太極, 定以工夫言, 立以功效言。

理非別物, 凡有一物, 必有箇恰好處, 過些不得, 不及些不得, 此非人力之所安排處, 卽所謂理也。雖然, 其恰好處, 非博觀精察, 依舊是將不好做恰好。

心與理兩字譬之, 則如牝牡、經緯, 少一不成物。古人知此玅, 故無不相對說。

孟子所謂性, 卽指惻隱之心、羞惡之心、辭讓之心、是非之心也; 告子所謂性, 指好色之心、悅味之心。蓋心非二心, 知覺道理、知覺形氣有二路子。堯、舜分得二路子極分明, 孔、孟說得二路子極詳密, 後人只在仔細看。

孔子曰: “君子上達, 小人下達。” 上達謂窮究到義理極處, 下達謂窮究到形氣極處。孟子曰: “養其大體爲大人, 養其小體爲小人。” 大體指仁義禮智之心也, 小體指口鼻耳目之欲也。二說, 孔、孟之語例也, 千言萬語, 用此例看, 如利劒劈物, 更無阻礙。

古人見道理分明, 故爲文章, 必從一心上推將去, 如舜服十二章, 卽心法之著顯於文章也。日月卽其虛靈光明, 照燭萬物之象也; 星辰卽其裁制節文, 有條不亂之象也。山其敦厚安仁之象也, 龍其變化不測之象也, 華蟲其文明粲然之象也。宗彝象其愛, 藻象其思, 火象其神, 米象其養物之德, 黼象其辨別是非之智, 黻象其決斷取捨之勇, 此皆心法之著顯於文章者也。自上而下, 雖有隆殺, 而黼黻則同。蓋是非善惡之判, 如兩己相背; 截斷剖析之決, 如一斧劈物, 此乃唐、虞心法之最著者也。

凡處事求其理, 則是非得失, 昭然可見。未見其理, 求之於禮; 未知其禮, 求之於律, 則可否斯決矣。律麤於禮, 禮麤於理, 理最精微。

理本完備, 不完備處是薄德; 理有次第, 無次第時是亂道。

七情闕一非心也。一情各具百物, 闕一非情也。惟聖人乃得盡其餘, 隨其未盡分數, 爲多少敗闕。

天地、日月、寒暑、水流、物生, 非道也, 乃道之形體也。天非道也, 其所以無物不覆者道也, 其所以無時不運者道也。地非道也, 其所以無物不載者道也, 其所以無時不靜者道也。寒暑也、水流也、物生也皆如此, 人心有用不周、打不過處, 便是與道離了。

滋養萬物, 莫盛於土水。是以人不食鹽則不肥, 鹽乃土水之精也。魚不飮濁則不肥, 穀不得泥則不肥, 同一理也。黃河一源, 出自崑崙, 直貫中國心腹而入于海, 此水乃滋養中國之膏乳也。是故天下之穀, 莫盛於沿河沃土; 天下之魚, 莫美於出河魴鯉; 天下之民, 莫富於濱河郡國。然利厚故害隨之, 自古頻遭潰决蕩析之患, 疲於疏濬隄防之役, 是知蒙利於中國者, 莫河若也; 爲患於中國者, 亦莫河若也, 此亦乘除之數也。今夫海魚貪食土水, 逐潮汐而競進; 陸民貪食鹽水, 逐潮汐而競煮。蓋生於陸者, 不食海則不活; 生於海者, 不食陸則不活, 水陸交資, 亦自然不容已之妙也。

格物無他方法, 朱子於『大學』、『易啓蒙』二書, 用了一生心力, 熟讀精思, 上下沿泝, 左右推究, 反覆顚倒, 橫竪離合, 其內外、本末、精粗、巨細、源流、效害, 無所不窮, 無所不至。是以此二書句句字字之義, 昭晰呈露, 分明灑落, 更無幽隱、蔽缺、疑貳、緩歇之處。又推此法, 用工於他書, 一書易似一書, 初則用十分工夫, 次則只用七八分工夫, 又次則只用四五分工夫, 至於觸物分析, 如利刀劈脆, 明燭照幽, 終至不思不勉之境。故其行之也, 正大光明, 剛確磊落, 無少隱忍、疑惑、回互、苟且之態, 此乃知至、意誠、心正之驗也。故動而世爲天下道, 行而世爲天下法, 言而世爲天下則, 此乃明明德、新民、止於至善之驗也。蓋格物爲八條目之最初門路, 而古今學者每患格物之難解難進, 此天下之通患也。然格物之義, 朱子釋之已悉, 朱子用力之驗跡, 如彼其歷落分明, 後之學者, 欲學格物方法, 當以朱子之讀『大學』、『易啓蒙』爲法, 則庶幾得之矣。

凡一塊物, 舂磨擣碎則滲過竹篩, 又細研則滲過騣篩, 又細研則透過厚紙。以此推之, 若研得十分極精, 則無透不過處, 雖金石亦當透過也, 此極細之力也。夫一勺水, 含些汚穢, 則人皆嘔吐, 至於江漢河海, 明知其含汚納穢, 而安意飮食。蓋物積至大, 則化而不可測也; 化而不可測, 則物莫與之對敵較量也, 此極大之致也。是以君子之道, 細無不入, 大無不包。

君子之事天, 如孝子之事父; 君子之愛民, 如慈父之愛子; 君子之敬神, 如忠臣之敬君。夫父子之親、君臣之感, 卽天理之本體也, 烏可已也? 故天之不親, 民之不悅, 神之不格, 是我性分上, 終是有多少不盡分處。是以堯、舜之感天下, 孔、孟之感萬世, 是他方寸上, 盡一團天性處。

聖人不忍恝然於天下之民, 其心如仁人孝子不忍恝然於父子兄弟之親。以此推之, 則荷蕢荷篠之流, 只是忍人薄恩之科也, 何足以知聖人廣大、公平、至誠、惻怛之心也哉?

或問: 儒亦曰此心此理, 釋亦曰此心此理, 然則儒學未嘗不以心爲本, 而病釋氏之本心, 何也?
曰: 釋氏之所謂心, 以吾儒所謂形而下者當之, 蓋釋氏認氣爲心而以氣爲本。故其言曰: "作用是性。" 又曰: "運水搬柴, 神通妙用。" 又曰: "應觀法界性, 一切皆心造。" 此非氣而何哉? 彼旣認氣爲心, 故其於堯、舜道心之心, 孔、孟仁義之心, 天叙天秩、五常三綱之實, 視作心外之事, 不惟不講明, 而反以看作蔽障, 而必欲除去淨盡乃已。彼旣認氣爲心, 則以理爲障固也, 與吾儒"克己復禮以爲仁", 其事雖相反, 而其勢則一也。然則心則一而已矣, 但釋氏之所謂心, 氣而已矣, 吾儒所謂心, 理也。故釋氏之所謂心, 吾儒不謂之心也。吾儒所謂心, 卽天地之心, 朱子所謂人心太極之至靈者, 是也。

吾儒千言萬語, 以克去氣障爲主; 釋氏千言萬語, 以消滅理障爲的。

招隱操叢薄深林鹿呦呦一句, 爲緊要眼目, 喩賢者當出而應世, 不當果忘而與鳥獸同群也。反"招隱竹栢含烟悄青葱"一句, 爲緊要眼目, 喩賢人遯世, 至死不變之志, 末句兩心字相照應。

朱子答吳伯豊書「問目」, 伊川曰: "心, 生道也。" 此謂天地之心而人得以爲心者。蓋天地只是以生爲道也, 有是心, 斯具是形以生, 爲有理而後有氣也。惻隱之心, 人之生道, 此卽所謂"滿腔子是惻隱之心"者也。朱子曰: "得之。" 此問答以上下書考之,當在丙辰、丁巳間, 卽先生最晩書也。蓋喚心爲理, 朱門尋常說話, 不可不講也。

理上何所不具? 指其一處而名各不同, 如指其與生俱生則曰性, 指其發用則曰情, 指其靈處則曰神, 指其流行則曰道, 指其本然則曰天, 指其主宰則曰心, 指其愛底曰仁, 指其敬底曰禮, 指其宜底曰義, 指其知底曰智, 指其實底曰信, 指其無妄曰誠, 指其不失曰德。由此以往, 理之所在, 名無不立, 有何窮盡? 程子曰: "萬物各具一理, 萬理同出一源。"

朱子詩云: "學須隨器有成形, 方可裁中設準繩。假借變移無定止, 縱逢大匠亦何成?"【見『遺集』。】

愚按: 學道之方, 只在從一事一物上, 成立其坯墣軀殼, 可就其上面, 度其長短, 量其濶狹, 施之以規矩繩尺, 折衷成器, 以合乎方圓、平直之則矣。若假東借西, 朝變夕移, 初無防限持守之地, 又無湊泊止宿之處, 則卽是空蕩蕩地, 雖有虞倕操繩、魯般運斤, 亦將何以成其器也哉? 終亦爲無用之棄物而已矣。蓋言人知留意於學問而欲其有成焉, 如事父, 則必以孝爲不易之形質; 如事君, 則必以忠爲不易之形質; 待兄弟, 則必以友愛爲不易之形質; 接朋友, 則必以恭敬忠信爲不易之形質。以至處事接物、言語動作、飮食衣服、出入起居, 必立定得一副當移易不得底定形, 然後方可就上面裁度取中, 加之節文。如就孝上面, 施之以溫凊定省之節、生事死葬之禮、繼述承顯之道焉, 始終本末、表裏巨細, 各有繩墨。如就忠上面, 施之以進退升降之節、陳善閉邪之規、輔弼贊襄之道焉, 始終、本末、表裏、巨細, 各有繩墨。兄弟也、朋友也皆如此, 至於小事細物, 莫不就其已定形質上面, 一一檃栝繩約, 加減修潤, 則自然成器。譬如布帛粟米, 各適其用, 珪璧金錫, 各成其章也, 雖曰從事學問, 而梔言蠟貌, 初無實心, 雕冰鏤脂, 逐手消散, 名曰遷善而無遷善之迹, 名曰改過而無改過之驗。閃東躱西, 藏頭換尾, 如是者雖堯、舜在上, 孔、孟爲師, 亦將如之何哉? 朽木何以加礱斲雕刻之巧, 糞墻何以施圬鏝丹堊之飾也哉? 余讀此詩, 竊有所感, 書以誌之。

朱子詩云: "差以毫釐大亂眞, 苟羞就正墮終身。不惟枉費窮年力, 反作滔天禍世

人。"【見『遺集』。】

愚按: 眞者理也, 無形無眹, 而實爲萬物萬事之根本樞紐。於此差以毫釐, 則施之於事爲, 不啻燕、越南北之不同矣, 其害理病道, 傷風敗俗, 何如哉? 所謂差者何也? 如理本至善, 荀子看作僞惡; 理無內外, 告子看作在外; 理無優劣, 韓子看作三品; 理本至實, 釋氏看作寂滅; 理本有序, 墨子看作無本; 理本無私, 楊氏看作爲我; 理無夾雜, 陸、王、陳、戴認氣喚理, 此皆究其原之差, 則纔毫釐耳。然工夫益深而病痛益痼, 積累益多而薰染益廣, 其差甚微, 故人莫能察; 其流甚遠, 故人莫能逃。是以其爲生民之害、國家之禍, 甚於洪水之滔天、禽獸之交國。然彼則有形, 故人皆憂之; 此則無形, 故惟賢者知而憂之, 此孟子所以寧受好辯之譏而苦死以拒之。此乃予畏上帝, 不敢不正之義也, 豈可已而不已也哉?

理與氣, 一而二、二而一者也, 故有分言時, 有合言時。如曰"鬼神之爲德其盛矣乎", 是合言之也, 卽此鬼神, 乃天命實理之著顯也, 非謂鬼神是氣也非理也。姑借此有形有迹底鬼神, 以觀其上面所具無形無迹之道也, 亦非謂鬼神是形而下者, 其爲德乃形而上者也。此與上章"妻子好合, 如鼓瑟琴, 兄弟旣翕, 和樂且湛, 宜爾室家, 樂爾妻孥。子曰父母其順矣乎", 同一例說下。若曰"妻子好合、兄弟旣翕、父母其順", 是形而下者也, 非道也, 就此"好合、旣翕、其順"上, 觀其所以然者, 是理云爾, 則與釋氏之說理, 無以相遠矣。侯氏之說, 正亦如此, 故朱子非之。蓋子思非不知道器、理氣之分也, 然直把有形之物、無形之理, 混淪說去者, 正爲其如此, 然後可以眞見得是乃天命實理之著見也。程子曰"鳶飛魚躍", 子思"喫緊爲人處活潑潑地", 若曰"鳶飛魚躍, 非活潑潑地, 其理乃活潑潑地"云爾, 則不亦誤乎? 子思正怕人分理與物異觀, 故自首章"率性之謂道"、"道不可須臾離, 可離非道"、"道不遠人"、"伐柯伐柯, 其則不遠"、"仁者人也"、"義者宜也"之類, 皆所以發明理氣無間之妙, 而和理氣在內混淪說去。此最喫緊爲人處, 學者當着眼看。

子曰: "民鮮能久矣。" 能之爲言, 不思不勉, 自然神速敏捷之謂也。蓋天之生物, 必具是理, 以此物循此理, 如目視耳聽, 手持足行, 無待思索勉強而爲之也。是以聖人氣質純粹, 天理渾然, 初無彼此、先後之間, 一動一靜, 一語一默, 卽是天命之流行, 而爲天下萬世之法式準則。其餘則不能無氣質之拘物欲之蔽, 故聖人治而敎之, 其賢者悅而從之, 愚者畏而從之。朝行暮習, 幼學壯行, 自生至死, 所聞者此事, 所由者此事, 安得不熟? 熟便自然, 譬如小兒學書, 口棘舌硬, 不能離句絶讀。熟之則上口, 又熟之則捷利, 又熟之則不忘, 口與聲相合而若自然, 此所謂能也。匠石之運斤、后羿之使弓、織女之擲梭、耕夫之行牛、御者之用馬皆熟而至於自然者也。彼皆未必知道而能於此者, 熟之之功也。是以聖人之民, 無論有知與無知、有才與無才, 莫不能於中庸之道, 是猶頭虱黔而衣虱白, 倉鼠潔而廁鼠穢也。故學聖莫如致曲, 一而不能十之, 十而不能百之, 百而不能千之, 千而不能萬之, 萬則必無不能之理, 欲驗其能與不能, 但看其無間斷時。

飮食嗜好, 亦可觀天下四方風氣之彊弱、旺衰, 如崇禎末, 北方風氣寖彊, 駸駸充滿於中國。北方其臭屬朽, 非南方焦臭無以勝之。故人人吸南草之烟, 罔晝夜耽耽, 未幾神州腥羶。又未幾, 臺灣寖盛, 至不可禦, 此則風氣先至之驗也。雖然, 南草火精也, 鍾至毒之氣, 鑠至剛之物, 是以紙染其灰則軟, 衣薰其烟則剝, 況日日時時, 烟灼口鼻, 液灌臟腑, 外而聰明氣魄, 內而血脈肌膚, 浸染銷鑠, 將古昔天地間剛方疆壯、樸實勁直底風氣人物, 一切都變了換作柔軟脆弱、媚嫵委靡世界。此雖道學不明之致, 而南草之害, 亦與有多焉。

有形處, 是無形之實跡; 未發時, 是已發之根本, 釋氏無實, 俗學無根。是故吾儒下學而上達, 致中而致和, 道理與文章, 不待思索而自然如此者, 神也。神爲我用, 待思索而至者, 如假借他人器物, 他人器物, 終不爲我用。故造道與讀書莫如熟, 熟之又熟, 自然神。

點檢日用間, 其不待勉强, 自然如此處, 多在道理乎? 多在利欲乎? 其自然如此處, 是爲終身斷案, 可不愼哉? 故檢身觀人, 莫如察其所安。

天下萬物之理初生處, 類多辛苦艱棘, 到成熟後, 類多悅豫和樂。是以草木果穀初結時, 味多酸澁辛辣, 十分濃熟後, 味多甘美馨香, 此一理也。是以厭其淡泊, 憚其辛苦者, 無緣到泊他悅豫和樂境界。古人詩曰“棄却甛桃樹, 巡山摘醋梨”, 以此故也。

吾儒理與物不相離, 而亦不相雜, 釋氏外物說空, 陸、王認物爲理。

凡移都徙宅, 始謀時, 則逸口浮言, 惑亂利害, 敗事之一端也。在路時, 則盜竊攘奪, 乾沒資斧, 敗事之二端也。旣遷後, 則好貨網利, 不務職業, 敗事之三端也。犯此三失, 未有能濟者也,「盤庚」三篇, 各陳三失。後之當事者, 當着眼鑑戒也。

動靜理之全體也, 論其位則動爲統, 論其勢則靜爲本。是以欲一其動, 須主其靜, 此周子所以發前人之所未發也。一動一靜, 循環不已, 如晝屬動、夜屬靜, 如語屬動、默屬靜、行屬動、止屬靜之類, 此大分也。如語時前一句纔終, 便是屬靜; 後一句又始, 便是屬動, 一語之頃、一行之間, 未發之體、已發之用, 循環不已。須以靜爲主, 乃可以一其動, 此最學者密切工夫。

或問: 不曰人不行道, 而曰道不行, 何也?
曰: 道不自行, 必待人而行。然道之爲道, 本自流行不息; 本自充足, 無所假借; 本無欠, 不容安排。故雖待人而行, 及其行也, 不着人力推前引後而强行之也。蓋人之生也, 稟得天命之全體, 故聖人無氣稟物欲之累, 而其運用施爲, 莫非天命之流行也, 非聖人着情意造作、安排措置而爲之也。譬如以筧行水, 水自流行; 以薪傳火, 火自光明, 非筧使之流、薪使之明也。故孔子曰: "用之則行, 舍之則藏, 惟我與爾有是夫。" 謂是者, 何也? 道也。子思子曰: "肫肫其仁, 淵淵其淵, 浩浩其天。" 所謂"其"者, 何也? 道也。朱子曰: "惟聖性者, 浩浩其天, 不加毫末, 萬善足焉。" 所謂"性"者, 何也? 道也。自漢以來, 無人識此意, 但知人能行道, 而不復理會道之全體本原, 宜其不明而不行也。

七情各以類從, 如好與善相從, 惡與惡相從, 哀與死相從, 樂與生相從。是以君子陽道也, 以陽統陰; 小人陰道也, 以陰抗陽。故君子之情, 善善長而惡惡短, 樂生重而哀死輕, 小人一切反是。

日月之明, 照臨一天之下, 聖人與日月合其明, 蓋言無微不燭, 無遠不照。小人之明如螢爝, 僅能自照, 而不能照物; 僅能照夜, 而不能照晝。是以小人之明, 僅能明於爲我, 而不能明於爲人; 僅能明於形氣之私, 而不能明於義理之公。故“聖人作而萬物睹”, 天下萬古, 懸如日月之明; 賢人隨其明之高下濶狹, 而人被其澤; 小人亦隨其明之所及, 而物受其害, 吁可畏也! 天道流行, 充塞于天地之間, 聖人夫何爲哉? 惟恭行天命而已。是以聖人上格于天、下格于地, 旁達于四海北民, 前承于千聖, 後開于萬世惟一心, 我無與於其間也。夫不知道者, 只用私意主張, 用盡一生功力, 而倍奉小體。是以億兆人惟億兆心, 與古人不同心, 與後人不同心, 上違天心, 下拂地心。明則不合乎人物之心, 幽則不合乎鬼神之心, 人人各用一心, 物物各用一心, 不亦勞乎? 不亦孤單乎? 其無所歸宿也必矣。

天地盛大彊壯之氣, 逼拶磨蕩, 鼓動許多生氣, 煅煉許多生物, 無一隙閒歇處, 無一息間斷時, 是以凡物之生, 自胚胎之初、坼逼之時, 備經無限艱厄。草木則纔從甲坼穿土, 風雷震剝, 霜露沐櫛, 赤日焦爍, 冷雨浸淫, 兼之以牛羊踐牧, 斤斧迭攻, 經過此艱厄, 而成干雲之材、支厦之器焉。若使生于虛踈閒曠之壤, 遮日防風, 障雨避露, 置諸墻壁之中, 灌以酒漿之滋, 則其腐脆消滅者久矣。鳥獸則强者呑弱, 壯者食稺, 自卵育鷇坼之初, 候伺以相圖, 機巧以相掩者, 簇簇立立, 經過此艱厄, 而成呑舟之魚、冲霄之鳥焉。若使養之籠羃之內, 飼以珍羞之味, 而終日無虞, 則其憔悴枯腊也久矣。人之成立, 何獨異於此哉? 夫偶然被鞠育於無虞之日, 享安樂於昇平之世, 不知畝畎艱難、干戈危險, 無飢饉疾病之苦, 無盜賊喪亂之威, 不識天道之乾乾不息, 聖人之兢兢罔怠者, 亦不足以有成也。是以天地之心一於誠, 聖人之志一於敬。

致知, 以心言體也; 格物, 以理言用也。無知, 則無以窮理; 無理, 則無所用知。此所謂合內外之道也。

心一也, 惻隱之心、羞惡之心、恭敬之心、是非之心謂之理, 欲色之心、欲聲之心、欲味之心、欲安佚之心謂之氣。其故何也? 彼則原於性命也, 此則生於形氣也, 非謂有二心。

『詩』可以理性情, 何謂也? 蓋人之生也, 心無不正, 性無不善, 感於物而動, 性之欲也。既有欲矣, 則不能無思, 思之所向, 偏於一邊, 而不以中正裁之, 則必陷於邪。其偏與不偏、正與不正, 觀其形於言者, 則如影響符節, 不可隱也。如「關雎」"求之不得, 寤寐思服"以至"悠哉悠哉, 轉輾反側", 則可謂憂之切矣, 亦不至於傷。"窈窕淑女, 琴瑟友之, 窈窕淑女, 鍾鼓樂之", 則可謂樂之深也, 亦不至於淫。如「葛覃」凡人之情, 既貴則莫不驕奢, 既富則莫不逸豫, 貴爲后妃而不思驕奢, 富有一國而不思逸豫。既長則敬懈於師傅, 既嫁則孝衰於父母, 既久則禮怠於君子, 曰"言告師氏", 則敬不懈矣; "歸寧父母", 則孝不衰矣; "言告言歸, 害澣害否", 則禮不怠矣。如「卷耳」"陟彼高岡", 思之切也, "酌彼兕觥", 亦不傷於和; 如「江漢」"言秣其馬", 愛之深也, "不可泳思", 亦不犯於義。樛木之賤能事貴, 螽斯之貴能逮賤, 兎罝之武而尙德, 汝墳之勞而愛君, 麟趾之貴盛而仁厚, 與夫行露之不懾威武, 死麕之不懷利誘, 小星之寵而能降, 江汜之遠而不謗, 甘棠之去而益思, 標梅之急而不亂, 皆由於性情中和之發。列國變風之音, 哀必至於傷, 樂必至於淫, 愛必不知其惡, 僧必不知其善, 如禽獸之情, 只通一路, 不知有他也。雖或有天理人心之未盡泯者, 要之和者少而不和者多, 正者賤而不正者貴, 是以隨其多寡輕重, 而化俗之得失、國家之興亡係焉。以此法求之, 則『詩』之大綱, 可知也已矣, 理性情之妙, 漸可得矣。

天地之道, 誠一而已。天一乎動, 地一乎靜, 日月一乎明, 江海一乎流, 水一乎寒, 火一乎熱。禽獸、草木, 亦莫不一, 鳳凰一乎文, 麒麟一乎仁, 穀實一乎甘, 薑桂一乎辣。天地之中, 物莫不一, 惟此人心, 胡爲乎不一? 天淵無方, 堯、桀無時, 朝爲猢猻, 夕化蝴蝶, 昨焉蘭杜, 今也蕭艾, 父虎子狗, 祖龍孫鰌, 二三其面, 千億其身。是以天無不彊, 我獨無作; 地無不含, 我獨無述; 日月光明, 我獨昧昧; 江海深廣, 我獨淺淺; 水潤萬物, 我獨枯槁; 火訛萬形, 我獨寒冷; 鳳翔千仞, 我不離地; 麟長百毛, 我不拔類; 穀實厚生, 薑桂濟衆, 緊我無能。百無當一, 苟求其故, 亦無他說。彼一以成, 我二以敗; 彼一以專, 我二以携; 彼一以誠, 我二以僞; 彼一以久, 我二以速。心兮本一, 性兮亦一, 我得其一, 斂之于一, 胡爲不一或二或三? 苟求其病, 非有他祟, 所乘維百, 所感維萬。役乘逐感, 乃貳其一, 約其不一, 復返于一, 非敬不一, 非誠不一。我觀于古, 聖無不一。堯一于欽, 舜一于恭, 孔一于仁, 孟一于善, 程一于敬, 朱一于直, 是參天地, 合而爲一。嗚呼靈臺! 敢告以一。

人有恒言, 必曰桀、紂, 然湯之數桀, 乃惟曰昏德, 乃惟曰率怠; 武王數紂, 乃惟曰弗敬, 乃惟曰罔悛。蓋桀、紂之惡, 不過怠惰、弗敬, 喪其本心而已, 時時刻刻, 點檢自己身上, 異乎桀、紂者, 幾希矣。

二人相對買賣, 買者得利, 賣者失利; 賣者得利, 買者失利。價與物相當則直, 所謂直者, 與之者, 無不報之債; 取之者, 無不廉之失。然與其彼失而我得, 寧我失而彼得; 與其彼害而我利, 寧我害而彼利, 其故何也? 物之得失極小, 德之得失極大也。然買則不貿賤貨貴, 則必取折閱而無贏, 故不得不計較。計較纔生, 則心德寖衰寖薄, 生理寖細寖窮, 物雖得贏, 不足以補其失。是以養德之術, 莫如不親買賣, 是猶遠庖厨勿身踐之類也。聖王之制, 士不得入市門, 入市門有罪。富貴而淫, 譬如陷溺於萬丈波浪、茫無津涯; 貧賤而移, 譬如飢烏爭食、餓蟻慕羶, 不暇顧擇; 威武而屈, 譬如弱草加嚴霜、鳥卵壓泰山, 摧折無餘, 皆思之寒心。然不明辨理氣義利之幾, 而養之於隱微幽獨之中, 以配乎天地盛大强壯之氣, 則猝然遇之, 不遷移者, 未之有也。

有其位而無其德, 則愚者雖慕悅, 而賢者不服; 有其德而無其位, 則賢者雖慕悅, 而愚者不從。惟有德而有位, 然後賢者悅其德而愚者慕其貴, 一天之下無思不服。是以堯、舜、禹、湯、文、武道, 行于當世; 孔、孟、程、朱道, 不行於當世。然自後人觀古, 則不見其位而只見其德, 故人之好惡, 終得其正。蓋小人多而君子小, 故當世則知德者極少; 好善出於公而蔽善出於私, 故後世則嫉賢者亦少。

人之侮亦有類, 有侮其無德者, 我有德則彼不侮矣; 有侮其無才者, 我有才則彼不侮矣; 有侮其無位者, 我有位則彼不侮矣; 有侮其無勢者, 我有勢則彼不侮矣。然則彼非侮我也, 乃侮我所無也, 但視我所無者如何耳, 何干於彼哉? 然君子以德論人, 小人以位論人, 是以君子惟患取侮於君子, 不患取侮於小人。天理公也, 公則一也; 人欲私也, 私則萬也。公則多助, 私則多爭, 多助之至, 天下歸之, 萬世宗之; 多爭之至, 父子相離, 君臣相讐。

點檢日用, 庸言最多, 庸行最多, 善惡之積, 多者爲主。庸言不信, 則惡言日積; 庸行不謹, 則惡行日積, 積之之多, 災必至焉, 亦不知所由來處矣。庸言、庸行, 尤當着力點檢。

天地萬物之情, 各以類聚, 非其類則不聚, 如君子日究乎上達, 小人日究乎下達。尋常言語, 君子則由乎仁義, 小人則由乎利害。責人譽人, 君子責人不善, 譽人以善; 小人責人不利, 譽人以利。怒言亦不同, 君子言刑, 小人言惡。一身形體, 亦有尊卑貴賤, 如上體尊貴, 下體卑賤。君子之言, 多擧上體; 小人之言, 多擧下體。福人禍人, 言各從類。此理甚明, 無毫髮隱處矣。

婦人之病, 不敢問其處所, 蓋恐其言及不敢言之地耳。衣裳所以蔽體也, 而先起於蔽膝, 則人所不可見之地, 亦莫切於此也。至於犧牲, 亦去近竅一節而不用, 此褻不可食也。今夫賤卑汚褻之人恒言, 每擧人所不敢言之地, 此所謂淫聲也。聲音之道, 最切於性情之邪正、風俗之美惡, 主治之人, 不可不思所以救正之也, 不可以爲偶然瑣屑之故而棄而不察也。

君子之言, 歸趣在道理上; 小人之言, 歸趣在情慾上。貞基四德, 「艮」終八卦, 周而復始, 循環無窮, 此天道之常也。故萬物之終, 皆含復始之萌, 人與禽獸下體之終, 必具生育胚胎之本。草木隕落, 末必結茸; 果實成熟, 口必含芽, 卽生生不息之機也。是以言語文字, 不可不點檢其始終起止。朱子註釋四子, 『大學』則終以『中庸』明善、誠身, 『中庸』則終以『孟子』「盡心」, 『孟子』則終以明道墓表, 此則道統始終之意也。『小學』編書, 上下相承, 首尾相含, 條理分明, 脈絡貫通, 此蓋本於『大學』傳文之例也。造化始終之妙, 文字起結之法, 實相流通, 讀書作文者, 當着心玩味也。

『易』本陰陽, 「範」本五行。

天地、日月、五行、萬物、萬事, 合而爲一塊物, 其條理脉絡, 分明歷落, 挈之則動, 呼之則諾。譬如一箇活物, 內自五臟六腑, 外至四肢百體, 一毛一髮, 痛癢寒熱, 無不相關, 無不切己。

五爲中數, 極爲心德, 皇爲天位, 五皇極爲九疇之主, 敬爲五事之主。

「洪範」曰: "貌曰恭。" 貌屬水, 水乃潤下之物, 順而下之則得其性, 逆而上之則失其性。人之貌亦如此, 從頭至足, 腠理肌膚, 自上而下, 自然之勢也, 順其勢則自然恭遜, 逆其勢則自然暴戾。恭作肅, 恭是謙抑卑牧之意, 肅是嚴畏敬忌之象, 二者似相反, 何也? 恭是自意思存主而言, 肅是自威儀著顯而言, 恭譬則水積之象也, 肅譬則水積之勢也。水之淵深不測處, 自然使人臨之則嚴畏, 望之則洞屬, 水若濺濺激激波動流淺處, 自然使人生侮慢狎暱之思, 其故何也? 其深可測也, 其流可抗也, 人貌之不恭則不肅, 亦如此。

"斂是五福, 用敷錫厥庶民", 此最皇極之妙用, 不言六極, 所以該之也, 卽尙德不尙刑之意也。其實則善善惡惡, 刑賞不僭, 是建大中、行至公之要道也。

死者, 理之所必有也; 惡者, 理之所必無也。所必有者, 雖畏之, 不得免也。所必無者, 若犯之, 雖生如死也。人之畏惡, 不如畏死, 亦惑之甚者也。賢聖亦未免死, 死不足以爲人之病也。天下萬古, 有爲惡而得爲人者乎? 故爲善則雖死如生, 爲惡則雖生如死, 此理甚明, 人自不思耳。

天地之間, 培植仁人孝子, 如甘雨和風滋潤嘉穀, 如沃土膏壤培養傑苗。天地之間, 不容惡人, 如熱火沸湯, 着一點冰雪不得。

聖人之言, 如從大路去, 初間不識其長短, 行去則漸見其四通五達。小人之言, 如從小路去, 初間不識其長短, 行去則漸漸迷暗榛塞, 使人轉動不得。

天理也有自然如此處, 也有有心如此處。

夷夏之分, 天下之大勢也。麗王及崔瑩挾元犯明, 我太祖與鄭圃隱背元尊明, 名正言順, 其勝負、興替之勢, 已判於此, 論天下之事者, 不可不講此大義也。

君民相須, 天下之定理也, 君以養民爲德, 民以忠上爲業。違此則亦不能胥匡以生也, 此天下之急務也。栗谷先生論事, 必曰大更張, 譬如顚屋破衣, 决非一枝一線所可支住補綴, 必也一一整頓坼洗, 然後可以得力。此雖甚難, 然比諸闢基、創業之難, 則不翅減六七分工力矣。

天視卽民視也, 天聽卽民聽也, 民急則天急, 民危則天危, 其勢如此, 人自不覺耳。

凡與人說話, 只當理會其當否、曲直而已, 不當計聽者之信與不信、從與不從, 如孔子告哀公及孟子告齊、梁之君。時君未必能信從, 而其所以爲萬世法程之實, 則亦未嘗少貶。是以但檢其言之得失何如, 其聽與否不暇恤也, 語默則有節, 不可苟也。

天道左旋, 地道右旋, 左旋者自東而西, 右旋者自西而東。日月麗天故左旋, 河漢麗地故右旋, 如塘水亦環島右旋, 無一刻停息, 無風時可驗。

理指散在萬物者而言, 心指存主一身者而言, 神指通貫萬物者而言, 其實一也。

孔子曰: "本乎天者親上, 本乎地者親下。" 天包地外, 地居天中, 如鷄卵白包黃外, 黃居白內。上下、四方、八面, 以天爲上、以地爲下則一也。天之所覆, 地之所育, 才有空隙, 便有生物。『詩』曰: "鳶飛戾天, 魚躍于淵。" 子思子釋之曰"言其上下察也", 程子又釋之曰"鳶上更有天在, 魚下更有地在", 此皆言天地生理逼塞上下、內外無間隙也。冰蚕火鼠, 木蠹海鮫, 同是一般生物, 然則天地之間, 豈有無生物之處乎? 然而生物未必皆一㨾, 隨其地形、風氣之所種, 而形貌性情之所禀, 面面不同, 色色各異, 若以一㨾求之, 則又不可也。萬物之最靈者, 爲萬物之長則同也。

天包地外, 地居天中, 則其四隅八面, 無非世界, 獨以中國爲主, 何也?

曰: 北極出地三十六度, 南極入地三十六度, 然後夏長冬短, 春秋均分, 寒、熱、溫、凉, 各極其功, 生、長、遂、成, 各得其序。若非中國則風氣不均、生物不平, 不如中國最得天地之中。

形氣, 氣也, 形而下之器也; 神理, 理也, 形而上之道也。形是氣之質, 神是理之妙, 氣無捉摸, 而形有貌象; 理無方所, 而神有運用。

天地之間, 纔有一物, 便具上下本末; 纔有一事, 便具先後尊卑, 此理也。故天地降我一也, 天曰"大哉乾元", 地曰"至哉坤元"; 父母生我一也, 父曰嚴, 而母曰慈; 王侯君我一也, 王曰陛, 而侯曰殿。此所謂禮也, 禮僭則亂而天下不治。

天有陰陽, 地有剛柔, 人有男女, 統有夷夏, 此天地之大分界也。

祭天有昊天上帝、四方五帝之分, 祭先有太祖、先祖之異, 喪親有斬衰、齊衰之別, 非貶之也, 乃所以尊之也。

律、呂一也, 陽律必用全律, 陰呂必用半律。黃鍾以下用本律, 蕤賓以下用倍律, 然後其聲始和, 此豈人力之所及乎? 失此序則造化不行、名位不立。

中夏之君治天下, 常也; 蠻夷之君治天下, 變也。天地氣數, 有盛衰之變, 故帝王之統, 亦有正反之變。中夏天子、蠻夷天子, 尊卑上下, 全無等威, 此乃陰疑於陽, 地抗於天, 女加於男, 臣強於君, 名之不正, 禮之無序, 事之不順, 心之不安, 孰有大於此者乎? 宰之以義, 待之以禮, 正其名而安其理, 則非徒中華得中華之正, 抑亦蠻夷得蠻夷之正, 此理甚明, 此義極順。

『綱目』嚴夷夏之分, 而蠻夷君長曰死, 此待蠻夷君長之道也。蠻夷入于中國, 爲中國君長, 則當待以中國君長, 不當待以蠻夷君長。但中國君長有華主、夷主之別, 不可不愼。

心之知覺, 卽天地之神也, 知覺初動處, 卽天地之神初動處, 其得失, 邪正, 不可不愼。

扶陽抑陰, 天地之大勢也; 向善背惡, 人心之大勢也; 務本抑末, 生業之大勢也, 失其大勢, 則小者不足以救之也。

日月自東而西, 山川自西而東, 此則天道, 地勢交泰之會也。唯中國人居最得天下大勢, 凡生居死葬, 雖一水一麓, 得陰陽交互處好。

四德卽天道之眞, 五倫卽人道之常, 外此則皆異端邪說也, 愈神愈有害, 愈妙愈有禍。

西洋以天地大勢言之, 則西極肅殺之偏氣, 水國鱗甲之同流, 是以其性輕生而樂死, 其心喩利而昧義, 其術喜幻而厭常, 此其大槩也。四夷八蠻, 慕悅中國, 模倣華夏, 亦自然不易之理也。故其文字言語服食器用, 駸駸革舊化新, 而惜乎地勢絶遠, 與中國相通最晩, 不幸而不得睹堯、舜、文、武之盛際, 禮樂文物之彬彬。聞風興慕, 僅及於西秦之末, 時則焚詩書尙殺伐之俗也。貢物致欵, 僅及於皇明之衰, 時則陸、王充塞, 正學陸沉之日也。是以其所謂慕悅而變革者, 不越乎侮聖蔑法之科, 而自信其器械便巧, 伶俐伎倆, 有足以駕軼中國, 便自張皇誑誘, 中國之人賢者則寬大包容而不欲與之較。愚者則悅利喜巧而不能覺其非, 浸漬淪涵, 至於擧世習尙, 非西洋不衣、非西洋不食, 衣其衣、食其食而不與之俱化者, 未之有也。吁, 可歎也! 仁人君子縱不能一手救正, 忍鼓風助瀾乎?

借力似亦洋學中一邪說也。孔子曰: “君子有勇, 而無義爲亂; 小人有勇, 而無義爲盜。” 又曰“驥稱其德, 不稱其力”, 且“怪力亂神”, 同在不語之科, 則君子之不尙其力也明矣。有此理無此理不暇問, 借力將欲何爲, 求其要用處, 不爲盜爲亂者鮮矣, 此亦當在禁斷之科, 貨色人欲之最切者也。君子遏欲存理之方, 莫急於此; 小人縱欲致亂之禍, 莫酷於此。

天地之心, 只管生成萬物全安萬物而已, 此至誠也。但人物自絶于天, 自取消亡,乃反怨天則亦惑之甚者也。

天地生成萬物, 自有定數, 遲速久近、先後首末, 井井有序, 非徒人不能推遷變易。天地鬼神, 亦不能使之前却推移, 此定理也。人以天地鬼神之所不能者求之, 其可得乎? 孔子曰: "欲速則不達。" 孟子曰: "助之長者, 揠苗者也, 非徒無益, 而又害之。" 莊子所謂"撫卵而求時夜, 彈丸而思鴞炙", 是也。

天之生物, 本自完全周足, 無假借處, 無有餘處。

天之生物, 必因其材而篤焉, 如種豆則豆旺, 種稻則稻盛, 無種此而彼旺之理。

凡事皆有本末, 如稼穡烹飪, 同是飮食之事也, 稼穡爲本而烹飪爲末; 紡績鍼線, 同是衣服之事也, 紡績爲本而鍼線爲末。故務其本則裕, 逐其末則窮, 此亦自然之勢也。

孟子曰: "聖人人倫之至也。不以舜之所以事堯事君, 不敬其君者也; 不以堯之所以治民治民, 賊其民者也。二者皆法堯、舜而已矣。" 居貧居富, 亦當法堯、舜。舜之窮而在下也, 耕歷山、漁雷澤、陶河濱, 若將終身; 堯之達而在上也, 土階三等, 茅茨不剪, 不以天下累其心。故曰不以堯之所以居富居富, 富而淫者也; 不以舜之所以居貧居貧, 貧而憂者也。

夫土積成山, 水積成海, 此則有形之物也, 可見可知者也。善乃無形之理也, 積之如何?

曰: 積之義大矣。烟積成墨, 色積成彩, 聲積成風, 臭味積而換人腸腑, 此皆積之之力也。道本無形之物也, 無聲色臭味之可言, 非耳目視聽之可接。然積之又積, 則形著動變, 博厚高明, 大包乎天地而有餘, 細入乎秋毫而無間, 天地賴之而得其位, 萬物賴之以遂其生, 此皆積之之功也。唯其無形也, 故積之最難; 惟其難積也, 故收功無窮。古人見道分明, 故尋常說話, 曰積善、曰集義、曰積德累仁、曰道積于厥躬, 曰不息則久, 久則徵, 曰誠則形, 此皆見道者之言也。積之之工, 只在誠。

南極北極, 譬如一條直軸, 貫穿兩端, 東西轉運, 上下飜覆, 無時停息, 而中間一條骨子常守其中, 不見其動, 蓋非不動也。但動得極微, 不出乎中, 雖不見動, 然只此些子實爲天地之樞軸, 輨轄四方八面, 自此推出, 無遠不禦。四方八面, 合輳將來, 到此築底, 更沒去處, 是所謂天地之極也。人心主一身之中, 應萬事之象正如此, 所謂心爲太極是也。南北極若不守天地之中, 而微有偏倚, 則靠着一邊, 決不能輨轄四方八面, 轉斡無礙, 人心亦何以異於此? 若不能操以存之, 常守其中, 則偏於一邊, 倚於一物, 必不能順萬理而應萬事, 窒礙偏頗, 顚倒乖戾, 不成物事, 其故何也? 不能存其心守其中也。不能存其心守其中, 則又不能循其道而應其外, 此則自然之勢也。故存心莫如敬, 明道只在格物。

人但見北辰居其所而不動, 不見天地間中氣貫穿南極北極, 而其中間些子亦居其所而不動。人但見日月星辰之麗天同運, 一日一周天, 而不知萬物之麗於地者, 其氣則亦未嘗不隨天同運。一日而一周天也, 何以知其然也? 蓋天無內外, 渾然全體, 無些欠縮, 地雖掛搭於其中, 而體本虛脆, 恰受天氣, 透徹無礙。故與之爲一而承天時行, 是以萬物之生, 形雖麗乎地, 而其氣則渾渾然隨天同運。觀潮汐之從月, 葵藿之傾日, 人物之寤寐則可知矣。但愈遠則愈疾, 愈近則愈遲, 極其中則雖動而不見其動。

古人形容道體, 多用中字, 如堯曰"執中", 舜亦曰"執中", 湯曰"惟皇上帝降衷于下民", 劉子曰"人受天地之中以生", 孔子曰"中庸其至矣乎", 程子曰"天然自有之中", 不唯是也。「河圖」五十爲中數而居其中, 四方一二三四, 卽五之所生也, 六七八九, 卽得其五而成也。「洛書」亦五居其中, 而四正四隅相含而成五。是以伏羲畫卦, 二五爲爻之中而最吉; 大禹衍疇, 皇極居數之中而爲主, 不唯是也。北辰居天之中, 而爲日月星辰之所拱; 洛邑得土之中, 而爲禮樂形政之所出, 軸貫兩輪之中, 而以之行; 臍守兩磨之中, 而以之運, 棟建屋中, 而兩霤行水; 鍾起聲中, 而六律調音, 器不虛中, 用無所施; 物不實中, 氣不張王, 中之義大矣哉! 心爲一身之極, 而湯所謂"上帝降衷"、劉子所謂"人受天地之中以生"者是也。仁、義、禮、智, 心之體也; 惻隱、羞惡、恭敬、是非, 心之用也。是以, 卽其未發而立其體, 則謂之中; 其已發而中節, 則謂之和, 中卽在中之義, 和乃中節之名。雖動靜異位, 內外異名, 而中則一而已矣, 合而言之則中庸之道也。聖人所以爲教, 不過使人, 靜則去其偏倚之病, 而立其中矣; 動則察其過不及之病, 而行其中矣, 更無一毫加減於其外, 而參天地育萬物之妙, 實在於此。聖人一以貫之之道, 究其本則忠恕而已。中心爲忠, 推其中心爲恕, 衆人所以學聖之道, 亦不過曰忠恕而已, 但聖人衆人有生熟之分耳。
曰: 然則學道莫如致中, 而溫公念中字之意, 胡氏求中於未發之說, 似皆得其要矣。程子、朱子之力加辨析, 獨何歟?
曰: 中何嘗有形象, 中何嘗有摸捉? 喜怒哀樂之未發也, 無偏倚故謂之中而已; 喜怒哀樂之發而中節也, 無過與不及故謂之中而已, 是乃所謂天然自有之中而非人之所得與也。戒愼乎其所不睹, 恐懼乎其所不聞, 則卽此戒愼恐懼, 是養其中也。戒愼恐懼之外, 更無所謂中矣。非禮勿視、非禮勿聽、非禮勿言、非禮勿動, 則卽此四勿, 是進於中也。四勿之外, 更安有可念可求之中也哉? 『易』曰: "閑邪存誠, 閑邪則誠斯存矣。" 孔子曰: "克己復禮爲仁, 克己復禮則仁斯至矣。" 『易』曰: "忠信, 所以進德也; 修辭立其誠, 所以居業也。" 忠信, 所以立中之體也; 修辭立誠, 所以達中之用也, 知此則知念中求中之得失也。

天向一中分造化, 人於心上起經綸, 中者萬事之本也, 而易卦則從下而起, 以最下一爻爲初何也? 地居天之中, 自天言之則從地起者, 卽從中起也。六爻皆據地上言之, 故曰下而其實中也。

徑一圍三天數也。地居天中, 故得徑一之半, 故圍三之數, 亦加倍而爲六。據地距天之數六倍, 則得天圍之數; 天圍之數六分, 則得地上距天之數, 卦之六爻六位, 亦與此數相合。

一卦六位, 下二位配地, 中二位配人, 上二位配天。故凡事始初則地分爲重, 中間則人功爲重, 末終則天分爲重, 擧其全體而看其分數, 則三才各占六分之二。

伏羲畫卦時, 只畫一奇一隅, 至于三畫而成八卦, 又重之而成六十四卦而已。卦成之後, 許多象數、許多道理、許多巧妙, 無所不備, 無所不應, 此則天理之自然也,非人知慮之所及, 工力之所至也。凡事皆如此, 依倣天理而作事則事成, 自然有許多好處; 依倣人欲而作事則事過, 自然有許多不好處, 此皆非人之所與也。

"帝出乎震", 「震」東方也。仁者, "善之長也"。春爲四時之首, 角聲在五音之中, 草木百穀實落, 則生意必托在萌芽, 卽所謂仁也。以此推之, 則天地之東爲三方之長, 而托始托終可知也。周末, 禮樂在東魯, 皇明末, 名節道學在東邦, 亦一理也。

天地之道, 始於「震」終於「艮」, 而「復」始于「震」, 「震」爲長子, 而實爲統陽統陰之主。先天後天, 「震」爲陽生之始則同, 但後天則「震」居東方正位。

天在上, 主生萬物; 地在下, 主成萬物, 終是一偏道理。人居其中, 中則承上履下, 有不偏之德。故能財成天地之所有餘, 輔相天地之所不足, 以立天地間大中至正之極, 心爲一身之中, 亦一理也。

「先天圖」, 自「復」至「乾」, 陽內陰外; 自「巽」至「坤」, 陰內陽外, 卽「泰」、「否」之象也。

凡卦衆陰之中, 一陽爲主; 衆陽之中, 一陰爲主。一陽爲主, 則純乎吉; 一陰爲主, 則入乎凶。雖在吉卦, 亦不能無戒, 如「復」初九"不遠復", 「師」九二"王三錫命", 「謙」九三"勞謙君子", 「豫」九四"大有得", 「比」九二"顯比", 「剝」上九"碩果不食, 皆純乎吉"。 如「姤」初六"羸豕蹢躅", 「同人」六二"同人于宗", 「履」六三"履虎咥人", 「小畜」六四"血去惕出", 「大有」六五"威如"之戒, 「夬」上六"無號終凶", 皆入于凶。雖在吉卦之中, 亦不能無戒, 此皆陽善陰惡之大分也。陽剛之德, 遇艱險蹇屯之地則愈益光顯; 陰柔之質, 當尊貴彊盛之時則愈益郎當, 此扶抑之大意也。

『易』曰: "理財、正辭、禁民爲非曰義。" 『書』曰: "正德、利用、厚生。" 蓋聖人理財之方, 只在正其辭而禁民犯義而已, 利用、厚生之序, 必以正德爲首。

天貞乎動, 無時不動者也; 地貞乎靜, 無時不靜者也。人處乎動靜之間, 或從天而動, 或從地而靜, 動其靜、靜其動, 亦無時不動, 無時不靜故也。是以君子之"自彊不息”, 亦用其固有之太極也; 君子之“厚德載物”, 亦用其固有之太極也。兩儀也、四象也、八卦也、六十四卦也、三百八十四爻也, 皆人所固有之太極也。孔子於「大象傳」曰“君子以”, “君子以”三字, 形容得無窮意思。

天下之道, 一而已矣。但以存諸人者言之, 則謂之心; 以賦於物者言之, 則謂之理, 聖賢之訓, 必心與理相對說。

如喫飯着衣, 喫着心也, 飯衣理也。以理言之, 則喫着理也, 飯衣亦理也; 以氣言之, 則喫着氣也, 飯衣亦氣也。看花折柳, 亦如此。

窮神知化, 神無遠近、內外、彼此、先後之間者也。化有本末、遲速、親疏、難易之序者也。神字慢說不得, 化字急說不得。

道並行而不相悖, 如水潤下、火炎上而各成一物, 並行於天地之間, 是所謂並行也。不以潤下害炎上, 不以炎上害潤下, 是所謂不相悖也。若使水火同器, 鮮不滅息, 相悖而不能行也必矣。「太極圖解」曰: “動靜不同時, 陰陽不同位。” 孟子曰: “鄉黨莫如齒, 朝廷莫如爵。” 觀此類可知也。

理有條理間架, 不是儱侗糊塗底物, 斯有理之名; 理有主宰運用, 不是空寂渙散底物, 斯有心之名; 理本神妙不測, 不是局定鈍滯底物, 斯有神之名。

天與地對、陰與陽對、男與女對, 天下無無對之物, 此則物也, 人所易見也。至於理則一物也, 一物之中, 亦必有對。如心與性對、體與用對, 有是物, 則必有用是物者; 有是事, 則必有應是事者, 合之則爲一, 分之則爲二, 此則理也, 人所難見也。

理積生神, 神積生氣, 氣積生形。

理盡則神散, 神散則氣消, 氣消則形毁。

君子曰終, 終其事也, 成始成終也。小人曰死, 形氣消盡也, 形氣消盡後, 更無餘事。

理最微, 神比之理則著。氣有迹, 形則成質。理具於其中, 見形而未必見氣, 見氣而未必見神, 見神而未必見理。

凡物於南、於北、於東、於西, 少有偏倚, 則不能自立; 無少偏倚, 則自能樹立, 不費一毫人力, 以其得天理自然之中故也。故學道至不費人力處, 方是中立, 若有些偏倚時, 離乎天理而不能應乎四外。從他有些偏倚處, 不卽救正, 又加載物, 則必致顚倒而愈難擡起, 中於是亡矣。

先王祭天地, 別有司中之祀。中者天地所由以立, 萬物所由以生, 中之義大矣哉。

形容中字莫如直, 救護中字莫如敬。

"中"四通五達。

天地大樣子, 聖賢小樣子。將此大小兩箇樣子, 仔細參互看, 庶幾不錯會了道體。如天地之無不覆燾, 無不持載, 是天地之大德; 四時之錯行, 日月之代明, 是天地之小德。萬物並育, 而不相害; 道並行, 而不相悖。並育、並行, 天地之大德; 不相害、不相悖, 天地之小德。大哉, 聖人之道! 洋洋乎發育萬物, 峻極于天, 此聖人之大道。優優大哉, 禮儀三百, 威儀三千! 此聖人之小道也。天地與聖人, 雖有大小之分, 祇是一板印來, 萬物亦各具一樣子, 亦是細細小樣子, 只在人仔細看。若大樣子濶遠難看, 須移看小樣子; 若小樣子纖密難看, 須移看大樣子。

見物之一端而知物之全體, 此所謂聞一而識百。知其左, 而能推其右; 知其前, 而能筭其後, 此所謂聞一而知二。聞一識百, 生知之事; 聞一知二, 學知之事, 不及乎此則困矣。

『易』曰"一陰一陽之謂道", 在人則心也; "繼之者善", 在人則情也; "成之者性", 在人則性也。心統性情之妙, 於此亦可見。

言者, 心之宣於外者也; 心者, 言之根於內者也。聞其言而知其心, 如見其影而知其標, 聞其鳴而辨其鳥。君子之言接着, 無不受益; 小人之言接着, 無不受害。君子之言, 說盡天下萬事, 而其歸趣合尖在道理上; 小人之言, 說盡天下道理而其歸趣下落在利害上。

"爲仁不富, 爲富不仁"八字, 陽貨言之, 則怕爲仁之害富; 孟子言之, 則怕爲富之害仁, 此類甚多。

朱子『大學』明德註曰: "明德者, 人之所得乎天而虛靈不昧, 以具衆理而應萬事者也。" "虛靈不昧"四字及以一字說心, "具衆理"三字說性, "應萬事"三字說情, 具衆理應萬事之間, 着一而字, 以明性情脈絡之相連, 着者也二字而結之, 以明心與性情合爲一物而得之於天也。心、性、情三字界分, 莫詳於此也。"但爲氣稟所拘, 物欲所蔽, 有時而昏", 此亦明心與性情, 昏昧不明之故, 由於氣稟物欲也。"氣稟所拘"四字, 就性上說; "物欲所蔽"四字, 就情上說, 合而言之則皆就心上說。"然其本體之明, 有未嘗息者", 就性上說; "因其所發而遂明之", 就情上說。"以復其初也"五字及上因字遂明字, 皆就心上說, 仔細翫味可見。蓋諸家註釋, 非不明白, 皆不如朱子之釋精密親切。

大舜以危微二字, 分說理氣; 孔子以上下二字, 分說理氣; 孟子以大小二字, 分說理氣, 又以善利二字, 分說理氣。朱子以不離不雜分說, 栗谷以局通二字分說。又如『詩』曰"有物有則", 『易』曰"太極生兩儀", 周子曰"物則不通, 神妙萬物", 張子曰"本然氣質", 胡五峯曰"天理人欲同行異情", 程子曰"餓死事極小, 失節事極大"。凡此類皆分別理氣之說也, 或就原頭上分說, 或就發用上分說, 或就事業上分說, 或精說或粗說, 或近說或遠說, 各有指趣, 互相發明, 讀者潛心硏究, 自可見得。

孔子之言, 無不分理氣說處, 朱子之註, 無不分理氣說處。

張子"心統性情"四字最精密, 統字有主宰之義, 有分合之義。

栗谷"理通氣局"四字, 大煞分明。心之虛靈不拘禀受及明德本心之訓, 非洞見全體, 何以及此。

或曰: 朱子曰"明德爲氣禀所拘", 栗谷曰"心之虛靈不拘禀受", 兩說不同何也?" 曰: 朱子言明德, 不明之由; 栗谷言明德, 可明之本, 兩說語雖相反, 而義實相足, 其理一也。

天統地, 故天專言則道也; 神統鬼, 故神專言則理也。心主百體, 故心專言則人極也, 其義一也。

太極卽天地之心, 心卽一身之太極。

太極之性情、功用、聲色、貌象, 露盡無餘。

說理有兩病, 不淪入空虛, 必膠着事物。

心、性、情, 從形而上者言, 則理也; 從形而下者言, 則氣也。

雲、雷、屯有草昧之象, 譬之人倫, 則君臣尊卑之位不定, 父子不相見, 兄弟妻子離散。五倫不明, 萬品失所, 是之謂蒙昧草亂。經綸治絲之事, 絲有積聚紊亂之象, 尋其緖而治之有序, 經以引之, 綸以合之。一上一下、一左一右, 分而不紕, 合而不繆, 綜以總之, 緯以成之, 燦然有條而無分散離析之憂, 渾然合成而無糊塗繆戾之病。君子之立極明倫, 治萬民理萬物, 如治絲之工, 故曰經綸。【甲寅】

性情一物也, 有體用動靜之分。故養性情之功, 出入不同, 內外相反。然敬以直之於內, 則所以養情之根柢也; 義以方之於外, 則所以養性之枝葉也。非根柢, 則枝葉無由而生; 非枝葉, 則根柢無由而長。故一發一長、一斂一凝, 互相資益, 根柢日益壯大而發之於外者, 日益暢茂; 枝葉日益強盛而成之於內者, 日益堅實, 此所謂合內外之道也。性情之所乘者皆氣也, 未發而無敬以直內之工, 則未免爲氣稟之所拘; 已發而無義以方外之工, 則未免爲物欲之所蔽。然則發與未發, 氣稟、物欲, 循環反覆, 遂成痼瘼, 是以君子之學, 未發而防閑涵養之工, 已發而省察克治之工, 不可頃刻間斷也。

已發者, 收斂而爲未發; 未發者, 發達而爲已發, 故養則同養, 病則同病。

天理與己見不同, 用天理, 則動不動是天理; 用己見, 則動不動是己見, 故堯、舜性之, 在舍己從人; 顔子反之, 在克己復禮。其生熟雖異, 而其法一也, 小人, 只管用己見; 聖人, 只管用天理。

性之發爲情, 情一也。愛與惻隱、宜與羞惡、敬與辭讓、知與是非, 同一界脈。但四端就接着事物上說, 語較緊切。緣它世俗之蔽痼滋深, 故聖人之教, 轉益分明。孔子之教, 如堯、舜之都兪; 孟子之教, 如湯、武之征伐, 非惟性反之差, 亦係世教之殺。

靜之所養者, 動之根也; 動之不失者, 靜之體也。

人生脩短之數雖不齊, 要不過百年內事, 其數極短; 道理大小固有分, 要之亘古亘今, 其數極長。

「震」卦初四, 同一陽也, 而初吉四凶; 「艮」卦三上, 同一陽也, 而三凶上吉, 何也? 曰: 「震」之初九, 以陽居陽, 純剛不雜, 且處一卦之下, 以爲一卦之主, 所以爲恐懼致福也。九四以陽居陰, 未純乎剛, 且陷上下重陰之間, 故爲「震」遂泥之象而其占爲吝也。「艮」之九三, 過剛不中, 上爲二陰所壓, 下則二陰退而不能承載於己, 己則止而不進不退, 所以爲"艮其限, 列其夤"之象也。上九以陽居陰, 剛柔不偏而居一卦之終, 上無所壓, 下二陰爲九三所限止而承載於己, 所以爲敦艮之吉也。

聖人言語淺深緩急, 各適其用。是以觀其言語, 可見時之治亂如何, 人之賢否如何。譬如視名醫命藥, 則病勢輕重苦歇自見。

心性, 有分言時, 有合言時。分言, 則心與性一也; 合言, 則心是主宰、性是條理。

仁、義、禮、智, 各爲一物; 惻隱、羞惡、辭讓、是非, 各爲一物, 不可相通。心則不然, 爲仁、爲義、爲禮、爲智, 都無不該; 爲惻隱、爲羞惡、爲辭讓、爲是非, 無所不能。於此, 分別心與性情, 則最分曉。

言心不言性, 如無寸之尺、無星之秤, 混淪儱侗; 言性不言心, 如無綱之網、無柁之船, 渙散零碎, 要之不可行均矣。故曰"心統性情", 此天理之全體也。

"心統性情"四字, 當於理內分界看, 不可攙入氣上說。若移就氣界說, 則當曰氣統陰陽。

理中具此萬事萬物之理, 若曰一理纔欠, 便是理外有物。

理者, 一而不二者也, 命物而不命於物者也, 爲主而不爲客者也。氣者, 二而不一者也, 命於物而不命物者也, 爲客而不爲主者也。是故, 在天言命物之主, 則曰天、曰帝; 在人言命物之主, 則曰心、曰天君; 在萬物言命物之主, 則曰神、曰神明, 其實一理也,

"元亨利貞"四字, 該括天下萬理。元亨, 陽道也、君道也; 利貞, 陰道也、臣道也。是故, 君道, 以仁禮爲主; 臣道, 以義貞爲主。

太陽爲天下萬物之主, 天君爲一身萬事之主, 光明故也, 其理一也。

太陽之行, 準乎地面而生一日十二時; 太陽之次, 準乎天辰而生四時二十四節, 太

陽之德盛矣哉!

陰根於陽, 陽根於陰, 故日根於月, 月根於日; 水根於火, 火根於水。日非月, 無以養其魄; 月非日, 無以生其光。一月一合, 一歲十二合, 卽日月分合之數也。

陽用全數, 陰用半數, 故晝則一月三十晝皆明, 夜則一月三十夜, 十五夜明, 十五夜昏。

天下萬物之生, 不可頃刻離者, 太陽之明也。故夜則月受太陽之光而施其明, 無月之夜, 則星受太陽之光而施其明。是以『易』之「明夷」曰: "箕子之貞, 明不可息。" 此之謂歟!

大陽之數, 下準地面, 上準天辰, 許多時分節氣出焉。天君之職, 下司人事, 上司天德, 許多功業道理行焉, 其理一也。

卽理上看出, 萬物咸備; 卽物上看出, 一理無眹。

心以理言, 則性情之主, 寂感之會; 以氣言, 則陰陽之精, 動靜之機。

心之所具者理也, 所乘者氣也。故心對理言, 則略有賓主之分; 對氣言, 則有君臣將卒之體。

天下萬事萬物, 皆行吾義積吾德之地。

天所以覆幬萬物, 地所以持載萬物, 人所以接應萬物, 只是一般仁愛之心而已。萬物所以樹立, 一身保活一刻, 亦只是湊着它天地仁愛之心故也。

天地滿天地惻隱之心, 聖人滿腔子惻隱之心。此心空缺去處, 萬物便枯燥不活了。

『中庸』一篇, 一天字貫却終始, 不着一毫人力安排, 所以明孔夫子與天合一之妙。

顔、曾、思、孟, 只是發明得一箇孔夫子。非顔子, 無以見克復學聖之幾; 非曾子, 無以發一貫忠恕之實; 非子思, 無以徵配天功化之極; 非孟子, 無以决集聖大成之案。

朱子後孔子。

孔子文章原本, 朱子文章副本。

孔子代天說話, 朱子飜譯孔子。

金、木、水、火、土之氣爲天, 金、木、水、火、土之質爲地, 金、木、水、火、土之神爲人。

看理不切, 便似心外有理; 存心未熟, 便似理外有心。

"形而上謂之道, 形而下謂之器。" 心上也有道器之分, 道心、人心之類是也; 性上也有道器之分, 本然性、氣質性之類是也; 情上也有道器之分, 曰天理、曰人欲之類是也。精則察夫二者之間而不雜, 一則守其本心之正而不離, 此則堯、舜以來聖賢相傳之密旨妙訣也。

四端遡其端而明其本, 重在仁義禮智字; 七情就其用而分其目, 重在喜怒哀樂字。故彼以純善言, 此以兼善惡言, 其實一情也。

心之所具者理也, 所乘者氣也, 故有主此而發者, 有主彼而發者, 心一而用萬故也。

理也者, 該動靜體用, 包能所大小, 故無虧欠, 不相假借而足。

四德訓詁, 有以源頭明之者, 如元、亨、利、貞之類是也; 有以氣象明之者, 如寬裕溫柔、發強剛毅、齊莊中正、文理密察之類是也; 有以情意明之者, 如惻隱、羞惡、恭敬、是非之類是也; 有以功用明之者, 如長人、嘉會、利物、榦事之類是也; 有以德行明之者, 如父子有親、君臣有義、夫婦有別、長幼有序、朋友有信之類是也。有泛言之者, 有切言之者, 不可胡亂侵界說, 又不可膠固泥滯說。

仁是四德之首, 智是四德之本。是以體仁足以長人, 體智足以榦事。

仁智一心之始終, 萬事之首尾。

智有知覺無運用, 未發時知覺不昧, 體也; 已發時知覺分明, 用也。到惻隱時交付仁, 到恭敬時交付禮, 到羞惡時交付義, 到是非時還他本分。五行水爲生成之本, 四時冬爲終始之根, 四德智爲動靜之機, 其理一也。

『中庸』文字, 最難理會。揭一天字做頭說, 終以"上天之載, 無聲無臭"合尖說, 中間許多說, 只是說天與人合一處。

"天命之謂性"與"天地位、萬物育", 卽一章之始終, 全篇之體要。

"率性之謂道", 卽天命也; "脩道之謂敎", 亦天命也。

修身、治人、治天下, 皆天命分數內事。

"鬼神之德其盛矣乎!" 此是說天之功用。使天下之人齊明承祭, 非人自爲之也, 天使之然也。

一誠字通貫天人。

「大壯」「大象」曰: "雷在天上大壯, 君子以, 非禮弗履。"

愚按: 禮於德爲中爲敬、於事爲文爲明, 於時屬夏、於行配火, 皆盛大彊壯之意, 故曰"立於禮"。纔失此則便有傾頹衰消之意, 默體認之, 可見。

心在人之太極也。"太極動而生陽, 靜而生陰", 心動而行情, 靜而具性。太極乘氣機而動靜不息, 心乘氣機而寂感不已。

太極有甚不足, 心有甚不足。

格物如讀書, 致知如解蒙。

誠意治二三歧貳之病, 正心治偏倚過不及之病。

智與禮縱, 仁與義橫。【圖說】

"立於禮", 四德之中, 唯恭敬之德, 有樹立之意。

本然、氣質, 合下就人一心上分別說。若不於心上分說, 本然、氣質說得爲甚。

"聖而不可知之神", 亦極其理之本體而言, 理外更無神。

"五畝之宅, 樹之以桑"以下一節, 先老後幼, 先衣後食, 先富後教, 先事後功, 極其次第。聖賢尋常說話, 燦然有法, 蓋如此。

"不違農時"以下一節, 王道之始也; "五畝之宅"以下一節, 王道之成也。孟子告梁王則該擧兩節, 告齊王則單擧一節, 何義也? 魏則地磽土瘠, 物薄貨竭, 不可不先立撙節愛養之本。齊則據富強之業, 尙功利之風, 山林川澤, 已行厲禁。故止擧制産設教之法, 隨時救弊, 詳略不同。

說北宮黝、孟施舍之勇, 以喩曾子千萬人吾往之勇; 說伯夷、伊尹之事, 以明孔子時中之義, 語非其倫, 義亦不精。爲文章, 亦不可不知此義也。

孟子曰: "口之於味也、目之於色也、耳之於聲也、鼻之於臭也、四肢之於安佚也, 性也有命焉, 君子不謂性也。仁之於父子也、義之於君臣也、禮之於賓主也、智之於賢否也、聖人之於天道也, 命也有性焉, 君子不謂命也。"

曰: 性以道理言, 命以氣數言。有性有命, 彼此等耳, 君子於彼不謂之性, 於此不謂之命, 何也?

曰: 前一節五件說形氣, 卽人心之屬也; 後一節五事說道理, 卽道心之屬也。蓋人之生也, 同有此二物, 二物又各有五目。五目又各有合內外之道, 曰"口也、目也、耳也、鼻也、四肢也"五者; 形氣之在我者也, 曰"味也、色也、聲也、臭也、安佚也"五者; 形氣之在彼者也, 曰"仁也、義也、禮也、智也、聖人也"五者; 道理之在我者也, 曰"父子也、君臣也、賓主也、賢否也、天道也"五者。道理之在彼者也, 形氣與道理, 雖有大小尊卑之不同, 而其所以合內外則一也。口之悅味理也, 味之悅於口亦理也; 目之悅色理也, 色之悅於目亦理也; 耳之悅聲理也, 聲之悅於耳亦理也; 鼻之悅臭理也, 臭之悅於鼻亦理也; 四肢之悅安佚理也, 安佚之悅於四肢亦理也, 不得不謂之性也。仁有愛之理, 而父子有當愛之理; 義有敬之理, 而君臣有當敬之理; 禮有讓之理, 而賓主有當讓之理; 智有別之理, 而賢否有當別之理; 聖人有體天之理, 而天道有合聖之理, 是所謂性也。雖然, 口有嗜厭, 而味有甘苦; 目有明暗, 而色有姸醜; 耳有聰聵, 而聲有正淫; 鼻有通塞, 而臭有香羶; 四肢有痺強, 而安佚有久速, 此皆係於氣數之所値, 是所謂命也。仁有淺深, 而父子有存亡; 義有精麤, 而君臣有去就; 禮有誠僞, 而賓主有吉凶; 智有偏全, 而賢否有眞假; 聖人有壽夭貴賤, 而天道有否泰屈伸, 此皆係於氣數之所値, 不得不謂之命也。是故有性有命, 彼此等耳。然形氣之於君子, 極小極輕; 理義之於君子, 極大極重。小且輕也, 故聽之於天; 大且重也, 故責之於我。聽之於天, 則斯可以安身而立其命矣; 責之於我, 則斯可以克己而復其性矣。此『孟子』七篇之大界分。

文義深淺高卑, 自有定體平舖明白, 不可鑿之使深, 抗之使高。牽強屈曲, 迂濶膚淺, 不是文義。朱子註解, 初極講究, 同異本末, 無所遺漏; 晩極折衷, 微辭奧旨, 無所差謬。後之學者, 不能潛心活觀, 或滯初年同異廣求之實, 反迷晩年折衷決案之正, 是可懼也。

1-1-16

「용문잡지龍門雜識」(『華西集』卷17)

해제

1) 서지사항

이항로(李恒老)가 지은 수상록. 『화서집(華西集)』 권17에 실려 있다. (한국문집총간 304)

2) 저자

이항로(李恒老, 1792~1868)로 자는 이술(而述), 호는 화서(華西)이다.

3) 내용

이 글은 1861년(70세)부터 1866년(75세)까지 심통성정(心統性情)·리기(理氣)·음양(陰陽)·이단(異端)등 성리학적 주제에 관한 단편적인 글들을 모은 것이다. 이항로는 "심은 리로써 말한 것도 있고, 기로써 말한 것도 있다.[心, 有以理言, 有以氣言.]"라는 송시열의 언급을 "리로써 말하는 것은 심의 본체이고, 기로써 말하는 것은 심의 형체이다.[以理言者, 心之本體也; 以氣言者, 心之形體也.]"라고 해석하여, 심(心)과 성정(性情)·리기(理氣) 관계를 보다 명확하게 정하였다. 또 "천지만물은 본래 나와 하나의 마음이다.[天地萬物, 本與我一心.]"라고 하여 심을 통해 천지와 인간 나아가 우주와 개인을 통일하고 있는데, 이는 심을 통해 개인의 주체성을 확보하려는 철학적 노력이었다. 「용문잡지」는 「계상수록」, 「봉강질서」와 함께 이항로의 마지막 수상록이며, 비록 길이는 가장 짧지만 그의 성리학을 종합한 만년설(晩年說)이라는 데 의의가 있다.

1-1-16 「龍門雜識」(『華西集』卷17)

兩物相接謂之際。以道理相接, 則相悅相樂, 而福生焉; 以形體相接, 則相觸相擋, 而害生焉。【辛酉】

方、圓, 只是一箇直, 一箇直轉運, 則圓生焉; 立定, 則方生焉。

人物性同異。程子曰: "萬物各具一理, 萬理同出一原。" 愚以爲各具一理, 言其異也; 同出一原, 言其同也。

以太極言, 則太極之中, 含具萬理, 故天地之間, 萬物都具。以人心言, 則一心之中, 含具萬理, 故一身之上, 萬事都具。

無極而太極。萬理主宰之會, 萬氣聽命之地。在天謂之帝, 在人謂之本心, 在物謂之神, 其實一理也。

首足一身也, 不毁一髮, 倒懸則必死; 根枝一木也, 不落一葉, 逆竪則必枯, 此則夫人皆知之矣, 至於理氣之倒置逆竪, 則不知耳急也, 不亦異乎? 太極者理也, 卽二五人物之根柢樞紐也。二五人物, 乃太極之功效形迹也。其上下帥役之分、先後順逆之差, 皆由此而定, 聖賢千言萬語, 皆所以明此也。嗚呼! 理氣倒置, 蓋有由焉, 有以陰陽當太極之位者, 有以混淪當太極之位者, 有以寂滅當太極之位者, 有以一氣當太極之位者, 有以一物當太極之位者, 其說雖殊, 其所以倒置上下一也。今夫有天然後有地, 有地然後有人, 是乃三極先後之序也。而其天所以爲天, 地所以爲地, 人所以爲人, 一太極也。今天地開闢之始, 卽前天地開闢之終也; 今天地開闢之終, 卽後天地開闢之始也。其統終始而無窮者, 一太極而已矣。太極之位, 至尊、至神、至誠、至明之地也, 豈可以一器一物, 局而不通者干之哉?【壬戌】

陽以生陰爲心, 陰以生陽爲心, 是乃在陽在陰底太極也。觀「太極圖」陰陽圈, 可見矣。若以陰生陰, 以陽生陽, 則反背天理, 橫拂人心, 兩己相背, 是爲惡矣。如『易』之損上益下, 『禮』之卑己尊人, 皆用此道也。

知無不知, 覺無不覺, 理之通也; 知有所不知, 覺有所不覺, 氣之局也, 擴充變化, 恢復本然之量, 是乃人下工夫處。

靜中含動, 性也; 動中含靜, 情也。靜其動, 動其靜, 而主宰性情者, 心也。

舊陽已消, 新陽未生, 此是間不容息時, 故「剝」之上九一爻, 分作三十, 九月一日消一分, 二日消二分, 至三十日消三十分, 是爲純坤之月。然「坤」之初六分作三十, 十月一日生一分, 二日生二分, 至三十日生三十分, 是爲「復」卦。然則「坤」卦雖爲純陰之卦, 而實則無一刻無陽之時, 「夬」、「姤」承接之際, 陰亦如此, 若一刻有無陽無陰之時, 則天地萬物, 缺陷滅息久矣。『易』所謂"易不可見, 則乾坤或幾乎息矣"者, 正指此也。此是至誠無息處, 孔子所謂"復其見天地之心"者, 亦指此也。孔子曰"太極生兩儀", 儀之爲言, 配匹也。陽必統陰, 陰必從陽, 無一息單行孤立之時, 故曰儀。若有陽無陰、有陰無陽, 如有天而無地、有地而無天, 不成造化久矣。一陰一陽, 周流復始, 略無間斷者, 莫非天地生物之心爲主故也。是所謂"無極而太極"也, 是所謂"萬物之一原"也。

「乾」求乎「坤」, 「坤」求乎「乾」, 此所謂"天地之心, 至誠無息"者也。以言乎五行, 則水之根藏乎火, 火之根藏乎水, 木之用著乎金, 金之用著乎木。以言乎人身, 則視資乎聽, 聽資乎視, 言顧乎行, 行顧乎言。以言乎人倫, 則父愛其子, 子孝其父, 君禮其臣, 臣敬其君, 兄友其弟, 弟悌其兄, 夫唱其婦, 婦從其夫, 朋以類聚, 友以德合。以言乎物, 則陸貪乎海, 海貪乎陸, 飛悅乎潛, 潛悅乎飛。顯至理之生生, 成天下之亹亹。

陽不能生陽而生於陰, 陰不能生陰而生於陽。是以陽之生道在陰, 陰之生道在陽。

若無陰則陽之生道，絶矣；無陽則陰之生道，亡矣。其至誠無息之心，當於「剝」、「復」之際，見之矣。「剝」之上九一陽，消於上；而「復」之初九一陽，已生於下，是故曰"「坤」未嘗無陽。" 又曰"不遠復。"「夬」、「姤」之際，陰亦如此，但不言耳。揲蓍之法，二耦一奇，陰多陽少，則陽之生道方盛；二奇一耦，陽多陰少，則陰之生道方壯，故少陽少陰守其常。三奇而無耦，則疑於無陰，故變而爲陰；三耦而無奇，則疑於無陽，故變而之陽，老陽老陰必變而入用。是乃天地生物之心，人物生生之道。

"陽生陰，陰生陽"者，形氣也；"以陽生陰，以陰生陽"者，太極也。形氣局，故分而爲兩；太極通，故統而爲一，以此推之萬物，皆如此。

孟子曰："人皆有不忍人之心。" 此蓋仁字註脚中，形容其切迫、傷痛之意也。竊觀自古訓仁字多，孔子曰："仁者，愛人。" 曾子曰："仁者，能好人惡人。"「文言」曰："君子體仁，足以長人。"『中庸』曰："仁者，人也。" 朱子曰："仁者，心之德、愛之理。" 此蓋泛釋其義，而順勢而言也。孟子所謂"不忍人之心"，形容其傷痛驚動迫不得已之意，而逆勢而言也，其故何也？

曰：君子不識時，不足以語學，聖賢明道濟世，如名醫對症投劑。如人無病之時，下預防之藥，則不得不平淡周遍；如人病淺之時，下和解之劑，則不得不分別溫凉補瀉；如人病欲濱死之時，下救急回生之方，則不得不剛猛緊急。用藥之平峻寬窄，雖各不同，而所以濟生一也。

心要天覆地載，何盡何窮！道喜縷析毫分，愈詳愈味。

功夫不切，故有兩是雙非之疑；心量不弘，故無兼聽並觀之公。【癸亥】

橫說時，有是理，故有是氣；竪說時，氣未至，則理不具。

氣中有無質者，聲色臭味之類也；理中有有迹者，心性情之類也。無質也，故省察貴嚴密; 有跡也, 故積累甚的確。

“臨事而懼, 好謀而成”八字, 行軍機要, 盡在裏許。

口之於味、目之於色、耳之於聲、鼻之於臭、四肢之於安佚, 自然相引, 是亦理也。然以陪奉形氣爲主, 故君子屬之人心一邊。仁之於父子、義之於君臣、禮之於賓主、智之於賢否, 聖人之於天道, 非氣則不行, 是亦氣也。然以擴充道理爲主, 故君子屬之道心一邊。人心在所省察, 道心在所尊奉,『孟子』此章, 於理氣分合之際, 分明洒落。

朱子之學, 融會貫通, 盡發蘊奧。何謂融會貫通? 如衆物之表裏精粗, 一一窮格, 而至于豁然貫通之域; 吾心之全體大用, 一一體察, 而至于不思不勉之界。何謂盡發蘊奧? 如『大學』言“心不言性”,『中庸』言“性不言心”, 是其蘊奧也。「大學序」發明性字,「中庸序」發明心字, 且注釋「解」、「剝」, 無一字不發其蘊奧, 如曰“性, 理也; 喜怒哀樂, 情也”, 其未發性也之類皆是, 翫味久之, 自當得之。承羲、黃、堯、舜、禹、湯、文、武、周、孔、顔、孟、朱、宋之統緖, 立五常五倫、天地人物之本體, 死生不足以動其心, 貴賤不足以易其守, 古今不足以限其至。【大明 崇禎紀元後, 四癸亥, 陽復日, 書于黃蘗燕室。】

凡聖賢說話, 有理氣合一時, 有理不從氣時, 有氣不應理時, 言各不同, 逐一理會。

宋子曰“心有以理言, 有以氣言”, 愚謂“以理言者, 心之本體也; 以氣言者, 心之形體也”。

神可欺也, 不足爲神, 不能福善禍淫, 亦不謂神。如有不能爲, 則烏足爲神? 無人與我、古與今之別。

天地萬物, 本與我一心, 故感應之速, 捷於影響; 報復之實, 較若黑白; 存亡之判,易如反覆, 都在我一心運用, 如何?

天心向背, 驗於小民休戚; 小民休戚, 係於守令廉貪; 守令廉貪, 係於監司黜陟; 監司黜陟, 係於朝廷公私; 朝廷公私, 本於人主之一心。心明乎理而誠乎理, 則萬事皆得; 心蔽乎氣而局乎氣, 則萬事皆失。孟子曰: "人皆有不忍人之心, 以不忍人之心, 行不忍人之政, 治天下可運之掌上。" 此眞有體有用之學也。

懸洪鍾於此, 小撞則小應, 大撞則大應, 喜撞則喜應, 怒撞則怒應, 不撞則不應, 此皆由乎我? 由洪鍾乎哉?

孔子之於天下後世也, 以至誠惻怛愛之如子, 有其心有其政。天下後世之人, 仰孔子如父母者, 有何疑乎?

道與器, 不得不分, 亦不得不合, 分中有合, 合中有分。

道器, 有相資時, 有相抗時。相資時, 如人馬帥卒; 相抗時, 如子賊苗莠。

太極生兩儀, 亘古亘今, 只此五字發明而已矣。數有奇耦, 象有動靜, 門有闔闢, 脚有左右, 皆此理也。

天地之栽培傾覆, 鬼神之福善禍淫, 聖人之爲善去惡, 生物之衛生避死, 皆至誠無妄。

理一故在陰在陽, 兩在不測; 氣兩故陰爲陰、陽爲陽, 更推不去。栗谷所謂"理通氣局"是也。理無古今, 通爲一理; 氣有舊新, 止是兩氣。

陰陽對待消長, 通計則無一刻饒乏, 此則象數也。然其抱陽背陰, 抑陰扶陽之心, 亦無一息間斷, 此則天地之心也。天下必無"無理之氣", 必無"無氣之理", 理氣之不能相無, 勢固然矣。然其遏欲存理, 尊理卑氣之心, 亦無一毫虧欠, 此非人心之私也。有生有死, 必然之數也; 生則喜之, 死則哀之, 必然之理也。彼溺於象數之末者, 不足以與語心性之學也。

七德、【健順仁禮義智信】七情,【喜怒哀樂愛惡欲】一時一處, 不可盡用, 惟視其所當。如用藥, 百草皆備而對症投劑, 止用一二草, 如『周易』三百八十四爻之中, 止用所揲一兩爻, 如臨事應務, 止用一兩器械, 亦一理也。

理無不通而氣拘, 故不通; 氣無不局而理乘, 故不局。

仁包四德, 擧其首耳, 其實擧一, 則該萬。

天地內外, 惟理氣兩物而已。氣該於理, 惟一理字通貫, 前天地、後天地。

纔曰"吾已知", 則已不知; 纔曰"吾已能", 則已不能, 故天道常如不及。

大人之言, 每據道理; 小人之言, 每倚氣勢。

天在上, 有無物不覆之德; 地在下, 有無物不載之德; 人在中, 有無過不及之德。

橫說則一時萬理俱備, 無遲疑等待之地, 竪說則春終而夏始, 夏終而秋始, 秋終而冬始, 冬終而春始, 循環流行, 無躁妄欲速之時。【乙丑】

第一子生産之序, 長子成人之稱, 傳重承統之主, 三者不可易。

子不臣母, 當時人子之心; 母后稱弑, 後世秉筆之公。

天理在不已, 人欲在間斷, 不已則生, 間斷則死, 此天下之定理。人心生死, 實界於此。

根發枝, 枝晦根; 子養父, 父訓子, 皆一理也。

"無不是底父母", 大舜之心, "父頑母嚚", 天下之公。

『中庸』曰: "豫則立, 不豫則廢。" 竊觀『易』、『書』、『詩』所稱, 無一處不豫之意, 如「葛覃」后妃之本也, 而"葛之覃兮, 黃鳥于飛"之時, 有何可采之節, 可以爲絺爲綌者乎? 如『易』曰"履霜堅冰至", "履霜非堅冰"之時, 而爲之防寒, 則必無凍死之物矣。"七月流火"時, 尙遠於授衣之月, 「豳詩」之首, 必曰"七月流火, 九月授衣"。

理氣二物, 互奪名位; 小人大人, 混同無別; 帥役乘載, 掩遮薄蝕, 孰能爲天地立心? 孰能繼往聖開來學? 前天地、後天地, 只是一箇心。

我所生之物, 克克我之物, 我所克之物, 生克我之物。子視萬物, 貨視萬物, 唯在我立心, 如何?

陽統陰、陰承陽之戒, 不可一刻不存。

生克之機, 不可闕; 扶抑之戒, 不可無。

孔子曰: "以周公之才之美, 驕且吝, 其餘不足觀也已。" 周公曰: "予, 文王之子, 武王之弟, 今王之叔父。" 猶不敢驕人。觀此則"驕"之一字, 喪德之鴆毒, 速亡之焰硝也。吾驗之於人, 不驕而衰替者, 或有之矣; 驕而不衰亡者, 未之有也。夫『大學』, 孔、曾傳道之書也, 三言得失, 終說其幾之决, 亦不過曰"驕與不驕"而已, 則夫豈無理聖人言之? 吾聞, 申說書公, 恭敬過人, 凡適人家, 婢僕進饌, 必至戶乃受, 出亦如之, 雖子姪之親, 不衣冠則不接。聞平壤公在山中也, 有鄰居申公, 夜來叙族, 其胤請定寢, 不應。申公告退, 乃責其胤曰: "鄰居老人未歸, 而吾先示厭倦之色, 可乎?" 三嘉公對飯客至, 擧而出接, 案壞饌薄, 至不可堪, 至於遇人, 盡得歡心, 無不嘖嘖稱善。以此所聞推之, 則一臠足以知全鼎也。

詖辭缺一脚, 淫辭陷一邊, 邪辭不是, 遁辭似是。

聖人必叩其兩端而竭焉, 故無詖辭。

天地人, 有相關處, 有不相關處。

聖人無蔽處, 故本無詖辭, 譬如“青天白日”, 無一點陰翳, 光明所及, 豈有虧欠? 衆人, 譬如“雲暗蔽天”, 隨其空缺, 光明透漏, 故有蔽不蔽。

吾見世人, 壞了於甥舘者多矣。不知愛人以德, 愛人以姑息故也。

甥舘是人生初出入也。言論、風采、向背、可否, 安得不與之俱化?

象固說氣, 而有以理說時。【丙寅】

金重於羽立也, 羽重於金權也。

“叩其兩端而竭焉”者, 所以誘掖之也; “擧一隅而不以三隅反, 則不復”者, 所以責勵之也。一語一默, 無非“誨人不倦”之意也。

有“循環無端”者, 有“一去不返”者。

後世之戰, 唯有屯田一路, 屯田畧得井田規模。

天地一物也。以六陽對六陰, 若一毫不相敵, 則必不相持。

『中庸』曰: “自誠明謂之性, 自明誠謂之敎。” 『大學』是敎之事, 故說“自明誠”之事。是以致知居先, 誠意居後。

“明明德”之“明”, 是“自明誠”之道。

“自誠明”, 原有此理, 而禪學所謂“自誠明”者, 乃自欺之語也。

朱子讀書, 得其全篇體勢, 視緩急上下, 然後方始下字。是故如造化施物, 物物不同, 而無踈略複疊之語。「西銘」: “天地之塞, 吾其體; 天地之帥, 吾其性。” 此一句, 全用『孟子』語, 孟子曰: “志, 氣之帥也; 氣, 體之充也。” 又曰: “浩然之氣, 塞于天地之間。” 今變心爲性, 性卽理也, 喚心爲理, 已自橫渠而然, 「西銘」、程子、朱子之所尊信而無疑者也, 後學當以此爲準。

欲爲君子, 免爲小人, 天下之同情。

善善惡惡, 天地人同心。

擧直錯諸枉, 能使枉者直, 卽惟精惟一之事也。擧直錯諸枉, 惟精也; 能使枉者直, 惟一也。聖人千言萬語, 惟精惟一也。

“臨事而懼”一句, 畏天命也; “好謀而成”一句, 盡人道也。

吉有千萬㨾, 只是仁、義、禮、智之効; 凶有千萬㨾, 只是不仁、不義、無禮、無智之迹。

忠信, 所以進德也; 修辭立其誠, 所以居業也。內尊德性, 外順辭命, 置水不漏矣。德無欠, 辭無詖淫, 知至至之, 可與幾也, 知終終之, 可與存義也, 始終擧矣。居上位而不驕, 在下位而不憂, 貴賤不與矣。

堯、舜、孔、孟, 於我有何恩愛? 唯所行所言, 天下之公道也。楊、墨、老、佛, 於我有何嫌怨? 惟所行所言, 天下之詖邪也。何謂公道? 如有東必有西, 有南必有北, 有上必有下之。何謂詖邪? 如便於東而不便於西, 便於南而不便於北, 便於上而不便於下之類。惟大眼目公是非人通於此。

舜至公無私, 而當於理, 故殛鯀而不以怨, 薦禹而不之恩。

打過死生人, 其言明白平正, 未及打過死生人, 其言回互隱忍, 久看自別。

“學如不及”四字, 形容所行之乾乾; “猶恐失之”四字, 形容所存之慥慥。

1-1-17

「남당집기의南塘集記疑」【丁亥】(『華西集』卷18)

해제

1) 서지사항

이항로(李恒老)가 『남당집(南塘集)』에 대한 의문을 기록한 글. 『화서집(華西集)』 권18에 실려 있다. (한국문집총간 304)

2) 저자

이항로(李恒老, 1792~1868)로 자는 이술(而述), 호는 화서(華西)이다.

3) 내용

이 글은 이항로가 남당 한원진의 견해에 자신의 의견을 붙이면서 심(心)에 관한 견해를 피력한 것이다. 먼저 이항로는 한원진이 리기(理氣)는 묘합의 관계이며 심(心)은 발하는 바에 따라 그 양상이 달라질 뿐 하나임을 강조했지만 그것이 리기의 불상잡(不相雜)의 측면을 무시한 것이 아니며, 불리와 부잡의 양면을 함께 보아야 한다고 주장하였다. 즉 심(心)은 하나이지만 리기(理氣)로 구분하면 도심(道心)과 인심(人心)으로 나뉘고, 도기(道器)는 서로 떨어질 수 없지만 형이상과 형이하로 나뉘며, 성(性)은 근본이 둘이 아니지만 각기 주로 하는 바에 따라 본연(本然)과 기질(氣質)로 나뉘는 것인바, 이렇게 분별하지 않으면 보존할 것과 제거할 것을 제대로 살필 수 없다는 것이다. 또한 한원진의 "인심은 사단칠정이 식색을 위하여 발한 것이고, 도심은 사단칠정이 도의를 위해 발한 것"이라는 주장에 대해, 이항로는 사단칠정을 리와 기로 분속하는 것도 문제이지만, 식색과 도의를 구별함 없이 사단과 인심을 통론해도 되는 것인지 의문을 표했다. 이밖에 중화를 존숭하고 이적을 물리치는 것은 만고불변의 원칙으로서, 군자가 의리를 인식하고 역사를 이해하는 기준임을 강력히 주장하였다.

1-1-17 「南塘集記疑」【丁亥】(『華西集』卷18)

敬次栗谷先生「理氣詠」註云: “理氣俱生, 本無先後之可言。”
按朱子曰: “理本不可以有無言, 理亦有生之者乎? 理果有生之者, 而與氣俱生, 則亦可以有無言, 而烏在其尊而無對乎?”

心者氣也, 其所以爲是心者理也, 而未發則性也, 心與性俱, 動者情也。動者氣也, 而其所以然者, 未嘗不乘人心發用, 果有二岐乎? 其感者不同, 故有喜怒 哀樂、人心道心之殊, 而其發則未嘗不一也。然則心發、性發、情發、氣發之說, 固爲大錯, 而主氣、主理、氣重、理重之論, 恐未爲的當也。人心道心之不同, 如喜怒哀樂之不同, 可喜之事感之則喜情發, 可怒之事感之則怒情發, 道義感則道心發, 食色感則人心發, 其所爲而發者, 其發處則未嘗有異也。纔曰主理、曰理重, 則是理占分多於氣矣; 纔曰主氣、曰氣重, 則是氣占分多於理矣。或理占分多, 或氣占分多, 則是理氣未免各有主張, 而人心微有二岐之嫌矣。

理氣妙合, 不可以相離, 然理自理、氣自氣, 亦不可以相雜也。故從古聖賢皆分別言之, 道心人心,【在心上分別理氣】形而上下,【在形器上分別理氣】本然氣質,【在性上分別理氣】克己復禮, 遏欲存理,【在情意上分別理氣】皆是豈不知理氣渾合無間之妙, 而如是區區分別於名義之間, 而反犯此二歧二本之歸耶? 夫理則純善, 而氣未必盡善, 故其公私淑慝之源, 實由於此, 不如是分別, 作兩箇說破, 則無以察夫勝負消長之機, 而用力於存此而去彼也。是以心一而已矣。必曰道、曰人而分之, 道器元不相離而已矣, 必曰上、曰下以分之, 性無二本, 曰本然、曰氣質; 情無二岐, 曰己、曰禮、曰欲、曰理, 言各有所主而非擧此則遺彼也。若纔聽人說道心原於性命, 自家却便說性命離不得形氣以難之; 纔聽人說人心生於形氣, 自家却便說形氣是本於性命以難之, 曰是二本、是二岐可乎? 心之覺於性命, 覺於形氣, 旣有人心道心之別, 則情之發, 亦豈無主於性命、主於形氣之不同乎? 於七情中分別言之, 則似無不可, 而以七情屬之氣、四端屬之理, 則亦未知其必然, 栗谷之辨是也。然以主理、主氣之說, 並歸之於二岐而斥之,則恐亦不必爲定論也。

「進心性情說」云: "臣請略陳心性名目大體矣。蓋天以陰陽五行, 化生萬物。故人稟是氣而生, 氣之粗濁者爲形質, 氣之精英者爲心。身者, 心之宅舍也; 心者,身之主人也。五臟血肉之心, 圓外竅中, 其中方寸, 方寸之中, 五行精英之氣聚焉。此則所謂虛靈知覺、神明不測之心也。五行之氣, 旣聚而爲心, 則五行之理, 又具於其中, 所謂性也。心卽氣也, 性卽理也。氣有作用而理無作用, 故心之氣感物而動, 則性之理乘之而出, 所謂情也。因是情而商量較計者, 意也; 因是情而定其趍向者, 志也。念、慮、思皆意之別名, 而念有不忘之意, 慮有虞度之意, 思比念慮, 地步較濶。性之目有五, 曰仁、義、禮、智、信。仁、義、禮、智各爲一德, 而盡管天下之理, 信則只是仁、義、禮、智之實者, 而非別爲一德也。情之目有四端、七情, 四端之發於性, 各有攸主而不可亂也。七情之發於性, 愛哀發於仁, 怒惡發於義, 喜懼欲或發於仁, 或發於禮, 發於義而未有所主矣。然總而論之, 則七情之發於仁者, 皆惻隱之屬也; 發於義者, 皆羞惡之屬也; 發於禮者, 皆恭敬之屬也; 發於智者, 皆是非之屬也。衍之爲七, 約之爲四, 非有二情也。人稟氣爲形, 稟理爲性, 而理氣不相離合。故兼其理與氣而言, 則爲氣質之性; 就氣中單指其理而言, 則爲本然之性。本然之性, 純善無惡, 性之本體也, 故君子於是性也, 唯務存養而已。氣質之性, 受變於氣質, 非性之本體也, 故君子於是性也, 必務矯揉而求以變化焉。人心, 卽四端七情之爲食色而發者也; 道心, 卽四端七情之爲道義而發者也。人心, 人欲之本; 道心, 天理之發也。故君子於人心則務於克治, 而道心則務於擴充焉。性之有本然氣質之名者, 只以氣之兼不兼而有是二名耳, 其實只是一性也。心之有人心道心之名者, 只以或爲食色而發, 或爲道義而發, 而有是二名耳, 其實亦非有二心也。蓋心之未發, 氣不用事, 一性渾然, 故君子於此只務存養而已。及其已發, 七情迭出, 善惡始分, 故君子於此力加省察之工, 知其爲天理之發也, 則擴而充之, 知其爲人欲之發也則遏而絶之。存養、省察之工至, 則未發而大本立, 已發而達道行, 可致乎位育之盛矣。然不能持敬則心昏而不明, 志惰而不強, 又無以存養省察矣。古人言敬字之義, 程子以'整齊嚴肅、主一無適'言之, 謝氏以'常惺惺法'言之, 尹氏以'其心收斂不容一物'言之, 朱子以'畏字近之'言之。以是數說觀之, 則敬字之義可知, 而臣又請以世俗常用之談釋之, 所謂敬只是'不放過'三字之義也。心爲一身之主、萬事之本, 而敬爲一心之主宰也。天地間事說得到此, 可謂至要而至約矣。伏願深留意焉。"

自人稟是氣以下, 至五行之氣旣聚而爲心, 似專以氣言。張子曰: "合性與知覺, 有心之名。" 朱子曰: "理與氣合, 便能知覺。" 又曰: "唯心無對, 何嘗說心專屬氣一邊而與理對立歟? 至若七情, 蓋心性發用之統名, 而非與五性相準爲名, 如四端之云也。性之發用爲情, 而情之爲物, 只有順逆兩端而已, 曰喜、曰樂、曰愛屬順, 喜之反爲怒, 樂之反爲哀, 愛之反爲惡, 曰怒、曰哀、曰惡屬逆, 陽順、陰逆之象也。欲者, 又是六者之統名也, 如以性言, 則其目雖有五, 而合以言之, 則健順而已; 統以言之, 則生之理也。以情之有順逆, 性之有健順, 分配陰陽, 則固無不可。若以七準五, 屑屑於區別攤配, 則何異於以橫嶺準直峯也耶? 且四端, 孟子就情上拈出其與五性脈絡貫通者, 有是云耳。栗谷曰: "七情, 不如四端之粹; 四端, 不如七情之全。" 此語最完備。退溪以四七分屬理氣, 固不敢知其何如? 而今以四端通言於人心者, 亦所未敢知也。發於性命者, 謂之道心, 則如四端之屬; 皆是發於形氣者, 謂之人心, 則如飢思食、渴思飮之屬皆是。今以四七通言於爲食色而發, 爲道義而發, 終未可曉。且以不放過釋敬, 亦未知何如?

我國風俗有兩班常漢, 多結者大抵皆在兩班, 而無田者得以佃作, 獲其半利。田主獲其半, 而於其中又出公稅; 佃作者獲其半, 而無公稅之出, 所食反優於田主矣。

愚按, 小民食力, 大民食德, 天地之常經也。然食力者, 力有分限; 食德者, 祿無定數。故聖王之制, 使食力者私其十,【井田之制, 私田百畝】 食祿者, 斂其一。【井田公田八十畝】 猶恐其力竭稅重, 憂恤之心, 不遑暇食, 如是故小民見保於下, 大民不尸於上, 上下相愛, 天地交泰矣。自秦以降, 阡陌毁而兼併興, 民困於下, 祿侈於上, 不可爲治, 而甚至家家操兼併之權。人人望尸素之餐, 小民最下者, 擧皆無田, 貰人佃作, 十僅取五, 舘客輸粟之費, 又出五內, 公私糶庸, 不翅倍蓰。故民或有終歲勤苦, 而比及滌場, 甁罌已空, 嗷嗷闕食者矣。聖上詢及儒臣登, 筵之日, 聖人仁民活國之誠, 可謂卓冠百王, 小民救死回生之機, 亦庶幾乎千載一時矣。何故以佃作所食，反優田主啓達耶？耕作之家，十失其五，兼併之室，十斂其五，已非古制。況彼耕有限，而此兼無節，則其所食之多寡豐約，尤非當較之地矣。此實難得之會，而未得對揚，可勝歎哉！亦命矣夫。

元震曰："『史書』元太祖，此史筆之大有違於『春秋』之義者也。元之建國號曰元，乃在世祖之時，世祖以前，本稱蒙古，史當直書蒙古，而乃書元者。蓋將與元正統，故預先稱元，諱其蒙古之稱不雅也，甚失史法，先正臣宋時烈嘗論元不可與正統，而又痛斥許衡之臣事元主，此深得『春秋』之書法矣。" 上曰："朱子若生元後而修『綱目』，則將何以處元也？" 元震對曰："先正之論如此，則朱子之意，亦豈有異哉？" 上曰："元之正統，旣不可與，而修史之體，又不可無紀年，則年號將何以書之？" 元震對曰："只當大書甲子，而註書'元主某元某年'矣。司馬晉、隋楊堅，得國不正，似不可與正統，而『綱目』與其正統者，彼雖無道，猶是中國之人，而又能混一，則不得不以正統與之也。至於夷狄，則與人異類，故雖能混一，亦不可與以正統也。天地之間，有中國、有夷狄、有禽獸，夷狄乃在人與禽獸之間，夷狄之不得爲中國，正如禽獸之亦不得爲夷狄也。假使禽獸能爲夷狄之事，不可許以夷狄之號，則夷狄雖入據中國，亦豈可與以中國之統哉？『春秋』之義，誅亂臣討賊子，尊中國攘夷狄，此其大者也。誅亂賊之義，壞於楊雄，而朱子特書莽大夫楊雄死，則誅亂賊之義復明矣。攘夷狄之義，壞於許衡，而先正痛斥許衡之失身夷狄，則攘夷狄之義復明矣。孔子『春秋』、朱子『綱目』，先正正論，合而觀之，則聖賢之所以處亂賊夷狄者，其義無不可知者矣。" 上曰："然矣。"

右我英廟丙午十月四日召對，經筵官臣韓公元震說也。王室衰而列國僭亂，孔夫子作『春秋』而明之，宗統微而強僞干竊，朱夫子述『綱目』以正之，夷狄盛而華夏無主，尤菴宋先生倡大義以斥之，前聖後賢，其義一也。後之修史者，若以夷狄之混一中華，與之正統而不疑焉，則「坤」之上六疑於無陽，而其必曰"龍戰"者，亦爲虛語矣。尊華攘夷，卽天經地義民彝之不可易者，而亦有時而不行矣。『春秋』、『綱目』之書，亦非極萬古通行之經法矣，烏乎可哉？夷雖混華，傳世久遠，華之爲華，夷之爲夷固自如，而貴賤尊卑之等，截然而不相亂也。其於正統僞統之分，豈可一例囫圇而無別也哉？塘陳述尤翁之言，而聖祖不以爲不然, 眞盛德事也。後之君子要須先識此義, 然後可以讀史也。

人之一心, 五性備具而七情迭應, 其於性情體用之間, 又各自有脉絡條理之分明, 聖賢已言之詳矣。愚不敢置疑, 第未知仁發時, 義何在也; 義發時, 仁何在也。以爲仁發, 而義在一隅不動; 義發, 而仁在一隅不動, 則是一心之中, 動靜同時, 陰陽同位矣。以爲四者之德發則俱發, 則其情何以有惻隱、羞惡、辭讓、是非之別也? 以爲一理在中, 隨感異應, 則其未發也。何以已立仁義禮智之名乎?【南塘上遂菴書】

其未發也, 五常之理, 森然都具於中; 其已發也, 五常之用, 各專其一, 然亦莫非全體, 但比之未發則偏了。朱子曰: "金、木、水、火、土, 雖曰各一其性, 然一物又各具五行之理。" 推此則亦可知各一之偏, 不害爲全體之貫通也。譬如一器貯水, 其未用也。都具潤下之理, 及其用也, 浸之則潤, 流之則下, 方其潤時。若道潤之理發用, 而下之理在內, 方其下時。若道下之理發用, 而潤之理在內云爾, 則可乎? 如是下語, 恐無大悖否。

南塘曰: 通人物言之, 知覺與仁義禮智, 雖若截然爲二物, 以在人者言之, 知覺與仁義禮智, 又豈判爲二物, 不相干涉乎?

知覺屬智, 南塘說恐得朱子之意。但人則知覺明通, 故能知覺於性命之精; 物則知覺昏塞, 故但能知覺於形氣之粗, 然知覺之屬, 何嘗不同耶?

1-1-18

「명덕리기인물성동이변明德理氣人物性同異辨」(『華西集』卷19)

해제

1) 서지사항

이항로(李恒老)가 1836년에 지은 변론문. 『화서집(華西集)』 권19에 실려 있다. (한국문집총간 305)

2) 저자

이항로(李恒老, 1792~1868)로 자는 이술(而述), 호는 화서(華西)이다.

3) 내용

이 글은 이항로의 주리론적 관점과 인물성동론의 입장을 밝힌 것이다. 먼저 이항로는 리기의 불리(不離)와 부잡(不雜)의 관계를 전제하면서도 부잡의 측면을 강조하였다. 예컨대 "리는 기의 근본이고 기는 리의 자취이며, 리는 기의 준칙이고 기는 리의 도구이니, 본래는 불상리(不相離)하고 불상잡(不相雜)이다. 그러나 리와 기를 섞어서 말하면 리의 본체가 탁연(卓然)한 것을 볼 수 없으므로 리만을 단지(單指)해서 말해야 한다."라고 설명하였다. 비록 리와 기가 떨어질 수 없는 관계에 있을지라도, 기를 통솔하고 기의 기준의 되는 것은 리이므로 기보다 리를 중시해야 한다는 주리론적 관점을 견지하였다. 또 이것을 병졸과 장수의 관계로도 설명하니, 즉 "병졸이 아니면 장수의 이름을 얻을 수 없고 장수가 없으면 병졸의 쓰임도 볼 수 없으나, 그 속에 나아가 호령·통솔·주장·지휘하는 자를 가리켜서 말한다면 어찌 장수와 병졸을 섞어서 말할 수 있겠는가?"라고 하여, 병졸과 장수가 비록 서로 떨어질 수 없는 관계에 있을지라도 둘을 분명히 구분해 보아야 한다는 것이다. 따라서 리와 기는 떨어질 수 없다는 '불리'의 관점에서 리만을 단지(單指)하는 '부잡'의 방법을 비난하는 것은 옳지 않다는 것이다. 또한 인물성동이론과 관련해서는 동론(同論)의 입장을 견지하였다. "사람에는 사람의 도리가 있고 사물에는 사물의 도리어 있어 각자의 본연을 따르니, 인성과 물성은 다르다."는 이론(異論)의 관점에 대해, 항아리의 물에 비유하여 동론의 입장을 견지하였다. "항아리의 물은 하나이나 나누어 소금에 부으면 짠물이 되고 꿀에 부으면 단물이 되는 것처럼, 짠물과 단물의 쓰임이 비록 각각 다르지만 물의 본연은 같다."는 것이다. 이어서 짠물과 단물의 쓰임이 다른 이유에 대해서는 기(器)가 다르기 때문이라고 설명하였다. 따라서 비록 본연은 같으나 기의 다름에 따라 만수(萬殊)의 구별이 있으며, 타는 바의 기가 다르나 그 본연은 같다는 것이다. 그러나 이항로의 이러한 설명은 인물성동이론에 대한 원론적 설명일 뿐으로서, 이간과 한원진의 보다 심층적인 문제의식과 논지를 충분히 소화한 내용이라고 보기는 어렵다.

1-1-18 「明德理氣人物性同異辨」(『華西集』卷19)

或問於余曰: 人有言『大學』之明德, 實合理氣而言之也, 若單指理而言, 則不當下"明"字, 曰明德則可, 曰明理則可乎? 朱子釋之曰"虛靈不昧, 以具衆理應萬事", 虛靈不昧, 非心之謂乎? 故曰"明德", 合理與氣而言之也, 此言似得之, 而若與昔日所聞於吾子者不同, 何如?
余曰: 理氣本不相離之物, 何待人去合之而後始合乎? 但理者氣之根本也, 氣者理之形迹也; 理者氣之準則也, 氣者理之器具也, 本不相離, 亦不相雜。然聖人設敎, 皆從形氣不離上, 指示其道理之不雜者而言之, 其故何也? 氣之根樞準則在理也, 理自純善無惡, 而氣不能無淸濁、粹駁、偏全、通塞之別。若雜而言之, 則無以見理之本體之卓然者, 而亦何足以爲氣之主腦準則而統率之乎? 是以太極卽陰陽、四象、八卦之本體也, 而太極云者, 非雜陰陽、四象、八卦而爲言也; 道卽器之所載, 而道云者, 非雜乎器而立言也。則不離物, 而物與則亦不相雜; 仁不離人, 而人與仁亦不相雜, 推此而往, 莫不皆然。非卒徒, 無以得將帥之名; 無將帥, 無以見卒徒之用。然則將卒本不可以相離也, 然就其中指其號令、統率、主張、指揮者而言之, 則亦將混將卒而稱之乎? 抑將單指其將帥而言之乎? 此非難辨之說也, 而每從人單指處, 必以不離者詰之, 而曰"惟如此而後, 方爲識得理氣合一之妙"云爾, 則烏乎其可哉? 此當與「答李長汝」書參看。

又問曰: 『中庸』曰: "惟天下至誠, 爲能盡其性, 能盡其性, 則能盡人之性, 能盡人之性, 則能盡物之性。" 此性字指本然之性乎? 指氣質之性乎?
余曰: 此說有來歷久矣。然余則以爲就氣質不同之中, 循其本然所同者而言之矣。

曰: 然則人有人之道, 物有物之道, 循其本然而有此不同, 則其所謂本然者, 非不同而何?
余曰: 此不難辨, 有一甕水於此。水一而已矣, 或分而注之於鹽, 則爲鹹水; 注之於蜜, 則爲甘水; 煎過附子, 則爲熱水; 煎過芒硝, 則爲冷水。水則一也, 有此鹹、甘、熱、冷之不同, 何也? 所乘之器【指鹽、蜜、附子、芒硝】不同也。故鹹水、甘水, 用各不同, 熱水、冷水, 施各不同, 此所謂率性之道也。

曰: 然則鹹、甘、熱、冷, 味已不同, 用亦不同, 則將於何處見其所同乎?
曰: 鹹、甘、熱、冷, 雖隨其所乘之氣質而不能不異, 而其水則一也。故無論鹹水、甘水, 而潤濕則同; 無問熱水、冷水, 而就下則同, 此則本然之水一也。故就其氣質不同之中, 循其本然之所同者而已矣。是以本然者雖同, 而所値之氣不能不異, 而有萬殊之別。所乘之氣雖異, 而其本然者, 則不害爲同。此所謂"異中識其同, 同中識其異"者也, 何可膠於一偏而轉見支離迷誤乎?
問答訖, 錄待知者質問焉。丙申臘八日。

1-1-18 「명덕리기인물성동이변明德理氣人物性同異辨」(『華西集』卷19)

선역

혹자가 나에게 물었다. "사람이 『대학』의 명덕(明德)을 말할 때에 실제로 리기를 합하여 말한 것인데, 만약 오로지 리만을 가리켜 말하면 아래의 명(明)자가 마땅하지 않으니 명덕(明德)이라 하면 옳으나 명리(明理)라고 하면 옳겠는가? 주자가 해석하여 '허령불매하여 온갖 이치를 갖추고서 만사에 응하는 것이다.'라고 하였으니, 허령불매는 심을 말한 것이 아니겠는가? 그러므로 '명덕이 리와 기를 합하여 말한 것이다.'라고 하였으니 이 말이 그럴듯한 것 같은데, 예전에 그대에게서 들은 것과 다른 것 같은 것은 어째서입니까?"

내가 말하였다. "리와 기는 본래 서로 떨어지지 않는 물건이니 어찌 사람이 가서 합하기를 기다린 이후에 비로소 합쳐지겠는가? 다만 리는 기의 근본이고 기는 리의 자취이며, 리는 기의 준칙이고 기는 리의 도구이니, 본래는 서로 떨어지지도 않고 또한 서로 섞이지도 않는다. 그러나 성인이 가르침을 세운 것은 모두 형기가 떨어지지 않는 위에서 그 도리가 섞이지 않는 것을 가리켜서 말하였으니 그 까닭은 무엇인가? 기의 준칙은 리에 있고 리는 저절로 순선무악하나 기에는 청탁(淸濁)·수박(粹駁)·편전(偏全)·통색(通塞)의 구분이 없을 수 없다. 만약 섞어서 말하면 리의 본체가 탁연한 것을 볼 수 없으니 또한 어찌 기의 준칙이 되어서 통솔할 수 있겠는가? 이 때문에 태극은 바로 음양·사상·팔괘의 본체이나 태극이라고 말하는 것은 음양·사상·팔괘를 섞어서 말하는 것이 아니며, 도는 기에 실려 있는 것이나 도라고 말하는 것은 그릇을 섞어서 말을 하는 것이 아니다. 법칙은 사물과 떨어지지 않으나 사물과 법칙은 또한 서로 섞이지 않으며, 인(仁)은 사람을 떠나지 않으나 사람과 인은 또한 서로 섞이지 않으니, 이것을 미루어 가면 모두 그렇지 않음이 없다. 병졸이 아니면 장수의 이름을 얻을 수 없고, 장수가 없으면 병졸의 쓰임도 볼 수 없다. 그렇다면 장수와 병졸은 본래 서로 떨어질 수 없는 것이나, 그 속에 나아가 호령·통솔·주장·지휘하는 자를 가리켜서 말하면 또한 장차 장수와 병졸을 섞어서 칭하겠는가? 아니면 오로지 장수만을 가리켜 말하겠는가? 이것은 분별하기 어려운 말이 아니다. 그런데 매양 사람들이 '단지(單指)한 곳'에 대해 반드시 '떨어지지 않는 것'으로 힐난하며 '오직 이와 같은 다음에 비로소 리와 기가 합일하는 묘함을 알게 된다.'라고 말할 뿐이니 어찌 옳겠는가? 이것은 마땅히 「이장여(李長汝)에게 답한 편지」와 참조해 보아야 한다."

또 물었다. "『중용』에서 '오직 천하의 지성(至誠)만이 그 성을 다할 수 있으니, 그 성을 다할 수 있으면 사람의 성을 다할 수 있고, 사람의 성을 다할 수 있으면 사물의 성을 다할 수 있다.'라고 하였는데, 이 성(性)자는 본연지성을 가리킵니까? 기질지성을 가리킵니까?"
내가 말하였다. "이 말은 내력이 오래되었다. 그러나 나는 기질의 다름 속에 나아가서 그 본연의 같은 것을 따라 말한 것이라고 생각한다."

묻기를, "그렇다면 사람에는 사람의 도리가 있고 사물에는 사물의 도리가 있어 그 본연을 따르지만 같지 않음이 있는데, 이른바 본연이라는 것이 같지 않음이 아닌 것은 어째서입니까?"
내가 말하였다. "이것은 설명하기 어렵지 않다. 여기에 한 항아리의 물이 있다고 하자. 물은 하나일 뿐인데 혹 나누어 소금에 부으면 짠물이 되고, 꿀에 부으면 단물이 되며, 부자(附子)를 끓이면 뜨거운 물이 되고, 망초(芒硝)를 끓이면 차가운 물이 된다. 물은 하나인데 짜고 달고 뜨겁고 차가운 다름이 있는 것은 무엇 때문인가? 타는 그릇[所乘之器, 소금·꿀·부자·망초를 가리킨다.]이 다르기 때문이다. 그러므로 짠물과 단물의 쓰임이 각자 다르며, 뜨거운 물과 차가운 물의 시행이 각자 다르니, 이것이 이른바 '솔성(率性)의 도'라는 것이다."
묻기를 "그렇다면 짜고 달고 뜨겁고 차가운 것은 맛이 이미 같지 않고 쓰임도 또한 같지 않으니 장차 어느 곳에서 그 같은 것을 볼 수 있겠습니까?"
답하였다. "짜고 달고 뜨겁고 찬 것이 비록 타는 기질에 따라서 차이가 없을 수 없으나 그 물은 하나이다. 그러므로 짠물과 단물을 막론하고 젖은 것은 같고, 뜨거운 물과 차가운 물을 막론하고 아래로 흐르는 것은 같으니, 이것이 본연의 물이 하나인 것이다. 그러므로 그 기질의 같지 않은 속에 나아가서 그 본연의 같은 것을 따를 뿐이니, 이 때문에 본연은 비록 같으나 만나는 기는 다르지 않을 수 없어서 만수(萬殊)의 구별이 있고, 타는 바의 기가 비록 다르지만 그 본연은 같음에 문제되지 않는다. 이것이 이른바 '다름 속에서 같음을 알고 같음 속에서 다름을 안다'는 것이니, 어찌 한쪽에 얽매여 점점 더 지리(支離)하고 혼미에 빠지는 잘못을 범해야 하겠는가?" 문답을 마치고, 지자(知者)를 기다려서 질문을 기록한다. 병신(1836)년 음력 12월 8월.

或問於余曰: 人有言『大學』之明德, 實合理氣而言之也, 若單指理而言, 則不當下"明"字, 曰明德則可, 曰明理則可乎? 朱子釋之曰"虛靈不昧, 以具衆理應萬事", 虛靈不昧, 非心之謂乎? 故曰"明德", 合理與氣而言之也, 此言似得之, 而若與昔日所聞於吾子者不同, 何如?
余曰: 理氣本不相離之物, 何待人去合之而後始合乎? 但理者氣之根本也, 氣者理之形迹也; 理者氣之準則也, 氣者理之器具也, 本不相離, 亦不相雜。然聖人設敎, 皆從形氣不離上, 指示其道理之不雜者而言之, 其故何也? 氣之根柢準則在理也, 理自純善無惡, 而氣不能無淸濁、粹駁、偏全、通塞之别。若雜而言之, 則無以見理之本體之卓然者, 而亦何足以爲氣之主腦準則而統率之乎? 是以太極卽陰陽、四象、八卦之本體也, 而太極云者, 非雜陰陽、四象、八卦而爲言也; 道卽器之所載, 而道云者, 非雜乎器而立言也。則不離物, 而物與則亦不相雜; 仁不離人, 而人與仁亦不相雜, 推此而往, 莫不皆然。非卒徒, 無以得將帥之名; 無將帥, 無以見卒徒之用。然則將卒本不可以相離也, 然就其中指其號令、統率、主張、指揮者而言之, 則亦將混將卒而稱之乎? 抑將單指其將帥而言之乎? 此非難辨之說也, 而每從人單指處, 必以不離者詰之, 而曰"惟如此而後, 方爲識得理氣合一之妙"云爾, 則烏乎其可哉? 此當與「答李長汝」書參看。

又問曰: 『中庸』曰: "惟天下至誠, 爲能盡其性, 能盡其性, 則能盡人之性, 能盡人之性, 則能盡物之性。" 此性字指本然之性乎? 指氣質之性乎?
余曰: 此說有來歷久矣。然余則以爲就氣質不同之中, 循其本然所同者而言之矣。

曰: 然則人有人之道, 物有物之道, 循其本然而有此不同, 則其所謂本然者, 非不同而何?
余曰: 此不難辨, 有一甕水於此。水一而已矣, 或分而注之於鹽, 則爲鹹水; 注之於蜜, 則爲甘水; 煎過附子, 則爲熱水; 煎過芒硝, 則爲冷水。水則一也, 有此鹹、甘、熱、冷之不同, 何也? 所乘之器【指鹽、蜜、附子、芒硝】不同也。故鹹水、甘水, 用各不同, 熱水、冷水, 施各不同, 此所謂率性之道也。

曰: 然則鹹、甘、熱、冷, 味已不同, 用亦不同, 則將於何處見其所同乎?
曰: 鹹、甘、熱、冷, 雖隨其所乘之氣質而不能不異, 而其水則一也。故無論鹹水、甘水, 而潤濕則同; 無問熱水、冷水, 而就下則同, 此則本然之水一也。故就其氣質不同之中, 循其本然之所同者而已矣。是以本然者雖同, 而所値之氣不能不異, 而有萬殊之別。所乘之氣雖異, 而其本然者, 則不害爲同。此所謂"異中識其同, 同中識其異"者也, 何可膠於一偏而轉見支離迷誤乎?
問答訖, 錄待知者質問焉。丙申臘八日。

1-1-19

「인물성동이설人物性同異說」(『華西集』卷20)

해제

1) 서지사항

이항로(李恒老)가 1846년에 지은 논설문. 『화서집(華西集)』 권20에 실려 있다. (한국문집총간 305)

2) 저자

이항로(李恒老, 1792~1868)로 자는 이술(而述), 호는 화서(華西)이다.

3) 내용

이 글은 이항로가 55세(1846년)에 지은 논설로 호락논쟁(湖洛論爭)의 인물성동이설(人物性同異說)에 대한 입장을 객(客)과 나눈 두 번의 문답 형식으로 기술한 것이다. 첫 번째 질문은 인성과 물성의 동이(同異)에 대한 것인데, 이항로는 인물성의 동론과 이론은 관점의 차이일 뿐 다른 것이 아니라고 설명하였다. 두 번째 질문은 "만물이 각각 태극의 전체를 가지고 있다[各有太極之全體]면, 어떻게 편전(偏全)이 있겠는가?"하는 질문이다. 이에 이항로는 「하도(河圖)」의 수(數)를 들어서 편전을 설명하였다. 이 논설은 이항로의 심설이 별도의 논의를 통해 나온 것이 아니라 한국 성리학의 전통의 연속에서 나온 것임을 보여준다. 이러한 연속과 확장은 후대 유학자인 이진상(李震相)과 유중교(柳重敎), 전우(田愚) 등에게도 나타난다. 즉 당시 심설논쟁은 사단칠정논쟁(四端七情論爭) 및 호락논쟁과 구분되는 새로운 논의라기보다 오히려 이들을 확대시킨 종합적 성격의 논의였다.

1-1-19 「人物性同異說」(『華西集』卷20)

客問: 人物性同異?

余曰: 此是近古先輩大議論, 後生淺見, 安敢容喙於其間, 重犯無知妄言之戒乎? 然難愼從違, 一切置之, 茫然不可知之域, 而禁切其講究, 則亦非朱子『近思錄』首揭「太極圖說」之意, 而與歐陽公“性非所先”之云, 無以異也。是以愚於兩門之說, 俱收並講, 不敢遽定取舍, 亦不敢先萌理會, 不得之心, 沉潛思繹, 蓋亦久矣。今忽承問, 不敢自隱, 姑據愚所及而言之。蓋人物之生, 莫不稟天地之理以爲性, 莫不稟天地之氣以爲形, 理則一而已, 氣則有萬不同也。不雜乎氣質, 而只言其性, 則人與萬物一也。並論其氣, 則氣本有萬, 故理亦隨而不同也。

所謂同者, 無分人與物、動與靜, 本自圓滿充足, 無此欠彼饒之可言, 何以明之? 動靜不同位, 而同一太極, 何嘗言靜有而動無耶? 男女不同體, 而同一太極, 何嘗言男饒而女乏耶? 萬物不同形, 而同一太極, 何嘗言某物全而某物偏耶? 且所謂太極也者, 合動靜、陰陽、五行、乾坤、男女、萬物, 而摠謂之太極也, 故合圖此數者, 而首曰「大極圖」。假使太極本有偏全、多寡之不同, 而可加可減, 則當曰萬太極, 何可曰一太極耶? 若使太極混圇空虛, 本無定體, 旋旋逐物改換, 不可究詰, 則烏在其爲萬古不易之體哉? 朱子又何故於太極圈內, 添書元、亨、利、貞四字以示人耶? 此則皆必同之證也。所謂異者, 從其不離乎氣者而言耳。以言乎陰陽, 則陰靜陽動, 不同; 以言乎天地, 則天健、地順, 不同; 以言乎五行, 則火上、水下、金燥、木濕, 不同; 以言乎男女, 則男剛、女柔, 不同; 以言乎人物, 則人通、物塞, 不同。人則人人不同, 物則物物不同, 事事不同, 言言不同, 故曰“各具太極”。各具者不同之云也, 此則必不同之證也。是以朱子曰: “不離不雜。” 又曰: “同中識其異, 異中識其同。” 此實千古說性說理之片言斷案也, 學者只當篤信此訓, 而潛心玩索, 其於同處, 必求見其所以異之故, 則條暢錯綜, 各有攸當, 足以剖析其混圇儱侗之病, 而義之用於是乎行矣。其於異處, 必求見其所以同之實, 則殊塗一致, 涵育渾全, 足以消融其蔽障隔截之私, 而仁之體於是乎立矣。若曰“人稟其五, 物稟其一”, 則周子「太極之圖」說不去矣; 若“單指其同, 忽略其異”, 則孟子“人牛之辨”行不去矣; 若"孤行其異, 阻遮其同", 則張子"「訂頑」之訓"解不去矣; 若曰"靜則本同, 發乃始異", 則程子"體用之說"行不去矣; 若曰"本體有惡", 則孔子"文言之敎"行不去矣, 故曰: "不雜則同, 不離則異。" 唯如此, 然後知朱子統承群聖、折衷百家也。

若"孤行其異, 阻遮其同", 則張子"「訂頑」之訓"解不去矣; 若曰"靜則本同, 發乃始異", 則程子"體用之說"行不去矣; 若曰"本體有惡", 則孔子"文言之敎"行不去矣, 故曰"不雜則同, 不離則異", 唯如此, 然後知朱子統承群聖、折衷百家也。

曰: 同異之說, 旣聞命矣。旣曰"各具太極之全體", 而又曰"有偏全", 何也?

曰: 君不觀夫「河圖」乎? 一六居北水也、二七居南火也、三八居東木也、四九居西金也、五十居中土也, 合此五者, 「河圖」之全也。及其流行也, 水爲主則偏於北, 而中與三邊應焉; 木爲主則偏於東, 而中與三邊配焉, 火、金、土亦然, 何嘗見闕一, 而成偏者乎? 合五行十位, 而大衍則其數爲五十, 五十者, 五行之全數也。及其分、掛、揲、歸也, 或九、或六、或七、或八, 四象之變不同, 而五十全數觸處恰當, 無有餘不足之時, 醻酢萬變而不窮, 非天下之至神, 孰能與於此乎? 知此則知同異、偏全之說矣。【因錄問答以俟質問, 柔兆敦牂孟陬乙酉, 書于噴雪窩。】

1-1-19 「인물성동이설人物性同異說」(『華西集』卷20)

선역

객이 물었다. "사람과 동물은 본성이 같은가, 다른가?"

내가 답하였다. "이것은 가까운 과거 선배들의 큰 의론이다. 후배의 얕은 소견으로 어찌 그 사이에 참견하여, 알지도 못하면서 함부로 말한다는 경계를 다시 범하겠는가? 그러나 (선배들의 학설에 대해) 따름과 어김을 신중히 하기 어렵다고 하여, 모든 것을 아득하여 알 수 없는 영역으로 돌리고 그 강구함을 금지한다면, 또한 주자가 『근사록』의 첫머리에 「태극도설」을 게재한 뜻과 어긋날 것이요, 구양공이 '성(性)은 먼저 공부할 것이 아니다.'라고 말한 것과 같아질 것이다. 그러므로 내가 두 학파의 설에 대해 함께 거두어 강론하는 바, 감히 서둘러 취하고 버림을 결정할 수 없고, 또한 감히 먼저 이해할 수 없다는 마음을 드러낼 수도 없어서, 침잠하여 생각하며 연구한 지가 또한 오래되었다. 지금 갑자기 질문을 받고 감히 스스로 숨길 수 없으니, 임시로 나의 연구가 미친 바에 근거하여 말한다. 대개 사람과 동물이 태어나면서, 모두 천지의 리를 품수하여 성(性)이 되고, 천지의 기를 품수하여 형체가 된다. 리는 하나이지만, 기는 만 가지로 다르다. 기질을 섞지 않고 다만 그 본성을 말하면 사람과 만물이 동일하나, 그 기를 함께 논하면 기는 본래 만 가지이므로 리 또한 따라서 다르게 된다.

이른바 '같다'는 것은 사람과 동물, 동(動)과 정(靜)을 막론하고, 본래 저절로 원만하고 충족하여, '여기는 부족하나, 저기는 남는다.'고 말할 수 없다는 말이다. 어떻게 증명하는가? 동·정은 자리가 같지 않으나 태극은 동일하니, 어찌 일찍이 '정에는 있고, 동에는 없다.'고 말하겠는가? 남·녀는 몸은 같지 않지만 태극은 동일하니, 어찌 일찍이 '남자는 남고, 여자는 부족하다.'고 말하겠는가? 만물이 형체는 다르나 태극은 동일하니, 어찌 '이 사물은 온전하고, 저 사물은 치우쳤다.'고 말하겠는가? 또한 이른바 태극이란 동정, 음양, 오행, 건곤, 남녀, 만물을 모두 합하여 모두 '태극'이라고 말하는 것이니, 그러므로 이 여러 가지 것들을 종합하여 그리고는 첫머리에서 「태극도(太極圖)」라고 부른 것이다. 만약 태극에 본래 치우침과 온전함, 많음과 부족의 다름이 있어서 보탤 수도 있고 덜 수도 있다면, 마땅히 '만 가지 태극'이라고 불러야 하지 어찌 '하나의 태극'이라고 말할 수 있겠는가? 만약 태극이 혼륜(混圇)하고 공허하여 본래 정해진 본체가 없고, 돌고 돌아 사물에 따라 바뀌어 궁구하여 밝힐 수 없다면, 어찌 그것이 '만고에 바뀌지 않는 체(體)'가 되겠는가? 주자는 또 어떤 이유로 태극권(太極圈) 안에 원형이정(元亨利貞) 네 글자를 써 넣어 사람들에게 보였겠는가? 이것이 '만물의 본성이 모두 반드시 같다.'는 증거이다.

이른바 '다르다'는 것은 기에서 떠날 수 없다는 것을 따라 말한 것이다. 음양으로 말하면 음의 고요함과 양의 움직임이 다르고, 천지로 말하면 하늘의 씩씩함과 땅의 온순함이 다르며, 오행으로 말하면 화(火)의 올라감과 수(水)의 내려옴과 금(金)의 메마름과 목(木)의 축축함이 다르고, 남녀로 말하면 남자의 억셈과 여자의 부드러움이 다르며, 사람과 동물로 말하면 사람의 통함과 동물의 막힘이 다르다. 사람도 사람마다 다르고, 동물도 동물마다 다르며, 일마다 다르고, 말마다 다르다. 그러므로 "(만물이) 각자 태극을 구비한다."고 말하는데, '각자 구비한다.'는 것은 '다름'을 말한 것이다. 이것이 '만물의 본성이 모두 반드시 다르다.'는 증거이다.

그러므로 주자는 '(리와 기는) 떨어질 수도 없고, 섞일 수도 없다.'고 말하고, 또 '같음 중에 그 다름을 알고, 다름 중에 그 같음을 안다.'고 말한 것이다. 이는 실로 천고에 성(性)과 리(理)를 설명한 한 마디의 단안(斷案)이다. 배우는 자는 다만 마땅히 이 가르침을 독실하게 믿고, 마음을 가라앉혀 음미하여, 같은 곳에서는 반드시 그 다른 까닭을 탐구해 보면, 가지처럼 뻗어나가 뒤엉킨 것도 각각 마땅한 바가 있는 바, 그 혼륜하여 분간하지 못하는 병폐를 분석하기에 충분하니, 여기에서 의(義)의 용(用)이 행하여진다. 그 다른 곳에서는 반드시 그 같은 까닭을 탐구해 보면, 길이 달라도 하나로 만나 함양하여 혼전(渾全)하게 되는 바, 그 가리고 막혀 간격이 생긴 사사로움을 녹여 없애기에 충분하니, 여기에서 인(仁)의 체(體)가 세워진다.

만약 '인간은 다섯 가지를 품수했지만, 동물은 하나만을 받았다.'고 말한다면 주돈이의 「태극도」를 설명할 수 없고, 만약 '그 같음만 지칭하고, 그 다름을 소홀히 생략한다.'면 맹자의 '사람과 소의 분별'은 시행되지 않는다. 만약 '홀로 그 다름을 행하고, 그 같음을 막는다.'면 장재의 「정완(訂頑)」의 가르침을 이해할 수 없고, 만약 '고요할 때엔 본래 같으나, 발하면서 비로소 달라진다.' 고 말한다면 정자의 '체용설(體用說)'은 행할 수 없으며, 만약 '본체에도 악(惡)이 있다.'고 말한다면 공자의 「문언(文言)」의 가르침도 행할 수 없게 된다. 그러므로 '(기와) 섞지 않으면 같고, 나누지 않으면 다르다.'고 말하는 것이다. 오직 이와 같은 다음에야 주자가 뭇 성현을 계승하고 백가(百家)를 절충했음을 알 수 있다.

(객이) 말했다. 같고 다름의 설은 이미 가르침을 들었다. 이미 '(만물은) 각각 태극의 전체를 갖추고 있다.'고 말하고, 또 '치우침과 온전함이 있다.'고 말하니, 무슨 말인가?

그대는 「하도(河圖)」를 보지 못했는가? 1과 6은 북쪽에 있어서 수(水)에 해당하고, 2와 7은 남쪽에 있어서 화(火)에 해당하며, 3과 8은 동쪽에 있어서 목(木)에 해당하고, 4와 9는 서쪽에 있어서 금(金)에 해당하며, 5와 10은 중앙에 있어서 토(土)에 해당하는데, 이 다섯 가지를 합친 것이 「하도」의 전체(全體)이다. 그 유행(流行)에 미쳐서는 수(水)가 주가 되면 북쪽에 치우치는데 중앙과 세 변이 대응하고, 목(木)이 주가 되면 동쪽에 치우치는데 중앙과 세 변이 짝을 이루어준다. 화(火)

·금(金)·토(土)의 경우도 마찬가지이니, 어찌 일찍이 하나가 빠져서 치우치게 됨을 볼 수 있겠는가? 오행(五行)과 십위(十位)를 합쳐서 크게 펼 경우 그 수는 50이 되는데, 50은 오행의 완전한 수이다. (점을 칠 때 50개의 시초(蓍草)를) 둘로 나누어 양쪽 손에 나누어 잡고 네 개씩 세어 덜어 내면, 결국 9 또는 6 또는 7 또는 8이 된다. 이처럼 사상(四象)의 변화는 다르나, 50이 완전한 수가 됨은 어느 경우에나 당연하여, 남거나 부족한 때가 없다. 그리하여 온갖 변화에 대응해도 막힘이 없으니, 천하의 지극한 신명(神明)이 아니면 누가 능히 여기에 참여할 수 있겠는가? 이것을 안다면 '(인성과 물성의) 같고 다름, 치우치고 온전함'의 학설을 알 수 있을 것이다.【이처럼 묻고 대답한 내용을 기록하고, (여러 사람들의) 질문을 기다린다. 병오년(丙午年, 1846) 1월 을유(乙酉) 날, 분설와(噴雪窩)에서 쓰다.】"

客問: 人物性同異?

余曰: 此是近古先輩大議論, 後生淺見, 安敢容喙於其間, 重犯無知妄言之戒乎? 然難愼從違, 一切置之, 茫然不可知之域, 而禁切其講究, 則亦非朱子『近思錄』首揭「太極圖說」之意, 而與歐陽公"性非所先"之云, 無以異也。是以愚於兩門之說, 俱收並講, 不敢遽定取舍, 亦不敢先萌理會, 不得之心, 沉潛思繹, 蓋亦久矣。今忽承問, 不敢自隱, 姑據愚所及而言之。蓋人物之生, 莫不稟天地之理以爲性, 莫不稟天地之氣以爲形, 理則一而已, 氣則有萬不同也。不雜乎氣質, 而只言其性, 則人與萬物一也。並論其氣, 則氣本有萬, 故理亦隨而不同也。

所謂同者, 無分人與物、動與靜, 本自圓滿充足, 無此欠彼饒之可言, 何以明之? 動靜不同位, 而同一太極, 何嘗言靜有而動無耶? 男女不同體, 而同一太極, 何嘗言男饒而女乏耶? 萬物不同形, 而同一太極, 何嘗言某物全而某物偏耶? 且所謂太極也者, 合動靜、陰陽、五行、乾坤、男女、萬物, 而摠謂之太極也, 故合圖此數者, 而首曰「大極圖」。假使太極本有偏全、多寡之不同, 而可加可減, 則當曰萬太極, 何可曰一太極耶? 若使太極混圇空虛, 本無定體, 旋旋逐物改換, 不可究詰, 則烏在其爲萬古不易之體哉? 朱子又何故於太極圈內, 添書元、亨、利、貞四字以示人耶? 此則皆必同之證也。所謂異者, 從其不離乎氣者而言耳。以言乎陰陽, 則陰靜陽動, 不同; 以言乎天地, 則天健、地順, 不同; 以言乎五行, 則火上、水下、金燥、木濕, 不同; 以言乎男女, 則男剛、女柔, 不同; 以言乎人物, 則人通、物塞, 不同。人則人人不同, 物則物物不同, 事事不同, 言言不同, 故曰"各具太極"。各具者不同之云也, 此則必不同之證也。是以朱子曰: "不離不雜。" 又曰: "同中識其異, 異中識其同。" 此實千古說性說理之片言斷案也, 學者只當篤信此訓, 而潛心玩索, 其於同處, 必求見其所以異之故, 則條暢錯綜, 各有攸當, 足以剖析其混圇儱侗之病, 而義之用於是乎行矣。其於異處, 必求見其所以同之實, 則殊塗一致, 涵育渾全, 足以消融其蔽障隔截之私, 而仁之體於是乎立矣。若曰

"人稟其五, 物稟其一", 則周子「太極之圖」說不去矣; 若"單指其同, 忽略其異", 則孟子"人牛之辨"行不去矣; 若"孤行其異, 阻遮其同", 則張子"「訂頑」之訓"解不去矣; 若曰"靜則本同, 發乃始異", 則程子"體用之說"行不去矣; 若曰"本體有惡", 則孔子"文言之敎"行不去矣, 故曰: "不雜則同, 不離則異。" 唯如此, 然後知朱子統承群聖、折衷百家也。若"孤行其異, 阻遮其同", 則張子"「訂頑」之訓"解不去矣; 若曰"靜則本同, 發乃始異", 則程子"體用之說"行不去矣; 若曰"本體有惡", 則孔子"文言之敎"行不去矣, 故曰"不雜則同, 不離則異", 唯如此, 然後知朱子統承群聖、折衷百家也。

曰: 同異之說, 旣聞命矣。旣曰"各具太極之全體", 而又曰"有偏全", 何也?

曰: 君不觀夫「河圖」乎? 一六居北水也、二七居南火也、三八居東木也、四九居西金也、五十居中土也, 合此五者, 「河圖」之全也。及其流行也, 水爲主則偏於北, 而中與三邊應焉; 木爲主則偏於東, 而中與三邊配焉, 火、金、土亦然, 何嘗見闕一, 而成偏者乎? 合五行十位, 而大衍則其數爲五十, 五十者, 五行之全數也。及其分、掛、揲、歸也, 或九、或六、或七、或八, 四象之變不同, 而五十全數觸處恰當, 無有餘不足之時, 醻酢萬變而不窮, 非天下之至神, 孰能與於此乎? 知此則知同異、偏全之說矣。【因錄問答以俟質問, 柔兆敦牂孟陬乙酉, 書于噴雪窩。】

1-1-20

「인심도심설人心道心說」【贈權景輅。】(『華西集』卷21)

해제

1) 서지사항

이항로(李恒老)의 논설. 『화서집(華西集)』 권21에 실려 있다. (한국문집총간 305)

2) 저자

이항로(李恒老, 1792~1868)로 자는 이술(而述), 호는 화서(華西)이다.

3) 내용

이 글은 권경로(權景輅)에게 이항로가 인심도심에 대해 설명한 글이다. 이항로는 사람에게 있어서 심의 중요성을 성리학적으로 풀이하고 있는데, 심을 통해 도리 상의 일과 형기 상의 일을 구분할 수 있다고 했다.[是心也, 固能知覺此道理上事也, 亦能知覺此形氣上事也.] 이항로는 권경로에게 심이 인간 도덕실천의 주체임을 밝히고, 현실에서 적극적인 도덕 실천을 주문하였다. 이 글은 이항로가 리기에서 도덕실천의 심에 이르는 과정을 논리적으로 정리했다는 점에서 의의가 있다.

1-1-20 「人心道心說」【贈權景輅。】(『華西集』卷21)

景輅方讀『書傳』, 一日問於余曰: 人心道心說, 願聞其詳。

余喜曰: 善哉問也! 此乃千古心學要訣也。人之公私、善惡, 世之治亂盛衰, 只從此處判斷, 捨此則更無可着手斡旋之地。蓋天地間只有一箇道理而已, 徹上徹下, 亘古亘今, 周流充滿, 不可移易。然道理本自無形, 而其有形象可見者皆氣也, 氣乃所以運行此道理之器也。故道外無器, 器外無道則一而已矣, 尙何彼此微著之可言者哉? 然道理也、形氣也, 旣有此二者, 則只此二者之間, 不能無順逆、常變、強弱、勝負之差, 此則氣數、盛衰、淳漓之說也, 參天地贊化育者人也。人之生也, 得其理爲之性, 得其氣爲之體, 而其神明靈覺, 主乎一身而應乎萬事者曰心而已。是心也, 固能知覺, 此道理上事也; 亦能知覺, 此形氣上事也, 是以其用有此人心道心之分。所謂人心者, 口欲味、目欲色、耳欲聲、鼻欲臭、四肢欲安佚, 凡係形氣身體之類皆是也; 所謂道心者, 愛親敬兄、忠君悌長、好善惡惡, 凡係仁義禮智之類皆是也。二者在人, 固無廢一之勢也。然此則天下之公物也, 至大至重; 彼則一己之私物也, 至小至輕。雖然, 形氣身體, 有象之物也; 性命道義, 無形之理也。有象也, 故易見易知; 無形也, 故難見難知。易見易知, 則得失利害, 切近而緊急; 難見難知, 則是非存亡, 迂遠而緩歇。是以尋常發用之際, 切近緊急者, 爲主爲內; 迂遠緩歇者, 爲賓爲外。道心雖曰至大至重, 而反小反輕; 人心雖曰至小至輕, 而倒大倒重。人心常爲一身之主、萬事之綱, 而道心之幸而未盡泯滅者, 時或發現於人心間隙之中, 而若存若亡, 終不足以自做主張, 甚則消磨滅息, 蕩然無復存者。是所以爲善如登, 從惡如崩, 天地之間, 治日恒少, 亂日恒多者, 此也。堯、舜、禹天下首出之大聖也, 就人心術發用之中, 分別此二路, 丁寧指示, 使知大小輕重之等, 危微難易之勢, 精以察之, 不使人心雜乎道心, 一以主之, 不使道心流於人欲。自治治人, 只用一法, 革舊爲新, 轉亂爲治, 參贊化育之功, 不外乎此, 是所以千古道學之祖也。孔子曰: "君子謀道, 不謀食。" 又曰: "士志於道, 而恥惡衣惡食者, 不足與議也。" 又曰: "齊景公有馬千駟, 死之日, 民無德而稱焉, 伯夷、叔齊餓于首陽之下, 民到于今稱之。" 孟子曰: "口之於味也, 耳之於聲也, 目之於色也, 鼻之於臭也,四肢之於安佚也, 性也有命焉, 君子不謂之性也。仁之於父子也, 義之於君臣也, 禮之於賓主也, 智之於賢者也, 聖人之於天道也, 命也有性焉, 君子不謂之命也。" 又曰: "人之有道也, 飽食煖衣, 逸居而無敎, 卽近於禽獸。" 又曰: "飮食之人, 則人賤之矣, 爲其養小而失大也。" 又曰: "養其大體爲大人, 養其小體爲小人。" 此皆 "人心道心, 惟精惟一"之註脚者。故紫陽夫子於「中庸序」, 釋此一段, 分明光潔, 如日再中, 有目也, 皆可覩也。景輅願熟讀此說而得其指, 反以體驗於吾心發用之幾, 則何者是人心, 何者是道心? 旣可以默喩而不可亂也, 徇人心去則爲小人爲亂爲亡, 從道心去則爲大人爲治爲存者, 皆可以次第呈露, 而不待問人而知矣。景輅勉之勉之! 吾又有一說, 吾觀聖賢論理, 又必論事, 如唐、虞典訓, 無非道也。又必曰"毋若丹朱傲", 蓋不指摘事實而言, 則淪落空虛, 無異於釋學云云也。尊王大人丈烟戒切嚴, 此亦賢孫承述之一事也。百事推此以上, 道心之始也; 反此以下, 人心之流也。旣以是對, 仍以自警。柔兆敦牂夷則上旬休日, 書于噴雪窩。

1-1-21

「도암집기의陶菴集記疑」【丙午】(『華西集』卷21)

해제

1) 서지사항

이항로(李恒老)가 1846년에 지은 논설문. 『화서집(華西集)』 권21에 실려 있다. (한국문집총간 305)

2) 저자

이항로(李恒老, 1792~1868)로 자는 이술(而述), 호는 화서(華西)이다.

3) 내용

이 글은 이항로가 낙론의 대표자인 도암(陶庵) 이재(李縡, 1680~1746)의 학설을 비판한 것이다. 그 구성을 살펴보면 『도암집』에 실린 문답글 가운데 13조목을 가려 뽑아, 조목 별로 혹자가 이재에게 질문한 내용과 이재의 답변 그리고 우안(愚按)의 형식으로 이항로 본인의 비판적 견해를 덧붙였다. 질문의 중심 주제는 "보통 사람의 마음과 성인의 마음은 같은가, 다른가?"로 요약될 수 있다. 이러한 관심 하에 이어지는 질문들은 대략 다음과 같다. 심(心)은 기(氣)인가, 리(理)인가? 명덕(明德)은 성인과 보통 사람 사이에 우열이 있는가? 사람과 동물이 모두 오행(五行)의 기(氣)와 오상(五常)의 덕(德)을 얻었는가? 요순 시절에는 어째서 성인과 보통 사람의 마음 차이에 대한 논의가 없었는가? 기는 하나인데 어찌 미발(未發)에서는 선하고, 이발(已發)에서는 선하지 못한가? 성인과 보통 사람의 마음이 본래 같지 않다면 결국 뒷사람들은 공부할 이유를 찾지 못하지 않겠는가? 마음은 온전히 선한가? 이재는 이와 같은 문제들에 대해 주로 성인과 보통 사람이 비록 기질의 차이는 있지만, 본연지심은 같다는 것을 강조해서 답변하였다. 이에 대해 이항로는 기질은 타고난 것의 수박(粹駁)을 가리키는 것이고, 발용(發用)은 정의선악(情意善惡)을 가리키는 것으로 같은 범주로 논할 수 없다는 입장을 취했다. 그는 타고난 기질의 청탁수박은 애초에 정해져 있어서, 동정(動靜)의 전과 후에 다름이 없다고 하였다. 주자(朱子)가 사람의 선악을 논할 때 기질에 구속됨과 물욕에 가려짐의 두 측면으로 말했는데,

전자는 태어날 때 받은 것이고, 후자는 사물을 접한 뒤에 생겨난다는 것이다. 만약 보통 사람이 성인과 다른 바가 오직 발용 이후에만 있다고 한다면, 『중용』에서 치화(致和), 성찰(省察)만 말하면 될 것이지 굳이 치중(致中), 계구(戒懼)를 언급할 이유가 없을 것이라고 비판하였다. 또한 "심은 진실로 기이다[心固氣也]"라는 이재의 견해에 대해, 이항로는 심은 기로 말한 곳도 있고 리로 말한 곳도 있으므로, 기의 방면에 고집해서 말해선 곤란하다는 견해를 피력하였다. 이항로는 그가 맞이한 시대적 상황에서 기에 치우치지 않고 리를 옹호하고자 했으며, 성인(聖人) 및 치중(致中)이라는 표대를 수호했다고 하겠다.

1-1-21 「陶菴集記疑」【丙午】(『華西集』卷21)

「答趙益章『大學』問目」 ○衆人之心, 所以與聖人異者, 以氣質則固千萬不齊, 而若論其本心則一耳。觀於未發時, 堯、舜與塗人同之語可見。玉溪盧氏以本心釋明德, 而栗翁取之, 所謂本心, 卽仁義之心, 而氣之本, 初亦湛一而已矣, 則豈有齊不齊之可言耶?

愚按, 仁義之心, 卽孟子之語也。孟子曰: "惻隱之心, 仁也; 羞惡之心, 義也。" 又曰: "人皆有不忍人之心。" 又曰: "仁之實, 愛親是也; 義之實, 從兄是也。" 又曰: "孩提之童, 無不知愛其親; 及其長也, 無不知敬其兄, 親親仁也, 敬兄義也, 無他, 達之天下也。" 孟子所謂"仁義之心", 蓋指其已發之情而明其未發之性而已, 所謂性善者, 不過如此。觀此則堯、舜與塗人同之心, 不必獨於未發時言之。氣之本初湛一之說, 恐與仁義之心所指不同, 何也? 四端與仁義之心, 指理而言也, 氣之湛一, 氣也。若曰氣湛一時仁義之德發見則可, 直指氣之湛一而謂仁義之心則不可。玉溪所謂"本心", 卽孟子所謂"失其本心"之本心, 與四端之說同一義諦。孟子平生發明性善命脉, 專在於此, 初不與氣相雜說。故程子曰: "論性不論氣不備, 論氣不論性不明。" 朱子曰: "程子之說, 比孟子尤精密。" 蓋謂孟子不論氣也。以此推之, 則所謂本心、仁義之心, 與氣之湛一, 恐無干涉。孟子所謂"夜氣"、"平朝之氣"、"浩然之氣", 皆言氣也。然又曰: "夜氣不足以存", 存者卽指仁義之心也, 夜氣非仁義之心也。又曰: "志, 氣之帥也; 氣, 體之充也。" 又曰: "其爲氣也, 配義與道。" 何嘗指氣爲仁義之心耶? 且朱子以孟子所謂"仁義之心", 與夫子所謂"性與天道", 同稱明德, 其不雜氣而爲言可知也。蓋心有指理而言者, 有指氣而言者, 心非有二, 所指不同。卽此所指之不同, 雖不容一髮之差, 而一理一氣界破於此, 恐不可混而一之也。

或問: "心是氣耶理耶?" ○陶菴曰: "心固氣也, 而合性與氣言之, 其義乃備。朱子答形而上下之問, 不曾專屬一邊。"

愚按, 朱子曰: "心是氣之精爽", 又曰: "心之理是太極, 心之動靜是陰陽。"【朱子說止此】有以理言心處，有以氣言心處，不可執一而言。

問："聖人、衆人之心，同乎異乎？" ○陶庵曰："其本心則同，而其拘於氣質之心有不齊。"
愚按，以理言心，則聖凡一也；以氣言心，則聖凡不同。

問："聖人之心，何其無氣質之累；而衆人之心，何獨有氣質之累耶？"○陶菴曰："聖人氣質清明，心體烱然，固無內外之殊，衆人氣質濁駁，心爲之掩蔽矣。"
愚按，聖人氣質，極淸極粹，故心與理一，動靜流行，莫非理之全體。衆人氣質，未盡淸粹，故隨其分數而理爲之拘。然以理言，則聖人之心、衆人之心一而已；以氣言，則聖人之心、衆人之心不同。

問："明德有聖凡優劣之分數耶？" ○陶菴曰："是本心，固無分數。"
愚按，明德卽心性情之德也，卽天命之在我者也。此有分數，則天命之理，亦有分數矣，可乎？

問："人物皆得五行之氣耶？" ○陶菴曰："五氣不備，不能成造化。人物雖有偏正多寡之不同，而豈有人得五行而物不得五行之理耶？朱子曰：'一物各具五行之理。'"
愚按，男女萬物，皆在妙合圈字之下，而所謂妙合，卽"無極之眞。二五之精，妙合而凝"也。然則理與氣闕一，則不能妙合而成物也明矣。然其成形也，有乾男坤女萬物之不同，則其氣有偏全多寡之異，而理亦隨氣之偏全多寡，而各爲一性。然所謂偏者，非減數於二五之內也；所謂全者，亦非加數於二五之外也。特其多寡分數，有許多差等也。

問："人固有五常之德，而物亦有五常之理耶？" ○陶菴曰："人物同得健順五常之理，而由其氣之偏塞，故物不得全耳。"
愚按，性，綱也；健順五常，目也。性外更無所謂健順五常，健順五常之外，更無所謂性矣。若曰物不具健順五常，則天下有性外之物矣；若曰性有人物不同之性，則性不足以爲性矣。然「乾」曰健, 而「坤」曰順, 則所謂偏者, 推可知也。「乾」曰“元亨利貞”, 「坤」亦曰“元亨利貞”, 則所謂偏者, 亦各具天命之全體, 推可知也。惟偏中識其全, 全中識其偏。

問: “性與氣合爲心, 則性雖本善而氣似有別, 何其聖凡之同善耶?” ○陶庵曰: “對理而言, 則氣固二也, 而其本則湛一而已。湛一時節, 有何不善? 是氣飜動之後, 始有善惡耳。”

愚按, 以理言心, 則本善而已; 以氣言心, 則有善有惡。然氣質美惡, 分於有生之初; 情意善惡, 分於發用之始。尤翁所謂“二者合而論之, 則恐失其義”者是也。氣質美惡, 如淸濁粹駁之類; 情意善惡, 如邪正淑慝之類, 不可合而一之。至於淸濁粹駁之類, 豈有異於動靜前後之間耶?

問: “自堯、舜相傳之統, 只是心法, 而堯、舜時節, 何其無聖凡心同不同之論耶?” ○陶菴曰: “人心道心說時, 已有此論。道心是聖凡所同之本心, 原於性命者也。人心是聖凡不同之心, 生於形氣者也。原於性命之心, 是心之本體, 而程子所謂‘心本善’之心。生於形氣者, 則是兼氣質之心, 而朱子所謂‘氣質有蔽’之心。固本善者, 有似天命之善, 而流而爲善不善者, 有似於氣質之性, 氣質之性, 君子有不性者焉。心之掩蔽於氣而爲不善者, 君子亦當不謂之心也, 是則氣固變化而可復其本體之明故也。”

愚按, 二典、二謨, 一字一言, 無非明心法善惡之書也。蓋自欽明以下, 都兪吁 咈, 一一皆論心法得失、事理當否也, 何必曰心、曰性, 然後爲心法耶? 且以朱子說推之, 則道心人心, 聖凡之所同有也, 微者著而危者安, 微者益微、危者益危, 聖凡之不同也, 如是看, 恐不可。

問: “氣則一也, 而何其善於未發而不善於已發耶?” ○陶菴曰: “是氣也, 神妙不測, 變動不窮。試看天地之氣, 倐然而淸, 倐然而陰。此則妙處, 知道者, 默而識之可也。”

愚按, 理與氣合而爲心, 故論其德之不雜乎氣者, 則靜而爲性, 動而爲情, 未嘗不善也。論其德之不離乎氣者, 則其靜也, 有中與偏倚之不同; 其動也, 有中節與過不及之不同。故其靜也, 無偏倚之病, 則極其中而立其體矣; 其動也, 無過不及之失, 則極其和而達其用矣。未有體無病而用有病者, 亦未有用不達而體獨立者。然克去形氣之偏而推擴天理之全, 則亦豈無致中致和, 復乎本善之路耶?

問: "或謂聖凡心本不同, 則其弊將使後學廢學而後已, 未知如何?" ○陶菴曰: "本然之心, 若有不同, 則衆人雖或爲聖人, 所謂乃'復其初'者, 不過復其衆人區區心地, 安能至於光明燦爛, 無一點之累耶? 乃'復其初'之初字, 本不分聖人衆人而爲言, 則初則明德, 明德是本心。本心旣有優劣分數, 則雖使衆人極其澄治之功, 而聖人自聖人, 衆人自衆人, 奈何得聖人?"
愚按, 聖凡之所同者, 稟於天之性也; 不同者, 稟於天之氣也。所謂本心, 所謂"復其初", 指心之所具之德也; 所謂聖凡智愚之別, 指心之所乘之器也。聖人敎人, 未嘗言難以沮其進, 未嘗言易以致其忽。

問: "然則心可謂之全善耶?" ○陶菴曰: "泛曰心而謂之全善則不可, 莫如曰指其本然之心則固無聖凡之殊。指其兼氣質而發用底心, 則容有不同。不同故可以做變化之功, 而其本本善, 故終'復其初'也。然而兼氣質三字, 其意深奧, 可精思而不置也。"
愚按: 此又分氣質與發用。氣質指稟生粹駁, 而發用指情意善惡。尤翁所謂二者不可合論者是也。蓋氣質之淸濁粹駁, 一定於有生稟受之初, 則不可曰動而發用之後始有也; 情意之邪正得失, 纔分於感物發動之時, 則不可曰靜而無事之前已有也。雖曰有淸濁粹駁, 當其寂然不用事之時, 非惟不可喚濁駁爲惡, 亦不可喚淸粹爲善。假如天淸地濁, 則指天爲善、指地爲惡, 可乎? 人粹物駁, 則喚人爲善、喚物爲惡可乎? 惟其發用之始, 有過與不及之差, 而名之以惡耳。然若論其氣質之美惡, 則豈有動而駁者, 靜便不駁; 靜而粹者, 動輒不粹之理? 故朱子論人善惡, 每每擧氣質所拘、物欲所蔽, 而兩言之。蓋此二病, 一生於受形之初, 一生於接物之後。所謂"復其本然者", 不過動靜交養, 敬義夾持, 馴致乎變化氣質, 消除物欲而已。若曰凡人所以異於聖人者, 只在發用之後, 則『中庸』只存"致和"一節足矣, 又何必言“致中”？只言“省察”足矣，又何必言“戒懼”耶？且學者所當精察者，只在於何者是理、何者是氣、何者是義、何者是利之類也。至於“兼氣質”三字，有何深奧之義耶？此未敢知也。

1-1-22

「대학명덕장구설大學明德章句說」(『華西集』卷21)

해제

1) 서지사항

이항로(李恒老)가 지은 논설문. 『화서집(華西集)』 권21에 실려 있다. (한국문집총간 305)

2) 저자

이항로(李恒老, 1792~1868)로 자는 이술(而述), 호는 화서(華西)이다.

3) 내용

이 글에서 이항로는 명덕(明德)이 『대학』 전체의 근본 종지라고 단언하였다. 경(經) 1장과 전(傳) 10장의 내용이 모두 명덕의 뜻을 벗어나지 않는다는 것이다. 그의 관심은 이 덕(德)을 모든 사람이 다 같이 받았음에도 불구하고, 명덕의 체(體)가 온전하지 못하고 명덕의 쓰임[用]이 두루 펼쳐지지 못하는 이유가 무엇인지 규명하고, 그것을 극복하는 데 있었다. 그리고 그 원인은 결국 기(氣)의 작용에 있으므로, 어떻게 기에 의한 구속을 벗어나느냐가 관건이라고 보았다. 뜻이 진실하지 못한 것, 마음이 바르지 못한 것, 집안과 나라와 천하가 다스려지지 못하는 원인이 모두 기에 있다는 것이다. 따라서 리를 기품(氣稟)과 물욕(物慾)에서 구별해내어 가치의 표준을 세우고, 인욕(人慾)을 극복하여 천리(天理)를 회복해야 한다고 하였다. 이항로에게 있어서 『대학』 명덕 장구의 가르침은 리기의 분별로 귀착하는 것이었다.

1-1-22 「大學明德章句說」(『華西集』卷21)

竊觀朱子釋經之例, 蓋擧一篇體要而隨文異釋也。『大學』"明德", 實爲三綱領、八條目之根本宗旨, 故不得與他文德字之釋同也。曰明德者, "人之所得乎天", 則已足矣。無以見包下文新民、止至善、格致誠正、修齊治平之實, 故繼曰: "虛靈不昧, 以具衆理而應萬事者也。" "虛靈"指人心神明而言, 卽上文人字註脚也。"具衆理應萬事", 指心之性情而言, 卽上文"所得乎天"之註脚也。此乃『大學』一篇宗旨。所謂經一章傳十章許多道理, 擧不出此二字範圍血脈之外, 此所謂"大學之道"也。是德也, 固天下人人之所同得, 而初無彼此爾我之間者也, 何學之爲而明之施也哉? 所同者理也, 所不同者氣也。此一氣字, 實一篇之對辨訟隻也。故其下繼之曰: "爲氣稟所拘, 物欲所蔽, 則有時而昏。" 向之說明時, 非無氣而獨立也; 今之說昏時, 非有氣而始拘也。蓋不分開理氣兩脚說下, 則無以見理自理、氣自氣, 不相夾雜之妙, 故不得不如是也。釋"止至善"之下, 又曰: "必其有以盡夫天理之極, 而無一毫人慾之私者也。" 至其序文總論大旨, 又曰: "莫不與之以仁義禮智之性, 而氣質之稟, 或不能齊。" 蓋理氣雖不相離, 此則純粹至善者也, 彼則雜糅不齊者也。是以明德之體, 所以不全, 氣使之拘也; 明德之用, 所以不達, 氣使之蔽也。然則民之不新氣也, 善之不止氣也; 物不格氣也, 知不至氣也。意不誠、心不正、身不修、家國天下之不治, 皆氣也。是以聖人深究其病原之所在而克治之。故挑出一理字於氣稟物欲之中, 爲之表準, 指摘一氣字於本德體用之外, 相對磨勘, 使天下萬世之人, 皆得以睹其善惡眞妄之分, 察其得失存亡之幾, 有以克去人欲之私而恢復天理之正。故一經十傳三綱八條之中, 句句命脈, 字字精神, 只在理氣二字之分。若於此處, 眼目一差, 則便如無隻之訟, 無敵之戰。設使孔明不識曹瞞之爲漢賊, 則不必出師祁山; 武穆不知金虜之爲宋讐, 則不必進兵河北。何以異於是哉?

1-1-23

「삼연선생행장기의三淵先生行狀記疑」【丁未七月】(『華西集』卷22)

해제

1) 서지사항

이항로(李恒老)가 1847년에 지은 논설문. 『화서집(華西集)』 권22에 실려 있다. (한국문집총간 305)

2) 저자

이항로(李恒老, 1792~1868)로 자는 이술(而述), 호는 화서(華西)이다.

3) 내용

이 글은 삼연 김창흡의 성리학에 평을 붙인 논설이다. 이항로는 사람과 동물은 리(理)의 입장에서 보면 귀천(貴賤)과 존비(尊卑)의 차별이 없지만, 기(氣)의 입장에서 보면 편정(偏正)과 통색(通塞)의 다름이 있다고 보았다. 또 김창흡이 명덕(明德)은 마음이고 기품(氣稟)은 마음이 아니라고 한 것은 주자의 본의를 잃은 것이라고 비판했다. 인심과 도심에 대해서도 언급하고 있는데, 인심에도 성명의 근원이 있지만 형기를 위주로 한다고 지적하고 있다. 이런 비판들은 그의 심설 속에 호락논쟁을 포함한 한국 성리학의 다양한 논의가 함축되어 있음을 보여 주고 있다.

1-1-23 「三淵先生行狀記疑」【丁未七月】(『華西集』卷22)

有爲人物性異之論, 則曰太極全體, 無不各具, 而有全有未全, 所謂未全, 從發用處言。若以全字推上於禀賦之初曰合下不具, 則全失朱子之旨矣。

愚按, 以理言則人物同禀一理, 初無貴賤尊卑之別; 以氣言則人物不同, 而有偏正通塞之異。故自其不雜者而觀之, 則人之理卽物之理也; 自其不離者而觀之, 則人之理非物之理也, 此皆通動靜體用而言也。若以發用與未發用, 分作前後兩段, 一屬之全, 一屬之未全, 則天下之物, 皆體全而用偏, 判爲二物, 而無以見一原之妙矣。蓋理雖一原而形氣不同, 形氣一定, 則隨其形氣之偏全淸濁, 而理之在是物者, 不能不異而各爲一物之理也, 非靜時則全而動而後不全也。但單指其理則無不全, 兼指其氣則無不偏, 此豈非通動靜而言耶? 何以明其然也? 無極而太極, 通陽動陰靜而指言其本體之全也, 非偏指陰靜也, 亦非偏指陽動也。各具之太極, 則動則爲陽而非陰也, 靜則爲陰而非陽也。水火金木, 性各不同; 男女人物, 道各不同, 是皆其體則同, 而其用則異耶? 朱子曰: "太極從中出者無對, 從傍出者有對。" 所謂無對者, 不雜氣而言之也; 所謂有對者, 不離氣而言之也。一動一靜, 同一太極故無對; 一陰一陽, 各一太極故有對。若以同一太極, 偏屬陰靜; 各一太極, 偏屬陽動, 可乎? 以在人者言之, 則中也者, 未發之太極也; 和也者, 已發之太極也。自人下工而言之, 則其未發也, 消融其氣禀之偏倚, 而無一點查滓之拘, 然後中可得以言也。其已發也, 克化其氣質之差謬, 而無一毫牽累之私, 然後和可得以言也。故中不致其極而體有不立, 則其發也, 必無致和之理; 和不致其極而用有不行, 則其未發也, 必無致中之理, 是所謂"體無無用之體, 用無無體之用, 本末相須, 動靜交養者也。" 若曰體全而用偏, 則致中之工, 無待於克去氣欲之後; 而致和之工, 無資乎涵養本原之前, 恐無是理也。且本體與體用之體不同, 本體合動靜而統言也, 體用分動靜而偏言也。

程子曰: "生物莫不具有五性, 居其一有其四, 嘗以五棱木面, 刻金木水火土, 輪而看之, 居一具四, 宛然可見矣。"

愚按, 五棱木輪看之譬, 發明程子居一具四之訓, 打破人物禀五禀一之說, 可謂無餘蘊矣。然輪而看也, 有木居上面時, 有金居上面時, 水、火、土亦然, 居一見其偏, 具四見其全, 如此然後語意恐無不足。

至若心卽氣質之說, 則又擧『大學章句』虛靈氣禀之對言, 以明心之情狀, 實未嘗有物。

愚按, 心之德, 理也; 心之爲物, 氣也, 但氣之精爽者耳。至於『大學章句』虛靈氣禀對言者, 就一心上, 分言其理與氣也, 向也說德時, 固是說心; 今也說氣時, 亦是說心。但向之所說, 理也非氣也, 今之所說, 氣也非理也, 以分言之故, 認明德之爲心, 證氣禀之非心, 則恐失朱子本旨。

辨退、栗四七論曰, 理之發、氣之發, 排作左右, 未若分爲表裏, 七情總爲氣機, 而揀四端於其中, 排作左右, 終似未安。

愚按, 理氣相須之物也。栗谷曰: "非氣則不能發, 非理則無所發。" 此則不易之定理也。但同一發也, 而有主理、主氣之不同。雖所發主理、主氣之不同, 而不害爲發之之爲一也。發則一也, 而不害爲理氣之分岐也, 退溪之分、栗谷之合, 各有發明, 然四端七情之分屬人心道心, 終似未安。栗谷曰: "七情, 不如四端之粹; 四端, 不如七情之全。" 此亦不易之論也。氣機二字, 本出朱子感興詩, 其曰"人心妙不測, 出入乘氣機", 此機字, 與太極者, 本然之妙也, 動靜者, 所乘之機也之機字同義, 與幾善惡之幾不同。蓋人心之所載者, 理也; 所乘者, 氣也。其靜也, 乘氣而靜; 其動也, 乘氣而動, 然動靜出入, 非有二氣也。今之動底, 卽是向之靜底也; 今之入底, 卽是向之出底也, 故謂之機也。言乘此一物, 而或動而出焉, 或靜而入焉, 非謂有不動、不靜, 非出、非入底一箇物, 安頓在上面特地, 乘此氣機而動靜出入也。今曰七情總爲氣機, 下文又曰氣機有妄動, 又曰互發不以氣機爲說, 竊詳其意則專屬氣機於動之初而不干於靜, 專言氣機於出之後而無與於入, 恐與感興詩所云及太極所乘云云, 矛盾也。幾善惡之幾, 恐與氣機之機, 本無干涉矣。

又曰 : “栗谷要避互發, 故合作左右說者, 每以先後爲言, 恐未安。”

愚按, 合作左右說者, 如道心人心之類, 恐不可不分以言之也。

氣之對理者, 凡有三, 氣質也、氣機也、形氣也。氣質有偏局, 則對本然而言, 氣機有妄動, 則對中節而言; 形氣易自私, 則對性命而言, 言之須從律令, 而今乃渾而一之, 方論互發, 不以氣機爲說, 而至論人心。又捨形氣, 所以言愈多而理未断也。

愚按, 理與氣動不動, 相隨之物也。故就性上單指、兼指則有本然、氣質之說; 就心上該擧動靜, 則有氣機之說; 就用上分言理氣, 則有人心、道心之說, 此聖、愚之所同也。然則本然、氣質, 不待偏局然後始有也, 氣機不待妄動而可言也。人心、道心之分, 不爲易私而始分也。且中也者, 未發之德也; 和也者, 已發之德也。中對偏與倚爲言, 偏與倚氣之病也; 和對過不及爲言, 過不及氣之病也。今也但以不和之病, 專咎於氣機, 而不以不中之病, 分責於氣機, 恐亦失之偏矣。

又曰知寒煖、識飢飽, 卽人心也, 人心之發, 亦是天機, 以爲氣所掩, 不能直遂者, 謂之人心, 人心豈不直遂乎?

愚按, 道心之發, 非無形氣之運, 而特其所主者, 性命也; 人心之發, 非無性命之原, 而特其所主者, 形氣也, 皆人所不能無也。但論其大小貴賤, 則彼大且貴, 此小且賤, 論其微著緩急, 則彼微而緩, 此著而急。然則人心卽是生於形氣者也, 何待氣掩, 然後變而爲此也? 道心惟微, 故其發也, 惟恐其不直遂; 人心惟危, 故其發也, 惟恐其直遂, 何可以不直遂爲人心乎? 此則淵翁之辨, 恐不可少也。

1-1-24

「심여기질동이설心與氣質同異說」(『華西集』卷22)

해제

1) 서지사항

이항로(李恒老)가 지은 논설문. 『화서집(華西集)』 권22에 실려 있다. (한국문집총간 305)

2) 저자

이항로(李恒老, 1792~1868)로 자는 이술(而述), 호는 화서(華西)이다.

3) 내용

이 글에서 이항로는 심(心)과 기질(氣質)의 동이(同異)에 대해, 심은 리(理)의 측면과 기의 측면을 함께 지니고 있다고 주장하였다. 심은 본체로 말하면 리이고 태우는 바로 말하면 기이기 때문에, 리라 해도 되고 기라 해도 된다는 것이다. 리로 말하면 기질과 대립되는 것이어서 애초에 심과 기가 서로 섞이지 않고, 기로 말하면 덕성(德性)과 대립되는 것이어서 심과 기를 구분하지 않을 수 없다고 설명하였다. 성(性)에 본연지성(本然之性)과 기질지성(氣質之性)이 있듯이, 심에도 본체지심(本體之心)과 기질지심(氣質之心)이 있는데, 다만 성은 본래 리에 속하나 기와 분리되지 않기 때문에 기질로 말하고, 심은 본래 기에 속하나 리를 태우고 있기 때문에 본체로 말한 것이므로, 이 점을 변별하지 않으면 안 된다고 하였다. 이는 심을 상위 개념으로 정한 뒤 리기를 분별하는 논리로서, 심과 기질은 같은 점도 있고 다른 점도 있음을 아울러 밝힌 것이다.

1-1-24 「心與氣質同異說」(『華西集』卷22)

或問: 心與氣質, 同乎異乎?

余曰: 按朱子之訓, 則心有以理言處, 有以氣言處。以理言者, 如『孟子』盡心、仁義之心、本心之類是也; 以氣言者, 如心猶陰陽、性猶太極、心者氣之精爽之類是也。蓋心者人之神明, 主於一身而管乎萬事者也。其原, 則出於天而非人之所得私也; 其用, 則應於物而非人之所得已也。言其本體, 則理而已矣; 言其所乘, 則氣而已矣。故以理言心, 亦得; 以氣言心, 亦得。以理言, 則當與氣質相對而初不相雜; 以氣言, 則當與德性相對而不能無分。若不分別此兩邊異同而混合爲一, 則說心謂理乎, 則疑於知覺運用之涉乎氣也; 說心謂氣乎, 則疑於虛靈神妙之近乎理也。言理不得, 故不能不雜些精靈之氣; 言氣不便, 故又不敢全屬乎氣質之界。於是乎心與氣質分而爲二。然以朱子之訓考之, 則喚理喚氣, 離合異同, 分明灑落, 未嘗如是之支離艱難也。蓋如性字本然、氣質之異同, 但性本屬理而不離乎氣, 故亦言氣質; 心本屬氣而乘載其理, 故亦言本體。此又不可不辨也。

1-1-25

「심여리동이설心與理同異說」(『華西集』卷22)

해제

1) 서지사항

이항로(李恒老)가 지은 논설문. 『화서집(華西集)』 권22에 실려 있다. (한국문집총간 305)

2) 저자

이항로(李恒老, 1792~1868)로 자는 이술(而述), 호는 화서(華西)이다.

3) 내용

이 글은 심(心)을 리(理)와 기(氣)의 측면에서 설명한 것이다. 이항로는 심을 기로써 말하면 성명의 부곽(郛郭)이고 신명한 집이자 오장의 하나이며, 리로써 말하면 한 몸의 주재이고 만 가지 변화의 강령이라고 설명하고, 따라서 주재자로서의 심은 당연히 리라고 보았다. 또한 존심(存心)과 치지(致知)를 체·용의 관계로 설명하고, 자신의 심설이 불교의 심론과 다름을 설명하였다. 한국 성리학에서 '심즉리설(心卽理說)'은 양명학이나 불교의 논리라고 공격받는 경우가 많았는데, 이항로는 심의 본체를 리로 규정하면서도 자신의 심설이 불교와 다름을 밝히고 있다.

1-1-25 「心與理同異說」(『華西集』卷22)

客有問於余曰: 心與理, 同乎異乎?

余曰: 心有以氣言者, 朱子所謂"氣之精爽"是也; 心有以理言者, 程子所謂"自存諸人而言謂之心"是也。以氣言, 則心是性命之郛, 神明之舍, 五臟之一也; 以理言, 則一身之主宰, 萬化之綱領也。孟子所謂"天之所以與我而先立乎其大者"是也。

曰: 旣以理言心則心卽理也, 而聖賢之訓, 居多心與理相對而說, 疑若有主客彼此之異, 烏在其理一也哉?

余曰: 自理而言, 則理固一也, 而無內外彼此之間也; 自人而言, 則在己者爲內爲主, 在物者爲外爲客, 安得無內外主客之分乎? 是故以存諸人者謂之心, 以散在萬物者謂之理。所謂心者, 神明知覺、惻怛慈愛、恭敬羞惡之類是也。所謂理者, 耳目有視聽之理、父子有愛敬之理、天地有健順之理、水火有寒熱之理之類是也。雖曰彼此之分, 各有攸主, 然其理則未嘗不一也。譬如鑑之明, 卽鑑之理也, 而物之照於鑑而形者亦理也; 鍾之鳴, 卽鍾之理也, 而物之撞於鍾而響者亦理也。不可道此是而彼非, 此有而彼無也, 是所謂"合內外之道"也。事事物物, 各有天生不易之則, 而心之在我者, 飄散走作, 失其主宰酬應之職焉, 則不可以得其理也。心之在我者, 雖無走作雜擾之病, 而理之在物者, 茫然黖昧, 不分其向背頭面, 則不可以達其心也。是故朱子曰: "人心之靈, 莫不有知; 天下之物, 莫不有理。" 又曰: "衆物之表裏精粗無不到, 而吾心之全體大用無不明。" 以此觀之, 則人心之靈, 莫不有知者理也; 天下之物, 莫不有理者亦理也。衆物之表裏精粗理也, 吾心之全體大用亦理也。以此格彼, 則雖有內外賓主之別; 而彼格此至, 則又無內外賓主之可言矣。『中庸』曰: "君子尊德性而道問學, 致廣大而盡精微, 極高明而道中庸, 溫故而知新, 敦厚以崇禮。" 朱子釋之曰: "尊德性以下, 存心之屬也; 道問學以下, 致知之屬也。" 以此觀之, 則存心者, 所以存理之體也; 致知者, 所以達理之用也, 二者不可闕一, 如輪翼之相須也。是以朱子曰: "人所以爲學, 心與理而已。心雖主乎一身, 而其體之虛靈, 足以管乎天下之理; 理雖散在萬物, 而其用之微妙, 實不外乎一人之心, 初不可以內外精粗而論也。" 但知心之在己, 而不知物必有理, 則釋氏師心頓悟之學也。 但知理之在物, 而不知心之爲主, 則俗學口耳功利之說也。病雖殊而其亂德害道則一也。

1-1-25 「심여리동이설心與理同異說」(『華西集』卷22)

선역

객이 나에게 물었다. "심과 리는 같은가, 다른가?"
내가 말하였다. "심은 기로 말하는 경우가 있으니 주자의 '기의 정상(精爽)'이라는 말이 그것이고, 리로 말하는 경우가 있으니 정자의 '사람에게 보존된 것이라는 입장에서 말하면 심이라 한다.'는 말이 그것이다. 기로 말하면 심은 성명(性命)의 부곽(郛郭)이요, 신명의 집이며, 오장의 하나이다. 리로 말하면 한 몸의 주재자요, 온갖 변화의 강령으로서, 맹자의 '하늘이 나에게 부여해준 것으로서, 먼저 그 큰 것을 세운다.'는 말씀이 이것이다."

객이 말하였다. "이미 리로 심을 말하면 '심즉리(心卽理)'이다. 성현의 가르침에는 심과 리를 서로 대립시켜 말하는 것이 많은 바, 의심컨대 주객과 피차의 다름이 있는 것 같은데, 그 리일(理一)은 어디에 있는가?"
내가 말하였다. "리로부터 말하면, 리는 진실로 하나여서 내외와 피차의 간격이 없다. 사람으로부터 말하면, 자신에게 있는 것이 내(內)가 되고 주(主)가 되며, 사물에게 있는 것은 외(外)가 되고 객(客)이 되니, 어찌 내외와 주객의 구분이 없겠는가? 그러므로 사람에게 보존된 것을 심이라 하고, 만물에 흩어져 있는 것을 리라 한다. 이른바 심이란 신명지각, 측달자애, 공경수오의 부류가 그것이며, 이른바 리란 귀와 눈은 보고 듣는 이치가 있고, 아버지와 아들은 사랑하고 공경하는 이치가 있으며, 하늘과 땅은 씩씩하고 온순한 이치가 있고, 물과 불은 차갑고 따듯한 이치가 있는 부류가 그것이다.
비록 피차의 구분이 각각 주가 되는 바가 있으나, 그 리는 일찍이 하나일 뿐이다. 비유컨대 거울의 밝음은 거울의 리인데 사물을 거울에 비추어 형상이 생기는 것도 리이며, 종의 울림은 종의 리인데 사물을 종에 쳐서 울리게 하는 것도 리이다. 이것은 옳고 저것은 그르며 이것은 있고 저것은 없다고 말할 수 없으니, 이것이 이른바 내외를 합하는 도(道)이다. 모든 사물에는 각각 하늘에서 생겨나 바꿀 수 없는 법칙이 있거니와, 나에게 있는 심이 흩날리고 달아나서 주재하고 수응(酬應)하는 직책을 잃으면 그 리를 얻지 못한다. 나에게 있는 심이 비록 달아나고 뒤섞이며 어지러운 병이 없더라도, 사물에 있는 리는 아득하고 컴컴하여, 그 향배(向背)와 두면(頭面)을 구분하지 않으면 그 심에 통달할 수 없다. 그러므로 주자는 '사람 마음의 허령함은 모두 지각을 지니고 있고, 천하의 사물은 모두 리를 지니고 있다.'고 했으며, 또 '모든 사물의 표리(表裏)와 정조(精粗)

에 도달하지 않음이 없고, 내 마음의 전체(全體)와 대용(大用)이 밝아지지 않음이 없다.'고 말했다. 이것으로 보면, 사람 마음의 허령함이 모두 지각을 지니고 있음도 리이고, 천하의 사물이 모두 리를 지니고 있음도 리이며, 모든 사물의 표리(表裏)와 정조(精粗)도 리이고, 내 마음의 전체(全體)와 대용(大用)도 리이다. 이것으로 저것을 터득하면 비록 내외와 빈주의 구별이 있으나, 저것을 터득하여 이것에 이르면 또 내외와 빈주를 말할 수 없는 것이다.

『중용』에서는 '군자는 덕성을 높이고 학문에서 말미암으며, 광대함을 지극히 하고 정미함을 다하며, 고명을 다하고 중용을 따르며, 옛 것을 익히고 새로운 것을 알며, 두터움을 돈독히 하고 예를 높인다.'고 했는데, 주자는 '존덕성(尊德性) 이하는 존심(存心)에 속하고, 도문학(道問學) 이하는 치지(致知)에 속한다.'고 풀이했다. 이것으로 보면, 존심은 리의 체(體)를 보존하는 것이요, 치지는 리의 용(用)에 통달하는 것이다. 이 둘은 하나라도 빠뜨릴 수가 없으니, 수레의 두 바퀴나 새의 두 날개가 서로 필요한 것과 같다.

그러므로 주자는 '사람이 학문을 하는 까닭은 심과 리일 뿐이다. 심은 비록 일신을 주재하나 그 본체의 허령함은 충분히 천하의 리를 관섭할 수 있고, 리는 비록 만물에 흩어져 있으나 그 쓰임의 미묘함은 실로 한 사람의 마음을 벗어나지 않으니, 처음부터 내외(內外)와 정조(精粗)로 논할 수 없다.'고 말한 것이다.

자기에게 심이 있음만 알고 사물에도 반드시 리가 있음을 알지 못한다면, 석씨(釋氏)의 '심을 스승으로 삼아 갑자기 깨우치려는 학문'이 된다. 사물에 리가 있음만 알고 마음이 주재가 됨을 알지 못한다면, 구이지학(口耳之學)이나 공리지설(功利之說)과 같은 속학(俗學)이 된다. 병폐는 비록 다르나, 덕(德)을 어지럽히고 도(道)를 해치는 것은 마찬가지이다."

客有問於余曰: 心與理, 同乎異乎?

余曰: 心有以氣言者, 朱子所謂"氣之精爽"是也; 心有以理言者, 程子所謂"自存諸人而言謂之心"是也。以氣言, 則心是性命之郛, 神明之舍, 五臟之一也; 以理言, 則一身之主宰, 萬化之綱領也。孟子所謂"天之所以與我而先立乎其大者"是也。

曰: 旣以理言心則心卽理也, 而聖賢之訓, 居多心與理相對而說, 疑若有主客彼此之異, 烏在其理一也哉?

余曰: 自理而言, 則理固一也, 而無內外彼此之間也; 自人而言, 則在己者爲內爲主, 在物者爲外爲客, 安得無內外主客之分乎? 是故以存諸人者謂之心, 以散在萬物者謂之理。所謂心者, 神明知覺、惻怛慈愛、恭敬羞惡之類是也。所謂理者, 耳目有視聽之理、父子有愛敬之理、天地有健順之理、水火有寒熱之理之類是也。雖曰彼此之分, 各有攸主, 然其理則未嘗不一也。譬如鑑之明, 卽鑑之理也, 而物之照於鑑而形者亦理也; 鍾之鳴, 卽鍾之理也, 而物之撞於鍾而響者亦理也。不可道此是而彼非, 此有而彼無也, 是所謂"合內外之道"也。事事物物, 各有天生不易之則, 而心之在我者, 飄散走作, 失其主宰酬應之職焉, 則不可以得其理也。心之在我者, 雖無走作雜擾之病, 而理之在物者, 茫然黮昧, 不分其向背頭面, 則不可以達其心也。是故朱子曰: "人心之靈, 莫不有知; 天下之物, 莫不有理。" 又曰: "衆物之表裏精粗無不到, 而吾心之全體大用無不明。" 以此觀之, 則人心之靈, 莫不有知者理也; 天下之物, 莫不有理者亦理也。衆物之表裏精粗理也, 吾心之全體大用亦理也。以此格彼, 則雖有內外賓主之別; 而彼格此至, 則又無內外賓主之可言矣。『中庸』曰: "君子尊德性而道問學, 致廣大而盡精微, 極高明而道中庸, 溫故而知新, 敦厚以崇禮。" 朱子釋之曰: "尊德性以下, 存心之屬也; 道問學以下, 致知之屬也。" 以此觀之, 則存心者, 所以存理之體也; 致知者, 所以達理之用也, 二者不可闕一, 如輪翼之相須也。是以朱子曰: "人所以爲學, 心與理而已。心雖主乎一身, 而其體之虛靈, 足以管乎天下之理; 理雖散在萬物, 而其用之微妙, 實不外乎一人之心, 初不可以內外精粗而論也。" 但知心之在己, 而不知物必有理, 則釋氏師心頓悟之學也。但知理之在物, 而不知心之爲主, 則俗學口耳功利之說也。病雖殊而其亂德害道則一也。

1-1-26

「심지지각지지지각설心之知覺智之知覺說」(『華西集』卷22)

해제

1) 서지사항

이항로(李恒老)가 지은 논설문. 『화서집(華西集)』 권22에 실려 있다. (한국문집총간 305)

2) 저자

이항로(李恒老, 1792~1868)로 자는 이술(而述), 호는 화서(華西)이다.

3) 내용

이 글은 심(心)의 지각과 성(性)의 지각이 같은가 다른가의 문제를 논하였다. 이항로는 양자의 관계에 대해 하나이면서 둘이라는 관점을 취하였다. 크게 보아 심과 성은 분리될 수 없는 것이므로 심의 지각이 성의 지각이라 할 수 있지만, 심은 성의 주재(主宰)이고 성은 심의 조리(條理)라는 것이다. 만약 심의 지각과 성의 지각이 다른 것이라 하면 심과 성이 별개의 것이 되어, 심(心)의 측은과 인(仁)의 측은이 구별되는 결과를 낳는다. 그러나 다른 측면에서 보면 심의 지각은 사단(四端)을 포괄적으로 다룸에 비해, 지(智)의 경우는 때로는 지각(知覺)의 차원에서 말할 때가 있고 때로는 시비(是非)의 차원에서 말할 때가 있어서, 그 의미의 얕고 깊음에 차이가 없을 수 없다는 것이다. 그럼에도 불구하고 그는 이러한 차이를 근거로 심과 성을 별개로 여기는 것은 더욱 어긋나는 견해가 된다고 결론지었다.

1-1-26 「心之知覺智之知覺說」(『華西集』卷22)

心外無性, 性外無心, 心性卽一而已矣。就其中欲知心性之分, 則性之主宰謂之心, 心之條理謂之性, 是猶主宰謂之上帝, 流行謂之道之類也。心性旣非二物, 則心之知覺, 卽性之知覺; 性之知覺, 卽心之知覺, 安有各爲二物而不相通之理也? 若各爲二物, 則心之惻隱、仁之惻隱, 心之恭敬、禮之恭敬, 心之羞惡、義之羞惡, 亦當有分別。若曰不可無理氣之分, 則心上亦可分本然、氣質, 性上亦可分本然、氣質, 不當將心偏屬之氣質而性偏屬之本然也。但曰心之知覺, 則包含惻隱、恭敬、羞惡而言, 故較大, 自主宰言之故也。曰智之知覺, 則對待惻隱、恭敬、羞惡而言, 故較小, 自界分言之故也。或以知覺言智, 或以是非言智者, 正如或以恭敬言禮, 或以辭讓言禮; 或以惻隱言仁, 或以慈愛言仁; 或以裁制言義, 或以羞惡言義之類, 誠有淺深泛切之不同, 此不可不知也。但據言異而遂疑其爲二物, 則恐亦失之太遠矣。

1-1-27

「주서잡록朱書雜錄」(『華西集』卷22)

해제

1) 서지사항

이항로(李恒老)가 『주서(朱書)』 일부에 대해 논평한 글. 『화서집(華西集)』 권22에 실려 있다. (한국문집총간 305)

2) 저자

이항로(李恒老, 1792~1868)로 자는 이술(而述), 호는 화서(華西)이다.

3) 내용

이 글은 『주서』 중 진재경(陳才卿), 하숙경(何叔京), 이원옹(李元翁), 방이지(方履之)에게 보내는 6편의 답서를 심(心)을 중심으로 평한 논설이다. 진재경에 보내는 답서에서는 심과 리(理)의 관계를, 하숙경에 보내는 답서들에서는 존심(存心)과 도덕행위 간의 체용(體用)과 선후(先後) 관계를, 이원옹에게 보내는 답서에서는 심과 인의(仁義)의 관계를, 방이지에게 보내는 답서에서는 세상이 혼란한 원인 등을 논평하였다. 이 글은 이항로의 심설이 주자설에 대한 포괄적 검토를 통해 형성되었음을 보여 준다.

1-1-27 「朱書雜錄」(『華西集』卷22)

答陳才卿第五書: "此心此理。"

此心此理, 心以本領言、理以條目言, 本非二物也。若眞見得的確, 則參於前、倚於衡, 理不待格而明、心不待操而存, 則心與理不可分作二物也。雖未至此, 而格物之理然後理明、致心之知然後知至, 則吾心之知在物之理, 似有內外彼此之分, 而其實則心與理只是一本。故致知、窮理, 不可分作兩截事也。

答何叔京二十三書: "視、聽、言、動。"

蓋四勿是"操而存之"之要也, 今曰: "先存其心, 然後能'視、聽、言、動'以禮", 則是存心在先。

答何叔京二十四書: "中正、仁義、上下、賓主。"

愚按, 中仁屬陽、正義屬陰。以尊卑言, 則陽爲上, 陰爲下; 以體用言, 則陰爲主, 陽爲賓。

答何叔京二十九書: "第八條。"

叔京答楊庚書, 論"存心、明理、主敬、窮理, 不可偏廢"之意, 然存心以涵養言, 明理以格致言, 主敬以專一言, 窮理以分析言。其事似若相反, 而使人不知, 何者在所當先, 何者在所當後也。大抵須說, "存心, 則明理之功益精; 明理, 則存心之工益密。" 主敬者, 不可不窮理; 而窮理者, 不可不主敬, 而存心, 爲明理之主; 主敬, 爲窮理之本, 然後此義乃盡也。

答李元翰書: "說開了。"

開有"破綻、違背"之義, 蓋兩物縫彌閉合, 則混成一片物事, 漫無界痕, 及至坼開, 則一東一西, 違戾分背。判爲二物而不可復合也, 所謂"說開了"者, 正如此, 元翰前說云: "存得此心, 卽便是仁。" 此句甚好。但其下端云: "合於心者行之, 不合於心者勿爲。" 此則從義上去了, 不干仁事, 此所謂"儘近似"者也。方說仁而帶說義, 故猶爲近似之說也。今所寫來之說, 則去了說仁一邊, 而全說義一邊, 是所謂"破綻、違背", 而全不是說仁之意也云云, 凡言開了處, 以此意究之, 可見。

答方履之書: “多事之累。”

天下事物, 無論難易, 莫不各有下落歸宿之地。若於此厭其難而放過, 則目前雖似無事, 而向後無下落歸宿處, 與初未嘗學者無異而茫無見識, 則事沒頭緒, 生出無限狼狽窘窒之端, 不可如何。此所謂“今日姑息無事, 乃爲他日紛擾多事”之本也。

1-1-28

「주자답소진수서기의朱子答蘇晉叟書記疑」(『華西集』卷22)

해제

1) 서지사항

이항로(李恒老)가 1848년에 지은 논설문. 『화서집(華西集)』 권22에 실려 있다. (한국문집총간 305)

2) 저자

이항로(李恒老, 1792~1868)로 자는 이술(而述), 호는 화서(華西)이다.

3) 내용

이 글은 『주자대전』의 「답소진수서(答蘇晉叟書)」에 대해 의문을 제기한 논설이다. 여기서 이항로는 '심을 기(氣)로, 성을 리(理)로 구분하는 것'과 '심과 성을 구분하지 않는 것'을 함께 비판하고 있다. 이항로에 의하면, "심은 리의 주재로 말하는 것이요, 성은 심의 조리(條理)를 말하는 것으로서, 지칭하는 바는 다르지만 동일한 리"라는 것이다. 이 글은 비록 글자 수는 적지만 심과 리, 그리고 성에 대한 이항로의 지론을 간명하게 드러냈다는 점에서 의의가 있다.

1-1-28 「朱子答蘇晉叟書記疑」(『華西集』卷22)

答蘇晉叟第一書。【『大全』五十五卷, 四十八板。】 ○ 牛山之木一章, 比類觀之甚善, 但論心與性字, 似分別得太重了。有直以爲二物而各在一處之病, 要知仁義之心四字, 便具心性之理, 只此心之仁義, 卽是性之所爲也。

愚按, 心性之說, 蓋有二病, 喚心爲氣, 喚性爲理, 則判爲二物; 喚心與性, 同作一理, 則漫無界分, 皆不可也。心以理之主宰言, 性以心之條理言, 所指雖異而其爲理則一也。朱子心性之辨, 莫詳於此書, 讀者潛心玩味可也。戊申立秋日錄。

1-1-29

「독퇴도선생집讀退陶先生集」(『華西集』卷22)

해제

1) 서지사항

이항로(李恒老)가 지은 논설문. 『화서집(華西集)』 권22에 실려 있다. (한국문집총간 305)

2) 저자

이항로(李恒老, 1792~1868)로 자는 이술(而述), 호는 화서(華西)이다.

3) 내용

이 글은 『대학』의 격치(格致)와 정심(正心)에 관한 선유들의 해석과 그에 대한 이황의 주석을 인용하며, 그들의 주장에 대한 이항로 자신의 논평을 덧붙인 것이다. 논점은 이황의 견해보다 이황이 인용했던 선유들의 구절에 맞춰져 있다. 격치와 관련해 언급된 인물은 왕양명이다. 이항로는 양명이 심(心), 성(性), 천(天)이 하나의 리(理)임은 알았으나, 보통 사람은 기질의 제약 때문에 반드시 배움을 거쳐야 함을 간과했다고 비판하였다. 다만 그가 "심을 오로지 기로 여기고 천명의 주재를 모른다면 리가 드러날 수 없다"고 하면서 '심즉리'라는 표현을 전적으로 부정하지는 않은 것은 주목할 만하다. 격치와 관련해 언급되는 인물은 주공천(朱公遷), 호운봉(胡雲峯), 나정암(羅整菴), 정휘암(程徽庵) 등이며, 쟁점은 정심에서의 심이 심의 체(體)를 가리키는지 혹은 심의 용(用)을 가리키는지, 아니면 체용(體用)을 겸하여 가리키는지의 문제이다. 이항로는 정심 장에서 심의 체용을 겸하여 말하고 있다고 보며, 다만 공부는 동(動)의 차원에서 이루어진다고 본 정휘암의 주장을 지지하였다. 아울러 그는 동과 정은 서로 대립적이기도 하지만, 상보적이면서 상수적인 관계임을 강조하였다.

1-1-29 「讀退陶先生集」(『華西集』卷22)

滉愚陋滯見, 但知篤信聖賢, 依本分平鋪說話, 不能覷到花潭"奇乎奇、妙乎妙"處。然常試以花潭說, 揆諸聖賢說, 無一符合處。花潭自謂窮深極妙, 而終見得理字不透。所以雖拚死力談奇說妙, 未免落在形器粗淺一邊了, 爲可惜也。

愚按: 理有神妙處, 亦有平常處。然神妙、平常, 亦在一處而非有二理者也。花潭「原理氣」說, 指一氣爲太極, 花潭差處, 只在認氣爲理。

王陽明曰: "心卽理也"云云。○ 退溪先生辨曰: "本是論窮理工夫, 轉就實踐工效上滾說。"【見『傳習錄』論辨。】

愚按: "心卽理也"一句, 陽明之自信處, 專在於此; 自蔽處, 亦在於此。程子曰: "心也、性也、天也, 一理也。" 據此則心固理也。然理有內外、本末、先後、輕重之差, 亦有向背、是非、眞妄、虛實之辨, 自非生知上聖之姿自誠明者, 未有不加格致克復之工而能盡心盡理者也。蓋理之所乘者氣也, 不能無淸濁粹駁之拘; 氣之所生者欲也, 不能無聲色臭味之蔽, 則吾所謂心者, 已非心之本體, 而容有蔽陷離窮之痼; 吾所謂理者, 已非理之妙用, 而容有偏僻邪妄之雜。指此爲心, 認此爲理, 而斷斷自聖, 居不疑、行不顧, 纔見聖賢學問格致之訓, 則便以爲求心外之事、心外之理, 絶之而不爲, 禁之而不學, 幾何不陷溺於恣行胸臆, 爲禽獸爲夷虜而莫之救乎? 雖然, 徵創"心卽理也"之一句, 專以氣字當之, 則矯枉過直, 而反失聖賢之旨, 何也? 蓋心固理也, 而所乘者氣也, 認心爲理, 而不問氣欲之拘蔽, 則其害固不可勝言; 指心爲氣而不知天命之主宰, 則其理亦有所不明矣。是故千古聖賢之說心也, 說理則又必說氣, 說氣則又必說理, 未嘗闕一, 未嘗闕一之中, 又必明一上一下、一尊一卑之實, 與夫彼強此弱、此勝彼負之機焉。舜之命禹, 亦曰"人心道心", 人心氣也, 道心理也。『商書』曰"惟帝降衷", 又曰"生民有欲", 降衷理也, 有欲氣也。『易』曰"易有太極, 是生兩儀", 太極理也, 兩儀氣也。孔子曰"克己復禮", 禮則理也, 己則氣也。孟子曰"惻隱之心, 仁也; 羞惡之心, 義也; 辭讓之心, 禮也; 是非之心, 智也", 此則理也。又曰“納交要譽惡其聲”, 此則氣也。推此類, 則聖賢千言萬語, 莫不如此。故朱子之訓, 必倣擧而對勘, 如帥兵之相隨, 獄訟之兩造, 一言一字, 殆無遺闕滲漏, 其故何也? 心爲一身之主、萬事之綱, 而理爲主, 氣聽命, 則心得其正; 氣反爲主, 而理反爲役, 則失其心之本然故也。讀者, 不可不致思而明辨也。

按朱公遷曰: “伯兄克履云: ‘『大學』經言正心, 是兼體用言; 傳言所以正心之道, 是專以用言。’ 蓋制於外, 所以養其中。”

愚按: “經言正心, 是兼體用言, 則傳言所以正心之道, 專言用而不言體”, 恐亦不然。心有忿懥, 說體之病; 不得其正, 說用之病, 如是看恐宜。且“制於外, 所以養其中”, 本程子「四勿箴」語也。彼明四勿之制外工夫, 所以爲克復爲仁之事也, 此說正心所以爲修齊治平之本也。引用此語, 恐亦失序。

雲峯胡氏則曰: “‘在正其心’, 此正字說正之之工夫, 蓋謂心之用, 或有不正, 不可不正之。‘不得其正’, 此正字是說心之體本無不正, 而人自失之者也。”

愚按: 體亦心也, 用亦心也。“正其心”之心, 該體用而言之, 今曰專指其用。傳釋正心之義, 而先言心有忿懥, 言體之病; 後言不得其正, 說用之病, 今曰“不得其正”, 專指其體, 何也? 且謂“心之體本無不正而人自失之者也。” 然則心之用, 本有不正, 而非人自失之者乎? 恐亦微有程子所謂“是內非外”之意。

羅整菴『困知記』又謂此章所謂“不得其正”者, 似只指心體而言。章句以爲“用之所行, 不能不失其正”, 乃第二節事, 似於心體上欠却數語。蓋“心不在焉”以下, 方是說應用之失。

愚按: 此章心有忿懥一節, 就心上說體用之病; 心不在焉一節, 就事上說體用之病。上節則有所忿懥, 體之病也; 不得其正, 用之病也。下節則心不在焉, 體之病也; 視而不見, 用之病也。二節相對說, 則上節就心上說, 下節就事上說。蓋上承誠意, 下接修身, 故語序不得不如此也。今曰上節言體, 下節言用, 則大失本文之旨矣。若曰“心有忿懥”等四者, 而體已不得其正云耳, 則心無此四者之用, 然後方是得心體之正也, 烏乎可哉? 朱子章句曰“四者皆心之用而人所不能無者", 此明心之有體有用也。然一有之而不能察, 此明其體不虛之病也。欲動情勝, 其用之所行, 或不能不失其正, 此明用不正之病也。語意精密, 道理周全, 無復可疑, 而猶有云云, 何也?

又按: 徽庵程氏曰: "『章句』曰'用之所行, 或失其正', 『或問』曰'此心之用, 不得其正', 未嘗言體之不正也。" 唯經之『或問』, 有曰"不得其本然之正", 曰"心之本體, 物不能動而無不正。" 或者執之以爲'正心乃靜時工夫, 如『中庸』未發之中, 「太極圖」之主靜, 而經之所謂定、靜、安也。傳之"心不在焉", 乃心不在腔子裏時也, 殊不知聖人敎人, 多於動處用功, 格致誠正修, 皆敎人用功於動者, 定、靜、安亦非但言心之靜也。若靜時工夫, 戒愼恐懼而已, 不待正其不正也。聖賢之動, 固主於靜。元亨, 誠之通; 固主乎利貞, 誠之復, 而誠、正、修云者, 誠通之事。旣誠正而修矣, 始有誠復之明。【明字誤。】若當誠意之後, 厭動而求靜, 收視反聽曰"吾將以正心", 此乃異端之事, 非吾儒事也。況心不在焉? 亦曰心不在視則視而不見, 心不在聽則聽而不聞, 豈靜在腔中之謂哉? 『或問』所謂本然、全體, 亦指此心之義理而言。孟子言本心, 亦指仁義之心而言, 豈一於靜之謂乎?

愚於上文, 已言"正心"經傳兼體用之義, 此不復贅。蓋徽庵之意, 謂聖賢敎人, 專就動上用功, 以斥世俗禪會悅靜厭動之病, 則其意固正矣。雖然, 朱子嘗曰: "動之不能無靜, 猶靜之不能無動。" 又曰: "靜無資於動, 而動有資於靜焉", 則動靜交養之中, 動統於靜而靜爲動之本, 又可知也。且動靜, 有相對言者, 如動靜不同時之類是也; 有相配言者, 如靜中含動、動中含靜之類是也。然則一語一默、一進一退, 無非相須爲用, 而豈可遺彼偏此而爲道乎哉? 如云元亨, 誠之通; 利貞, 誠之復, 則誠復, 體也; 誠通, 用也。元亨之用, 固出於利貞之體; 利貞之眞, 亦行乎元亨之中。所謂誠、正、修者, 正是利貞之所以發, 而元亨之所以行也; 元亨之所由通, 而利貞之所由成也。今曰誠、正、修云者, "正"誠通之事, 旣誠, 正而修矣, 始有誠復之明, 則所謂修己治人之道, 但得元亨一邊而遺却利貞一邊焉, 烏得爲道之全體也哉?【缺】

1-1-30

「주자원형이정설구해朱子元亨利貞說句解」(『華西集』卷23)

해제

1) 서지사항

이항로(李恒老)가 지은 논설로서 저술 시기는 미상. 『화서집(華西集)』 권23에 실려 있다. (한국문집총간 305)

2) 저자

이항로(李恒老, 1792~1868)로 자는 이술(而述), 호는 화서(華西)이다.

3) 내용

이 글은 이항로가 주자의 「원형이정설(元亨利貞說)」에 관해 문구(文句)를 해석하면서 자신의 의견을 기록한 것이다. 이항로는 먼저 "원(元)·형(亨)·이(利)·정(貞)은 성(性)이고, 생(生)·장(長)·수(收)·장(藏)은 정(情)이며, 원으로써 낳고 형으로써 기르고 이로써 거두고 정으로써 감추는 것은 심(心)"이라는 구절에 대해, 이는 하늘에 있는 심의 성(性)과 정(情)을 말한 것이라고 해설하였다. "인(仁)·의(義)·예(禮)·지(智)는 성이고, 측은(惻隱)·수오(羞惡)·사양(辭讓)·시비(是非)는 정이며, 인으로써 사랑하고 의로써 미워하고 예로써 사양하고 지로써 아는 것이 심"이라는 구절에 대해, 이는 사람에게 있는 심의 성과 정을 말한 것이라고 해설하였다. 그리고 "성은 심의 리, 정은 심의 용(用), 심은 성과 정의 주인"이라는 구절은 심·성·정의 구분을 전체적으로 논한 것이며, 심으로부터 성과 정을 말하면 심은 유행의 주체가 되고 성과 정은 심이 품고 있는 것이 된다고 해석하였다. 그래서 성은 심의 리이며 정은 심의 용이 되는 것으로, 성과 정으로부터 심을 말하면 성과 정은 리가 되고 심이 바로 주재의 묘(妙)라고 설명하였다. 이로 인해 심은 성과 정의 주인이 된다는 것이다. 정이(程頤)가 "체(體)를 역(易), 리를 도(道), 용을 신(神)"이라고 말한 구절에 대해서는 성과 정이 심의 리(理)와 용(用)임을 증명한 것이라고 해석하였다. 그리고 이를 기반으로 노자, 불교, 그리고 육왕학을 비판하여 주자학의 정통성을 확인하고자 하였다.

1-1-30 「朱子元亨利貞說句解」(『華西集』卷23)

元、亨、利、貞, 性也; 生、長、收、藏, 情也; 以元生、以亨長、以利收、以貞藏者, 心也。【此段就天道四德, 分別心性情之界, 四性、四情、四心, 雖若各有條目, 而其實渾然一理而已。非謂心外有性、性外有情而自爲一物也。】仁、義、禮、智, 性也; 惻隱、羞惡、辭讓、是非, 情也; 以仁愛、以義惡、以禮讓、以智知者, 心也。【此段就人心四端, 分別心、性、情之界, 變惻隱爲愛, 變是非爲知者, 以見惻隱屬愛, 是非屬知也。】性者, 心之理也; 情者, 心之用也; 心者, 性情之主也。【此段明心統性情之妙, 而合爲道之全體也。】程子曰: "其體則謂之易,【應上心字。】其理則謂之道,【應上性字。】其用則謂之神,【應上情字。】正謂此也。"【此段引程子易說, 以明心性情之義。】又曰: "言天之自然, 則謂之天道【應上性字。】; 言天之賦與萬物, 則謂之天命。"【應上情字。】又曰"天地以生物爲心", 亦謂此也。【應上心字。】

愚按: 朱子論心性情之義者, 非一非再, 如中和說、明德註【『或問』、『語類』】、玉山講義之屬, 皆條釋詳細, 而此段尤其明確者也。蓋嘗論之, 夫太極一而已矣。太極有動靜體用, 故斯有性情之分矣。太極爲萬化萬物之根本主宰, 故斯有心之名矣。於斯三者闕一, 則非太極之全體也。物物各具一箇太極, 言日月則光明者, 日月之性也; 照臨者, 日月之情也; 主宰此光明照臨之體者, 日月之心也。言水火則上下者, 水火之性也; 潤燥者, 水火之情也; 主宰此上下潤燥之體用者, 水火之心也。推之萬事萬物, 莫不皆然。若論人極, 則朱夫子所謂心爲太極, 正謂此也。心爲一身之主、萬化之本, 所謂心與天君是也。心爲一身之主、萬事之綱, 而擧其兩端, 則動與靜、寂與感而已, 斯有性情體用之名矣。萬理具備於一性之中, 萬物具應於一情之中, 而論其主宰總會則一而已矣, 斯有心與性情之名矣。張子所謂心統性情, 是也。雖曰一理, 而三者之名旣立, 而三名之義, 各有所指, 則亦不可混淪無別, 何也? 或略知性之爲理, 而不復理會情之爲性之用, 則所謂性者, 爲無用之物而淪於虛空者有矣。或略知情之爲用, 而不復理會性之爲情之根, 則所謂情者, 爲無本之物而溺於嗜欲者有矣。或略知性情之爲體用, 而不復理會心之爲性情之主、體用之統焉, 則所謂性情者, 分裂渙散, 死殺枯凋, 不足爲百體之君萬化之原。故必於此理之外,覔出一物, 爲之添補幇助主張總領, 然後始足矣。如是則理必有周羅不給之處, 而氣反爲總會本原之主矣, 烏乎可也? 或略知心爲本原之地, 而不復理會心之體用爲何事, 則不知仁、義、禮、智之爲心之體, 惻隱、羞惡、恭敬、知覺之爲心之用, 而認吾儒所謂"形而下者爲心"者有矣, 烏乎可哉? 是以朱子於心與性情之際, 見人混淪無別, 則必爲之分析; 見人分開太濶, 則必敎之渾合。惟其如此, 然後一原分爲萬目, 萬化同出一本, 而心爲太極之義, 可得而見也。朱子所引程子"心也、性也、天也, 一理也"者, 正指此也。至若理氣道器之分, 則又自別焉。理之所乘者, 氣也; 氣之所載者, 理也。故理無無氣之理, 氣無無理之氣, 曰心、曰性、曰情, 由所載者而言則理也, 由所乘者而言則氣也。故心有人心道心之分, 性有本然氣稟之分, 情有天理人欲之分, 於此少差則善惡義利之幾判矣。故於心、於性、於情, 無不分理氣之地, 無不着工夫之時矣。是以朱子論理則必以心做主說, 論心則必以氣相對說者, 爲此故也。學者當熟讀而明察也, 余旣句解其義, 繼說于下, 以備質問云。甲寅除月二十四日, 書于一鑑齋。

書此訖, 客有難之者曰: 信子之說, 則心爲人極之義, 旣聞命矣。凡異端之說, 如老、佛、陸、王, 無不以心爲宗, 而反爲吾道之病, 何也?

曰: 正爲他只管知有人心, 不復知有道心故也, 何以明之? 老氏之所謂心, 卽玄妙淸虛之心也; 吾儒之所謂心, 卽仁、義、禮、智之心也。玄妙淸虛, 非指氣而何? 仁義禮智, 非指理而何? 佛氏之所謂心, 卽無性無情之心也; 吾儒之所謂心, 卽有性有情之心也。無性無情, 非論氣而何? 有性有情, 非論理而何? 陸氏之所謂心, 卽混淪無條, 急切無序之心也; 吾儒之所謂心, 卽巨細該貫, 顯微洞澈之心也。彼非氣欲而何? 此非道體而何? 王氏之所謂心, 卽作用運動、嗜欲利害之心也; 吾儒之所謂心, 卽孝悌忠信、樂善疾惡之心也。彼非形氣而何? 此非性命而何? 蓋心卽一而已矣, 有此兩路者, 以其所乘者氣也, 所具者理也。故覺於彼者, 謂之人心; 覺於此者, 謂之道心。苟能仔細分別, 精密省察, 得以一克一復、一遏一存, 以至於脫洒純熟, 則本心之德, 復全於我矣。夫何異說之爲病也哉? 客唯唯而去。復錄于書尾。

1-1-31

「심경부주기의心經附註記疑」【甲寅】(『華西集』卷23)

해제

1) 서지사항

이항로(李恒老)가 지은 논설. 『화서집(華西集)』 권23에 실려 있다. (한국문집총간 305)

2) 저자

이항로(李恒老, 1792~1868)로 자는 이술(而述), 호는 화서(華西)이다.

3) 내용

이 글은 이항로가 명대의 정민정(程敏政)이 남송의 진덕수(眞德秀)가 지은 『심경』에 주를 붙여 편찬한 『심경부주』의 내용 가운데 의심스러운 곳을 지적하고 자신의 견해를 밝힌 것이다. 먼저 이항로는 『심경부주』의 내용을 거론하기 전에, 진덕수가 지은 『심경』의 내용 중에서 호요분치(好樂忿懥)를 인심의 조목으로 보고 인의예지(仁義禮智)를 도심의 조목으로 보는 것을 비판하였다. 이것은 황간(黃幹)이 희로애락을 인심으로 해석하고 인의예지를 도심으로 해석하는 것과 다르지 않다는 것이다. 이항로에 따르면, 인심과 도심은 주자의 "인심은 형기의 사사로움에서 생겨나고 도심은 성명의 올바름에 근원한다."는 구절에 근거해야 한다. 따라서 호요분치가 형기를 따라서 발한 것이 있으니 예를 들어 여색을 좋아하는 마음은 인심이라 하고, 성명을 따라서 발한 것이 있으니 예를 들어 덕을 좋아하는 마음은 도심이라 한다. 그러므로 호요분치는 심의 작용이고 인의예지는 심의 본체인데, 작용으로 인심을 말하고 본체로 도심을 말하면 인심은 정이 되고 도심은 성이 되어 옳지 않다는 것이다. 이 글에서 이항로가 『심경부주』의 내용 중에 의문을 제기한 부분은 다음과 같다. 첫째 『역』의 「건괘」92효에서 공자가 말한 "평소의 말을 미덥게 한다(庸言之信)"는 구절에 대한 임천오씨(臨川吳氏)의 해석, 둘째 「곤괘」 62효의 "경으로 안을 바르게 한다(敬以直內)"는 구절에 대한 각헌채씨(覺軒蔡氏)의 해석, 셋째 "심에 분치가 있다(心有忿懥)"는 구절에 대한 인산김씨(仁山金氏)의 해석, 넷째 『맹자』의 우산(牛山)장에서 난계범씨(蘭溪范氏)의 해석, 다섯째 주렴계 「통서」의 "성인은 배워서 될 수 있는가(聖可學)"라는 구절에 대한 휘암정씨(徽庵程氏)의 해석, 여섯째 구방심재명(求放心齋銘)장의 내용 중 면재황씨(勉齋黃氏)의 해석이 그것이다.

1-1-31 「心經附註記疑」【甲寅】(『華西集』卷23)

程篁墩『附註』序。

恒老按: 以危微精一起頭, 而全篇不復說破精字意思, 蓋以格致之學爲病。故闕却精字一邊, 而以寄命耳目, 騰理口舌, 一概揮斥, 此乃江西帶來, 諱不得也。

眞西山『心經』贊。

恒老按: 以好樂忿懥爲人心之目, 以仁義禮智爲道心之目, 恐似未盡。好樂忿懥, 心之用也; 仁義禮智, 心之體也, 以用名人心, 以體名道心, 已未安矣。而好樂忿懥, 有從形氣而發者, 如好色、樂宴、忿鬪、危身之類, 人心之屬也; 有從性命而發者, 如好德、樂節、發憤、忘食之類, 道心之屬也。以此類界破人心道心之分, 則大煞分明, 而今以一體一用分之, 則人心是情也, 道心是性也, 學者得無疑於省察取捨之間歟? 此與黃勉齋以喜怒哀樂釋人心, 以仁義禮智釋道心之意, 大同小異。不若朱子"人心, 生於形氣之私; 道心, 原於性命之正"之訓, 的確分明, 讀者恐不可不辨也。

『易』乾之九二, 子曰庸言之信章附註, 臨川吳氏曰: "物接于外, 閑之而不干于內, 內心不二不雜而誠自存, 以『大學』之目, 則正心之事也。"

恒老按: 草廬此段云云, 何爲而如此也? 蓋物者理之質也, 理者物之體也, 固不可昧理而循物, 亦豈得絶物而造理也哉? 但理妙萬物而物各爲物, 故有此上彼下、此通彼局, 爲不同焉耳。是以語上而遺下, 則蕩而爲禪會之空虛矣; 逐末而昧本, 則溺而爲俗學之卑陋矣。又圇圇汨董, 漫無分別, 則流而爲陳、戴害正之說矣, 是三病者不去, 則理學何由而可明也? 竊觀聖賢敎人, 本末終始、表裏精粗, 有序有條, 靡有不盡。故『大學』之敎, 使人卽物而窮理, 以致其知; 循理而應物, 以正其心; 盡己盡物, 以修齊治平而盡乎天下, 此乃傳授之大法, 學問之正路也。草廬之言曰"物接于外, 閑之而不干于內, 內心不貳不雜而誠自存, 以『大學』之目則正心之事也”, 未知此何理也。所謂心也者, 主宰萬化, 照燭萬物之具也, 若曰“物之接于外者, 閑之而不干”, 則心自不正而失其職久矣, 尙何不貳不雜之可言也? 所謂誠也者, 天理無妄之名, 人事不欺之義, 該寂感、通內外而無時間斷者也。今於事物未來之前, 先立拒物之私意而爲之根盤; 事物旣接之後, 旋着閑物之別念而爲之蔽障, 則其於天理自然之體, 人心當然之用, 爲不誠甚矣, 邪孰加焉? 未知所閑者果何事, 所存者果何事耶? 『易』所謂“閑邪存誠”, 承上文“庸言之信, 庸行之謹”而言, 信是循物無違, 謹則應物無錯, 所謂“閑邪存誠”者, 防其不信不謹之私意, 而保其恒信恒謹之心云爾。『大學』所謂正心, 謂極其鑑空衡平之體, 然後可以應事接物, 無少差繆云爾, 何嘗與閑物之說, 一毫相近者耶? 下卷尊德性齋銘章附註, 又錄草廬之言曰: “澄也鑽硏文義, 毫分縷析, 每猶以陳北溪爲未精, 饒雙峯爲未審, 墮此窠臼中, 垂四十年, 而始覺其非”云云。愚以爲前日之毫分縷析, 恐非窮理之謂也; 今日之始覺其非, 恐非尊德之謂也。退溪先生謂草廬說有伊蒲塞氣味, 恐此爲不易之斷案, 而究其病源之所由, 則亶在於此, 讀此者不可不着眼也。扞物之誤, 朱子於『大學或問』格致章, 辨之已悉, 與此參看, 可見其得失也。

「坤」六二, 敬以直內章附註, 覺軒蔡氏曰: “若玩周子‘一者無欲’之一, 程子‘涵養吾一’之一, 朱子‘一者其心湛然, 只在這裏’之一, 則知靜之主一, 其太極之境界歟? 學者誠能盡取而融會, 精思其實體, 則庶乎得之矣。”

恒老按: 太極者, 一動一靜之本體也, 若偏屬之一邊, 則不成爲太極均矣。人之一心, 卽太極之體用也, 故靜而不能主一, 則太極之體不能立矣; 動而不能主一, 則太極之用不能行矣。一動一靜, 雖有體用之分, 而太極則一也。故體不立則用亦隨而不行, 用不行則體亦從而不立, 體用互根, 初非有兩箇太極也。今覺軒蔡氏曰: “若玩周子‘一者無欲’之一, 程子‘涵養吾一’之一, 朱子‘一者其心湛然, 只在這裏’之一, 則知靜之主一, 其太極之境界歟! 學者誠能盡取而融會, 精思其實體, 則庶乎得之矣。” 果如右說, 則太極境界, 只合偏屬之靜而不可屬之於動矣。屬靜而不可以屬動, 則未免爲尖斜不正當底太極, 而不足爲天地、陰陽、萬化之主矣。其所謂動一邊, 則未免在太極境界之外, 而爲剩贅閑多之物, 反作太極主靜主一之敗闕蔽障矣。釋氏之見, 正坐如此, 此豈理也哉? 周子無欲之一, 蓋通靜虛動直而言也; 程子涵養之一, 蓋該直內方外而言也; 朱子只在這裏之一, 蓋合戒懼愼獨而言也, 何嘗單擧靜一邊, 爲太極之訓乎? 覺軒內承九峯世述之緖, 外受紫陽親炙之訓, 而其言之差, 已如此者, 何也? 無乃篁墩急於證成朱、陸之道一, 故或裁截首尾, 失其語脈, 如此也歟? 當更博考而質問於知者也。

心有所忿懥章附註, 仁山金氏曰: "四有重疊之辭, 心之正體正用"云云。

恒老按: 仁山金氏說, 深潛精詳, 有補於學者, 當熟玩也。

太常臧格撰諡議曰: "伊川先生之學, 專以敬爲主, 充養旣至, 固宜粹然一出於正也。夫一恚詈之微, 若未過也, 則戒其動心忍性, 蓋有所忿懥則不得其正。一驚懼於暗室之頃, 未爲失也, 則斥其燭理不明, 蓋有所恐懼則不得其正。以至溺文章則惡其玩物, 遇患難則憫其不能舍生, 蓋有所好樂憂患則俱不得其正。夫人能去其累, 奚患不盡復其全乎?"

恒老按: 伊川之學, 造道篤實, 居敬純熟, 心之體用, 正大光明, 自不越乎規矩準尺。責張思叔之詬詈僕夫者, 爲其不容人細過也, 非謂心無忿懥然後得其正; 告闇中驚懼, 謂燭理不明者, 爲其闇中本無可懼也, 非謂心無恐懼然後得其正也。斥『章句』以俳優, 歎捐軀以實見者, 爲其口耳害道, 節義重生也, 非謂好樂憂患爲心之累也。四者性之發而心之用也, 果爲之累, 而必去此, 然後可以復其全云爾, 則孔子之"發憤忘食, 樂以忘憂", 子思之敎人戒愼恐懼, 仁智之樂山樂水, 孟子之憂不如舜, 是皆不能盡去心之累而復性之初者耶? 此非知道之言而害理爲甚, 顧自浸淫於禪學頓悟之說, 故不覺其誤。臧格之傅會衆德, 姑勿深論, 篁墩之引錄警學, 尤極悶腹。蓋不明於性命形氣公私之分理欲之界, 而漫無區別於其心, 故其言每每如此, 讀者當詳之也。

孟子牛山章附註, 蘭溪范氏曰: "蓋學者, 覺也。覺由乎心, 心且不存, 何覺之有? 心雖未嘗不動也, 而有所謂至靜, 彼紛紜乎中者, 浮念耳、邪思耳。物交而引之耳,雖百慮煩擾, 而所謂至靜者, 固自若也。君子論心, 必曰存亡云者, 心非誠亡也, 以操舍言之耳。"

恒老按: 心者人之神明, 主一身而宰萬事者也。動與靜, 不可頃刻不存, 而其存之之方, 亦不可他求, 苟能操之則斯存矣, 纔不操而捨之, 則昔之存者, 忽焉亡矣。操舍之頃, 只爭毫髮, 存亡之判, 不翅天壤。是以君子之心, 一動一靜, 無非着操存之地, 而亦不敢少忽舍亡之戒於瞬息之間也。今范氏之言曰, "心未嘗不動, 而有所謂至靜", 未知所謂動者指何心, 而所謂至靜者, 又指何心耶? 是一耶二耶? 一則動靜不可同時, 二則方寸不容兩主, 奈何? 其言又曰, "彼紛紜于中者, 浮念耳、邪思耳。物交而引之耳, 雖百慮煩擾, 而所謂至靜者, 固自若也。" 果如是言, 則浮念邪思, 自浮念邪思, 至靜者自至靜, 彼各爲二心, 不相干涉, 不相株累, 固不害爲無時不存矣, 尙何存與亡之可言, 又何待於操而後不亡也耶? 譬之於車, 則循塗轍而行, 卽此車也; 不循塗轍而行, 亦此車也, 若曰不循塗轍之時, 別有循塗轍者自在云爾, 則奚可哉? 其言又曰: "君子論心, 必曰存亡云者, 心非誠亡也, 以操捨言之耳。" 篁墩從而釋之曰: "存心在至靜。" 以此參互, 則所謂操捨之工, 已不干於存亡之實而操之之云, 只當施之於靜而不可施之於動矣。所謂存者不過存得靜者, 而不能存得動者矣, 烏乎其可哉? 朱子初年未發說, 微有此意, 而晩年改本, 不翅明白, 辨胡文定起滅體用之說曰: "非百起百滅之中, 別有一物不起不滅也。" 朱子之訓, 炳如指南, 而後學之尙困冥埴, 亦云何哉?

孟子曰牛山之木章附註, 問: "程子謂'格物窮理, 但立誠意以格之'。又曰'入道莫如敬'。愚以爲誠意工夫在格致後, 今乃云先立誠意, 始去格物, 無乃反經意歟?" 潛室陳氏曰: "程門此類甚多, 如致知用敬, 亦是先侵了正心誠意地位。蓋誠敬二字, 通貫動靜、始末, 不是於格致之先, 又有一敬工夫在。只是欲立箇主人翁耳, 不然皆妄。"

恒老按: 心爲一身之主, 而敬爲一心之主, 心之爲德, 無所不具, 而獨以敬爲主者, 何也? 心之神明, 舍於火臟, 而禮與敬屬火, 故敬爲心之主也。故火盛則炎直而照明, 火衰則炎散而光昏; 敬篤則心直而思明, 敬弛則心散而知昏。其象相類, 於此可驗也。程子之學, 得千載不傳之緖, 表章『大學』而發明格致之說, 此乃秦、漢以來, 諸儒之所未有也。又從而發揮主敬之說, 則發『大學』之所未發也。朱子繼興而著『章句』, 以補其所闕所略, 又纂輯『小學』, 以倣『大學』之基本坯墣, 而闡明敬字之義, 塡補年過失學之病, 然後聖人敎人之終始本末, 燦然復明, 殆無遺憾。蓋敬之一字, 合內外、該動靜, 通貫聖學始終, 而但其生熟有天人之分耳。『小學』是童蒙習敬之方也, 卽『大學』之基本田地也; 『大學』是大人妙敬之道也, 卽『小學』之華實文彩也。『小學』則自敎以男唯女兪以上, 灑掃應對、『詩』『書』六藝, 無非習敬之事也; 『大學』則八條、三綱, 包在一箇明德裏面, 而明之之工, 舍敬則不可得也。格致也, 非敬不得; 誠正也, 非敬不得; 修齊治平也, 非敬不得。所謂誠意者, 謂旣格物致知而於天下之事, 有以知其善惡之所在而無疑, 則又當好善必爲, 惡惡必去, 如好色惡臭而無慊於心云爾, 非謂前此不誠而於此始下誠之之工也。所謂正心者, 謂好善惡惡之情, 旣實而無僞, 則又當極其公平正直之體而無一毫係累偏倚之失, 如鑑空衡平, 然後體無不正而用得其平云爾, 非謂前此不敬而於此方加敬之之敎也。陳氏發明敬字之義, 亦頗詳盡, 而未及於『小學』、『大學』互相終始之說, 故錄此以備參攷云。

周子『通書』曰聖可學章附註, 徽庵程氏曰: "必以無欲爲敬, 以無息爲誠, 以日新爲德, 以富有爲業, 以一民一物不被其澤爲己任, 以天下後世不傳此道爲己憂, 而此心此道之全體妙用, 皆在其中矣"云云。

恒老按: 無欲以功效言, 聖人之心也; 敬以工夫言, 學者之事也。自主敬而約之又約, 終至於無欲之境可也。今曰"以無欲爲敬", 無乃先獲而後難歟? 無息, 天道之自然, 誠也; 爲誠, 人道之當然, 誠之也。自誠之之事, 熟之又熟, 終至於無息之地可也。今曰"以無息爲誠", 無乃先上達而後下學歟? 『易』曰: "日新之謂盛德, 富有之謂大業。" 所謂日新者, 釋盛字之義而非所以訓德也; 富有者, 釋大字之辭而非所以註業也。今曰"以日新爲德, 以富有爲業", 無乃剽竊成句, 刪沒要語歟? 又曰"以一民一物不被其澤爲己任, 以天下後世不傳此道爲己憂", 此則道成德立大聖人, 如堯、舜、孔、孟者之所未盡也。孔子所謂"堯、舜其猶病諸"者, 此之謂也。以是學道, 不其近於子貢之以博施濟衆爲仁之不切己也歟? 又曰"此心此道之全體妙用, 皆在其中", 夫此心此道之全體妙用, 人皆得之於天而具之於身, 人能學道盡性而復其全體妙用, 則其功化德澤之及於後世者, 有不期然而然也, 謂之在其中可也。今曰此心此道之體用, 反在天下後世功化所至之中, 此何理也? 孟子曰: "君子所性, 雖大行不加焉, 雖窮居不損焉, 分定故也。" 豈可以功效語道學也耶? 徽庵之學淺深高下, 雖未得聞, 而以此語推之, 則引用古人已成之語, 而删截顚倒, 不成次第, 全沒意味, 未知此何故也。姑記所疑, 以待更加博考而商定也。

求放心齋銘章附註, 勉齋黃氏曰: "心者, 神明之舍。虛靈洞澈, 具衆理而應萬事者也。然耳目口鼻之欲, 喜怒哀樂之私, 皆足以爲吾心之累也"云云。

恒老按: 心之神明, 以理言也; 心之血肉, 謂之舍也。二者雖不相離, 而亦不相雜。是以朱子於以理言心處, 則必曰神明、曰主宰、曰本心、曰良心、曰人極、曰天君、曰志帥, 而未嘗以形而下者雜言之也; 於以氣言心處, 則必曰神明之舍、曰氣之精爽、曰火臟、曰陽氣發處、曰氣機, 而未嘗以形而上者雜言之。今勉齋曰"心者, 神明之舍", 此則單指血肉而言也; 其下又曰"具衆理而應萬事者也", 此則兼指神明而言也, 二者圇圇合說, 恐未精密。且曰"耳目口鼻之欲, 喜怒哀樂之私, 皆足以爲心之累"。蓋耳目口鼻之欲, 卽人心之屬也, 若不聽命於道心, 則易流而爲人欲。且比之於道心, 則有大小貴賤之分, 故聖人止曰"危而不安", 而欲人之精擇而一之也。朱子曰: "口鼻耳目四肢之所欲, 雖人所不能無, 然多而不節, 則未有不失其本心者也。" 今若以此槪謂之爲心之累, 則已恐欠却多少曲折, 而語太傷急矣, 況夫喜怒哀樂者, 性之用而心之發也? 聖人止言其中節、不中節, 而防其過與不及之差耳, 未嘗以此爲心之累也。朱子亦曰: "七情之中節者, 道心也。" 今便以爲心之累, 而欲人之無所累也, 則恐亦侵過境界而理有未備也。將朱子之訓, 仔細相準, 可見其間同異得失, 有在毫髮之間, 而不得以相掩也。讀者若以師門之高足傳鉢, 橫却在胸中, 而不敢議喪貧死朽之疑云爾, 則旣非講明道理之實, 而亦非前人所以望之於後者也, 此意不可不知也。

尊德性齋銘章附註, 朱子曰: "尊德性"云云以下六條。

恒老按: 此六條, 發明聖學之終始本末, 在存心、明理, 兩事而已。堯、舜"惟精惟一"之訓, 卽其源也, 孔子之金聲玉振, 顔子之博文約禮, 曾子之格致誠正, 子思之尊德性道問學, 孟子之知性存心, 程子之涵養進學, 皆兩下工夫, 不可闕一, 朱子所謂"鳥翼"、"車輪"之喩是已。據此兩法, 讀聖賢之書而求其意, 則庶乎不錯矣。

又曰: "萬事在窮理"以下十條。

恒老按: 此十條, 救正學者, 厭廢講學之病。蓋孔子曰: "我非生而知之者, 好古敏而求之者也。" 又曰: "十室之邑, 必有忠信如丘者焉, 不如丘之好學也。" 又曰: "好仁不好學, 其蔽也愚; 好智不好學, 其蔽也蕩; 好信不好學, 其蔽也賊; 好直不好學, 其蔽也絞; 好勇不好學, 其蔽也亂; 好剛不好學, 其蔽也狂。" 又曰: "蓋有不知而作之者, 我無是也。" 孟子曰: "我知言, 我善養吾浩然之氣。詖辭知其所蔽, 淫辭知其所陷, 邪辭知其所離, 遁辭知其所窮, 作於其心, 害於其政, 發於其政, 害於其事。以不得於言勿求於心, 斥告子義外之說。" 程子曰: "博學、審問、愼思、明辨、篤行五者, 廢其一, 非學也。" 此與朱子之訓, 互相表裏者也。陸氏大拍頭胡叫喚倡出頓悟之說, 亂道誤人, 故救時之弊, 尤不可已, 此意亦不可不知也。

又曰: "不尊德性則懈怠"以下十一條。

恒老按: 此十二條, 救正後學騰說口耳之病。蓋孔子曰: "文莫吾猶人也? 躬行君子則吾未之有得。" 又曰: "予欲無言。天何言哉? 四時行焉, 百物生焉。" 又曰: "汝以予爲多學而知之者歟? 吾道一以貫之。" 又自敍其爲學之序, 以志學致知之事, 積累漸進, 而乃以從心所欲不踰矩終焉。孟子曰: "學問之道, 無他, 求其放心而已矣。" 又曰: "大人者, 不失其赤子之心。" 此皆以尊德性爲究竟法也, 朱子之心, 亦何異於此哉? 然而陸氏之學, 實則浸淫禪會, 而強竊尊德性之名以自標置。故朱門新學, 偏用力於問學一邊, 而諱言尊德性, 以避陸學之嫌, 則無異於因噎而廢食, 可乎? 救時說弊, 尤不得不然, 君子之心, 一於正而無所偏倚, 於此亦可見也。

北溪陳氏曰: "老先生平日教人最緊處, 尊德性、道問學二件工夫, 固不偏廢, 而所大段着力處, 却多在道問學上。江西一派, 却只是厭煩就簡, 偏在尊德性上去, 先生蓋深病之。" ○ 篁墩程氏曰: "朱子晚年答項平父及林擇之、劉子澄、何叔京、程允夫、黃直卿, 其言如此。朱子沒後, 陳氏之言如彼, 則考亭之學, 固不俟一再傳, 而未免失眞者矣。宜臨川吳氏於北溪, 有所不能滿焉, 殆此類也夫。"

恒老按: 人之所以爲學, 心與理而已。『中庸』所謂尊德性, 卽存心之謂也; 所謂道問學, 卽明理之謂也, 二者廢一則非學也。然存心之工, 只在自家默默加工, 不用問人, 而至於明理之工, 則自用則小, 雖以聖人聰明, 必取於人而足。故於德性則曰尊而已, 於明理則曰道問學, 所謂尊者, 一味戒愼恐懼而已, 却無許多工夫。所謂問學者, 不敢自用己見, 而只管問人, 只管學人, 惟恐問之不廣, 惟恐學之不勤。此蓋兩邊下工, 而一默一語, 一靜一動, 一求於己, 一求於人, 事若相反, 而其實必相須而成也。是以朱子曰: "默識此心之靈, 而存之於端莊靜一之中, 知有衆理之妙, 而窮之於學問思辨之際, 巨細相涵, 動靜交養。" 觀此則尊德性上工夫, 只曰默識, 只曰端莊靜一, 則安用問人, 安用學人爲哉? 道問學上工夫, 則必曰衆理、必曰窮之, 必曰學、必曰問, 必曰思、必曰辨, 則此豈小人悻悻自用之謂哉? 如此則人於聖人, 可見者道問學一邊事也, 不可見者尊德性一邊事也, 非善觀聖人者, 不知二事之合爲一德也。設使見大舜之好問、好察, 闢四門、明四目、達四聰, 日日所事, 只在都兪吁咈之勤, 乃曰舜專用力於道問學上工夫, 而却不用力於尊德性上工夫云爾則可乎? 見孔子孜孜用力於"學之不厭、誨人不倦"之事, 而謙謙不居於躬行君子之事, 乃曰孔子只知道問學而却少尊德性上工夫云爾, 則是豈知德之言也哉? 蓋朱子之所問所學者, 卽尊德性之事也, 陸氏之所謂德、所謂性者, 非可問、可學之事也。此實彼虛, 此公彼私, 截然不同, 不翅如水火、寒熱之不相入也。但自以尊德性標揭其學, 而罵人問學, 故當時學者以尊德性、道問學, 分作兩目標, 爲朱、陸不同之題, 則已非知道之言, 而又以諱避陸學之名, 不肯專心於尊德性之工, 則所失益遠益大矣。朱子晚年所憂, 又在於此。其所以取可於陸氏者, 正如孔子問禮老子、許可子桑之意也，卽程子歎“三代威儀，盡在此”之類也。朱子之一斥一許，各有意義，而北溪不能發明其說，乃曰“吾師大段着力，却多在道問學上，江西厭煩就簡，偏在尊德性上去。” 然則朱子之學，偏於道問學一邊；陸氏之學，偏於尊德性一邊，其所偏雖不同，而爲偏則一也，爲道學之病，無彼此也。北溪之言如此，固可疑也，至若篁墩又以深病陸氏之云，反爲北溪之失眞，則失之益遠矣。臨川所以不滿於北溪者，亦如篁墩之所疑，則其失均也，讀此者不可不辨也。

1-1-32

「화담집기의花潭集記疑」(『華西集』卷24)

해제

1) 서지사항

이항로(李恒老)가 지은 논설로, 저술 시기는 미상. 『화서집(華西集)』 권24에 실려 있다. (한국문집총간 305)

2) 저자

이항로(李恒老, 1792~1868)로 자는 이술(而述), 호는 화서(華西)이다.

3) 내용

이 글은 이항로가 조선 전기의 유학자 서경덕의 『화담집(花潭集)』 중 「원리기(原理氣)」, 「리기설(理氣說)」, 「귀신사생설(鬼神死生說)」에 관해 비평한 글이다. 서경덕은 위 세 글을 통해 이 세계 모든 존재의 궁극적 근원을 태허(太虛)·일기(一氣)로 설명했거니와, 그리하여 서경덕의 학설은 보통 기철학(氣哲學)으로 분류된다. 이항로는 서경덕의 학설을 "하나의 기가 스스로 존재하고 스스로 운행한다"는 것으로 규정하고, 이는 "태극을 깎아내리고 기를 받드는 것으로서, 성리학의 본래 가르침과 완전히 상반되는 것"이라고 비판한 다음, "음양이 순환하고 유행(流行)하는 것은 음양이 저절로 그럴 수 있는 것이 아니라, 태극이 그 추뉴근저(樞紐根柢)가 되기 때문"이라고 설명했다. 서경덕의 성리설에 대한 이항로의 비평은 성리학의 일반론에 입각한 것이며, 특히 리의 절대적 우위를 확립하려 했던 자신의 입장을 반영한 것이라 할 수 있다.

1-1-32 「花潭集記疑」(『華西集』卷24)

「原理氣」篇曰: 太虛湛然無形, 號之曰先天, 其大無外, 其先無始, 其來不可究, 其湛然虛靜, 氣之原也。彌漫無外之遠, 逼塞充實, 無有空闕, 無一毫可容間也。然挹之則虛, 執之則無。然而却實, 不得謂之無也。到此田地, 無聲可耳, 無臭可接, 千聖不下語, 周、張引不發, 邵翁不得下一字處也。摭聖賢之語, 泝而原之, 『易』所謂"寂然不動", 『庸』所謂"誠者自成", 語其湛然之體曰一氣, 語其渾然之周曰太一, 濂溪於此不奈何, 只消下語曰: "無極而太極," 是則先天, 不其奇乎? 奇乎奇, 不曰妙乎? 妙乎妙。倏爾躍忽爾闢, 孰使之乎? 自能爾也。自不得不爾, 是謂理之時也。『易』所謂"感而遂通", 『庸』所謂"道自道", 周所謂"太極動而生陽"者也。不能無動靜、無闔闢, 其何故哉? 機自爾也, 旣曰一氣, 一自含二; 旣曰太一, 一便涵二。一不得不生二, 二自能生克。生則克、克則生, 氣之自微, 以至鼓盪, 其生克使之也。一生二, 二者, 何謂也? 陰陽之始, 「坎」、「離」之體, 湛然爲一者也。一氣之分爲陰陽, 陽極其鼓而爲天, 陰極其聚而爲地; 陽鼓之極結其精者爲日, 陰聚之極結其精者爲月, 餘精之散爲星辰。其在地爲水火焉, 是謂之後天, 乃用事者也。天運其氣, 一主乎動而環轉不息; 地凝其形, 一主乎靜而確在中間。氣之性動騰上者也, 形之質重墜下者也。氣包形外, 形載氣中, 騰上墜下之相停, 是則懸於太虛之中, 而不上不下, 左右圜轉, 亘古今而不墜者也。邵所謂"天依形、地附氣, 自相依附"者, 依附之機, 其妙矣乎!【風族羽族之羽載形, 皆此理也。】

愚按: 太虛者, 天也, 以形體言則積氣也, 以道理言則太極也。張子曰: "由太虛有天之名, 合虛與氣, 有性之名。" 觀此則虛者專言之則理也, 首以湛然無形者目之, 已非所以形容道體也, 先天者伏羲八卦之序也, 後天者文王八卦之序也。先天以天道自然者而言, 後天以人道當然者而言, 今謂一氣之未分者爲先天, 謂二氣【陰陽】之已分者爲後天, 與老氏一生二之意同, 而與『易』所云不同。濂溪先生洞見理氣之原, 故名其理曰太極, 目其氣曰陰陽, 圖得分明, 說得痛快, 所謂於此不奈何者, 何事也? 未嘗以陰陽混稱一氣, 未嘗以一氣喚做太極, 今引濂溪亦見一氣而強名太極, 恐無異於誣大舜以尊人心, 誣孟子以養小體也。朱子曰“太極者, 本然之妙也”, 『易』曰“神也者, 妙萬物而爲言者也”, 『通書』曰“神妙萬物, 物則不通”, 程子曰“以妙用謂之神”, 朱子釋之曰: “妙用以理言也。” 觀此則凡用妙字, 皆形容天理自然巧好之語也。今贊其所謂一氣者而重言奇妙, 則前聖所贊在理, 花潭所贊在器, 不可諱也。『易』曰: “‘大哉乾元, 萬物資始’; ‘至哉坤元, 萬物資生’。” 夫乾元、坤元, 卽太極之目,【乾健坤順】四德之長也,【元爲亨利貞之長】 資始者, 萬物受氣之初也: 資生者, 萬物受形之初也。一氣一形, 莫不資之於乾元坤元, 則太極之所以爲形氣之根柢樞紐, 與夫形氣之所以爲太極之器物徒役者可見矣。 是以竊觀從古聖哲, 一開口一擧足, 不敢自私其形氣, 不敢自恃其知能。必曰天、必曰道, 非惟聖賢之心爲然, 天地鬼神之情亦如此。故合此道理者謂之善, 違此道理者謂之惡, 禍福吉凶, 由此而分, 功罪刑賞, 考此而定, 一衆心之趨向, 成天下之亹亹者, 一直曰用此道也。今花潭推理氣之原, 而配之於太虛, 慮太虛之稱, 或疑於理字, 則釋之曰: “虛卽氣也。” 又慮氣字降同於陰陽, 而不足以爲陰陽之原也, 則名之曰一氣。慮一氣之一, 混同於天一地二之數, 一動一靜之一, 而不足爲萬物之本, 則釋之以太一之一。又慮一氣之名位, 或嫌貳於太極, 而後人之錯看以理字也, 則又引濂溪亦以爲見此一氣而奇妙之極。無名可名, 故不奈何, 乃姑強名曰: “無極而太極也”云爾, 則太極亦氣耳, 非理也。又從而贊之曰: “奇乎奇、妙乎妙。” 又慮一氣之外, 更有他物貳其專而抗其尊也, 則又從而釋其奇妙之實曰: “倏爾躍, 忽爾闢, 孰使之乎? 自能爾也。” 亦自不得不爾。蓋曰是物自能忽潛忽躍, 倏翕倏闢, 無所不能, 而初無一毫可資於外云爾。又慮是物也上無根源, 下無盤據, 內無骨子, 外無依托, 孤孑單獨。疑其難立而難行, 則又引邵子所謂天依形地附氣之語, 以結一氣自行自立之證佐, 其所以貶抑太極, 左袒氣字, 可謂纖悉無遺力矣。然則其大頭腦大本原, 已相南北矣。餘不必辨, 而其言曰: “旣曰一氣, 一自含二。” 又曰: “一不得不生二。” 又曰: “一生二, 二者, 何謂也?” 陰陽也動靜也, 亦曰「坎」、「離」也。一者, 何謂也? 陰陽之始, 「坎」、「離」之體, 湛然爲一者也, 此所謂一氣生陰陽, 陰陽生於一氣也。愚按: “太極動而生陽, 動極而靜, 靜而生陰, 靜極復動, 一動一靜, 互爲其根, 分陰分陽, 兩儀立焉。” 此雖濂溪「圖說」, 而其實發明孔子“太極生兩儀”之旨也。觀此則太極者卽所以爲陰陽之道也，陰陽卽載道之器也。論其器則陰陽之外，更無他氣，陽之始卽陰之終也，陰之始卽陽之終也。二氣循環，間不容髮，以言乎一元，則後天地開闢之初，卽前天地閉闔之終也。以言乎一歲，則今年陽復之初，卽去年陰剝之終也；以言乎一日，則今日子陽之初，卽昨日亥陰之終也；以言乎一息，則呼之始，卽吸之終也。是以二氣循環流行不息，然此二氣所以循環流行者，非二氣之自能如此也，太極爲之根柢樞紐故也。今推理之原而歸之於一氣者，非惟與聖賢之訓倒置而已，推氣之源而置之於陰陽之外者，亦豈爲知陰陽之說乎哉？

花潭又曰:『易』曰“不疾而速，不行而至”，氣無乎不至，何所疾哉？氣無乎不到，何所行哉？氣之湛然無形之妙曰神。旣曰氣，便有粗涉於迹，神不囿於粗迹，果何所方哉？何所測哉？語其所以曰理，語其所以妙曰神，語其自然眞實者曰誠，語其能躍以流行曰道，總以無不具曰太極。動靜之不能不相禪，而用事之機自爾，所謂“一陰一陽之謂道”是也。

愚按:『易』曰:“不疾而速，不行而至。”正所以贊卦蓍之德，神速而不測也，本非所以贊形而下之器也。若專謂之氣也，則氣之爲物，流行有序，遲速有期，不當言不疾而速不行而至矣。『易』曰:“見乃謂之象，形乃謂之器。”纔曰氣，則已屬見象、已屬形器，安得謂之無形之妙兩在之神耶？所謂語其所以曰理，語其所以妙曰神，語其自然眞實者曰誠，此三句，驟看似無病，深看尤害事。蓋曰理、曰神、曰誠，非所以發明道之名目無所不具也，乃所以張皇氣之部曲如是其衆也，諸其字，指氣而言耳。所謂躍以流行曰道，蓋流行之云，包能潛能躍而言，今單指能躍而曰流行，則恐失流行之義矣。且道是形而上者，而能躍乃形而下者耳，不可認彼爲此。所謂總以無不具曰太極，太極雖曰無所不具，而不雜乎一毫形氣而言耳，不可認一氣爲太極。且太極本以道之眞體得名，而無不具者，乃太極之所蘊耳，非以無不具之故而名之也。所謂太極動靜之不能不相禪，而用事之機自爾。蓋太極動靜以理言，用事之機以氣言，今也合理氣而爲一氣之一，故直指一陰一陽而爲道也。

花潭又曰: 理之一其虛, 氣之一其粗, 合之則妙乎妙!

愚按: 花潭曰: "虛卽氣也。" 今曰"理之一其虛", 猶言理之一卽氣之一也, 安有彼此之可以分言虛粗也。花潭又曰: "氣之湛然無形之妙曰神。" 此言一氣自能奇妙而無待於外也, 今言理氣合, 然後爲玅乎妙, 豈非自相矛盾耶?

花潭又曰: 程、張謂"天大無外", 卽太虛無外者也。知太虛爲一, 則知餘皆非一者也。邵子曰: "或謂天地之外, 別有天地萬物, 異乎此天地萬物, 吾不得以知之也, 非惟吾不得以知之, 聖人亦不得以知之也。" 邵子此語, 當更致思。

愚按: 程子之言, 天蓋有二焉, 曰天專言之則道也, 此以形而上者言也; 曰以形體謂之天, 此以形而下者言也。故"彼蒼者天"、"號泣于旻天"之類, 卽指陰陽之氣也; "天生烝民"、"天命之謂性"之類, 卽指健順之德也, 太虛卽天之別名也。以氣看亦得, 以理看亦得, 今不分此, 而只以虛卽氣也一句句當, 而更不求其形而上之道, 其言之觸處有礙卽宜。邵子此說, 卽所以發明天地萬物同一道也, 上萬古下萬今, 雖有他天地萬物, 其道則必不異於現今天地萬物云爾。蓋與孔子殷因於夏禮, 所損益可知也; 周因於殷禮, 所損益可知也。其或繼周者, 雖百世可知也之訓, 雖踈密不同, 而大意則無異矣。花潭欲引此而反作一氣之證, 何也?

花潭又曰: 禪家云空生大覺中, 如海一漚發, 有曰眞空頑空者, 非知天大無外, 非知虛卽氣者也。空生眞頑之云, 非知理氣之所以爲理氣者也, 安得謂之知性, 又安得謂之知道?

愚按: 禪家謂人性是空, 花潭謂人性是氣, 認性爲空, 固非知道之實矣, 認性爲氣, 亦非知道之名矣, 以此短彼, 恐不默口, 況一氣不死與輪回不滅, 所爭幾何?

「理氣說」曰: 無外曰太虛, 無始者曰氣, 虛卽氣也。虛本無窮, 氣亦無窮, 氣之源其初一也。旣曰氣一便涵二, 太虛爲一, 其中涵二, 旣二也。斯不能無闔闢、無動靜、無生克也, 原其所以能闔闢、能動靜、能生克者, 而名之曰太極。氣外無理, 理者氣之宰也, 所謂宰非自外來而宰之, 指其氣之用事, 能不失所以然之正者而謂之宰。

理不先於氣, 氣無始, 理固無始, 若曰理先於氣, 則是氣有始也。老氏曰: "虛能生氣。" 是則氣有始有限也。

愚按: 花潭此說, 通萬古, 極萬世, 終始本末, 一氣字主張耳。更沒挿手處, 但不合復引太極與理字來以自迷耳, 豈爲掃空宇宙? 張、王一氣字, 終有所不安於心者, 故並引無極翁入其說耶? 濂溪曰: "太極動而生陽, 靜而生陰", 是分道與器爲二。老氏曰: "道生一,【混淪】 一生二。"【陰陽】 是分道與混淪陰陽爲三。花潭曰"太虛卽氣也"、"一便涵二", 是合古今終始, 通身作一氣字說, 三說雖各不同, 而谷神不死, 實一氣不死之所自來也。則老氏之於花潭, 所差僅毫髮耳; 濂溪之於花潭, 所差眞南北也。而一引一斥, 豈以視親疏而異泣笑也耶?

「鬼神死生論」曰: 程、張、朱說, 極備死生鬼神之情狀, 然亦未肯說破所以然之極致, 皆引而不發, 令學者自得。此後學之所以得其一而不得其二, 得其粗而不見十分之精。某欲採三先生之微旨, 以爲鶻突之論, 亦足以破千古之疑。程曰: "死生人鬼, 一而二、二而一", 此盡之矣。吾亦曰: "死生人鬼, 只是氣之聚散而已。" 有聚散而無有無, 氣之本體然矣。氣之湛一淸虛者, 彌漫無外之虛, 聚之大者爲天地, 聚之小者爲萬物。聚散之勢, 有微著久速耳。大小之聚散於太虛, 以大小有殊, 雖一草一木之微者, 其氣終亦不散, 况人之精神知覺, 聚之大且久者哉? 形鬼見其有散, 似歸於盡沒於無, 此處率皆不得致思。雖三先生之門下, 亦莫能皆詣其極, 皆掇拾糟粕爲說耳。氣之湛一淸虛, 原於太虛之動而生陽靜而生陰之始。聚之有漸, 至博厚, 爲天地爲吾人, 人之散也, 形魄散耳, 聚之澹一淸虛者, 終亦不散, 散於太虛澹一之中, 同一氣也。其知覺之聚散, 只有久速耳, 雖散之最速, 有日月期者, 乃物之微者耳, 其氣終亦不散, 何者? 氣之澹一淸虛者, 旣無其始, 又無其終, 此理氣所以極妙底, 學者苟能做工到此地頭, 始得覰破千聖不盡傳之微旨矣。雖一片香燭之氣, 見其有散於目前, 其餘氣終亦不散, 烏得謂之盡於無耶? ○ 又曰: 往者某與朴先生光佑討論及此, 朴乃耳輒明快, 不知其後朴果致力於十分盡頭否也。○ 又曰: 粗述獨見, 貽朴公頤正, 許君太輝及諸來遊於門者, 此論雖辭拙, 然見到千聖不盡傳之地頭耳。勿令中失, 可傳之後學, 遍諸華夷遠邇, 知東方有學者出焉。【二段刪不錄。】 乙巳閏正月初五夜, 秉燭書焉。【已上四篇, 皆先生病亟時所著。】

愚按: 貫古今而無存亡者, 太極之道也; 禪舊新而有死生者, 陰陽之器也。道無存亡也, 故四德【元亨利貞】、五常【仁義禮智信】準則一定; 氣有死生也, 故兩儀【陽生陰死】、四時【春夏屬生, 秋冬屬死。】變化無窮。斯二者萬古千今, 不易之常經也。天地人物大小雖異, 而所以具此太極之道同也, 久速雖萬, 而所以乘此陰陽之氣一也。是故聖人於其所謂道者, 旣洞見全體大用之所蘊, 故爲之禮樂刑政之屬而以敎之。於其所謂器者, 明察其死生幽明之有限, 故爲之生育榮哀之具而以養之。於其二者之間, 的知大小輕重之所在, 故以"守死善道", "捨生取義", 爲究竟法焉。是皆建諸天地而不悖, 質諸鬼神而無疑, 百世以俟聖人而不惑者也。今花潭人物不死之論, 正與聖賢所訓, 南北相背, 而猶曰程、張、朱說極備者何也? 孔子曰: "原始反終。" 知死生之說, 周子從而解之曰: "立天之道曰陰與陽, 立地之道曰柔與剛, 立人之道曰仁與義。" "原始反終", 知死生之說, 朱子釋其義曰: "陽剛仁始也, 陰柔義終也。" 蓋推原陽剛仁爲始之義, 則知生之說矣; 反證陰柔義爲終之義, 則知死之說矣。然則有陽必有陰, 有剛必有柔, 有仁必有義。若曰有生而無死, 則是乃有陽而無陰、有剛而無柔, 有仁而無義矣, 烏有是理哉! 孔子曰: "旣欲其生, 又欲其死, 是惑也。" 蓋言死生有定命, 非人所欲而可以得生得死也, 此皆達化辨惑, 無復餘蘊, 而猶曰不肯說破其所以然之極致, 何也? 又曰皆引而不發, 令學者自得, 此尤害理, 聖人明言有死, 而學者自得無死者, 此何法也? 且程子所謂"死生人鬼, 一而二、二而一者", 以理言也; 花潭所謂"死生人鬼", 只是氣之聚散而已者, 以氣言也。二說歸趣之不同, 不翅若晝夜寒暑之相反, 而以吾亦曰三字文勢觀之, 則似若合而爲一, 何也? 且曰雖一草一木之微, 與一片香燭之氣, 終亦不散, 果如是也, 則凡宇宙橫竪動植蠢蝡, 無一箇死者矣。猶曰做工到十分地頭, 始得覷破千聖不盡傳之微旨者, 何謂也? 且如何做工覷破者, 果何事也? 丁寧及門, 傳之後學, 遍諸華夷, 設使天下之生, 斷斷信及花潭不死之訣。高明者樂其新奇而馳騖於虛妄, 沉潛者幸其僥冒而陷溺於貪戀, 冥頑者無畏死之心而視刀鑊如樂地, 昏弱者忘保生之戒而棄法律如苴土, 至若擯拓窮畸之流, 丱幗輿儓之賤, 易惑而艱牖, 遄陷而遲拔, 咸曰吾無禮法縛束之苦, 情文拘碍之累, 而別有新法秘訣, 可以長活不死於靡千億世, 風靡雷同, 陸翻海蕩, 莫可底定, 於是乎堯、舜、文、武無所施其治矣, 孔、孟、程、朱無所行其教矣。惜乎, 花潭乃吾東舊都之賢者也, 獨學窮索, 一時臆度之誤, 容或無惑, 而豈料後至之害, 如是之遠且深也哉! 竊念當時靜菴諸賢, 蔚興於京師, 若與之麗澤相資, 如橫渠之於兩程, 南軒之於考亭, 則琢切磨礱, 必不至此之乖剌也。學之不講, 聖人尙以爲憂, 況賢者乎! 吾先爲花潭惜之, 爲後之讀是書者懼之。蓋天下之物, 生者來而死者往, 除舊布新, 生生不窮, 若夫川流有來而無逝, 汎濫懷襄, 滔天必矣。呼吸有入而無出, 抑塞悶絶, 頃刻不淹矣。有生無死之說, 獨何異於是。

1-1-33

「윤휴혹난변尹鑴或難辨」(『華西集』卷24)

해제

1) 서지사항

이항로(李恒老)가 지은 논설. 『화서집(華西集)』 권24에 실려 있다. (한국문집총간 305)

2) 저자

이항로(李恒老, 1792~1868)로 자는 이술(而述), 호는 화서(華西)이다.

3) 내용

윤휴의 「중용혹난(中庸或難)」에 대해 비판적으로 논평하면서 이항로 자신의 인심도심에 관한 주장을 개진하였다. 이항로는 윤휴의 잘못이 도심이 인심의 주재가 됨을 알지 못한 채 인심이 도심의 주재가 된다고 착각한 데서 비롯되었다고 지적하였다. 그에 의하면 성명의 지각인 도심과 형기의 지각인 인심은 상하(上下), 존비(尊卑), 통국(通局), 군신(君臣) 관계로 엄격히 구분되어 뒤섞일 수 없다. 이러한 두 갈래 가운데 어느 쪽이 더 강해지는가에 따라 대인과 소인이 판가름된다. 애초에 요(堯)가 순(舜)에게 전한 심법은 배우지 않아도 아는[生知] 성인(聖人)들 간의 일이므로 윤집궐중(允執厥中) 한 마디로 충분했다. 하지만 우(禹) 이래로는 돌이켜봄[反之]을 통해 인심이 도심의 명을 듣도록 하기 위해 정일(精一)의 공부가 필요하다. 이러한 입장에서 이항로는 "정(精)은 도심과 인심을 살피는 데 치중할 뿐이어서 격물치지의 공부가 막히게 되고, 일(一)은 성명의 바름을 지키는 데만 집중할 뿐이어서 성의정심의 순서를 어기고 지름길을 찾는 것"이라는 윤휴의 입장을 반박하였다. 또한 윤휴가 인심을 한 몸의 주재로 보고 이른바 도를 그저 절목과 준칙으로 간주한다고 비판하였다. 이항로에 따르면 도는 무형무위(無形無爲)하되 만사의 주재와 골자가 되는 것이며 사람 안에 있는 태극이라 할 수 있다. 그는 형기가 아무리 강성하다해도 결국 태극을 싣고 있는 기(器)에 불과하다고 말했다.

1-1-33 「尹鑴或難辨」(『華西集』卷24)

「或難」略曰: "若夫「中庸序」之訓也, 曰精者察人道之間而已, 則格致之功, 偏滯而有方矣。一者守性命之正而已, 則誠正之序, 逆施而徑進矣。道心之主而人心是命, 則繫機括而未張耳。人心之制而道心莫察, 則執權衡而無星矣。又何據而酬酢萬變, 經綸大經, 而有以建天地之極也哉? ○是其於明心法傳聖學之意, 說有所未盡, 定四海綏天祿之道, 功或有所未擧者焉。○「庸序」之訓, 固嘗伏而讀之, 反覆推究, 終不能無惑, 而今此瞽說, 雖非夫子之訓, 固不違乎夫子之道者也。○若如「庸序」之說也, 雖非制人心之說, 未見明道心之功, 二者之別而言精, 則語或太重而說有未周; 本心之守而言一, 則用或不貫而法則未喪。雖其意之有在, 不亦言之致惑乎? 雖其推之有說, 不亦究之可疑乎?"

「或難」之說, 駁斥朱子「中庸序」文者, 不一其端。然苟求其所差之源, 則由於不識道心本爲人心之主宰, 而錯認人心反做道心之主宰。所以爲主者, 與聖人之訓, 有此一南一北之不同, 其動必矛盾也卽宜, 若早辨乎此, 則其餘論亦可, 不論亦可也。蓋人心該形氣之知覺, 道心該性命之知覺, 一上一下、一尊一卑、一通一局、一君一臣, 截然不可得以僭差也。道心何心也? 孟子所謂"仁義之心"是也; 人心何心也? 告子所謂"食色之性"是也。人於方寸之中, 既有此二路, 則又不能無強弱勝負互相進退之勢, 而於是乎小人大人之機判焉。不待夫惟精惟一之工, 而道心爲主而人心從令者, 聖人也, 孟子所謂"堯、舜性之"者是也 ; 必加惟精惟一之工, 而後道心不雜於人心, 而人心不貳於道心者, 君子也, 孟子所謂"湯、武反之"者是也 ; 道心不能命物而人心反作主宰, 又不知有二者之界與夫精一之工者, 小人也, 孟子所謂"庶民去之"者是也。是以, 堯之傳舜也, 以生知安行之聖, 傳于生知安行之聖, 故不消"危微精一"之言, 而只曰"允執厥中"足矣, 何也? 道心自會做主, 人心自會聽命故也, 孟子所謂"四體不言而喩"是也。至於舜之傳禹也, 禹乃"反之"之聖也。故舜又加之以三言之敎, 惟其精以察之, 然後道心始得以不雜乎人心; 惟其一以守之, 然後人心始得以不貳乎道心, 此可以見"性之"、"反之"之別, 而後人作聖之幾, 於是乎明如指掌, 判若剖竹, 揭示於萬世而無惑者也。皐陶、稷、契所以見而知之者卽此也, 湯、武所以聞而知之者卽此也, 孔子所以祖述者卽此也, 朱子所以注釋者卽此也。所謂"恭惟千載心, 秋月照寒水"者, 此之謂矣。然從人一心上, 剖破兩界, 指示工程, 明白痛快, 使人無疑者, 又莫如「中庸序」文之作也。日月出矣, 猶以爲昏者, 瞽也; 雷霆作矣, 猶以爲寂者, 聾也, 於瞽聾, 又何難焉? 今其說曰: "精者察人道之間而已, 則格致之功, 偏滯而有方矣; 一者守性命之正而已, 則誠正之序, 逆施而徑進矣。"【「或難」說止此。】夫舜之命禹者, 治心之訣也, 其說簡而明, 『大學』之敎人治天下之法也, 其目詳而備, 攬取攙說, 已極鹵率, 且其先精後一, 先格致後誠正, 序次井井, 實相表裏, 何疑之爲? 又曰: "道心之主而人心是命, 則繫機括而未張耳; 人心之制而道心莫察, 則執權衡而無星矣, 又何據而酬酢萬變, 經綸大經而有以建天地之極也哉?"【「或難」說止此。】觀此則彼所謂機括弛張, 權衡低仰, 與夫所以酬酌萬變, 經綸大經而建天地之極者, 不在性命道理之公, 而只在形氣意見之私, 雖欲諱之, 不可得也。其意蓋曰人心當爲一身主宰, 而萬化萬事於是乎出, 而所謂道者, 不過是節目準則耳, 烏足以有爲哉? 是皆自身陷在形氣中, 不知有道故也。嗚呼! 禮樂刑政, 自天子出久矣。人只見五霸之主盟中國, 而以爲無五霸則天下無盟主也; 只見曹瞞之挾天子號令諸侯, 而以爲非曹瞞則天下無正統也, 烏有是理哉? 道雖無形, 而實爲萬形之主宰; 道雖無爲, 而實爲萬事之骨子, 而本心則乃在人底太極也, 形氣雖強且盛, 畢竟是太極所乘之器也。卑不可以抗尊, 下不可以陵上, 小不可以敵大, 此理甚明。朱子序文之訓, 終不可誣也。

1-1-34

「묘자설妙字說」(『華西集』卷24)

해제

1) 서지사항

이항로(李恒老)가 지은 논설. 『화서집(華西集)』 권24에 수록되어 있다. (한국문집총간 305)

2) 저자

이항로(李恒老, 1792~1868)로 자는 이술(而述), 호는 화서(華西)이다.

3) 내용

이 글은 이항로의 만년 논설로, 묘(妙)를 심의 작용으로 설명하였다. 이항로는 묘를 신화불측(神化不測), 운용무적(運用無迹)으로 해석하였다. 또 호굉(胡宏)의 심묘성정지덕(心妙性情之德)을 들어 심통성정(心統性情)의 통(統)을 묘(妙)로 해석하고, 다시 주재(主宰)로 해석하였다. 이항로에게서 '묘'는 자연과 자연, 자연과 인간, 인간과 인간 사이의 감화와 소통, 천지만물과 인문사회의 동일한 원리이자 질서이지만, 논리적이거나 합리적인 것은 아니다. 특히 '묘'는 인간의 주체성으로 확장되어 서세동점 시기 국난극복의 철학적 근거가 되었다.

1-1-34 「妙字說」(『華西集』卷24)

妙之爲言, 神化不測之意、運用無迹之謂。『易』曰: “神也者, 妙萬物而爲言者也。” 此妙字, 見於經之初也。雷之動萬物者, 固是雷之理也, 而使是雷動是物者, 亦理之妙也; 風之撓萬物者, 固是風之理也, 而使是風撓是物者, 亦理之妙也; 火之燥萬物者, 固是火之理也, 而使是火燥是物者, 亦理之妙也。澤與水山皆如此, 後之發明此妙字之義者, 莫詳於周子之『易通』, 曰: “動而無靜, 靜而無動, 物也; 動而無動, 靜而無靜, 神也。物則不通, 神妙萬物。” 此則與栗谷“理通氣局”之說, 相表裏者也。朱子的見太極之性情功效, 要在妙字, 故釋之曰: “太極者, 本然之妙; 動靜者, 所乘之機。” 妙用流行, 無跡可見者, 太極之道也; 有迹可見者, 陰陽之器也。但見陰陽之器, 而不知有陰陽之道, 則無所以生此陰陽之氣, 而成此陰陽之質矣。但見陰陽之道, 而不知有此理之主宰, 則亦無所以立此道之體, 而行此道之用矣。是以夫子之贊『易』也, 說天之性情, 而又必稱“帝”焉, 帝者天道之主宰也; 說「剝」、「復」動靜之交, 而又必曰: “復, 見天地之心”, 心者, 該動靜、統性情者也。惟其兩在而不測, 故謂之妙; 惟其統萬而不遺, 故謂之妙。若夫形器則局而不通, 往而不復。是以目不能聽, 耳不能視; 呼不復吸, 耆不復幼, 烏可曰“妙乎哉?” 胡五峯曰: “心妙性情之德。” 朱子歎美曰: “妙是主宰運用之意。” 若非研窮深體, 如何直見得恁地? 乃於「太極說」, 推演其意曰: “情之未發者, 性也, 是乃所謂‘中也, 天下之大本也’。性之已發者, 情也, 其皆中節則所謂‘和也, 天下之達道也’, 皆天理之自然也。” 妙性情之德者, 心也。所以致中和、立大本, 而行達道者也, 天理之主宰也。惟如此分明解釋, 然後心字、性字、情字三者, 綱目歷落, 脈絡貫穿, 分之爲萬而不煩, 合之爲一而不略, 在天地則一陰一陽, 流行循環之上, 所謂太極本然之妙, 昭晰而不隱。在人則一性一情, 寂感流通之中, 所謂人心本然之妙, 接續而不已, 此殆朱夫子豁然貫通, 入神造妙後定本也。雖然單擧性字, 則心與情之義, 自在其中; 單說情字, 則心與性之義, 自在其中。故不待偏擧, 而理無不全矣。但人見易偏, 隨見生解, 則說性者落在靜一邊, 而認太極爲靜之說出矣; 說情者落在動一邊, 而心屬已發之說行矣; 說心者落在氣一邊, 而認心爲形而下之說有之矣。是以朱子逐條發明, 殆無餘憾, 且於與「南軒論中和第三書」, 說之詳矣, 曰: "比觀舊說, 却覺無甚綱領。" 因復體察得見此理, 須以心爲主而論之, 則性情之德、中和之妙, 皆有條而不紊矣。以此觀之, 則綱領者心也, 有條者理也。以心與理相對爲說, 則自"天命之謂性"以下, 至"上天之載, 無聲無臭"至矣, 字字有着落, 言言有歸宿, 井井不亂, 而妙不可窮也。何以言之? 在天, 則"命"字包含主宰運用之意卽所謂天地之心也; 在人物, 則率性之"率"字屬心; 在聖人, 則修道之"修"字屬心。道也者, 不可須臾離, 惟心與理相對說, 然後有離不離之可言矣。戒懼也、愼獨也、未發也、已發也, 非心則無以見爲綱領爲主宰之妙矣。不偏之中, 中節之和, 非心則何以見立此大本, 行此達道之妙乎? 蓋此心之靈, 於天下之物, 無所不覺; 此理之妙, 於天下之理, 無所不用, 故謂之"神"、謂之"妙", 如有不覺不用之處, 則誰謂之靈妙也哉? 君子與小人以心言, 中庸與反中庸以理言, 此心之靈, 主於性命, 則爲君子; 主於形氣, 則爲小人。性命之德, 妙乎天理之則者, 謂之中庸也; 形氣之用, 徇乎情欲之私者, 謂之反中庸也。"誠者自成", 以心言; 而"道自道", 以理言。君臣也、父子也、夫婦也、昆弟也、朋友也五者, 天下之達道也, 以理言也; 智、仁、勇三者, 天下之達德也, 以心言也。"苟不至德, 至道不凝焉", "至德", 以心言; "至道", 以理言。尊德性以下五者, 以心言; 道問學以下五者, 以理言。"惟天下至誠, 爲能盡其性", "至誠", 以心言; "盡性", 以理言。三十一章, 備述至聖之德曰: "聰明睿智, 足以有臨也; 寬裕溫柔, 足以有容也; 發剛強毅, 足以有執也; 齊莊中正, 足以有敬也; 文理密察, 足以有別也, 溥博淵泉, 而時出之。" 此以心言也。三十二章, 詳論至誠之道曰: "惟天下至誠, 爲能經綸天下之大經, 立天下之大本, 知天地之化育, 夫焉有所倚。" 此以理言也。三十三章, 合心與理而結之曰: "上天之載, 無聲無臭, 至矣。" 程子曰: "此篇乃孔門傳授心法, 始言一理, 中散爲萬事, 末復合爲一理, 放之則彌六合,卷之則退藏于密"者, 非此心之妙之謂乎? 愚竊以爲『中庸』一篇之旨, 不越乎性情、中和之德, 而致此中和之極者, 卽心之妙也。論其所乘之氣, 則性之所乘者, 陰之靜也; 情之所乘者, 陽之動也。惟心則兩乘動靜之機, 兩在陰陽之易, 是所謂一故神、兩故化者也。故曰: "非心, 則道無所凝聚; 非道, 則心無所準的。分之爲萬, 不見其破碎; 合之爲一, 不見其渾淪。" 是所謂妙也。妙之爲言, 於理於氣, 無所不知而不見其知之之迹; 於體於用, 無所不爲而不見其爲之之形, 故曰"妙"。泛論則一事一能, 亦各有妙, 熟之又熟, 以至於神, 則有不可測知之妙矣。是故神於筆者, 名之曰“墨妙”; 神於劍者, 目之曰“刀妙”, 推此而引伸, 則天下之物、天下之事, 莫不具此至神至妙之本體, 而非人智慮工力所可與也。然老氏以“玄而又玄”爲衆妙之門焉, 而不知仁義禮智之神爲衆妙之門; 花潭以一氣之目當“妙乎妙、奇乎奇”之贊焉, 而不知太極之理爲至妙之本, 是皆智者過之之失也。若夫筆妙、刀妙之類, 但知一技一能之妙, 而不知義精仁熟之爲妙, 是則愚不肖不及之失也, 尤不可不擇也。

1-1-35

「형기신리설形氣神理說」(『華西集』卷24)

해제

1) 서지사항

이항로(李恒老, 1792~1868)가 지은 논설. 『화서집(華西集)』 권24에 실려 있다. (한국문집총간 305)

2) 저자

이항로(李恒老, 1792~1868)로 자는 이술(而述), 호는 화서(華西)이다.

3) 내용

이 논설에서 이항로는 심(心)에 대한 논의는 형(形)·기(氣)·신(神)·리(理) 네 차원에서 이루어지고 있다고 설명한 다음, 형·기는 기(氣)에 속하고 신·리는 리(理)에 속한다고 규정했다. 성리학의 일반론에 의하면 '신(神)'은 기에 속하는 것이었는데, 이항로는 '신'을 기가 아닌 리에 소속시킨 것이다. 이항로는 이에 대해 "'신'이라는 한 글자가 그 본직을 잃음에 '형·기·리' 세 글자도 함께 그 본직을 잃게 되니, 이를 미루어나가면 천하만물이 모두 그 영향을 받게 된다. 그렇다면 종신토록 해결할 수 없는 의혹을 품고서 어둠 속에서 자신을 속이고 남을 오도하는 것보다는 어찌 한결같이 성인(聖人)의 가르침을 따라 '신'을 '태극의 묘용(妙用)'으로 간주함으로써 모두가 무사하게 됨만 하겠는가?"라고 설명했다. 신(神)을 '태극의 묘용'으로 규정하면 마침내 "형(形)은 음에 속하고 기(氣)는 양에 속하여, 음·양이 양의(兩儀)를 이루는바 곧 '태극이 탈 기(器)'이며, 리(理)는 체가 되고 신(神)은 용이 되어, 체·용이 합쳐져 태극이 되는바 곧 '음양이 싣는 도(道)'이다. 그런 다음에 형·기·신·리 네 글자가 각각 그 본직을 얻게 된다."는 것이다. 요컨대 화서는 신(神)을 '리의 용(用)'으로 규정함으로써 형·기·신·리의 관계를 정합적으로 설명할 수 있다고 보았다. 그런데 이항로의 문인 유중교는 스승이 '신'을 '리의 용'으로 규정한 것을 수긍하지 못하여, 마침내 조심스럽게 문제를 제기하게 되었거니와, 그리하여 화서학파 내부에서 치열하게 심설논쟁이 전개된 것이다.

1-1-35 「形氣神理說」(『華西集』卷24)

形陰而氣陽, 皆形而下之器也; 理體而神用, 皆形而上之道也。然形與氣有跡而對立, 故局而爲二; 神與理無迹而流行, 故通而爲一, 一者何也? 太一是也。二者何也? 兩儀是也。一統乎二, 二從乎一, 妙合而凝, 生生不已, 體萬品而不遺, 貫億世而不易, 物莫不然, 心爲其要, 何也? 人位三極之中, 心爲萬物之靈, 統性情之德, 主變化之妙。故聖人之論道也, 公私理氣之原, 莫先於心; 操舍存亡之機, 專由於心。是以危微精一之判, 必於此而言之; 省察克復之工, 必於此而言之, 過此則無可着手處故也。然問此心之形而上之道, 則神與理而已矣; 問此心之形而下之器, 則形與氣而已矣。是以聖人之論心也, 或有以形言處, 火臟血肉是已; 或有以氣言處, 氣之精爽是已; 或有以神言處, 人之神明是已; 或有以理言處, 仁義之心是已。言形言氣, 何爲也哉? 慮其或拘或蔽而害吾之明也。言神言理, 何爲也哉? 欲其益彰益大而全吾之眞也。聖賢千言萬語, 一言而蔽之, 曰"惟精惟一"。"精"之爲言, 析夫理氣之界而不雜也; "一"之爲言, 守其本心之正而不離也, 天下之理, 豈有過於此者哉? 雖然, 形氣之屬陰屬陽, 與夫理字之配於太極, 夫人皆知之, 夫人皆言之矣。特此神之一字, 疑於所屬, 屬乎理歟, 則嫌其微有形迹; 屬乎氣歟, 則嫌其雜糅陰陽。嫌其雜糅陰陽, 故有精之又精, 與理爲一之說, 不得已就一陰一陽元額之外, 別施一座而處之矣。然則太極缺闕其主宰運行之實用矣, 兩儀疑惑於區處應接之虛禮矣, 惟神則貶其至尊無對之號, 而降編臣僕卒徒之伍, 爲名不正而事不順矣。太極而無主宰運行之妙用, 則未免淪入於玄虛寂滅, 而天下之禮樂刑政, 不得自天子出矣。兩儀而疑於應接之虛禮, 則失其恭敬辭讓之實, 而未免有不速之客三人, 陰一人, 陽一人, 不屬陰不屬陽者一人, 來之凶矣。神而名不正、事不順, 則進不得爲太極, 退不得爲陰陽, 彷徨兩歧, 不免爲列國之寓公天地之贅疣矣。神之一字失其本職, 和形、氣、理三字而均失其職, 則推此以往, 天下萬物, 無不受病矣。與其抱此終身不決之疑, 黯暗而自欺而誤人, 曷若一從聖人之訓而還他神爲太極之妙用之爲都無事也耶? 如是則形屬陰、氣屬陽, 而陰陽分作兩儀, 卽太極所乘之器也。理爲體、神爲用, 而體用合爲太極, 卽陰陽所載之道也。然後形、氣、神、理四字, 字得其職, 而其實四字闕一則不能成一物。

1-1-36

「역유태극심위태극설易有太極心爲太極說」【書示柳稺程。】(『華西集』卷24)

해제

1) 서지사항

이항로(李恒老)가 1862년에 지은 논설. 『화서집(華西集)』 권24에 실려 있다. (한국문집총간 305)

2) 저자

이항로(李恒老, 1792~1868)로 자는 이술(而述), 호는 화서(華西)이다.

3) 내용

이 논설은 이항로가 역(易)과 심(心)의 상관관계를 밝힌 것이다. 이항로는 "'역에 태극이 있다(易有太極)'라는 공자의 가르침은 천지의 본원을 드러낸 것이고, '심이 태극이다(心爲太極)'라는 주자의 해석은 인물의 활본(活本)을 밝힌 것이다."라고 하여, 하늘과 사람에 두 가지 이치가 없음을 강조하였다. 또한 이항로는 역과 심에 대해 분언(分言)과 합언(合言) 또는 단지(單指)와 겸지(兼指)라는 두 가지 인식방법을 제시하였다. 분언과 단지는 리·기 속에서 오로지 리만을 가리켜 말하는 것이고, 합언과 겸지는 리·기를 함께 말하는 것이다. 다시 말하면 역을 단지하여 도(道)의 측면에서 말할 수도 있고, 겸지하여 기(器)의 측면에서 말할 수도 있다는 것이다. 따라서 "양의·사상·팔괘의 도를 역이라고 하지만 양의·사상·팔괘의 형체도 역이라고 할 수 있으며, 형이상의 도를 역이라고 하지만 형이하의 기도 역이라고 할 수 있다. 그래서 상천의 일 중 소리도 없고 냄새도 없는 것을 역이라 하는 것은 옳지만, 음양오행의 소식왕래(消息往來)하는 것을 가리켜서 역이라 하는 것도 옳다."라고 하였다. 이것은 역을 도(道)와 기(器)의 두 측면에서 모두 말할 수 있음을 강조한 표현이다. 그런데도 후대의 학자들은 어느 한쪽만을 보고 역을 도라 하기도 하고 기라 하기도 하여 서로 옳고 그름을 다투니, 이는 각자 하나의 관점만을 견지하는 데 그 폐단의 근원이 있다고 하였다. 이것은 심의 경우도 마찬가지다. 심이란 일신을 주재하고 온갖 변화를 통솔하는 것으로 형(形)·기(氣)와 신(神)·리(理)가 모두 갖추어져 있다. 심이란 리와 기를 합하여 이름한 것이라고 말한다. 그래서 심은 리와 기를 합하여 말할 수도 있고, 오로지 리만을 가리켜 말할 수도 있다. 그러나 이항로가 본심(本心), 도심(道心), 주재(主宰), 천군(天君), 기수(氣帥), 명덕(明德), 본원(本原), 본체(本體), 천지지심(天地之心) 등의 표현을 모두 단지하여 오로지 리만을 가리켜 말하고 있음을 고려하면, 역과 마찬가지로 심 역시 단지와 겸지로 말할 수 있다고 하면서도, 겸지보다는 단지의 방법을 활용하여 리 위주의 주리론적 사고를 더 중시하고 있음을 알 수 있다.

1-1-36 「易有太極心爲太極說」【書示柳穉程。】(『華西集』卷24)

"易有太極", 孔子之訓, 所以揭示天地之原本也; "心爲太極", 朱子之釋, 所以發明人物之活本也。程子又曰: "易字如心字。" 此又指示天人之無二致也。愚竊以爲太極二字, 挑出理一字於兩儀、四象、八卦之外, 而不雜乎兩儀、四象、八卦之形器而名之也。太極實爲兩儀、四象、八卦之主宰骨子, 則其所該非不廣大纖悉而無所遺矣。惟其單指理一邊而名之, 故與易字之合下該理氣、包屈伸而立名者, 有不同焉, 何也? 夫兩儀、四象、八卦之道, 固謂之易也; 而兩儀、四象、八卦之形, 亦可謂之易也。畫前之易, 固謂之易也; 而畫後之易, 亦可謂之易也。形而上者, 固謂之易也; 而形而下者, 亦可謂之易也。惟如是, 故指"上天之載無聲無臭"者, 而曰易亦得; 指陰陽五行、消息往來者, 而曰易亦得; 指兩在不測之神, 而曰易亦得; 指奇偶、剛柔之質, 而曰易亦得。是以後之學者, 疑於向背, 迷於從違, 究其病源之所起則由於此也。何也? 認易爲道乎, 則亦有以器言者在矣; 認易爲器乎, 則亦有以道言者在矣。是以易之爲言, 曰道曰器, 俱失所屬, 而未免使人抱終身不決之疑, 而彷徨躑躅於兩歧者此耳。不惟是也, 主宰乎一身, 統領乎萬化者, 惟心也, 而心之爲物, 合下於形氣神理, 無所不該; 於動靜體用, 無所不管。然泛言一心字, 則致得後學疑之於上下之界、公私之幾, 而迷於尊卑扶抑之間。故聖人於此, 不得不明辨而致愼焉。庖犧以卦德、卦象分言之, 大舜以人心、道心分言之, 孟子以大體、小體分言之, 朱子以天理、人欲分言之, 然後分言合言, 各有歸宿; 單指兼指, 皆有着落。故曰: "太極【單指】爲易【兼指】之骨子, 本心【分言】爲心【合言】之主宰。" 壬戌元月旬朝, 後學李恒老書。

易者, 合道與器而立名也, 單指道一邊則曰太極也; 心者, 合理與氣而立名也, 單指理一邊則曰本心也。曰道心、曰主宰、曰天君、曰氣帥、曰明德、曰本原、曰本體、曰天地之心之類, 皆指理一邊而言也。

1-1-37

「송자대전잡저수조기의宋子大全雜著數條記疑」【壬戌二月】(『華西集』卷24)

해제

1) 서지사항

이항로(李恒老)가 지은 논설. 『화서집(華西集)』 권25에 실려 있다. (한국문집총간 305)

2) 저자

이항로(李恒老, 1792~1868)로 자는 이술(而述), 호는 화서(華西)이다.

3) 내용

이 글은 『송자대전』에 보이는 조항에 대해 의문과 질의를 제시하고, '항로안(恒老按)'이라 하여 저자 자신의 견해를 피력한 논설문이다. 전체 3개 조항을 다루고 있는데, 내용은 모두 『맹자』 호연장(浩然章)에 관한 것이다. 제1조항은 송시열이 "호연장에서 심(心)을 기(氣)로 말한 경우도 있고 리(理)로 말한 경우도 있는데, 그렇다면 맹자는 심을 리로 간주한 것인가, 기로 간주한 것인가?"라고 한 것에 대한 이항로의 견해이다. 우선 이항로는 송시열이 "심은 기로 말하기도 하고, 리로 말하기도 한다.[以氣言心, 以理言心.]"고 해명한 것은 심을 잘 표현한 탁견이라고 하였다. 그러나 심에는 엄연히 도심(道心)과 인심(人心)의 구분이 있고, 주자(朱子)는 "심을 위주로 한 뒤에 성정(性情)의 덕과 중화(中和)의 신묘함이 모두 가닥이 있어 문란하지 않게 된다."고 하였으니, 이 논리대로라면 주자는 단순히 리기를 이분(二分)한 것이 아니라 심을 상위 개념으로 정한 뒤 성정리기(性情理氣)를 분별했음을 알 수 있다고 하여, 주자의 설명을 빌려 논지를 세웠다. 제2조항은 "심은 기의 정상(精爽)이나, 실제로는 리를 담고 있기 때문에 기로 말한 경우도 있고 리로 말한 경우도 있는 것이다."에 대한 견해이다. 이항로는 역시 주자의 설을 빌려 "마음은 하나이지 둘이 아니다. 물(物)에게 명(命)을 내리는 주체이지 물에게 명을 받는 객체가 아니며, 주인이지 객이 아니다."라고 하고, 또 "심·성·천은 한 가지 이치이다. 마음을 이치로 말한 경우가 많고 기로 말한 경우는 드물며, 이치로 말한 경우는 항상

중요하고 기로 말한 경우는 경미하다."라고 견해를 밝혔다. 제3조항은= "『맹자』에 '이미 지(志)가 최고라고 말하였다.'로 시작되는 문장은 다만 기가 도리어 그 마음을 움직인다는 뜻이니, 알기 쉬운 비유를 들어 깨우친 말이다. 이는 태극이 음양의 주체인데, 도리어 음양에 운용되는 것과 마찬가지이다."라고 한 것에 대한 견해이다. 이항로는 먼저 "송시열이 이 구절에 대해 의문하고 밝힌 의리는 호연장의 본지와는 다른 듯하다."고 논박하였다. 이항로는 "동(動)자는 놀라고 두려워 상심하여 흔들리는 뜻이지, 운용하고 시행함을 이르는 것이 아니다. 심(心)은 기(氣)의 장수이고 기는 심에 부림을 받기 때문에 수(帥)·역(役)이 모두 제대로 길러진다면 저절로 심을 움직이거나 기를 움직이는 병통이 없을 것이다."라고 하였다. 그는 또 "지(志)에 치중하여 기(氣)를 돌보지 않으면 반드시 기를 해치게 되고, 기에 치중하여 지를 돌보지 않으면 반드시 지를 해치게 되는 것은 필연의 형세이다. 호연장의 본지는 대체로 이와 같은데 지금 도리어 그 마음을 움직인다는 동(動)을 운용(運用)의 뜻으로 인식하여 태극이 음양의 주체인데 도리어 음양에 운용된다고 하니 이는 호연장의 본지와 다른 것이다."라고 하였다. 또 "반(反)자의 본지는, 기는 본래 지에 짝하는 물(物)인데 지금 도리어 지를 해치고 흔드니 이것은 상리(常理)에 반한다는 것이지, 상리 안에 본래 고금이 상반되는 본체가 있는 것이 아니다."라고 하여 송시열이 제대로 사변하지 못한 잘못을 크게 근심하였다. 이항로는 일찍이 우리나라 유학의 도통이 공자-맹자-정자-주자를 거쳐 송시열로 이어졌음을 밝혔는데, 그런 선현에 대해서도 전거를 들어 이렇듯 주도면밀하게 논박하고 있다.

1-1-37 「宋子大全雜著數條記疑」【壬戌二月】(『華西集』卷25)

浩然章疑問, 曰: 心有以氣言者, 亦有以理言者。此所謂心當以理看歟? 抑亦以氣看歟?

恒老按, 宋子曰: "心有以氣言者, 亦有以理言者。" 此二句實是論心之八字打開也。大舜以道心人心說授于禹, 而朱子於「中庸序」, 釋道心, 曰"原於性命之正"; 釋人心, 曰"生於形氣之私"。夫原於性命之正者, 非以理言心而何? 生於形氣之私者, 非以氣言心而何? 道心人心, 合而言之, 曰"虛靈知覺, 一而已矣"; 分而言之, 曰"原於性命, 生於形氣"。則曰"二者雜於方寸之間, 而不知所以治之, 則微者愈微, 危者愈危, 而天理之公, 卒無以勝夫人欲之私矣。" 救弊, 則曰"精則察夫二者之間而不雜也, 一則守其本心之正而不離也。從事於斯, 無所間斷, 必使道心常爲一身之主, 而人心每聽命焉。" 愚竊以爲一心字上, 理氣分合之說, 莫先於堯、舜; 而註釋曲折之詳, 莫備於朱子。熟讀此「序」, 則以氣言心, 以理言心, 宜無可疑。然以朱子自道之辭觀之, 則曰"比覺舊說無甚綱領, 因復體察見得此理, 須以心爲主而論, 然後性情之德、中和之妙, 皆有條而不紊也。" 讀朱子之書者, 須理會其所謂"舊說之無甚綱領"者是如何, 其所謂"體察而見得"者是如何, 仔細熟複, 涵養積畜, 必有所得, 朱子之一字一句, 無非發明此心理氣之判, 不必每每說心字然後始備也。

浩然章質疑, 曰: 心者氣之精爽, 然實該貯此理, 故有以氣言者, 亦有以理言者。今此所謂心旣對氣言, 則當以理看, 然亦不可全然離氣看。

恒老按, "心者氣之精爽", 本朱子語也, 卽指人身火臟之心而言。朱子曰: "學者操舍存亡之心, 非菖蒲、茯苓所可醫也。" 又曰: "心者妙性情之德。所以立大本行達道者, 天理之主宰也。" 又曰: "心者一而不二者也, 命物而不命於物者也, 爲主而不爲客者也。" 又曰: "心也、性也、天也, 一理也。" 觀此則心以理言者常多, 而以氣言者常少; 以理言者常重, 而以氣言者常輕。然孔子曰: "形而上者謂之道, 形而下者謂之器。" 惟離、合看然後始盡。

又曰: "旣曰志至焉"此一節, 只言氣反動其心之意, 所謂"蹶者趨者", 蓋借至近易見者而曉之也。以其大者言之, 則太極爲陰陽之主, 而反爲陰陽之所運用也。

恒老按, 此一節疑義, 恐與浩然章本旨不同。蓋動字是驚恐傷撓之意, 非運用施行之謂, 觀「公孫丑」初頭問"如此則動心否乎"之義, 則可知矣。心爲氣之帥, 而氣爲心之役, 故"持其志而又無暴其氣", 則帥、役皆得其養, 而自無動心動氣之病矣。志壹而不恤其氣, 則必傷其氣; 氣一而不顧其志, 則必傷其志, 此必然之勢也。浩然章本旨大槩如此, 今以反動其心之動, 認作運用之義, 而以爲太極爲陰陽之主, 而反爲陰陽之所運用, 此與本旨不同矣。反字本旨, 則氣本是配志之物也, 而今反傷撓其志, 則是爲反乎常理也, 亦非謂常理之內本有古今相反之本體也。今以反字認爲本當如此之義, 此亦與本旨不同矣。此等去處, 恐是偶失照檢, 與朱子說有初晩同異, 何以異哉? 後之學者, 旣不能通檢博考, 眞見其同異之實, 而乍見一點擬議說話, 便自主張, 不容思辨, 此是古今通患, 是可悶耳。

1-1-38

「태극자본연지묘설太極者本然之妙說」(『華西集』卷25)

해제

1) 서지사항

이항로(李恒老)가 지은 논설문. 『화서집(華西集)』 권25에 실려 있다. (한국문집총간 305)

2) 저자

이항로(李恒老, 1792~1868)로 자는 이술(而述), 호는 화서(華西)이다.

3) 내용

'묘(妙)'자의 의미를 태극이 주재와 운용의 양면을 모두 겸하고 있다는 뜻으로 해석하였다. 태극은 만물을 주재하고 운용하기 때문에 비로소 리(理)가 된다는 것이다. 논리적으로 추궁해 본다면 태극의 주재 없이는 하늘과 땅이 생성될 수 없으며, 늘 변화하는 하늘의 작용과 늘 항상된 땅의 작용이 실행될 수가 없다. 사람이 하늘과 땅의 마음을 그 자신의 마음으로 삼아서 천지의 작용에 참여하는 것은 무극이태극(無極而太極)의 주재와 작용에 의한 것이라 할 수 있다. 기타 만물이 생성 번식할 수 있는 것이 모두 태극의 주재와 작용에 의한 것이다. 이항로는 태극의 존재와 작용을 경험적으로 감각하고 지각할 수 없다고 해서, 태극을 죽은 것으로 여기거나 기로 여기거나 허깨비로 여기는 당시의 세태를 통탄하였다. 그는 태극의 묘를 올바로 인식하는 것이 혼란한 세상을 밝히는 길잡이가 될 것이라 주장하면서, 스스로 그 일을 자임하겠다는 의지를 밝혔다.

1-1-38 「太極者本然之妙說」(『華西集』卷25)

妙之爲言, 主宰運用之意也。太極理也, 理有主宰乎? 爲其主宰是物也, 故謂之理。若不能主宰是物, 則烏可謂之理乎? 太極理也, 理有運用乎? 爲其運用是物也, 故謂之理。若不能運用是物, 則烏可謂之理乎? 曰: "'主宰運用'云, 如之何?" 曰: "主宰也, 而不見其主宰之迹; 運用也, 而不見其運用之形, 是故名之曰妙。" 曰: "然則妙也者, 聽之而不聞, 視之而不見者也, 何法以認之乎?" 曰: "天覆于上, 而若無太極主宰乎上面, 則天何從而生; 地載于下, 而若無太極主宰乎上面, 則地何從而成? 天行不息, 而若無太極之運用, 則孰使之行; 地靜有恒, 而若無太極之運用, 則孰使之靜? 人生於天地之間, 而得天地之心以爲之心, 故能補相天地之所不足, 財成天地之所有餘, 以參贊天地之造化。若是者孰主宰是? 孰運用是? 不過曰'無極而太極'也。推之於百千萬億之古, 而無一時一刻之差, 證之於瞬息呼吸之頃, 而無一毫一髮之違。參之於物, 則牛不生鬣, 馬不生角, 桃不發李, 樹不生薑。若大若小、若古若今, 無不皆然, 是非太極之妙而何哉? 大以觀之, 則舜之大孝, 必得位祿名壽之妙; 孔子之大德, 必致立行來和之妙, 皆有人未及知之神矣。小而言之, 則郢匠之運斤, 宜遼之弄丸, 公孫之舞劒, 張旭之行草, 皆入其妙而得其神者也。且日用而不知其妙者, 衆人也, 不知太極之妙也。故認太極爲死物者有之矣, 認太極爲一氣者有之矣, 認太極爲玄虛者有之矣, 認太極爲幻戱者有之矣。旣不知太極之爲妙也, 則各以己之私見主張爲說, 勢所必至也。其源一差, 末流之汎濫, 孰能以遏之? 如有眞知太極之妙, 而解天下之惑, 救天下之亂者, 吾爲之執鞭矣。妙字有來歷, 孔子曰: '神也者, 妙萬物而爲言者也。' 周子曰: '無極之眞、二五之精, 妙合而凝。' 胡子曰: '心妙性情之德'。"

1-1-39

「리기문답理氣問答」(『華西集』卷25)

해제

1) 서지사항

이항로(李恒老)가 지은 논설. 『화서집(華西集)』 권25에 실려 있다. (한국문집총간 305)

2) 저자

이항로(李恒老, 1792~1868)로 자는 이술(而述), 호는 화서(華西)이다.

3) 내용

주리철학에 바탕을 둔 이항로가 리(理)와 기(氣)에 대해 어떻게 인식하고 있는지를 살펴볼 수 있는 논설이다. 이 글에서 이항로는 무엇으로 리와 기를 분별할 수 있으며, 또 무슨 이유로 분별하는지를 자문자답하는 형식을 취하고 있다. 이를 통해 이항로의 사상이 실천으로 발휘되는 근거를 엿볼 수 있다. 이항로는 리와 기는 서로 떨어질 수 없고 서로 섞일 수도 없다고 하여, 둘 다 서로 있어야 존재하는 것이지만 둘은 엄격하게 구별된다고 하였다. 리와 기의 차이는, 「태극도」가 무형(無形)의 리와 유형(有形)의 기를 구비하고 있지만 「만물도(萬物圖)」라 하지 않고 다만 「태극도」라 하는 이유와 같으니, 이는 주의(主意)와 명맥(命脈)이 태극의 리를 발명하는 데 있지 만물의 형체를 발명하는 데 있지 않기 때문이라고 하였다. 또 "어떻게 해야 우리나라를 이롭게 할 수 있겠습니까?"라고 물은 양혜왕은 주의와 명맥이 오로지 이(利)에 있는 것이고, "인(仁)과 의(義)가 있을 뿐입니다."고 대답한 맹자는 주의와 명맥이 오로지 인의에 있는 것이니, 다른 사람의 말을 듣고 그 사람의 주의와 명맥이 어디에 있는지를 살피면 시비득실을 파악할 수 있다고 하였다. 이것은 주의와 명맥이 리에 있으면 리가 되고, 기에 있으면 기가 된다는 주장이다. 리와 기는 엄격한 차이가 있으니 리가 주(主)가 되고 기가 역(役)이 되면 만사가 잘 다스려져 천하가 편안할 것이나, 만일 반대로 기가 주가 되고 리가 버금이 되면 만사가 어지러워져 천하가 위태로울 것이라 하여, 공맹이 지언(知言)한 것처럼 다른 사람의 말을 듣고 리와 기를 분별할 줄 아는 것의 중요성을 역설하였다.

1-1-39 「理氣問答」(『華西集』卷25)

天下之物, 止有理與氣兩件事而已。然是二物也, 相離不得, 相雜不得。相離則理無注泊, 氣無主宰, 理不足以爲理, 而氣不足以爲氣矣。相雜則理有掩蔽, 氣有猖獗, 理不得以爲理, 而氣不得以爲氣矣。凡有一事一物, 其合理氣則一也。然則其所謂理氣者, 將如何分別? 分別又將焉用也歟?

曰: 合理氣則一也, 其以理爲主, 以氣爲主, 則不同也。理爲主, 氣爲役, 則理純氣正, 萬事治而天下安矣; 氣爲主, 理爲貳, 則氣強理隱, 萬事亂而天下危矣。差以毫釐, 繆以千里者, 正謂此也。如「太極圖」, 圖出, 無形之理與有形之氣, 無所不備, 名之曰「太極圖」固可也, 名之曰萬物圖似可也, 不曰萬物圖, 而特曰「太極圖」者, 何也? 蓋其主意命脈在發明太極之理, 而不在發明萬物之形故也。其實太極一萬物也, 萬物一太極也。以此法例之, 則『詩』三百, 邪正常變、治亂盛衰, 無所不備, 而“一言以蔽之則曰思無邪”一句, 包之而無餘矣。經禮三百、曲禮三千, 玉帛鍾鼓、籩豆簠簋, 無所不備, 而“一言以蔽之則曰毋不敬”一句, 包之而無餘矣。二「典」、三「謨」之名以典、謨, 『大學』、『中庸』之統以明德, 皆一意也。蓋物一也, 主意命脉在理則爲理, 在氣則爲氣, 只看其言者之主意命脉所在如何耳。如梁惠王問: “何以利吾國?” 孟子對曰: “仁義而已矣。” 惠王之主意命脈, 專在利一邊; 孟子之主意命脈, 專在仁義一邊矣。孔子曰: “君君、臣臣、父父、子子。” 齊景公曰: “雖有粟, 吾得以食諸?” 景公之主意命脈, 專在粟食一邊; 孔子之主意命脈, 專在明倫一邊。推此以觀之, 凡聽人說話, 先看其主意命脈之所在, 則是非 得失、邪正 治亂, 居可知也, 孔、孟所謂知言, 正謂此也。

1-1-40

「벽사록변闢邪錄辨」(『華西集』卷25)

해제

1) 서지사항

이항로(李恒老)가 1863년에 서학을 경계하여 지은 변론문. 『화서집(華西集)』 권25에 실려 있다. (한국문집총간 305)

2) 저자

이항로(李恒老, 1792~1868)로 자는 이술(而述), 호는 화서(華西)이다.

3) 내용

이 글은 성리학의 입장에서 당시 천주교의 교리를 비판한 단행본 성격의 저술이다. 천주교를 비판한 다른 저술로는 『아언(雅言)』「양화(洋禍)」가 있다. 본문은 「상제여천주상반변(上帝與天主相反辨)」, 「서양사천여오유사천상반변(西洋事天與吾儒事天相反辨)」, 「삼물망여사물상반변(三勿妄與四勿相反辨)」, 「서양칠극여오유팔형상반변(洋人七克與吾儒八刑相反辨)」, 「오유살신성인여서양락사순욕상반변(吾儒殺身成仁與西洋樂死殉欲相反辨)」, 「생극설변(生克說辨)」, 「성현공장득명부동변(聖賢工匠得名不同辨)」, 「용하변이설(用夏變夷說)」, 「서양역법여요시역법부동변(西洋曆法與堯時曆法不同辨)」, 「서양의약여염제의약부동변(西洋醫藥與炎帝醫藥不同辨)」, 「천도경위설(天道經緯說)」, 「지세순역설(地勢順逆說)」, 「사해대통설(四海大統說)」, 「천당지옥변(天堂地獄辨)」, 「오유궁신지화여이단설상반변(吾儒窮神知化與異端說相反辨)」의 18편으로 구성되어 있으며, 주로 성리학의 입장에서 천주교 교리를 비판하였다. 그러나 동시에 천주교를 서양 학문과 동일시하여 서학의 합리성과 과학적 성과마저 부정하는 오류를 범하고 있다.

1-1-40 「闢邪錄辨」(『華西集』卷25)

恒老先君子性度嚴正, 嘗觀『東坡書』, 至曰"素疾程某之奸", 命恒老勿讀蘇文, 好惡得正。蓋如此, 異說雜書在國設禁者, 尤安敢購覷經眼乎? 往在己亥, 李禮山正觀作「闢邪辨證」, 以草本寄余, 使之刪潤, 故仍請於南睡翁啓來氏, 借其大父八灘公【肅寬】所著遠西艾儒畧「『萬物眞源』辨」, 略聞其梗槩矣。混入故紙堆中, 收拾不上, 雨村 金友平默勸余作一文字, 而以未得眞贓, 不可輕下拳踢, 辭謝矣。壬戌, 翻動書廚, 偶得舊蹟, 仍錄出肯綮數段, 塡補其踈略、年條、國名。此不復錄, 覽者詳之。【癸亥元月七日, 李恒老書。】

〈上帝與天主相反辨〉

吾儒之所事者, 上帝也; 西洋之所事者, 天主也。今當論吾所謂"上帝"指如何, 彼所謂"天主"之誤, 言之亦可? 不言亦可也? 吾所謂上帝者, 指太極之道也, 太極之道, 何也? 至誠生生, 上帝之心也; 仁義禮智, 上帝之性也; 愛敬宜知, 上帝之情也。父子有親、君臣有義、夫婦有別、長幼有序、朋友有信, 上帝之倫也; 有德則賞、賞有厚薄、有罪則罰、罰有輕重, 是皆上帝之命也, 非一毫人力所得而私也, 是所謂理也。理本無聲無臭, 將何以驗之而認取其必然乎?

曰: 否。不然。聖人者, 天地之孝子也。是故, 知上帝之心者, 莫如聖人, 聖人之言, 卽上帝之言也; 聖人之行, 卽上帝之行也。故上天之載, 無聲無臭, "儀刑文王, 萬邦作孚"。今捨有形有質之文王, 而更求無聲無臭之天理於窈冥幽暗之中, 烏可得乎?

曰: 中國所稱聖人, 伏羲、神農、黃帝、堯、舜、禹、湯、文、武、周公、孔、孟、程、朱也; 釋氏所稱聖人, 釋迦如來也; 老氏所稱聖人, 老子也; 西洋所稱聖人, 耶蘇也。子思曰"『詩』曰: '具曰予聖, 誰知烏之雌雄?'", 正謂此也, 將何以辨別而定其眞僞乎哉?

曰: 否。不然。有大界分於此而人自不察耳。

孔子曰: "君子上達, 小人下達。"

按: 上達謂達於道德, 下達謂達於形氣也。

又曰: "君子喩於義, 小人喩於利。"
按: 喩之爲言, 深知而篤好也。於義理一邊, 深知而篤好者君子也; 於形氣一邊, 深知而篤好者小人也。

孟子曰: "鷄鳴而起, 孶孶爲善者, 舜之徒也; 鷄鳴而起, 孶孶爲利者, 蹠之徒也。"
按: 鷄鳴而起, 孶孶爲之者, 寤寐不忘, 亹亹不倦之義也, 不問其所爲者是善是利, 而但以"神與不神"、"誠與不誠", 欲爲觀聖人之斷案, 不亦大錯乎? 太宰以多能認孔子之爲聖, 故子貢曰: "夫子天縱之將聖, 又多能也。" 所以明孔子之聖, 非以多能之故而名之也。孔子聞之, 又慮多能之混於稱聖也, 故曰: "某少也賤, 故多能鄙事。君子多乎哉? 不多也。" 所以明人雖多能於陪奉形氣之事, 而不以道德義理爲主, 則不免爲小人, 以道德義理爲主, 則雖無他技能, 亦不害爲君子也。是以「秦誓」曰: "若有一介臣, 斷斷倚無他技, 其心休休焉, 其如有容焉。人之有技, 若己有之; 人之彦聖, 其心好之, 不啻若自其口出。寔能容之, 以能保我子孫黎民, 尙亦有利哉? 人之有技, 娟嫉以惡之; 人之彦聖, 而違之俾不通。寔不能容, 以不能保我子孫黎民, 亦曰殆哉?" 雖無所能, 而苟有其德, 則天下之善皆歸焉; 雖有所能, 而苟無其德, 則天下之惡皆歸焉, 此乃形氣道德之大界分也。形氣分上, 亦有淺深生熟; 道德分上, 亦有淺深生熟, 若不問其所主者是君子是小人, 但論其淺深生熟, 則舜、蹠、堯、桀, 從何以辨乎? 此爲觀聖之大界分, 如之何其可誣也?

〈西洋事天與吾儒事天相反辨〉

孟子曰: "存其心, 養其性, 所以事天也。" 心者, 指惻隱之心、辭讓之心、羞惡之心、是非之心也; 性者, 指仁也、禮也、義也、智也。此心此性, 非我之所得私也, 乃天之所命。故存此心, 養此性, 則不待外求, 而所以事天者卽在乎此也。是故父子而盡愛敬之道, 則是乃事天也; 君臣而盡忠禮之道, 則是乃事天也; 長幼之序也、夫婦之別也、朋友之信也, 是皆所以事天也。西洋則不然, 不問天所以命我者是何事, 只以拜天祈福爲事天, 此無他焉, 吾儒所謂事天之天, 專以道理言也; 洋人所謂事天之天, 專以形氣情欲言也, 二者之不同, 實分於此。

〈三勿妄與四勿相反辨〉

吾儒所謂“四勿”者, 揭出一“禮”字, 使爲標準, 禮也者, 以恭敬、辭遜爲本, 而有節文、度數之詳。自伏羲以來, 百聖百王, 相因損益而爲之者也, 乃天下萬世之所共由也。是故孔子之敎顔淵也, 使之考諸禮, 而合乎此則視之, 不合乎此則勿視之; 合乎此則聽之, 不合乎此則勿聽之; 合乎此則言之, 不合乎此則勿言之; 合乎此則動之, 不合乎此則勿動之。使一身之表裏體用, 無一不由禮而行焉, 一點形氣之私, 不着於其間, 然則孔子之所以“敎”, 顔子之所以“學”者, 不出於天理節文, 人事儀則之外矣。洋人所謂勿妄念、勿妄言、勿妄動三者, 不論其“何者是妄?”, “何者是眞?”, 而遽加虛喝, 不免爲隱頭說話, 且其所謂“妄”者, 指拜君、拜父、祭神, 許多人道而言耳。此果眞乎妄乎? “三勿妄”之說, 與吾儒“四勿”之訓, 正相反也, 而乃反曰“三勿妄, 是四勿之註脚”, 噫!

〈洋人『七克』與吾儒八刑相反辨〉

凡爵以勸善, 刑以禁惡, 天理之本然也, 人事之當然也。敎人爲善, 而人不從善; 禁人爲惡, 而人不去惡, 則不得已刑之, 是故觀其所禁之目, 則知其所敎之本。如三綱、六行之敎, 卽天經、地義、民彝之不可已者也, 故曰: “五刑之屬三千, 而罪莫大於不孝。” 先王以“鄕八刑, 糾萬民”, 而八刑之目, 觀其六行之敎, 而定其先後輕重之律。『書』所謂“明于五刑 以弼五敎”, 正指此也。今夫『七克』之云: “止說貨利一邊, 而不及道理一邊。” 觀此『七克』之目, 則可徵其綱常倫紀之全闕, 而辨不及此, 何哉?

〈吾儒殺身成仁與西洋樂死殉欲相反辨〉

孔子曰: “志士仁人, 有殺身以成仁, 無求生以害仁。” 孟子曰: “生亦我所欲也, 義亦我所欲也, 二者不可得兼, 捨生而取義。” 程子曰: “失節事極大, 餓死事極小。” 此則所以明形氣輕且小, 而道德重且大也。是以董子曰: “明其道不計其功, 正其義不謀其利。” 此則所以明立心之本, 在道義而不在功利也。今洋人之輕生樂死, 專在陷溺於天堂地獄之誑言, 此出於形氣之私乎? 出於道德之公乎? 昏惑如此, 不亦哀乎?

〈生克說辨〉

天地之間, 一生一克而已, 然非克則無以成其生, 故克亦生之道也。孔子曰: "生生之謂易。" 程子曰: "天地以生物爲心, 是也。"

按:「河圖」, 一六水生三八木, 三八木生二七火, 二七火生五十土, 五十土生四九金, 四九金生一六水。此則相生順行之序也。「洛書」, 一六水克二七火, 二七火克四九金, 四九金克三八木, 三八木克五十土, 五十土克一六水。此則相克逆行之序也。一生一克, 互相體用, 而其本則生而已, 何以明之? 天道下行, 地道上行。下行之氣, 爲地濁之氣所克, 透漏不過; 上行之氣, 爲天淸之氣所克, 停畜倒回。於是乎上蟠下疊, 逼擦氤氳, 生出許多物事, 此所謂"相克所以相生"也。兒生之初, 必經解腹之厄; 木生之始, 必被甲坼之艱; 金之入用, 必閱煅鍊鎔汁之苦; 玉之成器, 必遭雕琢磨礱之困。物物同然, 事事皆是。君子之敬天也, 樂則不敢萌滿溢之心, 憂則不敢形怨尤之色; 孝子之愛親也, 喜則不敢起慢忽之思, 怒則不敢含嫉惱之意; 人臣之事君也, 賞則思報德之誠, 罰則思改愆之勇。夫婦之相待也, 朋友之相交也, 莫不如此, 蓋不克制, 則無以畜止約束, 而達其生。是以古之成德者, 未有不自窮阨中做得來。遏制人欲, 乃所以存養天理; 禁絶罪惡, 乃所以保活良善。不惟不敢生怨尤, 本無可怨可尤之事, 不念天地君父生養之大德、畜止之至誠, 均爲於我罔極之恩也, 而乃反出不敬無恩之語, 至有"三仇"之云, 雖不欲染筆, 而其原則昧相克爲相生之道故也, 不得不一言以辨之。

〈聖賢工匠得名不同辨〉

明於道德, 名以聖賢; 能於術業, 名以工匠, 斯二者卽孟子所謂"大人、小人"之分也。『中庸』"九經"之序, "尊賢"居"親親"之先, "來百工"居"子庶民"之後, 其尊如此, 其卑如彼, 何也? 聖賢之所養, 養心志也; 工匠之所養, 養形體也。心志何謂也? 仁義禮智、好善惡惡之類是已。形體何謂也? 耳目口鼻、四肢百骸之屬是已。二者俱不可不養, 而此尊彼卑、此大彼小, 又不可不辨也, 先其尊者大者, 則卑者小者, 同受其福; 先其小者卑者, 則尊者大者, 反受其敝, 何以明之? 共工非不神於工也, 未免象恭之罪; 易牙非不神於味也, 未免殘忍之誅; 后羿非不神於射也, 未免簒弑之逆; 吳起非不神於兵也, 未免薄行之誚。由其無德以將之也, 非獨百工爲然。物各有神, 蜜子造甘, 非儀狄之所及也; 鮫人織錦, 非魯般之所至也, 而名不離於蟲魚。若以伎倆才能, 爲稱人之斷案, 則豈不大錯矣乎? 明於道德, 聖賢之心也; 能於術業, 工匠之事也, 霄壤龍豕, 高低貴賤, 昭然不揜, 不此之辨, 而強欲取給於言議之末, 但較其巧拙生熟而已, 則吾見其挫折陷敗, 而往遺之擒也, 豈不可悶也歟? 曷若早辨之於道器之界、義利之判? 定其大小輕重之所在, 則事甚易而理實是。吾將免冠屨倒置之禍, 而渠亦受出谷遷木之福矣, 吾則拭目而等之。

〈用夏變夷說〉

中華之教化夷狄, 夷狄之慕悅中華, 亦出於天理之本然、人心之當然, 如根柢之滋枝葉, 手足之衛腹心, 不容已者也。是以「夏書」曰: "祗台德先, 不距朕行, 東漸于海, 西被于流沙, 朔南暨, 聲教訖于四海。" 此則中華教化夷狄之心, 無有限極, 而博施濟衆, 其猶病諸者, 烏可已也? 子思子曰: "舟車所至, 人力所通, 天之所覆, 地之所載, 日月所照, 霜露所墜, 凡有血氣者, 莫不尊親。" 此則夷狄慕悅中華之心, 出於天性, 而不能自已者, 亦何可誣也? 越裳氏曰: "天無烈風淫雨, 海不揚波三年, 意者中國有聖人乎?" 遂獻白雉, 周越絶遠, 而感應如影響, 此非天理而何哉? 堯、舜之平治天下也, 悶有苗之梗化, 師旅以征之, 干羽以來之。又分北其不率敎者于三危, 考其革化而終至丕叙乃已。堯、舜之心, 廣大溥博, 初無內外遠近之限隔者, 已可見矣。孟子曰: "舜東夷之人也, 文王西夷之人也, 得志行乎中國, 若合符節。" 孔子稱: "小連、大連之善居喪也。" 曰"東夷之子也", 又發"欲居九夷"之歎焉, 則其用夏變夷之心, 如靑天白日者, 人得以見之矣。且以西洋言之, 則絶遠於中國, 宜其風俗頓異, 然而學習中國六義文字, 默德那所藏經, 至於三千八百之多, 而屬文絶句略有次第, 至被中國之所眩惑矣, 夫農家子弟學爲儒家文字, 雖百培用力, 尙不能通曉其體勢格例, 如累世業文者, 況生異風殊音之地。雖其伶俐機警, 絶異他人, 若無誠心學習, 安能致此? 惜乎! 地勢太遠, 與中國相通者, 進不及乎暴秦焚坑之前, 退不及乎程、朱講明之時, 不幸而未得聞大道之要, 不幸而未得見至德之化, 耳濡目染, 喙喙齗齗, 無非詆毁洙泗、譏貶閩洛之說, 已不足以感發其本心, 訛革其謬習, 又其伎倆器械, 反有中國人所不及之巧焉, 則斷斷自信, 遂以其說思以易天下, 其亦不思之甚也。天體至大, 雖若無窮, 然苟求其居中, 而爲其主者, 則一北辰也; 地勢至廣, 雖若無窮, 然苟求其居內, 而爲之主者, 則一土中也; 人道至衆, 雖若無窮, 然苟求其居上, 而爲之主者, 則一太極也。北辰統衆星, 而衆星拱北辰; 土中統萬方, 而萬方歸土中; 太極統萬物, 而萬物會太極, 卽一理也。孔子曰"太極生兩儀", 周子曰"太極本無極", 朱子曰"心爲太極", 栗谷曰"明德本心也", 尤菴曰"在人則心爲道", 其實一理也。聖賢相傳之訣, 如日中天, 天下萬國有目者所同見也。

〈西洋曆法與堯時曆法不同辨〉

百工技藝, 後出愈巧, 非前愚而後智, 前拙而後巧也, 其勢則然也。譬如飮食, 充飢養生本也, 淳熬熊蹯末也, 反害其本; 譬如宮室, 庇雨避風本也, 瓊宮瑤臺末也, 反害其本。推此類則可見西洋曆法, 非不精細詳密, 但大本不立, 何也? 堯時曆法, 專以敬天之心, 明人之倫爲本, 故所行之令, 無非五倫、五常之典, 觀於『夏小正』「月令」之屬, 則可見。如祭祀、社蜡、婚姻、禮樂之類, 日課月讀, 亹亹不倦, 皆此事也。今夫西洋則於天叙、天秩、天命、天討之大綱細目, 全不擧論, 惟以仰天、祈懇、滅罪、資福, 爲終日事業而止焉, 則烏用是天時月令爲哉? 堯時曆法, 專以敬天心明人倫爲本; 西洋曆法, 專以慢天心廢人倫爲主, 其本不同, 其法之加密與否, 又當別論也。

〈西洋醫藥與炎帝醫藥不同辨〉

程子曰: "天地以生物爲心。" 天地之間, 萬物得天地生物之心, 以爲一身之主, 故物物皆以生物爲心, 此則不易之理也。是以爲之醫藥, 以濟其疾病、夭札之憂, 而參贊天地生物之心, 此其好生之一端也。今聞洋人以速死爲福, 則其醫藥濟生, 適爲害人、傷物之魔障, 烏用是鍼灸、藥石、溫凉、補瀉爲哉? 其本一差, 萬事瓦裂, 豈不可悶?

〈天道經緯說〉

天道有經、有緯, 南北爲經, 東西爲緯。南不爲北, 北不爲南, 萬古不易; 東轉而西,西轉而東, 瞬息不駐, 是以南北風俗, 漸染忒遲; 西東氣習, 感應最敏。觀於果苽花草之屬, 羽毛齒革之類, 亦可驗也。葱嶺去崑崙絶遠, 而釋氏之害, 莫深於東海; 西洋去葱嶺絶遠, 而天主之惑, 莫甚於東方。受害莫深, 故防患宜密; 漸染莫甚, 故慮患宜詳。海草生長獰風, 故有防風之才; 澤瀉托根淤泥, 故有去濕之功, 此皆保生之良能也。孟子曰: "人之有四德也, 猶其有四體也。" 愚以爲四體器也, 近支百年; 四德道也, 遠貫萬古, 鴻毛泰山, 不可誣也。人孰無四體乎? 旣有此器, 必有此道, 明如日月, 信如山嶽, 吾則恃之而不恐。

〈地勢順逆說〉

天道左旋, 地道右旋, 一左一右, 交生萬物, 此則不易之理也。蓋天下之山, 來自崑崙, 惟東出一枝右旋, 與左旋之天相交, 觀於黃河, 江、漢之東入于海, 則送水之山, 斯可以見也。崑崙四出, 其西行者, 皆左旋, 而與左旋之天, 順行同歸, 故不能鍾氣生聖主敎萬方, 惟東出一枝右旋, 而與左旋之天相交, 此則天地之大勢也。

〈四海大統說〉

天一生水, 海爲水宗, 有是物則必有御是物之理, 黃帝刱造舟之敎, 魯聖發桴海之歎, 以木浮水, 以驅御風, 無脛而趨, 無翼而翔, 一席行萬國, 一柁開八方, 天下利器, 莫神於此。於是乎周流左右、翶翔內外, 異方謠俗, 無不諳識, 水土伎倆, 無不淹貫, 則此亦天地重新之機會也。天地鴻濛, 庖羲立卦, 以明其德; 洪水滔天, 大舜命禹, 以宣其德; 禽獸害人, 周公制禮, 以彰其德; 列國亂倫, 孔子作史, 以辨其德; 五季陸沉, 程、朱註脚, 以釋其德; 北虜僭號, 我東守義, 以綴其德, 其德何也? 孟子曰: "惻隱之心, 仁也; 羞惡之心, 義也; 辭讓之心, 禮也; 是非之心, 智也。" 又曰: "父子有親, 君臣有義, 夫婦有別, 長幼有序, 朋友有信。" "中夏所以敎夷狄, 夷狄所以慕中夏"者, 無他說也, 吾將見孔子之德, 配天而一新也, 此則無疑。

〈天堂地獄辨〉

天堂、地獄之有無眞妄, 前人已言之矣, 不須更贅。愚以爲其壞敗心術, 召致禍亂、不祥之大者, 有三, 慢天侮聖, 一也; 滅性殉欲, 二也; 惑世誣民, 三也。蓋有陽則有陰, 有始則有終, 生存死亡之說, 明如晝夜, 雖三尺童子, 不可欺也。今曰: "爾從我說, 則死而還生, 獲生天堂; 不從我說, 則死而復生, 必入地獄。" 張皇天理所無之事, 以爲自誣誣人之一大欛柄, 慢天侮聖, 孰大於是? 愛親敬君, 好善疾惡, 根於天性之本然, 出於人情之當然, 卽其所在, 充滿流行, 不容遏絶, 不此之求而行險徼倖, 求福於身死命盡之後, 滅性殉欲, 孰大於是? 命德討罪, 五章五服, 五庸五刑, 使天下之人, 榮爵畏威, 感發善心, 懲創逸志, 治世安民之道, 此爲要法, 而今曰: "顯不足榮, 威不足畏, 廢爾人倫, 去爾禮樂, 從我祈懇, 則可以滅罪資福, 受無量快樂。" 夫愚夫愚婦, 奚知擇善? 奔波逐風, 捐軀隕生, 如蹈樂地, 惑世誣民, 孰急於是? 仁人、君子坐視其必然之禍, 不一言以辨之乎? 辨之如何? 福善禍惡, 天道也, 其原在天; 明善懲惡, 聖敎也, 其說在方冊; 喜善怒惡, 人情也, 體驗在身。熟複此三者, 必無不得之理, 孟子曰: "作於其心, 害於其政; 發於其政, 害於其事, 聖人復起, 必從吾言矣。" 夫豈無理而聖人言之? 又曰: "王如用予, 則豈徒齊民安? 天下之民擧安。" 愚以爲聖人之道復明, 則豈徒中國安? 海外萬國擧安, 吾言無疑。○堂、獄之源, 出自葱嶺, 汎濫四流, 近西諸國, 受毒尤深, 其勢固然。但葱嶺之害, 猶有限節, 絶男女、禁魚肉、戒麴糵、削髭髮, 見行許多受戒然後, 始名爲比丘, 其害尙淺。洋說不然, 男女不必絶、魚肉不必禁、麴糵不必戒、髭髮不必削, 惟心之邪正勿問, 人之恩讐兩忘, 般樂怠傲, 人欲不期滋而日滋, 天理不期消而日消, 其浸淫薄蝕, 充塞仁義之禍, 反有甚於薙髮燒臂之流, 爲吾學者當如何? 猛省而疾治之也。苟求所差之時, 則其來甚遠, 道家養生, 『參同』鍊氣, 莊、列匿名之類, 皆因緣人物好生惡死之情, 弄假成眞, 想無爲有, 遂作千古正學無窮之病, 豈不可悶然? 病劇則必生已病之藥, 害切則必有去害之道, 此則天地生物之心也。

〈吾儒窮神知化與異端說相反辨〉

張子曰: "一故神, 兩故化。" 愚竊以爲天下之理, 有速有遲, 遲不可使之速, 如速不可使之遲也。當速而遲焉, 則有等待因循之病, 所謂需者事之賊也; 當遲而速焉, 則有躁進妄求之病, 所謂欲速則不達也。君子之學, 知太極之神貫古今遠近, 而不可間斷也; 知陰陽之化有始終本末, 而不可倒序也。是以洞洞屬屬, 猶恐頃刻之失墜; 亭亭當當, 猶恐纖芥之牽累。從事於斯, 無所間斷, 則遲速各得其時, 而神化兩無所失矣。至若釋氏蔽於因果之說, 而全闕倫常之當務; 洋人謎於幻戲之習, 而專力利欲之。【缺缺】 請有以反詰之, 前身之所因者, 是無父無子之說也; 後身之所果者, 亦是無父無子之願歟! 若不如此, 烏在因果之說也。幻戲惑人, 專在貨利, 而若非盜天, 必是盜人, 盜天、盜人, 等一大災也。甘犯終身大災, 而僥倖斯須小利, 此豈人心之所甘乎哉? 由其不思之甚也, 如立成借力鵝片烟盡地利之類, 不過朝四暮三之術而同歸慢天欺人之律, 不亦可哀乎哉?

〈上帝與天主相反辨〉

吾儒之所事者, 上帝也; 西洋之所事者, 天主也。今當論吾所謂"上帝"指如何, 彼所謂"天主"之誤, 言之亦可? 不言亦可也? 吾所謂上帝者, 指太極之道也, 太極之道, 何也? 至誠生生, 上帝之心也; 仁義禮智, 上帝之性也; 愛敬宜知, 上帝之情也。父子有親、君臣有義、夫婦有別、長幼有序、朋友有信, 上帝之倫也; 有德則賞、賞有厚薄、有罪則罰、罰有輕重, 是皆上帝之命也, 非一毫人力所得而私也, 是所謂理也。理本無聲無臭, 將何以驗之而認取其必然乎?

曰: 否。不然。聖人者, 天地之孝子也。是故, 知上帝之心者, 莫如聖人, 聖人之言, 卽上帝之言也; 聖人之行, 卽上帝之行也。故上天之載, 無聲無臭, "儀刑文王, 萬邦作孚"。今捨有形有質之文王, 而更求無聲無臭之天理於窈冥幽暗之中, 烏可得乎?

曰: 中國所稱聖人, 伏羲、神農、黃帝、堯、舜、禹、湯、文、武、周公、孔、孟、程、朱也; 釋氏所稱聖人, 釋迦如來也; 老氏所稱聖人, 老子也; 西洋所稱聖人, 耶穌也。子思曰"『詩』曰: '具曰予聖, 誰知烏之雌雄?'", 正謂此也, 將何以辨別而定其眞僞乎哉?

曰: 否。不然。有大界分於此而人自不察耳。

孔子曰: "君子上達, 小人下達。"

按: 上達謂達於道德, 下達謂達於形氣也。

又曰: "君子喩於義, 小人喩於利。"

按: 喩之爲言, 深知而篤好也。於義理一邊, 深知而篤好者君子也; 於形氣一邊, 深知而篤好者小人也。

孟子曰: "鷄鳴而起, 孳孳爲善者, 舜之徒也; 鷄鳴而起, 孳孳爲利者, 蹠之徒也。" 按: 鷄鳴而起, 孳孳爲之者, 寤寐不忘, 亹亹不倦之義也, 不問其所爲者是善是利, 而但以"神與不神"、"誠與不誠", 欲爲觀聖人之斷案, 不亦大錯乎? 太宰以多能認孔子之爲聖, 故子貢曰: "夫子天縱之將聖, 又多能也。" 所以明孔子之聖, 非以多能之故而名之也。孔子聞之, 又慮多能之混於稱聖也, 故曰: "某少也賤, 故多能鄙事。君子多乎哉? 不多也。" 所以明人雖多能於陪奉形氣之事, 而不以道德義理爲主, 則不免爲小人, 以道德義理爲主, 則雖無他技能, 亦不害爲君子也。是以「秦誓」曰: "若有一介臣, 斷斷倚無他技, 其心休休焉, 其如有容焉。人之有技, 若己有之; 人之彦聖, 其心好之, 不啻若自其口出。寔能容之, 以能保我子孫黎民, 尙亦有利哉? 人之有技, 娟嫉以惡之; 人之彦聖, 而違之俾不通。寔不能容, 以不能保我子孫黎民, 亦曰殆哉?" 雖無所能, 而苟有其德, 則天下之善皆歸焉; 雖有所能, 而苟無其德, 則天下之惡皆歸焉, 此乃形氣道德之大界分也。形氣分上, 亦有淺深生熟; 道德分上, 亦有淺深生熟, 若不問其所主者是君子是小人, 但論其淺深生熟, 則舜、蹠、堯、桀, 從何以辨乎? 此爲觀聖之大界分, 如之何其可誣也?

〈西洋事天與吾儒事天相反辨〉

孟子曰: "存其心, 養其性, 所以事天也。" 心者, 指惻隱之心、辭讓之心、羞惡之心、是非之心也; 性者, 指仁也、禮也、義也、智也。此心此性, 非我之所得私也, 乃天之所命。故存此心, 養此性, 則不待外求, 而所以事天者卽在乎此也。是故父子而盡愛敬之道, 則是乃事天也; 君臣而盡忠禮之道, 則是乃事天也; 長幼之序也、夫婦之別也、朋友之信也, 是皆所以事天也。西洋則不然, 不問天所以命我者是何事, 只以拜天祈福爲事天, 此無他焉, 吾儒所謂事天之天, 專以道理言也; 洋人所謂事天之天, 專以形氣情欲言也, 二者之不同, 實分於此。

〈三勿妄與四勿相反辨〉

吾儒所謂"四勿"者, 揭出一"禮"字, 使爲標準, 禮也者, 以恭敬、辭遜爲本, 而有節文、度數之詳。自伏羲以來, 百聖百王, 相因損益而爲之者也, 乃天下萬世之所共由也。是故孔子之敎顔淵也, 使之考諸禮, 而合乎此則視之, 不合乎此則勿視之;

合乎此則聽之, 不合乎此則勿聽之; 合乎此則言之, 不合乎此則勿言之; 合乎此則動之, 不合乎此則勿動之。使一身之表裏體用, 無一不由禮而行焉, 一點形氣之私, 不着於其間, 然則孔子之所以"敎", 顔子之所以"學"者, 不出於天理節文, 人事儀則之外矣。洋人所謂勿妄念、勿妄言、勿妄動三者, 不論其"何者是妄?", "何者是眞?", 而遽加虛喝, 不免爲隱頭說話, 且其所謂"妄"者, 指拜君、拜父、祭神, 許多人道而言耳。此果眞乎妄乎? "三勿妄"之說, 與吾儒"四勿"之訓, 正相反也, 而乃反曰"三勿妄, 是四勿之註脚", 噫!

〈洋人『七克』與吾儒八刑相反辨〉

凡爵以勸善, 刑以禁惡, 天理之本然也, 人事之當然也。敎人爲善, 而人不從善; 禁人爲惡, 而人不去惡, 則不得已刑之, 是故觀其所禁之目, 則知其所敎之本。如三綱、六行之敎, 卽天經、地義、民彝之不可已者也, 故曰: "五刑之屬三千, 而罪莫大於不孝。" 先王以"鄕八刑, 糾萬民", 而八刑之目, 觀其六行之敎, 而定其先後輕重之律。『書』所謂"明于五刑 以弼五敎", 正指此也。今夫『七克』之云: "止說貨利一邊, 而不及道理一邊。" 觀此『七克』之目, 則可徵其綱常倫紀之全闕, 而辨不及此, 何哉?

〈吾儒殺身成仁與西洋樂死殉欲相反辨〉

孔子曰: "志士仁人, 有殺身以成仁, 無求生以害仁。" 孟子曰: "生亦我所欲也, 義亦我所欲也, 二者不可得兼, 捨生而取義。" 程子曰: "失節事極大, 餓死事極小。" 此則所以明形氣輕且小, 而道德重且大也。是以董子曰: "明其道不計其功, 正其義不謀其利。" 此則所以明立心之本, 在道義而不在功利也。今洋人之輕生樂死, 專在陷溺於天堂地獄之誑言, 此出於形氣之私乎? 出於道德之公乎? 昏惑如此, 不亦哀乎?

〈生克說辨〉

天地之間, 一生一克而已, 然非克則無以成其生, 故克亦生之道也。孔子曰: "生生之謂易。" 程子曰: "天地以生物爲心, 是也。"

按:「河圖」, 一六水生三八木, 三八木生二七火, 二七火生五十土, 五十土生四九金, 四九金生一六水。此則相生順行之序也。「洛書」, 一六水克二七火, 二七火克四九金, 四九金克三八木, 三八木克五十土, 五十土克一六水。此則相克逆行之序也。一生一克, 互相體用, 而其本則生而已, 何以明之? 天道下行, 地道上行。下行之氣, 爲地濁之氣所克, 透漏不過; 上行之氣, 爲天淸之氣所克, 停畜倒回。於是乎上蟠下疊, 逼擦氤氳, 生出許多物事, 此所謂"相克所以相生"也。兒生之初, 必經解腹之厄; 木生之始, 必被甲坼之艱; 金之入用, 必閱煅鍊鎔汁之苦; 玉之成器, 必遭雕琢磨礱之困。物物同然, 事事皆是。君子之敬天也, 樂則不敢萌滿溢之心, 憂則不敢形怨尤之色; 孝子之愛親也, 喜則不敢起慢忽之思, 怒則不敢含嫉惱之意; 人臣之事君也, 賞則思報德之誠, 罰則思改愆之勇。夫婦之相待也, 朋友之相交也, 莫不如此, 蓋不克制, 則無以畜止約束, 而達其生。是以古之成德者, 未有不自窮阨中做得來。遏制人欲, 乃所以存養天理; 禁絶罪惡, 乃所以保活良善。不惟不敢生怨尤, 本無可怨可尤之事, 不念天地君父生養之大德、畜止之至誠, 均爲於我罔極之恩也, 而乃反出不敬無恩之語, 至有"三仇"之云, 雖不欲染筆, 而其原則昧相克爲相生之道故也, 不得不一言以辨之。

〈聖賢工匠得名不同辨〉

明於道德, 名以聖賢; 能於術業, 名以工匠, 斯二者卽孟子所謂"大人、小人"之分也。『中庸』"九經"之序, "尊賢"居"親親"之先, "來百工"居"子庶民"之後, 其尊如此, 其卑如彼, 何也? 聖賢之所養, 養心志也; 工匠之所養, 養形體也。心志何謂也? 仁義禮智、好善惡惡之類是已。形體何謂也? 耳目口鼻、四肢百骸之屬是已。二者俱不可不養, 而此尊彼卑、此大彼小, 又不可不辨也, 先其尊者大者, 則卑者小者, 同受其福; 先其小者卑者, 則尊者大者, 反受其敝, 何以明之? 共工非不神於工也, 未免象恭之罪; 易牙非不神於味也, 未免殘忍之誅; 后羿非不神於射也, 未免簒弑之逆; 吳起非不神於兵也, 未免薄行之誚。由其無德以將之也, 非獨百工爲然。物各有神, 蜜子造甘, 非儀狄之所及也; 鮫人織錦, 非魯般之所至也, 而名不離於蟲魚。若以伎倆才能, 爲稱人之斷案, 則豈不大錯矣乎? 明於道德, 聖賢之心也; 能於術業,工匠之事也, 霄壤龍豕, 高低貴賤, 昭然不揜, 不此之辨, 而强欲取給於言議之末, 但較其巧拙生熟而已, 則吾見其挫折陷敗, 而往遺之擒也, 豈不可悶也歟? 曷若早辨之於道器之界、義利之判? 定其大小輕重之所在, 則事甚易而理實是。吾將免冠屨倒置之禍, 而渠亦受出谷遷木之福矣, 吾則拭目而等之。

〈用夏變夷說〉

中華之敎化夷狄, 夷狄之慕悅中華, 亦出於天理之本然、人心之當然, 如根柢之滋枝葉, 手足之衛腹心, 不容已者也。是以「夏書」曰: "祗台德先, 不距朕行, 東漸于海, 西被于流沙, 朔南暨, 聲敎訖于四海。" 此則中華敎化夷狄之心, 無有限極, 而博施濟衆, 其猶病諸者, 烏可已也? 子思子曰: "舟車所至, 人力所通, 天之所覆, 地之所載, 日月所照, 霜露所墜, 凡有血氣者, 莫不尊親。" 此則夷狄慕悅中華之心, 出於天性, 而不能自已者, 亦何可誣也? 越裳氏曰: "天無烈風淫雨, 海不揚波三年, 意者中國有聖人乎?" 遂獻白雉, 周越絶遠, 而感應如影響, 此非天理而何哉? 堯、舜之平治天下也, 悶有苗之梗化, 師旅以征之, 干羽以來之。又分北其不率敎者于三危, 考其革化而終至丕叙乃已。堯、舜之心, 廣大溥博, 初無內外遠近之限隔者, 已可見矣。孟子曰: "舜東夷之人也, 文王西夷之人也, 得志行乎中國, 若合符節。" 孔子稱: "小連、大連之善居喪也。" 曰"東夷之子也", 又發"欲居九夷"之歎焉, 則其用夏變夷之心, 如靑天白日者, 人得以見之矣。且以西洋言之, 則絶遠於中國, 宜其風俗頓異, 然而學習中國六義文字, 默德那所藏經, 至於三千八百之多, 而屬文絶句略有次第, 至被中國之所眩惑矣, 夫農家子弟學爲儒家文字, 雖百培用力, 尙不能通曉其體勢格例, 如累世業文者, 況生異風殊音之地。雖其伶俐機警, 絶異他人, 若無誠心學習, 安能致此? 惜乎! 地勢太遠, 與中國相通者, 進不及乎暴秦焚坑之前, 退不及乎程、朱講明之時, 不幸而未得聞大道之要, 不幸而未得見至德之化, 耳濡目染, 喙喙齗齗, 無非詆毁洙泗、譏貶閩洛之說, 已不足以感發其本心, 訛革其謬習, 又其伎倆器械, 反有中國人所不及之巧焉, 則斷斷自信, 遂以其說思以易天下, 其亦不思之甚也。天體至大, 雖若無窮, 然苟求其居中, 而爲其主者, 則一北辰也; 地勢至廣, 雖若無窮, 然苟求其居內, 而爲之主者, 則一土中也; 人道至衆, 雖若無窮, 然苟求其居上, 而爲之主者, 則一太極也。北辰統衆星, 而衆星拱北辰; 土中統萬方, 而萬方歸土中; 太極統萬物, 而萬物會太極, 卽一理也。孔子曰"太極生兩儀", 周子曰"太極本無極", 朱子曰"心爲太極", 栗谷曰"明德本心也", 尤菴曰"在人則心爲道", 其實一理也。聖賢相傳之訣, 如日中天, 天下萬國有目者所同見也。

〈西洋曆法與堯時曆法不同辨〉

百工技藝, 後出愈巧, 非前愚而後智, 前拙而後巧也, 其勢則然也。譬如飮食, 充飢養生本也, 淳熬熊蹯末也, 反害其本; 譬如宮室, 庇雨避風本也, 瓊宮瑤臺末也, 反害其本。推此類則可見西洋曆法, 非不精細詳密, 但大本不立, 何也? 堯時曆法, 專以敬天之心, 明人之倫爲本, 故所行之令, 無非五倫、五常之典, 觀於『夏小正』「月令」之屬, 則可見。如祭祀、祉蜡、婚姻、禮樂之類, 日課月讀, 亹亹不倦, 皆此事也。今夫西洋則於天叙、天秩、天命、天討之大綱細目, 全不擧論, 惟以仰天、祈懇、滅罪、資福, 爲終日事業而止焉, 則烏用是天時月令爲哉? 堯時曆法, 專以敬天心明人倫爲本; 西洋曆法, 專以慢天心廢人倫爲主, 其本不同, 其法之加密與否, 又當別論也。

〈西洋醫藥與炎帝醫藥不同辨〉

程子曰: "天地以生物爲心。" 天地之間, 萬物得天地生物之心, 以爲一身之主, 故物物皆以生物爲心, 此則不易之理也。是以爲之醫藥, 以濟其疾病、夭札之憂, 而參贊天地生物之心, 此其好生之一端也。今聞洋人以速死爲福, 則其醫藥濟生, 適爲害人、傷物之魔障, 烏用是鍼灸、藥石、溫凉、補瀉爲哉? 其本一差, 萬事瓦裂, 豈不可悶?

〈天道經緯說〉

天道有經、有緯, 南北爲經, 東西爲緯。南不爲北, 北不爲南, 萬古不易; 東轉而西, 西轉而東, 瞬息不駐, 是以南北風俗, 漸染忒遲; 西東氣習, 感應最敏。觀於果苽花草之屬, 羽毛齒革之類, 亦可驗也。葱嶺去崑崙絶遠, 而釋氏之害, 莫深於東海; 西洋去葱嶺絶遠, 而天主之惑, 莫甚於東方。受害莫深, 故防患宜密; 漸染莫甚, 故慮患宜詳。海草生長獰風, 故有防風之才; 澤瀉托根淤泥, 故有去濕之功, 此皆保生之良能也。孟子曰: "人之有四德也, 猶其有四體也。" 愚以爲四體器也, 近支百年; 四德道也, 遠貫萬古, 鴻毛泰山, 不可誣也。人孰無四體乎? 旣有此器, 必有此道, 明如日月, 信如山嶽, 吾則恃之而不恐。

〈地勢順逆說〉

天道左旋, 地道右旋, 一左一右, 交生萬物, 此則不易之理也。蓋天下之山, 來自崑崙, 惟東出一枝右旋, 與左旋之天相交, 觀於黃河, 江、漢之東入于海, 則送水之山, 斯可以見也。崑崙四出, 其西行者, 皆左旋, 而與左旋之天, 順行同歸, 故不能鍾氣生聖主敎萬方, 惟東出一枝右旋, 而與左旋之天相交, 此則天地之大勢也。

〈四海大統說〉

天一生水, 海爲水宗, 有是物則必有御是物之理, 黃帝刱造舟之敎, 魯聖發桴海之歎, 以木浮水, 以驅御風, 無脛而趨, 無翼而翔, 一席行萬國, 一柁開八方, 天下利器, 莫神於此。於是乎周流左右、翶翔內外, 異方謠俗, 無不諳識, 水土伎倆, 無不淹貫, 則此亦天地重新之機會也。天地鴻濛, 庖羲立卦, 以明其德; 洪水滔天, 大舜命禹, 以宣其德; 禽獸害人, 周公制禮, 以彰其德; 列國亂倫, 孔子作史, 以辨其德; 五季陸沉, 程、朱註脚, 以釋其德; 北虜僭號, 我東守義, 以綴其德, 其德何也? 孟子曰: "惻隱之心, 仁也; 羞惡之心, 義也; 辭讓之心, 禮也; 是非之心, 智也。" 又曰: "父子有親, 君臣有義, 夫婦有別, 長幼有序, 朋友有信。" "中夏所以敎夷狄, 夷狄所以慕中夏"者, 無他說也, 吾將見孔子之德, 配天而一新也, 此則無疑。

〈天堂地獄辨〉

天堂、地獄之有無眞妄, 前人已言之矣, 不須更贅。愚以爲其壞敗心術, 召致禍亂、不祥之大者, 有三, 慢天侮聖, 一也; 滅性殉欲, 二也; 惑世誣民, 三也。蓋有陽則有陰, 有始則有終, 生存死亡之說, 明如晝夜, 雖三尺童子, 不可欺也。今曰: "爾從我說, 則死而還生, 獲生天堂; 不從我說, 則死而復生, 必入地獄。” 張皇天理所無之事, 以爲自誣誣人之一大欛柄, 慢天侮聖, 孰大於是? 愛親敬君, 好善疾惡, 根於天性之本然, 出於人情之當然, 卽其所在, 充滿流行, 不容遏絶, 不此之求而行險徼倖, 求福於身死命盡之後, 滅性殉欲, 孰大於是? 命德討罪, 五章五服, 五庸五刑, 使天下之人, 榮爵畏威, 感發善心, 懲創逸志, 治世安民之道, 此爲要法, 而今曰: “顯不足榮, 威不足畏, 廢爾人倫, 去爾禮樂, 從我祈懇, 則可以滅罪資福, 受無量快樂。” 夫愚夫愚婦, 奚知擇善? 奔波逐風, 捐軀隕生, 如蹈樂地, 惑世誣民, 孰急於是? 仁人、君子坐視其必然之禍, 不一言以辨之乎? 辨之如何? 福善禍惡, 天道也, 其原在天; 明善懲惡, 聖敎也, 其說在方冊; 喜善怒惡, 人情也, 體驗在身。熟複此三者, 必無不得之理, 孟子曰: “作於其心, 害於其政; 發於其政, 害於其事, 聖人復起, 必從吾言矣。” 夫豈無理而聖人言之? 又曰: “王如用予, 則豈徒齊民安? 天下之民擧安。” 愚以爲聖人之道復明, 則豈徒中國安? 海外萬國擧安, 吾言無疑。○堂、獄之源, 出自葱嶺, 汎濫四流, 近西諸國, 受毒尤深, 其勢固然。但葱嶺之害, 猶有限節, 絶男女、禁魚肉、戒麴糵、削髭髮, 見行許多受戒然後, 始名爲比丘, 其害尙淺。洋說不然, 男女不必絶、魚肉不必禁、麴糵不必戒、髭髮不必削, 惟心之邪正勿問, 人之恩讐兩忘, 般樂怠傲, 人欲不期滋而日滋, 天理不期消而日消, 其浸淫薄蝕, 充塞仁義之禍, 反有甚於薙髮燒臂之流, 爲吾學者當如何? 猛省而疾治之也。苟求所差之時, 則其來甚遠, 道家養生, 『參同』鍊氣, 莊、列匿名之類, 皆因緣人物好生惡死之情, 弄假成眞, 想無爲有, 遂作千古正學無窮之病, 豈不可悶然? 病劇則必生已病之藥, 害切則必有去害之道, 此則天地生物之心也。

〈吾儒窮神知化與異端說相反辨〉

張子曰: “一故神, 兩故化。” 愚竊以爲天下之理, 有速有遲, 遲不可使之速, 如速不可使之遲也。當速而遲焉, 則有等待因循之病, 所謂需者事之賊也; 當遲而速焉, 則有躁進妄求之病, 所謂欲速則不達也。君子之學, 知太極之神貫古今遠近, 而不可間斷也; 知陰陽之化有始終本末, 而不可倒序也。是以洞洞屬屬, 猶恐頃刻之失墜; 亭亭當當, 猶恐纖芥之牽累。從事於斯, 無所間斷, 則遲速各得其時, 而神化兩無所失矣。至若釋氏蔽於因果之說, 而全闕倫常之當務; 洋人謎於幻戱之習, 而專力利欲之。【缺缺】 請有以反詰之, 前身之所因者, 是無父無子之說也; 後身之所果者, 亦是無父無子之願歟! 若不如此, 烏在因果之說也。幻戲惑人, 專在貨利, 而若非盜天, 必是盜人, 盜天、盜人, 等一大災也。甘犯終身大災, 而僥倖斯須小利, 此豈人心之所甘乎哉? 由其不思之甚也, 如立成借力鵝片烟盡地利之類, 不過朝四暮三之術而同歸慢天欺人之律, 不亦可哀乎哉?

1-1-41

「리기선후설理氣先後說」(『華西集』卷25)

해제

1) 서지사항

이항로(李恒老)가 지은 논설문. 『화서집(華西集)』 권25에 실려 있다. (한국문집총간 305)

2) 저자

이항로(李恒老, 1792~1868)로 자는 이술(而述), 호는 화서(華西)이다.

3) 내용

이 글에서 이항로는 리기(理氣)의 선후 문제를 주자의 설을 들어 해석하고 있다. 그는 주자가 본원(本原)과 기품(氣稟)의 두 방면에서 리기 선후의 문제를 논하였다고 전제하였다. 그는 본원에서는 리가 우선하지만, 기품에서는 기가 우선한다는 점을 명시하고 양자를 균형적으로 이해해야 한다고 적고 있다. 이 글은 이항로의 심설을 리기와 연관시켜 볼 수 있다는 점에서 의미가 있다.

1-1-41 「理氣先後說」(『華西集』卷25)

朱子曰: "若論本原, 卽有理, 然後有氣; 若論氣禀, 則有是氣, 而後理隨而具。故有是氣則有是理, 無是氣則無是理。"【朱子說止此。】

愚按: 前段先言理也, 後段先言氣也。學者但知先言理而不知先言氣, 則浮泛忽略, 有工夫踈脫之病矣; 但知先言氣而不知先言理, 則糊塗昆侖, 有本原昏昧之病矣。二病雖殊, 其學之不成, 均也。如『章句』"天以陰陽五行, 化生萬物"一段, 所以發明理先也; "氣以成形, 理亦賦焉"一段, 所以發明氣先也。『易』曰"太極生兩儀", 卽理先之原也; "成之者性", 卽理後之分也。兩說該備, 然後摠一太極、各一太極, 分合分明, 潛心推究, 久當自見。本原昏昧, 則必無主宰存養之地矣; 工夫踈畧, 則必無省察克治之事矣, 學者不可不兩講也。癸亥至月十三日。

1-1-42

「곤지기록의困知記錄疑」【甲子】(『華西集』卷25)

해제

1) 서지사항

이항로(李恒老)가 1864년에 지은 논설문. 『화서집(華西集)』 권25에 실려 있다. (한국문집총간 305)

2) 저자

이항로(李恒老, 1792~1868)로 자는 이술(而述), 호는 화서(華西)이다.

3) 내용

나흠순(羅欽順, 1465~1547)이 지은 『곤지기(困知記)』에 대한 의문을 기록한 글이다. 나흠순은 주자와 달리 도심(道心)은 적연부동(寂然不同)한 체(體)이자 성(性)이며, 인심(人心)은 감이수통(感而遂通)한 용(用)이자 정(情)이라고 규정하였다. 또 리(理)와 기(氣)는 일물(一物)이기 때문에 이물(二物)인 것처럼 논해서는 안 된다고 하였다. 이항로는 주자의 설에 근거하여 이 두 가지 견해를 모두 비판했다. 먼저 인심·도심에 대해서는 형기(形氣)에서 발하는 것을 인심이라 하고 의리(義理)에서 발하는 것을 도심이라 한 주자의 설에 입각하여, 인심·도심은 체용(體用) 관계가 아니라 일심(一心) 의 두 양상이라고 하였다. 그리고 도심은 항상 인심을 주재하고 인심은 매번 도심의 명령을 따르면, 본래 은미했던 도심이 밝게 드러나고 본래 위태로웠던 인심이 편안해진다고 하였다. 나흠순은 리기 관계에서 혼연의 묘를 봐야 하며, 이를 설명할 때 소이(所以)라는 표현을 넣어 형이상자와 형이하자의 구분을 강조해서는 안 된다고 하였다. 또 이런 점에서 정명도의 견해가 가장 완전하며 정이천이나 주자의 견해에는 미진한 바가 있다고 하였다. 그러나 이항로는 이를 비판하면서 주자의 "리기는 결단코 두 물건이다.[理氣決是二物.]"라는 견해가 '리를 밝히는 지남(指南)'이라고 하였다. 이 밖에도 이항로는 나흠순이 불교에 대해

"허령지각(虛靈知覺)한 심(心)에 대해서는 본 바가 있지만 정미순일(精微純一)한 성(性)에 대해서는 본 바가 없다."고 평한 것에 대해서도 허령지각(虛靈知覺)과 정미순일(精微純一)은 모두 심의 영역이기 때문에 이를 각기 심과 성에 분속시킨 것은 잘못이라고 비판하였다.

1-1-42 「困知記錄疑」【甲子】(『華西集』卷25)

『困知記』曰: 道心寂然不動者也, 至精之體不可見故微; 人心感而遂通者也, 至變之用不可測故危。

恒老按: 朱子『書集傳』曰: "心者人之知覺, 主於中而應於外者也。指其發於形氣者而言, 則謂之人心; 指其發於義理者而言, 則謂之道心, 人心易私而難公故危, 道心難明而易昧故微。" 『中庸』序文曰: "或原於性命之正, 或生於形氣之私。" 今此困知之說, 與朱子不同。『易』「繫」曰: "一陰一陽之謂道。" 又曰: "易有太極, 是生兩儀。" 「圖說」曰: "太極動而生陽, 靜而生陰。" 若此類皆通寂感而謂之道, 不成偏指寂然一邊而謂之道心, 偏指感通一邊而謂之人心也。

『困知記』曰: 道心, 性也; 人心, 情也。心一也而兩言者, 動靜之分也, 體用之別也。凡靜以制動則吉, 動以迷復則凶, 惟精所以審其幾也, 惟一所以存其誠也, 允執厥中, 從心所欲不踰矩也, 聖神之能事也。

恒老按: 心爲一身之主, 萬事之綱, 從一心上面, 分別出人心【人心爲人欲根本。】道心。【道心爲天理全體。】此實天理人欲最初界破處, 千古心學邪正, 天下治亂皆繫焉, 不可不審也。舜、禹之所傳受者此也, 孔、孟之所祖述者此也, 程、朱之所解釋者此也。人有一身, 孰無此形氣, 孰無此道理乎? 縱此形氣而無節制, 則凶莫甚焉; 循此道義而有次第, 則吉莫大焉。此乃明白平易底坦坦大路在人面前, 不此之從而別生見解, 轉見支離, 何也? 凡於一念之動、一事之來, 所謂人心易縱而難制, 是以不可無精察之工; 所謂道心難守而易失, 是以不可無致一之工。道心常爲人心之主宰, 人心每聽命於道心, 從事於斯, 無所間斷, 則道心之本微者, 今則著顯; 人心之本危者, 今則安穩。孟子所謂"先立其大者, 而小者不能奪"耳。所謂"允執厥中"者, "中"是無過不及之義, 卽天理之極致, 人事之至當也, "允"是允恭之允, 不待加工而無不誠也; "執"是執禮之執, 不待加力而無不守也。朱子一字一言, 襯貼宛轉, 纖悉亭當, 如造化之迹, 洪纖高下, 各盡精巧而不見其罅隙也, 不此之察而自生岐貳, 不亦可疑乎?

『困知記』曰: 釋氏之明心見性, 與吾儒之盡心知性, 相似而實不同。蓋虛靈知覺, 心之妙也; 精微純一, 性之眞也。釋氏之學, 大抵有見於心, 無見於性云云。

恒老按: 孟子曰: "惻隱之心仁也, 羞惡之心義也, 辭讓之心禮也, 是非之心智也。" 朱子曰: "木神曰仁, 金神曰義, 火神曰禮, 水神曰智。" 觀此則心與性所指不同而實爲一物也, 困知所指, 本爲二物也。愚竊以爲指性之總會而名之曰心, 指心之條目而名之曰性, 是故孟子曰: "盡其心者, 知其性。" 朱子曰: "心人之神明, 所以具衆理而應萬事者, 性則心之所具之理。" 章下合而言之曰: "心也、性也, 一理也。" 觀此則所指之不同, 與其所同可知也。今以虛靈知覺精微純一, 分註心性, 而許其有見於心, 而責其無見於性, 虛靈知覺, 固可以言心, 精微純一, 亦不可以言心乎? 以是分屬, 恐無意味。釋氏所以於彼則有見, 於此則無見之意, 亦不可曉。釋氏見父子而不能覺於有親, 見君臣而不能覺於有義, 見長幼而不能覺於有序, 見男女而不能覺於有別, 見朋友而不能覺於有信, 謂之有見於心可乎? 釋氏一於寂滅, 亦不可謂無純一之見也。然則釋氏所謂心, 非全不識心, 但非吾儒所謂心也; 釋氏所謂性, 非全不見性, 但非吾儒所謂性也, 彼以氣言, 此以理言也。

釋氏之學, 大抵有見於心, 無見於性。故其爲敎, 始則欲人盡離諸相而求其所謂空, 空卽虛也; 旣則欲其卽相卽空而契其所謂覺, 覺卽知覺也。覺性旣得則空相洞澈, 神用無方, 神卽靈也。凡釋氏之言性, 窮其本末, 要不出此三者, 然此三者, 皆心之妙, 而豈性之謂哉? 使其據所見之及, 復能向上尋之, 帝降之衷, 亦庶乎其可識矣。顧自以爲無上妙道, 曾不知其終身尙有尋不到處, 乃敢遂篤其說, 以誤天下後世之人, 至於廢棄人倫, 滅絶天理, 其貽禍之酷, 可勝道哉? 夫攻異端闢邪說, 孔氏之家法也, 或乃陽離陰合, 貌詆心從, 以熒惑多士, 號爲孔氏之徒, 誰則信之?

恒老按: 釋氏其於愛親、敬兄、忠君、悌長上, 全無所覺, 則其所謂覺, 與吾所謂覺, 不翅相遠, 此可曰心之妙也哉? 『困知記』乃曰: "此三者, 皆心之妙, 而豈性之謂哉? 使其據所見之及, 復能向上尋之, 帝降之衷, 亦庶乎其可識矣。" 愚以爲其本已差, 而向上尋之, 則愈見其相遠, 虛妄恠誕, 豈可勝言哉? 其有見於心, 終不可曉。

『困知記』曰: 自夫子贊易, 始以窮理爲言, 理果何物也哉? 蓋通天地亘古今, 無非一氣而已。氣本一也, 而一動一靜, 一往一來, 一闔一闢, 一升一降, 循環無已。積微而著, 由著復微, 爲四時之溫涼、寒暑, 爲萬物之生長收藏, 爲斯民之日用、彝倫, 爲人事之成敗、得失, 千條、萬緖, 紛紜、轇轕而卒不可亂, 有莫知其所以然而然, 是卽所謂理也。初非別有一物依於氣而立, 附於氣而行也, 或者因"易有太極"一言, 乃疑陰陽之變易類有一物主宰乎其間者, 是不然。夫易乃兩儀、四象、八卦之總名, 太極則衆理之總名也, 云"易有太極", 明萬殊之原於一本也, 因而推其生生之序, 明一本之散爲萬殊也, 斯固自然之機, 不宰之宰, 夫豈可以形迹求哉? 斯義也, 惟程伯子言之最精, 叔子與朱子似乎小有未合, 今其說具在, 必求所以歸于至一, 斯可矣。程伯子嘗歷擧「繫辭」"形而上者謂之道, 形而下者謂之器", "立天之道曰陰與陽, 立地之道曰柔與剛, 立人之道曰仁與義", "一陰一陽之謂道"數語, 乃從而申之曰: "陰陽亦形而下者也, 而曰道者, 惟此語最截得上下最分明, 元來只此是道, 要在人默而識之也。" 學者試以此言潛玩、精思, 久久自當有見。所謂叔子小有未合者, 劉元承記其語, 有云"所以陰陽者道", 又云"所以闔闢者道", 竊詳"所以"二字, 固指言形而上者, 然未免微有二物之嫌, 以伯子元來只此是道之語觀之, 自見渾然之妙, 似不須更着"所以"字也。所謂朱子小有未合者, 蓋其言有云"理與氣決是二物", 又云"氣強理弱", 又云"若無此氣則此理如何頓放", 似此類頗多。惟「答柯國材」一書, 有云"一陰一陽, 往來不息, 卽是道之全體", 此語最爲直截, 深有合於程伯子之言。然不多見, 不知竟以何者爲定論。

恒老按: 朱子之訓一字一句, 無非明理指南, 而理氣決是二物之說, 尤使天下後世開眼, 何也? 無此理則氣何從生, 非此氣則理何從行? 理爲主宰, 氣爲卒徒, 此非二物而何哉; 雖曰理爲主宰而有時乎氣不聽命, 雖曰氣爲卒徒而有時乎理不統令, 此非二物而何哉? 蓋天下之物, 必皆具此二物之中, 理之一字, 爲萬物之頭顱眼目。朱子揭出此一字之功, 亘乎萬古而不泐, 『困知記』云云如此, 何也? 且所以之以字, 實爲理字機要, 如朱子「太極解」: "元亨利貞性也, 生長收藏情也, 以元生以亨長, 以利收以貞藏心也。" 又曰: "天以陰陽五行化生萬物, 理之妙用。" 實在以字, 而亦有來歷, 孔子曰: 「乾」以易知, 「坤」以簡能。" 孟子曰: "天以行與事示之而已", 以目前事物驗之, 則心欲食則以口喫, 心欲視則以目明, 心欲聽則以耳聰, 心欲行則以脚走, 心欲操則以手執, 心欲耕則以牛, 心欲馳則以馬之類, 皆是也。推此類則理字之妙, 實在以字而有此云云, 竊所未曉也。

『困知記』曰: 朱子年十五六, 卽有志於道, 求之釋氏者, 幾十年, 及年二十有四, 始得延平李先生而師事之, 於是大寤禪學之非, 而盡棄其舊習。延平旣卒, 又得南軒張子而定交焉, 誠有麗澤之益者也, 延平嘗與其友羅博文書云, "元晦初從謙開善處下工夫來, 故皆就裏面體認, 今旣論難, 見儒者路脉, 極能指其差誤之處, 自見羅先生來, 未見有如此者。" 又云: "此子別無他事, 一味潛心於此, 今漸能融釋, 於日用處, 一意下工夫, 若於此漸熟則體用合矣。" 觀乎此書, 可以見朱子入道端的。其與南軒往復論辨書尺不勝其多, 觀其論中和最後一書, 發明心學之妙, 殆無餘蘊, 又可見其所造之深也。誠明兩進, 著述亦富, 當時從遊之士, 後世私淑之徒, 累百千人, 未必皆在今人之下, 然莫不心悅而誠服之, 是豈可以聲音笑貌爲哉? 今之學者, 蓋未嘗深考其本末, 但粗讀陸象山遺書數過, 輒隨聲逐響, 橫加詆訾, 徒自見其陋也已矣, 於朱子何傷?"

恒老按: 羅整菴於朱子學問淵源, 始差終正之由, 歷歷叙述, 又論與南軒中和最後書曰; "發明心學之妙, 殆無餘蘊"云爾, 則此繫一心已發未發之機, 而實爲明道之要也。當天下道術橫裂之後, 不爲大拍頭胡叫喚之所陷溺, 獨守正論, 其所以翼此道者, 非不偉然也。但人心道心之說, 不從朱子註釋者, 未知此何故也。人之一心動靜寂感, 互相終始者, 朱子於「太極說」已發明矣; 人之一心道器善利, 互相勝負者, 朱子於『書集傳』及『中庸』序文已發明矣, 斯二說也, 一爲經一爲緯, 實爲聖學樞要, 無一動一靜循環流行之說, 則道幾乎息矣; 無一理一氣勝負存亡之說, 則學幾乎絶矣。烏可以偏廢乎哉? 烏可以偏廢乎哉?

『困知記』曰: 自昔有志於道學者, 罔不尊信程、朱, 近時以道學鳴者, 則泰然自處於程、朱之上矣。然考其所得, 乃程、朱早嘗學焉而竟棄之者也。夫勤一生以求道, 乃拾先賢所棄以自珍, 反從而議其後, 不亦誤乎? 雖然, 程、朱之學, 可謂至矣, 然其心則固未嘗自以謂至也, 何以明之? 程叔子『易傳』已成, 學者莫得傳授, 或以爲請, 則曰: "自量精力未衰, 尙覬有少進爾。" 朱子年垂七十, 有於上面猶隔一膜之歟，蓋誠有見乎義理之無窮，於心容有所未慊者，非謙辭也。愚嘗偏取程、朱之書，潛玩精思，反覆不置，惟於伯子之說，了無所疑，叔子與朱子論著答述，不爲不多，往往窮深極微，兩端皆竭所可疑者，獨未見其定於一爾，豈其所謂猶隔一膜者乎？夫因其言，求其所未一，非篤於尊信者不能，此愚所以盡心焉而不敢忽也。"

恒老按：謙是天地之本心，聖人之盛德，後之學者，於此見其有無窮之化不足之意焉，則亦可得以消磨作聰明自聖人之惡矣，豈不可幸也歟？然若執其自道之辭，以證其失而改焉，則豈非重自失也歟？朱子挺亞聖之姿，盡致曲之誠，爲萬世準則，而其猶隔一膜之歎，卽自謙之辭也。若執其辭以求所隔之膜而透過焉，則是何異於證文王之望道而未之見之語，而切切然求文王所未見者而從之，證孔子卒以學易可以無大過之語，而切切然求孔子之小過而改之也歟？豈非重爲自夫而適所以滋不篤信之病也歟？凡致疑於朱子者，由自家之見解未及也，而反疑朱子之定論，誠可悶也已。

『困知記』曰：所謂理一分殊四字，約而無所不通者，請以從古以來凡言性者明之，"若有恒性"，理之一也，"克綏厥猷"，則分之殊者，隱然寓乎其間。"成之者性"，理之一也，"仁者、智者、百姓也"，"性相近也"者，分之殊也。"天命之謂性"，理之一也，"率性之謂道"，分之殊也，"性善"理之一也而其言未及乎分殊，"有性善性不善"，分之殊也，分之殊也而其言未及乎理一。程、張本思孟以言性旣專主乎理，復推氣質之說，則分之殊者，誠亦盡之。但曰天命之性，固已就氣質而言之矣，曰氣質之性，性非天命之謂乎？一性而兩名，且以氣質與天命對言，語終未瑩。朱子又恐人之視爲二物也，乃曰氣質之性，卽太極全體墮在氣質之中，夫旣以墮言理氣，不容無罅縫矣。惟以理一分殊蔽之，自無往而不通，而所謂天下無性外之物，豈不亶其然乎？"

恒老按：朱子之功，不在堯、舜、孔、孟之下，其骨子全在理氣決是二物一句。愚請陳之，天之所覆，地之所載，遠極乎前天地後天地，近極乎一瞬一息，只有一太極爲之主宰，而兩儀爲之經緯而已。是所謂道器也，道器實爲天理人欲之根，不可不察也。然道本無形，器則有質，無形故易隱，有質故難制，是以聖人立敎，而於其易隱者，明之不得不詳，於其難制者，遏之不得不密，內自一念一動之初, 外至天地萬物, 其存亡、治亂、吉凶、得失, 無不由乎此。自有文字以來, 羲皇畫卦, 已立卦德、卦象之名; 舜、禹禪位, 已明人心道心之訣; 孔、顏傳道, 已明克己復禮之學, 孟子承統, 申嚴大體、小體之界矣。孟子旣沒, 此道不傳, 非謂天地無形體也, 此說不傳而道理不明也, 朱子生乎千五百年之下, 接乎孔、孟之統而復明之, 實則天理人欲之界明, 而形氣性命之分決也。蓋朱子理氣決是二物之訓, 劈破千古, 分作兩截, 眞昏衢之燭也, 慮燕、越之不關, 則有帥役人馬之諭, 慮華夷之相混, 則有子賊苗莠之譬, 如造化之逐物賦形, 各極精巧, 何可復疑也?

1-1-43

「습유拾遺」【原集編輯時, 見删諸篇中, 有一二節當存, 或已入雅言者, 別抄爲此卷。】(『華西集』卷32)

해제

1) 서지사항

이항로(李恒老)의 단편을 모은 수상록. 『화서집(華西集)』 권32에 실려 있다. (한국문집총간 305)

2) 저자

이항로(李恒老, 1792~1868)로 자는 이술(而述), 호는 화서(華西)이다.

3) 내용

「습유」는 원집에서 빠진 단편 글들을 정리한 것으로, 일부는 『아언(雅言)』과 겹친다고 기록되어 있다. 대부분 기존 편들에서 언급한 내용들로 "인의(仁義)의 심이 발현되기 위해서는 기가 담일(湛一)해야 한다."거나 "심은 리기(理氣)의 묘합으로 신명이다."와 같이 심과 관련된 언급이 비교적 많다. 『습유』는 비록 하나의 단독 저술은 아니지만, 이를 통해 이항로의 성리학 전반에서 심설이 다뤄지고 있음을 알 수 있다.

1-1-43 「拾遺」【原集編輯時, 見刪諸篇中, 有一二節當存, 或已入雅言者, 別抄爲此卷。】(『華西集』卷32)

程子之學, 如明鏡瑩玉, 觸處洞然, 無物不通; 朱子之學, 如大地巨海, 持載萬物, 無所不具。

康節之學, 據程朱所論而觀之, 果有未盡合底, 就此處正好仔細硏究, 看出其到底根源, 將來體認, 不要糊塗放過, 是乃格致切要工夫。

吾與點也此章, 四子之志, 畢露無隱。子路好勇, 故曰可使有勇, 冉有理財, 故曰可使足民, 西華束帶立於朝, 可使與賓客言。故願爲會同相禮, 曾晳狂者, 志大而行有不掩, 故有冠童咏歸之願。觀此則孔子所謂不知言, 無以知人者信矣。

鬼神以理言之, 則理之功用顯處也; 氣言之, 則氣之運用隱處也。

自家精神、祖考精神, 初非二物, 故集於此則感於彼, 卽所謂誠也。

窮則變、變則通, 天下之正理也。故事當更改, 則不得不更改, 然不當改而改之, 與改之不得其道, 則人不從而世益亂。是以『易』曰: "先庚三日, 後庚三日。" 蓋言更新之事, 須順推其事之所從起, 逆推其事之所當止, 明知其合乎天理順乎人心, 然後爲之。

講書, 只合各就本文, 仔細玩索其本文意思脈絡, 了了分明, 不必先攬他書, 捏合比並, 較其同異輕重, 如此則志分力困, 彼此連累, 尤易錯會其本義也。

四端仁義之心, 指理而言也, 氣之湛一氣也。若曰氣湛一時, 仁義之德發見則可, 直指氣之湛一而謂之仁義之心則不可。

君子一出言、一擧足, 不敢忘忠孝二字, 寸長片善, 雖在沉淪幽暗之中, 必惓惓采掇, 亹亹闡颺, 惟恐其或遺或泯, 其故何也? 追鑑成跡於旣往, 而奬勸來善於無窮也。

先生語人讀二南者曰, 讀『詩』者不可不論其世也, 此時彌滿天下者, 朝歌之風也, 其淫佚之俗, 奢侈之習, 瓊宮瑤臺, 酒池肉山之間, 想像陶復、陶穴、采葛、采桑、剝棗、斷壺、勤儉忠厚一般氣味意思, 如陰崖冰雪之中, 藹然是陽春消息, 自然有感發人處, 自然有竦動人處, 不如此, 不會讀『詩』矣。

仁是人心生生之道, 而元無間斷者, 故求仁之要, 莫如勿令間斷。

人有恒言太極難理會, 愚則以爲易理會者, 莫如太極, 有一物於此, 是物也有性有情、有聲有色、有氣有質、有嚮有背, 觀此則是物烏可隱也。太極亦如此, 元亨利貞, 太極之德也; 春夏秋冬, 太極之時也; 仁義禮智, 太極之性也; 愛敬宜知, 太極之情也; 抱陽背陰, 太極之常也; 福善禍淫, 太極之命也; 金木水火, 太極之形也; 青黃赤白, 太極之采也; 宮商角徵, 太極之音也; 甘酸辛醎, 太極之味也; 一二三四, 太極之生數; 六七八九, 太極之成數也, 天下之物, 何莫非太極之所蘊乎? 天下之事, 何莫非太極之所生乎? 終日言之, 有不可窮者矣。雖然, 苟能下學其有形之事, 而上達其無形之理焉, 則太極之全體大用, 咸備於我一心之中, 而無大小內外之間矣。

『大學』曰致知、曰誠意、曰正心、曰修身、曰齊家、曰治國、曰平天下, 一切是攻己之惡, 無攻人之惡也, 君子求諸己, 小人求諸人。

裁其有餘, 補其不足, 萬物之至誠也。知寒之有餘, 則求不足之熱; 知熱之有餘, 則求不足之寒, 生物之情, 莫不如是。惟國奢示儉, 世亂思治, 君子爲然, 形氣易知, 道理難明也。

乾坤生我一也, 乾統坤而坤不得統乾; 父母恩我一也, 父統母而母不得統父; 天子諸侯君我一也, 天子統諸侯而諸侯不得統天子。以此推之, 天下無無對之物, 亦無齊頭之對。

心者, 理與氣妙合, 而自能神明者也。以理言心, 則心之所乘者氣也; 以氣言心, 則心之所載者理也。

理是命氣之帥也, 不通則無以統下; 氣乃載理之器也, 不局則無以承上。

天地好生之心, 至誠無息。

後天陰陽配合之義, 各爲一摋, 「乾」、「坤」皆居隅, 以隅同也; 「震」、「巽」皆居東, 以方同也; 「坎」、「離」皆居正, 以中同也; 「艮」、「兌」皆居終, 以終同也, 陰陽配合之妙備矣。一「乾」、二「兌」、三「離」、四「震」, 陽儀也; 五「巽」、六「坎」、七「艮」、八「坤」, 陰儀也。陽儀卦當位, 陰儀卦不當位, 尊卑之等也。陽卦中「乾」獨不當位, 純陽也至尊也; 陰卦中坎獨當位, 陽中也至正也。「乾」雖不當位, 實統陰陽終始, 故居西北之間; 「坎」雖當位, 猶未離陰也, 故當北方無事之位, 其義微矣。

愚本昏昧, 不識心性爲何物, 從先輩獲聞尤翁之言, 以爲言言皆是者朱子也, 事事皆當者朱子也。朱子實爲孔子後一人也, 於是乎讀其書、求其志, 非朱子之言則不敢聽, 非朱子之旨則不敢從, 讀之之始。茫然不識其向背同異, 而他人之言如彼, 而朱子之言如此, 舍他人而從朱子, 朱子之言或有彼此同異, 則舍門人所錄而從朱子親筆; 朱子親筆有彼此同異, 則舍議論時說而從折衷後定論。至於後賢發明道義之說隱之於心, 而合乎朱子之說則從之, 違乎朱子之說則舍之。或大義合乎朱子, 而微言差乎朱子, 則大義則慕嚮, 而微言則修補, 此蓋愚拙用工之大略也。

天也、易也、道也、神也, 一理也, 非二物也。但於一理之中, 所指不同, 各有發明。蓋原其所自出, 則曰天; 指其體用之實, 則曰易, 卽其體而用無不具者, 謂之道; 卽其用而體無不在者, 謂之神。

或問: 太極之生陰生陽, 卽道之體用也, 何嘗有不善, 而『易』必扶陽抑陰, 何也?
曰: 以道言之則在陰在陽, 無往而不善; 以氣言之則陽生陰殺, 不能無淑慝之分。是以健順仁義之屬, 以道言者也, 故有善無惡; 陰陽剛柔之屬, 以氣言者也, 故有善不善。凡『易』之大義, 言道理則必主靜而節動, 言形氣則必扶陽而抑陰。此乃參贊之要妙, 財輔之微旨, 學者當一一潛心焉。

心之一字, 兼包形、氣、神、理, 故有以形言、有以氣言、有以神言、有以理言, 當隨文異看, 不可滯泥。

尤庵所論氣禀之善惡, 以優劣等差言; 情意之善惡, 以是非得失言。優劣等差與是非得失自不同, 若混合說, 大不是。

仁義禮智, 本於人心上立名, 其餘推類而言。

朱子曰: "道義別而言, 則道是物我公共自然之理, 義是吾心之能斷制者, 所用以處此理者也, 義卽性也, 亦可以理言。" 今曰: "處此理者是義也, 則亦無以理處理之嫌乎?" "明德"章句"以具衆理"之訓, 及雲峯胡氏"智則心之神明所以妙衆理", 及番易沈氏"智者涵天理動靜之機"之說, 俱無以理具理、以理妙理、以理涵理之嫌。蓋心與理相對說, 當如此; 心與性相對說, 亦如此; 道與德相對說, 亦如此, 細究聖賢之訓, 無往而不如此。

道體無窮, 未易窺測, 不如學程、朱成訓, 沉潛反復, 不敢別生新解, 則隨其才禀工力, 久當自有至處。如此則畏愼遲鈍, 雖若不甚快活, 而比諸鹵莽麤率, 卒無所得者不同, 尤翁所以大戒好新尙奇之病者爲此也。

每事無問憂樂得喪, 惟觀在我者盡與不盡, 餘不足掛心也。

懷德, 則無入而不坦坦; 懷土, 則無往而不戚戚。

教以人倫之人字, 正對禽獸字說, 人所以爲人, 只在與禽獸異處。告子所謂性, 只是與禽獸同處, 孟子就其間發揮出人與禽獸不同處說了。教人理會其所以不同於禽獸者, 是果什麽物事, 常常存察而使勿失去了。是所謂人之倫也, 是所謂人之性也, 想來當時, 不獨是告子如此說。人皆以知覺運動、識寒煖飢飽、惡死好生、趨利避害等數者, 爲爲人底性分職業如是而已。不復知有五常五倫、天叙天秩, 是乃人則而求而行之也, 幾何不襟裾而牛馬也哉? 孟子特明言而痛辨之, 人倫二字, 亦發前人之所未發而大有功於斯人也。

或問: 「萃」九五旣中且正, 又有正應, 以順悅之德, 當萃聚之時, 宜其辭無不足, 占爲大吉, 而尙有無咎匪孚悔亡, 未光等未足之戒, 何哉?

曰: 居天下之尊位, 任天下之大萃, 則其德極乎無偏無黨至公至仁, 然後孚及天下, 使之心悅誠服, 自南自北、自西自東, 無思不服, 如衆星之拱極, 百川之朝海, 苟或帶些偏重, 纔有所向, 則無顯比普施之象, 致朋從睽孤之咎。蓋「坤」主聚合, 故不能無求萃之志, 「兌」專喜悅, 故不能無喜合之情, 則易致咎悔而有元永貞之戒焉。元者, 仁而無私之謂也; 永者, 久而無倦之謂也; 貞者, 正而不易之謂也, 此皆「坤」、「兌」之所未足也, 特以其居中得正。故因其所可及而勉之以所未及, 視其所可能而益之以所未能, 卽聖人憂患設戒之至意也。禹征三苗, 益進滿損之戒, 湯有天下, 虺設愼終之誥, 武王卽阼, 召陳「旅獒」之訓, 皆此意也。非惟王者萃天下之道爲然, 凡物終始, 莫非萃散之所爲也。觀其所萃之始, 苟有不仁、不久、不正之失, 則必不能亨其萃, 此理不可誣也。『續綱目』: "以奇渥溫直接大宋正統, 施於中國天子者, 不疑而混用之, 此何識見, 「坤」卦之六爻皆陰而疑於無陽也? 故於上六稱龍焉, 曷嘗以陽盡剝之故, 而遂沒其貴陽賤陰之實哉?"

賢者其德在己, 則不以通塞參欣戚; 其德在人, 則必以擧錯占否泰, 其故何也? 道德在己, 故樂而忘憂; 道德在人, 故好而無斁。在己不能盡樂道之樂者, 在人必不能盡好賢之誠者也。

張子「訂頑」之銘, 心統性情之說, 與夫神化之釋氣質之性之類, 發前人之所未發而有功於聖門矣。

誠則明, 是性也; 明則誠, 是敎也, 而『大學』之道, 敎也, 象山誤着在此矣。

或問: 堯造圍碁以敎子丹朱, 信然乎?

曰: 否, 不然也。好事者爲之也, 安有聖人手製戲器, 自賊其子也? 敎子有法, 命夔曰: "命汝典樂, 敎冑子, 直而溫, 寬而栗, 剛而無虐, 簡而無傲, 詩言志, 歌永言, 聲依永, 律和聲, 八音克諧, 無相奪倫, 神人以和。" 聖人敎子之術, 蓋如此。丹朱所病在嚚訟, 則非聰明知思之不足者也。乃慢遊是好, 朋淫于家, 罔晝夜頟頟者也, 而堯却敎此無益之戲, 以長其傲, 則頑夫癡人, 尙不忍爲之, 以堯之仁而爲之乎?

君子之心, 無一不反求於己也, 而有當忍者, 又有不當忍者。當忍者, 何也? 人心之屬是也; 不當忍者, 何也? 道心之屬是也。

天地之間, 亘乎萬古而一定不易者, 理也。邪正雖曰互相消長, 而正者常勝, 是非雖曰互相勝負, 而是者常主。

理有本有末、有經有緯。論道則有天道、人道之分, 論德則有大德、小德之分, 論禮則有經禮、曲禮之分, 論仁則有專言、偏言之分, 論智則有大智、小智之分, 是皆合內外、包大小而言也。今也就全體上, 每每分割其一半, 一屬之理, 一屬之非理, 是何異於草木之割根培榦, 布帛之存緯去經耶? 知此則理之一本萬殊, 不可闕一者, 槩可知也。

思事親, 不可以不造端乎夫婦。

父子, 天性也, 凡有血氣之物, 孰不愛親? 孰不養親? 但其所以愛之養之之道, 有至與不至而已矣。是以或愛踰於敬則有養犬之譏, 敬不知愛則有色難之戒。惟誠物俱到, 情文咸備, 內外本末, 鉅細精粗, 纖悉周遍, 無復餘欠, 然後庶幾不得罪於事親之道也。然是豈自外鑠我而有一毫所加於方寸之天者哉?

人於事親上, 有多少不盡分處, 是猶無根之木、無源之水。出而事君事長, 交朋友之間, 無非苟簡草攣, 鯱䖩生梗, 不成貌樣。雖或僅僅略略補綴掩覆, 彌縫捱過, 亦不過悖德悖禮之歸耳。

1-1-44~47

「여김치장與金穉章」(『華西集』卷7~9)

해제

1) 서지사항

이항로(李恒老)가 문인 김평묵에게 보낸 서한. 『화서집(華西集)』 권7~9에 걸쳐 실려 있다. (한국문집총간 304)

2) 저자

이항로(李恒老, 1792~1868)로 자는 이술(而述), 호는 화서(華西)이다.

3) 내용

이 글은 이항로가 그의 고제(高弟) 김평묵(金平默, 1819~1891)에게 보낸 서한이다. 치장(穉章)은 김평묵의 자이다. 김평묵에게 보낸 편지는 『화서집』 권7에 20편, 권8에 18편, 권9에 22편 등 총 60편이 수록되어 있다. 이 서한들은 「답김치장」 50편과 「여김치장」 10편으로 구성되었으며, 1843년부터 서거하기 1년 전인 1867년까지 약 25년간 교류하였다. 여기에 수록된 네 편의 편지에서는 명덕(明德)과 심성(心性)의 관계, 리기(理氣)의 체용 문제, 상천지재(上天之載)와 무극태극(無極太極)은 두 개의 상(象)이 아니라는 견해, 『주역』 손괘(巽卦)의 선경(先庚)과 고괘(蠱卦)의 선갑(先甲)에 대한 문제 등을 다루고 있다.

1-1-44 「與金稺章」【丙午七月二十八日】(『華西集』卷7)

向教王偉元過厚之訓, 是乃所以嘉尙其不仕之義, 而深貶嵇紹忘親事讐【嵇康以魏臣, 見殺於司馬氏】之失也, 又曰可也者, 亦並擧兩人而俱以不仕爲可, 則所以譏嵇紹之仕也。晦翁衮鉞權衡, 前後如一, 未嘗低仰變遷於其間也。來諭大不同之意, 更爲詳示如何? 明道先生論曾子七日水漿不入口曰"過於厚", 孟子倂擧曾子、曾元"養志"、"養口體"之事, 而曰事親若曾子可也, 乃所以貶曾元也。其義與此略同, 未知然否。「明德說類抄」, 留念成編如何? 竊嘗思之, 天本積氣之名也。然凡言天者, 蓋多專言之道也, 天命、天理、先天、後天之類皆是也。心本五臟之一也, 豈不是氣? 然凡言心者, 蓋多單言之理, 其故何也? 統天下之萬物者, 天也; 主一身之萬事者, 心也。說理說德, 捨此則莽莽蕩蕩, 全沒湊泊主張之地, 故說理說氣者, 必於此指言之, 以著其不雜之實。然理與氣亦非相離之物也, 故或作上下分說, 或作左右分說, 或作先後分說。先後分說之中, 或先說理後說氣, 或先說氣後說理, 或混合而言之, 立言之體, 各自不同。讀者就理上看得理而已, 不必把來氣字相和; 就氣上看得氣而已, 不必將來理字相涉。如是則潔淨簡直, 似無濃滑圓熟之意, 其與和泥帶水, 鶻突暗黯, 得失不同也。理外無氣, 氣外無理, 本自合一, 何待人合之然後合耶? 但難見其不雜之妙故也。容叔於道器之分, 非不分曉, 但偸與主心之說而疑之太過, 是則察之未盡也。答書略言之, 未知果不牴牾也。未發已發說, 此係學問宗旨, 不容不講前說可否示破也。

1-1-45 「與金穉章」【丁未十一月二十三日】(『華西集』卷8)

下詢中, 「巽」五"先庚"小註雲峯胡氏云云, 與「蠱」象"先甲"小註通考, 則有何難釋耶? 其意蓋曰「蠱」卦「艮」、「巽」之重也。先天卦位配以八干, 則甲配東方之「離」, 乙配「兌」、丙配乾、丁配「巽」、庚配「坎」、辛配「艮」、壬配「坤」、癸配「震」, 自「離」逆數過第三得「艮」, 是爲"先甲三日"。自「離」順數過第三得「巽」, 是爲"後甲三日", 是所謂「蠱」象用先天也。「巽」之五則以後天卦位推之, 庚配西方之「兌」, 辛配「乾」、壬配「坎」、癸配「艮」、甲配「震」、乙配「巽」、丙配「離」、丁配「坤」, 自「兌」逆數過第三得「巽」, 自「兌」順數過第三得「艮」。然則得「巽」之說, 粗通於「巽」卦; 而得「艮」之說, 無當於「巽」卦, 故乃曰與「蠱」象"先甲"之義, 互相貫通而取防「蠱」之象, 雲峯之意不過如是耳。

愚按: 文王之象, 必用先天; 周公之爻, 必用後天之義, 有不敢知矣。「蠱」則得「艮」得「巽」之說, 巧湊僅合, 而「巽」之得「艮」, 終無所當。若使文王、周公家奴起來, 則未保其必諾否也。愚嘗於此妄有一說, 竊以爲十干之中, 戊、己屬中央, 則四方循環, 只有八干。八干之中, 甲統乙、丙、丁三干屬陽, 主首剏萬事之象; 庚統辛、壬、癸三干屬陰, 主更終萬事之象, 則只此八干, 實爲萬物終始之全數, 而甲、庚二干, 卽陰陽兩端之統首也。故凡剏始造作之類, 屬之於甲, 先乎甲而歷癸、壬、辛三干, 則遇庚矣; 後乎甲而歷乙、丙、丁三干, 則遇庚矣。左旋右旋, 逆推順推而會于一庚, 則一周而無復餘地, 可知已矣。凡更變成就之類, 屬之於庚, 先乎庚而歷丁、丙、乙三干, 則遇甲矣; 後乎庚而歷辛、壬、癸三干, 則遇甲矣。顚倒反復, 推往算來而會于一甲, 則無一闕漏遺失之地, 可知已矣。物有定數, 事有定理, 事物之來, 苟能逆推於前, 窮其事之所從以起, 順推於後, 極其事之所往而止, 則豈有不得其宜之理乎? 蓋『易』之爲書, 以知周萬物道濟天下及通乎晝夜之道, 而知及原始反終。知死生之說, 爲第一義諦, 則六十四卦三百八十四爻之義, 無非是說也。特於「蠱」之象、「巽」之五, 發此凡例者, 以「蠱」主治事之卦, 「巽」主變更之卦故也。愚見尋常如此, 而未經講質, 故不敢自信。然『易』義本自廣博無窮, 此不害爲備籬笧之一說否耶? 適因盛問及此, 夜卧思到, 故曉起呵凍胡草, 並乞原恕回敎其得失是等。

1-1-46 「與金稺章」【戊申二月五日】(『華西集』卷8)

向書中, "上天之載, 貼解太極"云云, 更思則亦失本旨。蓋"上天之載, 合解無極太極", 則其不可分爲兩象, 可知也。改之如右, 則庶乎不失其意脈也。

1-1-47 「與金穉章」【己酉六月九日】(『華西集』卷8)

國哀, 天下寧有如此事乎! 罔極罔極! 伏聞英宗玄孫入承大統, 宗社安如泰山, 神人永有依歸矣。記末承聞凶音, 初擬奔哭成服於闕下矣。添病未果, 欲依退溪哭行書堂之例耳。程書箚疑, 已至幾編耶? 此事决不可少緩, 幸加勤工, 千萬切仰。向來"理氣體用"云云, 恐無甚礙處。蓋體用二字, 遞換迭用, 與動靜陰陽一定不易自不同, 且朱書亦多如此分屬處, 故欲改舊見, 幸更熟思卒教, 如何如何? 纔覺有未安, 則不敢不仰告耳。

1-1-48

「답유치정答柳穉程」【丙午閏五月六日】(『華西集』卷11)

해제

1) 서지사항

이항로(李恒老)가 1846년 유중교에게 보낸 서한. 『화서문집』 권11에 실려 있다. (한국문집총간 304)

2) 저자

이항로(李恒老, 1792~1868)로 자는 이술(而述), 호는 화서(華西)이다.

3) 내용

이 글은 1846년 윤5월 6일 화서 이항로가 성재(省齋) 유중교(柳重教, 1832~1893)에게 보낸 서한이다. 유중교가 칠정설(七情說)을 질문한 내용에 대해 답변한 것으로 보이는데, 이항로는 정(情)은 성(性)에서 나오지만 성은 만 가지 이치를 구비하고 정은 만 가지 단서를 갖추었다는 것을 피력하였다. 강령의 큰 것으로 말하면 사단(四端)과 칠정(七情)이나, 사단은 인의예지(仁義禮智)에 대하여 말하고, 칠정은 건순오상(健順五常)에 대하여 말하는 것이라 한 다음, "만약 칠정이 천명(天命)의 성과 관계없는 것이라고 말한다면, 결국 성은 작용이 없는 빈 그릇이 되고, 정은 본체가 없는 쓸모없는 물건이 된다."고 하였다. 이항로는 정자(程子)의 「호학론(好學論)」, 『예기』의 「예운(禮運)」, 『중용』, 『맹자』의 글을 통해 정(情)을 서술하면서 성발위정(性發爲情)의 의미를 밝혔다. 그리고 『역(易)』과 「태극도설(太極圖說)」에서 음양(陰陽)과 오행(五行)의 관계를 통해 정의 논지를 펼치며 마지막에 『성리대전(性理大全)』의 오행인체성정도(五行人體性情圖)를 거론하며 자신의 견해를 제시하였다.

1-1-48 「答柳穉程」【丙午閏五月六日】(『華西集』卷11)

俯詢七情說, 蓋情出於性而性具萬理, 則情該萬端可知也。但擧綱界之大者而槩言, 則曰四端曰七情而已。所謂四端, 對四德而言; 所謂七情, 對健順五常而言。若曰七情無與於天命之性, 則必也性爲無用之虛器, 情爲無體之贅物。子思只管敎人滅情可也, 何故止敎中節而已? 程子「好學論」不曰絶去七情, 而但曰約之何也? 「禮運」不曰使民禁切七情, 而反使之治而達之何也? 是知性發爲情, 而有是性故有是情耳; 情出於性, 而見其情則可知其性耳。然徒知性有健順五常之目, 而不究其原於陰陽五行之德, 只見情有七者之名, 而不識其發於健順五常之大本, 則是何異於逐波而忘源, 循枝而昧根也哉? 葢喜怒者健順之發而陰陽之象也, 哀樂者智禮之發而水火之象也, 愛惡者仁義之發而木金之象也, 欲者通貫於六情之內, 而猶五常之信五行之土也, 此非獨據其理而臆其如此也。朱子於『中庸』首章章句, 先言陰陽五行健順五常, 以爲下文七情基本苗脉, 而訓喜怒哀樂曰其未發性也。又曰: "仁者, 愛之理。" 又曰: "敬者, 惟畏近之。"【敬是禮之本, 畏與懼一也。】 孟子曰: "羞惡之心義也。" 此皆一一有證, 至若哀與智配, 果有聽瑩如來示。然此亦初聞故如此。若驟見月令、律呂、卦氣等分配之類, 果皆了解而無疑乎此, 則只待閱理多後, 自至貫穿之日可也。蓋有以義通者, 有以類推者, 有以反求者, 不可以一例死定也。蓋陰陽一氣也, 而一動一靜相反; 喜怒一情也, 而一順一逆相反。木火同居陽位, 而木溫火熱; 愛樂同附喜部, 而愛淺樂深; 金水同處陰方, 而金凉水寒; 惡哀同居怒宮, 而惡始哀終; 土居中央而無所不統, 欲在中間而無處不配, 以此推之可見。且考月令、律呂, 皆有可徵, 今不暇詳論。來示又疑子思之獨擧其四, 此則尤不當疑也。然則說性則必擧健順五常, 說氣則必擧陰陽五行然後始足耶? 年前嶠南一老儒疑問, 五行一陰陽也, 五行之外, 更無所謂陰陽; 五常一健順也, 五常之外, 更無所謂健順, 則不可並擧合數而成七矣。今曰性發爲情, 而不曰五, 必曰七, 有何可徵云云, 無便尙未修答。然『易』曰"太極生兩儀, 兩儀生四象", 則兩儀四象, 不容無別。周子「太極圖說」曰: "分陰分陽, 兩儀立焉。" 又曰: "陽變陰合, 生水火木金土。" 又曰: "無極之眞, 二五之精, 玅合而凝。" 若如所疑, 則『易』當曰太極生兩儀四象, 不當曰兩儀生四象。八卦之畫, 旣計四象之中爻, 則不當復計兩儀之初爻矣。周子當曰五氣之精, 而不當曰二五之精矣。『書』所謂七政, 非指日月五星而何? 律呂之七音諧聲, 非七情之發耶? 此皆不考之過也。有問無答未安, 故略呈愚見。恐非急務, 俟後更商未晩, 如何如何? ○來示又欲以喜怒屬仁義。按: 『性理大全』五行人體性情圖, 亦如來示分配。然愚見則從朱子說, 喜怒陰陽之象, 愛屬仁惡屬義爲精切, 故不用其說。然愚亦曰愛惡與喜怒同部, 則亦可見貫通之妙也。

1-1-49

「답유치정答柳穉程」【戊申】(『華西集』卷11)

해제

1) 서지사항

이항로(李恒老)가 1860년 유중교에게 보낸 서한. 『화서문집』 권11에 실려 있다. (한국문집총간 304)

2) 저자

이항로(李恒老, 1792~1868)로 자는 이술(而述), 호는 화서(華西)이다.

3) 내용

이 글은 1860년 화서 이항로가 성재(省齋) 유중교(柳重教, 1832~1893)에게 보낸 서한이다. 유중교의 질문 조목에 대한 이항로의 여덟 가지 답변이다. 『중용장구』 서문에서 말한 "윤집궐중(允執厥中)"의 중을 언급하며, "중화(中和)"의 중은 심의 측면에서 말한 것이고 "집중(執中)"의 중은 일의 측면에서 말한 것이라고 밝혔다. "발이개중절(發而皆中節)"에 대한 이발(已發)과 미발(未發)의 문제를 체(體)와 용(用)의 관점에서 간략하게 말하였고, 덧붙여 『주자어류(朱子語類)』에서 언급한 미발과 이발에 대하여 심의 체전용편(體全用偏)과 체립용행(體立用行)의 논리를 말하였다. "자계구이약지(自戒懼而約之)"와 "정지약지(精之約之)"에 대한 수양론적 의미를 밝혔다. 끝으로 "집기양단용기중(執其兩端用其中)"의 논지를 우암(尤庵) 송시열(宋時烈)이 피력한 내용을 언급하며 질의한 것에 대해, 이항로는 당시 여러 논의에 병통이 있음을 지적했다.

1-1-49 「答柳穉程」【戊申】(『華西集』卷11)

「中庸序」"允執厥中"。 ○此"執中"之"中"。 單指已發而言耶? 兼指未發而言耶? 下文釋此"執中"之義曰: "動靜云爲, 自無過不及之差矣。" 以動靜之語觀之, 則似乎兼指矣; 以過不及之語觀之, 則似乎單指矣。未知如何看則可也?

中和之中, 就心上說; 執中之中, 就事上說。

『語類』曰: "人與物之本性同, 及其稟賦則異, 蓋本性理也, 而稟賦之性氣也。"

『語類』所謂"稟賦之性氣也"。猶言兼氣而言, 此等處活看可也。

"發而皆中節。" ○竊謂人之有是身也。主宰是身者, 心而已矣。是心也有理有氣, 有動有靜: 是心之體, 卽理之乘氣而靜者也, 曰未發曰性曰中是也; 是心之用, 卽理之乘氣而動者也, 曰已發曰情曰和是也。然則所謂發未發性與情中與和者, 理則俱理, 氣則俱氣者也。不可謂一屬理邊而一屬氣邊。今經文之說未發已發也, 於未發則只言未發; 而於已發則必加一句曰"發而皆中節";『章句』之說性情也, 於性則只言性, 而於情則必加一字曰情之正也。以此數者而推之, 則其意豈不曰於靜時則天理渾然, 故無善惡得失之可言; 於動時則氣始用事, 故有正不正中不中之別也耶? 然則體用一原之義, 將何從而觀之也? 理氣不離之竗, 亦何由而得見歟? 伏乞指敎。

體之倚與不倚, 當於未發十分地頭驗之; 用之過與不及, 當於中節處看, 故語勢不同。

『語類』曰: "未發, 如處室中, 東西南北, 未有定向; 已發, 如出門, 東者不復西, 南者不復北"云云。○妄意以『章句』"體立而後用行"之語準之, 則此譬似有未盡精者。蓋未發之體, 譬之人則如正立乎室中, 而東西南北, 未有定向也。及其已發, 則如東門有事則東向而接之, 西門有事則西向而接之而已。終未嘗轉撓其中央之位矣。

若使應物之時, 旋旋外馳, 之東之西, 如『語類』"出門"之喩, 則是纔應一物而其所謂室中之位, 便虛而無主矣。更安能順應他事而酬酌萬變也? 且如是則體自體用自用而已, 何待體立而後用行也哉? 抑此等譬喩, 皆不可滯於言語而反生疑端耶? 伏乞指敎。

心之體全用偏之妙, 以人身之處室出門譬之。與體立用行之說, 又自不同, 何可捏合爲一?

『章句』"自戒懼而約之"云云。○以戒懼謹獨對中和, 則戒懼謹獨爲工夫, 而中和爲功效矣; 以致中和對位育, 則致中和又爲工夫, 而位育爲功效矣, 似此看則未知如何?

得之。

小註胡氏曰: "『章句』精之約之, 釋一致字。" ○妄意致字有推而極至之義, 恐不當但以"精之約之"之語當之也。若並與下文"極其中、極其和"之語而當之, 則庶可盡於致字之義。未知如何?

兩說當參看。

"無忌憚。" ○"無忌", 是從其偏私而不自躕躇之意也; "無憚", 是行其肆妄而無所愓畏之意也。"無忌"比"無憚", 則較小較輕, 正與"戒愼"之意相反。"無憚"比"無忌", 則較大較重, 正與恐懼之意相反。未知如何?

如是看亦好。

"執其兩端, 用其中。" ○尤翁嘗論此曰: "以厚薄言, 則魯人行三年之喪, 厚也; 朝祥暮歌, 薄也。孔子曰'踰月'則其善也, 此其中也。子夏除喪援琴, 衎衎而樂, 則薄矣; 閔子騫除喪援琴, 切切而悲, 則厚矣。孔子旣祥, 五日彈琴不成聲, 十日成笙歌, 則中矣。"【尤翁說止此。】 蓋執其兩端而用其中, 謂執夫衆論之極致而擇取中庸之所在也。故以厚薄言, 則其所謂中者, 或在於厚, 或在於薄, 或在於其中半, 亦或在衆論之所未及處焉。若但以極厚極薄，一切歸之過不及，而取其中間不厚不薄底爲中，則非擇善之道也。今尤翁之訓，若專論行喪援琴等事則可矣，而以是一一推之於事爲則恐有所滯碍矣。未知如何？

或在衆論所不及處一句有病。

1-1-50

「답유치정答柳穉程」【壬子十二月十五日】(『華西集』卷11)

해제

1) 서지사항

이항로(李恒老)가 1852년 유중교에게 보낸 서한. 『화서문집』 권11에 실려 있다. (한국문집총간 304)

2) 저자

이항로(李恒老, 1792~1868)로 자는 이술(而述), 호는 화서(華西)이다.

3) 내용

이 글은 1852년 12월 15일 화서 이항로가 성재(省齋) 유중교(柳重教, 1832~1893)에게 보낸 서한이다. 이항로의 간단한 안부와 중암(重菴) 김평묵(金平默, 1819∽1891)과의 토론을 말한 다음 별지(別紙)를 첨부하였다. 별지 내용은 여덟 가지인데, 「태극도(太極圖)」와 『근사록(近思錄)』, 그리고 심성정의 관계를 비롯한 『중용』의 내용에 관한 것이다. 유중교는 심성정의 관계에 대해, 심은 하나인데 체(體)와 용(用)으로 말한다는 주자학의 논지를 원용하여, 성은 인의예지(仁義禮智)이고 정은 애공의별(愛恭宜別)이며, 심은 인(仁)으로 사랑하고 의(義)로 미워하고 예(禮)로 공손하고 지(智)로 안다는 것으로 간주하였다. 이러한 관계를 분합(分合)의 방법으로 전개하며 빈주(賓主)로 비유하자, 이항로는 이러한 말이 근사하다고 허여하면서도 지나친 이분법에 빠지는 것을 경계하며 함양완구(涵養玩究)하기를 청하였다.

1-1-50 「答柳穉程」【壬子十二月十五日】(『華西集』卷11)

我書未發, 尊札已到。考其日月, 終是人先我後, 勤慢不同如是, 奈何? 書後有日, 凡百更若何? 栗翁同居圖。愚甞願硏求卒業而未能也。思與左右同之也。葢雖「周官」法制, 非「關雎」、「麟趾」之化不行, 此程子之訓, 亦不可不講也。葢盛說範圍太濶, 義理太多; 太濶不縝密, 太多不精實。吾輩當加勉, 穉章恐亦然耳。「箚錄」忙未奉閱, 當續呈管見矣。穉章已輯程書註釋寄到, 而此間石樵方讀此書, 故托其校讐釐正。然穉章釋分類新本, 此友只有舊本, 難通考檢, 可悶耳; 穉章涸轍, 尤可悶也。朝夕講儘得力, 與那中諸賢孜孜接續如何? 餘具前幅, 不宣。

別紙

「太極圖」一篇內"生"字"立"字, 是對立底關鍵, 故逐節提起, 交互說下。夫生者有萬物所資以始之意, 立者有萬物各正性命之意, 是亦一陰一陽之象也, 何也? "太極動而生陽, 靜而生陰", 是陰陽之所資以始也, 陽之象也; "分陰分陽, 兩儀立焉", 是陰陽之各正性命也, 陰之象也。兩儀旣立, 則又一變一合而生水火木金土, 是又五行之所資以始也。"五行之生, 各一其性", 是五行之各正性命也。二五旣具而生男女, 男女旣成而生萬物, 萬物又各自生生, 以至於變化無窮, 而皆不出此兩端。葢天地萬物才生則必有所立, 旣立則又不能無生矣。然就人分上言, 則有生之初, 旣屬之先天, 而至於成立之道, 則專在自己所致之如何。故言人之立極, 則特曰"聖人定之以中正仁義而主靜立人極焉。" 曰定曰主靜, 皆陰道也, 乃所以立之之事也。大抵通一篇而細析之, 則逐條逐段, 交相呼喚。又合而言之, 則篇首兩生字與篇終三立字, 自相照管矣。

> 夫生者下有字, 之意二字, 是亦二字, 恐未穩。○旣屬之先天, 至自致之如何一節, 語勢恐涉抑強本文之意, 須從其自然處看出如何。○旣以如此立說則事也下, 添入聖人與天地合德以下一節, 以當生之之事恐宜。

『近思錄』誠、幾、德三者, 義意地頭, 皆未易理會。所謂誠者, 據朱子本註而言之,則曰: "實理自然。何爲之有? 卽太極也。" 此所謂太極者, 是指在天者而言歟? 指在人者而言歟? 若是在天者, 則下文"幾"字、"德"字, 皆就心上說, 恐不相承接。若是在人者, 則此便是性, 不應下文更說五性之德也。

誠, 實理也。該乾道始終, 繼成人之性情而言。所謂幾, 卽誠不誠之端, 所由分處也。德, 卽心之不失此誠之謂也。以此推究如何?

"心一也, 有指體而言者, 有指用而言者。" 按: 心與性情, 有以賓主言之者, 有以分合言之者。所謂賓主者, 心與性情相爲對待, 如曰"仁義禮智性也, 愛恭宜別情也, 以仁愛以義惡以禮恭以智知者心也", 是也。所謂分合者, 心內分性情, 而性情之外, 更無所謂心, 此條所謂"心一也, 有指體而言者, 有指用而言者", 是也。然主一而賓衆, 主能統賓而賓不能統主, 則其實分合之說, 亦原於賓主之說, 而初非有兩端也。

此說近之。但主一賓衆, 主能統賓而賓不能統主云云, 分得太迂濶, 眞如二物。朱子未嘗如此快活說, 請更涵養玩究。

『中庸』○二章以下諸章, 累有傷時憂道之意。如"民鮮能久"、"道其不行"之類, 是也。觀此則「序文」所謂"憂道學之失其傳而作"者, 不但以時勢考之也。只據本文, 亦可見耳。

如此看儘好。

"和而不流, 中立而不倚", 論中道; "不變塞焉, 至死不變", 論時位。合此二者, 則乃所謂"時中也"、"中庸也"。故篇內凡論道處, 必並及出處之義, 皆此意也。

如此看恐好。

"微之顯", 微者指陰陽合散之實而言, 顯則其發見者耳。若"微"字便以理當之, 則恐煞過一級。

"微顯"二字, 皆指實理言。

雨村籤曰: “朱子分明說其德則天命之實理, 而盛說乃謂以理當之。 煞過一級何耶? 經文‘誠’字, 卽上‘微’字; ‘不可掩’三字, 卽上‘顯’字。誠者卽是那實理之謂, 則盛說所謂合散之實, 非理而何? 恐無可疑耳。

“誠之不可掩”, 乃贊歎上文微顯之妙, 分屬故義晦。

“去讒遠色, 賤貨而貴德”, 『或問』曰: “信讒邪則任賢不專, 徇貨色則好賢不篤。” 又曰: “去讒遠色, 賤貨而一於貴德。” 據此則“去讒遠色賤貨”, 當爲一句, 而下與貴德對讀。一句之中, “遠色賤貨”, 又當聯讀, 而上與去讒爲對也。今見行諺解本, “遠色”下絶句。蓋緣“貴賤”二字文似相應, 故以“賤貨”屬下句。然殊不知貨色二者, 本自接聯, 尤不可以判爲兩句也。

此說甚好。“遠色”下雖絶句, 其義亦不妨如此看。

1-1-51

「답유치정答柳穉程」【辛酉三月十七日】(『華西集』卷11)

해제

1) 서지사항

이항로(李恒老)가 1861년 유중교에게 보낸 서한. 『화서문집』 권11에 실려 있다. (한국문집총간 304)

2) 저자

이항로(李恒老, 1792~1868)로 자는 이술(而述), 호는 화서(華西)이다.

3) 내용

이 글은 1861년 3월 17일 화서 이항로가 성재(省齋) 유중교(柳重敎, 1832~1893)에게 보낸 서한이다. 장재(張載)의 담일공취(湛一攻取)의 뜻, 맹자의 대체(大體)와 소체(小體), 지덕(知德) 등에 대한 내용이다. 이항로는 장재가 지은 「동명(東銘)」과 「서명(西銘)」 그리고 『근사록』 26조목에 수록된 것이 매우 분명하다고 하였다. 그는 '담일공취'의 의미는 정자와 주자가 언급한 내용에서 볼 수 있다고 피력하였다. 심설과 연관된 지덕에 대해 『역』과 『서경』, 『대학』과 『중용』 등을 인용하고, 정자의 "충막무짐, 만상삼연(冲漠無眹, 萬象森然)", 주자의 "소득호천, 천이음양오행, 화생만물(所得乎天, 天以陰陽五行, 化生萬物)", 그리고 맹자의 호기(浩氣)·집의(集義)·배도(配道) 등을 원용하여 덕의 의미를 밝혔다.

1-1-51 「答柳穉程」【辛酉三月十七日】(『華西集』卷11)

橫渠"湛一攻取"之訓, 朱子以無感、有感釋之, 其義已精。座下又引平朝、朝晝之氣以明之。又引大體、小體, 以證心與氣對擧之實, 可謂大煞分曉矣。但"知德"二字, 謂知彼此、公私、輕重之等而已, 則意似微偏。蓋德是仁義禮智之總名, 而所謂知公私、輕重者, 只是義中一事, 未知如何? 下文"德勝其氣, 性命於德, 德不勝氣, 性命於氣"一節, 潛室陳氏註釋甚詳。朱子說上下疑有闕文訛字, 而未得他本校證, 試一取覽也。愚按: 張子之訓, 精核切實。如「東、西」二銘、『近思錄』二十六條, 皆分明歷落, 無復可議。雖然, 程子、朱子於『正蒙』, 猶不無可否取捨之擇, 觀於子厚以"淸虛一大名天道, 是以器言, 非形而上"者【程子說。】、"使明道形容此理, 必不如此"【朱子說。】之類, 槩可見矣。後之學者, 博考詳辨, 當於其無疑處; 切實受用, 當於其可議處, 毫忽分析, 敎無一點瑕纇。是乃橫渠先生, 當日勇撤皐比底規模氣象; 是實程、朱兩夫子, 苦心血誠, 尊賢明理, 兩行不悖底正法, 此豈非後學所可共勉者耶? 竊以爲朱子於『近思錄』, 首揭周子「太極圖說」之意, 極有所發明。蓋上古聖賢, 發明道學, 莫不以道理字做頭立說。如『易』以乾元、坤元爲首, 『書』以明德、玄德爲首, 『大學』以至善爲綱, 『中庸』以天命爲原。程子說理, 亦曰"沖漠無眹, 萬象森然已具。未應不是先, 已應不是後"。朱子釋經, 亦曰"所得乎天, 天以陰陽五行化生萬物"。未嘗以氣字做頭立說。孟子"浩氣"之說, 發前人之所未發, 然求其生此氣之本則必曰"集義", 究其用是氣之終則必曰"配道", 明其養之之要則亦惟曰"以直而已", 亦何嘗擧氣字, 反爲萬化萬物之主宰也耶? 試以此意博考深玩, 如何如何? ○ 凡『正蒙』說有未安處, 程子、朱子已一一指摘出, 防塞後弊。如太和、太虛之說, 只說形而下, 冰水之諭; 如佛氏大輪廻之說, 此類已經程、朱勘破救弊, 則與橫渠自行鐫改, 何以異哉? 後人何苦復尋前賢已刋之舊, 自誤而誤人, 以生萬世無窮之弊也哉? 如後人一氣不死之說, 皆出於『正蒙』已刋之誤, 不可不辨也。

1-1-52

「답유치정答柳穉程」【壬戌正月十九日】(『華西集』卷11)

해제

1) 서지사항

이항로(李恒老)가 1862년 유중교에게 보낸 서한. 『화서문집』 권11에 실려 있다. (한국문집총간 304)

2) 저자

이항로(李恒老, 1792~1868)로 자는 이술(而述), 호는 화서(華西)이다.

3) 내용

이 글은 1862년 1월 19일 화서 이항로가 성재(省齋) 유중교(柳重敎, 1832~1893)에게 보낸 서한으로 별지가 있다. 별지 앞쪽에서 이항로는 『논어』 「위정(爲政)」의 자장문십세가지지장(子張問十世可知章)에 대하여, 성인의 말은 그 멀기가 하늘과 같고 그 가깝기가 땅과 같다고 언급하며, 모든 일의 연유와 손익을 말하였다. 별지 내용은 일곱 가지인데, 주로 리(理)와 기(氣)의 관계를 말하고 있다. 모든 존재는 리와 기를 겸하고 있다는 것에 대하여, 리가 기를 거느리지 못하면 기가 반드시 리를 엄폐하게 된다고 언급하며 리를 중시하였다. 네 번째 조목에서 유중교가 리기는 본체 상에서 말하면 섞일 수도 없고 분리될 수도 없다는 말의 의미를 묻자, 이항로는 그 궁극적 의미를 이해시켜 주었다. 『대학』·『중용』·『논어』·『맹자』의 여러 내용에 대하여 이항로는 퇴계(退溪) 이황(李滉)의 『성학십도(聖學十圖)』에서 "심이 한 몸의 주재이고 경(敬)은 한 마음의 주재이다."라는 말을 인용하여 수양론적 경을 중시하고, 『서경』 「요전(堯典)」, 『주역』 「문언전(文言傳)」, 그리고 『중용』의 내용을 제시하였다. 여섯 번째 조목에서는 심존경시(心存敬時)를 벽에 걸어 놓고 수양하기를 권유하였다. 끝으로 인심과 도심의 관계를 소감응(小感應)의 차원에서 말하고, 성인과 만인의 관계를 대감응(大感應)의 차원에서 말하였다.

1-1-52 「答柳穉程」【壬戌正月十九日】(『華西集』卷11)

投示講義, 仰見新年進德大槩, 令人不覺沉痾之去體也。理氣分合說, 未見其有些破綻, 豈墮在同窠故也耶? 他山之石, 可以攻玉, 恨不使彊輔傍訂之也。前後二幅夾呈耳。「子張問十世可知」章, 見得夫子之答。據常盡變, 見往知來。萬世亦如此。一日亦如此。所謂聖人之言, 其遠如天, 其近如地者, 正謂此也。然後學之切近受用, 尤在目下日用之間, 就事事物物上, 合有所因與所損所益者, 分明歷落, 然後可以無所疑貳於受用。以此做題入思一遭, 如何?

別紙

大抵說理氣, 須先將理氣二字, 都收在太極圈內。不令有些兒事在其外, 自做一物然後, 乃就裏面分截得有形無形, 此是上彼是下。自其合者而言之, 則體用一源, 顯微無間, 上之不可以遺下, 猶下之不可以離上也。自其分者而言之, 則體用雖曰一源, 而一全一偏不同; 顯微雖曰無間, 而一通一局不同, 下之不可以混上, 猶上之不可以淪下也。學者於其合者而不知所以體之, 則離心迹判理物, 而道之體有所不立矣; 於其分者而不知所以察之, 則迷尊卑疑主客, 而道之用有所不行矣。舜、禹所謂"惟精惟一", 孔、曾所謂"格致誠正", 程、朱所謂"不離不雜", 必雙下工夫者, 用此故也。

> 竊觀講義, 理氣分合, 皆有次第, 甚慰所望。葢「太極圖說」一合一分, 極其該備。幸更熟玩深味, 自然與自家見解, 乳入凝固, 不容迷亂。

天地間, 無一物不兼理氣, 無一事不合理氣。然於其中又各有主客勝負之分, 以理統氣而氣不自用, 此屬之理邊物事; 以氣掩理而理不自主, 此屬之氣邊物事。在未發則敬與怠相對分理氣, 在已發則義與欲相對分理氣。在行事之迹, 則正者是理, 邪者是氣; 直者是理, 曲者是氣。天下國家之治者是理, 不治者是氣。譬如擲錢求卦, 錢之在手裏, 固逐箇各具陰陽兩面, 及其擲之在地, 則仰者非無陰也而只喚做陽, 俯者非無陽也而只喚做陰。

來示固得。若向無氣處尋覔理字, 向無理處討出氣字, 則雖終身竭精, 不可得也。理不統氣, 則氣必掩理, 此則只爭毫髮, 不可忽也。

泛曰人則此人字內, 性情形貌固擧之矣。如曰某人善某人惡, 則此人字專指性情一邊而名之, 雜一形貌字不得。如曰某人姸某人媸, 則此人字專指形貌一邊而名之, 着一性情字亦不得。聽人說話, 看人文字, 先要識得命脉, 不差。

來諭"泛曰人則此人字內性情形貌固擧之矣"。愚謂: 理氣同擧, 勢所必至。但理爲主氣爲役, 理爲公氣爲私之等, 則本分已判, 更不容移動。"如曰某人善以下"云云甚善。若硬把人字。椿定在氣字物字上。綁住使不得遷動。曰此只是氣此只是物。豈不可悶? 朱子曰: "人字似天字, 心字似帝字。" 更加玩索, 久當呈露。

理氣在本體上說, 則元來是離不得雜不得底物事; 在聖人分上, 則自然未嘗離, 自然未嘗雜; 在賢人分上, 則精而後不雜, 一而後不離; 在衆人分上, 則無時不離, 無時不雜。今學者說理氣, 只管說元不相離元不相雜。却不察自家心上, 初無一刻不離時節, 初無一刻不雜時節, 其所謂不離不雜四字, 有甚工夫, 有甚要用。不離不雜四字, 精神骨力, 專在不字上。

來諭論不離不雜下段, 補入云如看人文字, 聽人說話, 不能十分遜志虛心。究極其所言之意, 徐觀其可否曲直之所安, 便將自己偶然先入之一說, 硬自主張, 此便是雜底病根。如人有一點好意思, 一句好說話, 不能耐久, 旋卽隨手消散者, 此便是離底消息。學者不可不玩之深而察之密也。若少此一轉語, 則上段云云, 有如虛喝人。

『大學』所謂"明"與"不明", 『中庸』所謂"離"與"不離", 『論語』所謂"至"與"不至"、"斯仁至矣"、"日月至焉"之"至", 『孟子』所謂"存"與"不存"。只爭一箇敬字, "敬"與"不敬", 是天理存亡之判、人心殺活之幾。

按: 退溪『聖學十圖』"心爲一身之主宰, 敬爲一心之主宰," 觀此則來諭"只爭一箇敬字"之意, 非不美矣。但古人說敬, 必對擧明字。觀「堯典」"欽明", 「文言」

"敬義", 『中庸』"誠明", 『詩』"緝熙敬止", 及程子"涵養須用敬, 進學在致知"之類則可見。須用此意塡補, 恐益完備。

心存敬時, 如大明中天, 人物定位; 心一放時, 如昏夜乾坤, 鬼恠恣橫。

"心存敬時"此一節, 合題人壁上, 寓目警心。

"道心爲一身之主, 而人心聽命於道心", 聖人爲天下萬古人物之主, 而天下萬古人物聽命於聖人, 其理一也。聖人心上, 未嘗一刻有忘世外物之念; 衆人心上, 不可一日無慕賢尙德之念。

"道心爲一身之主, 而人心聽命於道心", 此則小感應; "聖人爲天下萬古人物之主, 而天下萬古人物聽命於聖人", 此則大感應。小感則小應, 大感則大應。非知道者, 孰能知此?

1-1-53

「답유치정答柳穉程」【壬戌二月十五日】(『華西集』卷11)

해제

1) 서지사항

이항로(李恒老)가 1862년 유중교에게 보낸 서한. 『화서문집』 권11에 실려 있다. (한국문집총간 304)

2) 저자

이항로(李恒老, 1792~1868)로 자는 이술(而述), 호는 화서(華西)이다.

3) 내용

이 글은 1862년 2월 15일 화서 이항로가 성재(省齋) 유중교(柳重教, 1832~1893)에게 보낸 서한이다. 이항로는 심성정(心性情)의 개념에 대해, 인의예지(仁義禮智)는 성(性)이며 체(體)이고, 측은수오공경시비(惻隱羞惡恭敬是非)는 정(情)이며 용(用)이고, 이 성과 정을 거느리며 체와 용을 주로 하는 것은 심(心)이며 천리(天理)라고 하였다. 리기를 수졸(帥卒)에 견주었는데, 수를 말하면 반드시 졸을 말하지 않아도 졸이 그 가운데 있다는 것이다. 그리고 측은은 리의 용이고, 측은에 당하여 측은하지 않고 기욕에 엄폐되는 것은 리의 죄가 아니라고 주장하였는데, 정자의 "악 역시 성이라고 하지 않을 수 없다[惡亦不可不謂之性]"는 것이 바로 그것이라고 하였다. 그리고 "몸에 가득 찬 것이 측은히 여기는 마음이다[滿腔子惻隱之心]"라는 것이 천리임을 주장하였다.

1-1-53 「答柳穉程」【壬戌二月十五日】(『華西集』卷11)

仁禮義智, 性也、體也; 惻隱羞惡恭敬是非, 情也、用也; 統此性情而主此體用者, 乃心也, 卽天理之全體也。旣有此理, 則必有氣以載之, 故纔言一物,【理亦謂之物。】則必有此理, 必有此氣也。故孔子曰: “形而上者謂之道, 形而下者謂之器。” 此乃中分道器之境界也, 不可復易也。然孟子四端之訓, 本爲發明此理之實用名目, 而非所以發明其形而下之器也。主意命脉, 在理而不在氣。故凡註釋四端之訓, 未嘗有雜一毫形器而爲言者也。是皆不知理氣無間之妙, 而說此單行孤立之理乎哉! 只爲明其理則氣在其中, 而無事於言也。至於氣拘欲蔽而理不得以全其體用之妙, 然後始言其氣質之蔽, 亦非謂合乎天理者本自無氣, 而陷於人欲者方始有氣也。蓋理爲氣帥, 故言帥則不必言卒, 而卒在其中也。卒不用命, 以至敗績, 則不得不言卒也。如以惻隱言之, 則惻隱則理之用也。當惻隱而不惻隱, 不當惻隱而惻隱, 或惻隱而失其隆殺淺深親疎緩急之節者, 皆氣欲拘蔽之由也, 非理之罪也。程子所謂“惡亦不可不謂之性”者, 正指此也。盛說理惻隱, 氣惻隱云云, 已失孟子之本旨, 何由使人釋疑耶? 程子釋之曰: “滿腔子惻隱之心。” 此則專以天理而言, 未嘗雜一毫形器。請更玩繹, 如有不中, 示破是望。

1-1-54

「답유치정答柳穉程」【壬戌二月二十日】(『華西集』卷11)

해제

1) 서지사항

이항로(李恒老)가 1862년 유중교에게 보낸 서한. 『화서문집』 권11에 실려 있다. (한국문집총간 304)

2) 저자

이항로(李恒老, 1792~1868)로 자는 이술(而述), 호는 화서(華西)이다.

3) 내용

이 글은 1862년 2월 20일 화서 이항로가 성재(省齋) 유중교(柳重敎, 1832~1893)에게 보낸 서한이다. 이항로는 사단설이 맹자의 성선설을 발명한 것이라 여기고, 그 사단을 형체가 없는 미발의 성과 단서가 있는 이발의 정과 연관시켜 사단을 사덕(四德)으로 여겼다. 그 사덕은 하늘에 있어서는 태극의 원형이정(元亨利貞)이고 사람에게 있어서는 명덕의 인의예지(仁義禮智)로 간주하여 분명한 천리(天理)라고 하였다. 기가 천리를 구애하고 엄폐하게 되면 분명하게 살피고 일찍 분변하지 않을 수 없다고 주장하였다. 특히 이항로에 의하면, 사덕이 그 본연의 체를 온전히 하지 못하고 사단이 그 본연의 용을 확충하지 못하는 것은 그 기품(氣稟)과 정욕(情欲)에 편전(偏全)과 다과(多寡)가 있기 때문이며, 애초 사덕과 사단에 우열의 등급이 있는 것은 아니라고 하였다.

1-1-54 「答柳穉程」【壬戌二月二十日】(『華西集』卷11)

四端說胡寫汗呈, 斤正是望。蓋四端本出孟子。竊原其意, 只爲發明性善之說。使人體驗, 而不曰四德, 必擧四端者, 正爲其未發之性無形難言, 已發之情有緖易見故也。實則四端, 卽四德也。在天則爲太極之元亨利貞也, 在人則爲明德之仁義禮智也。雜一毫形氣不得, 着一點安排不得, 朱子所謂赤骨立底天理者, 蓋指此也。但其拘與不拘蔽與不蔽, 皆氣之所爲也。然其不拘不蔽者, 則包在理內, 無事於言, 而不言非闕之也。其拘蔽者, 則不可不察之明而辨之早也。所謂拘者, 淸濁粹駁, 不齊於有生之初; 所謂蔽者, 利害得失, 相交於有覺之後。是以四德不得以全其本然之體, 四端不得以充其本然之量, 此乃專由氣禀情欲有偏全多寡, 初非四德四端有優劣等級也。以人心道心例之, 則四端已屬道心一邊人矣, 何可更向主人分上, 自生對隻也耶? 如有不中, 望更商敎。

1-1-55

「답유치정答柳穉程」【壬戌二月二十三日】(『華西集』卷11)

해제

1) 서지사항

이항로(李恒老)가 1862년 유중교에게 보낸 서한. 『화서문집』 권11에 실려 있다. (한국문집총간 304)

2) 저자

이항로(李恒老, 1792~1868)로 자는 이술(而述), 호는 화서(華西)이다.

3) 내용

이 글은 1862년 2월 23일 화서 이항로가 성재(省齋) 유중교(柳重教, 1832~1893)에게 보낸 서한이다. 이항로는 전국시대의 상황을 리(理)가 숨고 기(氣)가 횡행했던 때라고 간주하면서, 『대학』의 사유(四有)와 「악기(樂記)」의 칠정(七情)은 리와 기를 겸하여 말한 것이고, 사단은 리만을 말한 것이라 하였다. 리와 기를 겸하여 말한다면 리는 주체이고 기는 객체라고 말해야 한다고 주장하였다. 정자의 "악 역시 성이라고 하지 않을 수 없다[惡亦不可不謂之性]"는 것도 성선에 근본하나, 『맹자』 「이루하(離婁下)」에서 언급한 "대인은 예 아닌 예[非禮之禮]와 의 아닌 의[非義之義]를 행하지 않는다"는 것을 통해 그 실례를 입증하였다.

1-1-55 「答柳穉程」【壬戌二月二十三日】(『華西集』卷11)

四端疑義, 辭未達意。恐致黚昧, 方切屛息。及讀來諭, 不惟不加斤正。濯舊來新, 愈益光鮮。 欽服之餘, 自幸迷見不甚醜差也。 竊以爲孟子當戰國理隱氣橫之時, 獨能爲天地立心; 培壅四善之芽,【惻隱羞惡辭讓是非之心。】掘拔三惡之根,【納交要譽惡聲之病。】開豁我萬世人眼目, 其功不在舜判危微孔劈克復之下矣。雖然言下無一句半辭承領發明之語, 滿腹迷悶, 未嘗不掩卷長吁也。盛疑及此, 不容相隱, 而力單辭拙, 未足以發千古之幽隱。心以爲懼, 承此明白注解, 直令人曲踊距踊也。『大學』"四有"、「樂記」"七情", 兼言理氣; 四端, 則單言理。誠如來諭, 其兼言者, 理爲主、氣爲役之分自如也, 亦不可不講也。末段摘示, 尤感至意。但程子"惡亦不可不謂之性"之訓, 蓋發明人性本善無惡, 而所謂"惡"者, 亦未嘗不本於性善云耳。如非義之義、非禮之禮, 只得喚做惡也; 曰義曰禮, 性也, 非惡也。此又一段講疑, 更思示破如何? 汝聖極不易得匹婗齊爽, 得之一室之內, 其樂如何? 切磋涵養之功, 座下又不可辭其職也。

1-1-56

「답유치정答柳穉程」【壬戌四月十二日】(『華西集』卷12)

해제

1) 서지사항

이항로(李恒老)가 1862년 유중교에게 보낸 서한. 『화서문집』 권12에 실려 있다. (한국문집총간 304)

2) 저자

이항로(李恒老, 1792~1868)로 자는 이술(而述), 호는 화서(華西)이다.

3) 내용

이 글은 1862년 4월 12일 화서 이항로가 성재(省齋) 유중교(柳重教, 1832~1893)에게 보낸 서한이다. 이항로는 심을 기(氣)로 말하기도 하고 리(理)로 말하기도 하지만 리로 간주해야 한다고 주장하였다. 또한 『맹자』「공손추상(公孫丑上)」 호연장(浩然章)에 "뜻이 전일해지면 기가 움직이게 되고 기가 전일해지면 뜻이 움직인다. 이제 엎어지고 달리고 하는 것은 기이지만, 도리어 그 마음을 흔들리게 하는 것이다.[志壹則動氣, 氣壹則動志也. 今夫蹶者趨者是氣也, 而反動其心.]"라는 말에서의 '동(動)'은 의혹공구(疑惑恐懼)의 뜻으로서, 동정(動靜)의 뜻과는 무관하다고 설명하고, 따라서 '동(動)'을 운용(運用)의 뜻으로 간주하는 것도 잘못이라고 설파했다.

1-1-56 「答柳穉程」【壬戌四月十二日】(『華西集』卷12)

向詢浩然章記疑, 心有以氣言, 亦有以理言。及質疑心當以理看云云, 明白無疑, 而但蹶者趨者反動其心之動字, 與孟子本旨, 恐不相符。一時疑問之同異, 容有如此者, 不須深究。但後學敷衍支蔓, 不能無差, 則所係不細, 幸加一番理會, 如何如何? 動是疑惑恐懼底意思, 而與動靜之意, 初不相涉, 而今以運用之意看了。故連下文反字之本旨而幷差, 以此意推究細硏, 自有落着矣。同異得失毫忽之際, 正好咀嚼分析, 而草草籠罩涉獵, 如何得其本旨所在邪? 此是前賢之所樂, 非在禁切。蓋尊畏先輩, 講明文義, 兩行不悖, 觀朱子書可見, 何嘗有一毫遮護處邪? 此心至公, 此理至直, 非至虛至靈者爲主, 則無緣及此耳。

1-1-57

「답유치정答柳穉程」【壬戌閏八月九日】(『華西集』卷12)

해제

1) 서지사항

이항로(李恒老)가 1862년 유중교에게 보낸 서한. 『화서문집』 권12에 실려 있다. (한국문집총간 304)

2) 저자

이항로(李恒老, 1792~1868)로 자는 이술(而述), 호는 화서(華西)이다.

3) 내용

이 글은 1862년 윤8월 9일 화서 이항로가 성재(省齋) 유중교(柳重教, 1832~1893)에게 보낸 서한이다. 이항로는 심설에 대한 석씨와 공자의 차이를 간략히 언급하며, 공자의 "잡아두면 보존하고 놓아버리면 없어진다[操則存, 捨則亡.]"는 것은 심의 체단이 신묘하여 헤아리지 못한다는 것이고, "복괘에서 그 천지의 마음을 본다[復, 其見天地之心.]"는 것은 심이 고금을 관철하여 바뀔 수 없다는 것을 말한 것이라고 하였다. 이항로는 또 "리와 기는 서로 떨어지지 않는다는 주장과 리가 음양을 통섭한다는 주장을 모두 제대로 이해한 다음에야 전체(全體)를 깨달을 수 있으니, 그렇지 않으면 심은 기 일변에 속하고 리는 고요함 일변에 속하게 되어 터럭 하나도 움직일 수 없게 된다."고 우려했다. 유중교의 "성정(性情)에는 리가 주재가 되는 경우도 있고, 기가 주재가 되는 경우도 있다."는 주장에 대해서는 잘못된 주장이라고 비판하고, "성정의 주재자는 심이니, 심이 주재하면 리가 밝아져서 기가 난잡하지 않게 되며, 심이 주재를 잃으면 기가 엄폐하여 리가 행해지지 않게 된다. 어찌 기가 주재하는 때가 있겠는가?"라고 하면서, 주재자는 하나임을 역설하였다.

1-1-57 「答柳穉程」【壬戌閏八月九日】(『華西集』卷12)

示心說提要絜綱, 使聽之者言下灑然, 甚慰所望。但來論所謂只下得一語足矣者, 語或傷快也。自知者言之, 語貴該備縝密, 不可如此其輕快也; 自不知者言之, 則格致涵養, 自有次第, 何可一聞頓悟, 如釋氏所云耶? 蓋孔子兩段說心處, 極爲該備縝密, 更加玩味如何? "操則存, 捨則亡"一節, 說心之體段, 神妙不測; "復, 其見天地之心"一節, 說心之貫徹古今, 不可移易。於此二節, 看透養厚, 則自有進步, 未知如何? 蓋理氣不離是一說, 理統陰陽是一說, 雙下理會, 然後可見其全體。不然則心屬於氣一邊, 理屬於靜一邊, 轉動一髮不得, 奈何奈何? 心統性情四字, 極有發明性屬靜、情屬動, 心是靜其動, 而動其靜之樞紐綱領, 卽"太極生兩儀"一句, 發明天下萬理, 而更無不足處矣。以是玩味如何, 紙盡而止。○來諭中凡人性情有理爲主宰者, 有氣爲主宰者, 此兩句於愚意未安, 何也? 凡性情之主宰者心也。心得主宰則理明而氣不亂矣, 心失主宰則氣蔽而理不行矣, 安有氣爲主宰之時乎? 主宰二字, 本不當移用於氣字上矣。主宰者一而已, 安有理主宰氣主宰之時乎? 愚意如此, 幸更商敎也。蓋理有能主宰與不能主宰之時矣, 氣有拘蔽與不拘蔽之時矣。理與氣互相勝負者恐如此, 未知如何?

1-1-58

「답유치정答柳穉程」【壬戌閏八月十三日】(『華西集』卷12)

해제

1) 서지사항

이항로(李恒老)가 1862년 유중교에게 보낸 서한. 『화서문집』 권12에 실려 있다. (한국문집총간 304)

2) 저자

이항로(李恒老, 1792~1868)로 자는 이술(而述), 호는 화서(華西)이다.

3) 내용

이 글은 1862년 윤8월 13일 화서 이항로가 성재(省齋) 유중교(柳重教, 1832~1893)에게 보낸 서한으로서, '심의 주재(主宰)'에 대해 논한 것이다. 이항로는 '심의 주재'에 대한 설명은 리(理)가 주재한다는 설명, 기(氣)가 주재한다는 설명, 리가 주재하기도 하고 기가 주재하기도 한다는 설명 등 세 부류가 있다고 지적하고, "이 세 가지는 미묘한 차이가 있는바 이를 다시 천착하여 각각의 취지를 제대로 밝힌다면 저절로 학문이 진보하게 될 것"이라고 권면하였다.

1-1-58 「答柳穉程」【壬戌閏八月十三日】(『華西集』卷12)

主宰說, 急於質疑, 多不憚煩, 方切悚息。承此來敎, 不惟不吝於舍己。又引程、朱訓, 發明天無二帝、心無二君之義, 與夫天理人欲之判, 特在心之宰與不宰。仰見高明心體眞無拘蔽之一端, 何幸何幸! 蓋心爲主宰有三說: 理爲主宰一說也, 氣爲主宰一說也, 或有理爲主宰者、或有氣爲主宰者一說也。三說之中, 又各微有不同。幸更推究, 各極其趣, 則自有進處。義理昭晣, 雖欲移易不可得也。鄙說中性屬靜、情屬動, 心則主宰乎性情, 而靜其動、動其靜之樞紐綱領云云, 語涉生疎, 政俟斤正, 反加印可。自幸迷見偶不醜差也。

1-1-59

「답유치정答柳穉程」【壬戌南至翌】(『華西集』卷12)

해제

1) 서지사항

이항로(李恒老)가 1862년 유중교에게 보낸 서한. 『화서문집』 권12에 실려 있다. (한국문집총간 304)

2) 저자

이항로(李恒老, 1792~1868)로 자는 이술(而述), 호는 화서(華西)이다.

3) 내용

이 글은 1862년 동지 다음 날에 화서 이항로가 성재(省齋) 유중교(柳重教, 1832~1893)에게 보낸 서한이다. 유중교가 홍재구(洪在龜, 1845~1898)의 명덕(明德) 문목(問目)에 대한 것을 말하자, 이항로는 천지인물(天地人物)의 본원이 태극(太極)이고 태극은 하나일 따름이기 때문에 일원(一原)임을 천명하였다. 그런데 만약 "리(理)에도 하나의 근원이 있고, 기(氣)에도 하나의 근원이 있다"고 말하면, 만물은 모두 두 개의 근원이 있게 되는바, "어떻게 '하나의 근원'이라고 말할 수 있겠는가?"라고 반문하였다. 이항로는 "리는 통(通)한 것이므로 하나의 근원이면서도 만 가지로 다르게 되나, 기는 국(局)한 것이므로 만 가지로 다를 뿐 하나일 수가 없는 것"이라 설명하고, 그러므로 '氣는 리와 나란히 설 수가 없는 것'이라고 주장했다.

1-1-59 「答柳穉程」【壬戌南至翌】(『華西集』卷12)

洪思伯明德問目, 收拾不上, 或在那中否? 理有一原萬殊, 氣有一原萬殊云云, 此是受病托根, 將如何說破則使人易曉耶? 竊以爲天地人物之本原, 卽太極也。太極一而已, 故曰一原。若曰理有一原, 氣有一原云爾, 則物皆有二原矣, 何可謂之一原耶? 理通故一原而萬殊, 氣局故萬殊而不一。理之所乘者氣也, 氣必有始有終, 始與終, 相對而爲陰陽; 氣必有表有裏, 表與裏, 相對而爲陰陽。往來也、消長也、上下也、本末也, 皆如此。是以無往而不兩者, 氣也; 無往而不一者, 理也。陰陽之外, 更有何非陰非陽底一物, 爲一原而與理齊頭並立也耶? 此理甚明, 而「太極圖說」, 分明界破。姑勸他熟讀, 未知如何?

1-1-60

「답유치정與柳穉程」(『華西集』卷12)

해제

1) 서지사항

이항로(李恒老)가 유중교에게 보낸 서한. 『화서문집』 권12에 실려 있다. (한국문집총간 304)

2) 저자

이항로(李恒老, 1792~1868)로 자는 이술(而述), 호는 화서(華西)이다.

3) 내용

이 글은 화서 이항로가 성재(省齋) 유중교(柳重敎, 1832~1893)에게 보낸 서한이다. 문집에서 앞뒤의 서한을 살펴보면 아마도 1862년과 1863년 사이에 보낸 것인 듯하다. 내용은 심(心)과 리(理)의 관계에 대하여, 심은 리가 나에게서 주인 역할을 하는 것이고 리는 심이 만물에 흩어진 것이니, 사실은 심과 리가 하나로서, 나에게 있느냐 사물에 있느냐 하는 차이일 뿐이라는 것이다.

1-1-60 「答柳穉程」(『華西集』卷12)

心與理相對, 則心是理之主於我者也, 理是心之散於物者矣。其實一也, 但在己在物有異耳。觀程子"在物爲理, 處物爲義"之訓, 及朱子"心雖主於一身, 而其體之虛靈, 足以管乎天下之理; 理雖散在萬物, 而其用之微妙, 實不外乎一人之心"之訓, 則其爲一理之中, 有在己在物之分可見矣。意雖如此, 語似生受, 故仰扣。

1-1-61

「답유치정答柳穉程」【癸亥正月】(『華西集』卷12)

해제

1) 서지사항

이항로(李恒老)가 1863년 유중교에게 보낸 서한. 『화서문집』 권12에 실려 있다. (한국문집총간 304)

2) 저자

이항로(李恒老, 1792~1868)로 자는 이술(而述), 호는 화서(華西)이다.

3) 내용

이 글은 1863년 1월 화서 이항로가 성재(省齋) 유중교(柳重教, 1832~1893)에게 보낸 서한이다. 그 내용은 유중교의 서한에 대해 14개 조목으로 나누어 논평한 것으로서, 도(道)와 사람의 관계를 설명한 다음 역(易)과 태극(太極)을 심(心)과 리(理)에 비유한 것, 동정(動靜)과 리기(理氣)의 관계, 유행(流行)과 주재(主宰)에 대한 논의, 태극의 동정, 심설 등을 설명하였다. 심설에 대한 것은 다음 몇 가지 조목을 들 수 있다. 넷째 조목에서는 마음의 신명(神明)은 하나인데, 유행의 본체와 주재의 오묘함으로 말한 것은 알맞다고 하면서 주희의 논지를 원용하여 심(心)과 리(理), 자연과 주재, 무심(無心)과 유심(有心), 리(理)와 의(義), 도(道)와 덕(德), 성(誠)과 성(性) 등의 측면에서 언급하였다. 여섯째 조목에서는 오봉(五峯) 호굉(胡宏)의 말을 이끌어 사람과 마음이 상대하고 마음과 본체가 상대한 것에 대한 것을 주희의 논지에 의거하여 하늘에서 얻은 마음은 같지 않음이 없으니 본심도 마찬가지라고 하였다. 일곱째 조목에서는 심통성정(心統性情)의 '통'에 대한 논의의 근거로 『주역』「단전(彖傳)」의 내통천(乃統天)의 '통'을 제시하고, 『맹자』의 지기지수야(志氣之帥也)의 수(帥)를 상제(上帝)·천군(天君)·주재(主宰)와 상호 연관시켜 설명하였다. 열 번째 조목에서는 심의 지각에 대하여 '리에 나아가 일을 논함[卽理而論事]'과 '일에 나아가 리를 살핌[就事而觀理]'의 측면에서 간략히 언급하며 수양적 측면을 논하였다. 열한 번째 조목에서는 이황(李滉)의 '심은 리와 기를 포괄한다'는 관점과 송시열(宋時烈)의 ‘심은 리로 말하기도 하고, 기로 말하기도 한다’는 관점을 소개한 다음, “리와 기가 합쳐진 다음에 심이라는 명칭이 있는 것”이라고 결론짓고, ‘잡으면 보존된다[操則存]’는 ‘심’은 그 중에 ‘리일변(理一邊)을 지칭하는 것’이라 하였다. 열세 번째 조목에서는 심과 성의 관계에서 심의 주재를 자세히 설명하였다.

1-1-61 「答柳穉程」【癸亥正月】(『華西集』卷12)

言“道不遠人”則道重於人, 言“人之爲道”則人重於道云云。

朱子曰: “道外無人, 人外無道。” 按: 道是爲人底骨子, 人是行道底形體。來諭隨地頭輕重恐得。

“『易』有太極”云云。

按: 『易』與太極分言, 則『易』如心字, 太極如理字。

朱子「答吳德夫」書曰: “靜而此理已具, 動而此用實行, 則易也。若其所具之理、所行之用, 合而言之, 則是易之有太極者也。南軒謂太極所以明動靜之蘊, 蓋得之矣。” 又「答楊子直」書曰: “若謂太極便是動靜, 則是形而上下者不可分, 而‘易有太極’之言, 亦贅矣。” 愚按: 易者動靜也, 合理氣之目也。道與神, 太極也, 就合理氣者, 而專指其理一邊也。若謂動靜之外, 別有太極, 則是固判在兩處, 而不足爲所蘊之實矣。又謂太極便是動靜, 則是亦合爲一物, 而無以見上下之別矣。蓋就此心流行之體, 而求見性情之實, 則其分固若是矣。

按: 動靜裏面, 分說理氣可也。若求理於動靜之外, 則不可。

妄竊以爲心之神明一也。有以流行之體而言者, 有以主宰之妙而言者。以流行言, 則動而靜靜而動, 而爲性情之田地, 兼指理氣者也。孔子所謂“出入無時, 莫知其鄉”, 而朱子所謂“釋氏豈不識此心”者, 政謂此也。以主宰言則動其靜靜其動, 而爲性情之頭腦, 專指其理者也。孔子所謂“復其見天地之心”, 而朱子所謂“釋氏實不識此心”者, 政謂此也。君子之於心, 有以見夫流行之體, 故精以察之; 惟恐其或入於邪妄, 有以識其主宰之妙, 故敬以守之, 必使其常立乎正中, 蓋亦不可以闕一而不講也。

來諭以爲心一也, 有以流行言, 有以主宰言, 恐已得之。按: 朱子有以心與理對言者, 有以自然與主宰對言者, 有以無心與有心對言者, 有理與義、道與德、誠與性對言者, 皆一意也。朱子所謂會得時好笑則劇者, 此等之謂也。〇來諭中自“以流行言則動而靜、靜而動, 而爲性情之田地, 兼指理氣者也”二十四字, 恐失朱子之意。朱子曰: “天道流行”, 是何嘗雜一毫形氣而言之乎? 先有此理, 故必有此氣。有此理而無此氣者, 未之有也, 故曰理氣不離。理自理氣自氣, 不相夾雜也, 故曰理氣不雜。竊觀朱子之訓, 字字句句, 無非發明此不離不雜底道理。不離與不雜, 分爲兩段則不是。蓋流行以道言, 主宰以心言。道外無心, 心外無道。若言理氣之分, 則道字上有理有氣, 心字上有理有氣, 終不得以離也, 亦終不得以雜也。更加細研如何? 然精言則反惑, 粗言則易見。大小精粗, 本無二致故也。

『語類』人傑錄云: “就天地言之, 天命流行, 所以主宰管攝是理者, 卽是心也。” 又𧃍錄云: “天命流行, 有所主宰, 便是天地之心。” 此數條說心最盡。先言流行, 所以指視體段也; 後言主宰, 所以發明骨子也。

流行與主宰, 同在一理上分說。蓋萬物具備於此, 而大分則一體一用而已。所謂體用互換無定, 細究可見。

『語類』又云: “胡五峯云: ‘人有不仁, 心無不仁。’ 先生曰: ‘下句有病。若云人有不仁, 心無不仁。心有不仁, 心之本體無不仁則意方足耳。’” 按: 人與心相對, 則人爲統體, 而心爲骨子。故人有不仁, 心無不仁。心與本體相對, 則心爲統體, 而本體爲骨子。故心有不仁。心之本體無不仁。蓋隨其所指而泛切不同也。

朱子修潤五峯之言, 其義以爲人則一也。有仁與不仁之異者, 由於氣稟也。而其所得於天之心, 又未嘗不同。論厥初則赤子之心, 何嘗不善? 但心有盡與不盡存與不存之異。然其本心則又未嘗不同也。本心卽指仁義之心惻隱羞惡之心也。如此解釋, 尤似端的, 未知如何?

“心統性情”, “統”字有兼該之意, 有主宰之意。孟子指性而言曰“仁義之心”, 指情而言曰“惻隱之心、羞惡之心”。程子曰: “心一也, 有指體而言者, 有指用而言者。”

此兩訓皆所以明心之兼該性情, 而其於主宰之意則少欠發揮。故朱子論心統性情之語曰: “孟子說心許多, 皆未有似此語端的。” 又曰: “二程却無一句似此切。”

按: 張子“心統性情”之訓, 朱子晩年受用, 專在此一句。觀於明德及盡心之釋, 可知矣。然“統”字出自「彖傳」“大哉乾元, 萬物資始, 乃統天。” 統之意義, 淵源於此矣。孟子曰: “志氣之帥也, 氣體之充也。” 氣者陰陽五行之氣, 充塞乎百體之中, 而流行乎天地之間者也。是氣之動靜、作止、進退、向背, 都係於一心之指揮號令, 而雖蹈火赴湯, 有所不避也, 是故謂之帥。帥字實與上帝、天君、主宰字互相發明, 而帥字之意, 似尤精切。

太極之一動一靜, 皆流行也, 皆主宰也。但分言則動極而靜屬流行, 靜極復動屬主宰, 一而字、一復字, 可見其意矣。在人則衆人具動靜之理, 而常失於動者, 流行而不知返也; 聖人全動靜之德, 而常本於靜者主宰而立其極也。

愚以爲流行與主宰, 皆兼一動一靜。然分言, 則流行屬動, 主宰屬靜。凡一物而分言者皆如此。來諭恐已得之, 但說未快耳。

心之流行, 生則存死則亡者也, 狂愚之所已能也; 心之主宰, 敬則存肆則亡者也, 君子之所當勉也。

來諭謂心之流行, 生則存、死則亡者, 狂愚之所已能也云云。愚以爲此非心也, 乃氣也。若夫心之流行, 指天理之流行而言, 何嘗指氣耶? 請更思之。

心之有知覺, 猶耳目之有視聽也。自天理觀之, 則知覺視聽, 是皆天理之流行者; 而自知覺視聽言之, 則其所運行, 未必皆天理之本然也。如知此理、覺此道、非禮勿視、非禮勿聽, 固是天理, 而知寒煖覺飢飽, 視邪色聽淫聲, 亦可謂天理乎? 不論公私邪正而槩謂之理, 則其所謂理者, 驟看宜若不害爲半理半欲之物, 而其實終歸於猖狂自恣而無一點可恃之地矣。設令有一二分不甚醜差者, 此亦出於氣禀之偶然, 而非君子之所據以爲安也。象山所謂目能視耳能聽, 手能執足能行, 更說甚道。大慧所謂“着衣喫飯, 弄子抱孫, 便是道”, 郭忠孝所謂“易卽道也”, 王陽明所謂“心卽理也”之類, 其失政在於此, 此亦不可以不之檢也。

此段正好紬繹。蓋卽理而論事，則二氣五行、男女萬物，無不包在理內；就事而觀理，則已成者爲物，而方來者爲理。若有一毫恃倚之心，便落在形氣分上。聖人所以戒愼恐懼，小人所以怙恃無忌，正分於此。幸更思示。來諭已精細而未及於此，故畢陳迷見，非謂來諭不精細也。

語無曲折，則曰"心是氣"者，固無以見本原之正，而曰"心是理"者，亦無以辨眞妄之別。必曰心合理氣兼正變，而其理之正者，乃是心之本體云爾，則庶或近之矣。

退溪「心圖」曰"該理氣。" 尤菴曰："心有以理言，有以氣言。" 理與氣合，然後有心之名。然"操則存"之心，單指火臟中理一邊而言也。加一本字儘分明。

心，未可遽言是理也，本心、眞心乃理也；知，能未可遽言是理也，良知、良能乃理也；言行，未可遽言是理也；善言，善行乃理也。若此數者，卽便是理，則大舜只言惟一足矣，何必言惟精？夫子只言固執足矣，何必言擇善耶？

"良知、良能乃理也"之下，當補入曰"良知、良能，非理也。愛親、敬兄，乃理也"一句語，然後義始足。未知如何？

心如官人，性如官法；心能盡性，性不知檢心。如人能行法，法不能管人。性無不善，心有善惡，【此八字，朱子語。】如法無不是，人有得失，此兩說各有攸當，不可廢一而不講也。

觀此朱子"心如官人，性如官法；心能檢性，性不知檢心"之訓，則"心爲一身之主"、"萬化之宰"、"一而不二"、"命物而不命於物"之義，尤可以驗之矣。若有他物點檢其心，運用其心，則孰謂之主宰乎？曰帝、曰君、曰主宰者，皆一義也。天無二日，地無二王，人無二本，故惟一心字爲主宰，而他不得與焉。是以大本之立與不立，達道之行與不行，氣質之拘與不拘，物欲之蔽與不蔽，一切皆統於一心，心得主宰則爲存，心失主宰則爲亡，其得失存亡之幾，專由於理氣互相勝負之界，此則只爭毫髮。此最緊要，請更潛心。

理氣，本以帥役而得名。主宰二字，卽是理之當職也。要見主宰之實，須就大化流行之中, 看出無過不及, 適當恰好。決然是無心做他不得者, 便是天理主宰處。

程子曰: "天地以生物爲心。" 愚以爲"天地生物之心", 貫却萬古, 物物皆得此天地生物之心以爲心。若無此心, 則天地人物, 從何以生乎? 程子曰: "心生道也。"

1-1-62

「답유치정答柳穉程」【乙丑五月二十一日】(『華西集』卷12)

해제

1) 서지사항

이항로(李恒老)가 1865년 유중교에게 보낸 서한. 『화서문집』 권12에 실려 있다. (한국문집총간 304)

2) 저자

이항로(李恒老, 1792~1868)로 자는 이술(而述), 호는 화서(華西)이다.

3) 내용

이 글은 1865년 5월 21일 화서 이항로가 성재(省齋) 유중교(柳重敎, 1832~1893)에게 보낸 서한이다. 이항로는 『주자백선(朱子百選)』의 잘못된 글자를 지적하면서, 태극동정(太極動靜) 및 주재(主宰)에 대하여 설명했다. 태극동정을 횡설(橫說)과 수설(竪說)로 설명하는데, "태극이 동정을 포함한다"는 관점을 횡설이라 하고, "태극에 동정이 있다"는 관점을 수설이라 하였다. 또한 동정을 태극이라 하지 않는 것은 교역(交易)과 변역(變易)을 태극이라 하지 않는 것과 같다고 설명했다. '주재'에 대해서는 '사(使)'와 연관시켜 설명하였다.

1-1-62 「答柳穉程」【乙丑五月二十一日】(『華西集』卷12)

旬講方在『朱子百選』, 其誤字依本文改讀, 有何可疑? 況此一字【不字。】利病所關不淺, 當位則筵启改正, 恐不可已。今於書頭改從本文, 不致誤人眼目, 恐合十分道理。如何如何? 「答楊子直」書謂"太極含動靜則可",【朱子自註云: "以本體言。"】, 此橫說也; 謂"太極有動靜則可",【朱子自註云: "以流行言。"】 此竪說也。如「太極圖說」"分陰分陽, 兩儀立焉", 橫說也; "太極動而生陽, 動極而靜; 靜而生陰, 靜極復動", 竪說也。一則朱子所謂"太極含動靜"之說也; 一則朱子所謂"太極有動靜"之說也。若直指動靜便是太極云爾, 則是何異於不分上下、道器之界, 而直指交易、變易者而謂之太極乎? 愚謂: 易有以理言者, 有以氣言者, 如心字之形而上下, 皆可言心也。且謂"使"字是"主宰"字註釋。若於主宰之外, 復覔其使之者。如椀外覔飯, 雖百方勞攘, 其可得乎? 程子『易傳』云云, 只是分釋一太極, 熟玩可見也。李士賓父子旬講必參, 有如此心力。萬事可濟, 不覺起敬也。

2

金平默
心說論爭 資料

1-2-1

「화서이선생심설본의華西李先生心說本義」(『重菴集』別集 卷7)

해제

1) 서지사항

김평묵(金平默)이 1887년에 지은 논설. 『중암집』 별집 권7에 실려 있다. (한국문집총간 320)

2) 저자

김평묵(金平默, 1819~1891)으로 자는 치장(稚章), 호는 중암(重菴)이다.

3) 내용

이 글은 유중교(柳重教)가 스승 화서 이항로의 심설에는 약간의 문제가 있으므로 조보(調補)해야 한다고 주장한 것에 대해, 김평묵이 스승의 심설에는 아무런 문제가 없다고 옹호하면서 유중교의 입장에 반대한 논설이다. 이 글에서 김평묵은 유중교와의 주요 논점에 대해 문답의 형식으로 반론하였다. 첫째, "심(心)은 사물이고 성(性)은 법칙인가?"라는 질문을 제기하고, 심의 예지(睿知)가 심의 법칙이라고 설명하였다. 둘째, "예지가 심의 법칙이라는 것에 근거가 있느냐?"는 질문을 제기하고, 『중용』의 "총명하고 지혜로워서 천하에 군림할 수가 있다."는 말을 인용하여 총(聰)은 귀의 법칙이고 명(明)은 눈의 법칙이듯이 예지는 심(心) 법칙이라고 설명했다. 셋째, "성(性)이 심의 법칙인데 예지를 또 심의 법칙이라고 하면, 하나의 마음에 두 개의 법칙이 있는 것인가?"라는 질문을 제기하고, "혼륜해서 말하면 심의 예지는 성분(性分)의 일이므로 둘 다 법칙이라 해도 불가함이 없다. 나누어 말하면 성은 실체이고 예지는 묘용이며, 성은 준칙이고 예지는 주재이다."라고 설명했다. 넷째, "천지의 심(心)과 천지의 리(理)에서, 리가 도리(道理)이고 심은 주재(主宰)의 뜻인가?"라는 질문을 제기하고, 주자의 "심은 진실로 주재의 뜻을 지닌다. 그러나 주재자는 곧 리(理)이다."라는 말을 인용하여 답변했다. 그리고 "그대의 견해는 형이하자로 도리의 주재자를 삼는 것"이라고 비판했다. 다섯째, "인(仁)은 마음의 덕으로서 성정(性情)의 주인이며 만사(萬事)를 주재하니, 내 몸의 지극히 가깝고 절실한 것인가?"라는 질문을 제기하고, "심이 성정의 주인이 되어 만사의 벼리를 제시하는 것은 성

(性)의 인(仁)이다. 이는 이 선생께서 리(理)로 마음을 설명한 하나의 증명이다."라고 설명했다. 그리고 "성의 사덕은 진실무망하기 때문에 신(信)의 이름을 얻게 되었고, 성인의 마음은 진실무망하기 때문에 성(誠)의 이름을 얻게 되었다. 오직 지극히 성실한 마음만이 지극히 진실한 리(理)를 다할 수 있기 때문에 '천하의 지성(至誠)만이 그 성(性)을 다할 수 있다.'고 한 것이다. 그렇다면 마음이 주재하는 묘는 애초에 성분(性分)을 벗어난 것이 아니다. 그러므로 선사(先師)께서 '리(理)로 심을 설명한 것'과 '심은 기(氣)이고, 성은 리(理)이다'라는 학설은 실로 서로 발명하여 병이 되지 않는다."고 설명하였다.

1-2-1 「華西李先生心說本義」(『重菴集』別集 卷7)

問: 心是物, 性是則否?

曰: 然。朱子曰: "在心喚做性, 在事喚做理。" 此見心是物, 性是則也, 然此言其概耳。若就中細看, 則心之睿知, 已是心之則也。何也? 若心無此睿知, 則是失其所以當然之故也, 心恙底人是也。李先生平日, 以理言心, 恐指心之睿知 爲四德之主宰者而言, 非認物爲則, 如柳公穉程近日之所疑也。

又問: 睿知爲心之則, 有據乎?

曰:『中庸』不云乎? "聰明睿知, 足以有臨", 聰是耳之則, 明是目之則, 則睿知非心之則而何? 又朱子釋"有物有則"之說, 曰: "耳目則有聰明之德, 父子則有慈孝之心。" 慈孝之心, 非此睿知而何? 此又其明證也。

又問: 性旣心之則, 而睿知又爲心之則, 則是一心而有二則也, 可乎?

曰: 混淪說, 則心之睿知, 亦性分中事, 而同謂之則, 無所不可。分開說, 則性是實體, 而睿知其妙用也; 性是準則, 而睿知其主宰也。若不察此而混以睿知爲形而下之氣, 則『中庸章句』並睿知與性, 爲五者之德, 何也? 此其大故明白, 無可疑者。【『章句』旣如此, 小註陳氏謂"上一句包說下四句", 方細破分仁義禮智說。饒氏謂"就五者而論, 則聰明睿知, 又是小德之大德"。此兩條文, 更分明先師心全、性分之說。鄙人於心性, 分屬大德小德, 而同以理言, 有見於此矣。】而向以此說與柳公, 裒如充耳, 都不曉得, 苦事苦事。

心以字訓、名目求之, 則百體之一也。穉程所謂"辨位正名, 則心是物"者, 夫誰曰不可? 故李先生已曰"心物"也, 就中細分, 則圓外竅中者, 心之形也; 精爽所聚者, 心之氣也; 知覺不昧者, 心之神也; 仁義禮智者, 心之理也。故李先生又有曰: "心包形氣神理, 就其中, 各隨其聖賢立言之地頭而求之, 則如『語類』"雞心猪心切開"之類, 以形言心者也; "氣之精爽"之類, 以氣言心者也;『孟子』註"心者人之神明"之類, 以神言心者也;『孟子』經文"仁人心"之類, 以理言心者也。就中以神言者, 神雖舍氣不得, 然以朱子「答杜仁仲書」謂"神是理之發用, 而乘氣以出入", 全作氣看, 恐誤【「答杜仁仲」一節, 穉程所隱諱而不擧論者。】者觀之, 則隨其立言地頭, 有以氣看處, 有以理看處, 不可執一可見。今且『孟子』註所言“神明”, 卽『大學』註“虛靈不昧”, 『中庸』說“心之睿知”。所以爲主宰、妙用【妙用言其理, 亦朱子之言。】者也, 如之何其以氣局定, 移動不得也?【『孟子註』旣言“心者人之神明”, 而圈下載程子說心也、性也、天也, 一理也, 其意尤可見。】故李先生曰: “理體而神用, 形而上之道”也。如艮田輩, 郢書燕說, 一以誚侮先師爲能事者, 固不足怪。柳公朝夕函丈數十年, 講之不爲不熟, 而顧於此, 不復省察, 大言携異, 人言不入, 不亦驚怕之甚乎?

『中庸』“天下之達道五”, 理也。其言“知仁勇三達德”, 朱子謂“做的事”; 其言“一”, 則朱子謂“行此三者, 眞實的心”。是則三達德, 不得不曰心之用也。若凡聖賢之所言心, 一切屬氣而移動不得, 則『章句』不曰“達德, 天下古今所同得之氣”, 而乃曰“所同得之理”, 何也? 朱子如此說, 則或掩諱廢置, 而恐人之引證; 或驅率分解, 而防人之口舌。李先生如此說, 則多方揮部, 欲比而同之於禪、陸之謬, 何也? 以若私意之發, 以若炎凉之習, 何可與議於性命之奧乎?

“虛靈知覺”, 世皆全屬於氣, 然以『語類』「北溪錄」考之, 則“虛靈是理氣之合”, 知覺則『語類』又有曰: “所覺者心之理, 能覺者氣之靈。” 然則虛靈知覺, 隨其所言地頭, 亦有以理看處云者, 何爲而不可? 豈朱子說雖如此, 而世儒之言不可咈, 故如是主張耶?

曰“神明知覺”, 有以理言處, 曰“虛靈不昧”, 有以理言處, 卽『中庸』之言睿知也。上章言“惟天下至誠”, “苟不至德”, 至誠至德之人, 卽此睿知之人。

虛靈以本體言, 則所以“具衆理【具衆理, 如身具百體、手具五指之類一般, 與以器貯水不同。】而應萬事”者也, 故全此本體者, 爲天下之至誠, 而能盡其性; 爲天下之至德, 而能凝其道。若衆人合下不誠無物, 此德昏昧, 故此心之靈所知, 不過情欲利害之私矣。若釋氏之“本心”、王氏之“致良知”, 只守虛靈之似, 而不復理會性道之實, 故陷於猖狂自恣而不知悟。若此者靈其所靈, 而非吾所謂靈也, 烏得以此而爲虛靈, 專是氣之證乎?

朱子曰: "仁義禮智之與聰明睿知, 便是一箇。禮智是通上下而言, 睿知是擴充得較大。睿訓通, 對知而言。知是體, 睿是深通處。"【朱子說止此。】心性一理, 故謂心之知與性之知, 便是一箇也。上下言聖凡也。性是堯、舜、塗人之所同得, 故其知通上下而言也。聖人生知之姿, 故心無所蔽,【無氣禀之拘。】凡於性分, 知無不周, 所以說擴充得較大。心爲性情主宰之妙, 於此可見, 此如何道他是形而下?

陳北溪說智, 有曰: "是是非非之懇惻, 則知之仁也; 是是非非之得宜, 則知之義也; 是是非非之中節, 則知之禮也; 是是非非之一定, 則知之智也。"【陳氏說止此。】此見睿知所以包括仁義禮智四者, 而爲之主宰之妙也。若謂睿知是氣, 則無復可言矣。不然, 先師以理言心者, 不可容易譏議也。

問: "天地之心, 天地之理, 理是道理, 心是主宰底意否?" 朱子曰: "心固是主宰底意, 然所謂"主宰者, 卽是理"也。【朱子說止此。】朱子之見, 分明如此, 以形而下者爲道理之主宰, 乃今之君子之見也。

朱子曰: "性有是四德, 故其發見於情, 則爲惻隱、羞惡、辭讓、是非之端。而所謂'惻隱'者, 亦未嘗不貫通焉, 此性情之所以爲體用, 而心之道則主乎性情者也。"【朱子說止此。】按此張子"心統性情"之註脚也, 如今之君子之見, 則不曰"心之器主乎性情", 而曰"心之道主乎性情者", 何也? 此不待兩言而决矣。

問: "仁者心之德, 主性情宰萬事, 本是吾身至親至切底物?" 朱子曰: "此說得之"。據此則心之所以爲性情之主而提萬事之綱者, 還他是性之仁也,【此見仁專言, 則包四者之妙也。】李先生以理言心, 此亦一證也。朱子以聰明睿知之知, 與仁義禮智之知爲一箇知, 而謂"睿知較大"者, 以睿知包括仁義禮智四者耳。據此則心之所以能盡性者, 還他是性之知也, 李先生以理言心, 此又一證也。以是求之, 義禮智亦然。程子言"在物爲理, 處物爲義"。義性也, 處物心也, 而以處物者爲義, 則心之所以酬酢事物, 而處其當者, 還他是性之義也。夫子言"克己復禮爲仁", 禮之復處, 便是仁之全體大用也, 故曰"一日克己復禮, 天下歸仁", 則心之所以該括是性者, 還他是性之禮也。性之四德, 眞實而无妄, 故得信之名; 聖人之心, 眞實而无妄, 故得誠之名。惟其至誠之心, 所以盡此至實之理, 故曰"惟天下至誠, 爲能盡其性"。心之所以能盡此性者, 還他是性之信也。李先生以理言心, 此皆明證也。學者有見於此, 則知所以主宰之妙, 初不在性分之外, 而先師之以理言心, 與心氣、性理之說, 其實互相發明而不相爲病也。只患人莫肯如此理會耳。

1-2-2

「화서선생아언심설고증華西先生雅言心說考證」(『重菴集』別集 卷7)

해제

1) 서지사항

김평묵(金平默: 1819~1891)이 스승 이항로의 저서인 『아언(雅言)』의 심설에 대해 고증한 논설. 『중암집』 별집 권7에 실려 있다. (한국문집총간 320)

2) 저자

김평묵(1819~1891)으로 자는 치장(穉章), 호는 중암(重菴)이다.

3) 내용

이 글은 저자 김평묵이 69세 때인 1887년, 이항로의 저서 『아언(雅言)』에서 심설(心說)과 관련된 부분을 발췌하여 고증한 글이다. 먼저 『아언(雅言)』을 글을 제시하고 다음으로 고증과 자신의 견해를 부기(附記)하는 형식을 취하고 있다. 이 글에서는 주로 『중용(中庸)』의 도체(道體)와 실리(實理)를 통해 심을 설명하고 있다. 모두 여섯 단락으로 ①「형이(形而)」, ②「천지(天地)」, ③「태양(太陽)」, ④「신명(神明)」, ⑤「심일(心一)」, ⑥「인응(仁應)」이다. 이 글에서 가장 많은 분량을 차지하는 「신명(神明)」이다. 심(心)은 사람에게 신명(神明)이고 리기(理氣)를 합하고 동정(動靜)을 포괄한다는 이항로의 주장에 대해, 심이 사람에게 신명이라는 주장은 이미 주자에게서 나왔음을 상기시키고 유중교의 오류를 지적하였다. 「심일(心一)」에서는 심(心)의 허령지각(虛靈知覺)에 대한 고증을 『중용(中庸)』의 예지(睿知)의 지(知)를 통해 설명하고 있다.

1-2-2「華西先生雅言心說考證」(『重菴集』別集 卷7)

「形而」〈第十三條〉: "理之健處, 在氣爲陽, 在形爲天, 在人爲男, 在心爲仁。理之順處, 在氣爲陰, 在形爲地, 在人爲女, 在心爲義。"

"在心爲仁", 與上文在氣爲陽, "在形爲天, 在人爲男", 一例語, 下節亦倣此。此心字, 乃指形而下。其言仁義字方是則, 柳公穉程, 謂"先生不知物則之分", 未知何據。

〈第十四條〉: "'維天之命, 於穆不已。' 是以日月運行, 寒暑循環, 水流不息, 物生不匱。'於皇上帝, 明明在上。' 是以日月光明, 雷電轟燁, 萬物神靈, 人心有覺, 此皆實理著顯處。"

"維天之命"一節, 言實理之流行也; "於皇上帝"一節, 言實理之主宰也。下文結之曰, "此皆實理著顯處, 是猶『中庸』以鳶魚爲道體, 鬼神爲實理, 先生果不知物則之分, 而並與心字字義而謂理乎?"

〈第十五條〉: "日月照臨天下, (禀) [亶] [1]聰明作元后, 人心主宰萬事, 卽一理也。理非破碎散漫底也, 有總會主宰, 此處最可觀。"

此云"人心主宰萬事", 以上文"日月照臨, 天下元后。" (稟) [亶] [2]聰明一例說來, 則人心二字, 非指物而何?

「天地」〈第六條〉: "心本虛靈, 若不以實理主宰, 恍惚怪妄, 何所不至?"

詳此一言, 先生豈不知虛靈之爲氣耶? 惟其以實理主宰底, 乃得以理言之耳。

---

1) (禀) [亶] : 저본에는 '禀'으로 되어 있으나, 문맥을 살펴 '亶'으로 수정하였다.

2) (稟) [亶] : 저본에는 '稟'으로 되어 있으나, 문맥을 살펴 '亶'으로 수정하였다.

〈第十三條〉: “天地萬物, 合而言之, 則謂之一神亦得; 分而言之, 則謂之萬神亦得。語其常則至正而不可易, 至實而不可罔; 語其變則容有邪曲而不可詰, 誕妄而不可測。”

此條言神, 卽就功用之著, 而言其妙用之微也。【朱子曰: “功用言其氣, 妙用言(具)[其] [3]理。”】但“神本理之發用, 而乘氣出入”【朱子語。】者, 故氣不順理處, 便有邪曲誕妄, 先師果不知神之爲氣, 欲一幷屬理乎? 或問“此則然矣。前篇有云。‘理非氣則不能著其神, 然不可指神爲氣。’ 此則却似禁說氣者然, 奈何?” 曰。“此言妙用之不可謂氣耳。觀其下條言理積生神, 理盡神散之類。及此條語其變一節, 則以氣言神, 亦不待今之君子之說也。”

「太陽」〈第十四條〉: “古人形容道體, 多用中字,【節】心爲一身之極, 而湯所謂‘上帝降衷。’ 劉子所謂‘人受天地之中以生者’是也。仁、義、禮、智, 心之體也。惻隱、羞惡、恭敬、是非, 心之用也。是以卽其未發而立其體, 則謂之中; 其已發而中其節, 則謂之和。中卽在中之義, 和乃中節之名, 雖動靜異位, 內外異名, 而中則一而已矣。合而言之, 則中庸之道也。”

此條以理言心,【亦卽氣說理。】而實體正用,【中節之和。】該括無遺。釋氏之不見天理, 專認此心以爲主宰者, 果可以同年而語乎? 柳公之書, 比而同之, 過矣。

「神明」〈首條〉: “心者, 人之神明, 而合理氣包動靜者也。”

“心者, 人之神明” 朱子之言也, 稺程書以爲本分正訓者也, 先生之有此言。(稀) [稺] [4]程豈或健忘耶? 抑惡其下文合理氣之云, 不專於屬氣耶? 然則朱子言‘神’字, 全作氣看之誤, 又何爲耶?

〈第二條〉: “易者, 合道與器而立名也, 單指道一邊, 則曰太極也。心者, 合理與氣而立名也, 單指理一邊, 則曰本心也。”

---

3) (具) [其] : 저본에는 ‘具’로 되어 있으나, 문맥을 살펴 ‘其’로 수정하였다.

4) (稀) [稺] : 저본에는 ‘稀’로 되어 있으나, 문맥을 살펴 ‘稺’로 수정하였다.

首條云。"心者合理氣", 此條亦然。何嘗以凡言心者, 輒謂之理乎? 單指而謂理。程子所言"不一而足", 何獨於師說而病之乎?

〈第三條〉: "心, 氣也、物也。但就此物此氣上面指其德, 則理也, 聖賢所謂心, 蓋多指此也。"

此條, 向來與柳公同座, 指出以示。而柳公見之, 默然少間, 復執前說者也。【柳聖存同見。】具眼者可辨。○或疑此條指其"德則理也"一句。性可以當之, 心則依舊是氣也物也。殊不知性固是心之理,【心之實體。】而就此理上, 須看出性之知, 便是『中庸』所謂"聰明睿知"之知,【朱子說可考。】這是此心之所以爲四德之主宰也。此其極精微, 不可以淺心求也。

〈第六條〉: "心之一字兼包形、氣、神、理, 故有以形言, 有以氣言, 有以神言, 有以理言, 當隨文異看, 不可滯泥。"

第三條, "心物也一語", 說心字本名目, 已明白, 此又詳著心字全部。所蘊完備, 周足而无滲漏。其示學者, 看出古人說心之法, 又極亭當無弊。此朱子歿後, 前輩道不到處, 虛心求之可見。

〈第八條〉: "心是火臟而爲一身之主、萬事之綱, 何也? 曰'陽爲陰之統, 上爲下之主, 火爲陽之盛上之極, 故爲五臟百體之主, 卽天日統照萬物之象也', 『書』曰'亶聰明作元后', 亦理也。在上者必照下, 照下者非至明不能。火性炎上而至明, 故火精在天則爲日而照臨萬方, 在人則爲心而主宰萬事, 同一理也。"

此云, "心是火臟", 而下文云云, 與「形而」下篇〈第十四、五條〉, 同意, 孰謂先師不知心爲形而下之物乎?

〈第十條〉"天無二帝, 心無二君。"

曰帝、曰君, 若是形而下, 則是主宰者氣也。上面又討出"理以爲主", 則是天有二帝, 心有二君也。二帝、二君, 果可爲千古定論, 否乎?

〈第十八條〉“如喫飯着衣, 喫着心也, 飯衣理也。以理言之, 則喫着理也, 飯衣 亦理也; 以氣言之, 則喫着氣也, 飯衣亦氣也。看花折柳亦如此。”

此與〈第四條〉同意。皆理到之言, 千聖復起, 不可易也。若曰“飯衣獨爲理, 而喫着專是氣。”, 則是理之於物, 有在有不在。『中庸』言“費而隱”, 何也?

〈第二十二條〉: “天統地, 故天專言則道也; 神統鬼, 故神專言則理也; 心主百體, 故心專言則人極也, 其義一也。”

天專言之則道, 本程子語也。天, 積氣也, 而專言之則可謂之道, 何獨至於心與神而疑之? 先生以理言心, 旣曰“專言之則本訓之爲氣爲物”, 自如也。

〈第二十四條〉: “心包形、氣、神、理。形陰而氣陽, 形而下之器也; 神用而理體, 形而上之道也。形乃心之所舍, 氣乃心之所乘, 神乃心之妙用, 理乃心之本體。物皆然, 心爲要。是故於形、於氣、於神、於理, 皆可以言心。但理先氣後, 理通氣局, 理帥氣役之分, 造次不可亂, 此則只爭毫髮。”

此條所論, 盛水得住, 毫髮無憾。但形氣神理之辨, 勉齋以神屬氣; 先師以神屬理, 勉齋先賢也; 先師今儒也。炎凉常情, 是先賢而非今儒, 何足怪乎? 然朱子旣言“神是理之乘氣出入”, 而以全作氣者爲誤, 則隨其所言地頭。或屬形而下; 或屬形而上, 各有攸當, 並行不悖。今欲一切屬氣, 而病先師之言, 無乃不公之甚乎? 心旣不公, 更說甚道。

〈第二十六條〉: “心要天覆地載, 何盡何窮? 道喜縷析毫分, 愈詳愈味。”

此條見先師之學, 心與理內外不偏, 鉅細相涵,【全書所載, 雅言所入。此類“不一而足”矣。】果認心爲理便休, 而不恤其流於異學者乎? 寃矣寃矣。

〈第三十二條〉: “重教問: 先生嘗言‘心有以理言, 有以氣言, 各有發明, 不可偏主。’竊觀近日講說, 以理言者居多, 以氣言者絶少, 如何?’ 曰: ‘須看所對而言者如何耳。吾若對陸、王二氏, 則又當苦口說心卽氣也。’”

此條柳公親聞於函丈, 而手錄之者也。尙可曰先生不知心之爲氣爲物乎? 尙可曰不知天理, 專認此心爲主宰, 而流於異學乎?

「心一」〈第十二條〉: "心之爲職, 虛靈知覺也。所謂虛靈知覺者, 天下萬理無所不具, 天下萬事無所不管也。是物存主於一身而統該萬化, 實爲一身之生道, 不可頃刻之不存、毫忽之不察也。誠之者, 存心之道也; 明之者, 明理之道也。學之爲道, 惟此兩段事而已。"

知覺之知, 卽『中庸』"睿知"之知, 與性之知一箇知,【朱子語。】其於性, 爲小德之大德者也。但其能覺者, 是氣之靈,【亦朱子語。】故可屬形而下。若幷與所覺者, 心之理,【亦朱子語。】包括性之德而爲主宰者,【卽所謂小德之大德。】一例屬氣, 則考之未詳, 而自信太遽之過也。

〈第十三條〉: "心能虛靈不昧者, 理也。雖曰虛, 而今不能無塞; 雖曰靈, 而今不能無頑; 雖曰不昧, 而今不能免乎有時而昧者, 有氣故也。"

此"心"字, 指物而言。此"能"字, 朱子"理有能然"之能, 所以能是惻隱者, 理也之能也。先生豈無所稽據, 而直任胷臆之所裁者哉?

「仁應」〈第八條〉: "心之知覺, 卽天地之神也。知覺初動處, 卽天地之神初動處, 其得失邪正不可不愼。"

觀於此言, 先生說神說知覺, 非專屬之理而恃之者, 亦皦然矣。

〈第九條〉: "知無不知, 覺無不覺, 理之通也。知有所不知, 覺有所不覺, 氣之局也。"

"知無不知, 覺無不覺", 卽『中庸』所謂"聰明睿知", 包括仁義禮智四者之德, 以時出之者也。故曰理之通也。"知有所不知, 覺有所不覺", 如告子"生之謂性"。其所謂"知覺", 不越乎"食色"之類, 而於性善之實理, 瞑然無所悟也。如釋氏本心, 其所謂"知覺", 不越乎運水搬柴。凡干作用, 而於天理當然之則, 懵然無所見也。如姚江致良知, 其所謂"知覺", 不越乎親親、敬長之題目, 而於卽事、卽物, 窮其所當然與其所以然者, 昧然無所省也。故曰氣之局也。【衆人日用, 曉此味彼傚此。】知此則知先生之說, 見其發前賢之所未發, 而未見其流弊之爲異學也。

〈第十條〉: "智有知覺無運用。未發時知覺不昧, 體也; 已發時知覺分明, 用也。到惻隱時交付仁, 到恭敬時交付禮, 到羞惡時交付義, 到是非時還他本分。"

此與陳北溪說智意同。【陳氏曰: "是是非非之懇惻, 則知之仁也; 是是非非之得宜, 則知之義也; 是是非非之中節, 則知之禮也; 是是非非之一定, 則知之智也。"】蓋北溪, 朱門高弟, 親承微言者也。所見之及此, 宜矣。先師生於千載之遠, 無師友之傳授, 而所見脗合相契如此, 則其資稟之高, 造詣之深, 儘非諸儒之所及矣。學者, 當虛心熟講, 未可以近日儒者而易之也。

〈第十一條〉: "心外無性, 性外無心。心之知覺, 卽性之知覺; 性之知覺, 卽心之知覺, 安有各爲二物之理? 但曰心之知覺, 則包含惻隱、恭敬、羞惡而言, 故較大, 自主宰言之故也。曰性之知覺, 則對待惻隱、恭敬、羞惡而言, 故較小, 自界分言之故也。"

此二條。卽朱子所言"睿知"之知, 禮智之知, 便是一箇者也。一箇知也而才說睿知, 則是專言之知; 而見包括四德之妙, 才說性之知, 則是偏言之知。而爲專言者之準則, 在仔細看。

〈第三十三條〉: "朱子曰, '道義別'而言, 則道是物我公共自然之理, 義是吾心之能斷制者, 所用以處此理者也。義卽性也, 亦可以理言。今曰處此理者是義也, 則亦無以理處理之嫌乎?"

朱子此說, 本於程子"在物爲理, 處物爲義"之訓也。今譏先師之說心者, 未知遇着此等處, 要當如何區處, 無可奈何, 只得並與程、朱而携貳也。

明德章句以"具衆理"之訓, 及雲峯胡氏"智則心之神明所以妙衆理", 及番易沈氏"智者涵天理動靜之機"之說, 俱無以理具理, 以理妙理, 以理涵理之嫌。蓋心與理相對說當如此, 心與性相對說亦如此, 道與德相對說亦如此, 細究聖賢之訓, 無往而不如此。

此一節, 可以見具衆理, 非如以器具水, 卽就一理上, 以一涵萬之妙。可以見以理說心。非認氣爲理。卽就一性上。分别出一箇是主宰, 而一箇是準則; 一箇是妙用, 而一筒是實體之妙, 平心細玩, 自可渙然。但今日物情不合己見處, 雖程、朱之訓, 不可得力, 況胡、沈之言乎? 此繫時運之否, 病伏垂死, 只有浩歎而已。

1-2-3

「독화서선생아언讀華西先生雅言」(『重菴集』別集 卷7)

해제

1) 서지사항

김평묵(金平默, 1819~1891)이 1887년에 지은 논설. 『중암집(重菴集)』 別集卷7에 실려 있다.(한국문집총간 320)

2) 저자

김평묵(金平默, 1819~1891)으로, 자는 치장(稚章), 호는 중암(重菴)이다.

3) 내용

이 글은 스승 이항로의 아언(雅言)을 편집한 『화서아언』을 읽고, 그 일부분에 대하여 본인의 생각을 담은 글이다. 김평묵은 이선생께서 '심을 이(理)로 설명한 것'은 기(氣)를 이(理)로 오인하거나 사물을 법칙이라고 오인한 것이 아니라고 주장하였다. 또 "성체(性體)에서 주재·묘용을 토론하는 것은 어떠한가?"라는 혹자의 질문에 대하여, "공자는 하나의 인(仁)만 말하였으나 성의 전체가 다 거론되어 빠진 것이 없으니, 이는 성의 사덕과 주재·묘용이 모두 인에 있는 것이 아니겠는가?"라고 설명하였다. 또 유치정(유중교)이 공자의 "마음이 하고 싶은 대로 해도 법도에 어긋나는 일이 없게 되었다[從心所欲不踰矩]"는 말을 인용하여 '심은 바로 기(氣)'라는 증거로 삼은 것에 대해서, 『화서아언』에서는 "이(理)와 기(氣)가 합일되었을 때엔 공자의 '마음이 하고 싶은 대로 해도 법도에 어긋나는 일이 없게 되었다'와 같게 된다"고 했으니, "이를 보면, 이선생께도 심이 기임을 잘 알고 있었다."고 주장하였다. 다만 "심과 구(矩)를 대비하면 심은 당연히 기에 속하는 것이지만, 심은 또한 주재와 묘용의 뜻을 지니므로 오로지 기로 규정할 수 없음을 알아야 한다."고 강조하였다.

1-2-3 「讀華西先生雅言」(『重菴集』別集 卷7)

李先生說心, 有以理言, 非認氣爲理, 指物爲則。就此物此氣上, 指其不離乎此物此氣而言耳。然其所謂“以理言”, 有總擧全體者, 有以主宰言者, 有以妙用言者。【以主宰言, 而準則在其中; 以妙用言, 而實體不能外。】在人仔細看, 如釋氏、陸氏、王氏, 只管信心爲理, 而不見其實體。【告子“生(知)[之][5]謂性”亦然。】是以日用之間, 都無準則, 一切是內而非外, 卒於猖狂自恣, 而不可入堯、舜之道也, 是安可同年而語乎?

心, 氣也、物也, 其理則性也。纔曰性, 則是太極之全體, 不待假借而自足也, 此固朱子之所嘗言也。【如“性是太極渾然之體, 其中含具萬理”之類。】就此全體, 討出主宰、妙用, 還他是心, 則與性相對, 見心全而性分, 心綱而性目, 心鉅而性細, 此亦朱子之所嘗言也。【如“性可逐事言, 心則擧全體”之類。】其實兩說, 互相發明, 不相爲病也, 患在氣驕心麤, 强辨求勝, 不能如是細究也。

或問: 就性體討得主宰、妙用者, 是如何?
曰: 前此已言其槪矣。【心說本義末條。】程子不曰“仁專言則包四者”乎? 仁是心之全德, 包四者在其中。故仲尼只說一箇仁, 而性之全體, 悉擧而無遺。此非性之四德, 其主宰、妙用, 還在於仁乎?「樂記」不曰“天高地下, 萬物散殊, 而禮制行矣”乎? 夫子告顔淵, 不曰“克己復禮爲仁”乎? 觀「樂記」之言, 知一禮字與天地準矣; 觀夫子之言, 知一禮字有以盡夫心德之全矣。此非四德之主宰、妙用, 還在於禮乎? 朱子不曰“道義別而言之, 則道是物我公共自然之理, 義是吾心之能斷制者, 所用以處此理者”乎? 心之所以處此理, 以一義字蔽之。此非四德之主宰、妙用, 還在於義乎?『中庸』不言睿知包此四德, 以時出之乎? 聰明指耳目之德, 則睿知非指心之德乎? 小註朱子不曰“睿知與禮知之知是一箇”乎? 心之未發而此知不昧, 心之已發而此知分明。惻隱之時, 交付仁; 恭敬之時, 交付禮; 羞惡之時, 交付義; 是非之時,

---

5) (知)[之] : 저본에는 “知”로 되어있으나, 『孟子』에 의거하여 ‘之’로 수정하였다.

還他本分。此非四德之主宰、妙用, 還在於智乎?『中庸』說三達德, 不曰"行之者一"乎? 朱子不曰"一者誠"乎? 又不曰"四德之信, 猶五行之土"乎? 爲仁、爲義、爲禮、爲智, 卽此眞實心地, 一以貫之。此非主宰、妙用, 又在於信乎? 合是而反復詳玩之, 則縱橫錯綜, 融會貫通, 而方信李先生之以理說心。據此而言, 實與心、氣、性、理之云, 無毫髮之逕庭矣。

問: 如此則朱子之說四德, 有曰"仁與智包得, 義與禮包不得", 此言何謂也? 曰: 朱子固曰"仁知元貞, 是終始之事"。這兩頭却重, 如坎與震, 是始萬物、終萬物處, 此所謂"仁智之包得"也。禮則只是仁之宣著底, 義則只是仁之收回頭底, 此所謂"義禮之包不得"也。若就五行之性, 而各自專言, 則莫非太極之全體, 無彼此饒乏之殊矣, 又豈可執此而概之乎? 大底講論道理, 各隨地頭而求之, 則聖賢同異, 觸處洞然。言各有當, 滯於一隅而概之, 則人言之來, 遮攔拗橫, 出口入耳, 只資爭端而無補於爲己之地, 至爲可戒也。

稺程書, 引夫子"從心所欲不踰矩", 爲心是氣之一證, 以此枝梧師說。今按『雅言』, 有曰: "理氣合一時, 如夫子'從心所欲不踰矩'云云。" 觀此安見其心之爲氣, 李先生瞑然不知耶? 第須知以矩對心, 心雖當屬氣, 而這心字亦是兼該主宰、妙用, 又不成專是氣。

『雅言』曰: "知無不知, 覺無不覺者, 理之通也; 知有所不知, 覺有所不覺者, 氣之局也"。語錄又曰: "心不能視聽言動者, 氣之局也; 心能管視聽言動者, 理之通也。" 此兩條十分理到, 程、朱復起, 不可易斯言矣。今欲以無不知覺而能主管者一並屬氣, 則是氣亦通底物事, 烏得謂之"理通而氣局"乎? 至是雖栗翁定論, 其勢不容不枝梧矣, 不思甚也。

心之虛靈知覺, 語其迹則氣也, 語其所以然則理也。然謂虛靈知覺以理言者, 非謂其準則, 乃謂其主宰也, 非謂其實體, 乃謂其妙用也, 豈得以名目是氣之故幷此爲氣乎? 故謝上蔡以知覺訓仁, 朱子非之, 不過曰"可以見仁之包乎知矣, 非仁之所以得名之實也", 未嘗言"知覺氣也, 不可以訓仁"。其曰"知覺智之事", 曰"所覺者心之理, 能覺者氣之靈", 則又以見夫知覺初非單氣無主宰之物也。又曰: "睿知之知、禮知之知是一箇。但睿知較大", 則是又以知覺之知屬之理, 而主管夫性之四德也, 虛心細玩, 則皦然矣。然其所謂理者, 旣曰特言其主宰、妙用, 則性之四德, 無時不包括, 無處不照管。使夫所謂"性命之正", 流行於日用之間, 無所壅閼, 而形氣之私, 悉皆聽命而不貳, 則此與告子"生之謂性", 禪家認昭昭靈靈爲理便休者, 果可同日而語乎? 以此持華翁則無所難矣。

1-2-4

「기성전야화記星田夜話」【丙子】(『重菴集』卷38)

해제

1) 서지사항

김평묵(金平默, 1819~1891)이 1876년에 쓴 대화록. 『중암집(重菴集)』 권38에 실려 있다. (한국문집총간 320)

2) 저자

김평묵

3) 내용

이 글은 김평묵과 임헌회가 명덕본심설에 대해 토론한 대화록이다. 이 대화는 임헌회가 죽기 2개월 전에 이루어진 것으로 임헌회의 현실인식과 대응에 대한 입장 또한 잘 나타나 있다. 서두에서 김평묵은 명덕본심설을 두 가지로 해석하였는데, 심성혼륜설(心性渾淪說)로 보면 심은 마땅히 리로써 말한 것이고, 심성분개설(心性分開說)에 의하면 성은 리이고 심은 기라고 정리하였다. 혼륜설에 대해서는 심은 성이고 성은 심인데, 하나의 불이 타오르고 있는 경우로써 예를 든다면 밝은 것은 열기가 있고, 열기에는 밝음이 있는 것과 같다고 하였다. 그러나 분개하여 말할 때는 심은 령(靈)이고, 성은 실(實)이며, 령(靈)은 주재함이 있고, 실(實)은 준칙이라고 하였다. 주재는 하나의 강(綱)이고, 준칙은 세목인데 마치 하나의 불이 타오르고 있는 경우에 비유되며, 밝음을 열로 바꿀 수 없고, 또한 열을 밝음으로 바꿀 수 없는 일이라서 김평묵은 저들이 심성(心性)을 리기(理氣)로 간주하여 두 물건으로 이해하고 있는 것은 잘못이라 하고 비판하였다.

1-2-4 「記星田夜話」【丙子】(『重菴集』卷38)

星田, 竹院師生說明德本心大意, 謂心性渾淪說, 則心當以理言固也; 分開說, 則性自是理而心自是氣也。【記昔韓立軒運聖之言, 亦如此矣。】 余則謂渾淪說時, 心是性、性是心, 如一把火明底是熱底、熱底是明底。分開說時, 心是靈底, 性是實底; 靈底是主宰, 實底是準則; 主宰是一是綱, 準則是萬是目. 如一把火明不可喚做熱, 熱不可喚做明。蓋彼之所云者, 以心性作理氣兩物看, 故如彼說。吾之所云者, 以心性作一物看, 都屬他理, 而以氣言心者, 乃此主宰、準則所乘之器, 而當就別處言之云, 故如此說。此其一南一北, 不可歸一之骨子也。

余不見星田翁二十三年。今年八月, 因孫息婚事而至燕岐, 故訪至其家, 道語舊故驩甚, 因留宿劇談, 至夜半。

星田忽曰: 明德理氣之爭, 何不提起?

余笑曰: 我之不能使公爲我, 猶公之不能使我爲公, 說之何爲?

因問曰: 一天無二帝, 一身無二主, 豈非古今定理乎?

星田曰: 然。

曰: 心爲一身之主, 故得天君之名。今以心爲天君矣, 又欲避主氣之斥, 倡性爲心宰之說, 則是一身而有二主也。公於此復有說乎?

星田曰: 心之所以爲天君者, 以性爲之主也, 性譬則天王也, 心譬則大臣也。

曰: 然則周公雖大臣, 可得爲周室之天王矣。周公得天王之名, 則其與曹瞞之挾天子, 以令諸侯無異, 而又或甚焉。豈非乖逆之大者乎? 於此望下一言。

曰: 譬喩不可如是拖長。

曰: 性爲心之天王, 心爲性之大臣, 則張子所謂"心統性情"者, 豈不與之相矛盾乎? 謂氣統理, 則烏在其性爲之宰, 而以大臣而統天王, 是成何樣世界乎?"

星田曰: 統字不可看得太重。

曰: 朱子云"統", 如"統兵"之統, 此說又當如何區處耶? 朱子又曰"心也者, 性情之主", 今曰"大臣者, 天王之主", 則說得通否?"

星田言: 本心若曰理, 則"心具衆理"云者, 是以理具理也, 以理具理, 豈得成說?
曰: 心之虛靈, 綱也; 衆理, 其細目也, 以綱具目, 奚爲不成說? 且如公言"程子曰'冲漠無眹, 而萬象森然'畢具, 冲漠理也, 萬象亦理也。" 朱子曰"性是太極渾然之體, 其中含具萬理。太極理也, 萬理亦理也", 此可以以理具理難之乎?
曰: 性具萬理, 冲漠具萬象, 誠如兄所言, 至如虛靈具衆理, 如以器具水, 不得一例看。
余曰: 然則『中庸』言達德、達道, 至誠、盡性, 誠自成、道自道, 至德、至道, 大小綱目, 每每相對說, 公以曰德、曰誠, 屬之氣而無疑乎?
曰: 單說氣則不可, 亦是帶氣說。
余曰: 如公所主全是氣也, 何得謂帶氣? 這便是遁, 仍發一笑。又問末章"不顯維德"、"予懷明德", 這德字宜與『大學』所言"明德", 無二致, 而下文以"上天之載, 無聲無臭"結之, 公以"無聲無臭", 是說氣無聲臭耶?
曰: 凡看文字, 各隨其地頭, 『太極解』"無聲無臭", 是說理無聲臭也; 此所云"無聲無臭", 是說氣無聲臭也。
余曰: 然則末章所言"無聲無臭", 程子以末復合爲一理爲言, 胡雲峰以周子所言"太極本無極"當之, 何也? 彼皆不足信耶? 如是反復終不合, 仍及他說焉。

星田曰: 吾嘗以老兄爲知己, 以近日書觀之, 似若不相知者然。
余曰: 試言之。
曰: 今日之事, 誠可哀痛, 然聖人有言, "思不出其位"。又曰: "不在其位, 不謀其政。" 朱子曰"身不出則言不出", 尤翁亦云"此如處子未嫁, 不當干夫家事", 某所執守者此也。而老兄前書病其泯默, 豈知己之事乎? 時輩以我爲怵禍而然, 區區平生雖無足言, 其不爲禍福所牽, 自謂證在天日。
余曰: 士類之所疑, 不但謂怵禍, 至謂諧世取寵。乃若平默則固知兩言之爲寃, 故每向士友解之曰: "此老泯默, 非有他心耳。特爲孔、朱、宋數言所拘, 固執而不回也。" 雖然, 諧世取寵之疑, 公有以召之矣。
曰: 可得聞乎?
曰: 公之名位隆重, 和洋以前事也。但和洋之後, 錫賚如彼其蕃庶, 而不過循例疏辭而已。循例之辭, 豈有還收之理? 優批不許, 則終不免冒受而享之。蓋公之坐地雖不可出位, 論事陳辭之章, 豈不能微示其意, 觸忤時意, 使向後一銜官、一斗米, 不復入門, 而吾得以少免貴焉之耻耶? 公既不能辨此, 當洋氛縱橫, 天地蔑貞, 好惡稍正, 輒皆廢屈之日, 獨能享此寵渥, 雖欲無衆疑, 固已難矣。而平默獨保其無他, 斷之曰"此老之病, 特在固執而已"。此其相知之實也, 而公猶云云, 不亦異乎?

星田笑曰: 固執何病, 君子所患, 在執之不固。

余曰: 固執上須有擇善二字, 苟不擇善, 所謂執一賊道, 如何得不病?

星田曰: 公安知某不能擇善?

仍相與大笑。

星田又曰: 兄所謂"微示其意, 觸忤時意", 殊涉機變之巧, 非白直道理, 恐不可從。

曰: 以此杜絶寵利, 何害於白直?

星田曰: 孔、朱、宋三夫子之言, 守身之定法也, 不可踰閑, 思伯一隊叫閽之擧。只爲不識此義, 所以不敢謂十分道理。

余曰: 三夫子之言, 守身之常法也。今日有可言之義云者, 救患之權宜也。今日許入洋寇, 使靑邱一葉靑, 並被淪沒, 則是所謂純「坤」世界, 而自有天地以來, 刱有之變也, 千里衣裳之族, 豈容無一人開口者乎? 公以一世儒宗, 越視不言而顧病此輩, 豈非執一乎? 崔台極言而被囚殛, 執事泯默而享寵利, 安得無外疑乎? 朱子雖曰"身不出則言不出", 而其「答石子重」之語則又開儒生可言之路, 何嘗一於適莫而無權乎? 顔子之於聖師, 不幸遇害於匡人, 則朱子引胡氏說以爲當上告天王而復讐。夫子七尺之軀被其殺害, 且不可膠守, 身不出則言不出之常法。況夫子萬世之道一日殄滅而無遺, 其重又何如, 而只欲膠守常法耶?

曰: 權非聖人不能用, 是朱子定論也。

余曰: 朱子此言, 蓋謂非聖人之萬理明盡, 則權其輕重者, 『易』至於差云耳。豈禁絶其用權之義乎? 若欲禁絶, 使不得言權, 則孟子曰"權然後知輕重", 又曰"嫂溺不援, 豺狼也", 又曰"執中無權, 猶執一也", 又曰"金重於羽者, 豈鉤金輿羽之謂哉?" 程子曰"易變易也, 隨時變易, 以從道也", 朱子曰"道之所貴者, 中; 中之所貴者, 權", 又曰"君子雖不肯枉尺而直尋, 亦未嘗膠柱而調瑟", 是皆禁止學者但誦聖人之能事者乎! 故先師華西翁嘗言"有聖人獨行之權, 有衆人通行之權"。"聖人獨行之權", 事係重難, 行係疑殆, 登天入地, 只爭毫髮。學未至於義精仁熟, 未可輒用, 不若守經之爲寡過也。若其如冬裘夏葛、飢食渴飮之類, 明白無疑, 易知易從者, 通乎百姓之日用, 而不可一日無者也。權者權輕重, 使合於義者也, 無權則輕重莫料, 所行失宜, 而所謂常經可守者, 在在破壞, 豈非賊道之大者? 夫子所謂六言六蔽, 許氏所謂孝悌忠信、仁慈禮讓而敗國亡家, 及陸氏之尊德性而罵問學, 王氏之致良知而惡格致, 皆是無權而致害者也, 此不可以不深思也。

曰: "聖人獨行之權"、"衆人通行之權", 是一權, 豈有二致?

余曰: 以理言則一, 以事言則二, 豈容無別?

曰: 然則老兄何爲不一言, 而內則推諉思伯, 外則厚責鄙人也?

余曰: 思伯一隊, 旣已奮起爲此學, 則可言之義如右所陳, 故不欲止之, 又或從而贊成矣。執事則雖牢守東崗, 鄒鄒自樂, 曾經臺省, 位至貳卿, 則其義又與白身幼學有間, 故終始云云矣。至於平默素行, 雖不足言, 旣本白身之賤, 則與執事之名位, 隆顯不同矣。又與年少氣銳, 據自來方外伏閤故事, 奮然衆起者, 微有差別, 況其時在先妣禫服之中, 何可伏闕露章也? 此義亦與柳穉程講之, 不爲不熟矣。

曰: 名位雖加, 一不敢受, 與老兄之白身, 有何毫分揀別而云爾?

余曰: 告身不得還, 追榮不得辭, 士夫稱任大憲、任祭酒, 小民稱某官、令監而不得禁, 豈得與鄙人一般? 且欲全然自同於白身, 則哲宗大喪, 不服白衣笠、白布帶, 而服衰從事, 同於搢紳諸公, 何也?

星田屢言: 自家數世不顯, 朝無親黨, 只有金尙書在顯一人爲切戚而不相往來, 並與書牘問訊而無之, 蓋分疏諧世取寵之說也。

余曰: 吾謂公執, 不謂公諧世取寵, 此則勿疑也。若以此疑公, 則豈有近日懷公之詩乎?

仍誦傳其詩曰: 玉立星田老, 鉢傳天德公。人間知寡合, 物外樂長終。綠竹挺寒雪, 黃花耐急風。逢秋增萬感, 滄海兩衰翁。

星田請手書, 揭之座壁, 戲謂曰: 吾當偃然自居天德傳鉢之學, 綠竹黃花之節, 而夸耀於後世, 吾今受賜於知己朋友厚矣。已而遽曰此不可夸人, 看末句"滄海兩衰翁"之云, 此爲分半自居而發也。

余不覺拍掌而笑, 因謂曰: 公無諧世取寵之心, 鄙人豈不百口保之? 但當如此時節, 得如此寵利, 明是循例丐辭, 只屬文具, 都無一言半句, 微示其意。杜絶寵賚之路, 則人之疑之, 不可家喩而戶曉也。且瓜田李下之嫌, 不知所以避之, 則家喩戶曉, 亦何益之有? 鄙人所以奉憂者此也. 况虞廷亦有戒敖之語, 區區奉勖, 望不爲異。

星田笑曰: 以禹自處, 而以丹朱待人可乎?

曰: 非以丹朱待公, 以大舜待公, 於公謚矣。

仍相與大笑而罷。

星田夜話, 余其時歸, 卽悉錄如右。追後細覽, 則其中間一語, 覺有疎脫處。蓋星田以“微示其意, 觸忤時意”云者, 爲機變之巧, 而非白直之道, 則答語須更仔細說破, 而倉卒應口, 止曰以“此杜絶寵利, 何害白直”, 則語意傷急而不足以曉人。蓋與今日朋友講說, 雖注脚又添注脚, 尙恐不入, 今乃引而不發, 何望其領會也? 思之悔恨。或問當時欲仔細說破, 宜如何爲說。曰: “須是說與辭本大意, 當云臣不敢冒受賞典, 又有說焉。臣與崔益鉉坐地不同, 故語默各異。然益鉉正月之疏, 臣之所見, 大致亦不異, 則臣是未言之益鉉, 而益鉉是已言之臣也。以未言之故, 得逭嶺海之行, 已是萬幸, 而又蒙是富之典, 則四方之士, 必相與唾罵曰‘渠受國厚恩如何, 而當此危急存亡之會, 見人以正言獲罪, 遂泯默取媚, 而得此賞賜云爾’, 則臣雖喙長三尺, 無以自明矣。” 如是云云, 則只此示意, 已足以大忤於時, 而杜絶寵利之來矣。且不但杜絶寵利於自己分上爲脫灑, 宗盟士林之地, 如此立脚, 則內而門人子弟, 外而國中衣冠, 稍愛身名者, 其論議向背, 不至如今日之乖剌矣。當時意思蓋如此, 而未及攄發耳。○又念田, 事作之後, 沈靑陽景珪【琦澤】以爲余犯朋友數之古戒紛紛, 貽書深責之, 此則知言也。余與星田, 託交二十餘年, 往復之間, 曾見有幾箇說話相合者乎? 子夏曰“君子信而後諫”, 余之見信, 果能自保其可諫, 而不召謗己之疑乎? 顧乃不自量度, 強聒如彼, 星田之賢, 固不至於憾怒, 其門人諸子推尊爲大聖大賢者,【徐以大聖人之踐形盡性, 擬星田, 田以顏子之服膺『中庸』推之。】 豈不從傍而切齒乎? 樞機之發, 榮辱之主, 所以動天地者也, 而輕易妄發, 使黨類潰裂, 而卞莊子得以行計於後, 噬臍何及, 噬臍何及! 此則雖向沈友負荊而謝之可也。戊寅臘月日, 龜山人追書二條, 以補前說之未備, 以著尙口之可悔云。

或問: "朱子、石子重問答云云, 是說學官也。子謂朱子開儒生可言之路, 無乃照管之失乎?" 曰: "學官如胡安定授伊川學職, 宋孝宗, 除魏艮齋太學錄, 皆是也。此與白身韋布, 所爭幾何? 故尤翁引此云'朱先生許儒生論列此', 見「答朴和叔」書, 可攷而知也。"

1-2-5

「상매산선생上梅山先生」【丁未十二月晦日】(『重菴集』卷5)

해제

1) 서지사항

김평묵(金平黙, 1819~1891)이 1847년 홍직필(洪直弼, 1776~1852)에게 보낸 서한. 『중암집(重菴集)』 권5에 실려 있다. (한국문집총간319)

2) 저자

김평묵

3) 내용

이 글은 김평묵이 홍직필에게 보낸 편지의 별지이다. 김평묵은 스승인 이항로의 벽사론을 이어 서학 특히 기독교를 강하게 비판하였다. 이 글에서 그는 서학인 '기독교를 배우는 것은 죄인이기 때문에 이를 접했다는 사실만으로 주살할 수 있다.'고 명기하고, 이것이 성리학을 숭상하고 이단을 물리치는 근본이라고 강조하였다.

1-2-5 「上梅山先生－別紙」【丁未十二月晦日】(『重菴集』卷5)

別紙

原書"心有主宰"云云, 謹當書紳, 而別紙質問, 并蒙垂誨, 靡復餘蘊, 幸甚幸甚。但"無妄"是誠字註脚, 而洋胡三誓之辭, 陰竊而文其姦, 四勿聖學之宗旨, 而李瀷乃以洋『七克』之書當之。李於午人, 稱以巨擘, 而猶尙如此。況餘人驟聽其可辨歟! 竊嘗聞洋學罪人, 鞫問之時, 罪人傅會近似, 而騁瑣屑之辭, 則刑官不能明辨其所以爲邪者如何, 所以不可行者如何, 而硬說爾學邪妄, 爾罪當誅。故卒無以默其口厭其心, 開一世之冥頑, 誅之愈多, 而犯之愈衆, 竟至滔天而不可止。於斯時也, 又假其無妄、四勿之說, 惑一世之耳目, 則其爲禍豈特聃、竺之近理亂眞而已哉? 妄意恐是如此, 而下敎謂『七克』三誓, 適足爲誑惑誘引之資斧, 未可比擬於聃、竺之近理亂眞, 則是以洋說爲淺陋而易之也。先覺有言, 料敵貴愡不貴驕, 今於洋胡, 何以異焉? 此其終不能無疑者, 乞賜更敎焉, 崇正學爲闢異端之本。此敎實符乎孟子反經之論, 亦當服膺, 而第聞朱先生雅言, 則曰: "不直內而求外之方, 固不可。然亦未有今日直內而明日方外之理。" 此恐可以相喩, 故如此煩稟。伏不審先生復以爲何如也。

1-2-6

「답유치정答柳穉程」【心說源委辨○丁亥】(『重菴集』卷20)

해제

1) 서지사항

김평묵(金平默: 1819~1891)이 유중교(柳重敎: 1832~1893)에게 보낸 서한. 『중암집』 권20에 실려 있다.

2) 저자

김평묵

3) 내용

이 글은 김평묵이 유중교의 「심설원위(心說源委)」를 읽고 논평한 것이다. 유중교는 홍재귀와의 문답서한을 토대로 자신의 심설을 정리해서 「심설원위(心說源委)」를 짓고 김평묵에게 질정을 구하였다. 이에 김평묵이 20항목을 뽑아 논평을 부기하여 보낸 것이 바로 이 답서, 「심설원위변(心說源委辨)」이다. 홍재귀와 유중교가 문답한 내용은 『성재집(省齋集)』 권16 「왕복잡고(往復雜稿)」 〈여홍사백 별지(與洪思伯 別紙)〉에서 확인할 수 있다. 김평묵은 「심설원위(心說源委)」의 대부분이 유중교 자신이 자기 견해를 앞세우기에 급급하여 경전의 의미를 제대로 살피지 못한 것이거나, 전수받은 선사(이항로)의 학설에 어긋난다고 비판하였다. 가령 공자가 "잡으면 보존되고 버리면 없어져서 나가고 들어오는 것이 때가 없어, 그 방향을 아는 사람이 없는 것은 오직 마음을 말할 것이다."라고 한 것에 대해 주자는 "이것이 곧 심의 체용이 주류변화(周流變化)하고 신명불측(神明不測)한 묘(妙)이다"라고 해석하였다. 유중교는 여기에 대해서 "진망(眞妄) 양단을 겸한 것을 총괄하여 심이라고 하니, 그 체단(體段)을 대략 알 수 있다"고 하였다. 김평묵은 공자가 심을 논한 취지는 심이 신명불측(神明不測)하고 만변(萬變)을 발휘(發揮)하고 인극(人極)을 세운다는 체용(體用)의 측면을 말한 것인데, 유중교가 취지를 제대로 살피지 않았다고 비판하였다. 또 주자는 또 "인심이 묘불측(妙不測)하며 출입에 기기(氣機)를 탄다"고 한 바 있는데, 유중교 말대로 심이 곧 기라면 '기가 곧 기를 탄다'는 말이 되므로 심이 기(氣)이고 물(物)이라는 규정은 잘못된 것이라고 하였다. 김평묵에 의하면, 선사가 평소 리로서 심을 말한 것은 곧 『중용장구(中庸章句)』의 "예지(睿知)가 리가 된다"는 것과 『역학계몽(易學啟蒙)』의 "심이 태극이 된다"는 말의 주석과 같은 의미인데, 유중교는 예지를 심으로 보지 않았다.

유중교는 주자의 "심이란 것은 사람의 신명이고 뭇 이치를 갖추고서 만사에 응하는 것이다"라는 명제가 심의 본분에 대한 정훈이라고 하면서, "사람의 신명"은 정자가 말한 곡종(穀種)이고 "뭇 이치를 갖추고"는 생과 성의 전체이며, "만사에 응한다"는 것은 양기(陽氣)가 발한 것이라고 하였다. 이에 대해 김평묵은 이 명제가 주자의 정훈인 것은 맞지만 "사람의 신명"은 명덕(明德)인 "허령불매(虛靈不昧)"가 전적으로 기(氣)에 속함을 표현하기 위해 구태여 바꿔 쓴 것이라고 비판하였다. 유중교는 신명이란 몸을 주재하고 만사의 벼리가 되어 인극을 세우지만 또한 멀리 달아날 수 있는 것이므로, 심이란 것이 믿을 수 없음이 이와 같고 믿을 수 없을 것을 형이상자라고 할 수 없다고 하였다. 그러나 김평묵은 심이 멀리 달아나 믿을 수 없는 것은 기가 있기 때문이고, 잡아 보존하여 능히 한 몸의 주인이 되어 만사의 벼리가 되게 하는 것은 리가 있기 때문이라고 하였다. 그런데 이런 양면을 다 고려하지 않고 믿을 수 없다고 한다면 대순(大舜)이 말한 도심(道心), 맹자(孟子)의 양심(良心), 본심(本心), 측은지심(惻隱之心) 등은 모두 믿을 수 없는 것을 믿는 것이니 오류가 된다고 논박하였다. 이 밖에도 유중교는 "심위태극(心爲太極)"은 심이 주재가 된다는 것을 말하고 "심구태극(心具太極)"은 심이 성을 갖추고 있다는 것을 말하는데, "심위태극"을 주장하다보면 이단의 폐에 흘러 들어갈 수 있어 "심구태극"을 견지하는 것이 낫다고 하였다. 이에 대해 김평묵은 "심위태극"과 "심구태극"은 상수(相須)하는 설로 모두 잘못된 것이 아니며, 심구태극에 치우친 것이 오히려 올바른 이해가 아니라고 하였다.

1-2-6 「答柳穉程」【心說源委辨 ○ 丁亥】(『重菴集』卷20)

舜命禹曰: "人心惟危, 道心惟微。" 竊謂經傳言心, 自此始發端, 要識心字本分地頭者, 政宜於此求之。蓋專言心而釋之以人之知覺, 則是合理氣未揀別之稱, 只得喚做物。至加人字道字, 然後乃見其所主而發者是理是氣耳。

所論誠然。但"合理氣未揀別處, 只得喚做物", 先師之見, 元來如此, 故曰"心氣也、物也"云云。左右目見其文, 編之於『雅言』, 而追爲此說, 歸先師於不知之科, 何也? 此僕之所深疑者也。

孔子曰: "操則存, 舍則亡, 出入無時, 莫知其鄕, 惟心之謂與!"【朱子「答石子重」書曰: "孔子言'操則存, 舍則亡, 出入無時, 莫知其鄕'四句, 而以'惟心之謂與'一句結之, 正是直指心之體用, 而言其周流變化、神明不測之妙也"云云。又「答程正思」曰: "所示孟子數條, 大槩得之。但論心處, 以爲此非心之本體。若果如此, 則是本體之外, 別有一副走作不定之心。而孔、孟敎人, 却舍其本體, 而就此指示, 令做工夫, 何耶?" 「答蘇晉叟」書意亦同。】夫子此言, 旣非只說心之病, 而乃是正說心之體段, 則於此亦可以識心。蓋操而存時, 固天理之眞; 而舍而亡時, 卽私欲之妄也。兼眞妄兩端, 揔謂之心, 則其爲體段略可見矣。

所示"兼眞妄兩端, 揔謂之心"者, 亦恐急於伸己之見, 而不察此節之意也。蓋夫子此言, 特形容此心之所以神明不測、發揮萬變, 而立人之極也。本體自來如此, 所謂理之妙用也。若夫舍之而亡, 則由其人之放失此心而然, 豈心之本體合下有是病也哉? 請更潛玩。○ 仍記感興詩, "人心妙不測, 出入乘氣機"云云。若曰"心專是氣, 不可復謂之理", 則是人心直是氣機, 如何道"以氣乘氣"耶? 此亦更當入思也。

又曰: "吾七十而從心所欲不踰矩。"【朱子於『或問』, 云云。】又曰: "回也, 其心三月不違仁, 其餘日月至焉。"【『語類』"以屋喩之"云云。】聖人之心, 有存而無亡; 顔子之心, 存多而亡少; 諸子之心, 存少而亡多矣。然踰與不踰, 違與不違, 至與不至, 則一般是物, 而其曰矩曰仁者, 乃是物當然之則也。

先師何嘗喚心爲則, 而有是辨耶? 恐當抱寃於地下矣。○又按"從心所欲不踰矩", "其心三月不違仁", 大分則心之與矩仁, 有物則之分。然就心上看, 則心之睿智須爲之主宰, 所以能不踰不違, 以『中庸』三十一章, 考之可見。

孟子曰: "人之於身也, 兼所愛。兼所愛, 則兼所養也, 無尺寸之膚不愛焉, 則無尺寸之膚不養也。" "體有貴賤有小大。無以小害大。無以賤害貴。" 觀此則心與百體, 其爲體於吾身則一也。【雖神明, 亦不害爲體。】 特大小貴賤, 有不同耳。

心亦百體之一也。圓外竅中者, 形也; 精爽所聚者, 氣也。故先師旣言心物也, 【見上。】 又曰"心包形氣神理", 此豈不大煞明白乎? "雖神明, 亦不害爲體"云者, 固有恁地說時矣。但神者理之發用, 而乘氣以出入, 朱子所以正杜仁仲全作氣看之誤也。"神明亦體"之云, 高明所以襲杜仁仲全作氣看之謬也。於己不便, 則雖朱子之言, 亦不之顧, 直令人惶恐也。○又念心若一以形體言, 則心反爲小體矣, 烏得謂之大? 奉呵奉呵。

又曰: "耳目之官, 不思而蔽於物。" "心之官則思, 思則得之, 不思則不得也。" 心之以思爲職, 猶耳目之以視聽爲職。惟其所職有通局之殊, 所以其體有大小之等耳。

「洪範」曰"思曰睿", "心之以思爲職", 心之睿知也。『中庸』以心之睿知、耳目之聰明, 幷仁義禮智爲五者之德, 則知耳目物也, 而聰明則形而上之德也; 心物也, 而睿知則形而上之德也。先師平日以理言心, 卽指此睿知而言也。若曰"耳則耳也, 而聰不是耳; 目則目也, 而明不是目; 心則心也, 而睿知不是心", 則識者必冷笑矣。

又曰: "人心之所同然者, 理也義也。理義之悅我心, 猶芻豢之悅我口。" 心之以理義爲然而悅之, 猶口之以芻豢爲美而悅之。惟其所悅, 有公私之異, 所以其體有貴賤之品耳。

所悅有公私是何故? 公底是理之本然, 私乃是氣之專擅。○又按此章理義註,程子曰: "在物爲理, 處物爲義。" "在物爲理", 理之則也; "處物爲義", 心之用也。然則所謂義者, 亦形而下之氣耶?

又曰: "存乎人者, 豈無仁義之心哉?" 又論"萬鍾不辨禮義而受之"者, 曰:"此之謂失其本心。" 仁義心、良心、本心, 卽大體之得其本職者, 從其所悅者也。

"大體之得其本職"云云, 這一語是大病。以愚觀之, 惟此心志得其本職, 從其所悅, 故名之曰大體, 此正是理之本然也。若失其本職, 不從所悅之時, 是空殼子方寸, 曾是以爲大體乎? ○ 又按程子以仁義之心, 與仁義之氣相對說, 仁義之心果卽是仁義之氣, 則又何得恁地分說?

又曰: "盡其心者, 知其性也。"【『集註』曰: "心者, 人之神明"云云。"存其心, 養其性", 『集註』曰"存謂操而不舍"云云, 小註"朱子曰'存心者, 氣不逐物'云", 章下註"'程子曰'云云, '張子曰'云云"。『語類』"劉用之論'降衷之說'云云, 張子曰'由太虛'云云"。】 此言心與性之分也。言盡其心, 則須以其本然全體者爲準; 言存其心, 則須就其存亡、出入處加工。故上下文解說, 隨而少異矣。性之爲理, 則未嘗有異也。至若程子三言、張子四言, 固是就一理上推說, 將一箇太虛細分。而以朱子所論參考, 則心字本面目, 又略可見矣。

心字本面目之爲氣爲物, 前說已悉之, 今不復贅。所引『語類』諸說, 爲心專是氣, 性專是理之證者, 則亦以獻、昭陵之說爲對也。但『語類』也有講論時未定說話, 也有記錄時多少得失。若於本註正釋及其他發明正釋之語, 凡出於手筆定本, 或看得不仔細, 或掩諱而姑舍之。只就『語類』, 又揀出其適己可證者, 以爲伸己禦人之資, 則豈復有了期, 而又何益之有乎? 似此不爲穉程願之也。

告子曰: "生之謂性。" 孟子答之云云。【『集註』: "生指人物之所以知覺運動者而言。" 饒氏曰: "知覺運動, 總言則都是精神"云云。章下註曰: "性者, 人所得於天之理也; 生者, 人所得於天之氣也"云云。朱子「答汪長孺」書曰: "道無方體"云云。又「答陳才鄕」書曰"但要學者, 見得性與知覺字義不同"云云。】 朱子於性與生, 旣大分作形而上下說。其論神靈知覺等字, 每以所謂生者當之, 而戒學者之或迷於上下之界, 此意宜深體之。

高明信以先師爲不能深體於朱子此戒而云云耶? 先師若謂凡言知覺皆理也,

則誠不免爲告子之同浴矣。歷考『全集』, 何嘗有一言似此者乎? 隨其本文, 不得不以理言處, 亦要一切禁防, 果朱子之意乎? 神靈二字, 非所以言性, 固朱子之訓也, 太極至神至靈, 獨非朱子之訓乎? 兩皆朱子之訓, 則隨其所言地頭, 求見其各有攸當可也。今乃引一而諱一, 何也?

程子曰: "心譬如穀種, 生之性便是仁, 陽氣發處乃情也。"【陳氏曰: "人心是物"云云。】穀種, 摠擧爲物之全體而言, 生之性, 卽是物中所具之理也。

程子此條, 亦獻、昭陵之說也。第所憤悱者, 『中庸』"聰明睿知, 足以有臨", 睿知二字, 如何區處? 此當幷屬之氣而無疑乎? 若欲並屬之氣, 則聰明二字, 亦幷屬之氣而無疑乎? 然則朱子於物則註, 以慈孝之心, 爲父子之則; 聰明之德, 爲耳目之則, 何耶? 向來面晤, 提起睿知爲主宰之說, 而高明俛無可否, 何耶? 幷此剖示。

又曰: "心要在腔子裏, 外面有些隙罅, 便走了。" 心在腔子裏時, 所謂生之性者, 於此可見矣。乘隙罅走作時, 便是空殼子。

若言名目, 則心是物, 性是則。前言已竭, 不欲段段爲先師分疏矣。第有所問, 朱子有曰: "'一陰一陽之道', 就人身言之, 道是吾心。'繼之者善'是吾心發用, 如惻隱羞惡之類是也; '成之者性'是吾心之理, 所以爲仁義禮智是也。" 此言當如何區處。"道是吾心"四字, 當在揮斥而無疑乎? 請示之。○又按生之性可見時, 便見睿知爲主。性體昭著, 可當道是吾心之名。才走作時, 心失本體, 非復先師所謂心也。

又曰: "聖人本天, 釋氏本心。"【朱子「答張敬夫」書曰: "釋氏豈不見此心, 豈不識此心, 而卒不可與入堯、舜之道者, 正爲不見天理, 而專認此心以爲主宰。故不免流於自私"云云。】此訓政宜着眼深省。然所謂天者, 亦豈在此心之外哉? 蓋亦主性主心之分也。

"不見天理, 專認此心以爲主宰", 吹釋氏已冷之灰, 未知先師何處說爲然乎。先師以理言心者, 不過『中庸章句』睿知爲理之意, 與『易學啓蒙』心爲太極之註脚也。名目之爲氣爲物自如也, 以此比而同之於釋氏, 則朱子分受其咎矣, 豈非先師之榮乎？高明數十年函丈，一世皆知其爲高弟，而一朝隱然以釋氏之本心誣先師，使之抱寃於地下。如此，則如艮田輩只憑傳聞之說，而斥之以釋氏，斥之以陸、王，無復顧忌者，何足深怪乎？

又曰: "心也、性也、天也，一理也。自理而言，謂之天; 自稟受而言，謂之性; 自存諸人而言，謂之心。" 此言心者，卽本天而言心也。心與性同稟於天，同存於人，而特於心而言"存諸人"者，心是此理之主於身，而做得一活物者也，所以有穀種之譬也。

先師說心，果卽本心而言，如釋氏無疑乎？"存諸人而言，謂之心"，固是"此理之主於身，而做得一活物者"，然乃若所指則理之存諸人，非謂其血肉火臟存諸人也，非謂其氣機精英存諸人也。考其文義大煞明白。

朱子曰: "心者，人之神明，所以具衆理而應萬事者也。" 此是朱子說心之本分正訓也。"人之神明"，卽程子所謂穀種; "具衆理"，是生之性之全者也; "應萬事"，乃陽氣之所發也。

"'人之神明，所以具衆理而應萬事'，此爲朱子說心之本分正訓"則然矣。第"神明"，卽『大學』註"虛靈不昧"之變文也。"虛靈不昧"，朱子旣曰說"明德"，意已足而明德之以理言。來諭前此，亦無異同矣。然則今於"神明"，苦要專屬之氣，豈不自相逕庭乎？欲勿逕庭，則明德亦須一依時說，斷斷以氣之本當之可矣。何故？在彼則謂理，在此則爲氣也。○又按: 穀種之譬，先師心包形氣神理之云，可以當得，只神明二字當不得。

又曰: "心之爲物，至虛至靈，神妙不測，常爲一身之主，以提萬事之綱。一不自覺而馳騖飛揚，以徇物欲於軀殼之外，則一身無主，萬事無綱。" 又作「求放心齋銘」，首言"天地變化，其心孔仁，成之在我，則主于身。其主伊何？神明不測，發揮萬變，立此人極"，而其下卽繼之云"晷刻放之，千里其奔"。上所謂人之神明者，旣能主一身綱萬事，以立人極，而又能馳騖飛揚，千里其奔。大抵心之爲物，其不可恃者，如此矣。凡屬乎形而上者，未有不可恃者也。

心之能馳騖飛揚而不可恃者，有氣故也。操而存之，則能爲一身之主，以提萬事之綱者, 有理故也。今執馳騖飛揚之罪, 並與操存有主而謂之不可恃, 則是大舜之言道心, 孟子之言良心、本心、不忍人之心, 程子之言"惻隱之心,人之生道", 皆是不可恃而恃之者也。其可乎, 不可乎? 心固不可恃, 心之本體有善無惡者, 亦不可恃乎?

又曰: "道體無爲, 人心有覺。" 又曰: "心如官人, 性如官法。" 又曰: "性無不善, 心有善惡。" 心與性相對, 與心與性情相對, 體面不同。朱子論心性之別, 大槩只是如此, 卽物與則之分也。其論心統性情者, 有數種面勢, 叙列在下。

"心如官人, 性如官法", 果"物與則之分"也", 先師復起, 當以獻、昭陵之說應之矣。"人心有覺", 先師以爲一己之活本; "道體無爲", 先師以爲通物我萬古之公物也。蓋以人心有覺, 斷爲一己之活本, 而不肯隨衆屬氣者, 有見於鉅細相涵之妙也, 有見於睿知二字, 爲能盡其性之主也。來諭物則之說, 恐不能服地下之心也。"性無不善, 心有善惡", 則然矣。所可疑者, 高明開口便說心有善惡, 而心之本體, 有善無惡之訓, 掩諱而不擧, 何也? 昔南塘見洛中前輩論"未發心體之純善", 則一筆句斷, 斥之爲釋氏本心之見。愚嘗憫之以爲如此, 則程子心本善之訓, 亦當謂釋氏之見乎云矣。蓋此老急於伸己之說, 而程子此等之訓, 則都欲掩諱, 殊不知我雖掩之, 而他人之目, 不可偏揜也。今高明之病又如此, 令人苦痛。

又論程子"其體則謂之易"【云云】之語, 曰: "其體則謂之易, 在人則心也; 其理則謂之道, 在人則性也; 其用則謂之神, 在人則情也。所謂易者, 變化錯綜, 如陰陽晝夜, 雷風水火, 反覆流轉, 縱橫經緯而不已也, 人心則語默動靜變化不測者是也。體是形體也, 言體則亦是形而下者, 其理則形而上者也。"【朱子「答楊子直」書曰: "天地之間, 只有一動一靜兩端循環不已"云云。又「答吳德夫」書曰: "靜而此體已具, 動而此用實行, 則爲易一也"云云。又「答吳晦叔」書曰: "易變易也, 兼指一動一靜、已發未發而言之也"云云。】
朱子言心性情名位, 引易道神爲說, 如此類者最多。觀此則心只是神明知覺之周流變化, 而屬乎形而下者, 性與情卽其裏面實理之體用, 此是一種面勢也。

心字名目爲形而下, 先師之所已知而已言也。高明雖終日如此說, 地下之靈,必呵呵大笑, 無謝過之理矣。以愚觀之, 則程子既以“上天之載無聲無臭”爲起頭, 則全條所言, 只是發明太極之流行也。“其體則謂之易”, 是言太極之形體也; “其用則謂之神”, 是言太極之妙用也, 以下倣此。然則先師以心謂理, 猶以鳶魚爲道體, 鬼神爲實理相似, 有何可疑?

又曰: “如仁義禮智, 是性也。孟子曰: ‘仁義禮智, 根於心。’ 惻隱、羞惡、辭讓、是非, 情也, 孟子曰‘惻隱之心、羞惡之心、辭讓之心、是非之心’。以此言之, 則見得心可以統性情。一心之中, 自有動靜, 靜者性也, 動者情也。” 觀此則心與性情, 卽是一物, 而有分言合言之異耳。蓋上條所言心性情, 以心對性情而言也。此條所言心, 是包性情而言者, 而其言性情, 則皆據心而言者, 所以有不同也。此又是一種面勢也。

對性情言底, 有以氣言處, 有以理言處; 包性情言底, 有以氣言處, 有以理言處。當各隨文看, 不可執此排彼。

又曰: “情之未發者, 性也, 是乃所謂中也, 天下之大本也。性之已發者, 情也, 其皆中節則所謂和也, 天下之達道也, 皆天理之自然也。妙性情之德者, 心也, 所以致中和、立大本而行達道者也, 天理之主宰也。” 觀此則性情之自然者爲田地, 而心主其主宰之妙, 總言之, 皆天理也。此又是一種面勢也。然於性則直言“是乃所謂中也”, 於情則却言“其皆中節則所謂和也”。是知情有中節不中節, 不可直以情爲天理而與性一例看也。惟心亦有正不正, 所謂妙性情致中和、立大本、行達道, 特其至正者耳。若論心字本訓, 則不可直喚做天理亦與情一般矣。

此段止一種面勢, 所論得之。先師以理言心, 正是有見於此耳。其於上條二種面勢, 尋常罕言者, 以世儒所共知所共言, 無事於疊牀。且急於救世儒主氣之弊, 不得不然也。高明於此一段, 說得旣分明, 則正好各隨本文看, 何乃無事中生事, 使先師被枉, 而一邊人得以藉口, 而爲劃地埋殺之勢也? 此所以胷中勃勃也。下文所論亦是矣。但“至正者耳”四字上, 加“本體之”三字, 如何? 竊覸高明諱言“本體”而云“至正”者, 要說他本體合下有善惡耳, 殊不知程子“心本善”之訓, 朱子“心之本體有善無惡”之訓, 昭在本書, 畢竟諱不得。此恐高明心地不白直處, 切乞猛省而速改之。心字本訓, 喚做天理。先師無是說, 前既屢言之, 問諸水濱可也。〇又按: "心主其主宰之妙"一句, 却恐有病, 既有主宰之妙, 而又有爲主者, 則是頭上覓頭, 而心成二主也。只改云"心爲之主"似穩矣, 如何如何?

又趙致道謂"心爲太極", 林正卿謂"心具太極"。致道擧以爲問, 先生曰: "這般處極細難說。看來心有動靜, 其體則謂之易, 其理則謂之道, 其用則謂之神。" 直卿退而發明曰: "先生道理精熟, 容易說出來, 須極至。"【『大全』「答陸子靜」書曰: "太極固未嘗隱於人, 而人之識太極者少矣。往往只是於禪學中, 認得箇昭昭靈靈能作用底, 便謂此是太極"云云。】"心爲太極", 言心之包性情, 而爲之主宰者, 卽是在人之太極也。以前三條言之, 卽其下二說者是也。"心具太極", 言心中所具之性, 是太極也。以前三條言之, 卽其上一說者是也。"這般處極細難說", 言二說俱通, 各有攸主, (政)[定][6]難左右也。其引易道神之語以結之, 則畢竟以"心具太極"爲斷案正訓也。蓋"心爲太極", 固有此理, 而語意少欠曲折。守其說者, 或認昭昭靈靈能作用、有眞妄者爲太極, 則有流入異學之弊, 不若"心具太極"之語爲顚撲不破也。勉齋默認指意之所存, 故歎美之如此。〇愚陋舊日說心動不動, 固亦言有以理言, 有以氣言, 而至論其本分地頭, 則每以形而上之理當之, 比來却覺未穩, 略加整理。前既有「心與明德上下之說」, 今復抄出「古聖賢說心源委」, 凡數十條, 逐條各附一兩語, 以識所以改見之由, 用備日後檢省之資云爾。〇右伏呈重庵先生講座, 乞賜批誨。

"心爲太極", 本邵子語, 而朱子取之, 爲『啓蒙』"易有太極"之註脚者也。萬一此說有弊如盛見, 則朱子豈肯取之於『啓蒙』, 而與周子之訓相聯也哉? 然則"心爲太極"四字, 後學不容妄疑。『語類』此條, 心有動靜以下, 本於程子之訓。但此條所引, 與程子本語, 主意少異。程子本語, 以"無聲無臭"起頭, 則一以貫之, 是大極爲主; 此云"心有動靜", 則一以貫之, 是心之動靜爲主, 此又不可不知也。大抵以此以彼, "心爲太極""心具太極", 二說相須。而本體之爲理, 名目之爲氣, 兩皆有發明, 而不相爲病。來諭所謂"二說俱通者"然矣。若以蒼

---

6) (政)[定]: 저본에 政으로 되어 있으나, 『省齋先生文集』卷16 「往復雜稿」에 의거하여 定으로 수정하였다.

頡造字時, 心字名目言之, 則“心具太極”爲正訓者, 亦然矣。第謂先師不知名目之爲形而下物事, 則誣矣。其下以“心爲太極”爲欠曲折, “有流入異學之弊”者, 則非小小得失, 眞所謂“駟不及舌”也。心本理氣之合, 高明之見, 亦未嘗不然矣。旣曰理氣之合, 則或用之於說氣, 或用之於說理, 各隨立言地頭, 俱無不可, 粗解文理者, 可以知之。今於說氣, 則必以“斷案正訓”許之, 其於說理, 則黽勉僅許, 而旋以“欠曲折、啓流弊”難之, 何也? “心爲太極”, 朱子謂指一而無對者而言也。一而無對之中, 兩分則仁義,【陰陽太極。】五分則仁義禮智信,【五行太極。】分之又分則萬物萬事之理, 都該在心爲太極裏面, 所以爲起經綸之主也, 何故謂之欠曲折而有弊端也? “或認昭昭靈靈能作用、有眞妄者爲太極, 而流入於異學”, 是不善讀者之事也。豈可以此歸咎邵、朱已明已備之訓乎? 以理言心者, 獨有流入異學之弊, 而以氣言心者, 保無天壤易處之憂乎? 只此一言, 其爲不公不平亦甚矣。鄙人前日心字名目, 每以形而上當之者, 特因自家錯認師說, 犯程子扶醉漢之戒耳, 先師何嘗有此失耶? 設有語次閒, 不檢“心是氣也、物也”一句, 見其爲本意之大證耳。乞更十思, 無令艮田輩人, 雀躍而藉口也。

1-2-7

「답유치정答柳穉程」【戊子三月二日】(『重菴集』卷21)

해제

1) 서지사항

김평묵(金平默: 1819~1891)이 1888년(戊子)에 유중교(1832~1893에게 보낸 서한. 『중암집(重菴集)』 권21에 수록되어 있다. (한국문집총간 319)

2) 저자

김평묵(1819~1891)으로 자는 치장(穉章), 호는 중암(重菴)이다.

3) 내용

이 글은 김평묵과 유중교가 심설(心說)에 대해 갈등과 분열된 견해를 봉합하기 위해 왕래한 편지글이다. 김평묵은 스승 이항로와 같이 심(心)을 리(理)로 규정하였지만, 유중교는 심(心)을 기(氣)로 규정하여 스승의 학설과 충돌하며 갈등을 촉발시켰다. 이후 학파의 분열이 일어나자 1888년에 유중교가 두 설을 절충하여 김평묵에게 편지를 보내자, 김평묵도 갈등을 마무리하기 위해 심설 논쟁을 중단하며 수습하고자 하는 모습을 보여 주고 있다.

1-2-7 「答柳穉程」【戊子三月二日】(『重菴集』卷21)

示諭縷縷, 不勝瞿然, 分裂之說, 自再昨年, 已有根柢, 非昉於心說葛藤之後也。雲瑞之責, 可發一笑。吾兄資性和平, 雖事有可怒, 不見忿厲之容, 朋友之所共知也。此哀遽信少輩風傳便謄書疏之間, 率易甚矣。但此哀不但於吾兄如此, 客歲再書責弟之辭, 不翅如郢書燕說, 答紙略爲分疏, 而不甚見省, 謂當於春間曳纔入山, 只得面破耳。仍竊惟念, 事已至此。兄我閒, 何言不罄也? 高明近日見疑於物論, 而受責於此哀者, 固因此漢之狂妄, 而高明之踈忽不謹, 亦有以召之也。曾、孟、程、張數夫子, 實繼周、孔道統之傳者也, 其地位何如也? 今考之『禮記』, 則曾子之言所記, 或不無得失。『孟子』七篇, 是自著之書, 而論才處其意少疎, 被程、朱所指摘。二程之言, 見於本集『易傳』者, 朱子種種有異同之論, 張子"淸虛一大, 形潰反原"之類, 亦被程、朱指議。先師雖爲今世之山斗, 千言萬語之中, 豈能無小小照管之失乎? 第在門人後學之地, 則朱子於孟子論才處, 引用程子之說於章下註, 而自謂"陰補其未備", 此見講明義理之中, 尊畏前輩之義, 並行而不相悖也。其於曾子、張子之差, 亦只從容商量, 而無暴露突過之意, 此皆昭然可考也。况今在親炙之地, 遽作數十條, 遍示諸人, 致令廣布, 而不恤諱賢之義, 實與陰補之意相反。使疇昔之堵立四方, 睢盱先師者, 如得奇貨而爲藉口之端, 則不思甚也。况又以老洲, 爲群言之折衷, 而絀先師之說者, 又於彼此考之未詳, 而適足以悅世儒之心也。於此縱令所見, 千是百當, 不免於不韙之譏, 况未保其必是乎? 是以當初不勝驚駭, 作書以奉規焉, 則來示斷斷自是。無反求之意, 而遽以心公理直知罪俟後之語拒之, 則其虛驕又甚矣。至於潭上之會, 則積阻之餘, 欣喜之心勝, 豈得以峻激相加也? 然語次間緊要去處, 未嘗一辭苟同, 至發以俟芭待我之語, 則其不全然和平, 可知也。吾兄以先師高弟, 德學名節, 爲世所重, 而種種授人以隙如此, 講說之際, 豈能無指摘病痛而發憂慮之言乎? 時有一少輩習於軟熟, 猝聞其說, 看作大事, 卽就雲瑞有所云云, 則雲瑞亦於分裂之說, 略有風聞, 至是大故驚怕, 至於鄙人, 再書而猛責之, 又於高明如之耳。其間曲折, 不過如此, 此宜自反猛省處, 不可一味自伸而惟人是尤也。西河之民, 疑汝於夫子, 亦以爲罪。倘西河之士類, 擧皆以子夏之學, 爲反復勝, 而睽異於夫子, 則曾子又當以爲如何也? 慮患之至, 敢布赤心, 千萬更思, 非此漢, 高明不得聞此痛切之言; 非高明, 此漢亦不敢以此等話頭及之也。

別紙
改本二帖, 倉卒不及仔細。然一言以蔽之, 只是"辨位正名", 則氣而非理之註脚, 而爲無對隻之訟也。至於神說, 則"神是理之發用, 而乘氣以出入", 亦是朱子之言, 而師說之所本者也。此一句終始諱而不省, 何也? 此等處每每授人以隙, 具眼者, 雖欲無睽貳先師之疑, 得乎? 千萬審省而亟改之, 不可嘵嘵自明便休也。先師本集, 今鬼事日迫, 精力實無以盡意檢閱, 思伯相去絶遠, 會合無期, 聖存懲前毖後, 似不肯入是非叢中。只合高明親自詳審, 若支節間小小出入, 則如『正蒙』中"淸虛一大"之類, 不曾見刪, 存之亦可, 神明以理言之屬, 旣本於朱子, 則斷不可以不合於盛見而輒去之也。妄意如此, 恭惟財擇, 圭甫又何短造如此? 十數年來, 稍知爲學向背得正者, 例必勦命, 非但此人爲然, 大關消長之運也。奈何奈何?

1-2-8

「여유치정與柳穉程」【戊子四月】(『重菴集』卷21)

해제

1) 서지사항

김평묵이 1888년에 유중교(柳重教 1832~1893)에게 보낸 서한. 『중암집』卷21에 실려있다. (한국문집총간 319)

2) 저자

김평묵(金平默, 1819~1891)으로, 자는 치장(稚章), 호는 중암(重菴)이다.

3) 내용

유중교는 「조보화서선생심설(調補華西先生心說)」이라는 글을 써서 김평묵의 인가를 받고자 했는데, 이것을 계기로 화서학파 내부에서 심설논쟁이 일어나게 되었다. 이 편지는 논쟁 과정에서 유중교와 왕래한 서신 중 한 편이다. 화서학파가의 분열되었다는 말들이 중외에 무성하며 실정을 벗어난 비방이 무수히 일어나고 있는 상황에서, 스승과 관계된 일에 대해 가만히 있을 수 없으므로 살펴달라고 하였다. 『아언』1조의 내용을 보면 선사의 심설이 물칙(物則)의 구분이 어두운 것이 아님을 분명히 알 수 있다고 반박하였다. 또 주자가 두인중에게 답한 내용을 인용하여 선사의 리를 위주로 하여 심을 말한 것이 전혀 상고해볼만한 것이 없는 것이 아니라고도 주장 하였다. 또 "선사를 '기를 리라고 오인했다'고 몰아가니, 누군들 그대의 마음을 의심하지 않겠는가?"라고 나무랐다. 유중교와 40여 년 동안 계분을 맺어 온 사이로 하루아침에 가볍게 절교하지 못하여 눈물을 흘리니, 그대가 잘 재결(裁決)하기 바란다고 하였다.

1-2-8 「與柳穉程」【戊子四月】(『重菴集』卷21)

春善回, 獲奉兩紙之誨, 伏慰伏慰。不審近日體履更如何? 汝聖刀圭徹否? 願聞。此漢奉書以後, 宿疾益添, 不可支吾, 如前詩所云矣。思伯二書及伯賢諸人聯名長書, 已具悉矣。蓋思伯之剛决傷急, 修辭不愼, 素所憂悶於心者矣, 豈料先進長德之前, 咆哮無禮, 至此之甚乎? 拳踢之衆起, 固其所也。蚤晩相逢, 不知如何叱罵, 可使悔罪而負荊也。老子命薄, 致令門墻後輩, 有此悖妄, 寢驚夢愕, 直欲無生也。第念此子之罪, 勘以凌長之律, 則無說可辭, 若以誣辱持之, 則無乃逐鹿而不見泰山乎? 分裂之說, 盛行於中外; 情外之謗, 衆起於板谷, 而至是伯賢之書, 滿紙嗔喝如此, 則是敢告下執事也。然關於此漢者, 只合無辨自修, 而安於衆寡强弱之勢, 不當呶呶嘵嘵, 益傷事體。惟事繫先師者, 則胷中勃勃, 不得全然無一言焉, 雖微賤狂妄之言, 少加垂察也。先師全集, 今不在此, 無以考檢, 『雅言』一部, 則此中亦得以尊閣矣。倉卒雖不得備擧悉辨, 其中一條, 有曰: "天統地, 故天專言之則道也; 神統鬼, 故神專言之則理也; 心主百體, 故心專言之則人太極也。是辨位正名, 則天也、神也、心也, 是形而下之物, 必也專言之, 然後乃謂之道, 乃謂之理, 乃謂之太極也。" 只此一條, 先師之說, 非昧於物則之分, 而吹告釋已冷之灰, 昭然可見矣。朱子「答杜仁仲」有曰: "神是理之發用, 而乘氣以出入者也。是辨位正名, 神雖是氣, 而氣不獨行, 須是理爲之主, 而乃有此妙用也。" 只此一段, 先師之主理而言神, 又非全然無稽可見矣。朱子又有曰: "性可逐事說, 心則擧全體。" 觀此則以理言心處, 心性相對, 則心一而性萬, 心全而性分。與別處說時, 心是氣性是理, 而性爲在人統體之太極者。彼此各有攸當, 互相發明, 而不可執此而廢彼, 以朱子而攻朱子, 又可見矣。心公眼明者, 可以立決矣, 今也不然, 似此明證。往復之間, 隱而不宣; 面破之際, 褎如充耳; 書質之時, 視若不見, 一直驅先師於認氣爲理之科, 而有許多相持, 則其授人罅隙甚矣。自非黨附之人, 孰不疑高明之方寸乎? 所以從前縷縷提醒, 而人微言輕, 不惟不槪於盛心, 因此積忤於諸賢, 幾作衆矢之的者也。若夫心說異同, 則大致本不相反, 更商者只是些子耳。今讀來示, 止曰"心說束之高閣", 而先師之爲寃, 終無一言解破之意, 則盛心所在, 誠有所不敢知矣。自玆以往，卞莊子之行計，夫亦孰能禦之？言之哀痛，不如速溘也。大抵思伯之無禮於長者，固妄之妄也，伯賢之書，亦未見其出於公心正見。蓋高明旣以認氣爲理斷先師，致求媚於世儒，而解仇於艮田，以資卞莊子之疑，而漫不自省，則爲伯賢者，當至誠規諫，期於改過。思伯設有誣辱之心，無痕可指，然後乃是愛師之實也。今不出此，始事唯諾而已。至是又不勝其“四有”、“五辟”之私，黨同伐異之習，首以誣辱師門罵之，中以心術險巇斷之，終引程、蘇事，歸之媢疾之科，則固已非其情也。自高明貳於師說之後，此漢妄引西河之民，疑汝於夫子之說以奉規，則高明視同黃小之亂，聒而不省。至是而伯賢之書，妄以調補師說之偏，爲高明分疏，而歸先師於眞箇認氣爲理之科，則其誣甚矣。其阿好之辭，至曰盡得其所傳於前聖賢者，而下文所以鋪敘而張皇之者，非程、朱地位，不足以當之。則巍巖所謂“風神氣焰，甚可敬服”者，正爲今日準備語也。然則此漢前書，西河士類以子夏爲反復勝於夫子者，不幸而爲先見之語矣。嗚呼！孰謂文中子之好高自大，不待日後之郊時，而敗露於當日親炙之徒乎？此是可羞之大者也。高明爲其領袖，正宜痛加辨責，反己改過。伯賢輩此等惡習，亟令拔本塞源之不暇。而今承來諭，止以“不識分量”斥此輩，則卽此四字，明是蓄憾於此漢與思伯，而爲抑中之揚，如范文正怪鬼之斥也。吾乃今日，仰悉高明之心矣，此漢托契於高明四十餘年矣。范、馬兄弟，不忍一朝輕絶，故竊附“垂涕泣而道之”之義，罄此衷赤，伏望裁處。書來若得遇雨之吉，則依舊是不食之果，謹當負荊詣門，以謝狂妄之罪。不然而外飾文具，內守己私，一味推波以助瀾，縱風以止燎，則縱不至於引義告絶，然只得以相知之分厚處之，觀善講習，不可如故。伯賢則與高明有間，自此相忘於江湖，文仲其本領汚不至此。恐被伯賢輩膚受，而着嘲於書末，有不可知。此則蚤晩須有一場面破，以觀其下回，若文好輩人，初不深責矣。統惟照會。

1-2-9

「답유치정答柳穉程」【戊子四月】(『重菴集』卷21)

해제

1) 서지사항

김평묵(金平默: 1819~1891)이 유중교(柳重教: 1832~1893)에게 보낸 서한. 『중암집』 권21에 실려 있다.

2) 저자

김평묵

3) 내용

이 글은 유중교가 평소 자신을 비판해온 홍재귀(洪在龜)를 성토하기 위해서 유중악(柳重岳)이 다른 이들과 연명(聯名)한 편지를 보낸 일을 꾸짖고, 이런 사실을 전한 것에 대해 답한 것이다. 홍재귀(洪在龜)는 김평묵의 사위로 유중교가 김평묵의 심설과 견해를 달리 하는 부분을 대변(大變)이라고 하면서 장문의 편지를 보내는 등 김평묵과 다른 입장에 변론하고 대항하는 것에 지나친 점이 있었다. 이에 유중교의 제자인 유중악이 이근원(李根元), 송민영(宋敏榮), 김영록(金永錄), 이소응(李昭應)과 연명(聯名)하여 홍재귀를 성토하는 편지를 보냈는데, 이를 안 유중교가 사문의 분규를 야기하고 평지풍파를 일으켰다고 유중악을 꾸짖고 편지를 찢은 일이 있었다. 유중교는 이 일을 김평묵에게 전하면서 유감을 표하였다. 이에 대해 김평묵은 시비곡직을 떠나서 홍재귀가 주자의 제자 포현도(包顯道)처럼 선배에게 무례하게 포효한 것은 큰 죄이나 유중악이 보낸 장서도 시비득실을 말하지 않을 수 없다고 하였다. 그는 유중악이 "서하(西河)의 선비들은 자하(子夏)가 부자(夫子)보다 낫다고 여겼다"는 말로 비판한 지점에 대해서, 오히려 그 말이 유중악에게 해당하는 말이며, 복교(福郊)와 복치(福畤)의 망작도 문중자(文中子)의 호고자대(好高自大)함에서 비롯된 것으로 오늘을 위해 준비된 교훈이라고 꼬집었다. 김평묵은 유중교가 스승 이항로(李恒老)의 학설이 기(氣)를 리(理)로 인식했다고 주장한 것에 대해 본문을 자세히 살피지도 않고 판단하는 오만한 고질병이라고 하였고 유중교 본인의 견해

조차 전후가 다르다고 비판하였다. 그는 스승의 학설을 다르게 보는 한 서로 의견이 같아질 수 없다고 하면서 별지에서 이항로 심론의 핵심을 분명히 하였다. 그것은 "천(天)은 지(地)를 통괄하므로 천(天)을 전언(專言)하면 도(道)요, 신(神)은 귀(鬼)를 통괄하므로 신(神)을 전언(專言)하면 리(理)요, 심(心)은 백체를 주관하므로 심(心)을 전언(專言)하면 인극(人極)이다."라는 명제이다. 김평묵은 이항로가 천, 신, 심이 형이하자라는 것을 몰랐던 것이 아니요, 형이하자이기 때문에 반드시 전언한 뒤 도, 리, 태극을 말할 수 있다고 한 것이라고 설명하였다.

1-2-9 「答柳穉程」【戊子四月】(『重菴集』卷21)

孫息歸, 旣承辱覆。今於雲卿便, 洊奉翰命, 仍審初夏經體康旺, 史編不住校勘, 滿心慰幸。平默病上添病, 苦楚俟溘而已。思伯學道幾多年, 向先進長德, 效包顯道之嘄,【咆哮無禮。】是非曲直, 姑舍勿言, 只此是大故駭妄。況此萬萬不似之身, 猥以擬之於君親相等之勢分, 而爲脅持先進之計者, 其罪又大。早晩相逢, 不知如何處之。伯賢一隊長書, 則得失、是非不爲無說。但此漢前書所云"西河士類, 以子夏爲反復勝於夫子"者, 覺其爲着題語, 則福郊、福畤之妄作, 實是文中子之好高自大, 有以啓之者, 恐爲今日而準備也。且高明近來心說, 自示同門諸公一帖, 至近日諸文字, 一直置先師於認氣爲理之科, 以致識者之疑, 所關非細。故此漢細考師說, 以明其寃, 而高明終始不回, 其視此漢屢次奉規之語, 若黃口之亂聒, 而一切不槩於心。及其風波大起, 爻象不佳, 則但曰心說姑且依閣云, 而了無自反省愆。密察師寃之意, 見於往復之間, 則高明之過, 亦不爲少矣, 而前頭狼狽, 竊恐其不可量矣。故姓不同兄弟之地, 不忍若是恝, 竊附垂涕泣而道之之義, 作爲長書, 逐條辨說, 說甚激切矣。書成更思之, 高明之傲然自是, 病入膏肓, 雖師說猶且不肯細考本文, 而工訶如此。況此醜差體段, 旣不能信在言前, 何苦徒取尙口之窮, 而增起諸君之怒乎? 故今且秘而不出, 略布其所以如右, 片片赤心, 何敢望垂察也? 相絶之言, 答孫息書, 謂少輩之妄發而已不坐視, 其然矢之則似矣。然姑示始終包容之意, 而殊無自反覺非之實, 則雖黽勉不絶而相見, 只敍寒暄, 中心却相楚、越, 則與相絶何別耶? 況先師之寃, 一向莫伸, 則其義又安得黽勉保合乎? 此則可笑之敎也。雲卿去, 草草作謝。

別紙

"天統地, 故天專言之, 則道也; 神統鬼, 故神專言之, 則理也; 心主百體, 故心專言之, 則人極也。"【『雅言』】師說未論其他。只以此條觀之, 知辨位正名, 則天也、神也、心也, 是形以下之物也, 必也專言之, 然後乃謂之道, 乃謂之理, 乃謂之太極也。先師果昧於物則之辨, 而吹告、釋已冷之灰者乎?

1-2-10

「답유치정答柳穉程」【戊子六月】(『重菴集』卷21)

해제

1) 서지사항

김평묵(金平默: 1819~1891)이 유중교(柳重教: 1832~1893)에게 보낸 서한. 『중암집』 권21에 실려 있다.

2) 저자

김평묵

3) 내용

이 글은 김평묵이 유중악의 연명편지와 관련한 유중교의 답서 내용 중 심설부분을 반박한 것이다. 유중교가 답한 편지는 『성재집(省齋集)』卷7 「왕복잡고(往復雜稿)」에 실려 있다.(〈상중암선생(上重庵先生)〉【戊子四月二十八日】) 유중교는 심(心)의 본분과 명위(名位)는 다만 형이하(形而下)에 의거하여 사물로 지목해야 하며, 이러한 견해는 이전에 편지에서 천(天), 신(神), 심(心)은 형이하자이므로 전언(專言) 한 뒤에 리(理)라고 할 수 있다고 설명한 부분과 완전히 일치한다고 하였다. 그러나 김평묵은 선사인 이항로(李恒老)가 리로써 신명을 말한 것은 기(氣) 위에서 리를 본 것으로, 유중교의 생각과 다르다고 반박하였다. 또 유중교는 선사의 설을 옹호하는 김평묵의 견해가 "현인의 일이 드러나는 것을 꺼리고 조용히 보충하는 것(휘현음보諱賢陰補)"이나, 그것보다는 선사의 뜻을 발휘하는 것이 낫다고 하였는데, 이에 대해서도 김평묵은 휘현음보는 현인의 일에 흠이 있을 때 쓸 수 있는 말인데, 선사의 설엔 흠이 없으므로 해당사항이 없다고 일축하였다.

김평묵에 의하면, 심을 기로 말한 것도 있고 리로 말한 것도 있다는 것은 본래 송시열의 말이었고 선사도 했던 말이다. 유중교가 지위를 분별하고 명칭을 바로잡는다면서[辨位正名] 심을 기(氣)나 물(物)로 규정한 것은 이와 다른 또 하나의 설일 뿐이다. 주자도 관점에 따라 리를 천(天)자로 설명하기도 하고 신(神)자로 설명하기도 했는데, 만일 선사가 리로 심을 판단한 것이 잘못되었다고 한다면 주자도 잘못된 것이다. 신이라는 것은 리의 용으로 기를 타고 출입하는 것이라 그 경계에 따라서 리로 간주할 때도 있고 기로 간주할 때도 있다. 형(形), 기(氣), 신(神), 리(理) 가운데 형, 기, 신은 형이하에 속하는데, 선사는 형과 기를 양청(陽淸)과 음탁(陰濁)으로 나누어 형이하에 소속시켰고 신과 리는 실체와 묘용으로 나누어 형이상에 소속시켰다. 이 두 설은 상수하며 상호보완적 의미를 지닌다. 신명을 심의 본체로 삼는 것은 주자설이지 선사가 처음 제시한 설은 아니다. 사람의 신명은 곧 『중용』의 “예지(睿知)”로 사덕(四德)과 만선(萬善)을 포함하고 만화(萬化)를 주재하니 이른바 ‘대덕돈화(大德敦化)’, ‘통체태극(統體太極)’과 같으니 유중교가 말하는 변위정명설로 어지럽힐 수 있는 것이 아니다.

김평묵은 유중교의 말처럼 이미 이 물(物)이 있고, 기(氣)가 있다고 한다면 반드시 준칙으로 삼을 만한 실체가 있는 것이니 이것이 리이며, 이미 실체(實體)와 준칙(準則)이 있다면 반드시 주재(主宰)와 묘용(妙用)을 말할 수 있으니 이것이 이른바 신이라고 하였다. 김평묵은 이와 같은 이항로의 심설이 경전에서 말한 바와 조금의 차이도 없으며 여러 훈고와 주자의 정본 등을 필사적으로 공부하여 자득한 결과라고 하였다.

1-2-10 「答柳穉程」【戊子六月】(『重菴集』卷21)

前書, 棘棘不下, 一襲舊套, 方切悚厠, 忽蒙去去月垂翰, 伏承體內珍護, 汝聖宿證, 得勿藥之占, 慰瀉亡已。卽日庚炎, 益復萬衛未? 匏繫殘喘, 只增仰戀。平默別無奉溷, 但値溽暑, 大故不耐, 非疇昔之比, 良苦良苦。兼且外則天地四方, 戰龍旣窮; 內則儒林一脈, 亡蜂相螫,【諺談。】歎息腸熱, 日夜祝願, 惟是速滏而無吪也。惟月前春也, 生得一男, 差慰老懷耳。下示滾滾, 我旣不能使公爲我, 公亦不能使我爲公, 辨之, 亦覺多事矣。尤齋先生, 點化草廬禮說而歸之曰: "處今之世, 與其呶呶, 無寧默默也。" 此言恐合今日受用。故臨紙欲敍安否, 便休矣。更思之, 執事儀形眉目, 猶夫故也, 一片靈臺, 亦何異焉? 浮雲一開, 則長安可見矣。故又此不訒夾紙, 敢陳其一二, 以執事之明通, 信能虛心遜志, 暫置是己非人之私意, 猛省平日之所纏繞者, 則群疑之亡, 不待遇雨, 而自不覺莞爾而笑矣。不是小事, 念之念之。李景器左顧, 不敢望也。設令賁趾, 向來抵思伯書, 言端若發, 則勢不免逐段理會矣。能改其强辨求勝之習否? 思伯自訟其不詳語意者, 指何而言也? 仍念思伯有些省身之工, 改過之言, 自其餘都不見有此本領, 運氣所關, 仰屋永歎而已。流汗艱草, 不成倫脊, 統希恕諒。

別紙

"重敎近日講說"【止】"少異於前耳"

當初示同門諸公帖, 見其朔南相左矣。今却云"太極有主宰之論, 猶夫前也; 明德主理之論, 猶夫前也。心有以理言, 有以氣言, 亦與前無別", 則不幸中幸也。但其本分名位, "據形而下者, 目之以物", 粗解文理者, 誰有不知而苦口費力, 遇人輒說, "自以爲平實而無弊", 何也? 古今說理者, 自非異端雜家, 孰有懸空說者乎? 周子說"無極而太極", 亦不過卽陰陽而指其本體不雜乎陰陽而爲言耳, 以此斷知先師以理言神明, 亦是氣上看理, 非如來敎所疑也。

"伏讀批誨"【止】"亦有其說焉"

"神也、心也, 是形而下之物, 必專言之, 然後乃謂之道。" 此述『雅言』所載而云, 非僕之說也。而今被來敎之印可, 則只此一段, 已見先師說神, 非昧於物則之分也。又況「天地篇」第十三條說神, 雖指此理之妙用, 而下文說事神、奉神, 則明是指物而言。「仁應篇」第八條, 言"心之知覺, 卽天地之神", 而次條因就知覺, 分別出理通氣局, 大煞明白。「神明篇」第十一條云: "心者, 理與氣妙合, 而自能神明者也。以理言心, 則心之所乘者, 氣也; 以氣言心, 則心之所載者, 理也。" 以理言心云云, 卽專言之說也; 以氣言心云云, 卽名目之說也。『雅言』有此數處, 則全集亦須種種可見, 無事於遷就而回護之也。此復何疑而如是拖長耶? 竊恐高明, 惡其妨己之說而匿之也。至於"諱賢陰補"云云, 當時鄙意以爲假令師說眞有欠處, 但當從容陰補, 不當便作大文字, 暴揚過失於四方云爾。曷嘗以爲先師眞有所失, 而可諱可補耶? 且詳來說所記, 上言擧世所知, 故不數數出於講說, 則是知其名目爲物之辭也。末乃云示諱賢陰補之義, 則是眞有幷名目爲理之失而可諱可補也, 何其首尾之不相應也? 大抵高明講說, 種種如此, 授人以隙而不自悟, 僕非昏睡不識四到者, 豈得苟爲唯諾乎?

"竊觀前輩"【止】"卽其眞面目也"

"心有以氣言, 有以理言", 本尤翁語, 而先師言必稱之。蓋辨位正名, 曰氣、曰物, 自是一說也。就此上面, 以理斷案, 又是一說也。隨其地頭, 言各有當, 不可執一而廢一明矣。只以鄙書所引證者言之, 如曰"天非有此道理, 不能爲天, 故蒼蒼者, 卽此道理之天", 如曰"神者, 理之發用, 乘氣以出入", 是皆朱夫子定論, 而上說, 則以理斷天字; 下說, 則以理斷神字。朱子豈不知本分名位, 則曰天、曰神, 是形而下之物而云爾哉? 今以先師之以理斷心爲非, 則朱子當分受其譏矣。高明於此, 復有說乎? 高明每於此等緊要處, 諱而不擧, 鄙人引證時, 視若不見, 聽若不聞, 蓋恐因此師說得伸, 而己說見屈也。只此一事, 已見方寸之中, 私意成痼而無白直之味, 更說甚道也。

"今不敢別引句語"【止】"其不駭然而滋惑乎"

高明果可以此數條, 斷先師之失而杜老夫之口乎? 神, 是理之用, 而乘氣出入者,故隨其地頭, 有喚做理時, 有喚做氣時。"形、氣、神、理"四分破, 自勉齋始, 而勉齋以形、氣、神, 並屬形而下, 先師以形氣分陽淸、陰濁, 而屬之形而下; 以神理分實體、妙用, 而屬之形而上。二說相須, 其義乃備。虛心潛玩, 見之非難。今急於伸己之說, 而以此爲辨位正名之公案則誣矣。其以神明爲心之當體, 又朱子之說, 非先師之刱見, 而與所謂"蒼蒼, 是道理之天", 所謂"神, 是理之發用", 同一意義也。今並指以爲辨位正名之公案, 則驟看近之, 而亦非先師本意, 直是驅率之欛柄也。人之神明, 卽『中庸』所謂"睿知", 包四德涵萬善, 主宰萬化, 所謂"大德敦化", 所謂"統體太極", 非可以辨位正名之說而亂之也。以此要作形而下之一物, 則名之不正, 言之不順, 果孰甚焉? 至如辛酉之書, 則當時未悉先師語意, 而惑於一邊士友之傳襲, 不識『中庸』"睿知"是心之全德, 包括四性, 這知字與性之智, 本是一箇, 但有大小之妙, 故只管膠守"心氣性理"一語, 阻搪師說, 則此非以"以理言之心"爲"氣"而何? 以名目是氣之故, 亂千聖之本旨, 追思千覺, 駭懼先師之嚴敎, 不亦宜乎? 如是相持又數年, 而因『雅言』之役, 悉取全稿而從頭反復, 然後脫然如大寐之得醒矣。執此而爲先師不知本名目是氣之證, 則豈不爲識者之冷笑乎? 遷就避嫌之云, 丁寧申戒如此, 乃知上文微示諱賢陰補之義云者, 正欲爲此語伏線也。但內自循省, 爲先師分疏者句句是依文摭實, 初無可諱之過, 又無可補之缺。何遷就避嫌之有, 妄自以爲, 九原可作, 先師當莞爾而笑? 外人後輩賢愚向背, 不一駭否, 何足計? 是皆可笑之敎也。

"貼紙先師答門下辛酉四月書"【止】"乞加省覽"

心本百體中一物也。分而言之, 則氣之凝聚者, 心之形也; 其發揮運用者, 心之氣也。【氣, 該本末、精粗而言。】旣有是物是氣, 則必有實體以爲之準則, 是則所謂理也; 旣有是實體準則, 則必有主宰妙用之可言者, 是則所謂神也。故朱子曰: "神者, 理之發用。" 又曰: "理則神而莫測。" 又曰: "太極至神至靈, 但其所乘者, 畢竟是氣, 則神字討出名目時, 不得不曰氣也。" 先師於此, 竭其兩端, 無偏詖之病, 果與「神明篇」第三條同意, 非但相發而已, 亦可謂發前賢之所未發, 庶幾同於性善養氣之功者矣。豈餘子之所能及哉?

"若謂以先師"【止】"伏幸垂察"

自此以下許多枝葉，不暇條辨，辨之亦無補於䚕，若黃小之亂聒也。惟是說先師所指以爲心者，元是與經傳所言心，微有不同。又云自有所見，不欲苟從先儒說，此其辭令，雖微婉遜順，其實隱然畫出，敢爲異論之。荀蘭陵一流人，其考之不詳，一任胸臆之所裁，而無所忌憚，至此則無復可望矣。噫！先師之於經傳諸訓、朱子定本，用死工夫，有以自得於心。故其言曰："聖人者，天之工䚕，而孔子最工者也；賢人者，聖人之良譯，而朱子尤良者也。" "尤翁謂'言言(是皆)[皆是][7]者，朱子也；事事皆當者，朱子也。'" 先師誦而善之曰："非實用力於此學，精神氣魄與之俱化者，不能及此"。前輩有立異朱子，而曰"願爲朱子忠臣，不願爲朱子佞臣者。先師曰："朱子言言事事，皆建天地而不悖，俟百世而不惑，非他賢比也。順之者，非佞臣，乃純臣也；違之者，非忠臣，乃逆臣也。" 有問"無所實見，但知篤信者如何？"，則曰"是亦畏威寡罪之良民，與跋扈將軍不同矣"。嵺嵺齋徐公，於朱子有小携貳，則答書告之，以虛心遜志，琢磨洗濯之道矣。於朱子如此，則於經傳可知。夫其心法之正如此，規模之嚴如此，而顧於性命緊要之地，不從經傳，姑舍朱子，自立一說，突過千古聖賢之上，而不自知其陷於吳、楚僭王之誅，豈理之所宜有哉？

---

7) (是皆)[皆是]: 저본에 是皆로 되어있으나, 문맥을 살펴 '皆是'로 수정하였다.

3

柳重敎
心說論爭 資料

1-3-1

「심여명덕형이상하설心與明德形而上下說」(『省齋集』卷33)

해제

1) 서지사항

유중교가 지은 논설. 『省齋集』卷33에 실려있다. (한국문집총간 324)

2) 저자

유중교(柳重敎, 1832~1893)로, 자는 치정(穉程), 호는 성재(省齋)이다.

3) 내용

이 글은 '심(心)과 명덕(明德)'은 '형이상자와 형이하자'로 구분된다는 주장을 담은 글이다. 유중교의 스승 이항로는 「형기신리설(形氣神理說)」에서 마음(心, 神)을 결국 이(理)로 규정했다. 이항로의 지론은 "심은 '이(理)와 (氣)를 합쳐서 지은 이름'인데, 이(理)의 측면만 지칭하면 '본심(本心)'이라 한다"는 것이었다. 그런데 유중교는 이에 대해 끝내 수긍하지 못하고 '명덕은 형이상자[理]이지만, 마음[神]은 본래 형이하자'라고 규정하면서, 스승의 심설을 조보(調補)하려는 의도에서 먼저 그 기초 작업으로 이 글을 작성한 것이다. 유중교는 '심'과 '명덕'을 구분하여 "덕(德)은 본래 도리(道理)의 이름이니, 이른바 명덕(明德)이란 도리가 심(心) 속에 있어서 밝게 비추는 것이다. 심(心)은 본래 지각(知覺)의 이름이니, 이른바 본심(本心)이란 지각이 이(理)에 순수하여 물욕에 가리지 않은 것이다. 명덕은 '심처럼 보이는 이[心底理]'를 말하고, 本心은 '이처럼 보이는 심[理底心]'을 말한다."고 설명했다. 그리고 유중교는 '심은 형이하의 사물에 속한다'는 논거를 여러 가지로 제시했다. 첫째, 심은 '지각(知覺)의 주체'를 말할 뿐이다. 둘째, 심을 인심과 도심으로 구분하고 유정유일(惟精惟一)을 강조한 것 자체가 심은 도(道)가 아니라는 증거이다. 셋째, 『대학』의 팔조목으로 보아도 심은 '사물의 반열'에 속하며, '다스림의 대상'이다. 넷째, 주자의 '심(心)은 관인(官人)과 같고, 성(性)은 관법(官法)과 같다'는 말씀과 '성(性)에는 불선(不善)이 없으나, 심(心)에는 선·악이 있다'는 말씀으로 보아도, 심은 '순선한 형이상자'가 아니라 '선·악이 섞인 형이하자'임을 알 수 있다.

이항로가 심을 이(理)로 단정하면서 그 논거로 '본심(本心), 양심(良心), 도심(道心), 인의지심(仁義之心)' 등을 거론한 것에 대해서, 유중교는 "이는 심에 나아가 '참되고 바른 것'을 별도로 골라낸 것이다. 그 지두(地頭)를 말하면 마찬가지로 형이하자이나, 그 주가 된 것을 논하면 바로 천리(天理)의 본연이므로, 그 주가 되는 것을 따라서 '이(理)'라고 이름 지은 것이다."라고 설명했다. 요컨대 "명덕이 형이상자라는 것은 당연히 밝혀야 하나, 심과 명덕의 구분 역시 밝히지 않을 수 없다."는 것이 유중교의 기본 입장이었다. 유중교는 "(이항로가 심을 理로 단정한 것은) 심의 지위를 변별하고 명목을 바로잡고자 함에 있어서는 끝내 미안한 바가 있다. 대개 반드시 이처럼 입론(立論)한다면, 한 번 구르고 두 번 구르는 가운데 '태극의 본연한 본체'는 작용이 있는 것으로 되어 하나의 사물과 같게 되고, '학자의 마음을 다스리는 공부'도 간혹 게을러져 창광자자(猖狂自恣)에 빠질 것이다. 이는 근본의 매우 중요한 대목으로서 가장 조심해야 할 바요, 그냥 지나칠 수 없는 곳이다."라는 말로 이 글을 끝맺었다.

1-3-1 「心與明德形而上下說」(『省齋集』卷33)

『大學』經曰: “明明德。” 又曰: “正其心。” 朱子釋明德, 則曰: “人之所得乎天而虛靈不昧, 以具衆理而應萬事者也。” 曰: “有得於天而光明正大者, 謂之明德。” 釋心則止曰: “身之所主也。” 曰“主於身”, 爲心意已可見矣。其合心與德而言其本然之明, 則曰: “道理在心裏, 光明照徹, 無一毫不明。” 又分心與德而言其有時而昏, 則曰: “此德之明, 日益昏昧, 而此心之靈, 其所知者, 不過情欲、利害之私而已。” 其界分益較然矣。

朱子釋『孟子』“盡心”之心, 曰: “人之神明, 所以具衆理而應萬事者也。” 前後論者, 皆言此與明德註脗合無差殊。愚則以爲相近矣, 而有未盡同者, 何也？ 神明者, 鬼神之別稱。人之神明, 猶言人底鬼神也。蓋直指心之本質而名之之辭也。虛靈不昧四字, 乃就此心上, 盛言其爲明處如此爾。今試以此二句易地而施之, 則於心而云虛靈不昧, 固無碍, 於明德而云人之神明, 則覺得有闕然處, 乃見其所以不同也。至若“具衆理、應萬事”二句, 以之釋心, 則只是心之實事, 以之釋明德, 則其爲明之盛, 而體無不含, 用無不達, 乃如此也, 不妨一語而兩用之也。

盧玉溪云: “明德只是本心。”【盧氏本說, 殊欠踈淺。今只取其大意爾。】不止曰心而曰本心, 則斯可以當明德分數, 然其所主而名, 則終有不可混者。德本道理之名, 而所謂“明德”者, 是道理之在心裏而光明照徹者也。心本知覺之名, 而所謂“本心”者, 是知覺之純乎理而不爲物欲所蔽者也。明德猶言心底理, 本心猶言理底心。【明德自是心之德爾, 須就此心上面看出此德。本心只是心之本分, 不容說此心上面有此本心。】

今之言明德者, 例言明德是心之表德。夫名與表德, 雖異稱, 而其所指則只是一人爾。心與明德, 豈若是無分乎？ 朱子言: “成性如名, 明德如表德, 天命都一般。” 此言當是正訓, 蓋性與明德, 亦須有分。然旣一般是天命, 雖直謂之名與表德, 亦無不可也。

朱子說話，亦往往有將明德直喚做心處，固當隨其所指而認取本意。然因此而遂以心與明德爲一物則不可。如子思言“仁者，人也”，孟子亦言“仁也者，人也”，學者若執此言，遂謂人卽是仁，則二夫子其肯許之乎？

以道與德對言，故須言道是理、德是心。若以心與德對言，則當曰心是物、德是則。

心與明德分合，只就吾心上一操一舍之間，可以驗得。方其操而存也，此心之靈，便是此德之明，更無彼此之可言。斯須罔覺，則卽此罔覺之頃，心則猶在，【朱子曰:“舍則亡，亡不是無，只是走作逐物去了。”】而所謂“德”者，已無所存；靈則猶是，而所謂“明”者，已不可見。是知卽心見德而不可認心爲德，指靈說明而不可恃靈爲明。此政學者喫緊著眼處。

右論心與明德合有分別。

德之爲言得也，經傳言德，有以“所得乎天”言之者，有以“行而有得”言之者。要之皆道之得於心者也。

德無定位，亦無定形。就此心上，直指所具之實體，而條擧其德，則健、順、仁、義、禮、智、信皆是也。至擧全體光輝之盛，而統名其德，則惟明可以當之。明之一言，約而難見，則更將光明正大四字諷玩之，可得其眞形矣。蓋其所主而言者有不同，而並是此心上面至善恰好之目，所謂“道之得於心”者也，非指下面氣機而言也。

夫此心之有明之德，自何而來也？乃天明之麗乎人者也。維皇上帝，明明在上，日月光華，品物流形，洪纖巨細，無一毫忒，百千萬年，無一息差，此天之明也。人於萬物，獨得其氣之正且通者，而心於百體，又得其氣之精且爽者也。故大明之體，特於此盡露其全爾，此其所以能參天地、長萬物者也。

帝堯天地間首出之大聖人也。史氏贊之曰:“克明峻德。”蓋所謂“則天明”者也。

言其爲明之大, 則曰“光被四表, 格于上下”, 言其明之所加於物, 則曰“以親九族, 九族旣睦, 平章百姓, 百姓昭明, 協和萬邦, 黎民於變時雍”。至求其心體上立本之要, 則曰“欽明”而已。欽與明, 政好相配, 非明無以形此心之德, 非欽無以著此德之明, 其意至矣哉。蓋自是舜、禹、稷、契、成湯、文、武群聖人, 君臣際會, 都兪吁咈, 布列『詩』、『書』者, 只是說德說明而已。此時未有理氣之名、心性之論, 而人皆神明, 自能上達。其於所謂“天明之麗乎人”者, 擧目便見此物, 開口便說此事。嗚呼! 欲知此德大明之體者, 於此而起見, 可也。

吾夫子, 帝堯後, 以學立極之大宗師也。『大學』之書, 祖述帝堯明德之語而首揭之, 所謂“遠宗其道”也。繼設八條之敎, 以申明之之法, 格物、致知, 求知此德之明也; 誠意、正心 、修身, 實體此德之明也; 齊家、治國、平天下, 推廣此德之明也。總前後而斷之以一言曰: “明明德於天下。” 語無以尙之矣。此時夫子始設形而上下之名、上達下達之論以立敎, 世降人下, 學迷趍向, 不得不明示此大界分, 以定人志。蓋曰主此而上焉, 則日進乎高明而爲大人; 主彼而下焉, 則日趍乎卑陋而爲小人也。此篇爲萬世學者, 表章明德, 若是其張大, 則其所指界分之在上而不在下, 不待論辨而可明矣。

曾氏之徒作『大學』「傳」, 特揭「太甲」“顧諟天之明命”語, 以見明德之本源實體。蓋人之有生, 性理與形氣, 皆天所與, 而至曰命焉, 則可知是性理而形氣不得與焉。何也? 所謂“命”者, 有分付顧托之意, 有嚴重正大之體, 猶官人之奉王命也。故惟人之所以爲人之本, 形而上之道, 可以當所命之實。纔涉乎形而下, 則雖窮神極妙, 亦不過是承受此命之具, 而不足以當所命之實。况不止曰命而曰明命, 則其赫赫光顯, 尤如何哉? 擧此以發明經旨, 可謂善承夫子之意者也。

曾氏之徒輟響, 而『大學』無傳。歷秦、漢以下千有餘年, 天下貿貿, 不知明德爲何物。程夫子兄弟者出, 實始尊信此篇而表章之, 其言曰: “大學之道, 在明明德 , 先明此道。” 又曰: “明明德, 明此理也。” 雖其言之簡高, 無多少曲折, 然此德之所以爲德者, 其大體骨幹已立, 所未具者特枝葉華采耳。此其爲『大學』中興之祖乎。

子朱子繼二程而作, 撰次『大學章句』, 發微啓蘊, 極其大備。其釋明德曰: "人之所得乎天而虛靈不昧, 以具衆理而應萬事者也。" 首言"人之所得乎天", 蓋本傳文「太甲」之言, 以著此德所出之源, 而其必以人爲言者, 所以示此德乃吾人所獨有, 而非萬物之所得與也。繼言"虛靈不昧", 乃形容此德之明, 而其必以虛靈爲言者, 見此德之明, 實在此心活體上呈露, 與泛言性理者不同矣。繼言"具衆理而應萬事", 又發明此德之爲明、其體用之實乃如此, 而觀其範圍規模, 與一部『大學』三綱、八條, 恰恰相準, 而無包羅不周處矣。旣備釋其體段如此, 而又言"爲氣稟所拘, 人欲所蔽, 則有時而昏, 然其本體之明, 則有未嘗息者", 以見此德所以不明之故, 與其可以復明之端。夫所謂"氣"者, 乃人所資而爲身者也; 所謂"欲"者, 卽因緣此氣而生於心者也, 皆形而下者也。此德之體, 固未嘗離乎氣也, 故必待其正且通以著, 而又爲其拘與蔽而昏焉, 亦未嘗雜乎氣也。故雖爲其所拘蔽以昏, 而終有未嘗息者存焉。夫然後明德之光輝精蘊, 備擧無遺, 始終正變究極無餘, 而心性情之界, 形而上下之分, 不待一一名言, 而已昭著於其間。蓋其宗旨命脈, 則本之程子"此道、此理"兩言, 而指陳曲折, 反復周悉, 無以復加矣。

或疑明德若是理也, 則理無貌狀, 虛靈二字說不著矣。
曰: 理之本體, 固無貌狀之可言, 而其寓於物也, 則隨其所在, 莫不各有成形。故善說理者, 必直指下面可見之粗迹, 以名上面所形之實體。如以高厚而言天地之道, 以寒熱而言水火之性是也。就人心而言, 則虛靈豈不是魂魄精爽之所爲? 而形容此德之明者, 亦舍此二字不得。執其辭而滯焉, 則謂卽是氣, 可也。領其意而默會之, 則乃此理之著於氣上而不卽是氣也。且說理之家, 常嫌以靈當理者, 政以其沒準則不可恃, 而或陷於異端自恣之見也。若直擧此德之眞體而形之以靈, 則此靈字, 豈不有準則可恃乎? 況其下繼言"具衆理", 則又見所謂"靈"者是實底靈, 而與老氏之虛無者相遠矣; 言"應萬事", 則又見所謂"靈"者是活底靈, 而與釋氏之寂滅者相遠矣。豈復有陷於異端之慮乎?

或疑明德若是理也, 則理無二體, 豈有此理上面, 更具衆理者乎?
曰: 凡具之爲言, 有以器載物之稱, 有以體該目之名。在天而言道之本體, 則曰"冲漠無眹, 而萬象森然已具", 在人而言性之實體, 則曰"性是太極渾然之體, 而其中含具萬理"。主乎心而言此德之活體, 則曰"虛靈不昧, 以具衆理"。此其爲體之冲漠、渾然、虛靈, 固隨所在而不同。其曰"萬象已具", 曰"含具萬理", 曰"以具衆理", 皆以體該目之謂, 而非以器載物之云也。【具衆理一句, 於『或問』, 則略變文云"萬理咸備"; 於『講義』, 則又云"萬理燦然"。蓋咸備, 所以釋具字之意也; 燦然, 所以形咸備之狀也。】蓋卽夫虛靈之體, 而有溫潤之美焉, 是卽愛物之理也; 有剛毅之美焉, 是卽斷物之理也; 有遜順之美焉, 是卽讓物之理也; 有周通之美焉, 是卽知物之理也。推此以往, 擧天下之理, 無一美之不該, 故曰"具衆理"。統而言之, "一體渾然"; 析而言之, "萬目纖悉", 是豈可以二體言乎?

或疑明德若是理也, 則理本無爲, 何以能應萬事乎?
曰: 理之本體固無爲, 而其用則常就有爲處, 流行發見焉。如目之視色, 耳之聽音, 固是形而下者之有爲處也。若其視之至明而能察識五色, 無一毫蔽; 聽之至聰而能辨認五音, 無一毫錯, 卽其上面本體無爲者之所發見, 而不卽是形而下也。心之應事, 固亦是形而下者之有爲處也。然此承上"虛靈不昧、以具衆理"兩句 而言"應萬事"。則只此"應萬事"一言, 卽是此德光明之體, 流行發見於形而下處, 乃無爲而無不爲者也。未嘗遽以此心之所應事, 直喚作此德之用也。朱子嘗言四德應事之妙曰: "如赤子入井之事感, 則仁之理便應, 而惻隱之心於是乎形; 過廟過朝之事感, 則禮之理便應, 而恭敬之心於是乎形。" 推此例之, 萬理皆然。明德之含"具衆理, 以應萬事", 其形蓋如此矣。
朱子作『大學章句』旣成, 又著『或問』, 以廣其義。其論明德本源, 首擧健、順、仁、義、禮、智之性, 又擧魂魄、五臟、百骸之身, 相對劈破說下, 以見德之爲德在此而不在彼矣。其正言當體, 則乃曰: "其性爲最貴, 故其方寸之間, 虛靈洞徹, 萬理咸備。" 其意蓋曰人之性, 得萬物之最貴焉, 故卽乎方寸之間, 而其光輝之大, 包含之全, 如是其盛也。其下說明之之工而結之曰: "是則所謂"明明德者, 而非有所作爲於性分之外也。" 此蓋主性而言明德也。竊嘗推之, 就人一心上, 細分其區域, 則有心、有性、有情, 而明德當屬之於心。【性爲體、情爲用, 而德實通貫體用。且明之一字, 卽是心之本德, 故當屬心。】此『章句』本訓之所以主心而言也。又就人一身上, 大分其等位, 則只有性與氣二者而已, 而明德當屬之性。【性是天命所賦於人之總稱, 而明德則又所謂"天之明命"者也，故當屬性。】此『或問』總論之所以主性而言也。然其言心也，必包體用，而統言其本然之妙，則固未嘗雜乎氣矣；其言性也，必就方寸，而直指其實然之體，則又未嘗離乎心也。語固各有攸當，而意未嘗不一致也。

『章句』、『或問』之外，又有與門弟子講論之言，見於『語類』之篇。其論明德，極其周悉。今且擧其一二，如上所引有得於天而光明正大，道理在心裏光明照徹等語，及如言明德是我得之於天而方寸中光明底物事，統而言之，仁義禮智；以發見而言之，惻隱羞惡之類；以其見於實用而言之，事親從兄是也。又言"顧諟天之明命"，只是常存此心，見得這道理光明不昧，方其靜坐未應物也，此理固湛然清明；及其遇事而應接也，此理亦隨處發見。又有問"明德是仁義禮智之性否？"答之曰"便是"。諸如此類，皆可以發明『章句』、『或問』之餘意，讀『大學』者，參攷而會通之，可也。

朱子沒，門人蔡九峰奉遺命，作『書集傳』。其釋「太甲」"顧諟天之明命"語曰："明命者，上天顯然之理，而命之我者，在天爲明命，在人爲明德。"其他言德，則直斷之曰："德者，心之理也。"語意明白直截，與程子二訓，略相表裡。朱子明德說宗旨，可謂有所受而有所授矣。

我東諸先輩，謹守朱子之成訓。其論明德，栗谷先生以盧氏"只是本心"之訓斷之。蓋明『章句』"虛靈不昧"以下三言，皆主心而言也。尤菴先生以心、性、情之總名當之。是又就『章句』三言，細分區域而包括之也，其於朱子之旨，可謂約之演之，互有發明矣。特於形而上下之界，未有明白道破處。然栗谷先生嘗曰："理通而氣局。"又曰："無形無爲而爲有形有爲之主者，理也；有形有爲而爲無形無爲之器者，氣也。"尤菴先生嘗誦此言，以爲古今不易之名訓。當時若有以明德奉質所屬於二者之間，則兩先生其將曰通而爲主者乎？抑將曰局而爲器者乎？決於此足矣。間嘗得近世諸賢講稿而讀之，其中有曰明德者天地粹然之正氣，有曰明德是五臟精英之氣，有曰明德『中庸』所謂"鬼神"是也，有曰明德張子所謂"湛一氣之本"，可以當之。尋常不能無疑，以爲程子之言明德，直以"此道、此理"當之，而殊少曲折，與泛然散在萬物之理無別。故朱子釋明德，遂就此心虛靈處說出，然其道理骨子，未嘗改也。今因朱子之就心言德, 又緊得些子, 直以心當德, 輾轉推解, 須有此說。此其話頭一低仰之間, 所爭不能幾何, 而全體面目頓異, 千古聖賢相傳大指, 竊恐其或未然也。最後得吳老洲先生晚年「雜識」之篇, 有曰: "聖賢垂世立言, 不過發揮此道, 欲使人知此而行此而已, 所謂此道 , 何也? 如孔門之仁、孟子之性善、曾傳之明德、子思之性道是耳。此只是无妄不易, 形而上底道理也, 雖窮深硏微, 不過闡明此箇, 皆有實著落處。彼談道而必主氣張皇者, 雖極高妙, 畢竟所補者何事耶?" 讀之使人胷膈灑然, 全不似以上諸說。不知向後淵源之所漸, 何故都無一人表章此言, 以廣其傳? 此其所以然, 夫豈無其說哉? 常願得與當世諸君子, 一番聚合, 開心見誠, 互相質正, 以共求義理至當之歸, 而迄玆未有會也。【老洲門人徐處士峻淳以書抵老洲弟通川公曰: "先生明德說, 有前後之異。以前說觀之, 明德乃形而下之器; 以後說觀之, 明德是形而上之道"云云。前說指「答朴命璧書」, 書見本集。後說卽「雜識」此段也。據此則「雜識」此段, 乃晚年改正之論。徐公審知如此, 而猶固守主氣之論。嘗著一篇文寄來云: "『中庸』一部, 只是理而已; 『大學』一部, 只是氣而已。" 蓋以『中庸』首言性, 『大學』首言明德故云爾。】

我先師華西先生平生力主明德主理之論。大意以爲明德只是一箇本心, 心有以氣言, 有以理言, 而本心是以理言者, 故明德當主理看。蓋本之栗、尤二先生之言, 而參以己見, 略加檃栝也。反復推演, 其書滿家。凡其爲說之精微曲折, 固竢後世之朱子起而監正之, 若其主理言德之大指命脈, 則妄竊以爲建天地、質鬼神而無疑也。

右論明德當屬形而上。

古今說心, 始見於大舜人心、道心之語。於人於道, 通下心字, 則可知心只是一箇知覺。特其發也, 因其所主而異其名耳。若心卽是道, 則聖人何故於心字上, 更著道字? 且只令人固守此心足矣, 何必分別此兩歧, 使之精以擇之, 然後一以守之耶? 此可以見心字面目也。『大學』設八條目, 正心之心, 與物、知、意、身、家、國、天下, 同在事物之列。格、致、誠、正、修、齊、治、平, 皆治此物, 以求得其道也。朱子常言: "心如官人, 性如官法。" 又言: "性無不善, 心有善惡。" 蓋皆一般意也。

大抵心之知覺, 必理與氣合, 有此運用。則說心者固難偏主於其間, 但形而上者不可見, 而形而下者可見。且纔曰"理與氣合", 便有眞妄邪正之雜, 而非復理之本體。故止曰心焉, 則只得據形而下者, 目之以事物, 而就加省察檢理之工。至加殊稱, 如曰本心、良心、道心、仁義之心, 則是就此心, 揀別出眞而正者也。語其地頭, 則一般是形而下者。論其所爲主, 則乃天理之本然, 而須用培養擴充之工, 故從其所爲主者而名之以理耳。【朱子於「中庸序」言"天命率性, 道心之謂也", 於『大學或問』, 以仁義之心爲上帝所降之衷、烝民所秉之彝。於『語類』中有云"良心便是明德", 盧氏又推其意云"明德只是本心"。此四種心, 本皆從理爲主處得名, 故與諸般性理, 互換通說, 更無分別。】經傳中對私意、物欲而言天理者, 大凡指此也。程子嘗論意之發曰: "發則爲意, 發而當,【句】理也, 發而不當, 私也。" 又釋悔字意曰: "悔理自內出也。" 是皆指心而名理也。然意是心之所發, 未揀別之稱, 故必加當字, 然後乃言理。悔乃此心由惡向善之端, 元是理爲主而發者, 故直以爲理, 其意精矣。朱子辨釋氏"作用是性"之謬曰: "如徐行後長, 疾行先長, 一般是行。只是徐行後長, 方是道; 若疾行先長, 便不是道, 豈可說只認得行處便是道?" 竊究語意, 徐行疾行, 一般是行處, 卽是形而下之事物也。徐行後長, 方是道者, 乃就事物中, 指示理爲主處也。大抵論天下之理者, 於未揀別一般物事, 而遽謂之理, 則是認物爲理, 而界分不明矣; 於已揀別理爲主者, 而亦謂之氣, 則是喚客做主, 而頭面不正矣。能於此周盡其曲折而無所偏焉, 則可以得說心之權衡繩尺矣。

或問: 朱子常言: '心爲一身之主, 以提萬事之綱。' 心若是形而下者, 則是形而下者, 爲一身之主、萬事之綱, 其可乎?
曰: 心之於百體, 大小雖殊, 爲體則一也。"爲一身之主, 提萬事之綱", 言其職也。若謂其職事之重如此也, 故尤不可以不全體此理以爲之主, 則固可矣。若以職事之重而謂卽是理, 則不可。夫心之爲一身之主、萬事之綱, 亦猶天王之爲天下之主、萬民之綱, 元帥之爲一營之主、三軍之綱。謂心卽是理, 則天王、元帥, 亦可以喚之以理矣。
曰: 朱子每以在人之心, 擬在天之帝。心旣是形而下, 則所謂"帝"者, 當如何處之耶?

曰: 先王制禮, 饗上帝於明堂而配之以父。『詩』、『書』中有“帝謂文王”、“簡在帝心”等語, 則其所指以爲帝者, 與太極本體終是有分矣。故程子則曰: “聚天之神而言, 則謂之上帝。” 朱子則只云: “帝者, 天之神也。” 此其所以與在人之心作對言也。但人心有正有不正, 上帝一於正而已。故心必揀別其正者, 然後可以主理而言; 帝則無事於揀別, 而卽可以主理而言也。此其所以不同也。

或曰: 張子“心統性情”之言, 朱子亟稱其爲好語, 而尋常受用之。夫性卽形而上者也。心若是形而下者, 則是以形而下者而統形而上者也, 無乃倒置而逆施乎?
曰: “心統性情”, 此統字朱子嘗以兼包之意言之, 又以主宰之妙當之。所謂“兼包性情”者, 心是人身中有知覺能寂感之物也, 方其寂也, 性之理具焉; 及其感也, 情之用行焉。故說心者常以心之知覺爲性情之田地, 而以性情爲此心之所包。惟其爲此心之所包也, 故又或直指所具之性而曰此心也亦得, 指所行之情而曰此心也亦得。以是則心雖據形而下者名之, 而所包則極其全; 性雖指形而上者言之, 而亦是此心全部內一體。故其言“心統性情”者, 初未可以以下統上爲嫌矣。所謂“主宰性情”者, 朱子嘗言: “心主性情, 理亦曉然。未發而知覺不昧者, 非心之主乎性者乎? 已發而品節不差者, 非心之主乎情者乎?” 又言: “情根乎性而宰乎心, 天理人欲之判, 中節不中節之分, 特在乎心之宰與不宰耳。” 以是則主宰云者, 卽是此心本然之則, 而向所謂“理爲主處”是也, 非泛言人身中有知覺能寂感者, 皆可以當此目也。然則其言“心統性情”者, 豈復有倒與逆之可疑乎?

或曰: 『孟子』言“不動心”之事, 以心與氣對言之, 以爲有帥與卒之體。夫氣卽形而下者也。心若是形而下者, 則是以形而下者而帥形而下者也, 此又何理耶?
曰: 大分則形而上、形而下二者而已。小分則於形而下者又有形、氣、神三等。蓋以精粗本末而差之也。如以『孟子』此章言之, 其所謂‘體’是形也, 所謂‘氣’是氣也, 所謂‘心與志’是神也, 所謂‘義與道’是理也。以此心而對夫道義, 則有物與則之分, 存其心、養其性, 卽其所以用工也; 以此心而對夫氣, 則有帥與卒之體, 持其志、無暴其氣, 卽其所以用工也; 以此心而對夫體, 則有大體小體之等, 先立乎其大者, 使小者不能奪, 卽其所以用工也; 至以此心而兼對道義與形氣, 則其所發有人心、道心兩路, 舜所謂'惟精惟一', 卽其所以用工也。凡從事於心學者, 於此數者, 蓋不可闕一而不講也。

曰: 然則『孟子』所言"持其志", 果只是存其形而下之神乎?

曰: "志"語其地頭, 則固卽是神之事, 觀其與氣相對互壹而迭動則可見。然其所以得名, 則以心之所之也。心之所之, 容有公私大小之殊, 而擧其本分, 則道義而已。故聖賢言志, 多主道義而言之。如孔子所謂"隱居以求其志", "匹夫不可奪志", 孟子所謂"士尙志"及此言"持其志"是也。 至如張子言"天地之帥吾其性",而朱子釋之曰: "乾健坤順, 天地之志也。" 則又直以性喚做志。讀者惟觀其所指處輕重如何, 可也。

或曰: 程子說神, 略分二等云"功用謂之鬼神, 妙用謂之神", 若論心字本地, 則於此二者, 當何所處?

曰: 竊求古人命字本意, 則神卽是鬼神, 特有專言、分言之分爾。如今說形氣神理之神, 皆只據鬼神而言也。程子就其中挑出神字於鬼神上面, 以爲功用、妙用之分, 蓋因『易大傳』所言而分等如此也。今且據此而論之, 心之於一身, 知覺、思慮、動靜、云爲皆其所爲, 則其迹甚著, 鬼神之功用者, 政可以當之。若論其運用之至神不可測處, 則神之妙用, 亦在其中矣。然心之爲心, 非全以此而得名也。

曰: 以形而上下言之, 鬼神之神, 固可屬之形而下; 妙用之神, 亦可屬之形而下乎?

曰: 『易』言"形而上下", 本只以有形無形大分界說。朱子乃言: "纔有作用, 便是形而下。" 是雖無形迹, 苟有作爲運用之可言, 則便屬之形而下。蓋就一理上, 總擧始終本末而言, 則無形有形、無爲有爲, 元只是此理全體內事, 初不可以彼此言, 而聖賢必區區設上下界, 至剖析到十分盡頭者, 良以理之本體純粹至善, 而纔涉乎有形有爲, 則不能無正變之雜也。神之妙用與鬼神之功用, 旣同屬乎用, 而有作爲之可言, 則辨位正名, 亦須就形而下處占界。【凡說理之用有兩樣, 如中爲體、和爲用、所以然爲體、所當然爲用之類, 可專作理看。如功用、妙用, 凡可以屬之能然者, 雖卽是理之所爲, 而不可直喚做理。】但以妙用而比功用 , 極微妙無作爲之迹。且『易』中諸神字, 及周子、程子所指以爲神者, 皆在本然純粹處, 故朱子於此, 每主理而言之耳。然其「答杜仁仲」論神有二書, 前書則云"謂神卽是理, 則却恐未然", 後書則云"將神全作氣看, 則又誤矣"。蓋不可謂神卽是理, 辨位正名之辭也; 不可將神全作氣看, 明其所主之在乎理也。此有多少斟酌, 政宜細心辨認也。【『語類』寓錄」: "直卿云'看來神字, 本不專說氣也, 可就理上說, 先生只就形而下者說'。先生曰'所以某就形而下說, 畢竟就氣處, 多發出光彩, 便是神'。" 又賀孫錄: "神卽是心之至妙處, 滚在氣裏說, 又只是氣。然神又是氣之精妙處, 到得氣又是粗了。至於說魂說魄, 皆是說到粗處"。按此等處, 亦是辨位正名之論, 然觀"就氣處發出光彩、滚在氣裏說"等語, 則其不可專作氣看者, 又可以認取矣。】

或曰: 程子論『孟子』「盡心章」曰: "心也、性也、天也, 一理也。" 又曰: "心也、性也、天也, 非有異也。" 又曰: "心卽性也, 在天爲命, 在人爲性。論其所主爲心, 其實只是一箇道。" 又曰: "橫渠嘗喩以心知天, 猶居京師, 往長安但出西門, 便可到長安。此猶是言作兩處。若要誠實在京師, 便是到長安, 不可別求長安。" 程子說心, 蓋多如此, 何也?

曰: 凡說理氣, 有致一說時, 有分開說時。其致一說時, 心與性天, 固只是一理。非惟心爲然, 雖形與氣之粗者, 亦有統於理而言處。其分開說時, 心自心、性自性、天自天, 不容相混矣。是故程子於此, 固曰: "心卽性矣。" 而又有言: "心如穀種, 生之性是仁。" 則心與性終不容無辨矣。於此固曰: "心也、天也, 一理也。" 而又有言: "聖人本天, 釋氏本心。" 則心與天又豈可謂一物乎? 至以天專言之亦然, 程子於此章天字, 固曰: "自理而言, 謂之天。" 執此則天只是一箇理而已。及其分言, 則乃曰: "形體謂之天, 性情謂之乾。" 如知此說, 則亦可以無疑於心說也。

或曰: 邵子云: "道爲太極。" 又云: "心爲太極。" 而朱子兩引之於『啓蒙』太極圈下, 此以心對道而俱謂之太極, 何也? 一天地之間, 果有兩太極乎?
曰: 此所謂"太極", 指「先天圖」中央虛處而言。邵子之意, 蓋謂此中虛之位, 在天惟道可以當之, 在人惟心可以當之也。故其詩曰"天向一中分造化, 人於心上起經綸", 一卽道也, 此兩句政是道得此意也。朱子之引用於『啓蒙』, 其意亦然矣。若其所謂"心"者, 乃該包性情而言其本然之體也, 非謂凡言心者, 皆可以當太極而與天道相配也。
曰: 朱子旣言: "心爲太極。" 又言: "性是太極。" 此以心與性俱謂之太極, 無乃人之一身, 有兩太極乎?

曰: 就人一身上, 求見萬化之所由出, 則惟心可以當太極之位; 更就一心上, 指出萬理之所根極, 則惟性可以當太極之實。言各有當, 固不可執此而病彼。要其歸趣, 亦不害一身之有一太極也。妄竊嘗謂世俗衆人, 終身役役於形氣作用之末, 而不知此心之爲一身主宰。『孟子』大體小體之論, 政所以曉此等人也。厥或粗知此心之爲主者, 又專守其虛靈之識, 自私自恣, 而不知天理之爲此心準則。程子本天、本心之論, 政所以警此等人也。至若朱子此二訓, 則又可以兼救此兩等人也。學者宜各致察焉。

或曰: 前古聖賢, 不恃心以爲理者, 以其有正不正之雜也。明德雖曰本明, 而亦有時而不明, 故有明明德之言。何獨至於心, 而謂“不可恃”耶?
曰: 心固尊而無對, 而亦存乎人之一物也。物之爲體, 自是有正有不正, 但其正者是本體爾。本正而今不正者, 失其養而變其體也, 必矯革其不正, 然後乃復本體之正矣。明德者心之德, 而不卽是心。所謂“物之則”也, 徹始徹終, 無成壞之可言。其有時而昏, 特因氣稟之拘、物欲之蔽而隱晦焉耳。譬之物, 則心之有不正, 如木之本直而今枉、水之本淸而今濁, 不可說於枉之中有不枉者存、於濁之中有不濁者存。明德之有不明, 如寶鑑而爲塵垢埋、明珠而爲泥土沒, 其本質之虛與明, 初不以埋沒而有所損也。故曰“心不可恃, 而明德可恃也。”
曰: 然則於心上, 不可說不易之本體耶?
曰: 所謂“本體”者, 其所指而言, 亦有兩樣。有只以本來體段言者, 有直以本源眞體言者, 若論心之本來體段, 則操則存、舍則亡而已矣。於旣亡之後, 豈有所謂‘不易’者耶? 若論心之本源眞體, 則明德是也, 明德不易之體, 卽此心不易之體也。故曰“明德者, 心之則”也。

我東先輩說心, 大概傳承朱門之舊, 未有可議者。惟近世諸賢以此心之屬形而下, 而遂喚明德爲氣, 有違聖賢宗旨。旣喚明德爲氣, 而病其爲有分數也, 乃於氣界內, 挑出無分數底一源之氣, 以爲心與明德地頭, 則又違朱子氣無不兩之訓矣。又或因緣此論, 主張氣字太過, 其視太極, 有若全沒主宰者然。夫所謂“理無爲、氣有爲”者, 特以其迹言之耳。若論其本, 則理實爲氣之主, 而氣卽是理之所使也。故凡天地造化、人心運用, 皆理之所爲也。但雖理之所爲, 而纔說有爲時, 便已交過氣界來, 須有正變、眞妄之雜。故且屬之形而下者, 就其中揀別出正而眞者, 目之以理耳。若太極本無主宰之實, 而一任氣機之自運, 則便是無用之贅物, 惡足爲萬化之樞紐耶？ 是皆可疑之大者也。

我先師從初見得太極主宰、明德實體分外的確。其於心也, 則晩喜程子論「盡心章」諸說, 而又於朱子心爲太極之言, 持守較重, 常言“太極者, 天地之心; 心者, 在人之太極”。其意以爲天下之物, 皆合理氣上下兩面, 然後成一形, 奚獨至於心而疑之？然則說心以理以氣, 俱無不可。但論主客之分, 則當以上面爲主, 而不當以下面爲主, 故以理言心者, 乃是正訓。而以其爲萬理之總會主宰也, 故又可以當太極之位也。重敎之愚, 謹守其說有年, 又或推演餘意, 以明其信然。旣而思之, 却覺有過當處。蓋明德之爲形而上, 固所當明, 而心與明德之分, 不可以無辨。心爲太極, 固朱子之雅言, 而性是太極, 亦朱子之成訓, 則其指意所在, 又須相對契勘, 求見致一處也。且合理氣成形, 而理當爲之主, 萬事萬物之所同然, 而聖賢說話, 未有直以事物當理者。此必有所以然。今獨於心之爲物, 而斷之以形而上, 而目之以太極, 則可且自爲一說。如程子論「盡心」諸條, 而欲以爲辨位正名之辭, 則終有所未安。蓋必如是立論, 則一轉再轉, 太極本然之體, 爲有作用而同於一物。學者治心之工, 亦或怠緩而流於自恣矣。此在根本切要之地, 最所兢兢, 不容放過處也。曾於先師晩歲, 固已發端, 一再書稟, 而當時見得不明快, 說得有未備。且在函丈奄奄床笫之日, 未得深見察納。自後隱之於心, 反復不置, 中間亦嘗稍變舊說, 而終未得安貼處。用積歲硏究之工, 更加整理如右。蓋不失當日主理之大意, 而於辨位正名之際, 稍就平實, 驗之日用工夫, 亦覺有深益, 庶幾可以行之無弊。顧山樑之已頹, 奈奉質之無地, 玆爲斯文千載之憾也。

右論心當屬形而下。

1-3-2

「상중암선생上重菴先生」【丙戌十二月】(『省齋集』卷7)

해제

1) 서지사항

유중교(柳重教, 1821~1893)가 1886년 12월에 김평묵(金平黙, 1819~1891)에게 보낸 편지. 『성재집(省齋集)』 권7에 실려있다. (『한국문집총간』 323)

2) 저자

유중교(柳重教, 1832~1893)로, 자는 치정(穉程), 호는 성재(省齋)이다.

3) 내용

유중교는 김평묵에게 "심(心)과 성(性)을 대비하여 설명할 때, 오로지 '하나의 리'라는 전제 아래 주재(主宰)와 준칙(準則)으로 나누어 설명하고, 다시는 사물과 법칙으로 구별하여 말하지 않는다면, 이는 내 생각에 견강부회로서 자득하지 못한 것처럼 여겨진다."고 문제를 제기하고, 심(心)과 성(性)은 하나의 리에서 나누어 보는 것이 진실로 옳으나, 사물과 법칙으로 나누어 보는 것 또한 하나의 관점이라고 설명했다. 그리고 "일반적으로 말하는 '형이상자'는 '도리의 본연'이나, 사물의 준칙이 됨으로써 이름을 얻는다."고 설명한 다음, 큰 조목으로 '도(道)', '리(理)', '성(性)', '덕(德)'이 있고, 그 아래 세목으로는 '중정(中正)', '인의(仁義)', '효제(孝弟)', '충신(忠信)' 등이 있다고 설명했다. 또한 "일반적으로 말하는 '형이하자'는 '사물의 그러함'으로서, 마땅히 정리해야 하는 바에 따라 이름을 얻는다."고 설명하고, 그 큰 조목은 '인(人)', '물(物)', '신(身)', '심(心)' 등이며, 그 세목은 '지각(知覺)', '호오(好惡)', '시청(視聽)', '언동(言動)' 등이라고 설명했다.

1-3-2 「上重菴先生」【丙戌十二月】(『省齋集』卷7)

區區竊有所禀。重教於先師明德之說，自初篤信而謹守之，至先師末年，旋覺有不安處，嘗一再書禀而未竟其說。蓋於明德以理言之大指，不敢有一毫致疑。惟以明德屬理之故，而並與心喚做理。凡心與性對擧處，專就一理上，分主宰準則說，不復以物則之別爲言。此於心有牽強不自得處，特於其時說得欠別白，且在函丈奄奄牀笫之，未蒙深省。然其後常隱結在心，反復不置，稍遷就其說。以爲心性就一理上分看，固是正理，以物與則分看，亦是一樣說，當隨地異看，不可執一而廢一。此則門下之所稔聞，而亦嘗印可者也。比復思之，畢竟以物則分心性者，當爲本分面勢，至若心之主宰，乃心之本職也。心之知覺，有得其本職時，有失其本職時。得其本職時，政是此心之理爲主處，固合主理而言。然以此之，而遂將心喚做形而上者，與性齊頭平看，則終似未穩。蓋凡言“形而上”者，以道理之本然，而爲物所準則者得名。如曰“道”、曰“理”、曰“性”、曰“德”之屬，卽其大目也。其細目則如中正、仁義、孝弟、忠信之屬是也。凡言“形而下”者，以事物之其然，而在所當整理者得名。如曰“人”、曰“物”、曰“身”、曰“心”之屬，卽其大目也。其細目則如知覺、好惡、視聽、言動之屬是也。此其面目、形容，元自不同，所謂道理者，有未發見、已發見之分。其已發見有貌狀者，固可卽物言之，而不可直以當“形而下”之目。所謂事物者，有未揀別、已揀別之分。其已揀別有準則者，固可主理言之，而不可遂以作“形而上”之目。此其地頭所爭，不能幾何，而其分則終有不可混者矣。迷見大槩如此，而亦不敢遽自以爲得。謹條具其說，爲一小文字，將遍質于同門諸賢，以聽其可否之論。玆將本稿及書草，先此仰禀，伏乞深賜省覽，垂之一言之教。此係變更師訓，所關甚重，不能不兢兢也。仍念頃在甲寅乙卯間，門下從洛下歸，將心說異同，書禀先師，連章累牘而不之止。此時從傍參觀，政合有一番深思，而緣見識未能及此，只管主張前說，左右防遮，以固師門之志。逮夫旣晩而後，乃有此云云，而俯仰今昔，便成千古之恨，追閱當時往復之蹟，未嘗不爲之慨然也。

1-3-3

「상중암선생上重菴先生」【戊子二月十日】(『省齋集』卷7)

해제

1) 서지사항

유중교(柳重敎, 1821~1893)가 1888년 2월에 김평묵(金平默, 1819~1891)에게 보낸 편지. 『성재집(省齋集)』 권7에 실려있다. (한국문집총간 323)

2) 저자

유중교(柳重敎, 1832~1893)로, 자는 치정(穉程), 호는 성재(省齋)이다.

3) 내용

본 편지의 처음은 김평묵의 가르침대로 선사의 문집을 검토하였다는 내용이다. 이어진 별폼에서 유중교의 질문이 이어진다. 그는 선생님이 보낸 편지 내용 가운데 "심 자체가 바로 신명이니, 단지 이로써 말할 수 있고 기로써 말하지 않는다.(心之當體神明二字 , 則只可以理言 , 不可以氣言)"라는 부분에 대해, 주자와 이항로의 설을 예로 들어 '신명'에 대한 선생님의 의견을 납득할 수 없다고 말한다. 다시 말해 이 편지는 유중교가 여러 문헌들을 토대로 스승의 설에 대한 교정을 요청하는 것이다.

1-3-3 「上重菴先生」【戊子二月十日】(『省齋集』卷7)

先師文集, 冬間謹依教指, 考閱全部。其以氣言心處, 不爲不多, 而以心對性, 作物則說處, 無端的可指擬者。其所以然之故, 似不出下書中所喻之意矣。惟因此一番熟讀, 益見其平生講說主理大宗旨, 悉本於養深積厚之中, 而著爲文詞, 光明磊落, 儘有近世諸賢道不到處, 彌不勝"秋陽"、"江漢"之思矣。顧於其間精微曲折之際, 時有合商度者, 此非面陳, 無由達意, 留竢早晏進候之日也。向來所留「心說源委」文字, 其間或賜再檢否? 此是當時臨行起草, 荒亂殊甚。從後略加整理, 謹玆追上, 伏乞更賜一閱, 垂示可否幸甚。大抵今日急務, 只要詳攷古經本指, 整頓自家見識, 爲第一事。不爾則其讀先輩之言, 所以自驗其安不安者, 未有端的可準則處。用是兢兢, 設此文字, 再三修削, 累累稟正, 必欲得十分明備也。<u>高潭李圭甫</u>, 去臘月七日逝去。同志善類頭角稍成者, 次第摧零如此, 悲慟何可言? 函丈聞之, 想亦無以爲懷也。

別稟

先師文集「形氣神理說」, 略曰: "形陰而氣陽, 皆形而下之器也; 理體而神用, 皆形而上之道也。然形與氣有迹而對立, 故局而爲二, 神與理無迹而流行, 故通而爲一。一者何也? 太一是也。二者何也? 兩儀是也。一統乎二, 二從乎一, 妙合而凝, 生生不已, 體萬品而不遺, 貫億世而不易。物莫不然, 心爲其要。是以聖人之論心也, 或有以形言處, 火臟血肉是已; 或有以氣言處, 氣之精爽是已; 或有以神言處, 人之神明是已; 或有以理言處, 仁義之心是已。言形言氣, 何爲也哉? 慮其或拘或蔽而害吾之明也。言神言理, 何爲也哉? 欲其益彰益大而全吾之眞也。聖賢千言萬, 一言以蔽之曰"惟精惟一", '精'之爲言, 析夫理氣之界而不雜也; '一'之爲言, 守其本心之正而不離也。天下之理, 豈有過於此者哉? 雖然, 形氣之屬陰屬陽, 與夫理字之配於太極, 夫人皆知之, 夫人皆言之矣。特此神之一字, 疑於所屬, 屬乎理歟? 則嫌其微有形迹; 屬乎氣歟? 則嫌其雜糅陰陽。不得已就一陰一陽元額之外, 別施一座而處之矣。然則太極缺闕其主宰運行之實用矣, 兩儀疑惑於區處應接之虛禮矣，惟神則貶其至尊無對之號，而降編臣僕卒徒之伍，爲名不正而事不順矣。神之一字，失其本職，和形、氣、理三字而均失其職，推此以往，天下萬物，無不受病矣。與其抱此終身不決之疑，黯暗而自欺而誤人，曷若一從聖人之訓而還佗神爲太極之妙用之爲都無事也耶？"【此是心之神明，辨位正名之公案也。其他諸篇可參考者，有難遍錄以呈。只就與門下往復書中，提起話頭，附列于後，竊想書本尙在尊閣中，或可以取閱細商矣。】

與門下書，有曰："心是有形、有氣、有神、有理之物也。故有以形言處，有以氣言處，有以神言處，有以理言處。是皆指實而非假也。'猪心切開'之類，實指血肉之心也；'氣之精爽'之類，實指氣魄之心也；'至虛至靈'之類，實指神明之心也；'仁義之心'、'惻隱之心'之類，實指本心也。四者皆實有所指也。雖然血肉之心、精爽之心，不干學者工夫。故所論者，類多神明之心、仁義之心。然神明之心，指虛靈也；仁義之心，指性情也。性情之屬理固也。神明虛靈之屬理屬氣，是所疑也。蓄疑積久，讀『中庸』「序」，然後知虛靈之分屬理氣，而屬乎理者爲本心；讀『孟子』盡心章『集註』，然後知神明之爲理；讀「太極說」，然後知心妙性情之德而爲天理之主宰。於是群疑冰釋，而胷中若有安貼平穩底意思"云云。【辛酉四月書。】

又論『語類』"肺肝五臟之心，却是實有一物，學者操舍存亡之心，自是神明不測"一段，云"旣有'肺肝五臟之心'，又有'操舍存入之心'，有此兩樣，何也？彼以氣言，此以理言故也"云云。【乙卯十二月書。】

又曰："所謂神者，太極之神，上帝之神，陰陽、五行、人物、草木、禽獸之神，同一神也"云云。【上同。】

又曰："以朱子之訓攷之，則心以虛靈知覺當之，【自注云："曰'神明'、曰'主宰'、曰'涵藏敷施'、曰'妙'、曰'統'、曰'以'，皆一意。"】性以仁義禮智當之，情以愛恭宜別當之。分言，則三者皆有所指；合言，則三者同爲一理，渾然無間。火臟與精爽，卽陰陽之器也，而亦謂之心者，以其神明之所舍所乘也。若夫神明，卽心之當體也。

何可喚做陰陽耶”云云。【辛酉四月書。】

又曰: “以人之一身言之, 耳目所乘之氣, 精於手足; 心之所乘之氣, 又精於耳目。是乃所以載得神明之理, 發揮生色也。雖曰‘精之又精’, 其爲陰陽一也。與太極分而爲二, 理自爲理、氣自爲氣。不相夾雜, 一也”云云。【上同。】

先師文集, 說心如本心之以理言, 及心之主宰之以理言, 其指意明白無可疑。惟於人之神明, 辨位正名處, 直喚做太極, 戒不得說氣, 如右諸條者, 或非朱子本指。【觀「答杜仁仲」書, 謂“神卽是理未然, 將神全作氣又誤之”云, 及『孟子集註』“合存亡出入而謂之神明不測”則可見。】又與『雅言』所載二條,【「神明」篇首條云“心者, 人之神明而合理氣包動靜者也”, 其下又有一條云“心者, 理與氣合而自能神明者也”。】相牴牾。蓋如此所論, 則其言“心氣也物也”, 是指火臟與精爽, 而卽所謂“不干學者工夫”者也。至若“心之當體神明二字, 則只可以理言, 不可以氣言”, 此無乃偏重過當而有所碍處耶? 尋常玩繹, 深有所不安, 或欲權行刪略, 以附闕疑之意。今細考全部, 此類文字甚多, 又似非一時偶然失檢之言, 後生淺學, 只憑一己私見, 遽爾犯手, 亦有所不敢, 謹此具稟, 伏乞深思永念, 垂示一言之教。如曰“無碍當存”, 則謹當更加思繹, 以求所以自安於心。如曰“不必存”, 則其刪削之節, 殊非小擧措, 當以本集呈納, 須親自檢, 從頭一下。或慮衰年精力, 有所未周。則令思伯、聖存輩人左右參助, 期無疎漏之端, 千萬幸甚。【初嫌煩人眼目, 不欲以文字呈稟, 旣而思之, 若以此遲緩失機, 或有當行而莫及之恨, 則亦非小事。故書成後追錄此紙, 同入封中, 伏乞垂諒。】

1-3-4

「상중암선생上重菴先生」【戊子二月二十五日】(『省齋集』卷7)

해제

1) 서지사항

유중교(柳重教, 1821~1893)가 1888년 2월 25일 김평묵(金平默, 1819~1891)에게 보낸 편지. 『성재집(省齋集)』 권7에 실려있다. (한국문집총간 323)

2) 저자

유중교(柳重教, 1832~1893)로, 자는 치정(穉程), 호는 성재(省齋)이다.

3) 내용

유중교의 심설(心說)에 대한 김평묵의 조언을 자세히 검열하고, 거칠고 소략한 생각을 다듬었다는 내용이 들어있다. 그리고 심설에 관한 의견 차이로 인해 학파가 분열되었다는 유중교에 대한 모함을 비난하고 있다. 다시 말해 세간에서 떠도는 이야기는 자신과 무관함을 스승에게 밝히는 편지글이다.

1-3-4「上重菴先生」【戊子二月二十五日】(『省齋集』卷7)

向來所稟心說文字, 當時逐條垂覽, 略賜允可, 意謂無大紕繆矣。歸復細檢, 大覺荒率, 隨手抹改, 幾無全句。今伏讀籤敎, 又有許多糾正處, 是知後生淺學, 只憑一時意見, 有所云云, 驟看雖若依俙, 而細檢則敗闕百出, 甚可兢懼也。籤敎辭意, 今病中神眩, 無由詳審其曲, 而槩省頭面, 蓋皆嚴重痛切, 足以仰窺用力敎誨之至意, 感激悚懍, 不知所以爲心。少竢病間, 謹當用時月工夫, 熟讀細玩, 圖所以自開其蔽惑, 以奉副指意之萬一也。然區區設此文字, 其意本欲考列古聖賢說心源委, 依本分平正解說, 以爲自家整理前見之繩尺。觀篇目及跋語可見, 特見不明辭不達, 反有亂道處耳。今讀下諭, 以此爲專爲譏諷先師而作, 逐條對擧伸辨, 往往有不敢擧顔奉讀處。且若以爲別有甚麽私意留着胷中, 爲不守師訓之根株, 則又滿心惶惑, 莫省端倪。重敎雖醜悖無狀, 奉敎門下四十年, 粗聞天理人情之大端, 豈有一朝遽至於此耶? 伏乞千萬垂仁, 洞照其心曲焉, 區區不勝泣血懇祝之至。南士宋鎭鳳久聞其名, 今見其人, 忠厚寬大, 學有抱負, 合處吾南之亞。但恨貼席呻吟, 不能款叩其所蘊也。神眩倩寫, 辭不盡情, 伏地祗增隕越。

卽見尹雲瑞今月望日書, 乃云"坐憑傳說, '以心說不同之故, 門戶分裂'云, 果如所聞否? 且以一言不合, 怒氣相加, 見責甚切", 讀之不覺毛骨竦然。不識此等情外之說, 從何而起, 傳布如此耶? 竊計中間, 何人誣傳"重敎近以心說之不合, 包藏慍怒之", 而門下諸子致疑甚深, 故有此傳說行于世間。然此豈一半分近理之說耶? 大抵昨年九月進謁時, 函丈分外賜顔, 開心見誠, 承觀累日, 無一毫未安意形於辭色。所進文字, 當時只見大體而示許可之意。未及細檢曲折而有論卞之辭, 則初無同異之可言。惟於先師本指, 謂有未相悉處, 命取遺集, 更加檢省。重敎感激奉敎而歸, 閉戶三冬, 專心用此工夫, 至歲開, 始略有仰達, 而尙未承批判。于斯時也, 豈有慍怒睽異之端, 萌發于其間耶? 政使先生長者不燭衷曲, 施之以非罪之譴怒, 在弟子之列者, 若遽懷不平之志, 求爲睽異之擧, 則此卽悖德之大而無所容於天地之間。況在上者本未有譴怒, 有可感無可憾, 而自懷不平之志, 此又不近人情之事, 苟非病風喪性之人, 寧容有此? 凡此流傳之言, 不知已未關聽, 而只伏祝千萬洞察, 以白其心曲焉, 重教皇恐白。

1-3-5

「상중암선생上重菴先生」【戊子三月】(『省齋集』卷7)

해제

1) 서지사항

유중교(柳重教, 1821~1893)가 1888년 3월에 김평묵(金平默, 1819~1891)에게 보낸 편지. 『성재집(省齋集)』 권7에 실려있다. (한국문집총간 323)

2) 저자

유중교(柳重教, 1832~1893)로, 자는 치정(穉程), 호는 성재(省齋)이다.

3) 내용

본 편지는 유중교의 '심설(心說)'과 '신명설(神明說)'에 대한 김평묵의 비평과 가르침에 감사함을 전하는 글이다. 김평묵의 편지를 읽고, 자신의 오류를 깨달은 것도 있고, 아직 가르침을 이해하지 못한 점도 있다고 밝혔다. 또한 추신에서 사백(思伯)과 주고 받은 심설(心說)에 관한 두 번의 편지를 김평묵에게 보냄으로써 사백과 중교에 대한 날조된 무함을 소명한다고 말하였다.

1-3-5 「上重菴先生」【戊子三月】(『省齋集』卷7)

前上書中所陳私懷, 極涉猥越, 方切罪悚, 玆蒙下覆, 洞開城府, 溫言賜諭, 旣本其資性而曲照用情之無他。又備責其從初見識之所蔽, 與夫語默之失宜, 而開示日後懲毖自新之路。重教雖愚陋, 寧不感頌德意, 銘心鐫肺, 圖所以奉副其萬一哉? 向來心說籤教, 及今番神明說批誨, 謹細繹屢周。其中蓋有先已自悟而改正本藁者, 有因讀教語而始覺其謬者, 亦有教告雖勤而終未得所安處者。此緣愚迷之見, 纏繳多時, 雖得明訓, 未易言下領會, 勢或然矣。仍念歐陽公每作一篇文, 旣費力修削, 遂放置箱篋中, 數月後乃檢讀一下, 自然私意消落, 疵病盡見, 此事極有妙致。蓋不但作文爲然, 凡講究義理, 皆應如是。重教自昨年春以來, 起得心說疑端, 專心反復, 幾忘寢食。至如『史編』讐校之役, 亦且權停, 則其間私意之起而反以自迷, 計亦不少矣。自此欲將前後講說, 合作一軸, 束之高閣, 復專治史課一兩歲。竢旣訖業, 乃取前說, 虛心檢點, 庶或得公理之自見矣。伏乞少加寬貸, 無誅蓄疑闕對之罪, 千萬幸甚。

追上書

昨因西州二士之行, 謹修一書付上矣。二士未及發, 而令孫少友至, 伏承下書, 謹審比日道體無損節, 伏慰區區。惟以思伯致書事有爽實入聞者, 致惱神思, 至使令孫專來探知, 驚悚萬萬, 罔知所以爲心。去歲臘月, 有人從山內至, 傳思伯八月書, 乃論重教心說改見者也。今歲二月, 又從加邑褫, 得思伯九月書, 乃以鄙族何人誣毁師門事見責者也。二書蓋皆合有而不可無之言, 而在重教, 有深切警省處。但心說曲折, 見方斂戢話頭, 政不欲更煩紙墨。族人造誣, 迄玆採訪, 尙未得端的人, 痛加誅責, 則亦無說可相報。第聞此友當於此月內, 作此間省墓之行, 故欲因其行, 一場說破, 以整衷曲之所存矣。今因下書之來, 始知伯賢諸人有自下惹擾之事。取其所謂書本者視之, 乃執二書中句語, 切切詰責, 蓋雖不至如傳者之言, 而其不識分量, 肆筆狂妄, 亦足以致外人鬩墻之疑。驚愕之甚, 卽手削其本藁。日後見思伯, 亦將力懇其泐藁勿較, 而何望其見從也? 此只緣重教庸闇, 不能導率, 有以致之。內省慟悼, 如不欲生, 良無顔面可責渠輩。伏願先生深悲其志, 毋遽遺棄, 隨事警飭, 俾不至大得罪於朋友, 千萬幸甚。至若板山人事。昨年九月造候之行, 歷見李大而, 謂書舍新成, 已以記文奉懇門下, 且要重敎以銘語。屢辭不得免, 歸卽綴緝數語, 俟歲開後入褫矣。至二月晦間, 申氏一人來傳以記文句語, 有往復事, 重敎卽切責其乖當。向後絶不聞聲氣, 今因下書, 亦知其言端至今未息, 極可駭怪也。下諭引淮碑之段文昌, 豈傳者之言, 誤以銘爲記, 而又以爲追作於尊文得謗之後, 故有是敎耶? 重敎雖愚蒙, 尙識此等體面, 寧容有是事耶? 近日道塗傳說, 太半是此類, 並乞隨事洞燭焉。思伯二書, 謹依下敎呈上, 恐未有別樣可警責處。惟論心說處, 本源之地, 歸權於氣, 零瑣之地, 名之以理。此似指心物性則之說, 而呵責過重, 溯及於先師降世以前諸賢, 此當是失檢處, 其言流傳, 或有唇舌之來, 合有一番規戒也。謹此追白, 納之原函, 又再拜。【下書中'大抵高明'以下一段, 及別幅垂示二詩, 伏讀一下, 不覺惶汗浹背。直欲鑽地而入而不可得也。】○【下示『論語』小注朱子說一段, 謹當佩服矣。】

1-3-6

「상중암선생上重菴先生」【戊子四月二十八日】(『省齋集』卷7)

해제

1) 서지사항

유중교(柳重教, 1821~1893)가 1888년 4월 28일에 김평묵(金平默, 1819~1891)에게 보낸 편지. 『성재집(省齋集)』 권7에 실려있다. (한국문집총간 323)

2) 저자

유중교(柳重教, 1832~1893)로, 자는 치정(穉程), 호는 성재(省齋)이다.

3) 내용

유중교는 심설에 있어서 종전대로 '명덕'에 대해서는 '주리(主理)'라는 입장을 고수하면서도, "심의 체단에 대해 그 본분과 명위를 판단한다면, '형이하자'라는 점에 의거하여 '사물'로 지목해야 비로소 평이하고 절실하여 나중에 폐단이 없게 된다(心之體段而斷其本分名位, 則只得且據形而下者目之以物, 乃爲平實而無後弊)"라 하여, 심은 형이하자로서 사물에 속한다는 입장을 피력하였다. 이에 대해 김평묵이 이견(異見)을 표하자, 유중교는 이전에 김평묵도 "심의 명목과 지위는 형이하에 속해야 마땅하다(心名位之當屬形而下)"라고 말한 바 있음을 거론했다. 유중교는 심성물칙지설(心性物則之說)에 대해서도 '신명(神明)과 인의(仁義)를 대립시켜 말하는 경우'와 '화장(火臟)과 인의(仁義)를 대립시켜 말하는 경우'를 구분하고, 이항로는 후자의 맥락을 말한 경우는 있어도 전자의 맥락을 말한 경우는 없다고 설명하고, 자신은 전자의 맥락에서 심성물칙지설을 주장하는 것이라고 설명했다.

1-3-6 「上重菴先生」【戊子四月二十八日】(『省齋集』卷7)

下諭諸生得失, 獲蒙參恕如此, 不至大段斥絶, 在渠輩, 寧不知感? 惟其所以啓之, 重敎實有罪焉。雖與西河、龍門竝案, 亦何說之可辭? 只有皇恐震灼, 亟圖息黥補劓於方來而已。至若心說一貫, 備擧前後, 誅責甚重。又謂"嘗別爲長書, 辭甚激切, 而旋復還收", 則益有以仰認其不屑之意矣。區區夙夜憂懼, 靡敢自寧, 私竊念之, 以心說大指, 則重敎所論, 於尊誨之意, 未見其有甚相戾, 特於解說師旨處, 有小未契者耳。然求其所以未契, 則實非敢巍然自是, 不肯密察師訓, 惟其察之太密, 而有所纏繳, 所以於尊敎, 反疑其或疎闊而不能遽從也。前者所禀權停講說, 蓋欲俟思慮之貼息而更加澄省也。今嚴敎如此, 不敢直遂其情, 乃更具本末, 以達其纏繳之所由。伏惟先生少加寬貸, 曲賜財擇焉。干冒威尊, 無任悚懍之至, 聞李生昭應將以來初, 造候屛下, 謹修此竢其行。更祝對序保重, 以慰瞻仰。

別紙

下諭心說曲折, 嚴重痛切, 所以鞭策昏頑, 使之發省者, 靡極不至。區區感誦德意, 寧不亟圖所以奉副哉? 顧於心下從初, 有小未安者存焉, 累蒙敎告而終不釋然。前書所禀權停講說之意, 蓋亦出於不得已也。旣而思之, 凡有所講於先生長者也, 其停止亦有道焉。於其將止, 必略具所懷而一陳之, 俾得洞然鑑悉, 然後止之, 乃爲款曲, 而異日復理前言亦有端緖之可尋也。今於前後所敎, 未嘗一番備言其所不安之故, 而草草歛戢話頭, 有若"不得於言, 勿求於心", 而强閉尊長施敎之路, 宜乎其疑之益深而責之益重也。請復起言端, 以罄前書之所未發, 惟先生少垂察焉。重敎近日講說太極有主宰之論, 猶夫前也; 明德主理之論, 猶夫前也。心有以理言、有以氣言, 亦與前無別。惟謂揔擧心之體段而斷其本分名位, 則只得且據形而下者目之以物, 乃爲平實而無後弊, 此爲少異於前耳。伏讀批誨, 於其所守舊者, 固無異同之可言, 而其所更改處, 亦漸次示意, 未有以爲不可者焉。【前者下書, 每言心字本分名位, 須屬之形而下, 而其於人之神明, 則斷然作形而上說。至最後二書, 言辨位正名則天是蒼蒼之物, 而朱子言"天之所以爲天者理而已", 心之神明, 宜亦無異同。又言辨位正名, 則天也、神也、心也，是形而下之物。必也專言之，然後，乃謂之道，乃謂之理，乃謂之人極也。區區於此不敢有一毫疑，蓋旣言心之當體、本分、名位，當屬形而下。則其所以然之是理，與其專言時有以理言者，又何疑焉？於此而無異同，則其枝葉上小小參差，自不必深論。】則講說大指，雖謂之爛漫歸一可也。但謂此心名位之當屬形而下，先師平日所見，元自如此，特擧世所已知，無事於發明，故不數數出於講說。今當以發揮遺旨爲名，不當以追改舊說爲辭。仍微示之以諱賢陰補之義，此可以仰認尊愛先師眷眷忠厚之美意，有非常情之所可企及，而愚陋於此始終持難，隱忍泯默而不敢奉教者，亦有其說焉。竊觀前輩於其所事之地，見其言有偏重過當，不能無弊者，則或刪之於本書，以寓爲賢者諱之義。若其言有不得刪者，則雖存之而不宣揚其文字，別自爲說，以足其未盡之意，是則所謂陰補者也。此二者皆事理之所宜有。惟存其見成之言，而遷就指意，以其所嘗非之者，謂是遺旨而發揮之，則深有所不安於心者。蓋凡講說，隨人各有一副眞面目。以先師心說言之，以理斷心，【以理斷心，與謂心卽理者，語意不同。謂心卽理者，全以心當理而無復揀別之辭也。以理斷心者，心有以理言，有以氣言，特以理言者，爲斷案耳。】卽其眞面目也。今不敢別引句語，只擧前日已發端者數段言之，如「形氣神理說」一篇，明是此心辨位正名之公案也。其言以火臟爲心之形，以精爽爲心之氣，以神明爲心之神，以仁義爲心之理。而以形而上下大分之曰："形陰而氣陽，形而下之器也。理體而神用，形而上之道也。" 又曰："形與氣局而爲二，神與理通而爲一。一者何也？太一是也；二者何也？兩儀是也。" 觀此則於形於氣於神於理，皆可以言心，而心之當體神明二字，【先師嘗言"火臟是心之所舍，精爽是心之所乘，仁義是性情，惟神明是心之當體。"】只可以屬形而上，而不可以屬形而下矣。其辨神明屬氣之說曰："貶至尊無對之號，而降編臣僕卒徒之伍，爲名不正而言不順矣。神之一字，失其本職、和形、氣、理三字，均失其職，而天地萬物，無不受病矣。" 此其義不亦嚴乎？又如答門下辛酉正月書，以何故抵死主張一氣字？責門下而有苦痛苦痛之語。【前呈思伯與重敎書中，引此書見警。】此時門下何嘗以以理言之心爲氣耶？所爭只是此心本分地頭、本分名目，當屬形而下之說，而嚴敎如此矣。合是數者而觀之，其議論面勢，大可見矣。然則『雅言』所載"心氣也物也"一段，【非獨此一段，『全集』中往往有此等處。】蓋亦指火臟與精爽，而未嘗以神明當體言之也。其論天神心一段，亦言此三者其專言時，皆可以當理而已。若辨位正名，則各自有所指。【形體謂之天，功用謂之鬼神，妙用謂之神，火臟之心自火臟，神明之心自神明。】未必並屬之形而下也。今執此兩言而謂先師亦嘗爲此心名位當屬形而下之說，則先師之靈，其肯安而有之乎？外人之曾接面論者，後輩之追攷文集者，其不駭然而滋惑乎？若謂以先師爲以理斷心，則有認氣爲理之嫌，而或與告、釋、陸、王之見相近，故爲此以遠避外人之疑云爾，則此有大不然者。先師說心，其所指以爲心者，元是與經傳所言心者，微有不同。經傳所言，蓋據此心形而下處，有存亡兼眞妄者立名，就其中專指本源眞體者，以爲理。朱子所謂"天理之主宰"是也。先師所謂心合下專指其本源眞體者言之，而若其形而下者，則直以爲無與於此心之當體。正猶孟子之言才，專以其發於性者言之，而視本地，爲移上一級也。【以朱子本指則氣之精爽，卽指心之神明，而今挑出神明，在精爽上面，其主意所在，亦可見矣。】故其言曰："以氣言之心，君子有不心者焉。" 曰："釋氏所謂心，是吾儒所謂形而下者。" 然則其以理斷心者，雖其辨位正名之或欠平實，而謂是認氣爲理，則大不著題矣。且吾儒之所以深斥告子、釋氏者，爲其不分形氣性命，而混謂之性，混謂之道也。先師平生講道，其宗旨專在剖判此兩路矣。陸、王之爲陸、王，以其恃心以外天下之理也。先師平生爲學，其大法政在存心以窮天下之理矣。其歸豈特燕、越之相遠哉？【向呈『心說源委』一篇，叙列古來諸聖賢心說，而其中以孟子"生之謂性"，程子『釋氏本心』二章備數者，蓋欲令後之說心者，知有此科臼而審於揀別而已，初非敢爲譏諷先師而設。而下敎有云云，皇悚皇悚。】是故世之傳誦講說者，雖其所見之異而不能相從者，猶言其主理之苦心，不可以不深體之。亦可見自然之公情也。彼先有一物於胷中而不究本指，惟事抑勒者，又何足深較哉？妄竊以爲今日爲先師之徒者，政宜就先師平日講說本指，悉心致詳，以明其說心，固有以理言，有以氣言，而實則以理言心者爲斷案，雖曰以理斷心，而實則與認氣爲理者，毫釐而千里。此是第一機要。而先生於此，或未及周念，顧乃泛就題目上，費力遷就，以爲遠避人疑之計。其有持難而不能遽從者，則以爲是置吾師於認氣爲理之科，而罪之甚重，至以爲師伸冤等語，累形於文字，無乃反有隱諱之嫌而益致外人之疑耶？且念天下之義理無窮，而衆人之見識易差。畢竟先師之於心字名位，安知其不得千古之正案，而後輩之區區追補者，又安能自保其不出於廊柱之再數耶？今於師說，若存其眞面而巽辭傳疑，則後之君子容有折衷歸正之路。若遽遷就指意，泯然同己，則雖得折衷之公眼，顧安所考檢耶？凡此數端，皆關係甚重，極有不可苟者，伏乞深思永念而處之焉。抑有一說焉。昔靜庵先生兒時, 諫寒暄罵婢曰: “養親之誠雖切, 君子辭氣, 不可不省察也。” 重教常敬慕此事, 願效之而未能也。今伏讀下書, 結辭曰: “先師之冤, 一向莫伸, 則其義安得, 黽勉保合?” 不識先生何爲出此言也, 千萬皇悚。以爲師冤二字, 元是與本事萬不相稱。而又以此之故, 遽示割恩斷義之意, 無乃煞重而傷急乎? 尊師之誠雖切, 君子辭氣, 不可不審愼也。況在大賢門庭, 論道講義之體, 又百世人之所瞻仰? 惟先生念哉。

心性物則之說, 亦有兩端。一是以神明與仁義對分者也, 一是以火臟與仁義對分者也。下一端先師文集中往往有之, 上一端則截然無之。其故何哉? 先師所言神明, 合下專指天理之主宰而名之。豈有天理之主宰而可以喚做形而下之物者耶? 所以與仁義相對, 只管就一理上分看, 未有作物則說處矣。前後下敎, 常責重教以置先師於不識物則之科。重教非敢謂先師於心性, 全然不爲物則之分。只是於神明與仁義, 未嘗以物則處之, 而觀其意思, 又非不識先儒於此有物則之說。特自有所見, 不欲苟從耳。據愚見考察所及, 大槩如此, 謹玆具禀, 伏幸垂察。

1-3-7

「상중암선생上重菴先生」【戊子八月十九日】(『省齋集』卷7)

해제

1) 서지사항

유중교가 1888년 김평묵에게 보낸 편지. 『省齋集』卷7에 실려 있다. (한국문집총간 323)

2) 저자

유중교(柳重敎, 1832~1893)로, 자는 치정(穉程), 호는 성재(省齋)이다.

3) 내용

이 편지는 무자년(1888년) 6월에 김평묵이 유중교에게 보낸 별지의 내용 여섯 조목에 대해, 유중교가 다시 자신의 생각을 정리하여 반론한 것이다. 이를 요약하면 다음과 같다.

보내신 편지 제2조 "心也神也【止】惡其妨己之說而匿之也"에 대해 :

선사께서 평소에 신(神)을 설명하실 때 기로써 말씀한 곳이 없지 않지만, 형(形)·기(氣)·신(神)·리(理)로 등위를 나누어 명칭을 정한 곳에서는 신을 형이하에 소속시킨 예가 없다. 심을 설명한 곳에서도 역시 기로 말한 곳이 많으나, 신명으로써 심을 말한 곳에서는 모두 형이상이라 하였고, 형이하로 설명하는 것을 금하였다.

"先師答門下書二條, 並門下問目一條"에 대해 :

이항로가 김평묵에게 보낸 편지에서 "심이 리(理)를 가지고 있고 또한 그 직분을 가졌다면, 이른바 명덕이 심의 리(理)가 아니고 무엇이겠는가?"라고 주장한 것에 대하여, 김평묵이 주자의 "깨닫는 것은 마음의 리이고 깨달을 수 있는 기의 영(靈)이다"고 한 것과 어긋나지 않겠습니까? 라고 묻자, 이항로는 "주자는 심을 허령지각으로 해당시키고, 성을 인의예지로 해당시키고, 정을 애공의별(愛恭宜別)로 해당시켰다. 나누어 말하면 셋이 각각 가리키는 바가 있으나, 합쳐서 말하면 셋이 모두 동일한 리(理)가 된다."고 대답하였다. 이에 대해 유중교는 “선사의 답변은 심의 허령지각과 성의 인의예지를 똑같이 하나의 리(理)로 간주한 것”이라고 규정하고, “천하의 사물에 대해 지위를 변별하고 이름을 바르게 함은 모두 당체(當體)에서 판단하는 것이요, 머물고 있는 곳이나 타는 것으로 판단하는 것이 아니다.”라고 설명했다.

第三條, “只以鄙書所引【止】千萬猛省”에 대해 :

주자의 말씀 두 조목을 인용하셨는데, 선사께서 이(理)로써 마음을 단정한 것은 주자의 이 두 가르침과 약간 다른 점이 있다. 주자가 “신(神)은 리(理)의 발용(發用)”이라고 한 것 역시 주된 것과 근본 되는 것을 미루어 밝힌 말일 뿐, ‘신이 곧 리(理)’라는 것은 아니라고 하였다.

“朱子「答杜仁仲」書二段”에 대해 :

주가가 두인중에게 보낸 두 통의 편지를 고찰해 보면, 앞의 편지에서는 “신(神)이 곧 리(理)라고 하면 옳지 못하다”고 했고, 뒤의 편지에서는 “신(神)은 리(理)의 발용으로서 기(氣)를 타고 출입하는 것이다. 신을 오로지 기(氣)로 간주하면 잘못이다.”라고 했다. 주자가 신을 리(理)로 보는 것을 반대한 까닭은 형이상자는 리(理)이며, 작용이 있으면 바로 형이하자이기 때문이다. 주자가 신을 오로지 기(氣)로 보는 것을 반대한 까닭은 신의 작용은 바로 리(理)의 작용으로서 기를 타고 출입하기 때문이다.

“人之神明【止】統體太極”에 대해 :

“사람의 신명이 곧 통체태극(統體太極)”이라는 말에 대해서는 끝내 수긍할 수 없는 부분이 있다. 주자는 두인중에게 보낸 편지에서 “신이 바로 리(理)라고 하는 것은 불가하다.”라고 분명히 밝혔다. 그런데 지금 “신명이 태극이라고 하였는데, 마음이 편하신가?”라고 반문하였다.

第六條, “自此以下許多枝葉【止】千萬垂諒”에 대해 :

유중교가 “선사의 가르침은 경전의 내용과 약간 다름이 있다”고 하고, “자신 스스로의 견해가 있으면 억지로 선유들을 따르지 않아도 된다.”고 한 것에 대해, 김평묵이 “스승을 죄에 빠뜨린 것인바, 땅을 치고 통곡한다”고 하고, 또 “활로 아버지를 쏘는 것”에 비유하면서 “대의멸친(大義滅親)의 뜻을 보인 것”이라고 비판했는데, 이에 대해 유중교는 “선사께서 ‘지금 능력이 미치지 못한 것은 후대 사람과 함께 바로잡으라’고 임종 시에 간절하게 부탁하신 바 있다."고 상기시키고, 자신의 조보(調補)는 "선사를 함정에 빠뜨리고자 한 것이 아니고 빛나고 깨끗한 대체를 보호하고자 한 것이요, 선사를 쏘고자 한 것이 아니고 뭇 화살이 잡다하게 이르는 것을 막고자 한 것이다."라고 주장하였다.

1-3-7 「上重菴先生」【戊子八月十九日】(『省齋集』卷7)

重教白。重教於五月間, 恭修一書, 付嘉陵褫, 久未承覆教, 下情紆鬱。乃於今十四日, 伏奉六月二十一日出下書, 謹審伊時道體崇泰, 渾閤安吉, 春善郞又擧丈夫子, 自此德嗣寖廣綿遠可期。積善之餘, 仁天眷佑, 固應若是, 區區頂祝, 良沒涯涘。又聞今歲農形不齊, 而仁鄕獨値豊登, 宅邊新田, 禾黍油油, 重以爲慶也。下誨六條心說, 辭明義正, 啓發弘大, 間之以雷電之威、斧鉞之嚴, 亦出厚悶蔽痼。匪怒伊教, 三復頓首, 且惶且感, 罔知所以爲對也。念重教之於此論, 累蒙教告, 而蔽痼猶前, 良由不多讀先師之訓也。自此謹當更將全集, 歲月加工, 以求所以奉契下誨之意。然六條中, 提命丁寧, 不容無對者, 不得不且據今日所見以爲說。而欲直辭以對乎, 則深恐其重犯威怒, 欲易辭以對乎, 則函丈施教之意, 豈欲其如是? 以此持兩徊徨者有日, 旣而思之。宰我短喪之問, 本不宜出於聖門弟子之口, 而至夫子言"食稻衣錦於汝安乎", 則雖五尺之童, 皆知其爲嚴辭而思所以承順之, 宰我乃直對之以安, 可謂愚之甚也。然先儒論此, 或有取於其辭者, 誠以不隱其情也。若旣失其仁, 又失其直, 則是天下之棄人也。於是乃敢披露愚悃, 隨分舖陳枝葉去處, 多不知裁。然以廓然大公之體, 垂容光必照之明, 則或有以見其衷曲之所存, 非可惡也, 良可悲也耶。瀆冒尊嚴, 皇恐皇恐。史役策勵疲蹇, 間關前進, 今至宋季。要之於秋冬之交, 似得了秩, 其時卽當籤識合商處, 詣稟門下, 然後乃下修削之工也。先師文集再讀之課, 又當在其後也, 伏希下諒。李生昭應久不相見, 聞重岳將於日間造門, 謹作此付其行。伏惟下察。謹再拜。

別紙

下書第二條, "心也神也"【止】"惡其妨己之說而匿之也"

心也、神也, 是形而下之物云云, 下敎雖述『雅言』所載, 而『雅言』本指似不如此。故上書中, 只作門下之說言之, 而未嘗敢作先師之指言之也。其言先師之指, 則在下文論天、心、神一段以下云云是也。伏乞更撿。至若『雅言』「天地篇」第十三條, 此專說鬼神之神, 恐非其類, 不必引說。「仁應篇」第八條, 就知覺分說通局, 此只言無不知、無不覺,是知覺本分; 有不知、有不覺, 是爲氣所局處爾, 亦不必擧論於此說。惟「神明篇」首條及第十一條, 以神明合理氣說, 此與平日所論稍逕庭, 政是合消詳處, 故春間上書, 特擧此二段, 有所稟也。【別稟卷尾小識, 有此語。】 蓋先師平日說神, 非無以氣言處,【如論鬼神之類是。】 其以形、氣、神、理分等位定名號處, 未有以神屬形而下者。【此則遍考全集, 迄未得見。】 說心亦多以氣言處,【如說火臟精爽之類是。】 其以神明言心處, 皆專作形而上, 禁說形而下者。惟「神明篇」所載此二段, 爲合氣說, 向來妄以此二段爲先師本指, 而餘外諸條, 在所闊略。旣而細考之, 諸說所言, 類皆注意鄭重, 立文嚴密, 又貫前後以一意。若論先師本指, 須以此爲重。其說合理氣二段, 恐只是以理合氣說, 如橫渠"合虛與氣有性之名"之云耳。其下文"以理言、以氣言"云云, 蓋言此心有以火臟精爽言時, 有以神明仁義言時,【據平生講說語脉, 恐是如此。】 非謂神明二字, 旣爲乘氣之理, 又爲載理之氣也。愚迷之見, 自看得如此, 未知不大悖本指, 常切兢悚耳。

"且詳來敎"【止】"首尾之不相應也。"

向敎中"諱賢陰補"之云, 今謂其本爲重敎假說。此言非眞以爲先師有可諱可補之實, 則重敎之誤解尊旨, 妄有云云, 實甚惶悚。然其所以誤解, 則亦有其由。蓋據平日往復之辭, 而竊意其或如是也。今謹摭其辭, 附列于後, 伏希鑑悉。至若"首尾不相應"之敎, 則重敎遣辭本意, 蓋言門下旣言此心名位之當屬形而下, 先師平日所見, 元自如此,特擧世所知, 故不數數出於講說云云, 而仍微示之以諱賢陰補之意。則是知前所云云, 乃出爲師補缺之意, 而非依文摭實之辭也云爾。特修辭未精, 意不別白, 致勤斤敎如此, 尤增悚息。

先師答門下書二條, 並門下問目一條。

先師與門下書曰: "愚之所疑, 有一言可破者。心是人身上一物, 而爲萬善之主宰者也。是物也必有爲是物之理矣, 必有爲是物之職矣, 是所謂'心之道'也。若曰'心是有氣之物, 非有理之物', 則更無可疑矣。若曰'亦有其理, 亦有其職', 則所謂'明德', 非心之理而何哉?"【此書與『雅言』所載心氣也物也一段, 恰恰是一意。】 ○門下問目, 曰: "下敎心之爲物, 必有爲是物之理矣, 亦有爲是物之職矣者, 誠聞命矣。明德是心之理者, 亦聞命矣。但以朱子之訓仔細攷證, 則心之理, 每每以仁義禮智之性當之, 未嘗便以虛靈字當之, 故積年兢兢, 不免更質。蓋"人心有覺, 道體無爲"八字, 亦朱子之定訓, 則有覺而弘道者, 謂心之職則可。若便把覺底, 喚做心之理而無疑, 則與朱子所謂'所覺者心之理、能覺者氣之靈'者無乃相戾乎?" ○先師答曰: "以朱子之訓攷之, 則心以虛靈知覺當之, 性以仁義禮智當之, 情以愛恭宜別當之。分言則三者, 皆有所指, 合言則三者, 同爲一理, 混然無間。火臟與精爽, 卽陰陽之器也, 而亦謂之心者, 以其神明之所舍所乘也。若夫神明, 卽心之當體也, 何可喚做陰陽耶?" ○重敎謹按先師前書, 只就一心上, 分言是物與是物之理而已, 而門下乃以便以虛靈字當心之理, 便把覺底喚做心之理之說, 奉詰之。驟而觀之, 孰不以抑勒師訓疑之哉? 然攷答敎, 無一句分疏, 只言心之虛靈知覺與性之仁義禮智同爲一理, 以實其言。又以火臟精爽爲心之所舍所乘, 而屬之陰陽, 以神明爲心之當體, 而屬之太極, 以明前書所言是物與是物之理, 卽指此二者而言也。然後始知門下之所奉詰, 乃深得師訓本指於文句之外, 而非餘人之所及也。今也乃言此心名位之當屬形而下, 先師平日所見, 元自如此, 此却與師訓本指, 不啻相戾, 何也? 天下之物, 辨位正名, 皆於當體上剖判, 未有以所舍所乘者矣。詳味火臟精爽, 亦謂之心之語, 則政使泛說時, 或以此而言心其不得爲本分名位, 亦較然矣。門下之於師訓, 昔旣深得其指如彼, 而今乃違失其指如此, 是必有所以然之曲折。故妄嘗竊意其積年兢兢之餘, 心或不安, 有此遷就指意之論, 以爲諱賢陰補之地也。

第三條, "只以鄙書所引"【止】"千萬猛省"

下敎所引朱子語二條, 其論天一段, 春間初提示時, 甚愜蒙見, 已以謹當佩服之云仰報矣。前書中, 又擧門下解釋此段之語, 而以爲區區於此不敢有一毫疑貳。則今謂重敎於此諱而不擧者, 恐或失檢。其論神一段, 此是「答杜仁仲書」語, 而此書全篇, 平生受用於講說, 不止一再。向呈「心與明德形而上下說」

論神條, 亦擧此書反復推言之, 言不可謂神卽是理, 辨位正名之辭也, 不可將神全作氣看, 明其所主之在乎理也", 又言"神卽是理之所爲, 而不可直喚做理", 又言『易』中諸神字及周子、程子所指以爲神, 皆在本然純粹處。故朱子於此, 每主理而言之云, 則其於以理言神之意, 可謂咀嚼無遺矣。特神是理之發用一句,【此一句, 不可將神全作氣之注脚, 而與所謂神是理之所爲者, 卽是一般意。】偶未擧說。是豈有意於諱而然哉?【鄙說全稿及春間所呈此段脩潤本, 想具在几案之側, 乞賜一番更覽。】至若先師以理斷心之意, 則與朱子此二訓, 微有不同。蓋朱子所言"蒼蒼者卽此道理之天", 是把物當理說也, 非直以蒼蒼者, 置在形而上之位也。其言神是理之發用, 亦是推明主本之辭也, 非謂神卽是理, 如其第一書所戒也。惟先師之以理斷心, 則是以神明二字, 直就形而上處, 立正位置, 立正名號, 觀「形氣神理說」, 全篇大意則可見也。其所指淺深, 旣不相當, 故方其論此時, 不敢引彼爲說, 實非有他意也。今以不擧朱子二訓之故, 謂有隱伏閃倏之病, 而戒之以亟取朱子「王梅溪文集序」三復而反之於身。伏而讀之, 不覺汗出浹背, 而內自循省, 情實不然, 莫知所以治之。惟謂從前已有這樣意思而不曾發說, 今萬不得已而言之, 是則不敢不深受其罪。蓋重敎平日自謂極理會心法, 所勉勵者, 是正大光明; 所憎嫉者, 是隱伏閃倏。而用力不深, 喫年許多, 不免作寒熱人, 安得不爲先生長者所警策如此乎? 自此當百倍加意, 隨事猛省, 以求贖其前罪, 亦望門下之不遽棄而終敎之也。

朱子「答杜仁仲書」二段

前書曰: "所論云云亦得之。但謂神卽是理, 則却恐未然 更宜思之。" ○後書曰: "神是理之發用而乘氣以出入者, 故『易』曰'神也者, 妙萬物而爲言'者也。來諭大概得之, 但恐却將神字, 全作氣看, 則又誤耳。" ○謹按此二書, 語緖相因,【觀又誤之云, 可見。】必對勘看, 其意乃明。蓋謂"神卽是理, 未然者", 何也? 形而上者是理, 才有作用, 便是形而下者也。【此二句是朱子成語。】將神全作氣看又誤者, 何也? 神之作用, 卽是理之發用而乘氣以出入者也。合二說而一之, 則神字本分名位與裏面骨子, 皆可以了得矣。然天地無妄, 而人心有欲, 故在天地而言神, 則神之作用, 固卽是理之發用。在人心而言神, 則神之作用, 未必是理之發用也。故於此特擧神也者妙萬物而爲言之語, 以明其所主而言者, 是天地之神也。如就人心而言, 則感興詩第三章, 首云"人心妙不測, 出入乘氣機", 此二句與此書理之發用以下二句, 脗然是一樣意。但不言理而言心, 爲有異耳。其不言理而言心者, 政以其"凝氷而焦火, 淵淪而天飛"者, 不能無眞妄邪正之雜, 只可以言心而不可以言理也。至其下言"至人秉元化, 動靜體無違", 然後所謂理之發用者, 可卽此見之, 而上下與天地同流矣。迷見如此, 不審尊意以爲如何。

第四條, "形氣神理四分破"【止】"驅率之欛柄也"

黃勉齋始以形、氣、神、理分作四層, 而自神以下, 屬之形而下者。後來諸先儒, 皆從而受用之。先師獨深病其說, 以爲"貶至尊無對之神, 降編臣僕卒徒之伍, 爲名不正而言不順。至謂其進不得爲太極, 退不得爲陰陽, 不免爲列國之寓公, 天地之贅物。" 又謂"太極無主宰運用之妙, 而天下之禮樂征伐, 不得自天子出矣。於是改正名位, 以爲形屬陰氣屬陽, 而陰陽分作兩儀, 卽太極所乘之器也。理爲體神爲用, 而體用合爲太極, 卽陰陽所載之道"也。此其所立之論, 與其所棄之說, 不啻若南北之相遠矣。今乃謂"二說相須, 其意乃備", 是則雖門下亦以爲專主師訓, 則理有所未周也。抑敎指實不如此, 而重敎自看得繆誤耶? 且神一字, 向屬之陰陽, 則降爲臣僕卒徒, 今屬之太極, 則還他至尊無對, 此政是辨位之辭也。向屬之陰陽, 則名不正而言不順, 今屬之太極, 則名正言順, 此卽是正名之謂也。下敎以重敎之以此爲辨位正名之公案者爲誣辭, 此亦反復審省, 而未得指意之所在。伏乞更賜一轉語, 以竟其說焉。神明當體之說, 意已見前, 無容更禀。

"人之神明"【止】"統體太極"

人之神明卽是統體太極此一言, 雖明白敎告如此, 而愚昧之情, 終有所不安者, 棘棘而不之止。伏乞千萬深思, 以副此苦衷。一言蔽之, 朱子明言"謂神卽是理則不可", 而今謂神明卽是太極, 則於心得貼然否乎? 蒼蒼可喚做理, 鳶魚可喚做道, 而人之神明不可直喚做太極, 是何也? 人之神明卽虛靈知覺之別稱,初非有二物也。神明而可喚做太極，則虛靈亦可以喚做太極，知覺亦可以喚做太極。虛靈知覺皆喚做太極時，其名之不正，言之不順，顧當如何哉？若必欲喚做太極，則人字上加一聖字，則庶可以無弊也。心說精微，固將歲月加工，而惟此一言，恐終無可安之日也。至以『中庸』所謂“睿知”，所謂“大德敦化”，當神明字地頭，亦恐不相稱。夫睿知與大德敦化，是人心之德之至盛者也。唯天下至聖，爲能有之，而餘人則不與焉。神明則是人心之依本分，平釋正訓，通存亡出入而爲言者也。【『孟子』注可攷。】若謂“神明卽是睿知也”，卽是大德敎化也，則是天下之人，皆有至聖之盛德。不然，則惟天下至聖，爲能有其心矣。並乞細商。

第六條，“自此以下許多枝葉”【止】“千萬垂諒”

下敎所指自此以下，政是鄙說中本根緊要處。其所以發明先師之本指者，實在於此；所以分解外人之齗齗者，亦在於此。今直斷之以許多枝葉無足辨，並不下一字題品，區區下情，已極落莫。就其中執“先師所指，與經傳微有不同”一言，及“自有所見，不苟從先儒”一言，以爲大罪。目之以陷師而發拍地慟哭之語，喩之以射父而示大義滅親之意。伏讀至此，人非木石，寧不驚心痛骨？直欲溘然而無知也。然竊念之，古之聖賢，於性理名言之際，其所指與前經微有不同，而自爲一說，亦可以發明至理者何限？孟子言“若夫爲不善，非才之罪”也。此與孔子所言才者有不同。【觀“才難”之才、“才不才”之才則可見。】程子言“今人說性，只是繼之者善也”，此與「繫辭」本指亦不同。【『語類』中有言其不同處。】後之論者以爲意有疎密而言各有當，不以爲深病。先師以理斷心之論，視經傳恒訓，雖或過高，而本其爲說，亶出主理苦心，炳如日星，可以有辭於來後矣。故門下亦嘗言“先師說心，可謂發前人之所未發”。【今番下書第五條，亦有此語。】若其指與經傳所言，泯然一同，則又烏可謂發其所未發耶？至若心物則之分，自朱子而已有此說，但朱子則旣爲心性物則之說，【如『大學或問』格致條心之爲物一段，及『語類』心猶陰陽，性爲太極之類是也。】又爲心性一理之說。【如『孟子』盡心章注，載程子(性)[心][1]也、性也、天也一理也之訓，及『太極說』以性情爲天理之自然，以心爲天理之主宰是也。】後來諸先儒多闊略一理之說，而偏主物則之論，先師深病其說，而不欲苟從。

其不欲苟從, 固無可議, 但因此遂謂心性物, 則元非正理, 溯而上之朱子二說, 並疑其有初晩之異, 是亦未保其必無過當, 而講說實迹則蓋如是矣。大賢名論, 後生淺學固不敢容喙, 而在門墻論父祖之旨, 必援因古昔, 較其所同所異, 攷其孰從孰違, 然後乃得其本分眞面目, 可守成者守成之, 可調補者調補之。要之可以傳之久遠而無弊, 是乃所以愛父祖、禦外侮之道也, 故不揆僭踰, 據實詳論之如此, 不謂以此而反被射父重律也。然門下旣爲重敎有拍地之哭, 則爲重敎者, 亦安得無垂涕泣而道盡其所懷哉? 愚聞之, "師之所存, 道之所存"也, 其所以尊之, 亦必以道, 枉其道而尊之, 未有能尊者也。我先師之學, 太極有主宰之論, 明德主理言之說, 與夫人心道心剖劈之嚴, 天理人欲扶抑之勇, 擧以措之天下之業。其尊帝統、攘夷虜、崇聖學、放淫邪之大經大法, 庶幾建天地而不悖, 竢百世而不惑矣。顧於此心名言之際, 精微曲折之間, 不能無外人之斷斷。其內懷私心而敢於工訶者, 固無足道, 公心愛慕者之亦常聽瑩, 不可不深念。一時議論之參差不齊者, 容或無恠, 攷之先儒而亦鮮符合, 安得無瞿瞿乎? "行有不得, 反求諸己", 在己在師, 宜無異同。况今所未逮, 與後人共正之, 臨歿之遺托丁寧? 爲其門徒者, 奉體遺旨, 一番商量, 庸何傷乎? 極意商量, 十分無疑, 則誠亦善矣。如其不然而容有可改, 則須趁門徒逮事者在世之日而行之, 乃爲完美, 何也? 逮事久則意脈之承受者多, 輩行尊則後生之信從者衆, 因其所承受而斟酌補缺, 因其所信從而宛轉歸正, 則先生之道不期尊而益尊, 外人之議不期息而自息也。若憚一時更張之艱, 而姑息彌縫, 以爲吾師之見, 初無可補之缺, 吾師之言, 焉有可存之疑而已, 則後輩之面前傳業者, 與身後聞風者, 皆將奉持其全集, 字字而執守之, 句句而張皇之, 以求伸於當世。一往一來而不得意焉, 則疎於文理者, 必纏繳葛藤, 致成別㨾論議; 帶得性氣者, 必轉輾層激, 惹起無限風浪。源頭所偏, 雖若毫芒, 末稍面勢, 的知如此。到此時節, 世之承藉淵源而粗有聞見者, 以公以私, 皆將作氣勢揭名號, 窮本極源而攻斥之, 夫孰能禦之哉? 欲尊其師而不能尊, 反使其師爲天下衆矢之的, 幷與其大體之光潔者而掩翳之矣。不亦悲夫? 夫如是, 故愚陋之見, 千萬不自量度, 敢爲區區調補之計。有所仰望於門下。雖其所言之未必中窾,

1) (性)[心]: 저본에는 "性"으로 되어있으나. 『孟子』에 의거하여 수정하였다.

而原其設心, 竊自以爲天日可以照臨矣, 鬼神可以旁質矣。蓋非所謂陷也, 乃所以護全大體之光潔也; 非所謂射也, 乃所以外防衆矢之雜至也。與餘人言, 安敢發此口? 唯吾函丈之前也, 故厚恃四十年眷愛之篤, 而嘔出肺肝乃已。伏願函丈少霽風雷之威而曲垂淵鑑之明焉。

先師與諸門人書各一段。

先師答門下書曰: "『語錄』中性猶太極, 心猶陰陽之說, 非謂無據。但朱子晩年親筆, 有心爲太極之文, 現於『啓蒙』。然則心猶陰陽, 亦朱子語也, 心爲太極, 亦朱子語也。一屬之陰陽, 陰陽器也; 一屬之太極, 太極道, 二說異同, 不啻如天壤晝夜之相反。愚亦積年蓄疑, 而潛心玩索者久矣。尤翁於朱子說前後不同處, 舍前而從後, 則與其從門人記錄之可疑, 曷若從朱子親筆之定論乎?" ○「答朴弘菴」書論心、性、理、氣之辨曰: "朱子注釋, 分明灑落, 無復可疑。但以與南軒論中和第三書觀之, 則有初晩同異, 此不可不察也。愚有一說, 抄出朱子說同異去處, 各作一部, 注其年月於其下, 而參互商量, 自有歸宿, 似不至如此紛紜也。" ○「答重教」書曰: "朱子訓說之同異疎密, 正好玩索。愚意竊欲盡錄其前後同異,【心與性同以理說者一部, 心氣、性理者一部, 各以類附。】看去看來, 有以究見其同異得失疎密淺深耳。蓋前後同異博約極備, 而後學先從一說, 入頭定脚, 却將其異處, 合爲一說, 故牽挽穿鑿, 終不恰好。與其左右彷徨, 迷於從違, 曷若備見其初晩同異, 同者爲同, 異者爲異之脫灑耶?" ○謹按: 以答門下書言之, 則心爲太極, 是心性一理之說也。性猶太極, 心猶陰陽, 心性物則之說也, 而一是朱子親筆, 一是門人語錄。以「答重教」書言之, 則心與性同以理說者一部, 皆心性一理之說也。心氣性理者一部, 皆心性物則之說也, 而一則爲得爲密爲深, 一則爲失爲疎爲淺。以「答弘菴」書言之, 則凡心性物則之說皆舊說, 無甚綱領時所言。凡心性一理之說, 皆體察得見此理須以心爲主, 然後所言也。先生平日存疑處, 大槪如是矣。

尾附"得執事答勉台書"【止】"爲害也耶"

先師之以理當心, 重教亦以爲正指心之本體。「答勉台書」中, 言"其所指之本自純粹”者, 良以是也。但神明二字, 合下就太極本體上立名, 故其以神明說心處, 不屑屑著本體字爲說, 而一例目之以理, 此其所以常嫌過高而或有流弊也。火臟精爽之不干學者工夫, 此是先師答門下辛酉書語, 豈偶爾遺忘耶? 又其前書, 有言“學者操舍存亡之心, 以理言也”。學者工夫, 在心者只是操舍存亡之間而已, 若以操舍存亡之心爲以理言, 則其以氣言之心, 謂不干學者事, 不亦宜乎? 下敎言心氣也、物也, 此氣字裏面, 滚合神明之以氣言者此一段, 及上條以心之發揮運用與主宰妙用分氣與神之界此一段, 謂是自爲一說, 則未知果如何。而謂是先師遺旨, 則竊恐未然。伏乞再思。

先師答門下書二段。

乙卯十二月書, 論『語類』“肺肝五臟之心, 却是實有一物, 學者操舍存亡之心, 自是神明不測”一段, 云: “旣有肺肝五臟之心, 又有操舍存亡之心, 有此兩樣何也? 彼以氣言, 此以理言故也。” ○辛酉四月書曰:“猪心切開之心, 指血肉之心也; 氣之精爽之心, 指氣魄之心也; 至虛至靈之心, 指神明之心也; 仁義之心、惻隱之心之類, 指本心也。四者皆實有所指也。雖然, 血肉之心、精爽之心, 不干學者工夫, 故所論類多神明之心、仁義之心”。

1-3-8

「상중암선생上重菴先生」【戊子九月】(『省齋集』卷7)

해제

1) 서지사항

유중교(柳重教, 1821~1893)가 1888년 9월에 김평묵(金平默, 1819~1891)에게 보낸 편지. 『성재집(省齋集)』 권7에 실려있다. (한국문집총간 323)

2) 저자

유중교(柳重教, 1832~1893)로, 자는 치정(穉程), 호는 성재(省齋)이다.

3) 내용

이 글은 김평묵에게 이항로의 심설을 조보(調補)한 〈선사심설정안(先師心說正案)〉을 보고한 편지다. 유중교와 김평묵은 이항로의 심설을 두고 치열하게 논변한 다음 마침내 두 사람의 의견을 절충하여 '선사심설정안'을 작성하기로 합의하게 되었는데, 이 편지는 유중교가 김평묵의 입장을 함께 반영하여 작성한 '선사심설정안'을 김평묵에게 보고하는 내용이다. 〈선사심설정안〉에서 유중교는 이항로의 "심은 사람의 몸에 있는 하나의 사물이다. 이 사물에는 반드시 이 사물이 되는 리(理)가 있고, 반드시 이 사물이 되는 직분이 있는바, 이것이 이른바 '심의 도(道)'이다. 만약 '심은 기를 지닌 사물이요, 리를 지닌 사물이 아니다'라고 한다면 다시 의심할 것이 없거니와, 만약 '또한 그 리가 있고, 그 직분도 있다'고 한다면, 이른바 '명덕(明德)'은 심의 리가 아니고 무엇이겠는가?"와 "심은 기이고 사물이다. 다만 이 사물과 이 기에 나아가 그 덕을 지칭하면 리라 하는바, 성현이 말씀한 심은 대개 이를 지칭한 경우가 많다"는 말을 채택한 다음, 따라서 "허령지각은 사물에 속하고, 명덕은 준칙에 속한다"고 부연하였다. 또한 이항로의 "심은 사람의 신명(神明)으로서 리기(理氣)를 합친 것이요, 동정(動靜)을 포함하는 것이다"와 "심은 리와 기가 묘합한 것으로서 스스로 능히 신명한 것이다"라는 말을 채택한 다음, "선사께서 심의 신명(神明)과 리·기의 명위(名位)를 논한 것은 마땅히 이 두 조목으로 정안을 삼아야 한다"고 부연했다. 또한 "하늘은 땅을 통솔하는바 그러므로 하늘을 오로지 말하면 도(道)이다. 신(神)은 귀(鬼)를 통솔하는바 그러므로 신(神)을 오로지 말하면 리(理)이다. 심(心)은 백체(百體)를 통솔하는바 그러므로 심을 오로지 말하면 인극(人極)이다."라는 말을 채택하고, "이 심의 본분과 명위는 마땅히 형이하에 속하지만, 그 통체(統體)의 주재는 마땅히 리로 말해야 한다"고 부연하였다. 유중교는 또한 김평묵이 작고한 다음 해에 "심은 리와 기를 합하여 명칭을 세운 것으로, 리(理) 하나만 가리킨다면 본심(本心)이라고 한다(心, 合理與氣而立名者也。單指理一邊, 則曰本心也.)"라는 조목을 심설정안에 추가하였다.

1-3-8 「上重菴先生」【戊子九月】(『省齋集』卷7)

重岳回, 伏聞道體起居萬康, 下情慰喜。所稟'心說', 先承口教, 警責旣嚴重, 開諭亦切至。俯伏聽受, 鐫之肺, 用作終身之戒也。蓋所稟諸條, 比前有暴露意, 其引師訓句語, 亦頗張皇。書發數日, 卽已自覺其如此, 滿心惶怖, 政俟嚴譴之至也。然區區鄙意以爲於函丈之前, 而奉稟調補先師之訓當否曲折, 故其辭不得不詳且悉。特其肆筆支蔓, 全不知裁, 則誠罪之大者也。若與餘人講說, 則其辭自合有多少含蓄, 便作別樣面勢矣。今謹遵教旨, 略草其措辭大綱, 別幅附達, 伏乞批敎焉。淮陽朴生告行, 謹付修起居, 餘留來月初躬進面達。伏祈對時保重, 以慰下情。

先師心說正案【六條內, 二條追添。○此是先生臨沒時命收者, 而姑存之。】
心是人身上一物。是物也必有爲是物之理矣, 必有爲是物之職矣, 是所謂心之道也。若曰心是有氣之物, 非有理之物, 則更無可疑矣。若曰亦有其理, 亦有其職, 則所謂明德, 非心之理而何哉? 心氣也物也, 但就此物此氣上面, 指其德則曰理也。聖賢所謂心, 蓋多指此也。

先師論心與明德物則之分, 當以此二條爲正案也。若有詰之者曰"心之虛靈知覺, 於是物與是物之理, 當何所屬?" 宜答之曰"據朱子遺指及先生所論,神明合理氣之說, 則虛靈知覺, 當屬是物, 所謂仁義禮智者, 乃是物之理也"。曰"然則朱子於明德『章句』, 以虛靈爲言, 何也?" 曰"明德者, 是仁、義、禮、智許多道理, 在心裏光明照徹者也。故就是物上, 擧起虛靈二字, 配貼不昧字成文, 以形容此德之明爾, 非直以虛靈知覺, 喚做明德也"。曰"言聖賢所謂心蓋多指此, 則其指此物此氣而言心者, 亦時有之可見。聖賢所指, 故有此兩樣?" 曰"指此物此氣而言心者, 依本分辨位正名之辭也, 要人見眞妄邪正之雜而加省察操存之工也; 指是德是理而言心者, 就上面推明發揮之辭也, 要人見本源眞體之正而加準的恢復之工也。言各有當, 不可闕一也"。

心者, 人之神明, 而合理氣包動靜者也。

心者, 理與氣妙合, 而自能神明者也。

先師論心之神明理氣名位, 當以此二條爲正案也。若有詰之者曰“神明與虛靈知覺, 是一耶二耶?” 宜答之曰“細分則曰神明、曰虛靈、曰知覺, 微有所指淺深之差。而斷之以名位, 則其爲理氣之合者, 未始不一也。其當屬物而不得爲則者, 未始不一也”。曰“旣言理氣之合, 而猶偏屬之物何也?”曰“凡言合理氣者, 對單言之理則須屬之形而下。且所謂物者, 元是理與氣合之名也。蓋神明靈覺, 惟其合理氣也。故擧其當體則是氣, 而究其本體則是理也。其運用也, 方其未揀別時, 不能無眞妄之相雜。而及其已揀別後,乃見天理之妙用也。觀朱子『孟子』操存章注,【通存亡出入言神明。】 及『大學或問』致知條,【專以妙衆理宰萬物言神明。】 可見也”。曰“大凡華翁說心, 其要指如何?” 曰“世方以明德貶作氣看, 而先生則苦心闡明其爲天命之本體; 世方以神全作氣看, 而先生則苦心推明其爲是理之妙用。 明德爲天命之本體,而聖學之宗旨復明, 神爲是理之妙用, 而太極之主宰可見, 是誠不世之大功也。若其名論抑揚之際, 小小參差, 梳洗不盡處, 後之讀者, 以右所列四條正案, 參互而裁補之可也”。

天統地, 故天專言之則道也; 神統鬼, 故神專言之則理也; 心統百體, 故心專言之則人極也。

此一條, 謹依重庵先生所教, 追附之。蓋此心本分名位之當屬形而下, 與其統體主宰之當以理言者, 此可爲一明案也。

心, 合理與氣而立名者也。單指理一邊, 則曰本心也。

此一條, 重菴先生下世翌年, 追附之。蓋當初立定正案, 專主心與明德物則之分。後因洪思伯往復, 乃知心與本心之分, 亦不可不致力講明。故增設此一條。大意蓋曰“心旣合理與氣, 則其知覺運用, 須有理爲主時, 有氣爲主時。所謂本心者, 乃單指其理爲主一邊而名之也”。此於論心字名位階級極明白, 有親切受用處, 學者宜深察之。

1-3-9

「상중암선생上重菴先生」【戊子二月十日】(『省齋集』卷7)

해제

1) 서지사항

유중교(柳重教, 1821~1893)가 1888년 10월에 김평묵(金平默, 1819~1891)에게 보낸 편지. 『성재집(省齋集)』 권7에 실려있다. (한국문집총간 323)

2) 저자

유중교(柳重教, 1832~1893)로, 자는 치정(穉程), 호는 성재(省齋)이다.

3) 내용

이전 편지에서 유중교는 김평묵에게 심설정안에 들어갈 내용을 보냈고, 본 글은 대한 김평묵의 답장에 대한 감사의 인사를 담았다. 그는 이항로의 강설 가운데 심의 신명에 대한 부분을 정안의 서술에서 리기를 합한 것으로 논의를 정리하겠다고 하였다. 그리고 정안에서 형 · 기 · 신 · 리를 논한 부분은 김평묵의 말과 황간의 설을 참고로 작성하겠다고 말한다. 이렇게 수정한다면 심설의 정안에 대한 대체가 잡혀질 것이라 하였다.

1-3-9 「上重菴先生」【戊子十月】(『省齋集』卷7)

月初造拜, 數日承, 私心慰滿, 無所比况。拜退旬日, 春善郞奉書至, 謹審其間道體無損度。伏喜萬萬。下諭"心說", 謹當佩服矣。蓋於先師講說, 其論心之神明者以所謂合理氣者爲正案, 其論形、氣、神、理者, 又以門下所言與勉齋說相須乃備者爲正案,【勉齋以神專屬之形而下, 其於辨位正名則得矣。而但無以見主宰、妙用之本乎理。先師以神專屬之形而上, 其於發明本體則至矣。而但無以見本分名位之在形而下。故必以相須乃備之語爲正案。】則大體庶幾得正矣。大體旣正, 則其小小參差處, 處之不患無其說矣。先師遺集本子到家, 卽致書嘉下, 傳布敎意。春郞之歸, 想得帶去矣。重敎卽日眷集幸安, 惟麟姪間作南行, 數旬不至, 以其重病之餘, 不能無關心矣。萬一成計而歸, 則家中事勢, 須早晚與之俱動。面前去鬧就靜, 若不害爲小貞。唯餘生離索之患所係亦不細, 用是兢懼, 無以爲心耳。旋善金生行, 謹此小候, 伏惟下察。

1-3-10

「답전자명答田子明」【愚○ 丙寅三月廿三日】(『省齋集』卷13)

해제

1) 서지사항

유중교가 1872년 전우에게 답한 편지글. 『성재집(省齋集)』권13에 실려 있다.

2) 저자

유중교(柳重教: 1832~1893)로, 자는 치정(穉程), 호는 성재(省齋)이다.

3) 내용

유중교가 간재 전우에게 보낸 서한이다. '음양오행(陰陽五行)의 병합과 생성이 모두 기(氣)의 작용이며, 리(理)의 주재(主宰)란 그저 이름일 뿐 실제로는 주재함이 없다'고 보는 전우의 주장에 대해 '리(理)는 장수가 되고 기(氣)는 부하가 된다[理帥氣役]'는 논지에서 반박하는 내용이 주를 이룬다. 유중교는 "움직일 수 있는 것이 기(氣)이지만, 리(理)가 아니면 움직일 수 없다[能動者氣也, 而非理則不能動]"라는 전우의 말뜻이 명백하긴 하나 한쪽으로 치우친 주장일 뿐이라고 비판한다. 그러면서 리(理)의 측면에서 보면 거꾸로 "움직일 수 있는 것이 리(理)이지만, 기(氣)가 아니면 움직일 수 없다[能動者理也, 而非氣則不能動]"라는 명제 또한 성립할 수 있다고 주장한다. 말하자면 기(氣)가 없이 리(理)가 스스로 움직일 수 없는 것처럼 기(氣) 또한 리(理)가 아니면 스스로 움직일 수 없음을 강조한 것이다. 같은 맥락에서 유중교는 주희(朱熹)의 "아직 움직이지 않았지만 움직이게 할 수 있는 것이 리(理)이다"라는 언명과 『중용혹문(中庸或問)』의 "지극히 고요한 때에는 단지 지각할 수 있는 주체만 있고 지각되는 대상은 있지 않다. 그러므로 고요함 속에 무언가[物]가 있다"라는 구절이 서로 상응한다고 본다. 유중교의 주장에 따르면 여기서 '고요함 가운데 있는 물(物)'이란 곧 사람의 몸 안에서 밝게 주재하는 태극(太極)을 가리킨다. 아울러 유중교는 송시열(宋時烈)이 "리에는 움직이게 하고 고요하게 하는 주재(主宰)가 있다", "무형무위(無形無爲)이면서 유형유위(有形有爲)의 주가 되는 것은 리(理)이다"라고 말했던 것을 들며 리(理)의 주재성을 강조한다. 그러면서 그는 전우가 리(理)

에 대해 '무위(無爲)' 두 글자만을 중시하고 '유주(有主)' 두 글자, 즉 유위(有爲)와 주재(主宰)의 측면을 너무 가볍게 보았다고 지적하고 있다.

1-3-10 「答田子明」【愚 ○丙寅三月廿三日】(『省齋集』卷13)

前月半, 得正月十七日手帖, 謹審伊時侍學多福, 深以爲慰。重教將老犆遣。入春來村居多務, 應接不暇, 殊憒憒無佳況, 奈何! 示諭理氣之說, 極荷敎告之勤。重教向來之見, 政如執事今日之論。凡其所據引以爲說者, 亦略相似, 少間旋覺於心, 有大未安者。

蓋陰陽之變合, 五行之生成, 皆氣自會如此而已。理則雖有主宰之名, 而實未嘗有所主宰云爾, 則理帥氣役之分, 將何以見之耶? 朱子何以曰"鳶飛魚躍, 必有一物使得如此"? 又何取於莊周"孰主張是, 孰綱維是"十數句, 而亟稱曰"他便見得這道理"耶? 『易』「大傳」曰"太極生兩儀", "生"一字已極可疑。周子又加一"動靜"字, 朱子又著一"流行"字, 尤爲可疑。頭頭牴牾, 畢竟無安頓處, 不免從頭更商量, 粗得其說, 如今日所論。

蓋天地間自其著者而言, 則只有陰陽兩端循環代序而已, 更無他事。所謂太極者, 特於其間所以動其靜以生陽, 靜其動以生陰者也。極其遠, 則順推、逆推, 上萬萬天地、下萬萬天地, 只是如此; 極其近, 則一呼、一吸, 亦只如此。然所謂"太極之動靜", 只是以氣而動, 以氣而靜而已, 非自有形迹之可言。故周子旣着"動靜"字說, 又却自解曰"動而無動, 靜而無靜"。然若如此說, 則又恐讀者或無以見太極主宰之實。故又重解之曰: "無動無靜, 非不動不靜。" 說得到此, 可謂"大煞分明, 如日中天"矣。

蓋如此看解, 固未敢自保其能免於再數廊柱之歸。然目下所見, 旣端的如此, 故姑此存疑, 以俟異日心竅之自開。雖蒙敎告之勤, 而不敢苟從, 想亦俯諒其衷曲也。承以洋說之熾爲大憂, 思欲講學修身, 以爲異日濟世安民之助, 足見仁者之用心, 深厚且遠。欽歎欽嘆。愚陋於此, 亦豈敢有異辭哉! 但內脩外攘, 不容偏廢。今欲攘斥其說, 當以何說爲宗旨, 乃得其情耶? 願聞明論。餘祝爲道加重。謹復。

別紙

承以鄙說經稟尊師門全齋先生丈席, 獲蒙批敎, 實副平日嚮慕如渴, 願一請誨之意。區區慰滿，豈勝厚幸？至其所教“能動者，氣也，而非理，則不能動”云者，此其語意曉然明白，雖以淺陋之至，亦得以窺其指意。但此與鄙說所引朱子之意，互相表裏，其意乃足。左右乃欲偏主其一端，此恐未安。妄竊以爲能主宰是氣，而動之靜之者，理也；能承當是理，而動焉靜焉者，氣也。故在理上說，則謂之“能動者，理也，而非氣，則不能動”，謂“理不能孤行”，固可矣。在氣上說，則謂“能動者，氣也，而非理，則不能動”，謂“氣不能自行”，亦可矣。不審尊意復以爲如何。

陳安卿問目，首以“理有能然”做題目，而釋之曰：“如惻隱者，氣也；所以能是惻隱者，理也。”其下又結之曰：“此能然處也。”然則“所以能”是一句，其主意命脈，在“能”字上乎？在“所以”字上乎？若如來諭，則是“理有所以然”底註脚，非“理有能然”底註脚也。此恐是急於辨論，偶失照檢處。前書中似此處，亦時有之。乞加深省焉。

朱子“未動而能動者，理也”之訓，此與『中庸或問』“至靜之時，但有能知覺者，而未有所知覺。故以爲靜中有物”【或問：“‘靜中有物’，此物云何？”朱子曰：“只太極也。”】一段，政相發。“未動”云者，“未有所知覺”之謂也；“能動”云者，但“有能知覺者”之謂也。【安卿所謂“能然在事先”是也。】理指“靜中有物”者而言，卽太極在人之活體，惺惺有主宰者也。如『語類』所謂“性如一團火煨在灰裏，撥開便明”者是也。蓋上文“動之理”一句，已是指此物而言，特安卿未達，故復著一能字以明之耳。此等處咀嚼出來，有無限滋味。於日用工夫，儘有受用，乞勿草草放過。

將雖能戰，而非卒，則不能徒戰。此恐易直之理，不知窒礙在甚處，而反復如是耶？乞更指示。

朱子「答鄭子上」問目曰：“理有動靜，故氣有動靜。若理無動靜，氣何自而有動靜乎？”重敎初間誤認“理有動靜”一句，爲“理含動靜”之意，後來却覺大故荒踈。蓋理含動靜，以本體言也；理有動靜，以流行言也。【朱子語。】今子上擧“太極動而生陽，靜而生陰”爲問，則是以流行言也。而其言曰“太極，理也。理如何動靜？有形則有動靜。太極無形, 恐不可以動靜言", 則是認太極爲不能動靜, 而以陰陽爲自能動靜, 故朱子答之如此。蓋言: "理動故氣動, 理靜故氣靜。理若不動, 則氣不能自動。理若不靜, 則氣不能自靜也。" 尤翁常論"理有主宰, 使動使靜"之說, 而引此爲證, 其意亦可見矣。

蓋只就一動靜字上, 須分得一理一氣界至分明, 而帥役通局之分, 又不可以不論。故朱子又嘗曰: "形而下者不能通, 故方其動時無那靜, 方其靜時無那動; 形而上者神而莫測, 故靜而能動, 動而能靜。" 黃勉齋又推明其意云: "言理之動靜, 則靜中有動, 動中有靜, 其體也; 靜而能動, 動而能靜, 其用也。言物之動靜, 則動者無靜, 靜者無動, 其體也; 動則不能靜, 靜則不能動, 其用也。" 合是數說而觀之, 則天理主宰之妙, 庶可以自見矣。迷見如此。不審盛解以爲如何。

尤菴先生「癸酉科義」, 其說亦有顚末。先生嘗自言: "其少時讀周子『太極圖』, 每疑太極是無爲底物事, 何以能生陰生陽, 至欲以爲字替生字看。及侍文元先生, 禀此意, 文元沉吟良久曰'不敢如此看', 自是不敢復致疑。至晩年, 因讀『圖解』"動而陽、靜而陰"之文, 復疑其去一生字, 必有意思。遂反復前說, 雜出於書牘及雜錄之篇。" 先生論理初晩之別, 大槪有此三截。今此篇之作, 考其歲年及所論旨趣, 當是中年折衷師門後立言也。至若"動之靜之, 使陰使陽"兩句, 此實通篇眼目所在處, 政朱子所謂"自力形容出"者。其於栗翁異同之論, 有或從或違之異, 則此必有微意於其間。讀者當默玩而深省之, 恐不可遽以遣辭之偶失疑之也。未知如何。

尤翁易義, 引栗谷之訓云: "無形無爲而爲有形有爲之主者, 理也; 有形有爲而爲無形無爲之器者, 氣也。" 按: 主與器相對, 主是"命物者"之謂也, 器是"命於物者"之謂也。理雖無形而以氣而形, 理雖無爲而以氣而爲。故曰"無形無爲而爲有形有爲之主者, 理也"。氣雖有形而形之者, 理也; 氣雖有爲而爲之者, 理也。故曰"有形有爲而爲無形無爲之器者, 氣也"。古來說理氣微顯、帥役之分者, 未有若此之明切者也。高明說太極云"無爲而有主, 有主本無爲"此兩句, 以文字求之, 與此上一節政相符, 未有可指議處。但原其立言之本意, 於無爲二字, 看得太重, 於有主二字, 看得太輕, 此有少不同耳。

1-3-11

「답전자명答田子明」【壬申八月】(『省齋集』卷13)

해제

1) 서지사항

유중교가 1866년 전우에게 답한 편지글. 『성재집(省齋集)』 권13에 실려 있다.

2) 저자

유중교(柳重教: 1832~1893)로, 자는 치정(穉程), 호는 성재(省齋)이다.

3) 내용

이 글은 유중교가 간재 전우에게 보낸 서한으로, 성리설에 대한 견해뿐 아니라 여러 잡다한 주제에 대한 의견과 질의를 수록하고 있다. 백이(伯夷)·숙제(叔齊)에 대한 평가, 왕수인(王守仁)에 대한 포폄과 양지(良知) 개념에 대한 해석, 과거 응시의 정당성, 상례(喪禮) 중 삼년내묘제(三年內墓祭)의 시행방식, 허형(許衡)과 양웅(楊雄)의 실절(失節) 문제, 선유(先儒)의 경전 주석에 대한 의문 등이 언급되고 있다. 이기심성의 문제와 관련해 유중교는 전우가 제시했던 "심(心)은 기(氣)에 속하고, 리(理)는 무위(無爲)의 대체(大體)이다"라는 명제가 심(心), 기(氣), 리(理)의 차이를 드러내기에 충분하지 않다고 본다. 이에 유중교는 전우의 명제에 대해 "심(心)은 비록 기(氣)에 속하지만 그 본체의 골자(骨子)는 리(理)이니, 이른바 본심(本心)과 명덕(明德)의 부류가 그것"이라고 말한다. 또 "리(理)는 비록 무위(無爲)이지만 실제로는 유위(有爲)한 것을 주재(主宰)하므로 모든 기(氣)가 하는 바는 바로 리(理)의 행위"라고 말하고 있다. 이러한 언급을 통해 심(心)을 리(理)와 절연된 것으로 보는 태도를 경계하면서 주재자로서 리(理)의 위상을 강조하는 유중교의 취지를 볼 수 있다.

1-3-11 「答田子明」【壬申八月】(『省齋集』卷13)

重教兩度拜疏, 恭脩答慰之禮, 不知已皆登覽否。今年三月間, 伏讀去年四月十三日出手書從都下至者。問訊存沒, 副以良誨, 感誦至意, 不知所云。奉書後又再易時序。伏惟涵養有相, 德履崇福, 丌上玩繹, 近在何經? 開朗淵永, 當日有佳趣也? 重教一縷至今, 宿疾轉痼。日從事於呑藥灼艾之役, 以求苟延, 罪釁餘喘, 不卽就盡。顧乃區區爲此, 甚矣, 其頑忍也! 尋數殘課, 非敢自畫, 病勢如此, 志不攝氣, 斷續無常, 何望其有進耶? 承問及此, 惶汗無喩。

別紙數條設問, 良感不棄之盛意。力疾撥迷, 略貢舊見, 而隨手荒草, 頗涉張皇。說得張皇, 乃見其無實見也。切乞痛賜剖析, 明示正論。其甚不成說處, 直行塗抹, 不令掛人眼目, 則幸之甚也。來諭以向年見教, 遣辭之直截者爲病, 有若追悔者然。何其相處之若是淺也? 吾輩講說, 當赤心相與, 常患其不十分直截, 豈復以周旋人情爲念耶? 但於十分直截之中, 却着不得一毫閑氣。着得閑氣時, 便致累心體, 欲救一事之得失, 而致累此心之大體, 非細失也。此則宜胥勉而不可忽也。

來諭又自謂"心屬氣, 理無爲之大體", 只依舊無變。此見明者向來之論, 實有定見, 而非出於一時之苟然也。然以此兩言, 爲彼此異同之題目, 則却恐有未相悉處。蓋高明曰"心屬氣", 重教亦曰"心屬氣", 此所同也; 高明曰"心屬氣而已矣", 重教則曰"心雖屬氣, 而其本體骨子乃理也。如所謂'本心明德'之類是也", 此其所以異也。高明曰"理無爲", 重教亦曰"理無爲", 此所同也; 高明曰"理無爲而已矣", 重教則曰"理雖無爲, 而實爲有爲之主。故凡氣之所爲, 乃理之爲也", 此其所以異也。蓋雖不能盡同, 而其不同之實, 則政在於此矣。如何如何?

安城鄭君祚大雅。聞其名有素, 今得數日之款, 深以爲慰。大凡游尊師門門下者, 一皆有剛明純一之態, 達於面目, 大君子化人之深, 乃至此耶? 來諭所嘆"不知此天定, 以何時而返"者, 其機顧不在此耶? 日夕侍重菴老丈, 語八九在南鄕師友矣。頑喘若至免喪無死, 欲匍匐一進, 以受爐鞴之化。進侍之際, 幸一爲導達此誠也。屛伏窮山, 附謝無梯。鄭友行, 許致一書, 亦頗倥偬不能。及今作此, 追送其家, 不知何時得入達矣。神荒不次疎禮。

別紙 一

夷、齊所爲, 都不是庸。是朱子語之見於『語類』「論語」〈中庸民鮮章〉者, 而其與『大全』「答南軒書」許之以時中者不同, 何也? 愚意『大全』所論, 恐於義爲安。願聞素日定見。○『遜志集』五卷一板, 亦以夷、齊爲過中, 未知其說又如何?

夷、齊之不得爲中庸, 此不待朱子而已有定論。孔子以夷、齊處逸民之列, 而其折衷則乃曰: "我則異於是, 無可無不可。" 孟子則曰: "伯夷, 聖之淸者也; 伊尹, 聖之任者也; 柳下惠, 聖之和者也; 孔子, 聖之時者也。" 又曰: "伯夷, 隘; 柳下惠, 不恭。隘與不恭, 君子不由也。" 至以朱子之言攷之, 如所謂三子, 如春、夏、秋、冬之各一其時, 孔子如泰和元氣之流行於四時者甚多, 非特『語類』此一條爲然也。其「答南軒書」所言, 此特就一事上大概言之耳。夫所謂時中, 有以一事言者, 有以全體言者, 有大概說者, 有盡精微說者。且如飢食而渴飮, 冬裘而夏葛, 只就衣食一事大概說, 則豈不是中庸? 豈不是時中? 此固夫婦之所與能, 而雖聖人亦不過如此矣。若因此推說到精微處, 則必若夫子「鄕黨」篇所記, 然後乃爲衣食之中庸也。然此特一踈節耳。踐跡者猶或有一二髣髴者, 若推之全體而莫不皆然, 則窮萬古, 惟有堯、舜、孔子數人可以當之, 而自其餘皆未可以遽語於此矣。

今以夷、齊平日之所行言之, "治則進, 亂則退", 比之於"長往者之不知返, 與躁進者之不知止", 則豈不是中庸? 然方其亂而退也, 諸侯雖有善其辭命而至者, 亦不屑就焉, 則是未免於孟子所謂"隘"矣。"不立於惡人之朝, 不與惡人言", 而其人能改, 則又"不念其舊惡", 比之於"未同而言者, 與僻於所惡者", 則豈不是中庸? 然方其惡惡, 而至於其冠不正, 望望然去之, 若將浼焉, 則與孔子所謂"磨而不磷, 涅而不緇"者, 終亦有間矣。或者論夷、齊讓國而逃、諫伐而餓二事, 而曰: "先已讓國, 則後來自不合更食周粟。" 此則執滯膠固之甚, 而去時中之遠者也。恒士之稍知權度者, 猶不肯爲, 況以夷、齊之聖而有是乎? 故朱子作書南軒, 爲夷、齊明其不然曰: "若前日已曾如彼, 卽今日更不得如此。" 此與時中之義, 不知又如何。此其語意, 固以時中處夷、齊者, 然是豈遂以全體極致之中庸, 爲夷齊成德之定名耶?

大抵自孔子以後, 權衡群聖之偏正, 未有若孟子之明且盡, 而其自道則乃曰

“乃所願則學孔子”。夷考其出處、語默、辭受之際，可謂深致意於隨時處中之義者也。然自後賢觀之，又有孟子似伊尹有任底意思之論，【朱子語。】是知中庸之不可能也。有如是而求之古今，全體承當者，眞無多人矣。淺見如此，未知如何。來敎以朱子兩訓爲有異同，而又似以「答南軒書」爲定論，竊所未喩。夫豈或出於一時有爲而發者耶？請叩其所蘊而再敎之。『遜志集』疇昔在洛時，嘗一接其面目，而未及檢過一通，至今追恨。今此所論夷、齊事一段，幸因書錄示。欲因此窺見其所存之一端耳。

『近思錄』一之廿一「生之謂性章」，十餘“性”字，孰是天地之性，孰是氣質之性，幸以尊意逐字添注，因來示及。

“生之謂性。”【此性字，氣質之性。】“性卽氣，氣卽性。”【此二性字，皆天地之性。】“不是性中元有此兩物。”【此性字，天地之性。】“善固性也。惡亦不可不謂之性。”【此二性字，皆天地之性。】“蓋生之謂性。”【此性字註，見上。】“才說性時，便已不是性。”【此二性字，上者氣質之性，下者天地之性。】“凡人說性，孟子言人性，性善之謂也，不是善與惡在性中。”【此四性字，皆天地之性。】○淺見如此。幸以尊意拈示其不合處，而並及其所以不合之故焉。

陽明以良知認作理字看，未知是如何？【近得其全集見之，其文章勳業，恐爲明朝三百年第一人物。而但其學問，則全以意氣撑拄將去，往往罅漏四出而猶不知非，惜乎其不得聖賢而師之也。】

陽明良知二字，本出『孟子』，而孟子所謂良知，自是天理；陽明所謂良知，却不是天理。今之與陽明辯者謂“陽明所指而爲良知者，非良知之眞”，則可矣，而謂“良知之目，本不是天理”，則不可。請試詳之。

孟子當戰國利欲滔天之日，思欲推明天理，以開一世之耳目。顧人心陷溺之久，求其端而不可得也。在一日，則必就平朝未與物接之時，指其好惡之與人相近者，曰“此良心也”；在一生，則必就幼穉未爲物誘之時，指其愛敬之由天而出者，曰“此良知良能也”。朱子釋之曰：“良，本然之善也。‘本然’云者，對氣所拘欲所蔽而言。善，卽天理也。”又引程子之言曰：“良知、良能，皆無所由。

乃出於天, 不係於人。" 夫知與能, 皆人之所爲, 而曰"不係於人", 何也? 蓋言其一出於理, 而不涉絲毫氣用事也。

陽明, 皇朝一妄士耳。自少未嘗學問, 到中年忽欲襲取大名聲, 自居以當世第一流人。而其時天下之士粗知向方者, 皆以朱子爲大宗師, 而其學則又以格物致知爲要旨。欲由是而學焉, 則須低心下氣, 用多少工夫而後, 可以有得, 政使有得, 未必能突過前人。乃打破其說, 別立致良知三字, 大揭標榜, 震耀而張皇之, 以爲只此足以了得天下義理, 入得聖賢門庭。蓋雖不肯自言其襲用前語, 而其意則欲負孟子以自重, 使天下人不敢議, 其後也殊不知。由明者觀之, 其指趣之一南一北, 不翅萬里也。

蓋孟子之言良知, 固曰"不慮而知, 不學而能", 然此特言其端緖之發見者耳。若論其擴充之工, 則又須由慮而知, 由學而能, 然後可以極天下之至正, 窮天下之全變, 而所謂本然之善者, 始有以得全於我矣。若所謂"博學而詳說之", 所謂"深造而自得之", 所謂"知言而養氣"者, 皆此事也。今掃去此許多節度, 而欲徒守其不慮之知, 不學之能, 自恃以爲天理, 此非生知上聖, 必下愚之無狀也。其言應物, 則曰: "從目所視, 姸媸自別, 不作一念, 謂之明; 從耳所聽, 淸濁自別, 不作一念, 謂之聰; 從心所欲, 是非自別, 不作一念, 謂之睿智。" 其言讀書, 則曰: "此心眞切, 則因錯致眞, 無非得益, 雖郢書燕說, 亦不妨。" 此其所謂"良知之發用"者, 固皆廢繩墨、恣胸臆之甚者。而其直指本源之地, 則乃曰: "良知是造化精靈, 生天生地, 成鬼成神, 皆由此出。人若復得其本體, 自不覺手舞足蹈, 不知天地間, 復有何樂可以代此。" 是又不自掩其所見之落在形而下, 而其弄得光景、自私自利之態, 依然是釋子之傳神耳。以是而欲侔擬前聖, 以是而欲厚誣天下後世, 其亦可謂不知量者矣。然則欲辨破其學者, 豈有他說哉? 先依朱子之說, 以求夫孟子所謂良知者元是何物。旣曉然而無疑, 則其於陽明所謂良知之是眞是假、是正是邪, 不待論說而自明矣。

來敎不問陽明所指而言良知者是何事, 而乃問陽明以良知認作理字是如何, 則是其意以陽明所謂良知, 爲不異於孟子, 特不當以理當之耳。此區區所未曉也。不識來敎所謂理字, 是指理之本體耶? 是指理之發用者耶? 若是理之本體, 則陽明之言良知, 固未嘗直以理之本體當之矣。【陽明曰: "理者, 氣之條理; 氣者，理之運用。無條理，則不能運用；無運用，則亦無以見其所謂'條理'者矣。" 又曰："理一而已。以其理之凝聚而言，則謂之性；以其凝聚之主宰而言，則謂之心；以其主宰之發動而言，謂之意；以其發動之明覺而言，謂之知。" 又曰："性無不善，故知無不良。" 又曰："良知是天理之昭明靈覺處，故良知卽是天理。" 又曰："聖人所謂學者，正惟以其良知，以精察此心之天理。" 按：此數條者，乃陽明良知之說本根起見處。雖其名言之不能無爲差處，而亦可見其未嘗直以理之本體當之也。若其蔓延氾濫，以至於明德全體、未發大本、凡聖賢所說道理名目，擧皆以良知二字冒之，則此自是異學家眩耀人耳目底手法，皆不足據以爲說也。】若是理之發用者，則孟子所言良知，獨非理之發用耶？抑執事之意，豈不曰"孟子所謂良知，是指無不知愛其親、無不知敬其兄也。愛親敬兄，固是天理，而知愛知敬，與愛親敬兄，惡得無別"云爾耶？

竊謂此在四端上說，則愛親，仁之實也；敬兄，義之實也；知斯二者，智之實也。又以心性對說，則當愛當敬，性也，理之本體也；知愛知敬，心也，理之妙用也。此誠不可無別。然橫分縱分，要皆就一理上區別出來，豈可遽以理與非理界之哉？若謂"知愛知敬"，是人心之靈覺，認覺爲理，便是釋氏之宗旨，則此又有不然者。泛曰"知焉"，則此固只是人心靈覺之名，而就其中指出"知愛知敬"者而言，則卽此便是天理發見之端，豈可但以靈覺目之哉？釋氏但知靈覺之爲靈覺，而不復有揀別。此其所見，只在形而下者，所謂"知覺是氣之虛靈處"者是也。吾儒必揀別其知愛知敬者，以爲天理。此其所指，乃在形而上者之流行於形而下者，所謂"非人心太極之至靈，其孰能知之"者是也。

朱子平生論儒、釋之分，其緊要眼目，政在於此，切乞細檢焉。若釋氏所主，本亦在知愛知敬者，則吾儒何惡於彼而斥之乃爾耶？陽明擧良知爲說，則是固不可謂全無揀別。惟其所以揀別者，不由窮理明善之正法，而徒以從心所欲爲妙致。故其知之所感，未必皆愛敬，而愛敬之有時而發者，又未必能中理，往往不愛其親而愛他人，不敬其兄而敬他人者有之矣。此其所以雖終日所言，不離於天理、人欲兩言，而要其歸，則無以自別於釋氏靈覺之見也。

來諭稱陽明勳業文章之盛，而惜其不得聖賢而師之。此見仁者用心之至厚處。然重敎則却謂陽明雖得聖賢並世，未必能屈首而師之也。往年嘗有一條論陽明立本處者，今謾錄呈，由執事觀之，或當謂其太刻覈也。○「上重庵先生論陽明年譜辨」一段【『年譜』弘治五年下云: "先生究心宋儒格物之學。" 辨曰: "程子、朱子格物工夫, 須費許多歲月, 積許多心力而得, 豈卒乍間究心而得之者乎? 是則所謂究心者, 非眞下工夫"云云】曰: "嘗見『傳習錄』中有一條云: 先生曰'人只說格物要依晦翁, 何曾將晦翁說去用功? 我着實曾用功來。初年, 與錢子同論做聖賢要格天下之物, 如今安得大力量? 因指亭前竹子令格看。錢子早夜窮格竹子道理, 竭其心思, 至於三日, 便勞神成疾。當初說他是精力不足。某因自去窮格到七日, 亦以勞思致疾, 遂相與歎, 聖賢做不得, 無佗大力量去格物'。" 今『年譜』云云, 卽指此事也。辨說中須據此爲說, 始明其卒乍間究心, 非眞下工夫也。

然以愚觀之, 此亦追後假設, 以塞傍人輕詆先儒之責, 而其徒被瞞, 以爲眞有是事而載之於此也。蓋朱子格物之說, 固曰: "天下之物, 莫不有理。" 而其論急先之務, 恒在身心性情之德、人倫日用之常, 而以泛觀萬物之理爲深戒。其用工節度, 則又以強探力索爲病, 而以優游厭飫從容涵泳爲貴。其說具在方冊, 王氏於此, 豈不曾一見? 假饒未見, 誠欲一日用其力於此事, 則豈不能一攷其說以試之, 而遽爲此乖常之擧耶? 以若不誠之情, 又豈肯眞實費精而到七日成疾耶?

蓋王氏於朱子之學, 其向背有三變。其始則自謂"依其說用工", 卽今所云是也。其後乃謂"朱子與陸氏互有長短", 而略爲兩可之論, 如「答徐成之」二書是也。然陰以自語其徒云: "天下是朱非陸已久, 一日反之爲難, 故姑爲調停之說。" 是則其所謂兩可者, 亦詐也。又或肆口詆朱子, 直比之洪水猛獸, 而自居以禹、孟之功, 如「答羅整庵書」是也。是則宜若非詐也, 而亦未得爲眞。何以言之? 王氏何曾誠心求道, 而於朱子之說, 實有所不安而後背之耶? 只欲創立一新說, 掀動當世人耳目, 襲取大名聲, 是其本心, 而至若立異格物之說, 卽其一時藉手之資耳。

若朱子先爲致良知之說, 則彼必攻致良知之論。朱子謂『大學』無闕文, 則彼必曰有闕文。若朱子元非大宗師, 則彼亦初無立異之心矣。蓋其性警敏善機械, 【陸稼書所引實錄中語。】又久習兵事, 伎倆神熟, 一朝投入儒門, 易竪赤幟, 恣行號令謂"人莫測其端倪"。此殆孟子所謂"無所用恥"者。愚故曰: "王氏平生力主在'致良知'一言, 而天下之梏喪良知, 未有若王氏之甚者也。"

應擧朱先生有兩說。其謂"孔子也不免"云者，與所謂"若是第一等人，他定不肯就"之論，微不同。未知執事平日雅見，何以處此？愚意南塘『同異攷』所論，恐得先生本旨耳。如何如何？

後世不賓興賢能，而令自赴有司之試，此自是法制之未善也。以程子所稱"吾女非可試者"之言推之，懷道自重之士，宜其不屑就已。此所以有第一等人不肯就之論也。然國法旣一定，捨此更無進身之路，而君臣之義，不可以遽廢，則君子亦權義輕重，【權義輕重與較事大小，毫釐而千里，一是隨時處中之說，一是枉尺直尋之論，當着眼看。】可且就之。此所以有孔子也不免之言也。政如不以禮食而食，不親迎而娶，决非君子之所安，而若必以禮食，必以親迎，而至於滅性廢倫，則又須舍輕而就重也。

大抵士之處此，當以守身爲正經，以循法爲時義，而又以當時仕路之寬狹、【寬謂科擧外亦有進身之路，狹謂科擧外絶無進身之路。】科弊之淺深、【淺謂讀聖賢之書、據所見爲文以應之者，亦得入格；深謂必爲經學賊中之賊、文字妖中之妖，然後始得入格。】與夫自己力量之高下、【高謂兼治學業而不妨實功，出入科場而不奪本志者；下謂一從事於此，則便潦倒不自立者。】懷抱之輕重，【重謂將推己及人，救時濟世；輕謂只爲門戶之計、父母之望。】錯綜而斟酌之，可俯就，則俯就之；可直遂，則直遂之，庶乎其可矣。『同異攷』此間本適借人在外，不記其說云何，亦無因以見盛意之所在，更冀擧原說再敎之也。

別紙 二

『孟子』浩然章"夫子賢於堯、舜"註，程子曰："語聖則不異，事功則有異。夫子賢於堯、舜，語事功也。"此其義可謂精矣。然攷下文二子之言"自生民以來，未有夫子"，"自生民以來，未有盛於孔子"，是皆賢於堯、舜之說。而求其所以爲說，如見禮知政，聞樂知德，及獜、鳳、泰、河，出類拔萃之云。有若語聖而非語功者然，何耶？尋常讀此，不能無疑，玆以仰質，乞賜明誨。

『易』「繫辭傳」"繼善成性"，『本義』與『通書』"繼善成性"註，有不同者。此是初晩之分耶？抑隨文異辭，而各有攸當耶？若謂隨文異解，則兩書本旨，有甚不同，而必如是異解耶？請入思見敎。

『論語』夫子之得邦家章註: “謝氏曰: ‘不離於聖而有不可知者存焉, 聖而進於不可知之之神矣。’” 每疑“聖而進於不可知”一句, 於理有未安, 而又與上句語意牴牾, 求其說而不可得。近考『精義』所編, 謝氏本語, 無“聖而”以下十一字。朱子釋經, 凡引先儒語, 有刪節而無增益, 不應於此獨添此十一字。然則此莫是傳寫時誤衍耶? 抑別有曲折耶? 願聞明論。

喪禮三年內墓祭,【新墓】諸賢說不同。或曰“三獻有祝”, 或曰“單獻無祝”, 當以何說爲正耶? 鄙家頗疑所從, 今姑依陶庵說, 用單獻無祝之禮。未知如何。

凡父主子若婦之喪, 至大祥, 若爲其子設祭, 則其祝辭當如何? 若只用常式, 則無以見己已除服, 爲子設祭之意, 無乃未穩耶? 先賢曾有論此處否?

凡祭卑幼, 使卑幼之子若孫代行, 則代行者於讀祝畢, 當拜與否如何? 此亦尋常疑之, 而未見先賢定論矣。

許衡失身, 與楊雄失節, 其輕重如何? 後人若遵『綱目』書法, 脩續史, 則於許衡之死, 當何以處之? 羅整菴「答陸黃門書」: “君臣之義, 無所逃於天地間。魯齋生長元之土地, 元君則其君也。” 此一節所論, 未知尊意以爲如何。【整庵說, 見『困知記』「附錄」。】

『農巖集』「雜識」〈內篇二〉第三十章, 論“世言理氣二物者, 未必灼見理體”, 而曰“不曾於實體處, 潛玩默究, 眞見其無形有爲, 卽氣非氣之妙”。又『別集』「四端七情辨」, 論栗谷“善者淸氣之發, 惡者濁氣之發”之說, 而曰“天理之根於性者, 隨感輒發, 雖所乘之氣濁而不淸, 而亦不爲其所掩耳”。又曰: “理雖曰無情意無造作, 然其必然能然當然自然, 有如陳北溪之說, 則亦未嘗漫無主宰也”云云。尊意於此二條, 曾如何看? 願聞明論。

1-3-12

「답전자명答田子明」【癸酉八月】(『省齋集』卷14)

해제

1) 서지사항

유중교가 1873년 전우에게 답한 편지글. 『성재집(省齋集)』권14에 실려 있다.

2) 저자

유중교(柳重敎: 1832~1893)로, 자는 치정(穉程), 호는 성재(省齋)이다.

3) 내용

유중교가 간재 전우에게 보낸 서한으로, 리(理)의 무위(無爲)와 유위(有爲), 태극(太極)과 동정(動靜), 허령(虛靈)과 리(理)의 관계에 대한 논의를 다루고 있다. 먼저 유중교는 '본원(本源)의 차원에서는 리(理)의 주재가 있다 해도 유행처(流行處)에서 리(理)는 무위(無爲)하다'는 전우의 주장을 반박하려 한다. 그는 본원(本源)과 유행(流行) 양면에 걸쳐 리(理)의 유위가 관철되는 것이지 리(理)가 본원에서는 유위하다가 유행에서는 무위한 것이 아니라고 비판한다. 그와 같은 맥락에서 유중교는 태극(太極)이 본래 동정(動靜) 가운데 어느 한쪽에 편중된 것이 아님을 강조하고 있다. 즉 태극(太極)이 동정 가운데 오로지 고요함에만 머무는 것이 아니듯, 마찬가지로 리(理) 또한 본원과 유행 양면에서 주재성을 발휘하고 있음을 강조한 것이다. 아울러 유중교는 마음의 허령지각[靈覺]을 리(理)와 무관한 기(氣)의 속성으로 여기는 전우의 견해에 반대하는 입장을 취한다. 그는 『주자어류(朱子語類)』에 나오는 주희(朱熹)와 진순(陳淳)의 대화를 빌려 영각(靈覺)이란 리(理)와 기(氣)의 결합을 통해서만 가능하다는 논지를 주장하고 있다.

1-3-12 「答田子明」【癸酉八月】(『省齋集』卷14)

太極之論, 承此改示, 心竊自慶喜而不寐。然於其間有一二處未相契, 不敢不畢陳瞽見。來諭云: "理之無爲, 從其流行而觀之, 固當然也。若自其本源而論之, 能使是氣有動有爲者, 必有理爲之主宰。" 竊謂"理有主宰, 能使是氣"之意, 謹聞命。但所謂"使是氣有動有爲", 卽便是此理之有爲處, 此理之有爲, 卽便是此理之流行處。今以"能使"云者, 專屬之本源, 而在流行, 則却謂其無爲, 是則所謂"理之使氣", 恐不過源頭冥漠之地, 遙占位勢而已。若其日用事物之間, 所以流行發用者, 皆依舊是氣能爾也, 非有以使之也。此其所未契處也。

第又有一說。動靜元是相因底物事, 有靜者必有動, 無動則亦無靜矣。今言"理之使氣", 只言"有動", 而不及其靜。是其意以爲靜者, 固太極之本體, 不待使氣而爲之也。昔南軒說"太極, 至靜之體", 朱子以爲"此是不正當尖斜太極", 盛見無或與此相近耶? 抑語偶失檢而意實不然耶? 此恐是來諭全段眼目所在處, 實係大本、大源、偏正、虛實之所由分, 切冀澄心細檢也。此等處只在深體默會, 以自得其所安而已, 非傍人論辨之所能與也。

來諭又謂"終不敢以知覺運用, 直謂之理", 如重教之云。又謂: "昨因一士友聞之, 重教比以虛靈爲理, 爲未安。" 鄙說論靈覺處, 果有前後之不一, 而其所以不一者, 亦略有說。朱子嘗云: "知覺不專是氣, 是先有知覺之理。理未知覺, 氣聚成形, 理與氣合, 便能知覺。譬如這燭火是因得這脂膏, 便有許多光燄。" 妄竊以爲此言論靈覺, 最善名狀。蓋理譬則火也, 氣譬則脂膏也, 靈覺譬則光燄也。靈覺自是理之妙用, 而未接著血氣時, 無此靈覺。光燄自是火之功用, 而未接著脂膏時, 無此光燄。向來尊兄爲光燄不是火之論, 故重教敢說"光燄卽是火"; 其後又有人爲光燄全是火之說, 故重教又說"光燄必由脂膏"。此其所以言之不一, 而其實則竊自以爲一本之於朱子此訓也。但遣辭之時, 不能無侵過界分處, 傳聞之際, 又或有差失語脈者。蓋由前之說而侵過一分, 則眞妄無分而犯認氣爲理之科, 誠如盛意之所疑矣; 由後之說而差失一辭, 則帥役未明而又啓認空爲理之弊, 此則尊兄之所不慮也。重教固當着眼檢省, 而尊兄亦宜加意審聽也。或人所傳云云, 不知的是何時說話, 偶檢巾篋, 得舊日說此意處數條錄呈, 將此校勘, 則傳說之爽實與否, 或可以見察也。

1-3-12 「답전자명答田子明」【癸酉八月】(『省齋集』卷14)

선역

태극(太極)의 논의에 대해 이렇게 바꾸어 보여 주시니, 마음으로 기뻐하며 잠을 이루지 못했습니다. 그러나 그 사이에 한두 곳은 아직 합치하지 않아 감히 나의 부족한 견해를 다 펼쳐 말하지 않을 수 없습니다. 보내온 편지에 말하기를 "리(理)의 무위(無爲)는 그 유행처(流行處)에서 보면 진실로 당연하다. 만약 본원(本源)으로부터 논한다면 이 기(氣)를 부려 움직이게 하고 행하게 하는 것은 반드시 리(理)의 주재(主宰)가 있기 때문이다"라고 하였습니다. 가만히 생각건대 '리(理)에는 이 기(氣)를 부릴 수 있는 주재(主宰)가 있다'라는 의미를 삼가 잘 알겠습니다. 다만 이른바 '이 기(氣)를 부려 움직이게 하고 행하게 하는 것'은 바로 이 리(理)의 유위처(有爲處)이고, 이 리(理)의 유위(有爲)가 바로 이 리(理)의 유행처(流行處)입니다. 이제 "부릴 수 있다[能使]"라고 말한 것을 오로지 본원에만 귀속시키고 유행처에서는 오히려 무위(無爲)라고 하니, 이렇다면 이른바 '리(理)가 기(氣)를 부린다'는 것은 아마도 근원의 어둡고 고요한 곳에서만 까마득히 위세(位勢)를 차지할 따름입니다. 만약 그러하다면 일상의 사물에서 유행과 발용이 일어나는 까닭은 모두 이 기(氣)가 예전부터 해오던 대로 저절로 하는 것이지 그것을 부리는 무언가가 있어서 그런 것이 아닙니다. 이것이 아직 합치하지 못한 점입니다.

또 하나 말할 것이 있습니다. 동정(動靜)은 원래 서로 연유(緣由)하는 것입니다. 고요함이 있다는 것은 반드시 움직임이 있다는 것이요, 움직임이 없다면 고요함도 없습니다. 지금 '리가 기를 부린다'라고 말하면서 단지 움직임이 있다고만 말하고 그 고요함[靜]은 언급하지 않았습니다. 이것은 그 뜻이 고요함이야말로 진실로 태극(太極)의 본체(本體)이니 기(氣)를 부려서 할 필요가 없다고 생각하는 것입니다. 옛날에 남헌(南軒)이 "태극은 지극히 고요한 것"이라고 말하자 주자(朱子)께서 "그것은 바르거나 마땅하지 않은 뾰족하고 비스듬한 태극"이라 여겼는데, 그대의 견해가 혹시 이와 서로 가까운 것이 아닌지요? 아니면 표현상 우연히 실수한 것이고 뜻은 사실 그러하지 않은지요? 이것은 아마도 보내온 편지 전체의 안목(眼目)이 놓이는 자리이고 실로 큰 본원(本源)의 편정(偏正)과 허실(虛實)이 이로부터 나뉘는 것이니, 마음을 맑게 하여 자세하게 검토하시길 간절히 바랍니다. 이것들은 그저 깊이 체득하고 묵묵히 이해하여 그 타당한 바를 스스로 얻을 수 있을 따름이요, 옆 사람이 논변하여 관여할 수 있는 것이 아닙니다.

보내온 편지에서는 또 "끝내 지각(知覺)의 운용을 곧바로 리(理)라고 말할 수는 없다"라고 하였는데, 중교가 말한 것과 같습니다. 또 "지난날 한 사우(士友)로부터 들으니, 중교가 허령(虛靈)을 리(理)로 여김을 부당하게 생각한다고 하더라"라고 하였습니다. 저의 주장에서 영각(靈覺)을 논한 부분에 과연 앞뒤가 한결같지 않은 점이 있습니다만, 한결같지 않은 까닭에도 대략 그럴만한 설(說)이 있습니다. 주자(朱子)는 일찍이 "지각(知覺)은 오로지 기(氣)만이 아니라 그보다 먼저 지각의 리(理)가 있다. 리(理)만으로는 아직 지각하지 못하고 기(氣)가 모여 형체를 이루면 리(理)와 기(氣)가 서로 합해져 지각할 수 있다. 비유하자면 이 촛불과 같으니, 기름을 얻음으로 인해 환한 불빛이 생기는 것이다"라고 하였습니다. 나는 이 말이 영각(靈覺)을 논한 언급들 중에 가장 잘 형상한 것이라 생각합니다. 대체로 리(理)는 비유하면 불이고, 기(氣)는 비유하면 기름이며, 영각(靈覺)은 비유하면 불빛입니다. 영각(靈覺)은 그 자체로 리(理)의 묘용(妙用)이지만 혈기(血氣)와 아직 접하지 않았을 때는 이 영각(靈覺)이 없습니다. 불빛은 본래 불의 공용(功用)이지만 기름과 아직 접하지 않았을 때는 이 불빛이 없습니다. 지난번에 존형(尊兄)께서 불빛은 불이 아니라는 주장을 하셨기에, 중교는 감히 "불빛이 바로 불"이라고 말하였습니다. 그 뒤에 또 어떤 사람이 불빛은 완전히 불이라는 주장을 펼쳤기에, 중교는 다시 "불빛은 반드시 기름으로 말미암는다"고 말하였습니다. 이리하여 그 말이 한결같지 않게 되었습니다만, 기실 저 자신은 일관되게 주자의 이 가르침에 근본을 두었다고 생각합니다. 다만 말을 할 때에 경계를 침범하는 곳이 없을 수 없으며, 전하여 듣는 즈음에는 또 말의 맥락으로부터 어긋나는 곳이 있기 마련입니다. 대체로 전자의 설(說)로 말미암아 경계의 일부분을 침범하였다면, 참과 거짓을 구분하지 않고 기(氣)를 리(理)로 인식하는 잘못을 범한 것이니 참으로 그대가 의심하는 것과 같습니다. 후자의 설(說)로 말미암아 말 한 마디를 오인했다면, 장수와 부하의 구분이 명확하지 않은 것이요 또한 공(空)을 리(理)로 인식하는 폐단을 연 것이니 이것은 존형께서 생각하지 못한 바입니다. 중교가 참으로 살피고 점검해야 마땅하지만 존형께서도 의당 마음을 써서 세밀하게 들으셔야 합니다. 어떤 사람이 전했다는 이런저런 말들은 언제 말한 것인지 모르겠습니다만, 우연히 원고를 뒤지다가 지난날 이 뜻을 말한 곳 몇 조목을 얻어 기록해 보내니, 이것을 가지고 교감하면 전해들은 말들이 참인지 거짓인지 여부를 혹여 살펴보실 수 있겠지요.

1-3-13

「답전자명별지答田子明別紙」 一 【甲戌四月】(『省齋集』卷14)

해제

1) 서지사항

유중교가 1874년 4월 전우에게 답한 편지글. 『성재집(省齋集)』권14에 실려 있다.

2) 저자

유중교(柳重教: 1832~1893)로, 자는 치정(穉程), 호는 성재(省齋)이다.

3) 내용

유중교가 간재 전우에게 보낸 서한이다. 전반부는 심(心)과 리(理)의 관계, 리(理)의 유위(有爲)와 무위(無爲)에 관한 양자 간의 문답으로 구성되어 있다. 후반부는 여러 잡다한 주제들, 이를테면 『맹자(孟子)』 '생지위성(生之謂性)'장에 대한 해석, 양지(良知) 개념에 대한 검토, 주희(朱熹)의 지각(知覺) 개념 이해, 상례(喪禮)의 시행방식 문제, 허형(許衡)과 양웅(楊雄)에 대한 평가 등에 대한 유중교 자신의 견해가 서술된다. 그 가운데 이기심성의 문제와 관련해, 전반부의 문답은 주로 유중교에 대한 전우의 비판 논점을 먼저 기술하고 그에 대해 유중교 자신이 반론하는 형식으로 되어 있다. 전우는 유중교가 '심(心)이 기(氣)에 속함'을 인정하면서도 실제로는 심(心)의 본색을 리(理)와 동일시하는 게 아닌지 의구심을 표한다. 또 유중교가 리(理)의 무위(無爲)를 인정하면서 동시에 심(心)을 리(理)로 여긴다면 이는 곧 심(心)을 사려(思慮)와 지각(知覺)이 없는 무위자(無爲者)로 간주하는 셈이 아니냐고 비판한다. 즉, 리(理)는 '무위(無爲)하는 존재인 동시에 유위자(有爲者)의 주재자'가 될 수 있지만 심(心)에 대해서는 그렇게 말할 수 없다는 것이 전우의 주장이다. 이에 대해 유중교는 "리(理)의 유행이 사람의 몸에 존재하여 주재하는 것[理之流行而存主乎吾身者]"이 곧 심(心)이라고 말한다. 즉 심(心)은 그 자체만 놓고 보면 유위자이지만, 그와 동시에 무위자인 리(理)의 용(用)이기도 하다는 것이다. 결국 유중교는 심(心)이란 존재론적으로는 기(氣)이지만 동시에 리(理)의 주재성을 담지한다는 논조를 이어간다. 같은 맥락에서 이기(理氣)의 동정(動靜)과 관련해 유중교는 "리(理)의 동정은 한결같이 기(氣)의 행하는 바를 따른다[其動其靜一隨氣之所爲]"라는 전우의 주장을 받아들일 수 없다고 밝히고 있다.

1-3-13 「答田子明別紙 一」【甲戌四月】(『省齋集』卷14)

心理云云, 來書雖自謂"某亦曰心屬氣", 而細究之, 則此非以心之本色言, 却是遞低一等, 指精神、魂魄之類而爲言。然則與鄙說語雖相似, 而意實不同。

『左氏傳』云: "心之精爽, 是爲魂魄。" 朱子"心者, 氣之精爽"之訓,實本於此。高明常以精爽當心之本色, 而於精神、魂魄, 則却謂其低一等, 竊所未喩。

又自謂"某亦曰理無爲", 此則尤未知其所以然也。蓋無爲云者, 無思慮、無知覺之謂也。今旣以心爲理, 而又曰"理無爲", 則所謂心者, 果無思慮、無知覺底物事耶?

朱子曰"謂太極含動靜, 則可", 自註云"以本體而言"; "謂太極有動靜, 則可", 自註云"以流行而言"。竊謂以理之本體言, 則固無思慮、無知覺, 惟含具得思慮知覺之理而已。若所謂"心乃是理之流行, 而存主乎吾身者也", 政有思慮知覺之用耳。

來書又曰"理雖無爲, 而實爲有爲之主", 此誠然也。但未知亦可曰"心雖無爲, 而但爲有爲之主云爾乎"。伏願於此更下一轉語。

心是理之流行, 而存主乎吾身者也。無爲而爲有爲之主, 此主理之本體言也。若論心, 則當曰有爲而爲無爲之用。【"當曰"以下, 追改云"卽是有爲者也", 不可但謂"爲有爲之主"。】

別紙 二

生之謂性章說, 盛敎如此, 當留俟異日面論。惟"生之謂性"、"才說性"等性字, 皆以氣質之性當之, 此本朱子之言, 見『語類』論程子書類。來諭以爲那中士友之論, 此恐照檢不及處? 抑別有所以然否?

良知說, 前書已盡之矣。整庵"良知非天理"之說, 竊嘗消詳其立言本意。"天理是本體, 良知是妙用, 有體必有用, 而用不可以爲體。"【「答歐陽少司書」中, 云云。】此一段, 乃其宗旨。妄謂以妙用對本體言, 則本體是理, 而妙用是神; 以本體統妙用言, 則理是理, 而神亦理之用也。若專以本體爲理, 而以妙用爲在理之外, 則是理爲有體無用之物矣。故以良知當理之體, 則固不可, 而以良知當理之用, 則無所不可矣。況天理云者, 本就吾心發用之際, 指出此理流行處立名者耶!

朱子「答林德久書」所論知覺之說, 德久問目因論生之謂性章註所謂"知覺運動", 及釋氏以知覺運動爲性之說, 而問所有知覺自何而發端。故答之曰: "知覺正是氣之虛靈處。" 此其所指而言者, 固已較然矣。來諭謂"此何嘗論釋氏所言底知覺"者, 無乃察之未詳耶? 此與所謂"非人心太極之至靈, 其孰能知之"者, 其語勢輕重,【一箇是無揀別底知覺, 一箇是有揀別底知覺。】果可以一般看乎? 請更檢會。抑整菴常於知覺與良知, 則必合而一之; 於良知與天理, 則必析而二之, 高明旣力主其下一說, 則亦當一例守其上一說乎? 竊所願聞。

程子曰: "語聖則不異, 語事功則有異。夫子賢於堯、舜, 語事功也。" 蓋曰語聖而謂夫子賢於堯、舜, 則是堯、舜爲未盡分人也。來諭謂"宰我兼言事功,【謂兼言事功, 則主言聖, 可知。】子貢、有若專言聖", 無乃與程子之意相戾乎?

己服已盡, 而爲卑幼三年者設祭祝, 只用自己敍情之辭, 終覺有未穩處。古禮嫡子爲士, 庶子爲大夫, 則爲庶子立廟設祭, 而嫡子主其事, 祝曰"孝子某爲介子某, 祗薦歲事"。今略倣此云"父爲孫某, 告于亡子", "而奄及大祥下敍情"八字闕之, 則或可備一說耶?

許衡事, 以迹則許衡之失身, 與楊雄之失節, 固有間。然其關係天地大運, 則反有大焉者, 故愚疑許衡亦當用死例。蓋楊雄之書死, 常例也; 許衡之書死, 別一例也。舊史於秦檜書"死", 今於許衡書"死", 政好作對。宋之秦檜實非簒逆之賊, 而論其罪, 則簒逆之尤者也, 故用特例書"死"; 元之許衡本非蠻夷之種, 而究其禍, 則蠻夷之尤者也, 故用特例書“死”。然書“秦檜死”而於其徒則不盡書死, 書“許衡死”而於其類則不盡書死者, 無責已矣, 不可勝誅也。不審尊意以爲如何。此間士友嘗以先師之命, 修一小史, 因論此事, 有講說一段。今謾錄呈, 並乞批誨。

農巖說二條解, 謹悉雅意之所存。但謂“天理之根於性而隨感輒發者, 固可驗人性之善云爾”, 則高明亦以天理當妙用處言之, 而不全作本體矣。然則其以良知爲非天理, 又何耶? 此必有說, 願聞其詳。若曰“所謂‘天理之發’, 其所乘者是氣, 故泛稱天理而實不是天理”, 則凡曰理、曰氣, 皆就乘載不相離處, 從其所主而名言之耳。欲討獨立之理喚做理, 討單行之氣喚做氣, 則天下寧有是理耶?

娶妻而改嫁者, 與元不娶妻者, 自不同。元不娶者, 無夫婦之道。有夫婦, 然後有父子。無夫婦之道, 則亦無父子之道, 其不得立後, 固也。若旣娶妻, 則便有父道, 豈可以其妻之改嫁, 而遂不立後乎? 但吾東人試券, 不書外祖, 不得應擧。不應擧, 目之以廢人。以此之故, 族人有子者, 必不肯許子, 是則有行不去處矣。

追檢別紙一幅, 乃壬申六月書改本也。改語云: “理之無爲, 從流行而觀之, 其動、其靜, 一隨氣之所爲矣; 若自其本源而論之, 能使是氣有動、有靜者, 必有理爲之主宰。” 妄謂對擧動靜, 意始完足。乃知向來云云, 果出於遣辭時失檢, 而非本意之實然也。但“其動、其靜, 一隨氣之所爲”一節, 語益丁寧而益難領解矣。所以然者, 前說已盡之, 今不疊床也。謾設一譬云: “理乘氣, 猶人乘馬。人在馬上, 其行、其止, 一隨馬之所爲, 則其能免東走荒原, 西入人田乎?” 請更深思。大凡聖賢說理、說氣許多話頭, 要其歸, 則欲人就一心上, 親切體行之也。“其動、其靜, 一隨氣之所爲”此十字, 欲就吾心上, 親切體行, 則當如何用工耶?

1-3-14

「답전자명별지答田子明別紙」 一 【甲戌六月】(『省齋集』卷14)

해제

1) 서지사항

유중교가 1874년 6월 전우에게 답한 편지글. 『성재집(省齋集)』권14에 실려 있다.

2) 저자

유중교(柳重敎: 1832~1893)로, 자는 치정(穉程), 호는 성재(省齋)이다.

3) 내용

유중교가 간재 전우에게 보낸 서한이다. 전우의 이기심성설에 대한 유중교의 논평이 주를 이루며, 잡다한 주제에 대한 다양한 논의가 여러 조목에 걸쳐 이어지고 있다. 유중교는 '심(心)과 성(性)이 서로 주재(主宰)한다'는 명제가 심(心)·성(性)·리(理)·기(氣) 각각의 명목을 혼란스럽게 한다고 우려하며 "심(心)을 성(性)의 주재(主宰)로 삼아 리(理)의 묘용(妙用)에 귀속시키고, 성(性)을 심(心)의 준칙으로 삼아 리(理)의 실체에 귀속시킴"이 타당하다고 주장한다. 그와 더불어 리(理)의 주재성을 드러내는 용어인 '제(帝)'를 성(性)과 심(心) 가운데 어느 쪽에 귀속시켜야 하는지의 문제, '신(神)'을 리(理)와 기(氣)의 관계 속에서 어떻게 이해해야 하는지의 문제가 논의되며, 천리(天理)와 인욕(人欲)의 구분, 주재(主宰)의 주체와 대상을 나누는 '능(能)', '소(所)'의 구분에 관한 견해 등이 언급되고 있다. 유중교는 '능소(能所)'의 문제가 곧 이기(理氣)의 본말(本末)과 수역(帥役)을 구분하는 일과 직결되는 문제라고 말한다.

이 서한에서 논의된 여러 조목 가운데 주목할 것 하나는 "심(心)은 하나이지만, 리(理)를 가리켜서 말하는 것이 있으니 명덕(明德)이 바로 그것이며, 기(氣)를 가리켜서 말하는 것이 있으니 정상(精爽)이 바로 그것입니다. 명덕(明德)은 선(善)에 한결같을 뿐입니다. 정상(精爽)의 기(氣)는 선악(善惡)의 향배(向背)가 없습니다"라는 유중교의 발언이다. 그는 '명덕(明德)'으로서의 심(心)과 '정상(精爽)'으로서의 심(心)을 구분하며, 심(心)의 본령은 바로 명덕(明德)이라고 본다. 그래서 불교의 본심(本心)이란 오직 '정상(精爽)'으로서의 심(心)을 가리키기에 천명(天

命)에 근원한 유학의 도와 다른 것이라고 말한다. 이에 그는 "사람이 학문을 함에 단지 심(心)자 하나만 지킬 수 있으면 충분하다"라는 전우의 말에서 '심(心)'자를 명덕(明德) 두 글자로 바꿀 것을 제안한다. 유중교가 '기(氣)의 정상(精爽)'이라는 개념만으로는 심(心)의 진면목을 담지하지 못한다고 여겼음을 알 수 있다.

서한의 말미에 유중교는 전우의 견해와 그 자신의 견해가 끝내 합치하지 않는 이유를 해명한다. 전우는 유중교가 심(心)을 리(理)의 영역에 귀속시킴으로써 결국 기(氣)의 측면을 소홀히 여기는 게 아닌지 의구심을 표한다. 그에 대해 유중교는 전우의 논리가 리(理)를 궁극적인 하나의 본체[至一之體]로만 여겨 둘로 나눌 수 없는 것이라는 생각에 기반하고 있다고 말한다. 반면 그 자신이 보기에 리(理)는 모든 것을 갖춘 것[大全之體]이기에 본체(本體)와 묘용(妙用)의 양 측면으로 나눠 생각해야 하며 한쪽에만 치우칠 수 없다는 것이다. 이러한 관점의 대립은 곧 본체의 영역에서만 리(理)의 주재를 인정할 것인지 아니면 본체와 작용의 양측면에서 리(理)의 주재를 용인할 것인지의 문제와 연결된다.

1-3-14 「答田子明別紙 一」【甲戌六月】(『省齋集』卷14)

尊兄去歲十二月書所論諸說, 向來造門時, 已嘗面稟其大略, 而其曲折精微, 尙有未周悉處。蓋逢別太凌遽, 而話頭層出, 應接不暇, 勢固當爾也。今續綴其遺意, 謹此控質, 伏希垂覽。重敎拜。

"前書所稟源流之說"云云。

此段改說主意所在, 略綽窺見, 而其間措辭曲折處, 於鄙意尙覺有一二不安者。今妄以鄙意替下一語云: "卽夫動靜流行處, 從氣逆推說, 則氣之靜, 而理之體, 於是乎立, 氣之動, 而理之用, 於是乎行。從理順推說, 則使是氣而靜, 使是氣而動, 卽皆理之所爲也。"

"竊嘗聞盈天盈地"云云。

此段"性爲心之主宰"一句, 程、朱尙矣。吾東中古以上諸賢講說, 亦有此語否? 吾兄旣全以氣當心, 而不安於主宰之屬氣, 故有是言也。然又慮心之主宰、性之主宰, 混而無別, 則乃以心爲一身之主宰、性爲一心之主宰, 而目性以極本窮源之主宰, 其區處措畫, 則誠亦善矣。但心之所以爲一身之主宰者, 以其能主宰性情也。此是朱子已定之論, 其說不一再見於遺編矣。【朱子平生愛說橫渠"心統性情"一句, 云"孟子說心許多, 皆未有似此語端的", 而其釋之則曰"統是主宰, 如統百萬軍", 又曰"統如統兵之統, 言有以主之也"。又常稱胡五峰'心妙性情之德'之語, 云"此語甚精密, 與其他說話不同", 而其釋之則曰"妙字是主宰運用之意", 又曰"妙性情之德者, 心也, 天理之主宰也"。諸如此類, 高明非不熟讀而稔誦之。今乃忽焉若忘, 以"心爲性之主宰"一句, 爲重敎私言而非之, 無乃構思立論時, 不免有所蔽耶? 此是古今講說者之公患, 切宜檢省。】性旣爲心之主宰, 而心又爲性之主宰, 則惡在其極本窮源之主宰耶? 且此兩箇主宰, 將分時分地, 迭相運用耶? 抑同在一處, 交頸並立耶? 此恐非區處措畫之所能及也。區區妄竊以爲心誠不安於主宰之屬氣, 則此政高明者發省致思之一機會也。與其因仍推遷, 強排名號, 使心、性、理、氣俱失面目, 而益覺其不安, 曷若依本分平鋪放着，以心爲性之主宰而屬之理之妙用，以性爲心之準則而屬之理之實體之爲四亭八當也耶？澄心精思，千萬至禱。

○向來尊兄疑心是通動靜底物，屬之妙用爲少偏，此恐未然。程子言："妙用謂之神，神何嘗不通動靜乎？" 蓋在天理上說，則人心靈覺，卽其妙用之發見者耳。若主人身言之，則所謂妙用者，卽是一身主宰之統體，而性乃其中所該之實德也。

"大抵以理爲主宰"云云。

此段說帝字，直以理當之，此全不似高明平日意見。初疑其或出於一時遣辭之失，向因面講，略叩其說，則又斷然質言，不復致疑，然後始知其爲實見也。前書謂"舊時論理，於能字、使字，殊未有自得處，今皆無疑也"，此當是改見後定本也。蓋"帝是理爲主"【朱子語】此一句，乃區區平生說理大命脈所在處，而今盛論之符合如此，則餘外名論之小小異同，猶屬枝葉也。欣豁之至，蓋未易以言語名諭也。抑恐高明於此思之未及周徧，而遽爾立論，異日左右推勘，或有時而變其說也。

重敎請先有以詰之。『易』曰"帝出乎震"，理本無爲，果有出入之可言乎？禮"王者以季秋之月，享帝於明堂而以父配之"，理亦可以祭祀享之乎？程子言"主宰謂之帝，性情謂之乾"，所謂性情，高明亦必以爲理矣。性情旣是理，而主宰又是理，則得無所謂兩箇理相疊之嫌乎？於此數言者，旣明白道破而無所礙焉，則重敎請復有以質之。人之一身，卽一小天地，在天而謂之帝者，就人身言之，何者可以當之耶？以爲性乎？則所謂乾者已當之矣。以爲心乎？則心有思慮運用，而帝實自然無爲；心有存亡得失，而帝卻至誠無妄。若不可以相擬者然，何耶？於此而得其說，則向所謂"枝葉之異"者，亦將有會通之日矣。區區不勝顒祝之情。

"執事所錄示與人書，謂'神卽是理'"云云。

朱子答杜仁仲論"神有數"書，其前書則曰"謂'神卽是理'，却恐未然"，其後書則曰"將神全作氣看，則又誤"，而考其決案之辭，則乃曰"神是理之發用，而乘氣以出入者也”。蓋曰“理之發用”，則其不可直以理之本體當之者，可見矣；曰“乘氣出入”，則其不可遂以氣之所爲當之者，又可見矣。然以體該用，總而斷之，則畢竟當屬之理。故有人以此一句質之栗谷先生，則栗谷先生答之曰：“神有主理、主氣之別。” 今此所云，主理一邊而言。【朴汝龍所錄，語見「附錄」。】鄙說云云，擧朱子前後書語爲說，而來諭於“謂‘神卽是理’，未然”之語，則略加許可，而於“將神全作氣看，又誤”之說，則却以爲未安，而詰之曰：“如云云之言，則所謂神者，於理、於氣，果何處耶？其將爲半理、半氣之物耶？” 竊恐高明於朱子決案之辭，或有所未攷也。

且謂“神屬氣，而其根極而運用者，莫非此理”，此固似矣。但只如此言，則朱子何不曰“神是氣之發用，而載理以出入者”，而乃曰“理之發用，而乘氣以出入者”耶？至若“神之本色，不可舍氣而他求”之云，非惟高明謂然，重敎亦嘗爲此言。但卽此本色上面，其流行發見者，乃此理之用。故前古聖賢，多指其發見者喚做神，則於其指理說處，不可不以理看云爾，非謂神之本訓元來只是理也。如何如何？第有一說，『易』曰“帝出乎震”，又曰“神也者，妙萬物而爲言者也”，曰帝、曰神，只是一物。但一指主宰之總腦，一指妙用之流行，爲不同耳。故朱子言：“上帝，天之神也。” 又曰：“聚天之神而言之，則曰上帝。” 高明於帝，則不難於喚理，而於神，則必欲其主氣，何耶？此必有其說，並乞明敎。

“偶思天理云者，多是對人欲而爲言”云云。

理欲之分，與理氣之分不同，此固然矣。但以天理爲氣之循理之名，則不敢聞命。據區區所聞，則人心之發用，其理乘氣載，固無時不然，而於其中有理爲主而氣聽命時，有氣用事而理受蔽時。理爲主時，其所行千是萬當；氣用事時，其所行七倒八。所謂天理云者，卽其是且當處，從其所爲主者而名之耳。此與盛論之意，所爭不能幾何，而其順逆、正倒之間，極有不容放過者矣。

能、所之說，此有顚末。佛書有能、所能之語。【嘗見其徒偈辭，云“能祭者衆僧，所祭者諸佛”，蓋亦說此意也。】朱子稱其分別甚精，講說之際，常借而用之。張元德以道爲行，呂子約訓學爲義理之蘊，朱子謂一則以所能爲能，一則以能爲所能。此蓋心與理內外、賓主之說也。『語類』有一條云：“所覺者心之理，能覺者氣之靈。" 其意若曰: "所覺底主本是理, 能覺底材質是氣也。" 栗翁所謂"非理無所發, 非氣不能發", 似亦本此而言。此則理與氣本末、帥役之分也。

前說主宰在能字上, 後說主宰在所字上。【前說所字, 在能字對面; 後說所字, 在能字上頭。】後說蓋別一說也。來諭所論理氣、能所之說, 固是矣。但以此而移施於凡心與理相對說處, 則恐有所礙。如『中庸』所謂至德、至道、達德、達道,『孟子』所謂"徒善不足以爲政, 徒法不能以自行"之類, 豈可以道與政屬之理, 而德與善屬之氣耶? 此不可不察也。鄙錄中"半理, 半氣"之氣字, 謹當依來敎, 易之以欲字矣。

別紙 二

重敎昔年所呈稟諸稿, 棄置荒篋, 不復檢省, 今因來誨, 始搜出一覽, 則意略可見, 而辭不能達, 顚倒出入, 不成段落。非執事含垢包荒之至, 孰肯爲之曲費辭說, 追加辨論如是哉? 仍念今去乙丑僅十年, 而其時丁寧立說, 斷斷自喜者, 今皆破綻敗露, 不覺失笑。若復數十年而視今日所爲, 則又當如何也? 以若鈍滯之質, 而欲求入於道, 寧不難矣哉? 此其所以忉忉忘寢發病, 求藥於當世之君子者, 若是之切也。鄙說諸條, 不敢備例分疏, 只就尊說中肯綮處略論之, 以求續敎。蓋鄙說旣荒陋如此, 直欲掃去之, 不足據其說而反復之也。重敎皇恐又拜。

"天命一也, 而『中庸』專言理,『大學』兼言理"云云。

『大學』言天命, 本引「太甲」之文, 而「太甲」『傳』曰: "明命者, 上天顯然之理而命之我者, 在天爲明命, 在人爲明德。" 此與盛解云云, 其同異何如? 乞加細檢。

"性與明德合言, 則只是一箇理。愚不敢如此看。蓋此二者分而專言, 則性固是理, 而明德亦可謂之理也, 以其所包者理故也。然又合而偏言, 則性自爲理, 而明德不得謂之理也, 以其理無二體故也"云云。

"理無二體"此一言, 乃盛論中要旨所在。區區於此, 亦豈敢有異同? 但竊念之, 理固無二體, 而於其一體之中, 如體用、能所、本末、經緯之類, 又須隨其所在, 而分別地頭井井而不可亂, 然後始免爲尖斜欹零底太極。今不必廣引, 如『中庸』"惟天下至誠, 爲能盡其性", 高明曾以至誠爲何如物? 以爲亦氣乎, 則不敢更有所稟。以爲理乎, 則性自是理, 而能盡其性者又是理, 無乃理有二體乎? 卽其一處而得其說焉, 則餘皆可以旁通矣。

曾見與弘菴卷子, 其中引"虛靈知覺之性"以爲證, 此又直以性爲靈覺矣。然則心性二者, 其終無別也耶?

朱子"心乃虛靈知覺之性"之語, 煞有所指, 政宜虛心細究, 不可遽以吾意之所不便而棄外之也。

以神爲理之妙用, 則可; 直謂之理, 則不可。如情是性之用, 而不可直謂之性也。

情與性固有分, 而體用一源, 故以情而言性處亦多。觀於『孟子』之言, 可見。

人之所以仁, 以其無私累也。故曰"公是仁之理"。其意若曰: "公是人之所以仁之理云爾, 非以公爲性、仁爲心也。" 自註云: "論爲仁, 則以公爲爲仁之道; 論性, 則以仁爲公之理。"

程子本語云: "公是仁之理, 公而以人體之, 故爲仁。" 朱子釋之曰: "公則無情, 仁則有愛。公字屬理, 仁字屬人。" 鄙說之意, 蓋曰: "公與仁俱是理之目, 而有此無情、有情, 屬理、屬人之分。於此而反隅, 則可見一理上分別心性, 而不害其爲理無二體云爾。固未嘗便以公爲性、仁爲心也。" 更檢則可見耳。盛解云云, 未論義理如何, 恐於程、朱本旨, 太不親貼矣。

"道心, 栗谷以爲本然之氣, 農巖以爲物之循則者也"云云。

朱子「答蔡季通書」云: "所謂'淸明純粹'者, 旣屬乎形氣之偶然, 則亦但能不隔乎理而助其發揮耳。不可便認以爲道心, 而欲據之以爲精一之地也。" 未審栗、農兩賢之言, 與朱子此訓, 其所指同異何如。乞一細檢焉。

心雖本善而與理無間, 然而氣則有本、有末, 理則善而已矣。其以心爲性情之統者, 以其本善也, 而又能有所作爲運用故也。然而其不可專靠得者, 又以其流之或不能無差故耳。此聖人之學, 所以不本乎心, 而必本乎天也。來諭"人之爲學"以下, 試改之云"人之爲學, 只守得一心字, 足矣。更安用說性爲哉云爾", 則其說又如何? 以此自詰, 則恐亦有所發省處也。

據重敎所聞, 則心一也, 而有指理言者, 明德是也; 有指氣言者, 精爽是也。明德, 一於善而已矣; 精爽之氣, 善與惡無向背。一於善者, 可恃; 而善惡無向背者, 不可恃。可恃者, 守之不得不專; 不可恃者, 察之不得不嚴。只如斯而已矣。若夫釋氏所謂本心, 則專以精爽之氣爲心, 所以貳乎聖人之本天也。若謂釋氏之所本在明德, 而聖人却本德外之天, 則非區區所敢聞也。所示改語"人之爲學, 只守得一心字, 足矣"此一節, 深荷見警之意。區區於此, 亦豈敢以爲安? 然此心字, 若又改之以明德二字, 則亦可以自安矣。蓋鄙說中所引諸心字, 皆卽明德之謂耳, 非不分理氣而泛言之心也。

"誠無爲。" 傳曰"實理自然", 又曰"卽太極也", 則恐難以是爲心字注脚也。至於神字, 朱子嘗論程子語, 云: "妙用言其理。"『近思錄釋疑』謂"如此, 則似以妙用爲太極者, 然可疑", 以愚觀之, 恐不必疑。蓋神雖屬氣, 而究極其本, 則直與理無間, 故謂之理也。"厥彰厥微, 匪靈弗瑩。" 傳曰: "此言理也。" 竊意彰微是陰陽之理, 靈者乃其明此理者也。若以靈爲理, 則其所明底又是何物耶? 今承盛諭, 謂"神與靈, 俱是解太極"者, 此愚之所未曉也。

誠固卽是實理。但所謂實理, 以下文推之, 似亦指人心本體言之,【下章曰: "寂然不動者, 誠也; 感而遂通者, 神也。" 傳云: "本然而未發者, 實理之體; 善應而不測者, 實理之用。曰寂、曰感, 皆心之事也。" 其下又有"誠精故明"之語, 而傳以"淸明在躬, 志氣如神"釋之。】故妄謂云爾。然又未嘗謂其截然是心而不是性也。至若神靈二字, 此又有說。嘗攷『通書』後叙云: "先生之學, 其可以象告者, 莫備於太極之一圖。若『通書』之言, 蓋皆所以發明其蘊, 而誠、動、靜、理、性、命等章爲尤著。" 蓋此三章, 所以發明圖意爲尤著者。卽篇題所云"推一理、二氣、五行之分合, 以紀綱道體之精微"者是也。

今觀來諭於誠章, 旣以誠爲太極, 則所謂二五者, 固自有所屬矣。於動靜、理性命章, 却不以神與靈當太極。然則此二章, 何者是一理, 何者是二與五耶?

理性命章傳既明言“太極之至靈”, 言“陽明、陰晦”, 又以剛、柔、善、惡、中言“五行之理”, 此可謂彰明較著矣。於章下又結之, 曰: “此章與十六章意同, 十六章卽動靜章也。” 今攷本章, 神是太極, 動靜是陰陽, 水火是五行,【擧二以該三。】此其所謂“意同”也。更乞細玩。『大全』「答陸子靜書」論理性命章, 云“所謂靈、所謂一, 乃爲太極。而所謂中者, 乃氣稟之得中, 與剛善、剛惡、柔善、柔惡者爲五性, 而屬乎五行”, 初未嘗以是爲太極也。想來象山亦不肯以靈作太極看, 如高明之意。故朱子有是發明耳。但象山欲以中當太極, 高明欲以彰徵當太極, 此爲少不同矣。

心與理二者, 缺一不成造化, 誠然誠然。但既目心爲理, 則理之與理, 既相架疊, 而其於氣字, 無乃欠缺也耶?

鄙說中所引心與理相對者, 甚衆。高明似皆漫不見省, 而泛施“誠然”之敎。今請復就其中, 且擧一端而言之。『中庸』言: “誠者, 自成, 而道, 自道。” 朱子釋之, 曰: “誠以心言, 本也; 道以理言, 用也。” 不識高明將此心字, 作如何看, 則可以免理與理相疊之患耶? 更以見敎。大抵高明之論, 常恐天下之理有兩面相對處, 蓋慮此理至一之體, 或至破碎而爲二物也。區區之意常謂天下之理, 不兩則不立, 蓋曰此理大全之體, 不容尖斜而爲一偏也。此其所以到頭抵牾, 而每不相合也。

凡執言迷旨, 最吾人之大患。如今所論, 可謂隨其說之所至, 而各盡其妙者矣。愚之執滯, 受賜大矣。然所擧之外聖賢千言萬語, 都要如此活絡看, 更無一處牽強安排之意, 然後方始是盡善也。

牽强安排之戒, 敬受敎矣。平日於此, 豈不深戒? 臨事論辨, 每有爲私意之所蔽, 而不自悟處。更望隨事摘示, 以卒其惠, 千百之幸。

1-3-15

「답전자명答田子明」【甲戌十月二十八日】(『省齋集』卷14)

해제

1) 서지사항

유중교가 1874년 10월 전우에게 답한 편지글. 『성재집(省齋集)』권14에 실려 있다.

2) 저자

유중교(柳重敎: 1832~1893)로, 자는 치정(穉程), 호는 성재(省齋)이다.

3) 내용

유중교가 1874년 10월 28일 간재 전우에게 보낸 서한이다. 심설(心說)의 문제에 한정해 이 서한의 내용을 살펴보면, 유중교는 자신이 전우의 견해를 따르지 않는 것은 천하의 공평한 도리를 논하기 위함이며 다른 사사로운 이유 때문이 아니라고 말하고 있다. 또한 말에 풍자함이 있는 것에 대해서도 선배 유학자들이 이동(異同)을 강론할 때도 그러함이 있었으며 실상은 서로를 아끼는 정성스런 마음에서 비롯된 것이라고 완곡하게 표현하고 있다. 아울러 두 사람의 견해차 가운데 서로 용인하기 어려운 부분에 대해 다음과 같이 정리한다. "그대가 나를 걱정하는 것은 '심(心)을 리(理)로써 말하는 것이 있다[心有以理言]'라는 한 구절에 있고, 내가 그대에게 병통으로 여기는 것은 '기(氣)를 덕(德)으로 인식한다[認氣爲德]'라는 한 구절에 있습니다." 즉 전우는 유중교의 견해가 '심시기(心是氣)'의 원칙에 어긋난다고 보아 우려를 표하는 데 반해, 유중교 자신은 전우의 입장이 리(理)의 영역으로 귀속되어야 할 심(心)의 명덕(明德)을 기(氣)로 간주하는 것을 문제 삼는다는 것이다.

1-3-15 「答田子明」【甲戌十月二十八日】(『省齋集』卷14)

垂諭諸說, 反復周悉。殆所謂"叩其兩端而竭焉"者, 非吾兄愛我之深而悶我之切, 何以及此? 第於其中有一二未釋然處, 蓋非敢望鄙說之有契於盛意, 卽於盛意之所在, 有未領其曲折處。今且尊閣來書, 晨夕玩繹, 未及卒業, 不敢遽有所復也。至若愼密之戒, 此有不敢奉敎者。蓋此所論, 皆天下之公理, 非一人一家之私事。外人之識不及此而徒資唇舌者, 固無足與言。其於同心共業之地, 如何敢秘之也? 非徒義有所不敢, 亦勢有所不能也。若以句語之時有諷切者爲嫌, 則前輩於講論異同之際, 有十此百此者, 而未聞有以此而爲嫌者, 以其出於相愛之誠心故也。但徒知吾之所以憂人者如此, 而不知人之所以慮我者又有甚於此者,【高明之憂重敎, 在"心有以理言"一句; 重敎之病高明, 在"認氣爲德"一句。】則此於高明心體之明, 或有所玷累也, 是則不可不深省也。如何如何?

高宗降統, 謹悉尊師門敎意矣。旣如此, 則其紀年當用何例? 帝號當代以何稱? 復統之期, 又當在何年耶? 並乞商敎之也。此外又有一事可禀者。『綱目』於漢獻之卒, 稱魏山陽公, 於晉懷、愍之遇害, 皆稱"帝"。此三主之失尊均矣, 而其所以處之有不同, 何也? 今於宋之徽、欽, 當用山陽公例, 書金昏德公、金天水郡公耶? 抑當用懷、愍例書上"皇", 如舊史之文耶? 亦望禀示也。

『粹言』中一條, 不記當時所論云何。今『大全』本卷在他所, 無由取攷, 留竢異日續禀也。「高臥樓」詩, 有以仰見仁人君子傷時之深、自任之重, 三復以還, 不勝感歎。然以是二字自名, 終未若就二公實事中拈出一二字。不然, 則只取其地名, 如龍石之云, 爲稍平穩矣。

張汝經斯文千里遠游, 足令人起懦也。與之游數日, 其所存極不易得, 尤用敬服也。

1-3-16

「답전자명答田子明」【乙亥四月】(『省齋集』卷14)

해제

1) 서지사항

유중교가 1875년 4월 전우에게 답한 편지글. 『성재집(省齋集)』권14에 실려 있다.

2) 저자

유중교(柳重教: 1832~1893)로, 자는 치정(穉程), 호는 성재(省齋)이다.

3) 내용

유중교가 간재 전우에게 보낸 서한으로, 갑술년(1874) 10월 28일자 편지와 연관된 논의가 이어진다. 갑술년 10월의 서한에서 유중교는 "그대가 나를 걱정하는 것은 '심을 리로써 말하는 것이 있다[心有以理言]'라는 한 구절에 있고, 내가 그대에게 병통으로 여기는 것은 '기를 덕으로 인식한다[認氣爲德]'라는 한 구절에 있습니다"라는 구절로 두 사람의 견해차를 정리한 바 있다. 그러자 전우는 이에 대해 유중교의 자의적인 표현일 뿐이라고 일축하며 위의 표현을 수정하는 편지를 보내온다. 전우는 유중교의 병통에 대해 좀더 노골적으로 "심을 리로 인식하는 것[認心爲理]"이라고 강하게 표현하며, 그 자신의 관점에 대해서는 "기를 위주로 하여 명덕을 말한 것[主氣而言明德]"이라고 말한다. 그러자 유중교는 전우가 스스로 "기(氣)를 위주로 명덕(明德)을 말한다"고 표현한 것과 유중교가 그에 대해 "기(氣)를 덕(德)으로 인식한다"고 표현한 것 사이에는 별로 차이가 없다고 답한다. 어떤 경우이든 전우가 명덕(明德)을 기(氣)로 간주하는 것은 마찬가지이기 때문이다. 아울러 유중교는 '심(心)을 리(理)로써 말하는 것이 있다'라는 그 자신의 명제가 '심(心)이란 일반적으로는 기(氣)에 속한다'는 사실을 부정하는 것이 아님을 분명히 한다. 다만 『대학(大學)』의 명덕(明德)이나 『맹자(孟子)』의 본심(本心)처럼 심(心)을 리(理)로써 말하는 경우[以理言]가 있으며, 또 그런 경우라 해도 기(氣)와 무관하게 심(心)을 오로지 리(理)로 규정하는 것이 아니라 다만 '리(理)를 위주로 말할 따름'이라는 것이다. 그러므로 자신의 견해를 "심(心)을 리(理)로 인식했다"고 몰아붙이는 전우의 비판은 지나치다고 반박한다. 결론적으로 유중교는 서로 자신의 입장을 스스로 명명한 바대로 따르자고 제안하며, 각자의 지향 가운데 누가 옳은지는 후세를 기약하자는 말로 논쟁을 마무리한다.

1-3-16 「答田子明」【乙亥四月】(『省齋集』卷14)

金士綏回, 伏領昨年十一月出惠書及今番覆帖。諸誨懇至, 啓發良多。惟是心說答敎, 謂有成本, 而留止不見示, 顒企之餘, 殊覺惘然。然其引嫌之端, 咎實在我, 亦不敢固請也。向來尊書之至也, 同社一少友【柳基一卽重敎同門友, 所學極有造詣。】讀之, 有一二處論說, 而至於借人言譏斥先師之說, 重敎所未聞, 恐傳之者過也。惟以立言自任之云, 則果有是言。其意蓋曰"彼中士友, 旣以吾黨爲陸、王, 斷置不復與卞, 獨吾兄以爲不忍直以二氏相處, 而欲爲之謀焉", 則此其用意之忠厚, 在吾黨誠極可感。但所謂"爲之謀"者, 此是得道後立言者事, 非求道時講論之辭也。此言, 蓋亦出於平日愛慕之深, 而期望之重也。重敎以爲其言有深意。因竊自檢前日往復諸所奉稟, 例犯此失, 不覺惕然汗背, 而尊敎中此一段, 亦微帶此意。蓋元無定見, 輕自主張, 如重敎者, 已無可言。雖以高明之卓見, 在講論之際, 亦且不妨虛心徐察, 以求義理之所在, 不可先着我是、人非之意, 以自蔽其大公之體, 而阻其日新之路也。然則吾二人之於此言, 政宜視作藥石, 而交修胥勉, 豈可遽以爲引嫌之端哉? 言出衷赤, 切乞深察。

來諭謂重敎前書中, 高明之病重敎, 在"心有以理言"一句, 而重敎之憂高明, 在"認氣爲德"一句之語, 有"兩人馱物, 劇乙歸甲之病", 此喩切中事情。讀之不覺絶倒好笑。然高明又欲以"認心爲理"四字, 改"心有以理言一"句; 以"主氣而言明德"六字, 改"認氣爲德"一句, 則是徒知人之目我者, 爲煞重,【所謂"煞重", 亦且據高明之意而言之。以重敎觀之, 以主氣而言德自居者, 已覺其甚不安, 與認氣爲德, 未見其大相遠。】而不知我之目人者, 亦未得其平當也。【重敎所謂"心有以理言"者, 其意以爲泛言心, 則只是氣, 惟『大學』所謂明德, 『孟子』所謂本心, 是以理言。然所謂"以理言"者, 亦非謂捨氣而說理, 特理爲之主, 故從其所爲主者而名之耳。此若直以"認心爲理"目之, 則豈非煞重乎?】然則吾兄亦不得爲公心馱物者矣。鄙意莫如各從當人之所自名。姑以"主氣而言明德"云者, 目盛論大指; 以"心有以理言"云者, 目鄙說大指, 而其孰得孰失, 以俟異日徐思而得之, 則庶乎其爲兩平, 而息爭之道也。未知如何。

五先生『粹言』中, 尤翁說出處、進退一條, 近攷『大全』而讀其本文, 果有深意, 採摭表章, 誠爲警俗之一助也。然『孟子』言: “君子未嘗不欲仕, 又惡不由其道。” 觀此, 則尤翁此訓, 特爲世之不由其道而仕者發也。若平說, 則幼而學之, 壯而欲行之, 乃君子出處之正、性情之常。其以學未成時不可而不仕者, 卽是地之不幸也、事之不得已也。此又不可不知也。未知如何。【盛說解釋尤翁之訓處, 議論極好, 三復汪汪, 未嘗不聳然興慕也。】

史論三條、許衡事, 獲蒙印可, 何慰如之? 漢獻、晉懷、愍稱“帝”、稱“主”之意, 謹聞命。宋高宗降統事, 其紀年與稱號之宜, 請更細思而卒敎之。

1-3-17

「여전자명별지與田子明別紙」【乙亥至月晦日】(『省齋集』卷14)

해제

1) 서지사항

유중교가 1875년 전우에게 보낸 편지글. 『성재집(省齋集)』권14에 실려 있다.

2) 저자

유중교(柳重敎: 1832~1893)로, 자는 치정(穉程), 호는 성재(省齋)이다.

3) 내용

유중교가 간재 전우에게 보낸 서한으로 심성론과 관련된 몇 가지 사안을 언급하고 있다. 유중교는 전우가 '성이 심을 주재한다[性宰心]'는 논지를 펴면서도 '심이 성을 주재한다[心宰性]'라는 주희(朱熹)의 설에 대해서도 불가하다 하지 않으니, 그렇다면 이 두 '주재[宰]'는 같은 뜻인지 다른 뜻인지 묻고 있다. 아울러 『중용(中庸)』 전편의 '성(誠)' 개념 가운데 주축이 된다고 할 수 있는 22장과 25장의 '성(誠)'자를 전우가 한결같이 기(氣)로 해석하고 있음을 지적하면서, 과연 『중용』의 모든 '성(誠)'자를 기(氣)로 보는 것이 옳은지, 그렇지 않다면 어떤 경우에 리(理)로 해석하고 어떤 경우에 기(氣)로 해석해야 하는지 의문을 던진다. 그밖에 유중교는 자신이 과거의 편지글에서 "리의 본체[理之本體]란 근본을 미루어 이 심(心)이 비롯하는 근원을 말한 것이지 심(心) 속에 갖추어진 성(性)을 가리키는 것이 아니다"라고 언급한 것과 관련해 전우의 힐문에 대응한다. 그는 자신의 취지가 성(性)을 리(理)의 본체로 명명할 수 없다는 뜻이 아니라고 해명하며, 다만 '리의 본체'란 관점과 맥락에 따라 성(性)을 가리킬 수도 있고 심(心)을 가리킬 수도 있음을 강조한다.

1-3-17「與田子明別紙」【乙亥至月晦日】(『省齋集』卷14)

昔年高明與重敎書, 病重敎於主宰二字, 常不能本色平看。高明以爲若用一兩字訓釋主宰本色, 則當以何字耶? 高明旣常爲"性宰心"之論, 而於朱子"心宰性"之云, 又不以爲不可。不識此兩箇宰字, 當各用一字訓之? 抑通用一字訓之? 大抵主宰二字, 以能、所能言之, 當屬之能耶? 當屬之所能耶? 今心性之說, 欲依尊誨, 一番理會於此等處, 不可不先領其指意之所在, 而前此一向放過, 故謹玆奉叩耳。

來敎以『中庸』"天下至誠"、"誠者, 自成"等誠字, 一例當氣看。此是吾兄創論耶? 抑有前訓可據耶? 旣以"誠者, 自成"之誠【此誠字, 是篇中諸誠字之樞紐。觀註中朱子諸訓, 可見。】屬氣, 則此篇中諸誠字, 皆當屬氣? 抑諸誠字中, 那箇屬理, 那箇屬氣耶? 亦乞明白指喩。

重敎昨年四月書, 論有爲、無爲一段, 首旣言"心是理之流行, 而存主於吾身者", 則其下句所云"理之本體, 乃推本說此心所出之源, 非指心中所具之性也", 蓋非謂性不可以理之本體名, 特此句所指而言理之本體者, 不在是耳。程子言: "心也、性也、天也, 一理也。自理而言, 謂之天; 自稟受而言, 謂之性; 自存諸人而言, 謂之心。" 觀此訓, 則曰心、曰性, 與鄙說所指而言"理之本體"者, 皆可見矣。來敎中致詰鄙說句語甚多, 今並欲從頭更商, 竢有所見後供對。惟此一節, 詰之再三, 不翅勤懇, 姑擧當日所言之本意, 以仰報耳。

1-3-18

「답전자명答田子明」【丙子六月】(『省齋集』卷14)

해제

1) 서지사항

유중교가 1876년 6월 전우에게 답한 편지글. 『성재집(省齋集)』권14에 실려 있다.

2) 저자

유중교(柳重敎: 1832~1893)로, 자는 치정(穉程), 호는 성재(省齋)이다.

3) 내용

유중교가 간재 전우에게 보낸 서한으로, 리(理)의 유위(有爲)·무위(無爲)와 관련해 리의 본체[理之本體]를 규정하는 문제가 다시금 언급되고 있다. 빌미가 된 것은 '리의 본체'를 가리켜 "심(心) 속에 갖추어진 성(性)을 가리키는 것이 아니라, 근본을 미루어 이 심(心)이 비롯하는 근원을 말한 것"이라고 한 유중교의 발언이다. 앞서 전우에게 보낸 편지에서 유중교는 이 발언의 취지에 대해 해명한 바 있다. 그러나 그 논리를 수용하지 않은 전우는 '심이 비롯하는 근원[此心所出之源]'이 결국 성(性)이 아니라면 무엇에 근원할 수 있는지를 되물으며 신랄하게 비판한다. 그러한 전우의 비판에 대해 유중교는 그저 조급하게 강변하는 언사일 뿐이라며 특별한 해명 없이 일축하는 태도를 보이고 있다.

1-3-18「答田子明」【丙子六月】(『省齋集』卷14)

四條誨諭, 具悉雅意之所存。謹當編載講藁, 以資反覆也。未卽供對, 豈敢自懈於請敎? 蓋欲熟思而後有言也。重敎向說中"理之本體"四字, 高明謂所指未的而累詰之。故前書對云"此非指心中所具之性, 乃是推本說此心所出之源", 又引程子"自理而言, 謂之天"之語, 以證之。如是, 則未論意見得失如何, 其所指則自可見矣。來書乃謂: "此心所出之源, 是指在天之理而言邪? 則在吾人分上, 只有有爲之理, 而都無無爲之理矣。其不然也, 必矣。若是指在人之理而言邪? 則於性外、心外, 又有此一團物事矣。此是何據語耶? 使傍人一讀而聽之, 則庶可以自見其不平實也。" 夫以吾兄之公平明爽, 其急於强辨處, 有時有此等處, 如重敎之褊滯迷暗者, 又何足言耶? 此其所以不敢不熟思而後言也。

所引象山與曹立之、劉淳叟書語, 極荷警切, 敢不佩服? 禽獸逼人, 豈意吾輩目見此景色耶? 慟哭長歎, 寧欲無言。區區每謂倭國君民, 化而爲洋, 久矣。其不可以種類之異、面貌之不同而二視之也, 明矣。況今日一受此賊, 明日十七種醜類,【修信使文字所列十七國種類, 雖殊, 其實擧皆洋之徒黨。】接迹而至。區區揀別, 亦無其說。破開先王疆域, 割裂先王土地, 納禽獸鬼魅之徒, 而雜處無別, 使先王、先正講明世守之禮義名敎, 一朝淪於糞壤而莫之救, 吾東已矣。天地間一線眞陽, 自此遂盡, 不亦痛矣哉! 來諭以書契稱皇之僭, 爲斥和之大宗旨, 此恐未然。如是, 則却似以凡常與國處之, 彼若執恭稱兄弟而來, 則便有可受之理矣。更宜思之。

重敎向年造門, 吾兄偶說: "『家禮』時祭, 主人受胙酒祭地, 此却可疑。旣是神餘, 不可以復祭。" 當時驟聽不端的供對, 比考少牢禮, 有"尊神餘而祭, 尊尸餘而祭"之禮。據此, 則胙酒之祭, 恐無可疑矣。因說禮, 偶並及之。可更詳之。

新舍北數里許, 有所謂環玉洞者。緣溪而上, 得泉石奇絶處凡六七曲。其最勝者, 雖置之金剛萬瀑之間, 無愧也。有時抱琴而往, 竟日逍遙, 足以忘憂。但恨今日嘉陵, 無李思訓神手, 不能輸之一幅, 奉致几案, 以供評品也。

1-3-19

「답홍사백答洪思伯」【戊子四月】(『省齋集』卷16)

해제

1) 서지사항

유중교(柳重敎, 1821~1893)가 1888년 4월에 홍재구(洪在龜, 1845~1898)에게 보낸 편지. 홍재구의 자는 사백(思伯)으로 이항로의 문하에 들어가 수학하다가 이항로 사후에 김평묵을 사사하였다. 이후 김평묵의 사위가 되었다. 『성재집(省齋集)』 권16에 실려있다. (한국문집총간 323)

2) 저자

유중교(柳重敎, 1832~1893)로, 자는 치정(穉程), 호는 성재(省齋)이다.

3) 내용

유중교는 홍사백에게 자신의 심설에 대한 견해가 바뀌었음을 말하였다. 아직 확정된 견해는 아니지만 유중교는 심에 대해 리로써 말하는 경우와 기로써 말하는 경우가 있고, 리와 기를 합하여 체를 이룬다는 기존의 견해는 이견이 없다. 다만 아직 리와 기가 구별되지 않았을 때에는 어떤 물(物)이라고 부르는 것이 일반적일 것 같다는 의견을 피력하였다. 이에 대한 홍사백의 질정을 부탁하였다.

그리고 지난번 홍사백과 나눈 편지에서 유중교의 집안사람이 중암의 문하들을 비방했다는 말을 듣고, 경성 근처에 사는 집안사람들을 수소문하였지만 아직 찾지 못했다며, 반드시 찾아서 징계를 내리겠다는 의지를 홍사백에게 밝혔다.

1-3-19 「答洪思伯」【戊子四月】(『省齋集』卷16)

區區心說改, 果有是事, 但謂盡改前見, 則恐非其實矣。蓋“明德主理”之論, 愈見的確, 不敢動著一髮。心有以理言, 有以氣言, 亦與前無異。但旣有以理言有以氣言, 則可知是合理氣而成體者。方其未有揀別時, 揔斷其名目, 只得喚做物, 乃爲平實, 惟此爲少異於前耳。然此亦一時所見, 靡敢自信。略草一小文字, 奉質師友, 左右竢見本說, 指摘其所蔽而開釋之, 方見彼此有所益。今未及一見, 只以題目相攻, 無或太早耶? 草藁一本玆追上, 幸賜覽焉。

今二月間, 又得九月晦書, 所喩鄙族人詆毁雲潭師門事曲折, 駭愕之至, 罔知所云。自得此報, 卽招見族人嘗往來京城者二人痛責之。二人皆言平日“尊慕雲潭, 自不後人, 豈敢萌詆毁之心?” 且來書傳廣州入言云“出入京城近地者爲此言”, 則必有端的所指。而此二人皆以應擧入城, 留邸舍城外近地, 未有留連處, 似非其人。其留京城近地者, 有兒少輩一人, 而久不歸家, 姑未招問。然其爲人穉騃沒覺, 設令有妄言, 决不爲一倡百和之根柢, 似亦非其人矣。要之當到底根覈, 竢得其人, 痛加誅責, 以懲其後也。然來書於此等無狀之言, 皆歸咎鄙人之做本, 是甚瞿然。鄙人昨年正月, 上丈席一書. 誠極僭易。然爲愚慮所迫, 不得已而一發, 豈有事過之後, 尋常私話, 以致外間紛紜之理? 切冀原照。

旬日前, 因仁仲來見, 有云云。始知伯賢諸人有貽書哀座之事, 驚悚慚怍, 殆無以擧顔對人也。餘人不須言, 以錦溪之老成, 而亦與其間, 尤用慨歎。不識書本, 已未登照, 而高明能大度善恕, 泌藁而不較否, 何敢望也? 大抵鄙人行己無, 誠不孚人, 動輒貽累於師友如此。撫躬慟悼, 寧欲無知也。

1-3-20

「답홍사백答洪思伯」(『省齋集』卷16)

해제

1) 서지사항

유중교(柳重教, 1821~1893)가 홍재구(洪在龜, 1845~1898)에게 보낸 편지. 『성재집(省齋集)』 권16에 실려있다. (한국문집총간 323)

2) 저자

유중교(柳重教, 1832~1893)로, 자는 치정(穉程), 호는 성재(省齋)이다.

3) 내용

서문에는 홍사백에게 안부를 묻고, 별지에는 홍사백의 질문에 대한 답을 실었다. 이를 요약하면 다음과 같다. 첫 번째 논의는 홍사백이 '제(帝)' 자가 기에 속한다는 논의가 타당하지 않으므로 다시 생각해보라는 내용이다. 이에 대해 유중교는 만 가지 변화의 주재자는 극히 존귀함으로써 상대가 없는 경지이므로, 형이하의 이름을 얻으면 서로 전혀 맞지 않다고 하였다. 두 번째 논의는 선사가 리(理)로써 마음을 말한 것은 한 몸의 주인이 되고 모든 일에 벼리가 되는 것은 선하여 악함이 없는 마음이 있고, 또 다른 마음은 물욕에 따라 몸에 주인이 없고 제멋대로 거리낌 없는 마음 둘 중에 앞의 것을 리로써의 마음인지에 대한 질문이었다. 유중교는 앞에서 말한 바가 선사들이 말한 마음이라고 답하였다.

세 번째 논의는 신명(神明)에 대한 것이다. 잡으면 보존되는 것이 신명의 마음이고, 버려서 없어지는 것은 신명의 놓음이라 하는데, 여기서 신명의 마음은 리(理)로써 말한 것으로 보아도 되는지 질문하였다. 이에 대해 잡으면 보존되지만 버리면 없어지는 이 두 가지가 신명의 마음으로, 다만 보존되고 있을 때가 천리의 바름일 뿐이라고 답하였다. 네 번째 논의는 정자가 "그 체(體)를 역(易)이라고 한다."라며 이를 사람에게 적용하면 마음이라 하였는데, 이것을 근거로 마음이 형이하에 국한되는지에 대한 물음이다. 유중교는 위에 정자의 말을 주자는 '심(心)' 자의 지위에 해당한다고 말하였기 때문에 여기에서만 형이상과 형이하의 구별을 논할 수 있으며, 이외의 정자가 말한 '역'자는 각각 가리키는 대상에 따라 다르다고 답하였다.

1-3-20「答洪思伯」(『省齋集』卷16)

日者歷存, 逢別太凌遽, 不能不介介。繼奉路中所寄短牘, 殊以爲慰。計日當已返廬, 不知哀體勞攘, 無損度否, 月初所付書及講藁, 想次第賜覽也。來敎謂"前此不詳語意之所在而有"云云。今則或得見諒其一二耶? 不敢望也。麟姪一時妄發何足言? 渠亦未嘗不以早晚一見, 盡攄胷中所蘊爲願矣。書尾提詢, 別紙貢對, 不備謹疏。

別紙

"帝"字屬氣, 恐未安。乞加再思。

重敎前說謂"上帝旣可以飮食饗之, 則亦涉形而下者事, 特其所爲主者是理耳。"及得尊書所誦重翁之敎, 始覺有未安處。蓋萬化主宰至尊無對之地, 下得形而下字號名, 殊不相稱也。此則受賜於尊者誠大矣。前往卷子, 卽其修正本也,【向於上重翁書中, 亦錄稟所脩本條。】宜一檢之。若尙有未當者, 不妨更示之也。大抵程子、朱子釋"帝"字, 皆只言天之神, 此最的當矣。

主一身綱萬事, 純善無惡之心也。馳騖飛揚, 外徇物欲, 一身無主, 萬事無綱, 放逸無忌憚之心也。先師之以理言者, 恐只指上一截而言。

朱子訓心, 備言則曰"一身之主萬事之綱", 約言則曰"身之所主", 其意一也。"身之所主", 主本體而言, 則有善無惡, 學者之所當復也; 就當體而觀, 則有善有惡, 學者之所當察也。先師之言心, 只指上一截而言, 誠如所諭矣。

操則存, 神明之心也; 舍則亡, 神明之放也。如是看, 則神明之心以理言, 似或無害, 未知如何。

觀孔子本語及朱子所釋。【詳具本章『集註』。又「答石子重」書曰: "孔子言'操則存, 舍則亡, 出入無時, 莫知其鄕'四句, 而以'惟心之謂與'一句結之, 正是直指心之體用, 而言其周流變化神明不測之妙也。" 又『語類』云: "學者操舍存亡之心, 自是神明不測。"】則操則存舍則亡, 皆神明之心, 特其存焉時, 是天理之正耳。如是看, 似或平實, 未知如何。

發揮萬變, 立此人極, 神明之心也。晷刻放之, 千里其奔, 失此神明也。如是看, 無不可否?

說具上條。

其體則謂之易, 固當謂之形而下。雖然「繫辭」曰"易與天地準", 又曰"生生之謂易", 又曰"易無體而神無方"。是果局於形而下之物耶?

程子所謂易, 果於「繫辭」諸"易"字外, 別有所指以立名耶? 且"其體謂之易"一句, 朱子引之以當"心"字地頭。故特於此論形而上下之別。餘外"易"字, 設有所指之隨文而異, 顧何干於今日"心說"耶?

1-3-21

「여홍사백별지與洪思伯別紙」(『省齋集』卷16)

해제

1) 서지사항

유중교(柳重教, 1821~1893)가 홍재구(洪在龜, 1845~1898)에게 보낸 편지. 『성재집(省齋集)』 권16에 실려있다. (한국문집총간 323)

2) 저자

유중교(柳重教, 1832~1893)로, 자는 치정(穉程), 호는 성재(省齋)이다.

3) 내용

본 별지는 홍사백의 질문에 유중교가 답을 하는 형식이다.

첫머리에서는 마음에 대한 최초의 언급으로서 『상서(尙書)』의 인심(人心)과 도심(道心)에 대해 설명하였다. 또한 『논어(論語)』의 "잡으면 보존되고, 버리면 잃어버리고, 출입에 때가 없고 어디로 가는지 모르니, 오직 마음을 말한 것이다.(操則存 , 舍則亡 , 出入無時 , 莫知其鄕 , 唯心之謂與)"라는 내용에 대하여, 유중교는 "'조즉존'은 천리가 주재하는 것이고, '사즉망'은 기가 멋대로 하는 것이다. '조즉존, 사즉망, 출입무시(操則存 , 舍則亡 , 出入無時)'는 '심(心)'이라는 한 글자로 종합할 수 있는데, 심은 리(理)와 기(氣)가 하나로 합하여진 것을 가리킨다."고 하였다. 또한 마음과 성정(性情)의 관계를 말하면서, 마음이란 한 몸의 주인으로 성정은 마음을 좇아 이름을 붙인 것이라 하였다. 이에 따라 사덕(四德)과 사단(四端)을 마음의 체용(體用) 관계로 설명한다. 마음의 체에는 인·의·예·지의 성(性)이 있으며, 용에는 측은·수오·사양·시비의 정(情)이 있다는 것이다.

그리고 태극에 대하여, 그는 마음이 성과 정을 품어서 이들의 주재가 되는 것이 곧 '사람에게 있는 태극'이라고 하였다. 즉 '마음이 태극'이라는 것은 마음속에 갖추어진 리(理)가 바로 태극이라는 뜻이라고 풀이했다.

1-3-21 「與洪思伯別紙」(『省齋集』卷16)

舜命禹曰: “人心惟危, 道心惟微。” 『尙書』舊傳云: “心者人之知覺, 主於身而應事物者也。指其生於形氣之私者, 而言則謂之人心; 指其發於義理之公者, 而言則謂之道心。”【朱子所著, 與今『蔡傳』少異。】

謹按: 『經』、『傳』言心, 自此始發端。蓋專言心而釋之以人之知覺, 主於身而應事物者, 則是合理氣未揀別之稱, 只得喚做物。至加“人”字“道”字, 然後乃見其所主而發者是“理”是“氣”耳。後來說心, 有合理氣言者, 有主理言者, 有主氣言者, 皆據此而爲之說可也。

孔子曰: “操則存, 舍則亡, 出入無時, 莫知其鄕, 唯心之謂與。” 『孟子集註』云: “孔子言心‘操之則在此, 舍之則失去, 其出入無定時, 亦無定處’如此。孟子引之以明心之神明不測, 得失之易, 而保守之難, 不可頃刻失其養。” 『小註』朱子曰: “心是箇活物, 須是操守, 不要放舍。亡不是無, 只是走作逐物去了。”【此『大全』「答許順之」書中語, 本文“走作”作“走出”。又『語類』「輔廣錄」云“亡非無也,逐於物而忘返耳”。】 又曰: “此四句, 大略泛言人心如此, 非指已放者而言。 亦不必要於此論心之本體也。” ○『大全』「答游誠之」書曰: “先聖只說‘操則存, 舍則亡, 出入無時, 莫知其鄕’, 只此四句, 說得心之體用、始終、眞妄、邪正, 無所不備。” 又「答何叔京」書曰: “心之體用始終, 雖有眞妄邪正之分, 其實皆神明不測之妙, 雖皆神明不測之妙, 而其眞妄邪正, 又不可不分耳。”

夫子此言, 亦可以識心。心之操而存時, 是天理之所主宰, 而及其舍而亡時, 卽氣機自恣而已。列存亡出入四句而總之以一“心”字, 則所謂“心者固理氣合一”之目。而聖人之於心, 蓋欲人自勉於省察之工, 未嘗今遽視之以爲可恃之物也。朱子於此謂“眞妄邪正, 無所不備”, 而又稱其皆神明不測之妙, 則所謂神明者, 亦可以認取其所指矣。

又曰: “吾七十, 從心所欲不踰矩。” 又曰: “回也其心三月不違仁, 其餘日月至焉。”

聖人之心, 有存而無亡。理帥氣, 氣役理而已矣。顔子之心, 存多而亡少; 諸子之心, 存少而亡多。理與氣迭爲勝負, 隨人不等也。然言踰與不踰、違與不違、至與不至, 則一般是物, 而其曰"矩"曰"仁"者, 乃是物當然之則也。

又曰: "復其見天地之心。" 朱子「答張敬夫」書曰: "復見天地之心之說, 熹則 以爲天地以生物爲心者也。雖氣有闔闢, 物有盈虛, 而天地之心, 則亘古 亘今, 未始有毫釐之間斷也。"

天地之心, 太極是也, 初無存亡之可言。故亘古亘今, 未始有間斷也。人之生也, 蓋亦得此心以爲心。但一墮人身形氣之中, 而以魂魄精爽爲體, 則不能不或存或亡, 而有許多等品矣。

『孟子』曰: "人之於身也, 兼所愛。兼所愛, 則兼所養也。體有貴賤, 有大小, 無以小害大, 無以賤害貴。"

朱子每言"聖門言心性名義, 至孟子始明備", 令要識心者於孟子諸訓, 尤宜致察也。此下三條, 皆言心與百體之分, 此條言心與百體, 其爲體於吾身, 而在兼所養之中則一也,【雖神明, 亦不害爲體。】 特大小貴賤有不同耳。

又曰: "耳目之官, 不思而蔽於物, 心之官則思, 思則得之, 不思則不得也。" 『集註』: "耳司聽, 目司視, 各有所職而不能思。心則能思, 而以思爲職。凡事物之來, 心得其職, 則得其理而物不能蔽; 失其職, 則不得其理而物來蔽之。"【按: 就心上專言之, 則心之所思而得焉者, 固是理; 而心之能思而得之者, 亦是理也, 卽實體妙用之分也。但心之能思, 心之職耳。心有得其職時, 有不得其職時。不可以其職之是理, 而遂以其物爲理也。】

此言心之以思爲職, 猶耳目之以視聽爲職, 唯其所職有通局之殊, 所以其體有大小之等耳。

又曰: "心之所同然者, 理也義也。理義之悅我心, 猶芻豢之悅我口。" 『集注』: "然, 猶可也。" 小註朱子曰: "然是然否之然。人心同以爲然者, 義理也。"

此言心之以義理爲然而悅之, 猶口之以芻豢爲美而悅之, 惟其所悅, 有公私之異, 所以其體有貴賤之品耳。

又曰: "志氣之帥也, 氣體之充也。夫志至焉, 氣次焉。故曰'持其志, 無暴其氣'。" 『集註』: "志固心之所之, 而爲氣之將帥。氣亦人之所以充滿於身, 而爲志之卒徒者也。" 又曰: "志壹則動氣。氣壹則動志。" 『集註』: "志之所向專一, 則氣固從之; 然氣之所在專一, 則志亦反爲之動。" 小註程子曰: "若志專在淫辟, 豈不動氣; 氣專在喜怒, 豈不動志?" 朱子曰: "志動氣, 是源頭濁者, 故下流亦濁也。氣動志者, 是下流壅而不泄, 反濁了上面也。"

此以心對氣而言也。夫志者心之所之也。心之所之, 語其本分, 則義與道而已矣。孟子言"志至焉, 氣次焉", 政以是也。然其下繼又言志與氣互壹之病, 而程子、朱子以"淫辟源濁"等語, 釋志之壹。是則所謂"志"者不能無正變, 而其爲體段, 亦可見矣。

又曰: "盡其心者, 知其性也。" 『集註』: "心者人之神明, 所以具衆理而應萬事者也。性則其所具之理。" 小註朱子曰: "盡心與存心不同。存心卽操存求放之事, 盡心則窮理之至, 廓然貫通之謂。" 又曰: "存其心, 養其性。" 『集註』: "存謂操而不舍, 養謂順而不害。" 章下註程子曰: "心也、性也、天也, 一理也。自理而言, 謂之天; 自稟受而言, 謂之性; 自存諸人而言, 謂之心。" 張子曰: "由太虛, 有天之名; 由氣化, 有道之名。合虛與氣, 有性之名; 合性與知覺, 有心之名。" ○『語類』劉用之論"降衷"之說云: "衷字是兼心說, 言天與我以是心也。" 先生曰: "恁地說不得。心性固只一理。"【卽承用程子"心也、性也, 一理也"之語。】 然自有合而言處, 又有析而言處。孟子曰"盡其心、知其性", 又曰"存其心、養其性", 聖賢說話, 自有分別, 何嘗如此儱侗不分曉? 固有儱侗一統說時。然名義各自不同。心性之別, 如以碗盛水, 水須碗乃能盛。然謂碗便是水則不可。【神明知覺上, 承載許多道理, 政如以碗盛水也。然究其本, 則所謂"神明知覺", 亦是天理之妙用, 存主於吾身而做得一活物者。故曰"心性一理"。】 ○『語類』又論張子"由太虛, 有天之名"一段云: "四句, 本只是一箇太虛, 漸細分得密耳。" 其下因釋"合性與知覺, 有心之名"云: "心之知覺, 又是那氣之虛靈處。【朱子嘗言: “知覺不專是氣, 理與氣合, 便能知覺”, 此政是知覺字本分地頭。然既言理與氣合, 則須存眞妄邪正之分, 揀別其眞而正者言之, 固卽是天理之妙用, 方其未揀別, 不妨且屬之形而下說如此。此宜與後條所載「答林德久」「陳才卿」書參看。】聰明、視聽、作爲, 皆是有這知覺, 方運用得這道理。”

此以心對性而言也。心之爲心, 以有其性也。故要盡其心, 不可以不知其性。性之爲性, 實主於心焉。故惟存其心, 乃可以養其性也。然言盡其心, 則必以其本然全體者爲準, 言存其心, 則須就其存亡出入處下工。故『集註』統釋心字, 必擧神明爲言, 要以見洞徹不隔。既爲萬理之所總會而變化不測, 又有眞妄之或相雜也。蓋原其本, 則心與性固只是一理; 而語其分, 則一是理一是神, 一屬天一屬人, 自有界分而不可混也。

又曰: “存乎人者, 豈無仁義之心哉?”【仁義禮智皆可以言心, 此特擧其二者耳。】又曰: “惻隱之心, 仁之端也; 羞惡之心, 義之端也; 辭讓之心, 禮之端也; 是非之心, 智之端也。” 朱子曰: “仁義禮智是性, 又有說仁心、義心, 這是性亦與心通說, 惻隱、羞惡、辭讓、是非是情, 又說道惻隱之心、羞惡之心, 這是情亦與心通說。性情皆主於心, 故恁地通說。” 又曰: “仁義禮智非由外鑠我也, 我固有之, 弗思耳矣。故曰‘求則得之, 舍則失之’。” 又曰: “凡有四端於我者, 知皆擴而充之矣。若火之始燃, 泉之始達。”

此以心與性情分合言也。蓋心者一身之主也, 性與情皆從心而名焉。故仁義禮智惻隱、羞惡、辭讓、是非, 皆可以與心通說。然既言“仁義禮智我固有之”, 而復言“弗思耳”矣, 既言“有四端於我”矣, 而復言“知皆擴而充之”何也? 曰思、曰知, 所謂“心之職”也。四德、四端, 雖曰“我之所固有, 而皆天理之自然”也, 必心得其職, 思而得之, 知而充之, 然後實有諸己而盡其體用之妙。不思而不知焉, 則所謂“固有”者, 皆與我不相干, 而此心之靈, 其所知者, 不過情欲利害之私而已。此心與性情, 所以大判也。

又論“萬鍾不辨禮義而受之”者, 曰: “此之謂失其本心。” 『集註』: “本心謂羞惡之心。”【按: 本章上文“所欲有甚於生, 所惡有甚於死”注, “欲惡有甚於生死者, 乃秉彝、義理之良心, 此卽是本心骨子”, 其下諸節注, 反覆言秉彝之心、義理之心、羞惡之心, 並是一般心。】

此所言本心, 是秉彝、義理之心, 卽上章所言“四德、四端之與心”通說者也。○ 盧玉溪言“明德只是本心”, 後來諸賢皆承用其語, 而攷其爲說, 與孟子所言“本心”指意少異。孟子所指, 重在義理; 盧氏所指, 重在靈覺。蓋不妨自爲一說耳。

程子答“仁與心何異之問”, 曰: “心譬如穀種, 生之性便是仁, 陽氣發處乃情也。”

穀種, 擧此心神明之全體而言, 生之性, 卽其中所具之理也。

又曰: “心要在腔子裡, 外面有些隙罅, 便走了。”

心存在腔子裏時, 所謂“生之性”者, 於是乎立矣。乘隙罅走作時, 便是空殼子穀也。

又曰: “聖人本天, 釋氏本心。” 朱子「答張敬夫」書曰: “釋氏豈不見此心, 豈不識此心, 而卒不可與入堯、舜之道者, 正爲不見此理, 而專認此心以爲主宰。故不免流於自私耳。前輩有言‘聖人本天, 釋氏本心’, 蓋謂此也。”

此訓政宜着眼深省。然所謂“天”者, 亦豈在此心之外哉? 蓋亦主心主性之分也。

又曰: “心卽性也, 在天爲命, 在人爲性。論其所主爲心, 其實只是一箇道。”【程子論心, 如此類甚多。】

此言心者, 卽本天而言心也。本天而言心, 則性與心元是一理。若卽心而言天, 則心爲物, 而性爲是物所具之天理。如穀種生之性之喩是也。

朱子答“人心形而上下”之問曰: “如肺肝五臟之心, 却是實有一物。今學者所論操舍存亡之心, 則自是神明不測。故五臟之心受病, 則可用藥補之, 這箇心則非菖蒲茯苓所可補也。”【竊詳此答, 蓋言血肉之心, 神明之心, 精粗有別, 不可一例言云爾, 未嘗直以定名位也。】問: “如此則心之理, 乃是形而上否?” 曰: “心比性微有迹, 比氣自然又靈。”【問者因先生之言, 遂以心之神明, 直喚作理而屬之形而上。故再答之如此。蓋言不可遽言是理, 亦難直屬之氣也。○ 按:『大全』「答林德久」書 "有言知覺正是氣之虛靈處, 與形器查滓正作對也。" 觀此則此章所言比氣之氣, 正是形器查滓, 而其言自然又靈者, 乃是氣之虛靈處耳。】

朱子論"人心形而上下", 不遽言是形而上, 亦不直屬之形而下, 似此處時有之。蓋以心之神明, 有運用而無形體。故斟酌商量顯微之際, 或爲此兩難之辭。然至以物與則之分, 而正名明位, 則斷然處之以物而不疑焉。如下節所論是也。

又『大學或問』論"卽物窮理"之說曰: "凡有聲色貌象, 以盈於天地之間者皆物也。既有是物, 則其所以爲是物者, 莫不各有當然之則, 而自不容已。是皆得於天之所賦, 而非人之所能爲也。今且以其至切而近者言之, 則心之爲物, 實主於身。其體則有仁義禮智之性, 其用則有惻隱、羞惡、辭讓、是非之情, 渾然在中, 隨感而應, 各有攸主而不可亂也。次而及於身之所具, 則有口鼻耳目四肢之用, 又次而及於身之所接, 則有君臣、父子、夫婦、長幼、朋友之常。是皆必有當然之則, 而自不容已, 所謂理也。"

此擧盈天地間物事, 總論物則之體, 而首及心之爲物主於身者, 與身之所具口鼻耳目之屬, 身之所接君臣父子之屬, 比類作一列。就以其體之有仁義禮智之性, 其用之有惻隱、羞惡、辭讓、是非之情者, 爲是物當然之則, 心之名位於是乎大定矣。他凡說心所指輕重淺深雖不齊, 要之大體面勢, 皆據此而推之也。

又「答汪長孺」書曰: "道無方體, 性有神靈, 此語略有意思。但神靈二字, 非所以言性耳。告子所謂'生之謂性', 近世佛者所謂'作用是性', 其失政墮於此, 不可不深念。" 又「答陳才卿」書曰: "但要學者見得性與知覺字意不同, 則於孟子許多說性善處, 方無窒碍, 而告子'生之謂性', 所以非者, 乃可見耳。"

此心之情狀功用, 不過曰神、曰靈、曰知覺, 而朱子於此一例斷之以告子所謂"生", 佛者所謂"作用", 而戒學者不可不深念者, 政以其兼眞妄邪正而不可恃也。然若就其中揀別出本然眞正者言之, 則所謂"天理之妙用", 又豈有外於此者哉?

又「求放心齋銘」曰: "天地變化, 其心孔仁。成之在我, 則主于身。其主伊何, 神明不測。發揮萬變，立此人極。晷刻放之，千里其奔。匪誠曷有，匪敬曷存。孰放孰求，孰亡孰有。屈伸在臂，反覆惟手。防微謹獨，玆守之常。切問近思，曰惟以相。"

觀此銘辭，上所言"心之爲物而主於身"者，其始終、正變，槩可見矣。蓋曰："天地變化，其心孔仁"，則見此心之爲物，其所本則理而已矣。曰："成之在我，則主于身"，則見此理之主著在吾身，須以魂魄精爽爲體，而其運用有正不正矣。故其所謂"神明不測"者，旣能立此人極，以全體天理，而又或千里其奔，以敗亂天理。其機如屈伸之由臂，反覆之由手。所以君子之心，常存敬畏，必防微謹獨，以絶其走作之路，切問近思，以求其本然之則，不敢有一毫自恃之念。此聖門爲學本源宗旨也。

又曰："性卽理也。在心喚做性，在事喚做理。" 又有問："先生盡心說曰'心者天理在人之全體'，又曰'性者天理之全體'，此何以別?" 曰："分說時且恁地。若將心與性合作一處說，須有別。" 又曰："有這知覺，方運用得這道理。所以橫渠說'人能弘道，是心能盡性；非道弘人，是性不知檢心。'"

朱子論心與性之分，其說多端，而大略不出此三說。此第一說，言心之有性，猶事之有理，卽物則之說也。第二說，言心外無性，性外無心。故各在一處說時，亦可相通說，但不得爲辨位正名之辭也。第三說，言心之靈有覺，性之體無爲。故心能主宰此性，而性不能管其心也。三說相須，其理乃備，而究夫語脈，則悉本於孟氏之遺指矣。

又論程子"其體則謂之易，其理則謂之道，其用則謂之神之"語曰："其體則謂之易，在人則心也；其理則謂之道，在人則性也；其用則謂之神，在人則情也。所謂'易'者，變化錯綜，如陰陽晝夜，雷風水火，反覆流傳，縱橫經緯而不已也。人心則語默動，變化不測者是也。體是形體也，言體則亦是形而下者，其理則形而上者也。"【『大全』、『語類』，論心、性、情名位，引易、道、神爲說處最多，而至論易與道神之分，則一例以形而上下斷之矣。】

論心與性情，亦有三種面勢。此節所言，以心之神明知覺流行變化者爲田地，而以性與情爲衷面實理之體用，卽上所言物則之分也。

又曰: “心包得那性情。心字只一箇字母, 故性情字皆從心。” 又嘗取『近思錄』指橫渠“心統性情”之語, 以示學者。王力行問曰: “心之未發則屬乎性, 旣發則情也。” 曰: “是此意。” 因再指伊川之言曰: “心一也。有指體而言者, 有指用而言者。” 又曰: “心統性情, 統猶兼也。”

此節所言, 以心與性情, 混淪作一體物, 特通動靜分動靜爲有異耳。卽上所言相通說者也。

又曰: “情之未發者, 性也, 是乃所謂‘中’也, 天下之大本也。性之已發者, 情也, 其皆中節則所謂‘和’也, 天下之達道也, 皆天理之自然也。妙性情之德者, 心也, 所以致中和、立大本而行達道者也, 天理之主宰也。”

此節所言。以性情之自然者爲田地, 而以心之主宰者爲妙用, 卽上所言人能弘道, 非道弘人者也。總而言之, 自然與主宰, 一是天理全體內事也。然於性則直言是乃所謂“中立”, 於情則却言其皆中節則所謂“和”也, 是知情有中節、不中節, 不可直以情喚做天理, 與性一例看矣。惟心亦有正不正, 與情無異。所謂“致中和立大本行達道”, 特其本體之至正者耳。此不可不知也。

又趙致道謂“心爲太極”, 林直卿謂“心具太極”, 致道舉以爲問, 先生曰: “這般處極細難說。看來心有動靜。其體則謂之易, 其理則謂之道. 其用則謂之神。” 直卿退而發明曰: “先生道理精熟, 容易說出來, 須極至。”

此節問答, 極有斟酌。蓋心爲太極, 言心之兼包性情而爲之主宰者, 卽在人之太極也。以前三節言之, 卽下二節之意也。心具太極, 言心中所具之實理是太極也。以前三節言之, 卽上一節之意也。先生猝然被問, 遽說“這般處 極細難說”, 言二說俱通, 各有攸主, 定難左右也。旣而說“看來心有動靜”, 言太極者本然之妙, 動靜者所乘之機, 心之神明知覺, 旣是實有動靜之物, 則不可遽以太極目之也。繼引易、道、神以結之, 其意以爲不問在天與在人, 其一動而一靜者只是易, 其所具之理, 所行之用, 乃易之有太極者也。觀此則謂“心具太極”者, 畢竟當爲本分正訓矣。蓋惟心具太極也。故亦可言心爲太極也。

1-3-22

「여홍사백與洪思伯」【壬辰正月】(『省齋集』卷16)

해제

1) 서지사항

유중교(柳重教, 1821~1893)가 1892년 1월에 홍재구(洪在龜, 1845~1898)에게 보낸 편지. 『성재집(省齋集)』 권16에 실려 있다. (한국문집총간 323)

2) 저자

유중교(柳重教, 1832~1893)로, 자는 치정(穉程), 호는 성재(省齋)이다.

3) 내용

유중교는 홍사백의 건강을 염려하는 안부의 글과 더불어 별지에 홍사백이 보내온 글에 대한 자신의 생각을 피력하였다. 우선 홍사백이 마음에 선악이 있다는 여러 전고들을 예로 들었고, 이에 대해 유중교는 성(性)은 선하지 않음이 없는 것이고, 선하지 않은 성이라면 기질을 덧붙여 구별해야 한다고 설명했다. 그리고 마음은 선악이 있는 마음이고, 인하지 않음이 없는 마음이라면 여기에 '본체(本體)'를 덧붙여 구별해야 한다고 하였다. 그리고 홍사백이 편지에서 매번 심성(心性)이라는 글자를 서로 비슷하게 보며 구별 없이 말한 부분을 지적하면서 유중교는 왕양명의 '심즉리(心卽理)'가 '성즉리(性卽理)'와 다른 점을 설명했다. 나아가 심자는 인(人)자와 서로 비슷하다고 주장하였다.

홍사백이 신명(神明) 두 글자를 형이상이라고 하면서 변화와 묘함을 형용하는 여러 글을 인용하여 신명을 인의(仁義)의 마음이라고 주장한 것에 대해, 유중교는 인의는 천리의 본체의 참됨으로 순수하고 지극한 선일 뿐이고, 신명은 마음의 허령지각으로서, 인의와 신명은 다르다고 하였다. 또한 마음의 오묘함을 설명하는 과정에서 『맹자(孟子)』의 조존사망장(操存舍亡章)과 관련된 여러 전고를 들어 마음의 체(體)와 용(用)의 작용을 말하였다.

1-3-22 「與洪思伯」【壬辰正月】(『省齋集』卷16)

去冬歸自雲潭, 遇令婿金郎於路中, 略聞彼時安候, 殊以爲慰。居然歲改, 尊體爲况更如何? 有人傳言“臨歲作駕雲潭”, 果爾否? 丈席調候進退何居? 據重教進謁時言之, 只是向來風患餘祟, 因氣虛變症耳, 用大補之劑, 或可得力, 而事勢所限, 莫由致力, 是可悶也。重教歸棲後一味頹頓, 振作不得, 甚矣其衰也。前書所示別紙諸條, 乘間細讀。其首三條, 謹悉敎意。至第四條香祝壇事, 重敎嘗語聖存云: “靜江府虞山之下, 虞帝之廟, 是州人之所擧, 而南軒從而崇奉之。故朱子重其事, 爲撰碑文、樂章, 若朱子徒以尊舜之心, 而創立此廟於其後園無名之地, 則或涉疑殆矣。” 語意蓋如此, 而此君傳之, 少失曲折矣。心說二十三條, 始終甚張皇, 謹當積久玩繹。而姑先擧一二端供對在別幅, 幸再思而見敎之也。誨辭中往往有情外見責語, 心誠悚懍。然區區面前道理, 質疑辨惑爲急自明心事, 亦有所不暇, 故都置之。早晩或自有照亮之日也, 大抵講說之際, 務要平易其心, 曲盡人意, 乃有啓發之功。若悶人之不己從, 而引動閑氣, 自作圭稜, 則吾心之體先已搖盪了, 其發於辭者, 必有不能十分精實者, 如何得使人感悟而有所開明耶? 盛敎多少, 原其設心, 蓋出至誠開人之意, 而邊旁略帶得此樣病痛。此不但講說之所宜戒, 其於持志帥氣之工, 關係亦不細, 敢玆奉勖, 更冀察納焉。魚公弼歲前至此, 乍聞高明已作北行, 遂直詣雲門, 爲待罪計, 不知處分竟如何也。聞便略此, 仰祈加愛。

別紙

所喩心體善惡之說, 滔滔屢十條, 究極彼此同異說無不出, 但其劈開過甚, 反涉偏側。【稱說鄙見只作心有善惡一偏之論, 其所以辨之, 又廣引博證, 只說得心純善無惡一般意。】不惟說鄙意有所未盡, 雖於尊意所在, 亦無以見本體面目, 操筆供對, 政難措辭, 及讀所與李敬哉書,【與鄙人及諸君書, 一時並到, 蓋欲其參攷而互發之。】有言: “心有善惡, 朱子之訓也; 心無不仁, 亦朱子之訓也。豈有一是一非之理。” 然“心無不仁”, 以本源而言, 所謂“正訓”也, 如孟子所謂“性善”之類也。“心有善惡”, 以末流而言, 所謂“一說”也, 如程子所謂“理有善惡”【朱子言“理有善惡”, 此“理”字不是說實理, 猶云“理當如此”, 只作“合”字看。今引作“性理”之“理”, 當是偶失照檢。】之類也。張子曰: “氣質之性, 君子有不性者焉。” 然則“氣質之心, 君子有不心者焉”, 有何不可哉? 此一段似稍平實, 說得高明本指, 儘有源委。區區所見, 請據此而對勘之, 以求至當之敎。蓋心有善惡, 心無不仁, 此皆朱子之訓, 不敢一從一違於其間, 固彼此之所同也。但心有善惡之訓, 其本文乃曰: “性無不善, 心有善惡, 若論氣質之性, 亦有不善。”【『語類』五卷八板。】“心無不仁”, 此本胡五峰之言, 而朱子取之, 又補解其意曰: “心有不仁, 心之本體無不仁。”【五峰所謂“心”, 蓋指本體言之。故朱子固嘗稱誦之, 又病其說得未備而補解之如此。詳見『語類』諸條, 今列錄在後, 乞加細檢。】論“心性”者, 合取其全文而參攷之, 然後其意乃備。竊謂性無不善, 心有善惡, 此大分說也。性固無不善, 而若論氣質之性則無不善; 心固有善惡, 而至論心之本體則無不仁, 此小分說也。大分小分, 各有發明, 各有實用工處, 不可一屬之正訓而偏主之, 一屬之一說而闊略之也。但以立言之體言之, 只言性則是無不善之性, 而其言有不善之性者, 須加“氣質”字以別之; 只言心則是有善惡之心, 而其言無不仁之心者, 須加“本體”字以別之, 其故何也? 心爲物, 性爲則, 此自是定分也。厥或有專言“性”而所指在“氣質”者, 孔子所言“性相近”是也; 有專言“心”而所指在“本體”者, 孟子所言“盡其心”是也。此則又各是一般話頭, 讀者隨文會意可也。來敎每以心性二者, 齊頭並擧, 一例低仰而無等分。此於鄙意有未契者, 苟如是焉, 則陽明“心卽理”之云, 宜與程子“性卽理”之言一致, 而獨爲亂道之胡說, 朱子“心有善惡”之云, 宜與楊雄“性善惡混”之言同科, 而自爲析理之要訓何也?【陽明於“心”字下, 添“本體”二字, 則自是正論。若程子於“性”字下, 添“本體”字, 則却是剩語。楊雄於“性”字上, 闕“氣質”二字, 所以爲乖論。若朱子於“心”字上, 雖不着“氣質”字, 初無所闕, 此必有其故。】此其所以, 寧可不深思之哉? 至若所“謂氣質之心, 君子有不心者焉”, 此誠至論。然以是爲學者治心之準的, 則豈不峻截, 有警發處, 欲以明此心本分名位, 則或欠平實。大抵“心”字地頭, 與“人”字地頭政相似。平論“人”字名位, 須曰“均是人也”, 或從其大體而爲大人, 或從其小體而爲小人。若欲警學者, 直曰“惟大人始名爲人”, 小人雖謂之匪人可也。說心亦然, 如曰“心之虛靈知覺一而已, 或生於形氣而爲人心, 或原於性命而爲道心”, 此是依本分正名之論。今言“無不仁之心方是心, 而氣質之心君子有不心者焉”, 自是爲學者立本之辭, 要之並行而不相悖也。不審尊意以爲如何, 如曰“不當”, 請盡其曲折而明敎焉, 則當洗心而更思之也。

擧五峰語云: “人有不仁, 心無不仁, 說得極好。”【雉錄。○『語類』百一卷。】 胡五峰云: “人有不仁, 心無不仁”, 此說極好。人有私欲遮障了, 不見這仁。然心中仁依舊只在。【明作錄。○ 同卷。】 五峰曰: “人有不仁, 心無不仁”, 旣心無不仁, 則巧言令色者, 是心不是? 如巧言令色, 則不成說道巧言令色底不是心, 別有一人巧言令色。如心無不仁, 則孔子何以說“回也其心三月不違仁”? 蕭佐曰: “我欲仁, 斯仁至矣。這箇便是心無不仁。” 曰: “回心三月不違仁”, 如何說? 問者默然久之。先生曰: “旣說‘回心三月不違仁’, 則心有違仁底, 違仁底是心不是, 說‘ 我欲仁’, 便有不欲仁底, 是心不是?”【節錄。○ 同卷。】 五峰謂: “人有不仁, 心無不仁”, 此語有病。且如顏子其心三月不違仁, 若纔違仁, 其心便不仁矣, 豈可謂心無不仁? 定夫云: “恐是五峰說本心無不仁?” 曰: “亦未是, 譬如人今日貧則說昔日富不得。”【震錄。○ 同卷。】 問: “心本善, 發於思慮則有善不善。程子之意, 是指心之本體有善而無惡, 及其發處則不能無善惡也。胡五峰云‘人有不仁, 心無不仁’, 先生以爲下句有病。如顏子其心三月不違仁, 是心之仁也, 至三月之外, 未免少有私欲, 心便不仁, 豈可直以爲心無不仁乎? 端蒙近以先生之意推之, 莫是五峰不曾分別得體與發處言之否?” 曰: “只爲他說得不備。若云人有不仁, 心無不仁, 心有不仁, 心之本體無不仁, 則意方足耳。”【端蒙錄。○ 九十五卷。】

來諭以孟子“操則存, 舍則亡, 出入無時, 莫知其鄕, 惟心之謂”之“心”字, 爲指良心仁義之心而言。此一段似是盛論中要義所在,【此意屢見於前後書牘。】 而於鄙見, 尤有所未安, 不得不一言之。此章“惟心之謂”一句, 實包上存、亡、出、入四字而言, 則此政前條所論心有善惡之心也。至若良心仁義之心, 乃就此心存、亡、出、入處, 揀別其存與入者言之, 此政前條所論心之本體無不仁者也。如何得相混說哉? 高明每言: “操則存, 此心存也; 舍則亡, 失此心也。豈可以舍則亡者, 謂之人心?” 是則以“惟心之謂”一句, 爲偏承上文存與入者言之, 而其亡與出者, 却不包在其中矣。如此看則不問義理如何, 其於釋文法, 果能說得通否? 大舜合人心道心言, 心要人加精一之二, 而其道心之爲本心自在也。仲尼、孟子合存亡出入言心要人審操舍之幾, 而其存與入之爲良心自在也。此自是明白平易底話頭, 不知有甚不便, 而費力遷就如此也。『集註』及小註諸條。疏釋極詳備。乞更細檢而深思之也。【註說要語並『大全』二書, 列錄在後。】竊瞯高明之意, 蓋於“神明”二字。旣專作形而上者, 而見『集註』以“神明不測”, 形容此心變化之妙, 遂直恃之爲仁義之心而不疑也。殊不知仁義與神明, 其所指元自不同。仁義卽是天理本體之眞純粹至善而已。心之神明只是方寸上虛靈知覺者之名, 容有此眞妄邪正之雜, 而常患其走作之易而保守之難也。乃若『易』「繫辭傳」“神明之德”, 是指八卦之性而言; 『大學章句』“虛靈不昧”, 是指明德之體而言, 經傳中此類亦多。蓋神靈等字, 元是合理與氣而立名。故據其有眞妄邪正者言之, 則須屬之形而下, 揀別其眞而正者言之, 則又可以形容形而上者之事, 自不相妨也。是以先師旣重言神明之合理氣, 而又多有主理而言神明者。重翁從而發明之曰: “先師說神明是理。初不害辨位正名是氣之說也。”【戊子秋, 監定先師心說正案後, 與重敎書中有此語。】此是至當之論也, 不審尊意復以爲如何。

『孟子』操存舍亡章『集註』曰: “孔子言‘心操之則在此, 捨之則失去, 其出入無定時, 亦無定處如此’, 孟子引之以明心之神明不測。得失之易而保守之難, 不可頃刻失其養。” 『小註』朱子曰: “心是箇活物, 須是操守, 不要放舍。亡不是無, 只是走作逐物去了。又見得心不操則舍, 不出則入, 無閒處可以安頓。‘惟心之謂與’, 直指而總結之。” 又曰: “孔子此四句, 只是狀人之心, 是箇難把捉底物事, 而人之不可不操。出入便是上文操存舍亡, 入則是在這裏, 出則是亡失了。此大約汎言人心如此, 非指已放者而言。亦不必要於此論心之本體也。” 又曰: “心體固本靜。然亦不能不動; 其用固本善。然亦能流而入於不善。夫其動而流于不善者, 固不可謂心體之本然, 然亦不可不謂之心也。但其誘於物而然耳。” 又曰: “只此四句, 說得心之體用始終, 眞妄邪正, 無所不備。” 『大全』「答蘇晉叟 」書曰: “存亡出入一節, 乃是正說。心之體用, 其妙不測如此, 非獨能安靖純一, 亦能周流變化。學者須是着力照管, 豈專爲其已放者而言耶?” 又「答石子重」書曰: “孔子言‘操存舍亡出入無時莫知其鄕’四句, 而以‘惟心之謂’一句結之。正是直指心之體用, 而言其周流變化, 神明不測之妙也。若謂其舍亡致得如此走作, 則孔子言心體者, 只說得心之病矣。聖人立言命物之意, 恐不如此。兼‘出入’兩字, 有善有惡, 不可皆謂舍亡所致也。”【按: 右諸條, 所謂“泛言人心”, 所謂“正說心之體用”, 所謂“直指心之體用”, 皆指神明不測, 兼存亡出入者而言。所謂“心之本體”, 所謂“心體之本然”, 卽指仁義之良心而言。】

1-3-23

「답홍사백答洪思伯」【壬辰六月】(『省齋集』卷17)

해제

1) 서지사항

유중교(柳重教, 1821~1893)가 1892년 6월에 홍재구(洪在龜, 1845~1898)에게 보낸 편지글로 『성재집(省齋集)』 권17에 실려있다. (한국문집총간 323)

2) 저자

유중교(柳重教, 1832~1893)로, 자는 치정(穉程), 호는 성재(省齋)이다.

3) 내용

유중교는 '선사심설정안(先師心說正案)'을 세우기 전에 홍재구와의 강론에서 여러 설들을 정리하였다. 그는 홍재구에게 심설의 논의가 리(理)를 위주로 하는 것이며, 다만 후세에 기(氣)와 뒤섞여 버리는 폐단이 없게 정성을 다하고 있다고 말하였다. 별지에는 홍재구에게 받은 편지에 대한 자신의 생각을 밝히는 내용이다. 그는 '심설정안(心說正案)'의 종지는 "마음과 명덕을 사물과 법칙으로 구별함(心與明德物則之分)"과 "사람의 신명이 리인지 기인지를 분별함(人之神明理氣之辨)"이라 하였고, 이중에 후자가 근본적인 요체라 하였다. 그는 명덕은 리라는 점은 의심이 없지만, 심(心) 또한 리라고 한 선사의 주장은 의문스럽기에, 이 점을 몇 년 동안 생각하고 두루 여쭈어보다가 네 가지 조목의 정안을 세우게 되었다고 설명했다.

1-3-23 「答洪思伯」【壬辰六月】(『省齋集』卷17)

前貺心說長牘, 尙尊閣在丌上, 每日揀神定時刻, 一再省閱, 隨意口占對語, 成一小卷子, 玆呈上。蓋其意思斷續, 序次顚倒, 亦不能盡所欲言。然感盛誨之適切到底, 寔出愛人之德, 卽不敢爲回互含胡之辭, 以相欺瞞, 是則足以見諒其衷赤也。大抵高明苦心血誠, 專在於遵奉華西先師主理宗旨。此其大旨, 可質神明, 重敎雖愚昧, 寧敢着一語改評哉? 若區區有說於其間者, 非敢以先師主理宗旨爲有可疑。特恐其議論支節間, 容有少疎, 或啓後人雜氣之端。【竊觀盛諭所論, 自謂遵述師旨, 而夷其爲說, 則例皆自歸雜氣之科, 而不自覺知。源頭所跦雖若毫芒, 而末流轉差乃至如此, 若自此再傳三傳, 其差之遠, 又當如何?】 故揀取其十分完備之訓, 立定『正案』, 爲學者遵守之地, 使其主理宗旨, 可以傳之久遠而無弊也。固知愚陋之見, 未必無得失。若其苦心血誠, 竊自以爲不後於高明, 而其憂深慮遠則或反有過之者也。講說往復, 須先認取其本領之所在, 而後始論其支葉之異同可也, 未知如何? 至若重翁遺旨, 則當初立定『正案』時, 旣洞賜開允, 有脗然相合之敎。至臨沒前數月進侍時, 復申前說, 無一字睽離。其後手筆, 又有心說合一之决案, 則其中間因人旁稟, 容有一二商度之辭, 而竊觀先輩於師承之地, 前後異同之論, 每以最後說爲『正案』。今亦遵用此例, 無或爲愼重寡過之道耶? 所諭平日未安之敎, 不知句語云何, 而伏而讀之, 第探惶懍之情。若其奉行與否, 惟在高明範圍之如何, 而竊恐此事亦當在先生正論决案之後也。未知不然否? 千萬深諒處之。

別紙

來敎謂"君子所以爲學者, 格致也、誠正也。格之致之、誠之正之之主, 謂是道理之所爲可乎? 謂是形氣之所爲可乎?" 愚竊以爲格之致之誠之正之之主, 語其本然則是天理之主宰存諸人者也。然其存諸人也, 必合乎氣以爲體。故其知覺運用, 不能無眞妄邪正之分。惟上智大賢, 爲能極其眞正而粹然天理之主宰, 自其餘則每不免於邪妄之雜。故其爲學也, 必不敢自恃其所爲主者, 而用力治之, 以求復乎本然之主宰。所謂"格致誠正"者, 卽其所以治之之工程節度也。吾故曰: "恃心爲理者，語雖高亢而實不免於形氣駁雜之科；治心以理者，語若淺拙而終必至於道理純粹之域。”不審尊意以爲如何。

來敎謂“心固氣也、物也，而物則相隨，故元無不善”，此言甚害理。蓋則未嘗離物，而物不必循則。故聖人敎，不恃子之必孝，而必曰“爲子當孝”；不恃臣之必忠，而必曰“爲臣當忠”；不恃目之必明，而必曰“視思明”；不恃耳之必聰，而必曰“聽思聰”；不恃心之無不正，而必曰“正其心”。若如尊說，則凡此許多設敎，皆爲無用之贅言，其可乎？

來諭云“孔子七尺之軀是物也、氣也、形而下也。道德充積於厥躬，一動一靜，莫非此道之發見也；一嚬一笑，莫非此理之流行也。所以曰‘仲尼一太極’，曰‘聖人赤骨立底天理’。”【來諭中如此節意者甚多，蓋皆發明心當訓理之意。】此語誠然，但此孔子二字，替之以人字讀之，全體面勢復如何？於此而可見人與聖人不可以不分別。知人與聖人之不可以不分別，則心與本心之合有分別，斯可以推知矣。

先師『雅言』中，有論心一條云：“心者合理與氣而立名也。單指其理一邊則曰‘本心’也”，此意極明白有階級，可謂論心家不易之繩尺。蓋心旣合理與氣，則其知覺運用，須有理爲主時，有氣爲主時。而必專指其理爲主者，然後乃可以當本心之名，故其言如此也。竊觀盛論，於心與本心，全沒分別，只滾作一科說，何其與此訓相戾耶？『心說正案』，當初專主心與明德物則之分而設，故不曾收載此訓。近日與高明往復，乃知心與本心之分，亦不可不使學者熟講之。故謹追附此條于五條『正案』之後，惟高明垂諒焉，高明若雜引先師諸訓不如此處，以證己意，則愚亦不敢必保其全集中無一二參差處。特此一條最明備，可爲不易之『正案』也。

重敎近讀朱子書，得論心一條云：“心兼攝性情則極好，然出入無時，莫知其鄕，難制而易放，則却大不好。此訓殊使人發省。”蓋人有是心，論其本則，則兼攝性情，政可以當在人之太極。考其爲物，則出入無常，不惟可以建立人極，抑又可以敗亂人極。此其所以“有極好”、“大不好”兩端之論，政猶爲人君御夫位者，無疆惟休，亦無疆惟恤也。今之說心者, 徒知“其極好”, 而不知其有“大不好”之端, 則省察克治之功, 或有所廢; 徒知其爲“大不好”, 而不知其“有極好”之實, 則準的恢復之工, 將無所施。是皆先師所謂“詖辭不成理”者, 而均之爲不可行也。此是吾輩之所宜兢兢胥戒而不可忽者, 故謹奉誦之。

『孟子』操存章文義, 盛諭謂“‘惟心之謂’, 實包‘存亡’而言, 故不得不曰‘此是良心也, 仁義之心也’。如曰‘操則存, 舍亦存’, 烏可曰‘良心’, 烏可曰‘仁義之心’哉?” 此則依舊是“訓亡謂無”之說, 與朱子“亡非無”、“亡不是無”之諸訓, 相戾矣。然朱子之必言“亡不是無”者, 此有其說。經文若只曰“操則存, 舍則亡”, 則訓亡以無, 有何不可? 但下文繼之曰“出入無時, 莫知其鄕”, 出卽是亡, 入卽是存。若訓亡以無, 則亦當訓出以無, 而於字義, 殊不親貼。且“莫知其鄕”四字, 專以具出亡者言之, 雖欲強訓作無, 顧可得耶? 本註以“失去”二字釋“亡”字, 不止曰“失”而曰“失去”者, 政應下文“出”字意也。『語類』又摠擧此四句, 而斷之曰“此大約泛言人心如此, 不必要於此論心之本體”也。若如尊意, 必以良心、仁義之心, 當“惟心之謂”之心, 則卽此便是心之本體, 何故言“不必要於此論心之本體”也?

來敎又謂“此章上旣以良心、仁義之心爲言, 至其末段, 忽以兼善惡之心結之, 於文理爲不順”, 此恐未然。心者, 人之神明也; 仁義者, 神明上所具之道理也。上擧仁義之心, 而言其牿亡之甚矣, 至此末段, 乃擧心之神明, 而言其存亡出入之易。政所以明學者必用其力, 使神淸氣定, 常如平朝之時, 然後此心常存, 無適而非仁義也。細觀末段『集註』, 可見其意有關鎖, 歸趣分明, 初無有不順處也。

來諭謂“重敎以上帝爲形而下, 以神爲形而下, 以心爲形而下, 以道心、良心、仁義之心爲形而下, 盈天盈地, 都是形而下。” 愚謂凡論人說話, 不問是非得失, 須依本實做題目, 然後辨之者有落着, 而受之者有實效。重敎論“上帝”, 則曰“朱子言‘帝者, 天之神也’”, 此其所以與在人之心作對言也。但人心有正有不正, 上帝一於正而已, 故心必揀別其正者, 然後可以主理而言, 帝則無事於揀別, 而卽可以主理言也。其論“神”, 則曰“妙用謂之神, 當以理言。功用謂之鬼神, 有合以理言處, 有合以氣言處。若心之神明，政是鬼神之在人者，而其運用之本然純粹處，卽可以妙用當之矣。” 其論“心”，則曰“心之知覺，必理與氣合，有此運用。止曰心焉，則只得據形而下者，目之以事物，而就加省察檢理之工，至加殊稱。如曰本心、良心、道心、仁義之心，則是就此心，揀別出眞而正者也。語其地頭則一般之形而下者，論其所爲主則乃天理之本然，而須用培養擴充之工。故從其所爲主者而名之以理耳”，此其爲說，悉具於向呈「心與明德形而上下說」。【日前書中，已錄呈其二條，不妨一番檢省其主意所在，而做題目砭治之。】

程子言“心如穀種，生之性是仁。” 又言“心也、性也、天也，一理也。” 重教始以此二訓爲各自爲一說，學者要觀心性名位之所以分，須就前一說，辨認要識心性本源之未嘗不一，則却將後一說推究。向來「心與明德形而上下說」中，言“程子論盡心章諸訓，可且自爲一說”者以此也。其後追思之，程子不止曰“心也、性也、天也，一理也”，繼又言“自理而言謂之天，自稟受而言謂之性，自存諸人而言謂之心”，所謂“稟受” 指仁義之實體而言；所謂“存諸人”，指神明之活體而言。上旣言所本之一理，下又言名位之各異，是不待別引他說，而兩意已自完備，無所偏重。自是不敢復爲自爲一說之論，惟高明諒之。【高明前書中略及此說，故玆追對耳。】

先師『心說正案』日前所呈「答崔台一」書，已悉其所以設置之源委，今請復罄其未盡之蘊。蓋『正案』宗旨，是“心與明德物則之分”，“人之神明理氣之辨”兩端而已，而神明理氣之辨，又其根樞所在也。重教於先師明德之說，自初篤信而謹守之，後來旋覺有少不安處。蓋於明德以理言之大致，不敢有一毫致疑，惟以明德屬理之故，而並與心喚做理，此於心有牽強不自得處。反復累年，略草一小文字，擬遍質同門諸公所謂「心與明德形而上下說」是也。【心固有以理言，有以氣言，各有攸當，而語其本分名位，則是合理與氣者。以合理氣者而對明德之專主理者，須有物則上下之分。】 重庵先生覽其草藁，以爲此心本分名位，先師固已屬之形而下，特擧世所已知，故無事於發明，而不數數出於講說。今當以發揮遺旨爲名，不當以追補舊說爲辭，仍擧『雅言』所載“心氣也、物也”一，爲先師以心屬形而下之明證。重教謂先師嘗以神明爲心之當體，以火臟精爽，爲心之所舍所乘。今以『雅言』此段言之，火臟精爽，固應屬之氣與物, 所謂神明者, 亦嘗屬之氣與物乎? 乃遍考全集諸訓, 凡言"神明"處, 例皆專作形而上, 禁說形而下。其言"神明合理氣"者, 只有二條編入『雅言』中, 而察其話頭多少及註意輕重, 則終是專作理者爲主爲本。遂疑其言"合理氣"者, 亦似以理合氣說, 如張子"合虛與氣, 有性之名"之云, 上重翁書中, 亦嘗稟達此意矣。【卽戊子初秋書。】書發未幾日, 旋自悔以爲先師神明合理氣兩訓, 其頭面正當允合朱子遺旨,【朱子常言"心之神明, 有眞妄邪正。其有眞妄邪正, 卽是合理氣故也。" 又言"虛靈知覺, 或生於形氣, 或原於性命。" 又言"理與氣合, 便能知覺, 橫之縱之, 皆神明合理氣之說也。"】而後學區區計較其平日話頭多少註意輕重, 而委曲解說, 以致異於朱子。此大有所不敢者, 卽地掃去前見, 却表章此二條, 依本文正解, 爲先師說神明之『正案』。於神明而如此, 則其於心字名位。亦有可以準例斷定者, 於是始奉遵重翁指意, 取上所言"心, 氣也、物也"一條, 並"心是人身上一物"一條,【卽答重翁書中語。】略附解說, 置之前二條之上, 爲先師說心與德物則之『正案』。 而其解說中說"虛靈知覺之當屬物", 不敢直言先師本旨如此, 而乃曰"據朱子遺旨及先生所論神明合理氣之說, 則當如此", 乃尊畏謹嚴之意也。合此四條『正案』, 爲學者遵守之地, 則明德之眞體面目, 益見其明彰, 而心之有以理言, 有以氣言者, 亦可以隨文解意矣。神明之本分名位, 旣得其平實, 而揀別出眞而正者, 卽可以當天理之主宰矣。至若『全集』中支節去處, 容有一二偏重過當者, 準此『正案』, 斟酌調補, 斯可以得其意而無不通也。文字旣具, 進稟重菴講座, 卽戊子晩秋事也。先生反復省覽, 洞賜開允, 於正文則追加一條, 以極其趣, 於解說則修潤字句, 以彰其意。後幾日下手書, 申明其說, 仍言『心說正案』, 旣無異同, 不須更提。自是四年之間, 重教上書及先生下答, 不復有心說矣。至昨年春下書, 微示更商之意, 重教輒仰扣其所以更商之端, 則不復賜答矣。十月侍側, 奉進『正案』本文, 復叩其說, 先生却言"大意只是如此, 豈容更有商量?" 因擧『正案』首段物則二字, 反復發明之, 言論明白, 辭氣款洽, 一如戊子秋, 左右之人, 莫不歡欣相慶。後幾日。先生下聖存書云"省老來見, 心說歸一, 臨死之幸, 自今心說勿復提及也。" 觀其旨意, 乃知其間此等人, 以翻案之議, 左右強聒,【觀來書所言, 則可知高明亦在強聒之中。】或有所壅蔽,【來書所言"未安"之敎及責滎公詩, 當在此時, 皇悚皇悚。】而至此始洞然開釋, 一刀割斷也。是卽先生講說之絶筆, 而論心之決案也, 如高明者於此政宜幡然改圖, 思所以奉承旨意。不爾則略存疑辭云"前後異同, 微意之所在, 有不敢知", 亦不失爲謹嚴寡過之道矣。今讀來書, 又聞殯側諸人所論, 則於先生口教, 一筆句斷以"昏耗", 於其手書, 則同然一辭曰"亂命", 嗚呼! 何其無嚴也? 臨終之命, 固斷之以昏亂, 戊子無恙時所教, 亦可歸之以昏亂耶? 高明徒知己所受命之爲嚴重, 而不知人所奉敎之爲丁寧, 徒知人不己從之爲可痛, 而不知己之所爲人復以爲如何也, 甚矣。 人之不能反鑑也。 要之異日文集編定之時, 戊子十月下重敎書, 去歲十一月下聖存書二篇, 若擅自刪沒, 則百世之下, 必有議其後者矣。千萬愼之。

重敎「祭重翁文」, 屈指始終, 從游年歲, 三申勉旃, 意在言表四句。去冬先生送重敎, 發五十年交契, 今焉永訣之語, 仍勉勵晩節, 辭短意長, 含蓄無窮, 故略識其意如此。來示所謂"爲師隱諱", 不省爲何語, 而那得突然挿入於其間耶? 二李君祭文, 歸重於文辭, 此自是其人識見淺短處, 初無加損於先生分量。若因相見, 警發其未逮則誠可矣, 而謂有異日不好事端, 則未見其允當也。

梁景七日昨適來, 共讀尊書。謂"渠向來遇高明於雲潭, 被問不佞心說, 對云'講說未嘗參聽, 只見其文字, 有云良心、本心、仁義心之類, 皆就形而下處, 指其理爲主者而名之耳', 高明聽之尋常, 若無異同。"【今來書中有言"道心良心仁義之心, 夫孰非合理氣者? 特所主者理, 故謂之理耳。" 執此對勘, 宜乎其無異同。】今此書誦傳其語, 乃曰"本心、良心、仁義之心, 都歸之形而下", 而遺却"指理而名"之一轉語, 殊失意脈云矣。重敎於去冬進侍雲門時, 先生言"兪致慶致書於余, 言'勉齋之於朱子, 亦有立異處, 此甚可駭'"。【『雅言』「雜記」論學卷, 論尊畏先輩, 講明道義, 兩行不悖之意, 云"勉齋 朱門高弟, 而致疑於師說者非一, 觀於『勉齋集』可見。景善蓋據此爲說, 而立異二字, 下得煞重。" ○『雅言』此段, 今日吾輩政宜喫緊受用, 乞加細省。】 今來書乃曰"兪書以爲勉齋嘗謂'朱子之訓, 元不成理'", 便成別樣面目矣。傳述人言之難, 大抵如此。以此推之, 向來宋文好神明說云云。又經歷幾人唇舌, 安得無訛誤耶? 不佞平日對此君, 未嘗言及神明等說。假饒言之, 必不至有此差異語矣。

竊有一事可奉叩者。雲潭襄禮祖道之夕, 有人削黜兪致慶 , 崔永卨之名于受廡之籍, 不知是何故。兪君若以前日上書中有妄言而得此斥絶, 則罰過其罪, 渠必稱冤, 崔君則又未聞有此等事矣。若是挾私憾, 乘時使氣, 則凡同門而在座者, 不應任其自恣, 而未聞有以一言救之者, 何也? 高明於此處之, 必有其說, 願聞之。此是人倫上大變節處, 所關甚重, 不合苟徇人情, 一向含糊放過也, 未知如何?

高明居則曰"士君子立身處世, 淑慝向背, 是第一大節。" 吾不知高明近日所與合心共事, 被外人聯名呼斥者, 是果君子人歟? 小人人歟? 若是君子而無疑也, 則誠善矣。如其不然而或是小人也, 則寧不凜然而可懼乎。旣以身比同之, 又以先師藐孤孫托之, 凡師門後事, 一取决於其手而左右之, 人無敢出一言以矯其非者, 於高明之心, 能貼然無事乎? 自古未有狠愎回譎放恣無忌憚而能爲吉人者, 又未有與不吉之人始終同周旋而能免大狼狽者, 惟高明念之。病淹窮山, 百慮灰冷, 惟師門後事, 不能不往來心曲。抱此耿耿, 而顧忌鋒鏑, 不能於高明一言之, 是負吾師也, 負吾心也, 不得已有此言, 惟明者擇焉。

來書布示聖存昨年春上重翁論重敎書, 而詰之云"前後事實, 果如是否?" 蓋欲令重敎與聖存對辨, 以備兩造之案也。高明之堂堂自任以片言折獄之權, 誠可敬服。但恐使之兩造者, 或未能深得古人聽訟體面也。且觀下文, 又不待兩造之備而遽爲決案之辭, 亦失之太快矣。老僕雖下劣無似, 區區所執, 自有本末, 寧蒙累晻曖, 以竢後之君子, 不欲屑屑作對辨語。以决可否於一時之高眼也, 惟明者諒之。

來諭末段, 言"今日甲乙之論, 如不歸一, 則異日必有不可勝言之禍", 不識高明何爲出此言也。重敎心說, 所守者華西先生『正案』也, 所奉者重翁決案也, 豈復有歸一之可言哉?【假令有未一處, 豈可以甲乙目之哉?】 其所與未一者, 特高明翻案之議耳。然此其所以未一者, 亦各有實見所異處, 只得虛心平氣, 從容講磨, 以俟識見之自開而已, 豈可汲汲相強迫以取其苟合哉? 所謂"不可勝言之禍", 蓋言講說睽異之餘, 必有情義乖激之端也, 此有大不然者。昔華西先師之辨論明德理氣之分, 其題目之所關, 是何等重大。【愚謂講說所關重大處, 尤宜虛心細商, 不可遽起風浪。】 而當時重翁言彼此之間, 終必有戈戟之慮。則先生答書, 歷叙往哲不以講論異同而損其交契之說, 曰“此皆公心大眼如青天白日, 磊磊落落, 無些蔽隔者也。苟於講質之際, 有些疑難, 便生未安之慮, 則未論其得失如何, 其氣象規模何如也?”【上條所言“『雅言』一段, 政宜喫緊受用”者, 卽指此訓。】今日吾輩苟以此心爲心, 則雖終身講磨, 豈復有乖激之慮耶? 願高明千萬更思之。

1-3-24

「답홍사백答洪思伯」【壬辰】(『省齋集』卷17)

해제

1) 서지사항

유중교(柳重教, 1821~1893)가 1892년에 홍재구(洪在龜, 1845~1898)에게 보낸 편지글로 『성재집(省齋集)』 권17에 실려있다. (한국문집총간 323)

2) 저자

유중교(柳重教, 1832~1893)로, 자는 치정(穉程), 호는 성재(省齋)이다.

3) 내용

홍사백의 편지에 감사의 인사를 전하면서 순임금의 '위미정일(危微精一)'에 대하여 설명하였다. 그는 리와 기, 심과 성의 지위와 명분이 위의 글에서부터 정해졌다고 하였다. 주자의 예를 들어 설명하면서 심은 리와 기가 합하여 구별되지 않을 때의 이름이며, 그것이 주로 리와 기를 주로 삼아 일어나는 것에 따라 인심(人心)과 도심(道心)의 위태로움과 은미함의 차이가 있다고 하였다. 그리고 정(精)은 이 둘 사이를 살피는 것이고, 일(一)은 리를 견지하여 지켜내는 노력이라고 하였다. 또한 주자가 신령과 지각을 가려서 구별하지 않는 것을 경계하였듯이 자신도 신명, 허령, 지각 등의 개념을 말할 때마다 깊게 살핀다는 말을 전했다.

1-3-24 「答洪思伯」【壬辰】(『省齋集』卷17)

朴彦以書至, 謹審比炎, 尊體興居崇衛, 仰慰之深。重教飮暍殀殀, 無足言者。書中覆誨二事, 並領雅意之所存, 別幅長牘, 重荷啓發之勤, 感戢何可言? 謹當洗心精讀, 用時月之工, 隨有所悟, 討便奉報也。聞賢胤郞年今九歲, 穎悟異常, 奇喜奇喜。重庵先生氣脈所傳, 惟此一兒, 艷愛之情, 尤不尋常矣。眞玄一丁, 漫玆胎呈, 下施之爲肄業之資也。喘喘艱此, 伏惟神會。

愚竊謂千古說心, 自大舜"危微精一"十六言始發端, 理氣、心性地位名分, 已大定於此。爲學用工規模節度, 亦莫詳於此。故朱子就加解釋, 極費工力, 蓋將'人道'二字, 剖判形氣、性命, 對立兩邊, 則理氣大分, 不可復易矣。其於'心'字, 言"心之虛靈知覺, 一而已矣, 或生於形氣之私, 或原於性命之正, 而所以爲知覺者不同", 則心者是合理氣, 未揀別之稱。特以其所主而發者, 是理、是氣, 而有人心、道心之危微之分耳。'精'則察夫二者之間, 卽就一心上, 揀別理氣之工也; '一'則守其本心之正, 卽於其所揀別之理, 而持守之工也。聖門心學, 只此兩端而已。區區心說, 雖沒條理, 而其大意則蓋據此爲根本田地耳, 伏希照察。

朱子「答汪長孺」書曰: "神靈二字, 非所以言性。告子'生之謂性', 近世佛者所謂'作用是性', 其失政墮於此, 不可不深念。" 又「答陳才卿」書曰: "學者, 見得性與知覺字義不同, 則於孟子許多說性處, 方無窒礙, 而告子'生之爲性', 所以非者, 乃可見耳"。觀此則朱子於神靈知覺之未揀別者, 一例斷之以告子所謂"生"釋氏所謂"作用", 而戒學者不可不深念。區區每說神明、虛靈、知覺等字, 未嘗不兢兢於此, 亦望照察。

1-3-25

「여홍사백與洪思伯」【壬辰十二月】(『省齋集』卷17)

해제

1) 서지사항

유중교(柳重敎, 1821~1893)가 1892년 12월에 홍재구(洪在龜, 1845~1898)에게 보낸 편지글로 『성재집(省齋集)』 권17에 실려있다. (한국문집총간 323)

2) 저자

유중교(柳重敎, 1832~1893)로, 자는 치정(穉程), 호는 성재(省齋)이다.

3) 내용

이 편지글은 홍사백이 리와 기, 심과 성 등에 대한 자신의 주장을 '사훈(師訓)의 표준'으로 삼으려는 움직임에 대해 경고하는 내용이다. 유중교는 『심설정안(心說正案)』은 선사의 평소 논의를 가려 취해서 정안으로 세우고 정리하여 보충한 것으로 심설의 대의가 들어있다고 주장하면서, 이를 비판하고 다시 심설을 판별하는 글들을 홍사백이 사문과 동문들에게 유포하는 것에 불편한 심정을 전달하였다.

1-3-25 「與洪思伯」【壬辰十二月】(『省齋集』卷17)

李君範稷回, 拜手書, 具審體度安勝, 爲慰爲深。李君又能誦道多少誨語, 其肆口喝罵, 無所顧忌, 與前李敎仁所傳無異同。惟六偉之文, 還收不出, 不知何意, 而句語四出, 已藉藉人唇舌, 顧何益於掩覆耶? 高明忿懟不平之氣, 形於往復書辭已久矣。而區區每虛心下氣, 委曲以應之者, 尙冀其或感悟也。今則蕭墻戈戟, 樽俎拳踢爻象已著矣。只得斷以大義, 遠避鋒穎, 不重自辱焉可也。然念重庵先生平日愛重高明甚摯, 臨沒猶眷眷, 今又不能不垂涕泣而一言之, 惟高明察焉。夫高明近日作氣張皇, 按拄不得者, 非此心理氣之辨乎? 君子所貴乎談心性辨理氣者, 政爲主理抑氣, 以爲存心養性地也。今言談擧止之間, 其尙氣如此, 悖理如此, 由傍人觀之, 便似喪心失性人氣象。卽不問所論之得與失, 其於吾存養實事敗闕, 爲如何哉? 若謂人之一心, 是天地間萬化之源, 其理氣名位, 一或差誤, 其流必至禍世道而殃生民。故不得不大其聲疾呼以救之, 而他有所不暇恤焉, 則此心理氣之辨, 其來已久矣。舜、禹授受以人心道心, 明此心有生於氣者, 有原於性者, 而原於性者是本心; 孔、孟敎學以存亡出入, 明此心有理爲主時, 有氣用事時, 而理爲主時是本心。程、朱說治心之工, 千頭萬緖, 而語其要則不過省察持守二事而已。省察者, 不敢自恃其心而審危微存亡之幾也; 持守者, 必欲認取本心而加恭敬奉持之工也。是蓋千古一轍, 不易之正理也, 吾東先輩論此心名位。退溪先生則謂"心是理氣之合", 栗、尤兩先生則謂"當屬之於氣", 我先師華西先生則謂"當斷之以理"。蓋謂"理氣之合"者, 兼摠上下兩面立名, 以意無所不包也; 其"屬之於氣"者, 且據下面實體言之, 以示省察之合有工程也; 其"斷之以理"者, 直指上面眞體言, 以示持守之必有準的也。言各有當, 相須乃備, 學者於此一有所蔽而不講焉, 則學問之工有缺闕, 而流害於世道生民亦均矣。今偏執其一說而主張太過, 以爲兄言"心者皆理也, 纔屬之氣, 卽是天地崩摧, 日月薄蝕之爻象, 四夷亂華, 禽獸逼人之苗脈", 胡叫大罵, 罔有紀極。觀其氣象, 天上天下, 惟我獨尊, 往古來今, 無所顧忌, 吾不知其於世道生民所救者在甚處, 而自己心法之得罪於聖人門庭則亦已大矣。若謂"先師折衷, 自有定本, 爲弟子而有斟酌調補之論", 是大罪也。故舍性命而力攻之,以盡隆師之道焉。則華西先生固是吾父師，而退、栗、尤三先生，獨非吾祖師耶？祖師之所未備者，既以父師之言而補塞之，父師之所偏重者，還以祖師之意而裁正之，有何可罪？況今所謂『心說正案』者，乃就先師平日議論中，揀取其平實周遍者，立爲正案，以調補其枝葉間小小參差，梳洗不盡者，尤豈有礙於隆師之道耶？先師晩年，與重翁論心說。每言朱子之改誠意注，退溪之改格致說，皆臨終前數日事，吾豈以老死爲托而緩於講質？又言"今所未逮，與後人共正之"，是何間於自行修改乎？此其至誠求是，大公無我之情，爲如何哉？區區所欲裁補偏重者，雖其權衡之未必得當，而其志則蓋將奉體此苦心，要使其說盡善全美，可以稽前聖而無差，垂百世而無弊也。斷斷血忠，可質神明。今於此而勒加惡名，既目之以陳相，又斥之以尼尹，復擬之以黑水之禍，則是誠妄人也，吾於妄人乎？又何憾焉？蓋亦無責焉耳矣。竊觀聖門講說之體，心性理氣，大抵非淺學之士所可得聞。今老僕之妄欲窺測，誠極僭越，而高明之大言主張，亦或太早。故其末流敗闕，乃至於此。又況使席間周旋六七冠童，從傍效嚬，談心說性，俱曰"予聖"，上不究前輩大賢議論之本指，下不識知舊長老應接之恒禮，恣口肆筆，惟輘轢之是尙。則自此鄉里塾舍，新學後生遜悌退讓之風，將掃地而盡矣，亦豈細故也哉？抑又有一說。往在孝廟朝。嶺人柳稷等，上疏誣毁栗谷、牛溪二先生，其斥栗谷則以認心爲氣爲大罪目，尤菴先生爲太學生製辨誣疏，明言此心本分名位，是氣而非理。彼徒竟被斥逐歸鄉，並尤庵醜詆罔狀。至今嶺外，自有此一派，世守稷論，言語文字之間，"心卽理，理卽心"六字，便成茶飯話頭，見人說心有揀別本然之語，輒大加非斥，「有形上何須說本然」之詩。此其醜差沒倫脊，直是陸、王一般見識，固無足深論。而其徒偶得先師『雅言』，驟見其中有主理言心處，與己相近，便聳然驩喜，推尊爲東方第一議論。殊不知先師固嘗主理言心，而其論本分名位，有"心之神明合理氣"之言，則與其所謂"心卽理，理卽心"者，不啻千里矣。又爲心與本心揀別之論，則與其所謂形上何須說本然者，亦相南北矣。區區始欲著說辨明之，旋念正案一篇，大義已彰，固不必與彼切切較同異，然後爲足，故遂止之矣。不意高明收取師門講稿及近日同門往復之籍，專使詣彼門，受題判之辭，廣布遠近，以爲徵信師訓之計。近又聞有藉彼聲勢，以嚇異己之言。嗚呼！何其不思之甚也？重翁少時游洛下，外人往往以時輩緖論，詆先師心說，重翁常高大聲氣，以發明其不然。高明想亦稔聞其話頭, 今安忍自取師訓, 趨附於彼, 以實外人虛喝之言哉? 重教自聞此言, 心竊痛惜, 不能定情。以爲高明前後作用, 原其設心, 蓋亦出於明理尊師, 豈不是善意? 特緣中間爲麄心客氣所纏繳, 顚倒迷亂, 跌此荊棘之塗。欲明此理而不能明, 反使此理掩翳薄蝕如此, 欲尊其師而不能尊, 反使其師蒙受汚辱如此, 寧不寒心哉? 千萬不自量度, 妄爲高明今日計, 莫如將理氣、心性等說, 權行倚閣, 且就自家心體, 厚加調治之工, 消磨了多少反側心, 按伏了多少屈強氣, 積累到三五年, 自覺胸次分外寬平時, 乃取前日講說, 徐觀一下, 則或有犂然穿穴, 赧然悔耻之端矣。政使不能遽及於此, 自家本領, 自不失爲忠信謹愿寡罪之人, 不止爲今日之「路德章」也。高明其肯圖之否乎? 高明之於重教, 相視如燕、越, 而重教之於高明, 尙眷眷爲之謀如此, 甚矣, 其愚悃之不能自裁也。謹具狀奉報, 恭惟垂督。

所諭魚公弼告重菴先生墓文中"小人心腸"四字, 先生「答伯賢」書, 論柳基一代崔台草心說長牘諸般慘毒語, 有此敎。【此時柳於丈席前, 對衆人明言未嘗草此書。故先生爲之發明云"若使聖存實草此書, 則直是小人心腸。" 今賢草此書之恠, 彰露無隱, 則四字罪目, 是著題斷案語。】 故引而爲說矣。向來崔舜命諸度長書, 皆引重此語, 爲着題斷案之明訓,【舜命之意, 則不但長牘中慘毒語, 爲小人心, 丈席前誣告語, 政是小人面目。】 京外士友無不稔聞。高明獨以爲不知而欲往探于恒侍之人, 不省所謂也。

4

崔益鉉
心說論爭 資料

1-4-1

「답유치정答柳穉程」【戊子四月】(『勉菴集』卷7)

해제

1) 서지사항

최익현이 1888년에 유중교에게 쓴 편지. 『면암집』卷7에 실려있다. (한국문집총간 325)

2) 저자

최익현(崔益鉉, 1833~1906)으로, 자는 찬겸(贊謙), 면암(勉菴)이다.

3) 내용

유중교가 「조보화서선생심설(調補華西先生心說)」을 지어서 자신의 견해를 피력한 사실에 대하여, 최익현이 완곡하게 본인의 의견을 표현한 내용이다. 유중교가 「조보화서선생심설」을 지어 동문들과 공유한 것에 대해, 최익현은 “선생의 학설이 옳지 못하다는 의론이 문생(門生)들에게서 나왔으므로, 이 일을 만들어 분란을 일으킨 것이 말할 수 없을 지경에 이를 것”이라고 우려하였다. 그리고 “선사의 심설(心說)은 근래 유현(儒賢)들의 의론을 정밀히 분석하여 정립된 것으로서 사문(斯文)과 세도(世道)에 공이 있으며, 앞사람이 발명하지 못한 것을 발명하였다고 하여도 좋을 것”이라고 하였다. 그리고 “뛰어난 자질과 격물치지(格物致知)와 함양(涵養)의 공부를 쌓은 것이 선사보다 한층 더 뛰어난 사람이 아니면 결코 함부로 이동(移動)해서는 안 되는 것”이라고 강조하였다.

1-4-1 「答柳穉程」【戊子四月】(『勉菴集』卷7)

稽顙。日者自雲潭遞到下翰, 拜審邇來夏節, 道候衛適, 大度依昨, 感荷何量? 只前此, 竊聞吾兄於老先生心說, 無端改易, 往覆於同門。如愚不敏, 固不敢參涉其中, 隱以爲吾道益孤, 抹持發明, 惟在師門脚下, 只俟兩邊歸一, 而爲依仰遵守計矣。顧乃不然, 而轉輾層節, 不韙吾師之論, 出於門生之列, 而平地風浪將有不可勝言者。以吾兄日新又新之工, 其必有消融保合之道矣, 未知作如何家計。蓋道理無窮, 人見易差, 雖以師說, 實有差謬, 則門人弟子追爲更商, 可改則改之, 可補則補之, 未爲不可。乃若先師心說, 則其所以劈破近來儒賢大同之論, 有功於斯文世道者, 雖謂之發前人未發可矣。如非聰明穎銳之姿, 格致涵養之功, 超出先師一等者, 其不可妄自移動, 自陷吳、楚僭王之誅者審矣。況名目之爲形而下, 主宰、妙用之爲形而上, 擧全體而專言之, 則爲人太極者, 隨其地頭, 各有攸當, 彼此交盡, 未見偏廢, 炳烺遺篇而不可掩者乎。若非吾兄有以的見其主理之禍, 甚於主氣, 而爲萬不獲已不得不然之擧, 何以致此? 苟如是也, 『雅言』中「心說」一篇, 可以毁板, 亦以此意作爲一篇文字, 告由先師之墓庭, 使後生小子, 知向背適從, 又是不得已之次第事也。未知如何? 妄恃相愛, 僭易及此, 千萬主臣。從姪以可以有爲之資, 緣於事勢, 不克頻造請業, 曷勝歎恨? 今才乘隙造門, 因其行略稟梗槩, 荒迷不次。謹謝疏。

5

柳麟錫
心說論爭 資料

1-5-1

「답최면암答崔勉庵」【益鉉】【戊戌十一月十七日】(『毅菴集』卷6)

해제

1) 서지사항

유인석이 1898년에 면암 최익현(崔益鉉)에게 보낸 편지. 『毅菴集』卷6에 실려있다. (한국문집총간 337)

2) 저자

유인석(柳麟錫, 1842~1915)으로, 자는 여성(汝聖), 호는 의암(毅菴)이다.

3) 내용

이 글은 두 가지 주제로 구성되었다. 첫째는 화서학파 내부의 심설논쟁과 관련된 내용으로, 유중교(柳重敎)가 선사(先師)의 심설을 조보(調補)하려고 한 것에 대해 최익현이 비판적 입장을 취한 바 있는데, 이에 대해 유인석이 유중교의 입장을 옹호하면서 최익현에게 반론한 것이다. 둘째는 당시 조선이 쇠망해가던 현실에서 최익현이 그동안 보여준 과감한 존화양이(尊華攘夷)의 의리정신을 칭송하면서, 위정척사(衛正斥邪)의 기치 아래 공동보조를 취하면서 더욱 굳건하게 세상의 잘못된 풍조에 맞설 것을 다짐하는 내용이다. 첫째 주제와 관련하여, 유인석은 유중교의 입장을 "우리 스승[李恒老]의 주리(主理)라는 종지(宗旨)는 그 공이 막대하며, 명덕(明德)을 이(理)에 소속시킨 것도 영원히 칭송을 받을 것이다. 다만 심(心)과 명덕은 본래 구분되는 것이어서, 명덕을 이(理)로 규정했다는 이유로 심 또한 이(理)라고 할 필요가 없는 것이다. 또한 심에 대해 이(理)만 말하고 기(氣)는 말하지 않으며, 천리(天理)의 주재만 말하고 사물과 법칙의 구분이 있음을 말하지 않으면, 밝기는 하나 갖추어지지 못한 점이 있다."라는 것으로 요약하고, 유중교는 이러한 미비점을 보완하기 위해 선사의 심설을 조보하게 된 것이라고 설명했다. 따라서 "유중교는 시종일관 선사의 주리종지(主理宗旨)를 준수한 것이며, 조보(調補)를 시도한 것은 그 주리종지를 더욱 확고하게 완성하려는 취지였다."는 것이다. 주지하듯이, 유중교는 김평묵과의 오랜 논변 끝에 마침내 두 사람의 합의 하에 「화서선생심설정안(華

西先生心說正案)」을 도출한 바 있다. 이 편지에서 또 하나 주목할 내용은, 유중교가 임종을 앞두고 유인석에게 그 「정안」을 회수할 것을 당부했다고 밝힌 점이다. 유인석이 "「정안」은 너무 간략하여 정직하지 못하니, 사체(事體)가 진실로 이러할 수는 없다. 선사께서 강송(講誦)한 대체(大體)에도 누(累)가 되는 점이 적지 않으니, 황송하여 모골(毛骨)이 송연(竦然)하다."는 말과 함께 「정안」의 회수를 당부했다는 것이다.

1-4-2 「答崔勉庵」【益鉉○ 戊戌十一月十七日】(『毅菴集』卷6)

麟錫謹覆勉庵道座執事。麟錫昔暫還家, 伏蒙崇札追慰母喪, 亦說彼此世禍經歷, 又有言前日斥誣鄙從叔之非實, 而將擬作文告墓, 鄙情極庸感荷。然其時未有奉答, 固便遽無其隙, 亦以從叔事猶有商量者存, 必待有告墓之文。蓋在台執事, 尙不能無未嚴淑慝者, 在麟錫, 宜亦自有爲子姪審處義者, 其事不得不然矣。來坐萬里, 時復思之, 平日同門之重誼、衰世秉彝之同情, 有不能不深切於中, 而兼且台庚甚高, 鄙齒亦衰, 又況前頭禍故莫測, 恐未免爲百世遺恨, 故不待有告文, 而謹此修謝也。台執事所以處吾從叔及其未嚴淑慝者, 別紙詳告, 深望察納。噫! 惟今日世禍, 尙忍言哉? 四千年唐、虞禮樂, 二千年孔、孟道學, 五百年祖宗典型, 亘天亘地之綱常, 有祖有父之體髮, 一時見絶矣。吾儕師我華翁, 略有聞於尊攘大義, 迨丙子歲, 台執事持斧伏闕, 同門五十人抱疏叫閽。履霜之初, 已有如是迫切不得已者, 當此坤極氷堅之時, 曷有以爲哉? 麟錫之無狀, 不量分度力, 妄有事焉。其釋衰從戎, 爲因衆士友權輕重而勸者, 然頓絶人理, 罔極穹壤, 徒取狼狽, 有負家國。實狀如此, 而台敎反有以奬與之過, 而其勉勵於前頭者重, 竊不勝愧惶之至。麟錫之還家, 非關承召, 只爲伸私, 而目見時事益罔極, 且入疆初, 有國不復舊, 終客遼東之語, 故遂卽起身。起身之際, 不可漠然無言, 故爲說所以然於前使臣徐、金二人, 使之聞時輩, 其中力言所稱位號之不可。蓋以皇帝者, 本是統中國之大而作禮義之主也。我國能盡驅夷獸, 光復舊日之華制, 旣屬偏邦, 則不副其實, 其與蜀漢、東晉之正統所在, 有不同矣。天下不可無帝, 又不可以夷虜爲帝, 則只得謹守華法, 以帝先王先祖所帝之皇明, 爲待天下眞主之作而已。若遽自稱帝, 早晩中國有能一統而帝者, 處之當如何? 將以僭僞待之乎, 於理不穩當; 將以臣禮事之乎, 於事有顚倒, 此其有不可苟焉者明矣。況以逆孝之取夷獸醜法, 盡汚華夏美制者, 謂之更張改觀, 擬之周邦新命, 而及其稱說位號至尊之意, 乃援土、俄、德、奧諸夷而比幷之, 其爲誣君辱國, 果何如? 若其紀綱形勢之萬不成說, 夫人能知, 而是關大義之最者, 不得不明之也。麟錫有疏, 不從開化法而書主上殿下。獻疏者以違格而改以皇帝陛下, 故不能泯默而有此說也。台意於此以爲如何? 及再到遼,又量時度勢，顧與李友敬器及多少同伴，爲定義諦，準保華夏典型於千辛萬苦之中，“雖加一日，愈於已”云爾矣。麟錫聞台執事昔在變初，爲會哭文廟之擧，及亂賊輩矯下宣諭義兵之命，有竣絶之語，與平日秉義之大，一串貫來，爲一世稱道，區區不勝欽服。所示紛紜之說，麟錫初在遼時，見有賊吉書及台與柳也聯名答書，未嘗不驚怪。以爲其人極逆也，其書極凶也，於此當直言大斥，無答亦可，乃爲此以致世人傳喧，不是小失。

後聞於令從姪舜命甫，“台執事初以無答爲意，旋被柳也作答書而勸之，致有如此，及有人言之發，又一切受以爲過”云。受以爲過，則足以補不能直言大斥之過，果是得體矣。且旣往秉義有軒天地，而前頭處事又得正直，則一時窘跲，豈爲甚累也？但於柳也之力辨文過，益取狼狽，合有禁止，以完體面，而未之聞焉，豈以彼之强愎自用，無可奈何而任之而已耶？且承深憂時象益急，正要得正而斃，以求一二於無狀，益見盛德之大，愚陋何敢焉？然嘗念之，當此萬古華脈墜盡之地，哀痛迫切，用心宜無所不用其極。今日之事，不問在國去國，只當千百計策，必守衣冠，必保華脈，艱彼强此，以所謂“雖加一日，愈於已”爲主，用盡誠力，至無可奈何，然後得以致命遂志，則有體天地之情，不違聖賢之心，而於得正而斃者，亦庶幾焉已矣。如麟錫者，雖見定如此，庸愚本甚，事變無窮，甚恐不免於大跲。伏願台執事益加崇德明義，寒松、砥柱，萬萬自重，以幸斯世而永敎未逮也。弘庵丈喪事，有甚慟傷，非獨同師義重，切戚情至而已。伏惟大冬，台座道體神相。國變聞益罔極，至有埋炮進毒之境，賤身萬里，莫任痛哭，況台宰列忠義，見聞迫近，想當如何？麟錫謹覆。

別紙

台執事所以處吾從叔及柳基一者，積年有疑於中，今因尊書發端，不得不言之矣。蓋從叔之調補華翁心說，以麟錫所見，則華翁心說主理本旨，初以時儒之明德屬氣，爲大違聖門宗旨，遂以理言明德。又以明德與心，朱子訓解有相同處，【明德言“人之所得乎天而虛靈不昧，以具衆理而應萬事”。心言“人之神明，所以具衆理而應萬事”，又言“虛靈知覺”。】不可分屬理氣，並以理言心。其意蓋曰：“心本有以理言者、以氣言者，而明德乃以理言之心。心則以以理言者爲心本分，而遂名之心；以以氣言者爲非本分，而不謂之心。其以心對性，則一天理上分主宰、準則。” 蓋其爲說，撮其大要，心有形、氣、神、理四者。火臟，心之形；精爽，心之氣；神明，心之神；仁義，心之理。大分其形而上下，形陰而氣陽，形而下之器；理體而神用，形而上之道。定其名位，神明心之當體，指神明本實，則妙性情之德而爲天理之主宰也。其言至百至千，門下守之，曰：“吾師云爾者，十則十焉，百則百焉。” 其與外人辨之，曰：“吾師云爾者，又非一非再也。” 是其主理之功，有如孟子之因性惡、性無善不善之說而言性善者，殆無差殊也。

從叔遵宗旣久，後更商量有調補云云者，蓋曰：“吾師主理宗旨，有功莫大，明德屬理，可俟百世。特心與明德，自是有分，不必以理言明德之故而心並言理也。又於心，言理而不言氣，言天理之主宰而不言有物則之分，則有明而不備。” 蓋心者，神明之主於身者也，明德則心之德美處，卽性之表德，而天命都一般者也。其主於身者，固本之天心孔仁，立此人極，而又有晷刻放之，千里其奔之時，固能兼攝性情，可言爲天理上主宰者，而又有不循性，則失其主宰之時。其如此者，心之爲物，本理與氣合，便能知覺，其本來體段，實是爲合理氣者故也。於此只言其理爲主，而不幷言其爲氣爲物，則固明於本體，而於其體用本末，【朱子於操存章心字，有言體用、本末、眞妄、邪正，無所不備。】有不備也。是以有調補之事，兼言其爲氣爲物，有如程、張因孟子之性善而又說出氣質，補其不備也。中間有『正案』文字，蓋奉體重翁命意，而後覺其苟簡惶懍而撤之，其所苟簡惶懍者，此文字用華翁言，而實遷就其本旨，旣爲未安。且其本旨之爲主理者，大體極正當而實爲大功，不可掩蔽以有玷累也。【以說合理氣者爲華翁心說『正案』，則雖不失於所爲調補之意，其平生苦心主理宗旨，便變換無可見。蓋於正當大體，有所玷累。】

夫華翁本旨，自有定形，載在文字，證在人見聞，有所遷就，在我徒失白直，人反疑其掩諱，無補於事而有害實理也。華翁平生積費心力，有爲定訓，明白示人，有所掩蔽，設本爲謬說，不當若是，况其爲大功，尤覺無謂也。【蓋『正案』文字作撤始終，麟錫在傍有領略。重翁有發揮遺旨之敎，或示諱賢陰補之說，又下拍地痛哭大義滅親之嚴敎。從叔惶恐無措，以爲遷就先師本旨，極爲未安。然一向拖長，重翁嚴敎固不必終然，而其過慮先師之失，聳有深切焉，則似不無損傷情理，此豈不切迫？乃奉體命意爲之矣。旣爲之，則有意固守，重翁歿後亦有添一條。門生多疑之，曰：“遷就本旨，雖有未安，或爲觀過知仁者。且先師此語，語勢正當，不害守作『正案』。” 及臨終前數日, 語麟錫曰: “天地所以生萬物, 聖人所以應萬事, 直而已。吾於先師心說主理宗旨, 不敢有一毫疑貳, 於辨位正名處, 敢以合理氣之說爲之調補, 蓋亦直焉已矣。惟「正案」一事, 苟簡不直, 事體固不當若是, 正於先師講誦大體, 玷累爲不少, 惶悚震慄, 毛骨竦然。强力爲告文, 還收「正案」。” 麟錫告曰: “不知者或疑其反覆”, 曰“何暇念佗, 抱此不直而死, 將何爲哉?”】如是則從叔於華翁之主理宗旨, 始終遵守, 而其爲調補, 正所以完固其主理宗旨也。然華翁之言有曰: “心, 氣也、物也, 但就此物此氣上面, 指其德則曰理也。聖賢所謂心, 蓋多指此也。” 言氣、言物, 則也已是華翁之訓, 何爲有遷就調補云也? 曰“心, 氣也、物也”者, 於形、氣、神、理四者, 指言其形陰氣陽、形而下之器, 而物卽火臟之謂, 氣卽精爽之謂也。“指其德則理也”者, 指言其理體神用、形而上之道, 而德卽神明之謂, 且不及仁義也。何以知其所指如此也? 形與氣之爲氣、爲物, 理之爲理, 何復有言? 惟於神, 方可有爲氣、爲理、爲物、爲則之言論。若審其語脈, 曰“就此上面”, 曰“聖賢多指此”上下, 有分區域, 兩“此”字所指逈別。其意蓋以爲一心內, 合形而上下之道器。心固氣也、物也, 而此不足謂之心, 其德則理也, 此其正所謂心云爾。於此可知德之指神明, 而氣與物之指形氣, 而無預於神明也。且以平生主論命意, 多般話頭推之, 亦見其如此矣。然華翁宗旨, 以神明爲心之當體, 以神明之主於身而妙性情、作天理之主宰者, 爲心本實, 不雜之以氣, 不說到物則, 則其有大功, 而當遵守者在此; 其有未備, 而當調補者亦在此。蓋世方以明德與心局定作氣, 聖門宗旨主明道理者有違失, 而爲能發得心之本分, 天理主宰, 主明道理之宗旨, 大體有以著明, 此其有大功可以遵守矣。心之本分, 固爲天理主宰, 而神明之在人體段, 有涉乎氣而自爲活物, 不可專恃爲理, 此其有未備可以調補矣。今嫌其爲未備, 遂遷就之以爲氣也、物也、德也者, 是爲神明之言, 合理氣言, 有物則之明證正案云爾, 則旣違語脈命意。

且心與明德有同不可分, 旣其主見明德, 亦爲合理氣之歸, 而使主理宗旨之爲大功者, 變換無可見, 從叔所言“掩蔽本旨、玷累大體”云云者, 指此也。其言心以理也, 有近於陽明“心卽理”之說, 而有掩蔽遵守云云者, 何也? 曰: “陽明以造化精靈爲本原, 以明覺自然爲妙致, 認其爲氣者爲理, 且其爲學, 恃心以外天下之理。華翁以仁義之心爲本體, 以天理主宰、致中和、立大本、行達道爲妙用, 認其爲理者爲理, 且其爲學大法, 正在存心, 以究天下之理, 實相燕、越也。” 由此觀之, 從叔所爲有守有補者, 正亦皆不得不焉耳。蓋孟子之因性惡而不得不言性善, 所以爲大功; 程、張之因性善而又不得不言氣質, 所以爲盡備, 則華翁主理之說, 從叔調補之事, 未嘗不爲大功盡備也。使程、張不言氣質, 則孟子性善之說行不去, 必有楊氏、韓子之復亂, 而不顯其大功。是則從叔未有調補, 華翁主理之旨, 聽瑩不白, 難免時儒後學之致疑, 終掩其大功也。然則因程、張而孟子之道益尊, 因從叔而華翁之功益著, 未聞其爲孟子之失尊而程、張之爲有過也。若吾從叔, 其盡爲師之誠, 而亦盡爲師之道者也。於是重翁有未安之教, 以爲"心言合理氣, 心性分物則, 華翁定見本自如此, 當言發揮遺旨, 不可言調補。" 蓋於從叔心說, 未爲不相合, 而特有慮於華翁之或見失尊也, 其爲師之至誠, 孰不感服? 但未深省。守其當守, 示人明白可信; 補其當補, 絶人紛紜致疑, 無所慮於失尊而爲益見尊也。然若使從叔早覺「正案」文字爲玷累大體之實, 重翁在世時, 不以固守之意禀質, 而以此詳陳, 則還收事庶蒙許可, 此爲千古大恨也。彼基一者, 以倍百邢、沈之心腸, 始憾於疏首之見改, 攻斥從叔, 至於誣告先聖。後疑詩句中"故人情"三字之擬渠以怨, 而至有「擬書」。甚至有同尹(鐫)[鑴][1]斥和, 以不言餂官等語, 及有心說調補之事, 若得奇貨, 乃肆然做背師題目, 目之以小尹, 自居以"予畏上帝, 不敢不正"。湯伐桀之大權, 非徒作渠文字, 捏誣罔極, 許多代人述作, 戮辱無雙。噫! 使吾從叔實有背師之心, 實爲背師之事, 實犯大故。在渠數十年父事, 受恩罔極, 又嘗心悅誠服, 有言壬年"降聖見談道至訓, 有歎鳳凰來儀之地", 道理固當若是乎? 吾聞朱子之責劉淳叟有"安敢如此"之語, 未聞桐溪之處仁弘有如此之事也。吾且不知渠果爲爲華翁之血誠, 而不得已攻吾從叔乎? 其於吾從叔說華翁以理斷心, 則謂之誣師以釋氏、陽明; 於吾從叔說合理氣說有物則, 有爲調補, 則謂之掩師訓而顯己功。而其於洪思伯之言守華翁本旨而曰: "吾師說心, 心純善也, 心是理也, 豈有說合理氣說有物則?" 從叔之承重翁教意而作「正案」也, 至爲告重翁翻案之計,【思伯以「正案」文字爲失先師本旨, 力禀重翁翻案。從叔聞之, 躬進更禀, 承重翁口訣, 無翻案意。】其爲言轉轉差去, 眞似釋、王, 實累師旨也。未聞其有同異葛藤, 而徒見其相與糾結, 惟攻從叔之同力焉, 吾不知其何故也。蓋吾從叔, 大君子也、師也、父兄也, 彼其犯無上大故, 罪貫天地, 渠雖善說, 復起爲人, 而終無爲人之地矣。若台執事之於從叔, 結髮相

---

1) (鐫)[鑴]: 저본에는 '鐫'으로 되어 있으나, 인명을 확인하여 '鑴'로 수정하였다.

交, 作四十年知己, 盛教果不爲不然矣。四十年之間, 必見從叔汙不失爲德厚善人, 不見其惡必至背師如基一云云也。若有議論不可苟同者, 必務相忠告, 同歸至善可也。以是心相與, 方得處朋友之道也。昔者抵從叔書, 祭重翁文出, 語意有令人不忍正視者, 決不似出忠告心事中來。麟錫萬萬驚怪, 大語執事之不當若是也。其後舜命來言: "執事本意不如此, 特所抵書, 基一作之力勸, 不得已從之。" 執事又言: "書旣出他人手, 語豈盡如己意。" 祭文則舜命言實指他人, 聞執事言亦然, 後啗鄙再從, 有示和同意。愚姑以此知之, 然猶疑如此則當有發明文字, 令人快視而未之見也。其於基一, 固知執事觀其凡白情狀行爲, 宜無不以爲凶人小人, 而有許以吉人君子也。舜命之言亦曰: "已絶於心, 但未面絶耳。" 然若知爲小人不爲君子, 而果已絶於心, 則當念農、淵絶仲舅之事, 而不宜顧區區姻婭世誼也; 當戒尼尹、尹鑴藕絶絲連之爲, 而不宜難違顔, 私事有相謀也。未見其如是, 又安得絶麟錫之有疑? 今承攻斥誣陷黨小人非實之敎, 盛敎已如此, 則麟錫亦因此而有仰勉執事者, 告墓之文 不可不亟速也, 淑慝之分, 不得不嚴切也。蓋從叔不爲君子則已, 如爲君子而不之同歸, 則百世在前, 萬世在後, 有欠盛德, 不但爲知己間薄情之事也。彼基一只一微末細瑣奸毒小人, 何足有無? 若從相謀, 亦恐有累於盛德也。區區爲此張皇, 冀蒙深察衷赤。

追白 己亥三月二十日

修書久未付褫, 更有一事奉告者。麟錫同敬器, 爲通告八路事, 蓋出莫能扶國保華之餘慟, 而亦所以奉體華翁尊攘衛斥之苦血命脈也。伏念台執事以華翁命脈, 始終著節, 而爲慟國事世道, 宜不但如麟錫等之賤誠而已, 則於此事必謂不可已, 而德望地位, 有服一國, 至於京畿一道, 有一指揮事, 無不夆令。令從姪周章設力, 都有司各有司等任, 必擇其人, 期有就事, 千萬之望。

1-5-2

「여홍사백與洪思伯」【在龜】【辛卯】(『毅菴集』卷8)

해제

1) 서지사항

유인석이 1891년에 홍재구에게 보낸 편지. 『毅菴集』卷8에 실려 있다. (한국문집총간 337)

2) 저자

유인석(柳麟錫, 1842~1915)으로, 자는 여성(汝聖), 호는 의암(毅菴)이다.

3) 내용

이 편지는 홍재구가 유중교(柳重教)를 모함하고 욕보인 내용의 편지를 보고, 유인석이 종질(從姪)로서 차마 들을 수 없고 견디기 어려워 반박하는 내용이다. 홍재구가 "유중교는 심성리기설(心性理氣說)에 있어서 예전의 견해를 다 고쳐서 세유(世儒)의 학설에 동조했다"라고 비판한 것에 대하여, 유인석은 "종숙(從叔)께서 주재자를 이(理)로 규정한 것, 명덕(明德)을 이(理)로 규정한 것, 본심을 이(理)로 설명한 것 등에 있어서는 선사의 가르침을 더욱 굳게 지킨 것"이라고 단정했다. 그리고 유중교가 다만 "심 자체는 사람의 신명(神明)이요, 허령지각(虛靈知覺)으로서, 잡으면 보존되고 놓으면 달아나서 수시로 출입하는 것이므로, 당연히 형이하자에 소속시켜야 하며 이(理)로 간주할 수 없다"고 주장한 것에 대해서는, 이는 "다시 생각해보아야 할 내용으로서, 선사의 가르침을 조보하려고 한 것"이라고 해명하고, 결코 "예전의 견해를 다 고쳐서 세유(世儒)의 학설에 동조한 것이 아니니다"라고 주장했다. 유인석은 또 "우리 종숙(從叔)은 선사의 학문에 대해 '전인(前人)이 밝히지 못한 것을 밝힌 공이 있다'고 말씀하고, 참으로 기쁘게 복종했다. 다만 선사께서 세상 사람들의 잘못된 학설을 바로잡는 과정에서 약간 편중(偏重)이 있었던 것이 한 번 변하고 두 번 변하면서 점차 본지를 잃어 후세에 비판을 받게 되면, 선사의 큰 공이 도리어 손상을 입을 수 있거니와, 그리하여 숙부가 조보하여 평실(平實)하게 만들려고 했던 것이니, 그 마음은 바로 진실로 스승을 사랑하고 존경하는 마음이었다."고 설명한 다음, "그대는 그 시말(始末)과 시비(是非)를 자세히 살펴보지도 않고, 성급하게 공격하고 가볍게 모욕했으니, 이는 무슨 일이며, 무슨 마음인가?"라고 비판하였다.

1-5-2 「與洪思伯」【在龜○辛卯】(『毅菴集』卷8)

伏惟比來, 哀體動止何似? 麟錫一疾, 拖長六朔, 或慮其不起, 自數日來, 得少消減, 僅作戶庭行矣。麟錫自見哀侍之有誣辱鄙從叔書也, 雖臥病沉痼之中, 猶胷中勃勃, 不知若何而處之爲宜也。三月講會時, 諸友來集, 共作一書, 規責執事, 妄漢之名, 亦列於其中矣。旣而更思之, 來書之誣辱, 去札之規責, 其辭意輕重, 大不相倫, 而處義或似欠當, 有失於夫子"以直報怨"之義矣, 何也? 哀侍之誣辱, 有曰"一時之情欲", 有曰"眞箇是時態", 有曰"眞箇是自賢", 有曰"私妄自欺", 有曰"顚覆父師之典型", 此等句語, 正是門生子姪之所不忍聞, 而至於眞箇是尹拯云云, 則無復加極矣。夫儒門之邢恕、尹拯, 猶國之亂臣、家之賊子也, 是其爲言, 猶言眞箇是亂臣賊子也。幼不遜長之乖當與否, 固不服責於哀侍, 而門生子姪痛迫之心, 豈有以加於此者哉? 於此只有規責而止, 則實非所以"以直報怨"之義, 而其於爲門生、爲子姪之道闕矣。同門兄弟之誼, 雖不可不顧, 而輕重所在, 宜無如何矣。故妄漢則斷以相絶爲心, 而追拔錄名於書中矣。其後重翁與鄙從叔聞知此事, 有大段嚴敎, 則其道理與事勢, 固不可以直行己志也。然旣不得錄名於規責之書, 又不得遂吾"以直報怨"之心, 而徒然默默, 若無事然, 則是使哀侍不得知吾心之所在, 而吾之胷中尤覺大悶不聊矣, 故玆具曲折而奉聞也。至於所謂"辨誣", 則諸友之書, 雖不盡如吾意, 而略已言之, 今不必疊牀。更有一言奉詰者, 惟哀侍察焉。來書謂"向承重翁口敎, 文丈於心性理氣之說, 盡改前見, 樹幡於世儒之論"。夫從叔之論說, 其於理有主宰, 及以理訓明德, 以理說本心處, 先師遺訓, 愈益固守。而唯心之體段, 只是人之神明也, 虛靈知覺也, 操存舍亡出入無時者也。辨位正名, 則當屬形而下, 而不可便喚做理。又以心對性, 則心當爲物, 性當爲則。唯此一段, 更有商量, 而思欲調補於先師遺訓也, 安在其爲盡改前見, 樹幡世儒耶? 此果是重翁所敎耶? 抑哀侍欲將加罪目, 宣言如此, 以駭聽聞, 而慮己言之或輕, 則妄引重翁而爲重耶? 重翁旣明知其不然, 則必不如是爲敎。是哀侍急於誣辱, 虛張師長之言也, 是甚心術, 是甚道理耶? 更望哀侍明示而破惑焉。來書又謂"先師嘗有書於重翁, 曰:'不知何故抵死主張一氣字, 以爲一身萬化之根本主宰, 以自誤而誤人也'。

文丈之於重翁, 固嘗反覆辨論, 侃侃而不置, 或至行行而不以爲嫌, 今文丈可免此於諸後生耶?" 此事則果有之矣, 哀侍之爲此言, 亦或無恠矣。蓋前日重翁之累爭於先師者, 卽今日從叔之說也; 今日從叔之說, 卽前日重翁之所爲說也。今日從叔之說, 果如前日重翁之所爲, 則宜其或來諸後生之反覆辨論, 侃侃而行行也。雖然, 前日重翁之所爲, 只出於公心而保無他意矣。今也從叔之爲說, 果無異同於重翁之所爲, 則其爲心亦或未必不同於重翁之心也。哀侍獨安知其心之必異於重翁, 而出於其情欲、時態、自賢、自欺、顚覆典型, 而眞箇尹拯也耶? 反覆辨論, 侃侃行行, 固所當來, 然是亦有分數, 何必歸之以情欲、時態、自賢、自欺、顚覆典型, 眞箇尹拯, 然後爲可耶? 又况哀侍何嘗有辨論之反覆乎? 無一番辨論, 而遽爲是言, 無乃其或過而又失漸次歟? 設使於前日重翁之爲說也, 或有一後生如哀侍之爲是言者, 則哀侍其將以爲可乎? 幸望哀侍明示而破惑焉。且也從叔之今番心性說話, 其緊要所在, 則不過是心物、性則之論也。重翁之所責敎, 不在乎改師訓, 而特以爲先師之見元來如此, 自以爲獨得之見, 而歸先師於不知之科, 乃以伸師寃爲義, 而有大段未安之敎。其微意所在,【爲賢者諱之意。】可以仰認, 而其於心說, 則實相脗合矣。今哀侍之書, 有曰"本原之地, 則歸權於氣; 零碎之地, 則名之爲理,【此卽據先師一理上分統體、條理之意。重翁心大性小、心一性萬之說而反駁也。然恐不可直以零碎當性也。】是非'倒持太阿, 授楚以柄'者耶"云爾, 則是主心、性不當分物、則之意, 而深罪其改師訓也。夫從叔之心說一也, 而仰而受伸師寃之嚴敎於重翁, 俯而逢改師訓之重討於哀侍, 爲從叔之處地, 顧不亦難乎? 然哀侍謂"從叔之心說, 立異於重翁", 而其實則哀侍之心說, 立異於重翁也。哀侍一向以改師訓致討耶? 抑難於立異重翁, 而改爲伸師寃之論耶? 一向以改師訓致討, 則快則快矣, 而立異重翁, 不可不慮; 欲改爲伸師寃之論, 則穩則穩矣, 而前後反覆, 亦不可不念也。吾未知哀侍於此將何以處之爲好也, 幸望哀侍明示而破惑焉。大抵心說之得失, 非愚昧之所能知; 誣辱之當否, 非殘劣之所欲辨。唯此三說, 旣有高明之發端而有疑於心, 則願得正論之畢其說而解之也。又竊有奉規者。夫學者之說心論性, 將以爲吾治心理性之地也, 徒然說心論性, 無干於治心理性, 則亦何足貴哉? 今若體華翁之心法, 則雖少改華翁之心說, 不害其爲傳華翁之道也。今若反華翁之心法, 則雖盡從華翁之心說, 未免其爲失華翁之規也。竊觀哀侍之氣像、規模、言論、行事, 其於華翁之心法, 不可謂不相遠矣。爲哀侍計, 宜姑置說心論性之事, 而少加意於治心理性之功也。不審哀侍以爲然否? 第竊有長慟而大哭者。夫道理, 天下之公物也; 講明, 學者之常事也。講明道理之際, 仁知異見, 容或有之, 而始參差而異序, 卒爛熳而同歸, 誠亦美事也。奈何自近世以來, 以文義之小少異同, 先阻心曲, 遽加攻擊, 大起風浪, 永分黨類, 遂使所謂講明道理者, 未見其爲吾儒之美事, 而只見其爲吾儒之惡事乎。是非斯人性情、斯文運數寢薄而漸衰者耶? 嗚呼悲夫! 麟錫之愚, 蓋未嘗不深致恨於前輩之有是事也。何意今日目見吾家父叔, 又遭此事於同門後生耶? 蓋吾從叔, 其於先師學問, 謂有發前人所未發之大功, 而誠心悅服矣。又慮其矯枉處, 少有偏重, 而一變再變, 漸失頭而或未免見議於後世, 則其於全體大功, 反有所損。於是思欲調補, 求就平實之地, 其心則固愛師尊師之心也, 其事則亦朱子之所嘗行於程、張之事也。又不敢遽自爲是, 先以密禀於重翁, 將以相質於同講諸生, 則其愼重之意, 亦未嘗不至也。使其言而是也, 則不爲無功於師門; 使其言而不是也, 則只爲所見之差, 其如此而已矣。哀侍則不詳源委, 不究是非, 直疑心曲, 遽加攻擊, 輕慢毁辱, 罔有紀極, 是何事體, 亦獨何心哉? 哀侍獨不知今日爲何如時乎? 萬國醜類, 百種陰邪, 充滿晦塞, 汎濫潰裂, 滔滔其流, 蕩蕩無涯。一線陽脈之自中原陸沈以後, 寄在於東偏者, 其將剝地盡矣。是惟儒門中人, 所當竭力致死, 思所以保存萬一, 而環顧一世, 其人有幾? 較量時勢, 力微無何, 譬如巨海波浪, 輕舟易覆, 大敵圍攻, 孤城難保。嗚呼! 其危且急矣! 于斯時也, 雖素所不相識而有嫌隙者, 正宜棄舊就新, 相應相求, 聚精會神, 合心一力, 共圖是事, 如廉頗、藺相如之爲國而忘私讎也。奈何同門同志之中, 極孤極弱之地, 自爲攻擊, 自作風浪如此乎? 其爲卞莊子之計、其爲歐羅巴之地則誠善矣, 其於衛道術、保陽脈之道, 可謂不善爲謀矣。無乃其性情之薄之又薄, 斯文運數之衰之又衰, 而無復可望於今日天地耶? 嗚呼悲夫! 其可不長慟而大哭乎? 惟哀侍念之哉! 然哀侍其或必以吾輩之規責, 反以爲攻擊成風浪, 而是則不然。哀侍前後不顧體面, 不究得失, 至三至四, 妄加無等罔極之誣辱於同門先進極尊敬之地, 而吾輩則累見父師之受誣罔測, 而一忍再忍, 終不得忍, 乃有規責於彼此儕輩之間, 此則有辨之者矣。然哀侍若一向執迷, 愈往愈甚, 則吾輩雖善恕且憂時, 誠無如之何矣。雖重翁與從叔之責敎嚴重, 而終不敢有以奉承也。惟哀侍入思焉。自餘留俟早晩相對。謹奉疏。

來書有謂"子貢賢於仲尼"之論, 寖寖乎不可紀極, 而以不遜在外之盛名, 切責從叔。從叔於此, 不勝惶縮悚汗, 直欲鑽地以入而不可得也。然此事雖極未安, 而實難如何。若有人直問從叔如子禽之爲, 則從叔固已不待哀侍之有言, 而已如子貢之爲答矣。若是浮議之在外者, 則的向何處而可辨, 辨之當以何道耶? 且世人之毁譽, 若浮雲之初無定形而斯須自滅, 實何足取信? 又豈有一毫損益於自有成形之本分德學, 而哀侍關念至此耶? 竊恐外人聞之, 反以爲呶呶屑屑, 而或加嘲笑也。若優劣尤、春, 而以春翁擬從叔, 在從叔固亦榮矣。但以春翁之賢而乃與尹拯同作所擬之科, 無乃其不倫之甚耶? 且先賢優劣, 就論本事, 或合有言時, 若是議論他事, 只爲其引譬如是張皇, 則於吾體而恐未知如何, 而亦或有致人唇舌之慮。惟哀侍加察焉。

追錄

重翁受饋時, 從叔往復事, 事在年前, 不必更煩。而哀侍特復提起, 如是咆喝, 吾未知其何爲也。是哀侍搆陷從叔之心, 先立胷中, 故無論某事, 惟釁是求也。不然, 此等事得失間, 豈可作長久說話, 而哀侍乃爾耶? 其亦不思甚矣。其誚責從叔之無情不遜, 諸友書亦已言之, 不須更辨。惟書中謂"麟錫對李雲卿大人言, '重翁六十年讀書, 以廉介自勵, 豈有今日受宰相餽遺之義乎?'", 又謂"重翁絶粒事, 春嘉之人, 莫不歸之以拂戾抑勒, 拒人之諫, 鉗人之口。" 其曰"春嘉之人", 則麟錫必在其中矣。麟錫於是不覺瞿然竦然, 深省其罪, 莫知措躬之所矣。然對雲卿大人時所言, 今不記其作如何說,【所言直如此, 誠涉妄悖, 昨見雲卿,問其所聞於大人者, 話訓實與此不同矣。】惟"拂戾抑勒"云云, 麟錫輩雖極無狀, 猶稍解待師長之體禮, 豈敢如是開口? 此則傳之者誤也, 幸少垂察焉。但麟錫於此事, 以爲受之不如不受, 而不敢如哀侍之引孔子之受陽貨豚, 孟子之受宋 薛金, 而以爲義理只得如此, 別無他逕云云也。以爲絶粒不如無是事, 而不敢如哀侍所言。因人嗟來而以不食爲美, 因人陳達而以更食爲義, 其一反一復, 莫不以義爲斷。而其隱微之奥, 非今之君子所知云云也, 此則實不敢隱諱。蓋愚迷之所見如此, 故其開口亦如此, 或不至大故犯罪否? 竊意哀侍此言, 雖出於衛師尊師之心, 而言或害理, 雖是師事, 其未盡十分處, 謂盡十分, 則少害吾心之公直, 而人亦不信。人不信此, 而因而并與其贊美得宜處而不之信焉, 則非細故也。蓋亦反思此乎? 蓋重翁之心, 則不如哀侍之言, 故當對人言, 曰: “六七家口, 不忍皆使飢死, 又不能盡如吾心。自處實不能如伊川、康節。” 又抵書從叔, 曰: “絶粒事, 是氣質之病處。” 此果是先生長者, 眞情直理之言, 益覺欽服也。哀侍其亦宜體此心也, 未知如何? 大抵麟錫, 合二度來書, 細玩而竊忖度之, 哀侍之心中剖判, 未必皆如其筆端張皇也。心中剖判, 眞個如是, 則哀侍之見稱高明於人者, 何耶? 是乃本之粗戾氣習, 而濟之以便覇手段, 此則自掩不得也。夫粗戾氣習、便覇手段, 皆於吾儒法門不爲美事, 哀侍之前後處事多少闕失, 未必不由此二者, 其宜稍思所以變化改革也。變化改革之道, 亦不在他, 在乎深體華翁主理之心說也。未知哀侍其肯以爲然乎? 麟錫又白。

1-5-3

「여홍사백與洪思伯」【辛卯】(『毅菴集』卷8)

해제

1) 서지사항

유인석이 1891년에 홍재구에게 보낸 편지이며, 『毅菴集』卷8에 실려 있다. (한국문집총간 337)

2) 저자

유인석(柳麟錫, 1842~1915)으로, 자는 여성(汝聖), 호는 의암(毅菴)이다.

3) 내용

이 편지는 홍재구가 유중교를 공격하고 욕보인 일로 인해, 유중교의 종질(從姪)인 유인석이 자신의 의견을 내세우며 바로 잡으려는 의도로 홍재구와 주고받은 편지 중의 한 편이다. 홍재구가 유인석에게 거칠고 사나운 성질머리와 남의 비위나 맞추려는 수단으로 법을 받드는 사람이라고 단정하고, 화옹(華翁, 이항로)·중로(重老, 김평묵)의 가르침이 아니라고 비난한 말에 대하여, 인석의 사람됨이 진실로 괴벽하여 도리에 어긋나는 짓만 한다고 어떻게 요량할 수 있느냐고 반박했다. 유인석은 또 홍재구가 종숙에게 열복(悅服)하였던 만큼, "종숙의 심법이 '스승을 배반하고 세상에 아부하려는 것이 아님'을 어찌 모르겠는가?"라고 다그치고, "그런데도 특별히 이처럼 험악한 말을 지어내는 것은 공동(恐動)할 계획이 아니면 무함(誣陷)하려는 마음에서 나온 것"이라고 비판하였다. 또한 홍재구의 편지 내용이 앞뒤가 맞지 않고 서로 모순되는 것은 "애초에 주견(主見)도 없으면서 오직 종숙을 공격하는 것만을 능사로 여기기 때문"이라고 비판하였다. 그리고 마지막으로 "종숙이 「정안(正案)」을 완성 한 후에 중암(重菴, 김평묵)께서 이미 허락하시며 '다시는 더 번거롭게 하지 말라'고 경계를 하셨으므로, 우리들도 이를 두고 다시 왕복하면서 번거롭게 해서는 안 될 것"이라고 경계하면서 끝맺었다.

1-5-3 「答洪思伯」【辛卯】(『毅菴集』卷8)

昨年夏間, 奉讀惠書, 而未卽修謝, 非特得便未易, 實以十書有不如一面, 而執事每年省楸此鄉, 或可以奉面而相可否也。御者昨過門前而不入, 又如曾前幾次之爲, 則追悚錯料而反致傲慢之罪也。來敎問麟錫釋然與否, 麟錫之於執事,豈獨有釋然不釋然者? 執事釋然於鄙從叔, 則麟錫亦釋然矣; 執事不釋然於鄙從叔, 則麟錫亦不釋然矣, 事理如此, 惟執事諒之也。來敎又以麟錫之以麤厲氣習、便覇手段奉規者, 斷以爲譏, 謂"執事强是華翁、重老不是之訓"而譏之。執事固能料麟錫爲人之恠悖無狀矣, 亦何以的知愚意之必出於此而無他也耶? 誠亦異矣。 蓋愚意, 則執事於吾從叔, 或斥之以背師從時, 或討之以輕師顯過, 加之萬不成理醜悖之談, 執事豈本不是高明, 豈不是以格致爲事? 格致之要, 豈不在知人? 執事平日悅服吾從叔, 不在人後, 豈不知從叔心法之必不至如此? 而特爲言如此者, 非出於恐動之計, 則必出於搆陷之心, 故敢有所云云。而不知重得罪於執事也, 未知執事以爲如何。愚嘗以執事之書示人矣, 人見之, 曰: "於此亦可見此人之有麤戾氣習、便覇手段也。" 夫人規責我也, 雖其言之過也, 我則當曰規責可感也, 願得子指實而終規之也。得其言而有諸己, 則當改之; 無諸己, 則曰無諸己也, 其如此可也。今不詰其所指如何, 而遂自判斷曰"吾知其如此", 隱然自取衛師之美, 而歸人於毁師之罪, 此非麤戾氣習、便覇手段而何? 愚於其言, 固不敢可否, 而玆又奉誦焉, 亦望執事之試自入思也。又有可疑者,執事前書曰: "今京鄉儒者, 以心作形而下, 而尊從叔之意, 與之同焉, 故敢此云云也。" 後書則曰: "重翁以心或稱形而下, 而華翁亦云爾也, 今日之紛紜, 亦何哉?" 此則執事果難於立異重翁伸師寃之敎意, 遂改其改師訓致討之說, 而不念其前後反覆之爲未穩, 於此可知執事之初無主見, 而惟以攻討鄙從叔爲勝事, 而不自顧檢也, 竊爲執事異之。大抵心說, 如麟錫之愚昧, 實不可妄有講論, 亦恐執事見識終是麤率, 文理或欠密察。初不宜容易說到於非曾子、子貢, 不可得聞之性、道之說也。又自從叔有「正案」之後, 重翁旣已深許而戒勿更煩, 則吾輩不可以此更相往復也, 惟執事諒之。比日尊體何似? 麟錫奉老粗過而已。餘俟早晩面罄。不備謹謝。

인명사전

범례

1. 이 인명사전은 『자료집명』에 나오는 한국 및 중국 등의 인명을 대상으로 한다.
2. 한국과 중국 등의 인명은 표제어에 현재의 해당 국적을 다음과 같은 약호로 표시한다.
   ex. 한국 → (韓), 중국 → (中), 몽골 → (蒙), 이탈리아 → (伊)
3. 한국 인명의 경우, 시대를 따로 구분하여 표기하지 않았다.
4. 중국 인명의 경우, 시대를 구분하고 파란색을 입혔다.
5. 중국 송나라의 경우 북송과 남송을 구분하였으나 생몰 연도나 출사 여부 등이 불분명하여 판정하기 어려운 경우 송대로 표시하였다.
6. 표제는 한자를 병기하되, 공식 본명과 생몰 연도를 기준으로 하였다.
7. 기본 소개는 한국의 경우 자, 호, 시호를 우선 기재하였고, 중국의 경우 시대, 분류, 자, 호, 시호 순으로 기재하였다. 저작은 문집을 위주로 대표적인 것들만 들었다.
8. 인물에 대한 소개는 특징적인 사실을 위주로 최대한 간략히 기술하는 것을 원칙으로 하였다.
9. 중국 인명의 경우 학자, 관리, 사상가, 정치가 등으로 분류하였으나, 본문에 인물에 대한 분명한 평가를 담고 있는 경우, 본문을 고려하여 설명을 부가하였다.
10. 본문의 표현이 같아도 다른 사람인 경우가 있으므로, 사전 내에 "☞" 표시를 넣고 본문에 사용된 다른 지칭들을 아울러 기재하였다.
11. 인명인 것은 분명하나 본명이나 생몰 연도 등이 불명확한 경우에도 최대한 다른 경우에 맞추어 기술하였다.
12. 전혀 확인할 수 없는 인명의 경우 "미상"으로만 기재하였다.
13. 지칭에 해당하는 사람이 여러 명 있는 경우, 본문의 내용과 각 인물의 생몰 연대 등을 참고하여 가장 확실하다고 판단되는 사람을 기재하였다.
14. 연도는 각종 사전 및 『화도연원록』을 서기로 환산하여 기재하였다. 다만, 『화도연원록』의 연도 표시가 정확하지 못한 부분이 있으므로, 간지와 전우의 생몰년 등을 기준으로 판단하여, 고전번역원의 연호 검색 결과를 최종 기재하였다.

순번	자료집 표기	쪽수	이름	비고
1	覺軒蔡氏	293	채모(蔡模, 1188~1246)	
2	艮田	418, 448, 452, 458	전우(田愚, 1841~1922)	
3	景略	252~254	권종순(權鍾純, ?~?)	
4	高潭李圭甫	489	이현석(李玄錫, ?~1887)	
5	考亭	299, 308	주희(朱熹, 1130~1200)	
6	孔明	125, 263	제갈량(諸葛亮, 181~234)	
7	公孫	326	공손랑(公孫娘, ?~?)	
8	郭忠孝	407	곽충효(郭忠孝, ?~1128)	
9	廣	106	이광(李廣, ?~?)	
10	嘐嘐齋徐公	467	김용겸(金用謙, 1702~1789)	
11	嘐老	51	김용겸(金用謙, 1702~1789)	
12	嘐丈	52	김용겸(金用謙, 1702~1789)	
13	歐陽公	246, 250, 496	구양수(歐陽脩, 1007~1072)	
14	歐陽少司	543	구양성(歐陽成, ?~?)	
15	圭甫	455	이현석(李玄錫, ?~1887)	
16	近仁	38	성근인(成近仁, 1831~1858)	
17	錦溪	565	이근원(李根元, 1840~1918)	
18	奇渥溫	73, 74, 362	기악온(奇渥溫)	몽골 황족 성씨
19	金大谷	635	김석문(金錫文, 1658~1735)	
20	金臺山	161	김매순(金邁淳, 1776~1840)	
21	金士綏	558	김영록(金永祿, 1849~1900)	
22	金友平默	330	김평묵(金平默, 1819~1891)	
23	金穉章	365~369	김평묵(金平默, 1819~1891)	
24	南塘	237, 449, 533	한원진(韓元震, 1682~1751)	
25	南睡翁啓來氏	330	남계래(南啓來, ?~?)	
26	南軒	308, 314, 354, 405, 513, 528, 536, 579	장식(張栻, 1133~1180)	
27	南軒張子	354	장식(張栻, 1133~1180)	
28	農巖	544, 551	김창협(金昌協, 1651~1708)	
29	尼尹	596, 612	윤증(尹拯, 1629~1714)	
30	段文昌	497	단문창(段文昌, 773~835)	
31	塘	236	한원진(韓元震, 1682~1751)	
32	大尹	68	윤선거(尹宣擧, 1610~1669)	
33	陶菴	257~260	이재(李縡, 1680~1746)	

순번	자료집 표기	쪽수	이름	비고
34	桐溪	611	정온(鄭蘊, 1569~1641)	
35	董子	332, 340	동중서(董仲舒, BCE 179~BCE 104)	
36	杜工部	106	두보(杜甫, 712~770)	
37	杜仁仲	445, 548	두지인(杜知仁, ?~?)	
38	羅博文	354	나박문(羅博文, 1116~1168)	
39	羅整菴	285, 354, 534	나흠순(羅欽順, 1465~1547)	
40	蘭溪范氏	294	범준(范浚, 1102~1150)	
41	梁景七	589	양경칠(梁景七, ?~?)	
42	濂溪先生	32, 302	주돈이(周敦頤, 1017~1073)	
43	令婿金郎	579	홍재구의 사위	
44	魯尹	68	윤선거(尹宣擧, 1610~1669)	
45	魯齋	111, 534	허형(許衡, 1209~1281)	
46	老洲	454, 479	오희상(吳熙常, 1763~1833)	
47	老洲弟通川公	479	오연상(吳淵常, 1765~1821)	
48	劉禪	90	유선(劉禪, 207~271)	
49	柳聖存	424	유기일(柳基一, 1845~1904)	
50	劉淳叟	563, 611	유요부(劉堯夫, 1146~1189)	
51	劉用之	446, 572	유려(劉礪, 1157~1204)	
52	劉元承	353	유안절(劉安節, 1068~1116)	
53	劉子澄	299	유청지(劉淸之, 1134~1190)	
54	柳正言丈	161	미상. 이항로의 선배격.	
55	柳重岳	459, 462, 506, 517	유중악(柳重岳, 1843~1909)	
56	柳稷	596	유직(柳稷, 1602~1662)	
57	柳穉程	437	유중교(柳重教, 1832~1893)	
58	陸	49, 74, 194, 196, 204, 289, 294, 298, 299, 418, 425, 448, 501, 532, 558, 96	육구연(陸九淵, 1139~1193)	
59	陸稼書	532	육롱기(陸隴其, 1630~1692)	
60	陸象山	354	육구연(陸九淵, 1139~1193)	
61	陸氏	95, 97, 289, 298~300, 430, 437, 532	육구연(陸九淵, 1139~1193)	
62	陸子靜	451, 553	육구연(陸九淵, 1139~1193)	
63	栗谷	43, 45, 52, 58, 74, 138, 175, 211, 212, 226, 233, 235, 266, 267, 313, 335, 343, 525, 534, 551, 596	이이(李珥, 1536~1584)	

순번	자료집 표기	쪽수	이름	비고
64	栗翁	122, 257, 378, 525, 550	이이(李珥, 1536~1584)	
65	李(朱·李兩先生)	52, 441	이이(李珥, 1536~1584)	
66	李景器	464	이경기(李景器, ?~?)	
67	李光地	649	이광지(李光地, 1642~1718)	
68	李敎仁	595	이교인(李敎仁, ?~?)	
69	李君	589, 595	이범직(李範稷, 1868~1896)	
70	李君範稷	595	이범직(李範稷, 1868~1896)	
71	李大而	497	이광교(李光敎, ?~?)	
72	李禮山正觀	330	이정관(李正觀, 1655~1708?)	
73	李士賓父子	411	미상	
74	李思訓	563	이사훈(李思訓, 651~716)	
75	李生昭應	499, 506	이소응(李昭應, 1861~1928)	
76	李友敬器	608	이소응(李昭應, 1861~1928)	
77	李雲卿	617	이택승(李澤昇, ?~?)	
78	李元翰	279	이원한(李元翰, ?~?)	
79	李瀷	441	이익(李瀷, 1681~1763)	
80	李長汝	242	이인귀(李寅龜, 1809~1896)	
81	李廣	106	이광(李廣, ?~?)	
82	麟錫	607~610, 612, 614, 616~618, 620	유인석(柳麟錫, 1842~1915)	
83	麟姪	520, 567	유인석(柳麟錫, 1842~1915)	
84	林德久	543	임지(林至, ?~?)	
85	林正卿	451	임학몽(林學蒙, 1146~1226)	
86	臨川	32, 300	오징(吳澄, 1249~1333)	
87	臨川吳氏	32, 292, 299	오징(吳澄, 1249~1333)	
88	林擇之	299	임용중(林用中 , ?~?)	
89	萬貴妃	106	만정아(萬貞兒, 1428~1487)	
90	萬安	106	만안(萬安, ?~1489)	
91	梅山	68	홍직필(洪直弼, 1776~1852)	
92	梅山先生	440, 441	홍직필(洪直弼, 1776~1852)	
93	勉庵	607	최익현(崔益鉉, 1833~1906)	
94	勉齋黃氏	297(勉齋297, 425, 451, 466, 520, 589)	황간(黃榦, 1152~1221)	
95	勉台	513	최익현(崔益鉉, 1833~1906)	
96	文敬公	53	박필주(朴弼周, 1680~1748)	

순번	자료집 표기	쪽수	이름	비고
97	文純公臣權尙夏	78	권상하(權尙夏, 1641~1721)	
98	文元	525	김장생(金長生, 1548~1631)	
99	文元先生	525	김장생(金長生, 1548~1631)	
100	文正公臣宋時烈	78	송시열(宋時烈, 1607~1689)	
101	文仲	458	이근원(李根元, 1840~1918)	
102	文中子	458, 461	왕통(王通, 584~617)	
103	文好	458	송민영(宋敏榮, ?~?)	
104	朴公頤正	306	박민헌(朴民獻, 1516~1586)	
105	朴命璧	479	박명벽(朴命璧, 1773~1827)	
106	朴先生光佑	306	박광우(朴光佑, 1495~1545)	
107	朴彥	601	박 선비. 미상	
108	朴汝龍	549	박여룡(朴汝龍 : 1541~1611)	
109	朴弘菴	513	박경수(朴慶壽, ?~?)	
110	朴和叔	439	박세채(朴世采, 1631~1695)	
111	方履之	280	방대장(方大壯, ?~?)	
112	方孝孺	110	방효유(方孝孺, 1357~1402)	
113	伯賢	457, 458, 461, 496, 565	유중악(柳重岳, 1843~1909)	
114	伯兄克履	285	주극리(朱克履, ?~?)	
115	番易沈氏	60, 361, 427	심귀보(沈貴珤, ?~?)	
116	范文正	458	범중엄(范仲淹, 989~1052)	
117	福郊	461	왕복교(王福郊, ?~?)	
118	福畤	461	왕복치(王福畤, ?~?)	
119	司馬子長	104	사마천(司馬遷, BCE 145?~ BCE 86?)	
120	三嘉公	228	미상	
121	三淵	51	김창흡(金昌翕, 1653~1722)	
122	徐處士峻淳	479	서준순(徐峻淳, ?~?)	
123	石勒	150	석륵(石勒, 274~333)	
124	石子重	439	석돈(石敦山, ?~?)	
125	善卿	53, 74, 150	박경수(朴慶壽, ?~?)	
126	星田	434~438	임헌회(任憲晦, 1811~1876)	
127	蘇(蘇·黃輩)	93, 96, 330, 458	소식(蘇軾, 1036~1101)	
128	邵康節	101	소옹(邵雍, 1011~1077)	
129	邵翁	302	소옹(邵雍, 1011~1077)	

순번	자료집 표기	쪽수	이름	비고
130	邵子	175, 303, 305, 451, 483	소옹(邵雍, 1011~1077)	
131	蘇晉叟	282	소진(蘇溱, ?~?)	
132	孫皓	90	손호(孫皓, 242~284)	
133	宋文好	589	송민영(宋敏榮, ?~?)	
134	宋子	49, 79, 111, 112, 225, 323	송시열(宋時烈, 1607~1689)	
135	宋鎭鳳	493	송진봉(宋鎭鳳, 1840-1898)	
136	壽寧侯張鶴齡	106	장학령(張鶴齡, ?~?)	
137	遂菴	237	권상하(權尙夏, 1641~1721)	
138	隋楊堅	236	양견(楊堅, 541~604)	
139	隋煬帝	77	양광(楊廣, 569~618)	
140	畓	406	황순(黃畓, 1150~1212)	
141	舜九	38	김익성(金益成, 1820~?)	
142	申公	228	신익상(申翼相, 1634~1697)	
143	申說書公	228	신익상(申翼相, 1634~1697)	
144	我太祖	(太祖 73, 106, 202)	이성계(李成桂, 1335~1408)	
145	安城鄭君祚	527	정군조(鄭君祚, ?~?)	
146	安樂公	111	유현(劉玄, ?~?)	
147	艾儒略	81	줄리오알레니(Giulio Aleni, 1582~1649)	
148	陽明	47, 48, 95, 170, 185, 284, 529, 530, 531, 580, 610, 611	왕수인(王守仁, 1472~1528)	
149	楊雄	236, 534, 543, 580(楊雄 236, 508)	양웅(楊雄, BCE 53~18)	
150	楊子直	405, 411, 449	양방(楊方, ?~?)	
151	王莽	514	왕망(王莽, BCE 45~23)	
152	魚公弼	579, 597	어윤석(魚允奭, 1846~1898)	
153	汝聖	457, 464	유인석(柳麟錫, 1842~1915)	
154	淵翁	51, 267	김창흡(金昌翕, 1653~1722)	
155	延平	354	이동(李侗, 1093~1163)	
156	延平李先生	354	이동(李侗, 1093~1163)	
157	吳德夫	405, 449	오렵(吳獵, 1130~1213)	
158	吳老洲先生	479	오희상(吳熙常, 1763~1833)	
159	吳伯豊	192	오필대(吳必大, ?~?)	
160	玉溪盧氏	257	노효표(盧孝標 또는 盧標, 1186~1257)	

순번	자료집 표기	쪽수	이름	비고
161	王力行	577	왕역행(王力行, ?~?)	
162	王陽明	284, 407	왕수인(王守仁, 1472~1528)	
163	王偉元	366	왕부(王裒, ?~311)	
164	饒雙峯	293	요로(饒魯, 1193~1264)	
165	用九	68	최홍석(崔鴻錫, 1818~?)	
166	容叔	366	임규직(任圭直, 1811~1853)	
167	牛溪	596	성혼(成渾, 1535~1598)	
168	尤庵	54, 335, 343, 361, 408, 478, 525, 596	송시열(宋時烈, 1607~1689)	
169	尤翁	60, 68, 74, 92, 93, 100, 122, 236, 259, 260, 360, 361, 375, 376, 435, 439, 465, 467, 513, 525, 559	송시열(宋時烈, 1607~1689)	
170	尤齋	464	송시열(宋時烈, 1607~1689)	
171	雲卿	461, 617	유하상(柳夏相, 1848~1910)	
172	雲潭	565, 579, 589, 602	김평묵(金平默, 1819~1891)	
173	雲峯胡氏	60, 168, 184, 285, 361, 367, 427	호병문(胡炳文, 1250~1333)	
174	雲瑞	454	윤석봉(尹錫鳳, 1842~1910)	
175	元震	236	한원진(韓元震, 1682~1751)	
176	元晦	354	주희(朱熹, 1130~1200)	
177	魏艮齋	439	위섬지(魏掞之, 1116~1173)	
178	魏山陽公	555	유협(劉協, 181~234)	
179	危素	79	위소(危素, 1303~1372)	
180	魏鄭公	115	위징(魏徵, 580~643)	
181	兪致慶	589	유치경(兪致慶, 1848~1910)	
182	尹雲瑞	493	윤석봉(尹錫鳳, 1842~1910)	
183	尹鑴	309, 310	윤휴(尹鑴, 1617~1680)	
184	栗	97, 98, 266, 479, 551, 595, 596	이이(李珥, 1536~1584)	
185	乙支文德	77	을지문덕(乙支文德, ?~?)	
186	伊川	192, 294, 439, 577, 618	정이(程頤, 1033~1107)	
187	人傑	406	만인걸(萬人傑, ?~?)	
188	仁山金氏	294	김이상(金履祥, 1232~1303)	
189	仁仲	565	김춘선(金春善, ?~?)	
190	仁弘	611	정인홍(鄭仁弘, 1536~1623)	
191	任容叔	113	임규직(任圭直, 1811~1853)	
192	子上	524	정가학(鄭可學, 1152~1212)	

순번	자료집 표기	쪽수	이름	비고
193	紫陽夫子	254(紫陽 294)	주희(朱熹, 1130~1200)	
194	潛室陳氏	295, 382	진식(陳埴, ?~?)	
195	臧格	294	장격(臧格, ?~?)	
196	張敬夫	447, 571, 574	장식(張栻, 1133~1180)	
197	張公藝	106	장공예(張公藝, 577~676)	
198	張思叔	294	장역(張繹, 1071~1108)	
199	張汝經	555	장석진(張錫軫, 1841~1885)	
200	張旭	326	장욱(張旭, ?~?)	
201	張元德	549	장흡(張洽, 1161~1237)	
202	張子	39, 41, 205	장재(張載, 1020~1077)	
203	狄梁公	115	적인걸(狄仁傑, 630~700)	
204	田子明	521, 523, 526, 527, 535, 536, 538, 540, 542, 545, 547, 554~556, 558, 560~563	전우(田愚, 1841~1922)	
205	全齋先生	523	임헌회(任憲晦, 1811~1876)	
206	程伯子	353	정호(程顥, 1032~1085)	
207	旋善金生	520	미상	
208	程叔子	354	정이(程頤, 1033~1107)	
209	靜庵先生	502	조광조(趙光祖, 1482~1519)	
210	程允夫	299	정순(程洵, ?~?)	
211	程子	37, 42, 43, 48, 69, 96, 102, 107, 112, 114, 122, 130, 162, 193, 194, 202, 206, 207, 211, 222, 230, 234, 247, 251, 257, 259, 266, 271, 274, 284, 285, 288, 289, 293~296, 298, 300, 303, 305, 307, 314, 320, 333, 335, 341, 343, 358, 371, 378, 382, 386, 388, 392, 402, 406, 409, 411, 418, 419, 424, 425, 427, 430, 435, 436, 446~452, 454, 476, 478, 480~485, 501, 509, 511, 529, 532, 533, 542, 543, 548, 551, 552, 561, 563, 567, 568, 572, 574, 576, 579~581, 587	정이(程頤, 1033~1107) 정호(程顥, 1032~1085)	
212	鄭子上	524	정가학(鄭可學, 1152~1212)	
213	程正思	444	정단몽(程端蒙, 1143~1191)	
214	鄭圃隱	202	정몽주(鄭夢周, 1337~1392)	
215	程篁墩	292	정민정(程敏政, 1446~1499)	
216	諸葛武侯	111, 114, 115	제갈량(諸葛亮, 181~234)	

순번	자료집 표기	쪽수	이름	비고
217	齊泰	110	제태(齊泰, ?~1402)	
218	曹立之	563	조건(曹建, ?~?)	
219	曹瞞	263, 311, 434	조조(曹操, 155~220)	
220	曹孟德	111	조조(曹操, 155~220)	
221	趙三溪	656	조병덕(趙秉悳, 1800~1870)	
222	趙益章	257	조중회(趙重晦, 1711~1782)	
223	趙致道	451, 577	조사하(趙師夏, ?~?)	
224	朱公遷	285	주공천(朱公遷, ?~?)	
225	朱夫子	92, 96, 110, 112, 236, 288, 313, 465	주희(朱熹, 1130~1200)	
226	周子	43, 45, 138, 175, 196, 211, 246, 251, 293, 294, 296, 307, 313, 326, 335, 343, 371, 372, 382, 435, 451, 464, 482, 509, 523, 525	주돈이(周敦頤, 1017~1073)	
227	朱子	32~34, 36, 39, 43, 49, 50, 52, 54, 60, 62, 65, 67, 74, 78, 92, 93, 96, 100, 104, 112~116, 122, 146, 148, 161, 166~168, 170, 184, 189, 191~194, 196, 200, 207, 211, 212, 216, 220, 224, 225, 230, 233, 234~237, 240, 243, 246, 247, 250, 251, 257~260, 263, 265, 266, 269, 271, 274, 275, 282, 285, 286, 288, 289, 292~300, 303, 307, 310, 311, 313, 314, 320, 323, 324, 335, 343, 348, 351, 352~356, 358, 360, 361, 371, 372, 378~380, 382, 385, 390, 394, 402, 405~408, 411, 417~419, 423~427, 430, 431, 434~436, 439, 444~452, 454, 455, 457, 465~467, 473, 474, 477~485, 490, 491, 497, 499, 501, 504, 508~513, 517, 518, 523~525, 528~532, 534, 536, 542, 543, 547~549, 551~553, 561, 567, 568, 570, 571~576, 579, 580, 582, 585, 586, 588, 589, 593, 596, 608, 609, 611, 616	주희(朱熹, 1130~1200)	
228	竹院	434	전우(田愚, 1841~1922)	
229	重教	39, 49, 69, 74, 79, 425, 464, 485, 487, 493, 494, 496, 497, 499, 500, 502, 506~510, 512, 513, 520, 523, 524, 527, 531, 536, 547~549, 550, 552, 555, 558, 561, 563, 567, 579, 582, 584~590, 593, 597	유중교(柳重教, 1832~1893)	

순번	자료집 표기	쪽수	이름	비고
230	重庵 / 重菴	527, 588	김평묵(金平默, 1819~1891)	
231	重庵先生 / 重菴先生	451, 518, 587, 593, 595, 597	김평묵(金平默, 1819~1891)	
232	重翁	567, 582, 584, 588, 590, 596, 609, 611, 612, 614~618, 620	김평묵(金平默, 1819~1891)	
233	陳北溪	293, 419, 427, 534	진순(陳淳, 1159~1223)	
234	眞西山	292	진덕수(眞德秀, 1178~1235)	
235	陳安卿	524	진순(陳淳, 1159~1223)	
236	陳才卿	279	진문울(陳文蔚, 1154~1232)	
237	秦檜	543, 544	진회(秦檜, 1090~1155)	
238	昌黎	96	한유(韓愈, 768~824)	
239	蔡九峯(山峯)	168, 184, 478	채침(蔡沈, 1167~1230)	
240	草廬	292, 293, 464	오징(吳澄, 1249~1333)	
241	崔勉庵	605, 607	최익현(崔益鉉, 1833~1906)	
242	崔舜命	597	최영설(崔永卨, 1863~?)	
243	崔永卨	589	최영설(崔永卨, 1863~?)	
244	崔台	436, 597	최익현(崔益鉉, 1833~1906)	
245	崔瑩	73, 202	최영(崔瑩, 1316~1388)	
246	春	98, 617	송준길(宋浚吉, 1606~1672)	
247	春善	457	김춘선(金春善, ?~?)	
248	春善郎	506, 520	김춘선(金春善, ?~?)	
249	春翁	617	송준길(宋浚吉, 1606~1672)	
250	沈靑陽景珪琦澤	438	심기택(沈琦澤, 1826~?)	
251	退(退·栗)	97, 98, 266, 596	이황(李滉, 1501~1570)	
252	退溪	58, 235, 266, 369, 385, 408, 596	이황(李滉, 1501~1570)	
253	番陽沈氏	168, 184	심귀보(沈貴珤, ?~?)	
254	八灘公【肅寬】	330	남숙관(南肅寬, ?~?)	
255	平壤公	228	미상	
256	圃隱	78	정몽주(鄭夢周, 1337~1392)	
257	包顯道	461	포양(包揚, ?~?)	
258	馮翌	102	마익(馬翼, ?~?)	
259	何叔京	279, 299	하호(何鎬, 1128~1175)	
260	韓立軒運聖	434	한운성(韓運聖, 1802~1863)	
261	韓文公	95, 115	한유(韓愈, 768~824)	
262	漢獻	559	유협(劉協, 181~234)	

순번	자료집 표기	쪽수	이름	비고
263	寒暄	502	김굉필(金宏弼, 1454~1504)	
264	項平父	299	항안세(項安世, 1153~1208)	
265	許君太輝	306	허엽(許曄, 1517~1580)	
266	許魯齋	111	허형(許衡, 1209~1281)	
267	許衡	236, 534, 543, 544	허형(許衡, 1209~1281)	
268	邢恕	614	형서(邢恕, ?~?)	
269	嵇紹	366	혜소(嵇紹, 253~304)	
270	胡文定	295	호안국(胡安國, 1074~1138)	
271	胡五峯(峰)	43, 211, 313, 406, 547, 580, 581	호굉(胡宏, 1106~1161)	
272	胡子	326	호안국(胡安國, 1074~1138)	
273	洪思伯	400, 518, 611	홍재구(洪在龜, 1845~1898)	
274	弘菴	551	박경수(朴慶壽, ?~?)	
275	洪汝章	67	홍대심(洪大心, 1837~1877)	
276	花潭	33, 284, 303~308, 315	서경덕(徐敬德, 1489~1546)	
277	滉	284	이황(李滉, 1501~1570)	
278	黃	96	황정견(黃庭堅, 1045~1105)	
279	黃子澄	1110	황식(黃湜, 1350~1402)	
280	黃直卿	299	황간(黃榦, 1152~1221)	
281	淮陽朴生	517	박면섭(朴冕燮, ?~?)	
282	晦翁	90, 97, 366, 532	주희(朱熹, 1130~1200)	
283	晦翁朱夫子	100	주희(朱熹, 1130~1200)	
284	横渠	49, 230, 308, 382, 483, 507, 547, 576, 577	장재(張載, 1020~1077)	
285	横渠張先生	100	장재(張載, 1020~1077)	
286	徽庵程氏	286, 296	정약용(程若庸, ?~?)	

공손랑(公孫娘, ?~?)(中)

당(唐)의 무기(舞妓). 검무(劍舞)에 뛰어났다. 장욱(張旭)이 그녀의 혼탈무(渾脫舞)를 보고 초서(草書)의 묘(妙)를 터득했다고 한다.

☞ 公孫

곽충효(郭忠孝, ?~1128)(中)

남송(南宋)의 관리, 학자. 자는 입지(立之), 호는 겸산(兼山). 정자의 문인이다. 금나라와의 화의를 배격하고, 전수(戰守) 방책을 올렸다. 금나라가 영흥(永興)을 침입했을 때 성을 지키다 죽었다.

☞ 郭忠孝

구양성(歐陽成, ?~?)(中)

명(明)의 유학자. 나흠순이 답한 편지가 『곤지기』 부록에 있다.

☞ 歐陽少司

구양수(歐陽脩, 1007~1072)(中)

북송(北宋)의 문인, 정치가. 자는 영숙(永叔), 호는 취옹(醉翁), 시호는 문충(文忠). 한유의 영향을 받아 시문혁신론(詩文革新論)을 주장하고, 범중엄, 한기 등과 관료사회 일신에 기여하였으며, 붕당론(朋黨論)을 주장하였다. 1067년 왕안석의 신법에 반대하여 관직에서 물러났다. 문집으로 『구양문충공집』이 있다.

☞ 歐陽公

권상하(權尙夏, 1641~1721)(韓)

자는 치도(致道), 호는 수암(遂菴) 또는 한수재(寒水齋), 시호는 문순(文純). 송시열, 송준길의 문인이다. 송시열의 임종을 지키고, 유명에 따라 괴산 화양동에 만동묘(萬東廟)와 대보단(大報壇)을 세웠다. 문하에서 강문8학사가 배출되었는데, 이중 한원진과 이간 사이에서 인성(人性)과 물성(物性)을 두고 논변이 벌어지자 한원진의 논리에 동조하였다. 문집으로 『한수재집』이 있다.

☞ 文純公臣權尙夏, 遂菴

권종순(權鍾純, ?~?)(韓)

자는 경로(景輅). 이항로의 문인.

☞ 景輅

기악온(奇渥溫)(蒙)

칭키즈칸 일족의 성씨.

☞ 奇渥溫

김굉필(金宏弼, 1454~1504)(韓)

자는 대유(大猷), 호는 사옹(蓑翁) 또는 한훤당(寒暄堂), 시호는 문경(文敬). 김종직에게서 배웠으며, 스스로 "소학동자"라고 하였다. 1494년 유일(遺逸)로 천거되어 출사하였다. 1498년 무오사화로 평안도

희천에 유배되었으며, 조광조를 만나 학문을 전수하였다. 1504년 갑자사화 때 처형되었다. 1610년 문묘에 배향되었고, 문집으로 『한훤당집』이 있다. ☞ 寒暄

김매순(金邁淳, 1776~1840)(韓)

자는 덕수(德叟), 호는 대산(臺山), 시호는 문청(文淸). 1795년 정시문과에 급제하여 초계문신이 되었고, 1821년 강화유수를 역임하였다. 여한십대가(麗韓十大家)의 한 사람으로 꼽히며, 호락논쟁에서 낙론을 지지하였다. 저서로 『대산공이점록』, 『주자대전차문목표보』, 『열양세시기』 등이 있고, 문집으로 『대산집』이 있다. ☞ 金臺山[1)]

김석문(金錫文, 1658~1735)(韓)

자는 병여(炳如), 호는 대곡(大谷). 주돈이, 장재의 철학과 지구의 구형설(球形說), Rho Jacques의 『오위역지』 등을 참고하여 최초로 지전설(地轉說)을 주장하였다. 홍대용의 지전설과 역사철학에 영향을 주었으며, 저서로는 『역학도해』가 있다. ☞ 金大谷

김영록(金永祿, 1849~1900)(韓)

자는 사유(士綏), 호는 충재(充齋). 이항로의 문인이다. 호좌의진의 참모로, 을미의병의 통문을 작성하고, 조선가(의병가)를 전했다. ☞ 金士綏

김용겸(金用謙, 1702~1789)(韓)

자는 제대(濟大), 호는 효효재(嘐嘐齋)[2)]. 김수항(金壽恒)의 손자이고, 족형 김시보(金時保)에게 수학했다. 신임사화로 전주에 유배되었다 풀려난 뒤, 이재·박필주와 강론하였다. 1748년 선공감감역에 제수되고 1778년 특례로 우승지에 임명되었으며, 1786년에 공조판서가 되었다. ☞ 嘐老, 嘐丈, 嘐嘐齋徐公

김이상(金履祥, 1232~1303)(中)

송말원초(宋末元初)의 유학자. 자는 길보(吉父), 호는 차농(次農), 시호는 문안(文安). 원나라에 벼슬하지 않고 인산(仁山)에 은거하여 인산선생(仁山先生)이라 불렸으며, 하기, 왕백에게 배우고 허겸에게 전하여 금화사선생(金華四先生)으로 일컬어졌다. 문집으로 『인산집』이 있다. ☞ 仁山金氏

김장생(金長生, 1548~1631)(韓)

자는 희원(希元), 호는 사계(沙溪), 시호는 문원(文元). 송익필과 이이의 문인이다. 1581년 아버지를

---

1) 이항로가 말하는 詠蜂은 문집총간에서 검색되지 않는다. 유명한 白居易의 詠蜂詩다.

2) 嘐嘐齋는 효효재 또는 교교재로 읽힌다.

따라 종계변무의 일로 명나라에 다녀왔고, 임진왜란 때는 호조정랑으로서 명군 군량 조달에 공이 있었다. 인조반정 후 이괄의 난에서 어가를 공주에서 맞았고, 정묘호란 때는 양호호소사로서 의병을 모아 세자를 호위하였다. 예학에 밝아 『상례비요』, 『가례집람』 등을 지었다. 1688년 문묘에 배향되었고, 문집으로 『사계유고』가 있다. ☞ 文元先生, 文元

김창협(金昌協, 1651~1708)(韓)

자는 중화(仲和), 호는 농암(農巖) 또는 삼주(三洲), 시호는 문간(文簡). 김상헌의 증손, 김수항의 아들이며, 김창집의 아우이다. 1682년 출사하였고, 왕명으로 『주자대전차의』를 교정하였다. 기사환국 이후 은거하였다. 낙론(洛論)의 선구적 위치에 있으며, 문장과 시에 모두 능했다. 문집으로 『농암집』이 있다. ☞ 農巖

김창흡(金昌翕, 1653년~1722)(韓)

자는 자익(子益), 호는 삼연(三淵), 시호는 문강(文康). 김상헌의 증손, 김수항의 아들이며, 김창집, 김창협의 아우이다. 아버지의 명으로 진사가 되었을 뿐, 환로에 들지 않았으며 기사환국 이후 포천에 은거하였다. 도가와 불교 서적을 읽고 『사기』를 좋아했으며 시(詩)에 힘쓰다 주자의 글을 읽고 깨달은 바가 있어 유학에 전념하였다. ☞ 三淵, 淵翁

김춘선(金春善, ?~?)(韓)

자는 인중(仁仲), 호는 유안재(遺安齋). 김평묵의 손자다. 김평묵의 아들 김기봉이 1866년 후사 없이 세상을 떠나, 1868년에 김춘선을 양손(養孫)으로 삼았다. 『중암집』을 교정했다. ☞ 春善, 春善郞, 仁仲

김평묵(金平默, 1819~1891)(韓)

자는 치장(稚章), 호는 중암(重庵), 시호는 문의(文懿). 화서 이항로의 문인이다. 홍직필과 이항로를 같이 사사했으나 홍직필이 죽은 뒤로는 이항로의 학설을 따랐다. 같은 문하의 유중교와 명덕(明德)을 이(理)로 보느냐, 기(氣)로 보느냐를 두고 논쟁하였다. 1874년에 『화서아언(華西雅言)』을 편집, 간행하였고, 1881년 위정척사(衛正斥邪)를 주장하여 섬에 유배되었다. 문집으로 『중암집(重菴集)』 및 별집 『중암고(重菴稿)』 등이 있다. ☞ 金友平默, 金穉章, 重庵, 重庵先生, 重翁, 雲潭

나박문(羅博文, 1116~1168)(中)

남송(南宋)의 유학자. 자는 종약(宗約) 또는 종례(宗禮). 이동에게서 배우고, 평생 경(敬) 공부에 매진하였다. 꼿꼿한 관직 생활을 하였으며, 1168년 嘉州의 동기 모임에서 자신이 죽을 것이며 할 일을 마쳐 유감은 없다고 하고 죽었다. 주희가 행장을 지어 애도하였다. ☞ 羅博文

나흠순(羅欽順, 1465~1547)(中)

명(明)의 유학자. 자는 윤승(允升), 호는 정암(整菴), 시호는 문장(文莊). 환관 유근과 대립하였으나 남경 이부상서까지 올랐다. 왕수인에 맞서 주자학을 옹호하였으나, 이기일원(理氣一元)의 입장에서 보주귀일(補朱歸一)을 주장하여 비정통, 기(氣) 철학자로 분류된다. 저서에 『곤지기』, 문집으로 『나정암집』이 있다. ☞ 羅整菴

남계래(南啓來, ?~?)(韓)

호는 睡翁. 남숙관의 손자. ☞ 南睡翁啓來氏

남숙관(南肅寬, ?~?)(韓)

자는 정숙(正叔), 호는 팔탄(八灘). 「萬物眞源辨」을 지었다. 영춘현감을 지냈고, 1779년에 청풍향교 명륜당 중수기를 찬술하였다. ☞ 八灘公【肅寬】

노효표(盧孝標 **또는** 盧標, 1186~1257)(中)

남송(南宋)의 유학자. 자는 효손(孝孫) , 호는 옥계(玉溪). 아버지 진민부마 노공(盧恭)을 위해 시묘 3년을 하였고, 벼슬이 한림박사에 이르렀다. "강술당(講述堂)"을 만들고 강학하여 "옥계선생"으로 불렸다. 저서에 『사서강의』, 『경사술요』, 『성리발몽』이 있고, 문집으로 『옥계문집』이 있다. ☞ 玉溪盧氏

단문창(段文昌, 773~835)(中)

당(唐)의 관리. 자는 묵경(墨卿) 또는 경초(景初). 헌종 때 회서절도사 오원제가 모반하자 배도를 시켜 정벌하였는데, 배도 부하 이소가 꾀를 내어 오원제를 사로잡았다. 한유의 평회서비가 공을 다 배도에게 돌리자, 이소가 사실과 다르다고 호소하여, 단문창을 시켜 다시 지었으나 글이 형편없었다고 한다. 재상과 절도사를 역임하고, 추평군공에 봉해졌다. ☞ 段文昌

동중서(董仲舒, BCE 179~BCE 104)(中)

서한(西漢)의 유학자. 춘추공양학을 전공하고 대일통(大一統)의 논리와 삼강(三綱)의 윤리를 제시하였으며, 천인상감론(天人相感論)을 주창하여 고대 전제왕권과 유교 국교화의 길을 열었다. ☞ 董子

두보(杜甫, 712~770)(中)

당(唐)의 시인. 자는 자미(子美), 호는 소릉(少陵). 시선(詩仙) 이백에 견주어 시성(詩聖)으로 일컬어진다. 대표작으로 「북정(北征)」, 「등고(登高)」, 「춘망(春望)」 및 「음중팔선가(飮中八仙歌)」 등이 있으며, 작품집으로 『두공부집』이 있다. ☞ 杜工部

두지인(杜知仁, ?~?)(中)

남송(南宋)의 유학자. 자는 인중(仁仲) , 호는 방산(方山). 주희의 문인이다. 어려서부터 과문에 특출했고 특히 시에 힘썼으나 배울만한 것이 아니라는 깨달음에 육경을 공부하고 당시 학자들의 글을 살피다가 주희의 글을 보고 "길이 여기에 있다. 이치를 궁구하고 인을 구하는 것이, 내 머물 곳임을 알았다." 하였다. 논술이 많았으나 엮지 못하고 죽었다. ☞ 杜仁仲

마익(馬翼, ?~?)(中)

명(明)의 관리. 태조 주원장의 신하. 『明史紀事本末』에는 "馬翼", 『御製歷代通鑑輯覽』에는 "馬翌"으로 되어 있다. ☞ 馮翌[3)]

만안(萬安, ?~1489)(中)

명(明)의 간신. 자는 순길(循吉). 키가 크고 미목이 수려하였다. 1469년 예부좌시랑이 되어 내각에 들어갔으나, 권세가와 환관에 아첨을 일삼고, 만귀비에게 접근하여 조카로 행세했다. 헌종이 조회를 보지 않아 대신들이 알현을 청했는데, 말이 끝나기도 전에 머리를 박고 만세를 외쳐 '만세각로'로 불렸다. ☞ 萬安

만인걸(萬人傑, ?~?)(中)

남송(南宋)의 유학자. 자는 정순(正淳) 또는 정순(正純), 호는 지재(止齋). 주희의 문인이다. 육구령, 육구연에게 배우다 남강에서 주희를 만난 뒤 그의 제자가 되었다. ☞ 人傑

만정아(萬貞兒, 1428~1487)(中)

명(明)의 후궁. 공식 호칭은 공숙황귀비. 명 성화제의 후궁이었다. 자신이 낳은 아들이 바로 죽자 성화제의 대를 끊으려 하였다. 황후 오씨를 모함하여 폐위시키고, 현비 백씨가 아들을 낳자 모자를 독살했으며, 궁녀 기씨가 임신하자 강제로 낙태약을 먹이고 별궁에 유폐하였다. 기씨의 아들이 환관의 도움으로 민간에서 성장하여 돌아오자 수차 죽이려 하였고, 생모 기씨는 독살하였다. ☞ 萬貴妃

---

3) 『御製歷代通鑑輯覽』 권100, 明, 「太祖皇帝」 : 既至帝御奉天門召問元政得失馬翌對曰元有天下以寬得之亦以寬失之帝曰以寬得之則聞之矣…

『明史紀事本末』 권14, 「開國規模」 : 二年春正月庚子上御奉天門召元舊臣問其政事得失馬翼對曰元有天下寬以得之亦寬以失之上曰以寬得之則聞之矣以寬失之未之聞也夫.

위의 두 문헌을 살펴보면, 馮翌의 성이 馬인 것은 분명해 보이며, 이름 역시 음은 익으로 보인다. 『明史紀事本末』이 날짜가 명시되는 등 신뢰성이 높아 翼으로 판단함.

박경수(朴慶壽, ?~?)(韓)

자는 선경(善卿), 호는 홍암(弘菴). 문집으로 『홍암집(弘庵集)』이 있다. ☞ 善卿, 朴弘菴, 弘菴

박광우(朴光佑, 1495~1545)(韓)

자는 국이(國耳), 호는 필재(蓽齋) 또는 잠소당(潛昭堂), 시호는 정절(貞節). 1545년 사간이 되었으나 을사사화로 투옥되어 선동역에 도배되었다가 죽었다. ☞ 朴先生光佑

박면섭(朴冕燮, ?~?)(韓)

자는 주복(周服). 이항로의 문인이다. ☞ 淮陽朴生[4]

박명벽(朴命璧, 1773~1827)(韓)

자는 계립(季立), 호는 금호(錦湖). 오희상의 문인이다. 1813년 출사하여 사헌부 감찰에 이르렀다. 서울에 있을 적에 박윤원의 문인이 되어 홍직필과 친하였다. 홍직필이 묘갈명을 지었다. ☞ 朴命璧

박민헌(朴民獻, 1516~1586)(韓)

자는 희정(希正), 초자가 이정(頤正), 호는 정암(正菴) 또는 슬한재(瑟僩齋)·의속헌(醫俗軒)·저헌(樗軒). 서경덕(徐敬德)의 문인이다. 외환에 대비하여 무비에 힘썼고, 꼿꼿한 기질 때문에 이기와 윤원형 등의 미움을 샀다. 문집으로 『슬한재집』이 있다. ☞ 朴公頤正

박세채(朴世采, 1631~1695)(韓)

자는 화숙(和叔), 호는 현석(玄石) 또는 남계(南溪), 시호는 문순(文純). 김상헌의 문인이다. 송시열, 송준길 등과 교유하고 1차 예송(禮訟)에서 서인을 지지하였다. 1683년 서인이 갈리자 소론의 영수가 되었다. 숙종 후반 붕당 간 조제보합을 말하는 황극탕평설을 주장하였다. 저서로 『육례의집』, 『동유사우록』 등이 있다. 1764년 문묘에 종사되었으며, 문집으로 『남계집』이 있다. ☞ 朴和叔

박여룡(朴汝龍 : 1541~1611)(韓)

자는 순경(舜卿), 호는 송애(松厓), 시호는 문온(文溫). 1570년 이이가 해주 야두촌에 거처를 잡자 30의 나이로 나아가 수학하였다. 임진왜란 때 해주에서 의병 500인을 모아 대가를 호위하는 등, 선무원종공신 1등에 책록되었다. 1611년 이이의 문집을 간행하였다. 저서로 『석담어록』이 있고, 문집으로 『송애집』이 있다. ☞ 朴汝龍

---

4) 유중교의 문인록에 있는 인물 중 강원도 회양 사는 유일한 박씨.

박필주(朴弼周, 1680~1748)(韓)

자는 상보(尙甫), 호는 여호(黎湖), 시호는 문경(文敬). 김장생의 아들이다. 저서로 『독서수차』, 『주자왕복휘편』, 『춘추유례』등이 있고, 문집으로 『여호집』이 있다. ☞ 文敬公

방대장(方大壯, ?~?)(中)

남송(南宋)의 유학자. 자는 이지(履之), 호는 이재(履齋). 주희의 문인이다. 어려서부터 학문을 좋아하며 과장에 몸을 담지 않았다. ☞ 方履之

방효유(方孝孺, 1357~1402)(中)

명(明)의 유학자. 자는 희직(希直) 또는 희고(希古), 호 손지(遜志). 송렴의 문인이다. 1402년 영락제가 황위를 찬탈했을 때, 즉위 조서 작성을 거부하여, 일족과 친우, 제자 등 847명과 함께 죽임을 당했다. 문집으로 『손지재집』과 『방정학문집』이 있다. ☞ 方孝孺

범준(范浚, 1102~1150)(中)

남송(南宋)의 유학자. 자는 무명(茂明)이고, 호는 향계(香溪). 간신 진회가 집권하고 있어 출사하지 않고 강학만 했다. 「심잠」이 유명하고, 존심양성(存心養性)과 신독(愼獨), 지치지회(知恥知悔)를 강조했다. 문집으로 『향계집(香溪集)』이 있다. ☞ 蘭溪范氏

범중엄(范仲淹, 989~1052)(中)

북송(北宋)의 정치가, 유학자. 자는 희문(希文), 시호는 문정(文正). 문무에 뛰어난 군사전략가이자 정치가로서 한기와 함께 서하를 막는데 큰 공을 세웠고, 인종의 자문에 응하여 "경력신정(慶歷新政)"으로 불리는 열 가지 조항을 제시하였다. 문집으로 『범문정공문집』이 있다. ☞ 范文正

사마천(司馬遷, BCE 145~?)(中)

서한(西漢)의 역사가. 자는 자장(子長). 『사기』를 썼다. ☞ 司馬子長

서경덕(徐敬德, 1489~1546)(韓)

자는 가구(可久), 호는 복재(復齋), 화담(花潭), 시호 문강(文康). 독자적인 기일원론(氣一元論)을 제창하고, 일기장존설(一氣長存說)을 주장하였다. 퇴계와 율곡으로부터 "기(氣)를 리(理)인 줄 안다"는 비판을 받았다. 문집으로 『화담집(花潭集)』이 있다. ☞ 花潭

서준순(徐峻淳, ?~?)(韓)

자는 덕경(德卿). 오희상의 문인이다. ☞ 徐處士峻淳

석돈(石𣂏, ?~?)[5](中)

남송(南宋)의 유학자, 관리. 자는 자중(子重). 주희와 교유하였고, 『중용집해』를 편찬했다. ☞ 石子重

석륵(石勒, 274~333)(中)

오호십육국(五胡十六國) 시대 후조(後趙)의 제1대 황제(재위 319~333). 자는 세룡(世龍), 시호는 명제(明帝), 묘호는 고조(高祖). 흉노족 갈종(羯種)의 추장 아들. ☞ 石勒

성근인(成近仁, 1831~1858)(韓)

자는 이강(而强), 호는 성암(省巖). 이항로의 문인으로 유중교와 동문이고, 김평묵의 외사촌 동생이다. 문집으로 『성암유고』가 있다. ☞ 近仁

성혼(成渾, 1535~1598)(韓)

자는 호원(浩源), 호는 우계(牛溪) 또는 묵암(默庵), 시호는 문간(文簡). 성수침의 아들로 이이와 친했다. 기축옥사에서 최영경의 죽음에 대한 책임이 있다는 북인의 비난을 받았다. 임진왜란 시기 세자의 부름에 출사하였고, 류성룡과 함께 주화론을 주장하였다. 사위 윤황으로 이어지는 서인 소론 계보를 형성한다. 1681년 문묘에 배향되었으며, 문집으로 『우계집』이 있다. ☞ 牛溪

소식(蘇軾, 1036~1101)(中)

북송(北宋)의 문인, 정치가. 자는 자첨(子瞻) 또는 화중(和仲), 호는 동파(東坡), 시호는 문충(文忠). 시서에 모두 뛰어나 아버지 소순, 동생 소철과 함께 '3소'라고 불리며, 당송8대가로 한 명으로 일컬어진다. 구법당의 중심이었으며, 황정견과 함께 소황(蘇黃)으로 불렸다. 문집으로 『동파전집』이 있다. ☞ 蘇(蘇·黃輩)

소옹(邵雍, 1011~1077)(中)

북송(北宋)의 유학자. 자는 요부(堯夫) , 시호는 강절(康節). 이지재로부터 역학을 배우고, 이정 형제와 가까웠다. 후에 선천역학을 완성하여 주희에게 영향을 주었다. 저술로 『황극경세서』, 『이천격양집』 등이 있다. ☞ 邵康節, 邵子, 邵翁

소진(蘇溱, ?~?)(中)

남송(南宋)의 유학자. 자는 진수(晉叟). 주자의 문인이다. ☞ 蘇晉叟

---

5) 이름은 돈(𣂏)과 돈(𣁽)이 혼용되어 쓰인다.

손호(孫皓, 242~284)(中)

삼국시대(三國時代)의 오(吳)의 마지막 황제. 자는 원종(元宗) 또는 호종(皓宗). 즉위 초에는 선정하였으나 측근에게 관직을 주고 조세를 가혹하게 징수하였다. 반란 와중에 남하한 진나라에 항복하였다.

☞ 孫皓

송민영(宋敏榮, ?~?)(韓)

자는 문호(文好), 호는 민와(敏窩). 이항로의 문인이다. ☞ 宋文好, 文好

송시열(宋時烈, 1607~1689)(韓)

자는 영보(英甫), 호는 우암(尤庵) 또는 화양동주(華陽洞主), 시호는 문정(文正). 김장생의 문인으로 김장생 사후 김집을 스승으로 섬겼다. 1635년 봉림대군(鳳林大君:孝宗)의 사부가 되고, 효종 즉위 후 북벌계획을 담당하였다. 1659년과 1674년의 자의대비 복상문제에서 기년설(朞年說)과 대공설(大功說)을 주장하였고, 제자 윤증과 대립하여 1683년 노소 분당이 이루어졌다. 1756년 문묘에 배향되었고, 문집으로 『송자대전』이 있다. ☞ 宋子, 尤庵, 尤翁, 尤齋, 文正公臣宋時烈

송준길(宋浚吉, 1606~1672)(韓)

자는 명보(明甫), 호는 동춘당(同春堂), 시호는 문정(文正). 김장생의 문인이다. 송시열과 동종(同宗)으로 정치적 부침과 주장을 같이 하였다. 1756년 문묘에 배향되었고, 문집으로 『동춘당집』이 있다.

☞ 春, 春翁

송진봉(宋鎭鳳, 1840-1898)(韓)

자는 치승(致承), 호는 사복재(思復齋). 김평묵의 문인이다. 강수계(講修契)를 세우고, 고조부 송익호의 『추연백록동규』를 강규(講規)로 삼아 이를 실천하였다. 1895년 기우만과 의병을 일으켰으나 실패하고, 이후 후진 양성에 전념하면서 서학을 극력 배척하였다. 문집으로 『사복재집』이 있다.

☞ 宋鎭鳳

신익상(申翼相, 1634~1697)(韓)

자는 숙필(叔弼), 호는 성재(醒齋), 시호는 정간(貞簡). 1662년 출사하여 오랫동안 사관으로 있으면서 사실을 곧게 기록하여 명성을 얻었다. 1672년 홍문록에 올랐다. 1695년 우의정에 올랐다. 문집으로 『성재집』이 전한다. ☞ 申說書公, 申公

심귀보(沈貴瑤, ?~?)(中)

원(元)의 유학자. 호는 의재(毅齋). 동몽정의 문인으로 호방평에게 주희의 역학을 전했다.

☞ 番易沈氏

심기택(沈琦澤, 1826~?)(韓)

자는 경규(景珪), 호는 운가(雲稼). 유신환의 문인이다. 강화군수, 금산군수, 병조참판 등을 지냈다. 문집으로 『운가집』이 있다. ☞ 沈靑陽景珪琦澤

양견(楊堅, 541~604)(中)

수(隋)의 초대 황제(재위 581~604). 묘호 고조(高祖). '개황율령'을 제정하고, 과거제를 실시하였다. 남북조를 통일했다. ☞ 隋楊堅

양경칠(梁景七, ?~?)(韓)

미상 ☞ 梁景七

양광(楊廣, 569~618)(中)

수(隋)의 제2대 황제(재위 604~618). 만리장성을 수축하고 대운하를 완성하였다. 3차례 고구려를 침입하였으나 실패하였고 각지의 민란을 초래하였다. ☞ 隋煬帝

양방(楊方, ?~?)(中)

남송(南宋)의 유학자. 자는 자직(子直), 호는 담헌(淡軒). 주희의 문인이다. 융흥 초에 등제하여 길주지주에 이르렀다. 경원당금으로 조여우, 주희에 연좌되어 파직되었으나 당금이 해제된 뒤 복권되어 직보모각, 광서제형에 이르렀다. ☞ 楊子直

양웅(楊雄, BCE 53~18)(中)

신(新)의 유학자. 자는 자운(子雲). 전한 말에 태어나 왕망의 신에서 대부가 되었다. 『법언』과 『태현』을 지었다. 사부(詞賦)에도 능했다. ☞ 楊雄

어윤석(魚允奭, 1846~1898)(韓)

자는 공필(公弼). 김평묵의 문인이다. ☞ 魚公弼

오렵(吳獵, 1130~1213)(中)

남송(南宋)의 유학자. 자는 덕부(德夫)[6], 호는 외재(畏齋). 장식의 문인으로서 호상학파의 중요인물이다. 오랫동안 지방재정을 담당하며 금에 대한 대비를 건의하였고, 1206년 금나라가 양양 등 요지를 공격했을 때 격퇴하여 경호선무사로 승진하였다. 문집으로 『畏齋集』이 있다. ☞ 吳德夫

---

6) 『송원학안』에는 德天으로 되어 있다.

오연상(吳淵常, 1765~1821)(韓)

자는 사묵(士默), 호는 약암(約菴). 오재순의 아들이고, 오희상의 동생이다. 1800년에 출사하여 이조참의에 이르렀다. 1811년 홍경래의 난 때 태천을 수복하고 변대익을 주살하였다. 이후 이조참판·부제학·도승지·비변사제조 등을 역임하였다. 문집으로 『약암집』이 필사본으로 전한다. ☞ 老洲弟通川公[7]

오징(吳澄, 1249~1333)(中)

원(元)의 유학자. 자는 유청(幼淸) 또는 백청(伯淸), 시호는 문정(文正). 남송이 멸망하자 은거하여 초가집에 살았으므로, 초려선생(草廬先生)으로 불렸다. 원 세조 이후 여러 번 조정의 부름을 받고 출사하였다. 원나라에 유학을 전파하고 발전시키는데 크게 기여하여, 허형과 함께 "남오북허(南吳北許)"라고 일컬어졌다. 임천군공(臨川郡公)에 봉해졌다. 문집으로 『吳文正集』이 있다. ☞ 臨川吳氏, 臨川, 草廬

오필대(吳必大, ?~?)(中)

남송(南宋)의 유학자. 자는 백풍(伯豐). 장식, 여조겸을 사사하고 만년에 주희의 문인이 되었다. 음보로 출사하여 길수(吉水)의 현승이 되었다. ☞ 吳伯豊

오희상(吳熙常, 1763~1833)(韓)

자는 사경(士敬), 호는 노주(老洲), 시호는 문원(文元). 형 오윤상(吳允常)에게 수학하였다. 1800년에 출사하였고, 1818년 징악산에 은거하였다. 문집으로 『노주집』이 있다. ☞ 老洲, 吳老洲先生

왕망(王莽, BCE 45~23)(中)

'신(新)'의 건국자. 자 거군(巨君). 산동[山東] 출생. 정전법을 모방한 토지개혁을 단행하고, 농민들에게 저리 융자를 해주었으며, 노비 매매를 금지시켰으나, 모두 실패하여 농민호족 반란이 잇달았다. 부하에게 찔려 죽고, 유수가 후한을 건국했다. ☞ 莽

왕복교(王福郊, ?~?)(中)

당(唐)의 학자. 왕통의 아들이다. ☞ 福郊

왕복치(王福畤, ?~?)(中)

당(唐)의 학자. 왕통의 아들이다. ☞ 福畤

---

7) 6촌 동생 吳澈常일 가능성도 있음.

왕부(王裒, ?~311)(中)

서진(西晉)의 효자. 자는 위원(偉元). 아버지 왕의(王儀)가 문제(文帝, 司馬昭)에게 직간했다가 죽임을 당하자 벼슬하지 않았다. ☞ 王偉元

왕수인(王守仁, 1472~1528)(中)

명(明)의 유학자. 자는 백안(伯安), 호는 양명(陽明), 시호는 문성(文成). 환관 유근에 맞서다 귀양간 용장에서 깨달음을 얻어 심즉리(心卽理), 지행합일(知行合一), 치양지(致良知) 등을 주장하였다. 문집으로 『왕문성공전집』이 있다. ☞ 陽明, 王陽明

왕역행(王力行, ?~?)(中)

남송(南宋)의 유학자. 자는 근사(近思). 주희의 문인이다. 저서로 『주씨전수지파도』가 있다. ☞ 王力行

왕통(王通, 584~617)(中)

수(隋)의 유학자. 자는 중엄(仲淹), 사시(私謚)는 문중자(文中子). 오경을 깊이 연구하여 『속서』, 『속시』, 『원경』, 『예경』, 『악론』, 『찬역』 등을 지었으나 모두 없어졌다. 문하에서 위징, 방현령 등이 배출되었다. 자식과 제자들이 『논어』를 모방하여 『중설』을 편찬했다. ☞ 文中子

요로(饒魯, 1193~1264)(中)

남송(南宋)의 유학자. 자는 백여(伯輿) 또는 중원(仲元), 호는 쌍봉(雙峰). 시원유, 시중행, 황간, 이번 등에게서 배웠다. 예장서원, 동호서원 등에서 유학하고 붕래관(朋來館), 석동서원 등을 세워 후진을 양성하였다. 저서에 『오경강의』, 『어맹기문』, 『서명도』 등이 있다. ☞ 饒雙峯

위섬지(魏掞之, 1116~1173)(中)

남송(南宋)의 유학자. 자는 자실(子實) 또는 원리(元履). 간재선생(艮齋先生)이라고 불렸다. 호헌의 문인으로 주희와 종유했다. 여러 번 시무를 건의했으나 받아들여지지 않았다. 최초로 지역에서 사창을 시행했다. 저서에 『무오당의』가 있다. ☞ 魏艮齋

위소(危素, 1303~1372)(中)

원말명초(元末明初)의 유학자. 자는 태박(太樸), 호는 운림(雲林). 송, 요, 금의 역사 편찬에 참여하고 『이아』를 주석하였다. ☞ 危素

위징(魏徵, 580~643)(中)

당(唐)의 정치가. 자는 현성(玄成), 시호는 문정(文貞). 정국공(鄭國公)에 봉해졌다. 언론이 『정관정요』

에 많이 보이고, 『간태종십사소』가 유명하다. 문집으로 『위정공문집』과 『위정공시집』이 있다.

☞ 魏鄭公

유기일(柳基一, 1845~1904)(韓)

자는 성존(聖存), 호는 용계(龍溪) 또는 용서(龍西). 화서(華西) 이항로의 문인으로, 이항로의 사후에는 김평묵을 스승으로 섬겼다. 1876년 화서학파 48인과 함께 개항 반대상소를 올렸다. 이후 은거하여 저술과 문인 양성에 진력하며 '자정수의(自靖守義)' 하였다. 문집은 간행되지 않고 수고본 상태로 한국학중앙연구원 하성문고에 소장되어 있다. ☞ 柳聖存

유려(劉礪, 1157~1204)(中)

남송(南宋)의 유학자. 자는 용지(用之), 호는 재헌(在軒). 형 유지(劉砥)와 함께 주희의 문인이다. 경원당금에 연좌된 상황에서도 유배가는 채원정을 대접하였다. ☞ 劉用之

유선(劉禪, 207~271)(中)

삼국시대(三國時代) 촉한(蜀漢)의 마지막 황제. 자는 공사(公嗣), 시호는 위사(爲思). 서진 말년에 유연(劉淵)이 칭제하며 효회(孝懷) 황제로 추존하였다. ☞ 劉禪

유안절(劉安節, 1068~1116)(中)

북송(北宋)의 유학자. 자는 원승(元承). 정이의 문인이다. 아우 유안상과 함께 정이에게서 배워 "이유(二劉)"로 일컬어졌다. 1100년에 출사하여 어사에 이르렀으나 판결 문제로 요주 지주로 좌천되었다 선주로 옮겨 수해를 잘 처리하였다. 『이천어록』을 편찬했고, 문집으로 『유좌사집』이 있다. ☞ 劉元承

유요부(劉堯夫, 1146~1189)(中)

남송(南宋)의 학자, 관리, 승려. 본명은 단(單), 자는 순수(淳叟). 육구연에게 배우고 정좌를 좋아하였으며 조정에서는 입바른 소리를 잘했다. 후에 육구연의 학문이 크게 잘못되었다고 비판하다가 주희에게 책망을 받았다. 선불교를 공부하여 승려가 되었다가 얼마 후 죽었다. 문집으로 『정충재집』이 있다.

☞ 劉淳叟

유인석(柳麟錫, 1842~1915)(韓)

자는 여성(汝聖), 호는 의암(毅菴). 유중교의 종질. 이항로의 문인으로, 이항로의 사후에는 김평묵, 유중교에게 배웠다. 을미사변 후 단양에서 의병을 일으켜 의병장에 추대되었으나 제천에서 패전하고 만주로 망명하였다. 1897년 일시 귀국하였으나 1898년 다시 만주로 망명하였다. 1909년 블라디보스토크로 망명하여, 13도의군 도총재에 추대되었다. 1915년 포시에트에서 병사하였다. 1962년 건국훈장 대통령장이 추서되었으며, 문집으로 『의암집』이 있다. ☞ 汝聖, 麟姪, 麟錫

유중교(柳重敎, 1832~1893)(韓)

자는 치정(穉程), 호는 성재(省齋). 화서(華西) 이항로(李恒老)의 문인으로, 이항로의 사후에는 김평묵(金平默)을 스승으로 섬겼다. 이항로 심설의 심즉리(心卽理)의 취지에 대해 조보(調補) 함으로써 김평묵과 일대 논쟁을 일으켰으며, 이 논쟁은 끝내 결론을 보지 못하였다. 저서로는 『성재문집(省齋文集)』 60권이 있다. ☞ 重敎, 柳穉程

유중악(柳重岳, 1843~1909)(韓)

자는 백현(伯賢), 호는 항와(恒窩). 이항로의 문인으로, 이항로의 사후에는 김평묵, 유중교에게 배웠다. 유중교는 집안 형이고, 유인석은 집안 조카이다. 심설논쟁(心說論爭)이 일어났을 때 유중교를 옹호하였고, 유인석의 의병활동을 후원하였다. ☞ 柳重岳, 伯賢

유직(柳稷, 1602~1662)(韓)

자는 정견(廷堅), 호는 백졸암(百拙庵). 1650년 성균관 유생들이 이이와 성혼의 문묘 종사를 주장하자 영남 유생 800여 명이 반대소를 올렸는데, 소수였다. 이에 성균관에서 유직의 이름을 유적에서 삭제하고 부황의 벌까지 내렸다. 이로부터 세상일에 뜻을 접고 '백졸암'이라는 편액을 걸었다. 문집으로 『백졸암집』이 있다. ☞ 柳稷

유청지(劉淸之, 1134~1190)(中)

남송(南宋)의 유학자. 자는 자징(子澄)이고, 호는 정춘당(靜春堂). 형인 유정지에게 배웠으나, 주희를 만나고서 의리지학에 뜻을 두었다. 여조겸, 장식과도 교유했다. 저서로 『증자내외잡편』, 『제의』, 『훈몽신서』 등이 있다. ☞ 劉子澄

유치경(兪致慶, 1848~1910)(韓)

자는 경선(景善), 호는 도진(桃津). 1895년 유인석 의진에 가담하여 충주, 제천 등지에서 활약하였다. 관군에게 패전한 뒤 유인석을 따라 만주로 건너가 계속 독립운동을 하였다. 1995년 건국훈장 애국장이 추서되었다. ☞ 兪致慶

유하상(柳夏相, 1848~1910)(韓)

자는 운경(雲卿), 호는 성석(醒石). 김평묵의 문인이다. 유중교와 송병선 문하에도 출입하였다. 1903년 무성서원을 중심으로 유림들이 명성황후에 대한 복수를 맹세하는 서보단(誓報壇)을 쌓고 추모제를 올리기로 했을 때 참여하였다. 문집으로 『성석유고』가 있다. ☞ 雲卿[8]

---

8) 李澤昇(雲卿) / 柳夏相(雲卿)이 모두 가능하다. 중암집을 기준으로 유하상으로 판단하였다.

유현(劉玄, ?~?)(中)

남북조시대(南北朝時代) 동진(東晉) 및 성한(成漢)의 귀족. 촉한 소열제의 증손. 촉한 멸망 후 낙양으로 이주하고, 후에 아버지의 작위를 이어 "향후(鄕侯)"가 되었다. 311년 영가의 난으로 유씨들이 거의 절멸되자 촉으로 도망가 성한황제 이웅에게 안락공으로 봉해졌다. 347년 환온이 성한의 마지막 황제 이세를 공격하여 성도를 점령하였을 때 성도를 방어하던 70대의 유현을 포로로 잡았다고 한다.

☞ 安樂公

유협(劉協, 181~234)(中)

동한(東漢)의 마지막 황제. 자는 백화(伯和). 동탁에 의해 9세 때 진류왕에 봉해졌다. 뒤에 조조의 옹립을 받았지만, 220년 조조의 아들 조비에게 양위했다.

☞ 漢獻, 魏山陽公

육구연(陸九淵, 1139~1193)(中)

남송(南宋)의 유학자. 자는 자정(子靜), 호는 상산(象山) 또는 존재(存齋), 시호는 문안(文安). 정강의 변에 분개해 국세 회복책을 건의했으나 받아들여지지 않자 상산에 은거하며 강학하였다. 1190년 형문군을 맡아 치적이 있었으나 재임 중 병사했다. 명대 왕수인과 함께 陸王으로 일컬어진다.

☞ 陸子靜, 陸象山, 陸氏, 陸

육롱기(陸隴其, 1630~1692)(中)

청(淸)의 유학자. 원명은 용기(龍其) , 족보에는 세표(世穮)라고 되어있다. 자는 가서(稼書), 호는 당기(當湖) 또는 삼어당(三魚堂), 시호는 청헌(淸獻). 1670년 출사하여 순리(循吏)로 일컬어졌으며, 청렴했다. 육세의(陸世儀)와 병칭되어 "이륙(二陸)"으로 불렸으며, 청조 제일의 주자학자로 일컬어졌다. 저서로 『곤면록』, 『독서지의』가 있고, 문집으로 『삼어당집』이 있다.

☞ 陸稼書

윤석봉(尹錫鳳, 1842~1910)(韓)

자는 운서(雲瑞), 호는 삼희당(三希堂). 이항로 · 김평묵 · 유중교의 문인이다. 문집으로 『삼희당유고』가 있다.

☞ 尹雲瑞, 雲瑞

윤선거(尹宣擧, 1610~1669)(韓)

자는 길보(吉甫), 호는 미촌(美村)·노서(魯西)·산천재(山泉齋), 시호는 문경(文敬). 아버지는 윤황이며, 어머니는 성혼의 딸이다. 윤문거의 아우이며, 윤증의 아버지이고, 김집의 문인이다. 1636년 성균관의 유생들을 규합하여 청나라 사신의 목을 베라고 주청하였으나, 강화도가 함락되었을 때는 평민의 복장으로 탈출하였다. 윤휴를 변호하다 송시열로부터 배척을 당했다. 문집으로 『노서유고』가 있다.

☞ 大尹, 魯尹

윤증(尹拯, 1629~1714)(韓)

자는 자인(子仁), 호는 명재(明齋) 또는 유봉(酉峰), 시호는 문성(文成). 성혼의 외증손이고, 윤선거의 아들이며, 권시, 김집, 송시열에게서 배웠다. 서인이 노론과 소론으로 분리될 때 소론의 영수로 추대되어 송시열과 대립하였다. 문집으로 『명재유고』가 있다. ☞ 尼尹

윤휴(尹鑴, 1617~1680)(韓)

자는 희중(希仲), 호는 백호(白湖) 또는 하헌(夏軒). 1635년 복천사에서 송시열을 만나 높은 평가를 받았다. 병자호란 후 벼슬을 하지 않을 결심이었으나 삼번의 난이 일어나자 북벌을 주장하는 상소를 올렸고 이후 출사하였다. 예송으로 송시열과 갈라선 뒤 남인으로 활동하며 북벌을 위한 노력을 하였으나 경신환국으로 축출되었다. 문집으로 『백호전서』가 있다. ☞ 尹鑴

을지문덕(乙支文德, ?~?)(韓)

고구려 무장. 612년 고구려를 침공한 수의 대군을 유인한 뒤 살수에서 무찔렀다. 「여수장우중문시」가 전한다. ☞ 乙支文德

이경기(李景器, ?~?)(韓)

미상 ☞ 李景器

이광(李廣, ?~?)(中)

명(明)의 환관. 부적이나 기도로 홍치제를 홀렸다. 황제를 부추겨 만세산에 육수정(毓秀亭)을 지었는데, 공주가 죽고 궁궐이 타는 등의 재액이 잇다르자 태황태후가 "오늘도 이광, 내일도 이광하더니, 결국 재앙이 오는구나"라고 하였다. 이광이 두려워 자살하였다. 이광 집에서 나온 뇌물 명단을 보고 황제가 조사를 명하자 연루자들이 장학령을 통해 무마하였다. ☞ 李廣, 廣

이광교(李光敎, ?~?)(韓)

자는 대이(大而), 호는 화암(華菴). 화서 문하와 교유하였고, 선원서당 등에서 강학하였다. ☞ 李大而

이광지(李光地, 1642~1718)(中)

청(淸)의 학자, 관료. 자는 진경(晉卿), 호는 용촌(榕村) 또는 후암(厚庵), 시호는 문정(文貞). 강희제의 칙명으로 『성리정의』와 『주자대전』 등을 편수했다. 저서에 『주역통론』, 『상서해의』, 『효경전주』 등이 있고, 문집으로 『용촌전집』이 있다. ☞ 李光地

이교인(李敎仁, ?~?)(韓)

미상. ☞ 李敎仁

이근원(李根元, 1840~1918)(韓)

자는 문중(文仲), 호는 금계(錦溪). 이항로의 문인이다. 유기일, 홍재구 등이 유중교를 비난할 때, 유중교를 옹호했다. 1906년 의병 혐의로 여주헌병대에 체포되고, 1910년에는 은사금을 거부하다가 지평헌병분견소에 7일간 감금되어 고문받았다. 1915년 『송서약선』을 편찬하였다. 문집으로 『금계집』이 있다.

☞ 文仲, 錦溪

이동(李侗, 1093~1163)(中)

남송(南宋)의 유학자. 자는 원중(願中), 호는 연평(延平), 시호는 문정(文靖). 나종언에게 배웠다. 주희의 아버지 주송과 동문이며, 주희의 스승이다. 주희에게 정좌(靜坐)를 지도하고, 감정이 생기기 이전의 마음 상태를 직접 깨닫도록 가르쳤다. 저서로 『소산독서담』과 『논어연구』가 있고, 문집으로 『이연평집』이 있다.

☞ 延平李先生, 延平

이범직(李範稷, 1868~1896)(韓)

자는 보경(輔卿), 호는 조암(釣菴) 또는 조은(釣隱). 유중교의 문인이다. 1895년 동문 안승우, 이춘영 등과 의병을 일으켜 유인석의 호좌의진에 참여하였다. 의진의 서간도 망명을 이끌었으나 강계관찰사 조승현에게 체포당하여 회유에 굴하지 않다가 부하 20여 명과 함께 죽임을 당하였다. 1995년 건국훈장 독립장이 추서되었다.

☞ 李君範稷, 李君

이사훈(李思訓, 651~716)(中)

당(唐)의 장군, 화가. 자는 건현(建眖), 시호는 소(昭). 종실로서 문음으로 출사하여 무위대장군에 이르고 , 팽국공에 봉해져 "대이장군(大李將軍)"으로 불렸다. 산수화에 능하였고 특히 금벽산수에 뛰어났다. 후에 북종화의 시조로 일컬어졌다.

☞ 李思訓

이성계(李成桂, 1335~1408)(韓)

조선의 제1대 왕. 자는 중결(仲潔), 호는 송헌(松軒) 또는 송헌거사(松軒居士). 등극 후에 이름을 단(旦), 자를 군진(君晉)으로 고쳤다. 묘호는 태조, 능호는 건원릉. 고려말 왜구와 여진을 토벌하였고, 요동 정벌군의 수장이었으나, 회군하여 최영을 제거하고 우왕을 폐하였다. 1392년 공양왕을 몰아내고 왕위에 올랐다.

☞ 我太祖

이소응(李昭應, 1861~1928)(韓)

일명 의신(宜愼) 또는 직신(直愼), 자는 경기(敬器), 호는 습재(習齋) 또는 사정거사(思靖居士). 1896년 유중락, 이만응 등의 유생과 농민 1,000여 명에 의하여 의병대장으로 추대되어 개화관료 조인승을 참하고, 경기북부에서 강릉까지를 무대로 활약하였다. 1962년 건국훈장 독립장이 추서되었다.

☞ 李生昭應, 李友敬器

이원한(李元翰, ?~?)(中)

남송(南宋)의 유학자. 주희의 문인. ☞ 李元翰

이이(李珥, 1536~1584)(韓)

자는 숙헌(叔獻), 호는 율곡(栗谷)·석담(石潭)·우재(愚齋), 시호는 문성(文成). 1548년 진사시에 합격했으나 1554년 금강산에 들어가 불교를 공부했다. 1555년 다시 유학에 전념하여 「자경문」을 지었고, 1558년부터 출사하였다. 1569년 「동호문답」, 1574년 「만언봉사」, 1575년 『성학집요』를 올렸고, 1577년 『격몽요결』을 편찬했다. 해주 석담에 은병정사(隱屛精舍)를 세우고, 후진을 양성하였다. 1681년 문묘에 배향되었으며, 문집으로 『율곡전서』가 있다. ☞ 栗谷, 栗翁, 朱·李兩先生

이익(李瀷, 1681~1763)(韓)

자는 자신(子新), 호는 성호(星湖). 이황을 사숙하여 『이선생예설』, 『사칠신편』을 편찬했고, 『도동록』은 윤동규와 안정복에 의하여 『이자수어』로 재편찬되었다. 조선후기 실학파의 하나인 성호학파의 비조로 『성호사설』, 『곽우록』 등과 각종 질서를 지었다. 문집으로 『성호전집』이 있다. ☞ 李瀷

이인귀(李寅龜, 1809~1896)(韓)

자는 장여(長汝), 호는 완이(莞爾). 이항로와 홍직필의 문인이다. 문집으로 『완이만록』이 있다.
☞ 李長汝

이재(李縡, 1680~1746)(韓)

자는 희경(熙卿), 호는 도암(陶庵) 또는 한천(寒泉), 시호는 문정(文正). 중부(仲父) 만성(晩成)에게 학문을 배웠다. 1716년 『가례원류』 시비 이후 노론의 중심인물로서 대명의리론과 신임의리론을 내세우고, 영조의 탕평책을 강력히 반대하였다. 낙론(洛論) 계열의 대표적 인물로서 1727년 정미환국으로 문외출송된 이후 용인의 한천에 살면서 임성주, 김원행 등을 배출했다. 저서로 『사례편람』, 『어류초절』 등이 있고, 문집으로 『도암집』이 있다. ☞ 陶菴

이정관(李正觀, 1655~1708?)(韓)

박지원의 처 조카. 박규수의 외종조부. 「闢邪辨證」을 저술했다. ☞ 李禮山正觀

이택승(李澤昇, ?~?)(韓)

자는 운경(雲卿). 유중교에게 상제례 등에 대에 대해 질의한 바 있다. 『성재집』에 「답이운경(答李雲卿)」이 몇 편 실려 있다. 문세로 보아 유중교보다 연배가 많이 아래인 듯하다. ☞ 李雲卿

이현석(李玄錫, ?~1887)(韓)

자는 규보(圭甫), 호는 고담(高潭) 또는 태암(泰菴). 이항로의 문인이다. ☞ 圭甫, 高潭李圭甫

이황(李滉, 1501~1570)(韓)

자는 경호(景浩), 호는 퇴계(退溪) 또는 도옹(陶翁), 도수(陶叟), 퇴도(退陶), 청량산인(淸凉山人), 시호는 문순(文純). 1534년 출사하여 1549년 이후 은퇴하였다. 1543년 백운동서원에 사액하도록 하였고, 1551년 이후 도산서당을 세우고 후진을 양성하였다. 1567년 선조 즉위로 잠시 경연을 맡고 명종실록 편찬에 참여하였으며, 1568년 「성학십도」와 「무진육조소」를 제진하였다. 1610년 문묘에 배향되었으며, 문집으로 『퇴계전서』가 있다. ☞ 退溪, 退·栗, 滉

임규직(任圭直, 1811~1853)(韓)

자는 용숙(容叔), 호는 금천(錦川). 이항로의 문인. 주희와 송시열을 숭배하여 회우당(晦尤堂)을 지었다. 소론 김계영과의 회니시비에 관한 논쟁이 빌미가 되어 옥고를 치르고 1836년 정배되었으나, 김제군수 조병헌에게 대우를 받았다. 저서로 『대학장구주해』, 『중용보해』, 『율려산법』, 『구두해법(句讀解法)』 등이 있으며, 문집으로 『금천집』이 있다. ☞ 任容叔, 容叔

임소(林肅, ?~?)

미상 ☞ 林肅

임용중(林用中, ?~?)(中)

남송(南宋)의 유학자. 자는 택지(擇之) 또는 경중(敬仲), 호는 동병(東屛) 또는 초당(草堂). 주희의 문인이다. 주희가 지조(志操)를 높이 사 외우(畏友)라 하였다. 문집으로 『초당집』이 있었으나 실전되었다. ☞ 林擇之

임지(林至, ?~?)(中)

남송(南宋)의 유학자. 자는 덕구(德久). 주희의 문인이다. 출사하여 비서랑에 이르렀다. 저서로 『역비전(易裨傳)』이 있다. ☞ 林德久

임학몽(林學蒙, 1146~1226)(中)

남송(南宋)의 유학자. 자는 정경(正卿), 호는 매오(梅塢). 주희의 문인이다. 용문암(龍門庵)에서 강학하였다. 문집으로 『매오집』이 있다. ☞ 林正卿

임헌회(任憲晦, 1811~1876)(韓)

자는 명로(明老), 호는 고산(鼓山)·전재(全齋)·희양재(希陽齋), 시호는 문경(文敬). 송치규·홍직필 등의 문인으로서 낙론(洛論) 계열의 인물이다. 1865년 호조참의로 만동묘의 제향을 폐지하라는 왕명의 부당함을 상소하였고, 천주교를 극력 배척하였다. 문집으로 『고산집』이 있다. ☞ 星田, 全齋先生

장격(臧格, ?~?)(中)
송(宋)의 관리. 태상(太常)을 지냈고, 정이의 시장(諡狀)을 지었다. ☞ 臧格

장공예(張公藝, 577~676)(中)
남북조시대(南北朝時代)부터 당(唐)까지의 인물로, 치가(治家)의 전범으로 불린 인물. 9대, 900여 명이 같이 살아 역대로 조정의 정표(旌表)를 받았다. 당 고종이 봉선할 때 집안 다스림을 하문하자 "인(忍)" 100자를 써서 올린 것으로 유명하다. ☞ 張公藝

장석진(張錫軫, 1841~1885)(韓)
자는 여경(汝經), 호는 상재(常齋). 홍이우, 홍이호 형제 문하에서 수학하고, 후에 조병덕, 임헌회의 문인이 되었다. 문집으로 『상재유고』가 있다. ☞ 張汝經

장식(張栻, 1133~1180)(中)
남송(南宋)의 유학자. 자는 경부(敬夫) 또는 낙재(樂齋), 호는 남헌(南軒), 시호는 선(宣). 승상이었던 위국공 장준의 아들로서 호굉에게 배워 호상학파의 정통을 이었다. 악록서원에서 많은 학생들을 배출했으며, 주지사를 거쳐 이부랑에 이르렀다. 문집으로 『남헌집』이 있다. ☞ 南軒, 南軒張子, 張敬夫

장역(張繹, 1071~1108)(中)
북송(北宋)의 유학자. 자는 사숙(思叔). 정이의 문인. 원래 술집 주보였는데 속어로라도 시를 짓기 좋아했다. 그 실를 본 사현도가 불러보고 『논어』를 읽게 한 다음 이천에게 추천하여 문인이 되게 하였다. 윤돈과 함께 정이 만년의 가장 두드러진 제자로, 조정의 부름을 여러 차례 사양하고, 이천의 저작을 정리하였으며, 『명덕록』을 편찬하였다. 「張思叔座右銘」, 「師說」, 「祭程伊川文」 등의 저술이 있고, 한림학사에 추증되었다. ☞ 張思叔

장욱(張旭, ?~?)(中)
당(唐)의 서예가. 자 백고(伯高). 안진경(顔眞卿)의 스승이며, 초서를 잘 썼다. ☞ 張旭

장재(張載, 1020~1077)(中)
북송(北宋)의 유학자. 자는 자후(子厚), 시호는 헌(獻). 횡거진(橫渠鎭)에 살아 횡거선생으로 불렸다. 도학을 개창한 다섯 선생의 한 명으로 일컬어지며, 예학과 역학에 밝았고 후대 기철학에 영향을 주었다. 문집으로 『장자전서』가 있다. ☞ 張子, 橫渠, 橫渠張先生

장학령(張鶴齡, ?~?)(中)

명(明)의 권신. 1492년 아버지 장만(張巒)의 작위를 계승하여 '수녕백'이 되었다 '수녕후'로 승급했으며 가정 초에 '창국공'에 올랐다. 1533년 체포되어 옥중에서 죽었다. ☞ 壽寧侯張鶴齡

장흡(張洽, 1161~1237)(中)

남송(南宋)의 유학자. 자는 원덕(元德), 호는 주일(主一), 시호는 문헌(文憲). 주희의 문인이다. 관리로서 선정을 베풀고, 백록동서원 주강을 역임하였다. 이종 초에 직비각에 올랐다. 저서에 『춘추집전』, 『춘추집주』, 『속통감장편사략』, 『좌씨몽구』, 『역대지리연혁표』가 있다. ☞ 張元德

적인걸(狄仁傑, 630~700)(中)

당(唐)·주(周)의 정치가. 자(字)는 회영(懷英), 시호는 문혜(文惠), 봉작은 양국공(梁國公). 뛰어난 관료였고, 무측천이 중종을 태자로 세우게 하여 당 왕조를 부활시켰다. ☞ 狄梁公

전우(田愚, 1841~1922)(韓)

자는 자명(子明), 호는 구산(臼山)·추담(秋潭)·간재(艮齋). 임헌회의 문인이다. 고종의 부름을 받았으나 나아가지 않았다. 자정(自靖)을 결의하고 일체의 의병이나 파리장서운동 등에 참여하지 않았으며, 1908년 이후 부안·군산 등의 섬을 옮겨 다니다 1912년 계화도에 정착해서는 죽을 때까지 저술과 제자 양성에 힘썼다. 문집으로 『간재집』이 있다. ☞ 艮田, 竹院, 田子明

정가학(鄭可學, 1152~1212)(中)

남송(南宋)의 유학자. 자는 자상(子上), 호는 지재(持齋). 주희의 문인이다. 성질이 급하여 징분(懲忿) 공부를 하였다. 주희가 『대학집주』를 산정할 때 함께 했다. 저서에 『춘추박의』, 『삼조북맹거요』, 『사설』이 있다. ☞ 鄭子上, 子上

정군조(鄭君祚, ?~?)(韓)

임헌회의 문인. ☞ 安城鄭君祚

정단몽(程端蒙, 1143~1191)(中)

남송(南宋)의 유학자. 자는 정사(正思), 호는 몽재(蒙齋). 주희의 문인이다. 주희의 『사서장구집주』에 근거하여 명(命), 성(性), 심(心) 등 30개 범주의 성리학 개념을 정리한 『성리자훈』을 저술했다. ☞ 程正思

정몽주(鄭夢周, 1337~1392)(韓)

자는 달가(達可), 호는 포은(圃隱), 시호는 문충(文忠). 1357년 감시(監試)에 합격하여 출사하였다. 이후 여진족 및 왜구 토벌에 참여하고, 명과의 외교를 정상화하였으며, 일본에 왜구의 단속을 요청하고 고려인의 귀국을 성사시켰다. 공양왕을 옹립하고, 의창, 5부 학당, 향교 등을 세우고, 『주자가례』를 보급하였으며, 신율(新律)을 편찬하였다. 1392년 이방원 일파에 의해 피살되었다. 1517년 문묘에 배향되었고, 문집으로 『포은집』이 있다. ☞ 鄭圃隱, 圃隱

정민정(程敏政, 1446~1499)(中)

명(明)의 유학자. 자는 극근(克勤), 호는 황돈(篁墩) 또는 유난도인(留暖道人). 어려서부터 두각을 나타내어 예부시랑까지 올랐으나 과거 시험 제목을 팔았다는 죄목으로 옥에 갇히고 출옥 후 분을 삭이지 못하고 죽었다. 저서에 『심경부주』가 있고, 문집으로 『황돈집』이 있다. ☞ 程篁墩

정순(程洵, ?~?)(中)

남송(南宋)의 유학자. 자는 윤부(允夫), 호는 극재(克齋). 주희의 손아래 처남으로, 주희의 문인이다. 잠시 석고서원 산장이 된 적이 있었는데, 주희의 학문을 선양하는 데 힘썼다. 문집으로 『극재집』이 있다. ☞ 程允夫

정약용(程若庸, ?~?)(中)

남송(南宋)의 유학자. 자는 봉원(逢原). 요로의 문인이다. 안정서원과 임여서원, 무이서원 등의 산장을 지냈다. 휘암선생으로 일컬어졌다. 저술로 『성리자훈강의』, 『태극홍범도설』 등이 있다. 문하에서 오징이 나왔다. ☞ 徽庵程氏

정온(鄭蘊, 1569~1641)(韓)

자는 휘원(輝遠), 호는 동계(桐溪) 또는 고고자(鼓鼓子), 시호는 문간(文簡). 정구의 문인이다. 영창대군 죽음의 부당함을 상소하다 제주도에 10년간 위리안치되었다. 이 기간 중 교육에 힘써 제주오현의 한 사람으로 추앙됐다. 병자호란 때 척화(斥和)를 주장하고, 화의가 이루어지자 자결을 시도했다. 이후 은거하였다. 문집으로 『동계집』이 있다. ☞ 桐溪

정이(程頤, 1033~1107)(中)

중국 송대 유학자. 자는 정숙(正叔), 호는 이천(伊川), 시호는 정공(正公). 형 정호와 함께 주돈이에게 배우고 도학의 기초를 놓아 북송 다섯 선생의 한 명으로 꼽히며, 특히 형과 함께 "이정(二程)"으로 일컬어진다. 「안자소호하학론」과 『역전』 등이 유명하고, 문집으로 『이정전서』가 있다.
☞ 程子, 程叔子, 伊川

정인홍(鄭仁弘, 1536~1623)(韓)

자는 덕원(德遠), 호는 내암(來庵). 조식의 수제자로 경상우도의 남명학파를 대표하였다. 임진왜란 때

의병을 이끌고 경상도를 방어하고, 광해군 때 대북의 영수가 되었다. 이언적과 이황의 문묘종사를 저지하려다 청금록에서 삭제되었고, 인조반정으로 참형되었다. 문집에 『내암집』이 있다. ☞ 仁弘

정호(程顥, 1032~1085)(中)

북송(北宋)의 유학자. 자는 백순(伯淳), 호는 명도(明道), 시호는 순공(純公). 동생 정이와 함께 주돈이에게 배우고 도학의 기초를 놓아 북송 다섯 선생의 한 명으로 꼽히며, 특히 동생과 함께 "이정(二程)"으로 일컬어진다. 「정성서」, 「식인편」 등이 유명하고, 문집으로 『이정전서』가 있다. ☞ 程子, 程伯子

제갈량(諸葛亮, 181~234)(中)

삼국시대(三國時代) 촉한(蜀漢)의 정치가. 자는 공명(孔明), 호는 와룡(臥龍), 시호는 충무후(忠武侯). 촉한의 건국자 유비를 도와 삼국시대를 열고, 221년 한나라가 망하고 유비가 제위에 오르자 승상이 되었다. 유비 사후 유선을 도왔고, 위나라를 정벌하기에 앞서 올린 「출사표」가 유명하다.
☞ 諸葛武侯, 孔明

제태(齊泰, ?~1402)(中)

명(明)의 관리. 본명은 덕(德), 명태조가 내린 이름이 태(泰)이다. 자는 상례(尙禮), 호는 남당(南塘), 시호는 절민(節愍). 명태조의 고명대신으로 건문제를 보좌하여 삭번정책을 건의했다. 1399년 영락제의 반란에 강력한 토벌을 주장하였고, 1402년 남경을 잃은 후 부흥을 도모하다 체포되었으나, 굴하지 않아 구족이 화를 입었다. ☞ 齊泰

조건(曹建, ?~?)(中)

남송(南宋)의 유학자. 자는 입지(立之). 무망선생(無妄先生)으로 일컬어졌다. 주희의 문인이다. 처음에 정형을 좇아 공부하였고, 이어서 육씨 형제를 따랐으나, 마지막에는 남강에서 주희를 따랐다. 육구연은 '평소 불교와 도교를 미워해서 나를 버리고 주희를 따랐다'고 하였다. ☞ 曹立之

조광조(趙光祖, 1482~1519)(韓)

자는 효직(孝直), 호는 정암(靜庵), 시호는 문정(文正). 김굉필에게 수학하였다. 1515년 출사하여 도학정치를 실현하고자 하였다. 정몽주의 문묘종사, 김굉필, 정여창의 추증 등을 요청하고, 『여씨향약』을 반포하였으며, 현량과를 실시하고, 소격서를 없앴다. 1519년 위훈을 삭제하였고, 기묘사화로 유배되었다가 사사되었다. 1610년 문묘에 종사되었으며, 문집으로 『정암집』이 있다. ☞ 靜庵先生

조병덕(趙秉悳, 1800~1870)(韓)

자는 유문(孺文), 호는 숙재(肅齋), 시호는 문경(文敬). 홍직필과 오희상의 문인이다. 임헌회와 병칭되

었으며, 문집으로 『숙재집』이 있다. ☞ 趙三溪

조사하(趙師夏, ?~?)(中)

남송(南宋)의 유학자. 자는 치도(致道), 호는 원암(遠庵). 송의 종실이고, 주희의 문인이다. ☞ 趙致道

조조(曹操, 155~220)(中)

동한(東漢)의 정치가. 자는 맹덕(孟德), 아명은 아만(阿瞞) 또는 길리(吉利), 시호는 무황제(武皇帝), 묘호는 태조(太祖). 위나라 건국의 기초를 닦았다. ☞ 曹孟德, 曹瞞

조중회(趙重晦, 1711~1782)(韓)

자는 익장(益章), 시호는 충헌(忠憲). 이재(李縡)의 문인이다. 1736년 출사하여 1743년 정언이 되어 왕의 빈번한 사묘 참례를 간하다가 파직당했다. 1750년 탕평론에 반대하는 윤급을 변호하다 다시 파직당했다. 1759년 사도세자의 일을 극간하다 무장으로 유배되었다. 1780년 치사하고 기로소에 들었고 1781년 봉조하가 되었다. 시호는 충헌(忠憲)이다. ☞ 趙益章

주공천(朱公遷, ?~?)(中)

원(元)의 유학자. 자는 극승(克升), 호는 명소(明所). 허겸의 문인이다. 무주와 처주 교수를 지냈다. 저술로 『사서통지』, 『사서약설』, 『시경소의』 등이 있다. ☞ 朱公遷

주극리(朱克履, ?~?)(中)

미상. 본문에는 "按, 朱公遷曰: "伯兄克履云: ……."라고 되어있다. 본문에 따르면 주극리는 주공천의 형이다. 하지만 『송원학안』을 보면, 주공천의 아버지는 朱以實로서 쌍봉학안에 속하는데, 그의 학문은 아들 주공천에게 이어지고, 주극리라는 아들은 언급되지 않는다. ☞ 伯兄克履

주돈이(周敦頤, 1017~1073)(中)

북송(北宋)의 대표 유학자. 자는 무숙(茂叔), 시호는 원공(元公). 염계선생(濂溪先生)으로 불렸다. 송대 신유학을 연 인물로서, 북송오자(北宋五子)로 불린 사람들 가운데 한 명이다. 복건성 남안에서 관직 생활을 하던 중 대리시승 정향(程珦)의 두 아들 정호(程顥, 1032~1085)와 정이(程頤, 1033~1107)를 가르쳤다. 문집으로 『주원공집(周元公集)』이 있다. ☞ 濂溪先生, 周子

주희(朱熹, 1130~1200)(中)

남송(南宋)의 대표 유학자. 주자학의 비조. 자는 원회(元晦) , 또는 중회(仲晦), 호는 회암(晦庵) 또는 회옹(晦翁), 시호는 문공(文公). 이동(李侗)에게 수학하고 장식(張栻)의 사상에 영향 받았으나, 40세

이후로 중화신설(中和新說)로 대표되는 자기 철학을 수립하였다. 구휼사업과 교육사업에서 탁월한 업적을 보였고, 많은 주석과 저술로 송대 신유학을 대표한다. 주자(朱子)로 존칭되며, 문집으로 『주자대전』이 있다. ☞ 朱子, 晦翁, 朱夫子, 晦翁朱夫子, 紫陽夫子, 考亭, 元晦

줄리오 알레니(Giulio Aleni, 艾儒略, 1582~1649)(伊)

이탈리아 예수회의 수사. 명(明)에서 활동하였다. 1610년 마카오에 파송되어 포교를 하며, 1612년의 월식을 예언·관찰하고 경위도를 측정하였으며 포도 재배법과 서양 학문을 가르쳤다. 1613년 베이징으로 가 서광계를 따라 상하이, 양저우, 창서우 등에서 포교하고, 1641~1646년 중국 예수회의 중앙관구장을 지냈다. '서래공자(西來孔子)'로 불렸다. 저서로 『그리스도의 생애』, 『직방외기』, 『서학범』 ☞ 艾儒略

진덕수(眞德秀, 1178~1235)(中)

남송(南宋)의 유학자. 자는 경원(景元), 호는 서산(西山), 시호는 문충(文忠). 첨체인의 문인이다. 경원당금 이후 주자학 부흥에 공헌하였다. 저서로 『대학연의』, 『독서기』 등이 있고, 문집으로 『서산집』이 있다. ☞ 眞西山

진문울(陳文蔚, 1154~1232)(中)

남송(南宋)의 유학자. 자는 재경(才卿), 호는 극재(克齋). 주희의 문인. 저서에 『尙書解注』가 있다. ☞ 陳才卿

진순(陳淳, 1159~1223)(中)

남송(南宋)의 유학자. 자는 안경(安卿), 호는 북계(北溪), 시호는 문안(文安). 주희의 문인으로서 네 명의 고제 중 한 명으로 꼽힌다. 상산학과 사공학을 배척했다. 저서로 『북계자의』[9]가 있고, 문집으로 『북계집』이 있다. ☞ 陳北溪, 陳安卿

진식(陳埴, ?~?)(中)

남송(南宋)의 유학자. 자는 기지(器之). 어려서 섭적에게 배웠으나 , 후에 주희를 좇았다. 명도서원의 산장을 지냈고, 잠실선생이라 일컬어졌다. 저술로 「禹貢辯」, 「洪範解」, 「王制章句」 등이 있다. ☞ 潛室陳氏

진회(秦檜, 1090~1155)(中)

남송(南宋)의 정치가. 자는 회지(會之). 1115년 출사하여 1131년부터 24년간 재상으로 있었다. 주화(主

9) 공식적으로는 『북계선생자의상강』이고, '자의상강', '사서자의', '사서성리자의', '경서자의' 등으로도 불린다.

和)를 주장하며, 금과 국경을 나누고, 금에 신하의 예와 세폐(歲幣)를 바쳤다. '문자의 옥'을 일으켜 반대파를 억압하고, 악비를 옥사시켰다. 현재까지 중국에서 대표적인 간신으로 인식된다. ☞ 秦檜

채모(蔡模, 1188~1246)(中)

남송(南宋)의 유학자. 자는 중각(仲覺), 호는 각헌(覺軒). 채침의 맏아들이다. 저서로 『속근사록』, 『역전집해』, 『대학연설』, 『논맹집소』, 『하락탐색』 등이 있고, 문집으로 『각헌공집』이 있다. ☞ 覺軒蔡氏

채침(蔡沈, 1167~1230)

남송(南宋)의 유학자. 자는 중묵(仲默), 호는 구봉(九峯), 시호는 문정(文正). 채원정의 둘째 아들이다. 어려서 가학을 익히고, 백록동서원에서 주희에게 배웠다. 1196년 경원당금으로 채원정이 유배될 때, 모시고 가서 독서, 강학했으며, 부친 사망 후 시신을 모시고 돌아왔다. 구봉에 은거하면서 『서집전』을 완성했다. 저서로 『홍범황극』, 『채구봉서법』 등이 있다. ☞ 蔡九峯

최영(崔瑩, 1316~1388)(韓)

시호 무민(武愍). 왜구와 홍건적의 침입을 모두 격파하고, 수차의 반란을 진압하였으며, 압록강 서쪽 8참(站)을 수복하였다. 명나라의 철령위 설치에 반발하여 요동을 정벌하려 했으나, 이성계가 위화도에서 회군하여 실패하였다. 이후 이성계에게 체포되어 죽임을 당하였다. ☞ 崔瑩

최영설(崔永卨, 1863~?)(韓)

자는 순명(舜命). 최익현의 조카이다. ☞ 崔永卨, 崔舜命

최익현(崔益鉉, 1833~1906)(韓)

자는 찬겸(贊謙), 호는 면암(勉菴). 이항로의 문인이다. 1868년과 1873년에 상소를 올려 대원군을 비판하여 고종이 친정토록 했다. 민씨 일족의 문제를 지적하여 제주도로 유배되고, 병자수호조약 반대 상소로 흑산도로 유배되었다. 을미사변, 을사늑약에 항일척사 상소를 올렸고, 1906년 태인에서 의병을 일으켰다. 체포되어 대마도에서 순국하였다. 1962년 건국훈장 대한민국장이 추서되었으며, 문집으로 『면암집』이 있다. ☞ 崔勉庵, 勉庵, 勉台, 崔台

최홍석(崔鴻錫, 1818~?)(韓)

자는 용구(用九), 호는 삼락재(三樂齋). 이항로의 문인이다. ☞ 用九

포양(包揚, ?~?)(中)

남송(南宋)의 유학자. 자는 현도(顯道) , 호는 극당(克堂). 형, 아우와 함께 육구연의 문인이었다. 남풍에 있으면서 "독서하고 강학하는 것이 인의(仁義)를 막는다"고 주희를 비판했다. 후에 육구연이 죽자 제자들을 이끌고 주희에게 나아가 제자가 되었다. 자신의 말을 주희의 말씀이라고 한 것들이 『어류』에 섞여 있어 여정덕이 『주자어류』를 편찬할 때 삭제하였다. ☞ 包顯道

하호(何鎬, 1128~1175)(中)

남송(南宋)의 유학자. 자는 숙경(叔京), 호는 태계(台溪). 아버지 하태의 가학을 잇고, 주희와 교유했다. 정주 상항의 승(丞)으로 있으면서 너그럽게 다스리고 명목 없는 세금을 없애고, 군수 업무를 보조하여 번잡한 사무를 10일만에 처리했다. 전세의 불공평을 문제제기했으나 받아들여지지 않자 사임했다. 저서로 『역학설어』가 있고 문집으로 『태계집』이 있다. ☞ 何叔京

한운성(韓運聖, 1802~1863)(韓)

자는 위동(魏東) 또는 문오(文五), 호는 입헌(立軒). 홍직필의 문인이다. 홍직필의 문집을 교정했다. 문집으로 『입헌집』이 있다. ☞ 韓立軒運聖

한원진(韓元震, 1682~1751)(韓)

자는 덕소(德昭), 호는 남당(南塘), 시호는 문순(文純). 권상하의 문인이다. 이간과 대립하여 성삼층설(性三層說), 미발심체유선악설(未發心體有善惡說), 인물성이론(人物性異論)을 주장함으로써 호락논변을 야기하였다. 저서에 『경의기문록』과 『주자언론동이고』가 있고, 문집으로 『남당집』이 있다.

☞ 元震, 塘, 南塘

한유(韓愈, 768~824)(中)

당(唐)의 문인. 자는 퇴지(退之), 호는 창려(昌黎), 시호는 문공(文公). 792년 출사하여 이부시랑까지 올랐다. 고문 운동을 벌여 산문체의 변혁을 일으켰으며, 불교와 도교를 배척하고 유교를 높여 송대 성리학의 선구로 평가된다. 문집으로 『창려집』이 있다. ☞ 韓文公, 昌黎

항안세(項安世, 1153~1208)(中)

남송(南宋)의 유학자. 자는 평보(平父) 또는 평보(平甫), 호는 평암(平庵). 정이를 사숙했다. 1175에 출사하여 여러 관직을 역임했으나, 경원 연간의 주희를 유임하라는 건의로 위당(僞黨)으로 몰려 오랫동안 가택연금되었다. 복직된 후 직용도각 호남운판까지 이르렀다. 저서로 『역완사』 등이 있다.

☞ 項平父

허엽(許曄, 1517~1580)(韓)

자는 태휘(太輝), 호는 초당(草堂). 서경덕의 문인이고, 허균, 허초희의 아버지이다. 1562년 조광조, 윤근수의 신원을 청하였고, 1568년 향약의 시행을 건의하였다. 1575년 동서 분당 때 동인의 영수가 되었다. 문집으로 『초당집』이 있다. ☞ 許君太輝

허형(許衡, 1209~1281)(中)

원(元)의 유학자. 자는 중평(仲平), 호는 노재(魯齋), 시호는 문정(文正). 요추와 두묵에게서 주자학을 배워 원나라 주자학의 기초를 닦았다. 위국공(魏國公)에 봉해졌다. 저서로 『독역사언』이 있고, 문집으로 『노재유서』가 있다. ☞ 許魯齋, 許衡, 魯齋

형서(邢恕, ?~?)(中)

북송(北宋)의 소인. 자는 화숙(和叔) 또는 칠(七). 정호의 문하에 드나들며 이름을 얻었고, 관직이 어사중승에 이르렀으나, 일관성 없이 사마광, 장돈 등에 붙었다가 채경의 심복이 되었으며 뒤에는 선불교에 빠졌다. 욕심 때문에 스승을 따르지 않는 소인배를 가리킬 때 자주 인용되었다. ☞ 邢恕

혜소(嵇紹, 253~304)(中)

서진(西晉)의 관리. 자는 연조(延祖), 시호는 충목(忠穆). 죽림칠현 혜강의 아들이다. 304년 하간왕 옹의 반란으로 혜제가 몽진하게 되었을 때, 황제를 호위하다 화살에 맞아 숨을 거두었다. 반란을 평정한 뒤 그의 피가 묻은 어복을 신하들이 빨려고 하자, 황제가 '이것은 혜시중의 피이니 없애지 말라'고 하였다. ☞ 嵇紹

호굉(胡宏, 1106~1161)(中)

남송(南宋)의 유학자. 호는 오봉(五峯), 자는 인중(仁仲). 호안국의 아들로서, 가학을 이었다. 금과의 화의를 배척했으므로, 벼슬하지 않고 후진을 양성했다. 호상학파의 영수이고, 형 호인과 학문적으로 달랐다. 대표 저서로 『지언』 등이 있고, 문집으로 『오봉집』이 있다. ☞ 胡五峯

호병문(胡炳文, 1250~1333)(中)

원(元)의 유학자. 자는 중호(仲虎), 호는 운봉(雲峰). 주희의 종손으로부터 『주역』과 『서경』을 배웠다. 도일서원의 산장을 지내고, 명경서원을 창건하였다. 저서로 『사서통』, 『주역본의통석』 등이 있고, 문집으로 『운봉집』이 있다. ☞ 雲峯胡氏

호안국(胡安國, 1074~1138)(中)

북송(北宋)의 유학자. 자는 강후(康侯), 호는 청산(青山), 시호는 문정(文定). 사량좌 양시의 문인이다. 태학박사, 시강관을 역임하였으며, 평생 『춘추』를 연구하였다. 호상학파의 개창자이다. 저서로 『춘추호씨전』, 『자치통감거요보유』, 『상채어록』 등이 있다. ☞ 胡文定, 胡子

홍대심(洪大心, 1837~1877)(韓)

초명은 대유(大猷) 또는 대헌(大憲), 자는 여장(汝章), 호는 확재(確齋). 이항로의 문인이다. ☞ 洪汝章

홍재구(洪在龜, 1845~1898)(韓)

자는 사백(思伯), 호는 손지(遜志). 이항로의 문인이자 김평묵의 사위이다. 이항로의 사후 김평묵을 스승으로 섬겨 1876년 가평군 귀곡(龜谷)으로 이주하였다. 1876년 유인석, 윤정구, 유기일 등 화서학파 48인과 함께 개항 반대 상소를 올렸고, 1881년에는 「관동유소」를 집필했다. 자정(自靖)으로 일생을 마쳤다.

☞ 洪思伯

홍직필(洪直弼, 1776~1852)(韓)

자는 백응(伯應)·백림(伯臨), 호는 매산(梅山), 시호는 문경(文敬). 박윤원의 문인이다. 1814년 세자익위사세마로서 서연에 참여하였다. 명사들과 교유하여 높은 평가를 받고, 여러 차례 벼슬이 내려졌지만 대부분 사양하였다. 한원진과 임성주의 학설에 반대하였다.

☞ 梅山, 梅山先生

황간(黃榦, 1152~1221)(中)

남송(南宋)의 유학자. 자는 직경(直卿), 호는 면재(勉齋), 시호는 문숙(文肅). 처음 유청지에게 배우고자 했으나 재주가 남다름을 보고 주희에게 배우도록 하였다. 주희의 네 고제의 한명이자 사위이다. 주희를 이어 『의례경전통해』 편찬 작업을 하였고, 주희의 『행장』을 지었다. 문집으로 『면재집』이 있다.

☞ 勉齋黃氏, 黃直卿

황순(黃畬, 1150~1212)(中)

남송(南宋)의 유학자. 자는 자경(子耕) , 호는 복재(復齋). 주희의 문인이다.

☞ 畬

황식(黃湜, 1350~1402)(中)

명(明)의 관리. 자는 자징(子澄), 시호는 충각(忠慤). 제태와 함께 건문제에게 삭번정책을 건의하였다. 1399년 영락제의 반란으로 남경이 함락될 때 끝까지 저항하여 죽임을 당했다.

☞ 黃子澄

황정견(黃庭堅, 1045~1105)(中)

북송(北宋)의 시인, 정치가. 자는 노직(魯直), 호는 산곡도인(山谷道人), 부옹(涪翁), 청풍각(淸風閣), 부파(涪皤), 검안거사(黔安居士), 팔계노인(八桂老人), 시호는 문절(文節). 소식의 문인이다. 시인이자 서예가이며, 강서시파의 비조이다. 소식과 나란히 소황(蘇黃)으로 불렸다. 문집으로 『산곡집』이 있다.

☞ 黃(蘇·黃輩)

기타

☞ 令婿金郎(韓) : 홍재구의 사위.

☞ 朴彦(韓) : 박 선비. 미상

☞ 舜九(韓) : 이항로의 문인. 미상.[10]

☞ 柳正言丈(韓) : 미상. 이항로의 선배격.

☞ 平壤公(韓) : 미상.

☞ 三嘉公(韓) : 미상.

☞ 李士賓父子(韓) : 미상[11]

☞ 旋善金生(韓) : 미상.

---

10) 이항로의 문인 중 舜九는 세 명이 있다. 金益成(1820~?), 金益善, 南龍來 중 어느 인물인지 특정할 수 없으나, 이항로와 성리학을 논한 사람은 김익성 뿐이므로 金益成으로 추정함. 『華西先生文集』卷之九書「答金舜九 益成」○ 壬戌十二月二十四日; 『華西先生文集』卷之九書「答金舜九」乙丑十月二十六日 참조. "화서 이항노 선생 문인록(http://blog.daum.net/kimji9711/11765471)" 참조.

11) 이인섭, 이진원, 이관하 등의 인물이 사빈이라는 호 또는 자를 사용한 것으로 보이지만 1865년을 기준으로 연대가 전부 맞지 않음.

心說論爭 자료집 편찬 연구진

연구책임자 최영성_한국전통문화대 교수

전임연구원 김병애_한국전통문화대

김방울_한국전통문화대

이선경_한국전통문화대

유지웅_전북대

이난수_한국전통문화대

김윤경_성균관대

안유경_경북대

공동연구원 김낙진_진주교대

이상익_부산교대

이형성_전남대

배제성_성균관대

김현우_한국효문화진흥원

이미림_안양대

이남옥_한국국학진흥원

정경훈_원광대

心說論爭 아카이브 구축 자료집 총서 01

조선후기 심설논쟁
화서학파 표점·해제·선역

초판 인쇄 2021년 12월 15일
초판 발행 2021년 12월 30일

엮 은 이 | 한국전통문화대학교 한국철학연구소
펴 낸 이 | 하운근
펴 낸 곳 | 學古房

주 소 | 경기도 고양시 덕양구 통일로 140 삼송테크노밸리 A동 B224
전 화 | (02)353-9908 편집부 (02)356-9903
팩 스 | (02)6959-8234
홈페이지 | www.hakgobang.co.kr
전자우편 | hakgobang@naver.com, hakgobang@chol.com
등록번호 | 제311-1994-000001호

ISBN 979-11-6586-090-5 94150
979-11-6586-089-9 (세트)

값: 70,000원